Droemer
Knaur®

Matt Ridley

Eros und Evolution

Die Naturgeschichte der Sexualität

Aus dem Englischen von
Susanne Kuhlmann-Krieg

Droemer Knaur

Titel der Originalausgabe: The Red Queen
Originalverlag: Viking by Penguin, London

Die Deutsche Bibliothek – CIP-Einheitsaufnahme

Ridley, Matt:
Eros und Evolution : die Naturgeschichte der Sexualität /
Matt Ridley. Aus dem Engl. von Susanne Kuhlmann-Krieg. –
München : Droemer Knaur, 1995
Einheitssacht.: The red queen ⟨dt.⟩
ISBN 3-426-26852-3

Die Folie des Schutzumschlags sowie die Einschweißfolie sind
PE-Folien und biologisch abbaubar.
Dieses Buch wurde auf chlor- und säurefreiem Papier gedruckt.

Der Verlag dankt Klaus Berr für die Übertragung der Gedichte auf den Seiten:
134, 304, 342, 348, 356 und 446.
Th. Knaur Nachf., München 1995

Umschlaggestaltung: Agentur ZERO, München
Umschlagabbildung: Peter Maynard
Satz: Franzis-Druck GmbH, München
Druck und Bindearbeiten: Clausen & Bosse, Leck
Printed in Germany
ISBN 3-426-26852-3

2 4 5 3 1

Inhalt

In den Jahren, in denen ich als Zoologe arbeitete, wurde ich gelegentlich von Freunden gefragt, wie um alles in der Welt man drei Jahre damit zubringen könne, eine einzige Vogelart zu studieren. Kann es über den Jagdfasan so viel zu lernen geben? Auf solche Fragen pflegte ich mit vermutlich geradezu aufreizendem Hochmut zu antworten, die Menschheit sei schließlich nichts anderes als eine Säugerspezies von vielen, und zweitausend Jahre unermüdlicher Versuche, die menschliche Natur zu ergründen, hätten das Thema noch nicht annähernd erschöpft. Wir sind nur eine von vielen Arten – wenn auch eine ziemlich sonderbare. Und wir werden uns selbst niemals verstehen können, wenn wir nicht verstanden haben, wie sich unser Wesen im Laufe der Evolution entwickelt hat.

Aus diesem Grunde ist dieses Buch im ersten Drittel der Evolution gewidmet und wendet sich erst dann der menschlichen Natur zu. Die evolutionstheoretischen Grundlagen sind wichtig. Für diejenigen, die das Treiben der Gene kaltläßt, mögen sie allerdings ein bißchen mühevoll sein. Lassen Sie sich nicht abschrecken. Ich wurde dazu erzogen, mich grundsätzlich erst dann an den Schokoladenkuchen zu machen, wenn ich das Butterbrot aufgegessen hatte. Bis zum heutigen Tag zwickt mich ein Schuldgefühl, wenn ich Schokoladenkuchen esse (welches ich ignoriere). Ich verstehe aber nur zu gut, wenn der eine oder andere Leser die mittleren und späteren Kapitel des Buches leichter verdaulich findet als die ersten und sich dazu entschließt, gleich zum Kuchen überzugehen.

Eins

Die menschliche Natur

Das seltsamste dabei war, daß sich die Bäume und alles andere um sie her überhaupt nicht vom Fleck rührten: wie schnell sie auch rannten, liefen sie doch anscheinend nie an etwas vorbei. »Ob vielleicht alles mit uns mitläuft?« dachte die arme verwirrte Alice im stillen. Und die Königin erriet anscheinend ihre Gedanken, denn sie rief: »Schneller! Jetzt ist keine Zeit zum Reden!«

Lewis Carroll
Alice hinter den Spiegeln[1]

Wenn ein Chirurg einen Körper aufschneidet, dann weiß er, was er darin finden wird. Sucht er beispielsweise den Magen eines Patienten, dann erwartet er, ihn an einer ganz bestimmten Stelle zu finden. Alle Menschen haben einen Magen, alle menschlichen Mägen besitzen mehr oder weniger dieselbe Gestalt, und man findet sie alle am gleichen Platz. Zweifellos gibt es gewisse Unterschiede: Manche Leute haben einen kranken Magen, andere einen kleinen, wieder andere einen seltsam geformten Magen. Im Vergleich zu den Ähnlichkeiten aber sind die Unterschiede winzig. Ein Tierarzt oder ein Schlachter könnten dem Chirurgen von einer weit größeren Vielfalt an Mägen berichten: von riesigen Pansen mit mehreren Kammern, winzigen Mäusemägen, von fast wie menschliche Mägen aussehenden Schweinemägen. Man kann mit einiger Sicherheit sagen, daß es so etwas wie den typischen menschlichen Magen gibt und daß dieser sich von einem nichtmenschlichen Magen unterscheidet.

Dieses Buch geht von der Annahme aus, daß es in genau derselben Weise so etwas wie eine typisch menschliche Natur gibt. Es hat zum Ziel, diese zu erkunden. So wie unser Magenchirurg kann auch ein Psychiater, auf dessen Couch sich ein Patient niedergelassen hat, von einer ganzen Reihe grundlegender Annahmen ausgehen. Er kann voraussetzen, daß der Patient weiß, was es heißt zu lieben, zu vertrauen, zu denken, zu sprechen, zu lächeln, zu träumen, zu singen, zu streiten, zu lügen, sich zu erinnern, etwas zu begehren, Angst zu haben und jemanden zu beneiden. Selbst wenn die betreffende Person von einem neu entdeckten Kontinent stammen würde, so wäre doch eine Vielzahl von Annahmen bezüglich ihres Verstandes und ihrer Natur unvermindert gültig. Als es in den dreißiger Jahren unseres Jahrhunderts erstmalig zum Kontakt mit Volksstämmen aus Neuguinea kam, die bis dahin von der übrigen Welt isoliert gelebt hatten und von deren Existenz nichts wußten, stellte man fest, daß diese Menschen Freude und Unmut auf ebenso unmißverständliche Weise durch Lächeln beziehungsweise Stirnrunzeln kundtaten wie jedes Mitglied westlicher Lebensgemeinschaften – obgleich mehr als hunderttausend Jahre verstrichen waren, seit der letzte gemeinsame Vorfahre gelebt hatte. Das »Lächeln« eines Pavians ist eine Drohung, das Lächeln eines Menschen ist ein Zeichen von Wohlwollen; auf der ganzen Welt gehört es zur menschlichen Natur.

Damit soll keineswegs der Kulturschock als solcher geleugnet werden. Augapfelsuppe vom Schaf, ein Kopfschütteln, das »Ja« bedeutet, der westliche Hang zur Privatsphäre, Beschneidungsriten, nachmittägliche Siesta, Religionen, Sprachen, die unterschiedliche Häufigkeit des Lächelns bei russischen und amerikanischen Kellnern – es gibt Myriaden menschlicher Besonderheiten – und es gibt ebenso viele Gemeinsamkeiten. Ein ganzer Wissenschaftszweig, die Kulturanthropologie, widmet sich dem Studium solcher kulturellen Unterschiede zwischen Menschen. Doch nimmt man dabei nur allzuleicht den Grundstock an Ähnlichkeiten, welche der menschlichen Spezies eigen sind, als gegeben hin – die gemeinsamen Merkmale des Menschseins.

Dieses Buch fragt nach der Beschaffenheit dieser menschlichen Natur. Ihm liegt der Gedanke zugrunde, daß es unmöglich ist, die menschliche Natur zu verstehen, ohne verstanden zu haben, wie es im Laufe der Evolution zu ihr gekommen ist, und daß es unmöglich ist, zu verstehen, wie die Evolution menschlicher Natur verlaufen ist, ohne verstanden zu haben, wie sich menschliche Sexualität entwickelt hat. Denn Sexualität ist das Zentralthema unserer Entwicklungsgeschichte.

Weshalb gerade Sexualität? Es muß doch neben diesem allgemein überbetonten und mühsamen Fortpflanzungsgeschäft noch andere Besonderheiten der menschlichen Natur geben? Das ist durchaus richtig, aber die Fortpflanzung ist der einzige Zweck, zu dem ein menschliches Wesen konstruiert ist – alles andere ist Mittel zu diesem Zweck. Menschen haben die Fähigkeit geerbt, überleben, essen, trinken und sprechen zu können und noch einiges mehr. Vor allem anderen jedoch haben sie die Neigung zur Fortpflanzung geerbt. Diejenigen unter den menschlichen Vorfahren, die sich fortgepflanzt haben, gaben ihre Merkmale an ihre Nachkommen weiter, jene, die kinderlos blieben, nicht. Daher wurde alles, was die Chancen eines Menschen zur erfolgreichen Fortpflanzung erhöhte, auf Kosten jedes anderen Merkmals an die Folgegeneration weitergegeben. Wir können uns daher ziemlich sicher sein, daß es in unserem Wesen nichts gibt, das nicht in diesem Sinne sorgfältig auf seine Eignung hin »ausgewählt« wurde, zum Reproduktionserfolg beizutragen. Dies scheint eine bemerkenswert frevelhafte Behauptung zu sein. Sie scheint die Existenz eines freien Willens zu leugnen, jene zu ignorieren, welche sich zur Keuschheit entscheiden, und den Menschen als programmierten, ausschließlich der Fortpflanzung ergebenen Roboter darzustellen. Sie scheint stillschweigend vorauszusetzen, daß Mozart und Shakespeare von nichts anderem motiviert gewesen seien als von Sex. Doch ich weiß von keiner anderen Möglichkeit, wie sich menschliche Natur hätte entwickeln sollen, außer durch Evolution. Evolution aber kann – dafür gibt es inzwischen eine Flut von Indizien – auf keine andere Weise funktionieren als durch eine von Konkurrenzdenken geprägte Fortpflanzung. Arten, die sich fortpflanzen, bleiben erhalten, jene, die sich nicht fortpflanzen, sterben aus. Die Fähigkeit zur Fortpflanzung unterscheidet lebende Wesen von Felsbrocken. Im übrigen verträgt sich diese Sichtweise durchaus mit der Existenz eines freien Willens und auch mit der Ausübung von Keuschheit. Menschen gedeihen meiner Ansicht nach in dem Maße, wie sie Eigeninitiative entwickeln und ihre individuelle Begabung entfalten können. Freier Wille jedoch ist nicht zum Spaß erschaffen worden; es gab einen Grund dafür, daß die Evolution unseren Vorfahren die Fähigkeit verliehen hat, selbständig zu handeln, und dieser Grund bestand darin, daß freier Wille und Entscheidungsfähigkeit nützlich dabei waren, den Ehrgeiz zu befriedigen, mit anderen zu konkurrieren, mit kritischen Situationen fertig zu werden und schließlich eine bessere Ausgangsposition für die Fortpflanzung und die Erziehung von Kindern zu erlangen als andere, denen es nicht gelingen sollte, sich fortzupflanzen. Der freie Wille selbst ist daher nur so lange von Vorteil, wie er zum Reproduktionserfolg beiträgt.

Sehen Sie es einmal von einer anderen Warte. Angenommen, eine Studentin leistet Hervorragendes, versagt aber bei Prüfungen – sagen wir, ihr schnürt der bloße Gedanke an eine Prüfung die Luft ab –, dann zählen ihre hervorragenden Leistungen nichts in einem Kurs, der auf der Grundlage einer einzigen abschließenden Prüfung bewertet wird. Vergleichbar damit kann ein Tier, das hervorragende Überlebensqualitäten besitzt, über einen effizienten Stoffwechsel verfügt, allen Krankheiten widersteht, rascher lernt als alle seine Konkurrenten und ein hohes Alter erreicht, das aber unfruchtbar ist, seine qualifizierten Gene einfach nicht an die folgende Generation weitergeben. Alles kann vererbt werden – nur Sterilität nicht. Wenn wir also verstehen wollen, wie sich die menschliche Natur im Laufe der Geschichte entwickelt hat, dann muß im Zentrum unserer Untersuchung konsequenterweise die Reproduktion stehen, denn eine erfolgreiche Reproduktion ist die Prüfung, die alle menschlichen Gene bestehen müssen, wenn sie nicht durch natürliche Selektion ausgesiebt werden wollen. Daher werde ich im folgenden zu belegen versuchen, daß es nur sehr wenige Eigenschaften der menschlichen Psyche und Natur gibt, die sich vor einem anderen Hintergrund erklären lassen als vor dem der Reproduktionsfähigkeit. Ich werde mit der Sexualität selbst beginnen. Reproduktion ist nicht gleichbedeutend mit Sexualität: Es gibt etliche asexuelle Möglichkeiten der Fortpflanzung. Die sexuelle Fortpflanzung aber erhöht offenbar den Reproduktionserfolg, sonst wäre die Sexualität nicht mit einer solchen Beständigkeit erhalten geblieben. Mit der Intelligenz schließlich, der menschlichsten aller Eigenschaften, werde ich diese Ausführungen beenden. Ließe man die sexuelle Konkurrenz außer acht, wäre äußerst schwer zu verstehen, wie die Menschen es fertigbrachten, so gescheit zu werden.

Was war das für ein Geheimnis, das die Schlange Eva verriet? Daß sie eine bestimmte Frucht essen sollte? Unsinn. Das war lediglich die Umschreibung. Die Frucht war das Wissen um fleischliche Genüsse, und jedermann – von Thomas von Aquin bis Milton – wußte das. Woher sie das wußten? Nirgendwo in der gesamten Schöpfungsgeschichte findet sich auch nur der geringste Hinweis auf die Gleichung: verbotene Frucht gleich Sünde gleich Sex. Wir wissen, daß es wahr ist, weil nur eine einzige Sache von solch zentraler Bedeutung für die Menschheit sein *kann*. Sex.

Von Angeborenem und Erworbenem

Die Vorstellung, daß wir durch unsere Vergangenheit geformt sind, war die wichtigste Erkenntnis Charles Darwins. Er war der erste, dem klargeworden war, daß man von der Idee der göttlichen Schöpfung der Arten Abstand nehmen kann, ohne sich von der Formgebungsthese entfernen zu müssen. Jedes Lebewesen ist – ohne daß es ihm bewußt wäre – durch die selektive Reproduktion seiner Vorfahren dahingehend »geformt«, daß seine Natur einem bestimmten Lebensstil angemessen ist. Die menschliche Natur wurde durch die natürliche Selektion ebenso sorgfältig auf einen sozial lebenden, zweibeinigen und ursprünglich afrikanischen Affen zugeschnitten wie der menschliche Magen auf einen allesfressenden afrikanischen Affen mit einer Vorliebe für Fleisch.

Die meiner Argumentation zugrundeliegenden Voraussetzungen haben vermutlich bereits zwei Arten von Leuten irritiert. Denjenigen, die der Ansicht sind, die Welt wäre innerhalb von sieben Tagen von einem Mann mit langem Bart erschaffen worden, weshalb die menschliche Natur nicht durch Selektion, sondern durch eine höhere Intelligenz geformt sei, entbiete ich meinen respektvollen Gruß. Wir haben nicht viel gemeinsam, um miteinander diskutieren zu können, denn ich teile nur wenige ihrer Ansichten. Was diejenigen betrifft, die gegen die Behauptung protestieren, die menschliche Natur habe sich durch Evolution ergeben und dagegenhalten, sie sei von einer Sache namens Kultur de novo e zeugt worden, habe ich mehr Hoffnung. Ich glaube, ich werde sie dav überzeugen können, daß sich unsere Standpunkte miteinander ver baren lassen. Die menschliche Natur ist ein Produkt der Kultur, abe ie Kultur ist auch ein Produkt menschlicher Natur, und alle beide sin ro-dukte der Evolution. Das heißt keineswegs, daß ich von jetzt den Standpunkt vertrete, alles »liege in den Genen fest«. Davon bin weit entfernt. Ich werde energisch gegen die Auffassung angehen, j s psychologische Moment sei einzig und allein genetisch bedingt – d ebenso energisch werde ich der Vermutung entgegentreten, alles gemein Menschliche könne mit Genen nichts zu tun haben. Doch u ere »Kultur« müßte nicht so sein, wie sie ist. Die menschliche Kultur nnte sehr viel nuancenreicher und überraschender sein, als sie tatsächlich ist. Unsere nächsten Verwandten, die Schimpansen, leben in kunterbunt zusammengesetzten Gesellschaften, in denen die Weibchen so viele Geschlechtspartner suchen wie möglich und in denen ein Männchen die Jungen der Weibchen tötet, mit denen es sich nicht gepaart hat. Es gibt keine menschliche Gesellschaft, die diesem speziellen Verhaltensmuster auch nur im entferntesten ähnelt. Warum nicht? Weil die Natur des Menschen sich von der Natur des Schimpansen unterscheidet.

Wenn dem so ist, dann müssen Untersuchungen zur menschlichen Natur von weitreichender Bedeutung sein für Studien zur Geschichte, Soziologie, Psychologie, Anthropologie und Politik. Jede dieser Disziplinen ist ein Versuch, menschliches Verhalten zu verstehen, und wenn die zugrundeliegenden Universalien menschlichen Verhaltens das Produkt der Evolution sind, dann ist es von vitalem Interesse, zu verstehen, worin der Evolutionsdruck bestanden hat. Dennoch bin ich inzwischen zur Erkenntnis gelangt, daß nahezu alle Sozialwissenschaften so betrieben werden, als habe es das Jahr 1859, das Jahr der Veröffentlichung von *On the Origin of Species (Über die Entstehung der Arten durch natürliche Zuchtwahl)*, niemals gegeben; das ist reine Absicht, denn man beharrt darauf, daß die Kultur des Menschen Ausdruck seines freien Willens und seiner Erfindungsgabe sei, daß die Gesellschaft nicht das Produkt der menschlichen Psyche, sondern die Psychologie Produkt der menschlichen Gesellschaft sei.

So etwas klingt vernünftig und wäre großartig für jedermann, der an *social engineering* glaubt – wenn es denn wahr wäre; das aber ist es einfach nicht. Natürlich ist die Menschheit in moralischer Hinsicht frei, sich ohne Einschränkungen selbst zu gestalten und umzugestalten, doch wir verzichten darauf. Wir lösen uns bei der Regelung unserer Angelegenheiten nicht von den stets gleichbleibenden monotonen menschlichen Verhaltensmustern. Wären wir etwas wagemutiger, dann gäbe es Gesellschaften ohne Liebe, ohne Ehrgeiz, ohne sexuelles Verlangen, ohne Ehen, ohne Kunst, ohne Grammatik, ohne Musik, ohne Lächeln – und mit ebenso vielen unvorstellbaren Dingen an deren Stelle. Es gäbe Gesellschaften, in denen Frauen einander häufiger umbrächten als Männer, in denen alte Menschen für schöner gälten als Zwanzigjährige, in denen Reichtum es nicht ermöglichte, Macht über andere zu erwerben, in denen Menschen nicht ihre eigenen Freunde bevorteilten und Fremde zurücksetzten, in denen Eltern ihre eigenen Kinder nicht liebten.

Ich will damit nicht klagen – wie jene, die jammern »Man kann die menschliche Natur einfach nicht ändern« – und sagen, es sei ein sinnloses Unterfangen, Dinge wie die Rassendiskriminierung zu ächten, weil sie in der menschlichen Natur lägen. Gesetze gegen den Rassismus sind nicht wirkungslos, denn einer der ansprechenderen Aspekte menschlicher Natur ist die Tatsache, daß Menschen die Konsequenzen ihrer Handlungsweisen bedenken. Aber ich will damit sagen, daß wir selbst nach tausend Jahren strengster Anwendung von Gesetzen gegen den Rassismus nicht eines Tages schlagartig in der Lage sein werden, das Problem als erledigt zu betrachten und die Gesetze in der sicheren Gewißheit abzuschaffen, daß Rassenvorurteile nun der Vergangenheit angehören. Wir gehen – und das zu Recht – davon aus, daß ein Russe nach zwei Generationen totalitärer Herrschaft noch ein ebensolcher Mensch ist wie sein Großvater vordem. Weshalb aber tun die Sozialwissenschaften weiterhin so, als sei dies nicht der Fall: als sei menschliche Natur das Produkt von Gesellschaftsformen?

Hierbei handelt es sich um einen Fehler, den auch die Biologen eine Zeitlang gemacht haben. Sie glaubten, die Evolution schreite dadurch voran, daß die Veränderungen, die sich in einem Individuum im Laufe seines Lebens ansammeln, einander addieren. Diese Vorstellung war am deutlichsten von Jean-Baptiste Lamarck formuliert worden, aber auch Charles Darwin griff gelegentlich darauf zurück. Das klassische Beispiel in diesem Zusammenhang ist der Sohn eines Schmieds, der demzufolge die von seinem Vater im Laufe des Lebens erworbenen Muskeln geerbt haben müßte. Heute wissen wir, daß Lamarcks Vorstellung falsch ist, denn Organismen werden nach einer Art Kuchenrezept geformt, nicht aber nach den Entwurfskizzen eines Architekten, und es ist schlicht unmöglich, durch eine Veränderung des Kuchens Informationen in das Rezept einzubauen.[2] Die erste wirklich fundierte Kritik am Lamarckismus entsprang der Arbeit des deutschen Darwin-Anhängers August Weismann, der seine Überlegungen in den achtziger Jahren des vergangenen Jahrhunderts zu veröffentlichen begann.[3] Weismann stellte bei den meisten sich sexuell vermehrenden Organismen eine Besonderheit fest: Ihre Keimzellen – Ei und Spermium – bleiben ab dem Zeitpunkt ihrer Entstehung vom übrigen Körper getrennt. Er schrieb: »Da nun – wie ihre Entwicklung beweist – ein tiefer Gegensatz besteht zwischen der Substanz oder dem Plasma der unsterblichen Keimzellen und der vergänglichen Körperzellen, so werden wir diese Thatsachen nicht anders auslegen können, als dahin, daß in der Keimzelle beiderlei Plasmaarten potentia enthalten sind, die sich nun nach dem Eintritt der embryonalen Entwicklung früher oder später in Form gesonderter Zellen voneinander trennen.«[4]

Mit anderen Worten, nicht die Mutter ist unser Ursprung, sondern ihre Eierstöcke. Nichts von dem, was ihrem Körper oder ihrem Verstand im Laufe des Lebens widerfährt, kann unser eigenes Wesen beeinflussen. (Wenngleich das, was die Mutter erlebt, natürlich die Entwicklungsbedingungen des Ungeborenen verändern kann. Drogen- und Alkoholmißbrauch der Mutter können dazu führen, daß das Kind mit irreparablen Schäden zur Welt kommt.) Wir werden sündenfrei geboren. Weismann wurde wegen seiner Ansichten zu Lebzeiten nur allzu häufig verspottet. Die Entdeckung der Gene jedoch, der DNA*, aus der sie bestehen, und der Geheimschrift, in der die Botschaft der DNA verschlüsselt niedergelegt ist, hat seine Überlegungen in jeder Hinsicht bestätigt. Das Keimplasma bleibt in der Tat vom übrigen Körper getrennt.

Erst in den siebziger Jahren wurde man sich der ganzen Tragweite dieser Erkenntnis bewußt. Damals verfocht Richard Dawkins von der Oxford University die aufsehenerregende These, man müsse aus der Tatsache, daß es die Gene sind, die perfekte Kopien von sich selbst herstellen – nicht aber der Körper, der nur heranwächst –, unausweichlich folgern, daß der Körper lediglich ein evolutionäres Transportmittel für seine Gene darstelle. Indem die Gene den Körper dazu veranlassen, Dinge zu tun, die den Erhalt der Gene fördern – essen, überleben, Geschlechtsverkehr haben und Kinder großziehen –, erhalten die Gene sich selbst. Andere Arten von Körpern werden verschwinden. Nur Körper, die dem Überleben und der Erhaltung von Genen dienen, werden übrigbleiben.

Diese Überlegungen Dawkins' haben die Biologie bis zur Unkenntlichkeit verändert. Was bis dahin – trotz Darwin – eine in erster Linie deskriptive Wissenschaft gewesen war, wandelte sich nun zu einer Wissenschaft der funktionellen Zusammenhänge – ein entscheidender Unterschied. So wie kein Ingenieur im Traum daran dächte, einen Automotor ohne Rücksicht auf dessen Funktion (Antrieb von Rädern) zu beschreiben, so dächte auch kein Physiologe daran, einen Magen ohne Rücksicht auf dessen Funktion (Verdauung von Nahrung) zu beschreiben. Aber vor – sagen wir – 1970 waren die meisten Studenten und Wissenschaftler, die das tierische Verhalten, und eigentlich alle, die das menschliche Verhalten erforschten, damit zufrieden, ihre Befunde ohne jede Rücksicht auf mögliche Funktionen zu beschreiben. Die Gen-zentrierte Sichtweise der Welt hat dies für immer verändert. Im Jahre 1980 schließlich war man soweit, keinem Detail tierischen Balzverhaltens irgendeine Bedeutung beizumessen, solange es sich nicht in den Rahmen selektiver Konkurrenz von Genen einordnen ließ. Und im Jahre 1990 erschien es allmählich lächerlich, daß Menschen die einzigen Tiere sein sollten, die von dieser Logik ausgenommen wären. Wenn der Mensch

* Abkürzung für die englische Bezeichnung von Desoxyribonukleinsäure, ein Makromolekül, das die Erbinformationen speichert. (A.d.Ü.)

die Fähigkeit entwickelt haben sollte, sich über evolutionäre Gebote hinwegzusetzen, dann muß das für seine Gene irgendeinen Vorteil gehabt haben. Selbst die Emanzipation von der Evolution also, von der wir so gerne glauben, wir hätten sie erreicht, müßte daher deshalb stattgefunden haben, weil es der Replikation der Gene dienlich war.

In meinem Schädel befindet sich ein Gehirn, das seinerzeit dazu bestimmt war, sich den Bedingungen einer afrikanischen Savanne vor etwa drei Millionen Jahren bis vor etwa einhunderttausend Jahren anzupassen. Als meine Vorfahren vor ungefähr einhunderttausend Jahren nach Europa einwanderten (ich bin meiner Abstammung nach weißer Europäer), nahmen sie rasch eine Reihe von Merkmalen an, die dem sonnenarmen Klima der nördlichen Breiten angemessen waren: helle Haut zur Verhinderung von Rachitis*, Bärte beim männlichen Geschlecht und ein relativ kälteunempfindlicher Kreislauf. Im übrigen änderte sich ziemlich wenig: Schädelgröße, Körperproportionen und Zähne sind bei mir noch dieselben wie vor hunderttausend Jahren auch und dieselben wie bei einem Stammesangehörigen der San in Südafrika. Und es gibt auch nur wenig Anlaß zu glauben, die graue Substanz innerhalb meines Schädels habe sich stark verändert. Einhunderttausend Jahre sind schließlich nur dreitausend Generationen, ein kleiner Augenblick der Evolution, gleichbedeutend mit anderthalb Tagen im Dasein einer Bakterienkultur. Hinzu kommt, daß bis vor gar nicht langer Zeit das Leben eines Europäers dem eines Afrikaners in seinen Grundzügen sehr ähnlich war: Beide gingen auf die Jagd, um sich mit Fleisch zu versorgen, und sammelten Pflanzen. Beide lebten in Sozialverbänden. Bei beiden waren die Kinder bis zum späten Jugendalter von den Eltern abhängig. Beide verwandten Stein, Knochen, Holz und Pflanzenfasern, um Werkzeuge herzustellen. Beide gaben ihr Wissen mittels einer komplexen Sprache an die nächste Generation weiter. Solche evolutionären Errungenschaften wie Ackerbau, Metallverarbeitung und Schrift kamen erst vor etwa dreihundert Generationen auf, vor viel zu kurzer Zeit also, als daß sie in meinem Gehirn viele Spuren hätten hinterlassen können. Es gibt deshalb so etwas wie eine universelle menschliche Natur, die allen Völkern gemeinsam ist. Gäbe es im heutigen China noch wie vor ei-

* Rachitis ist eine Vitamin-D-Mangelkrankheit. Vitamin D wird im Körper unter Einfluß des Sonnenlichts gebildet. Helle Haut filtert die ultraviolette Strahlung weniger als dunkle.

nigen Millionen Jahren lebende Nachkommen des *Homo erectus*, deren Intelligenz sich mit unserer vergleichen ließe, dann könnte man wahrhaftig sagen, daß diese eine andere – aber immer noch eine menschliche – Natur besäßen.[5] Bei ihnen gäbe es vielleicht keine dauerhaften Paarbeziehungen von der Form, die wir als Ehe bezeichnen, keine Vorstellung von romantischer Liebe und keine Beteiligung der Väter an elterlichen Pflichten. Wir könnten mit ihnen einige hochinteressante Diskussionen zu diesen Themen führen. Doch solche Menschen gibt es nicht. Wir sind alle eine eng zusammenhängende Familie, entstammen alle einem kleinen Zweig des modernen *Homo-sapiens*-Volkes, das bis vor einhunderttausend Jahren in Afrika lebte.

So wie die menschliche Natur an jedem Ort dieselbe ist, so war und ist sie auch deutlich erkennbar zu jeder Zeit dieselbe. Ein Schauspiel von Shakespeare handelt von Motiven, unangenehmen Situationen, Gefühlen und Persönlichkeiten, die uns sofort vertraut erscheinen. Falstaffs Pathos, Jagos List, Leontes Eifersucht, Rosalindes Unbeirrbarkeit und Malvolios Verlegenheit sind über vierhundert Jahre unverändert geblieben. Shakespeare schrieb über dieselbe menschliche Natur, mit der wir es heute zu tun haben. Lediglich seine Sprache ist gealtert (und sie ist erworben, nicht angeboren). Wenn ich *Antonius und Kleopatra* sehe, dann erlebe ich eine vierhundert Jahre alte Interpretation einer zweitausend Jahre alten Geschichte. Dennoch käme ich niemals auf die Idee, Liebe könnte damals etwas anderes gewesen sein als heute. Man muß mir nicht erklären, weshalb Antonius in den Bann einer wunderschönen Frau gerät. Über Zeit und Raum hinweg sind die Grundlagen unserer Natur universell und ganz spezifisch menschlich.

Der einzelne in der Gesellschaft

Nachdem ich nun die ganze Zeit betont habe, daß alle Menschen gleich sind und daß dieses Buch sich mit ihrer gemeinsamen menschlichen Natur auseinandersetzen soll, wird es nun den Anschein haben, als behaupte ich im folgenden das Gegenteil – und doch ist es kein Widerspruch.

Menschen sind Individuen. Jedes Individuum unterscheidet sich ein wenig vom anderen. Gesellschaften, in denen die Mitglieder wie identische Marionetten behandelt werden, geraten rasch in Schwierigkeiten. Wirtschaftswissenschaftler und Soziologen, die der Ansicht sind, Individuen handelten aus sich heraus im Kollektiv und gehorchten nicht ihren eigenen Interessen (»Jeder nach seinen Fähigkeiten, jedem nach seinen Bedürfnissen«[6] im Gegensatz zu: »Den letzten beißen die Hunde«), werden nur allzubald eines Besseren belehrt. Eine Gesellschaft besteht so sicher aus konkurrierenden Individuen, wie ein Markt aus konkurrierenden Händlern besteht; im Brennpunkt ökonomischer und soziologischer Theorien muß das Individuum stehen. Ähnlich der Tatsache, daß es die Gene sind, die sich selbst kopieren, und nicht der Körper, so sind es auch die einzelnen und nicht die Gesellschaften, welche als Transportmittel für Gene fungieren. Und die fürchterlichsten Bedrohungen, denen ein menschliches Wesen auf dem Weg zu seinem naturgegebenen Ziel, Nachkommen in die Welt zu setzen, ausgesetzt ist, stammen von anderen menschlichen Individuen.

Es ist bemerkenswert an der menschlichen Spezies, daß zwei Menschen niemals identisch sind. Kein Sohn ist seinem Vater exakt nachgebildet, keine Tochter gleicht genau ihrer Mutter, kein Mann ist seines Bruders Ebenbild und keine Frau eine Kopie ihrer Schwester – mit der seltenen Ausnahme eineiiger Zwillingspaare. Jeder Idiot kann Vater oder Mutter eines Genies sein – und umgekehrt. Jedes Gesicht und jeder Satz von Fingerabdrücken ist absolut einzigartig. Diese Unverwechselbarkeit geht beim Menschen tatsächlich weiter als bei jedem anderen Tier. Jedes Individuum ist in irgendeiner Weise ein Spezialist, ob es sich nun um einen Schweißer, eine Hausfrau, einen Stückeschreiber oder eine Prostituierte handelt. Seinem Verhalten ebenso wie seiner äußeren Erscheinung nach ist jeder Mensch einzigartig.

Wie paßt das zusammen? Wie kann es eine universelle artspezifische menschliche Natur geben, wenn jeder Mensch einzigartig ist? Die Lösung für dieses Paradoxon findet sich in einem Vorgang namens Sexualität. Denn die Fortpflanzung ist es, welche die Gene zweier Menschen miteinander vermischt, die Hälfte dieser Mischung ausrangiert und damit sicherstellt, daß kein Kind seinen Eltern genau gleicht. Sie führt aber durch diese Vermischung gleichzeitig dazu, daß schließlich alle Gene zum Genpool der gesamten Spezies beitragen. Die Fortpflanzung ist also einerseits für die Unterschiede zwischen einzelnen Individuen verantwortlich, sie stellt aber gleichzeitig auch sicher, daß diese Unterschiede niemals allzuweit von einem goldenen Mittelmaß für die gesamte Spezies entfernt sind.

Eine einfache Rechnung macht diesen Gedanken deutlich. Jeder Mensch hat zwei Eltern, vier Großeltern, acht Urgroßeltern, sechzehn Ururgroßeltern und so weiter. Vor nur dreißig Generationen – ungefähr im Jahre 1066* – hatten Sie mehr als eine Milliarde direkter Vorfahren in derselben Generation (2^{30}). Da zu jener Zeit auf der ganzen Welt weniger als eine Milliarde Menschen lebte, wurden viele dieser Menschen zwei- oder dreimal zu Ihren Vorfahren. Wenn Sie wie ich britischer Abstammung sind, haben Sie eine reelle Chance, daß nahezu alle der im Jahre 1066 lebenden Briten zu ihren Vorfahren zählen, unter anderem König Harald, Wilhelm der Eroberer, irgendein Dienstmädchen vom Lande und der geringste Lehnsmann (alle braven Mönche und Nonnen allerdings ausgenommen). Damit werden Sie mehrfach zu einem entfernten Cousin aller anderen heute lebenden Briten – mit Ausnahme der Kinder kürzlich eingewanderter Personen. Alle Briten stammen von der gleichen Handvoll Leute ab, die vor nur dreißig Generationen gelebt haben. Kein Wunder, daß bei den Menschen (und jeder anderen sich sexuell fortpflanzenden Art) eine gewisse Gleichförmigkeit besteht. Die Fortpflanzung erzwingt dies durch ihr immerwährendes Beharren auf dem gemeinsamen Besitz von Genen.

Geht man noch ein wenig weiter zurück, gelangt man bald an den Punkt, an dem die Rassen verschmelzen. Vor wenig mehr als dreitausend Generationen lebten alle unsere Vorfahren in Afrika, ein paar Millionen einfacher Jäger und Sammler, in Physiologie und Psychologie vom modernen Menschen kaum zu unterscheiden.[7] Die Unterschiede zwischen den Rassen sind daher nur äußerlich augenfällig. Nur ganz wenige Gene bestimmen die Hautfarbe, Physiognomie oder den Körperbau. Die genetischen Unterschiede zwischen zwei beliebigen Menschen derselben Rasse können sehr viel größer sein als zwischen zwei Angehörigen verschiedener Rassen. Einer Schätzung zufolge können lediglich sieben Prozent der genetischen Unterschiede zwischen zwei Individuen der Tatsache zugerechnet werden, daß sie verschiedenen Rassen angehören; fünfundachtzig Prozent der genetischen Unterschiede lassen

* Für die Briten ein wichtiges Datum: In der Schlacht bei Hastings besiegte der normannische Herzog Wilhelm II. die Angelsachsen und ließ sich zum König von England krönen. (A.d.Ü.)

sich auf rein individuelle Variabilität zurückführen (der Rest hat mit Stammeszugehörigkeit oder Nationalität zu tun). Mit den Worten zweier Wissenschaftler: »Der durchschnittliche genetische Unterschied zwischen einem peruanischen Bauern und seinem Nachbarn und der zwischen einem Schweizer Dorfbewohner und seinem Nachbarn ist zwölfmal so groß wie der Unterschied zwischen dem ›Durchschnittsgenotyp‹ der schweizerischen Bevölkerung und dem ›Durchschnittsgenotyp‹ der peruanischen Bevölkerung.«[8]

Das ist nicht komplizierter zu erklären als ein Kartenspiel: In jedem Stück gibt es Asse und Könige und Zweien und Dreien. Ein vom Glück begünstigter Spieler erhält ein gutes Blatt, doch keine seiner Karten ist einzigartig. Im gleichen Raum sitzen noch andere Spieler mit derselben Art von Karten in der Hand. Aber selbst mit nur dreizehn verschiedenen Kartentypen ist jedes Blatt anders, und manchmal ist ein Blatt ungewöhnlich viel besser als die anderen. Sexualität ist nur der Geber, der von einem Stapel genetischer Karten, die allesamt der ganzen Art zur Verfügung stehen, ein jeweils einzigartiges Blatt für jeden Spieler ausgibt.

Die Einzigartigkeit von Individuen ist aber nur ein Gesichtspunkt dessen, was Sexualität für die menschliche Natur bedeutet. Ein weiterer Gesichtspunkt ist die Tatsache, daß es genaugenommen zwei menschliche Naturen gibt: eine weibliche und eine männliche. Die beiden Geschlechtern zugrundeliegende Asymmetrie führt unausweichlich zu einer unterschiedlichen Natur beider Geschlechter, einer Natur, die der jeweiligen Rolle beider Geschlechter angepaßt ist. So konkurrieren zum Beispiel in aller Regel eher Männer um Frauen als umgekehrt. Es gibt gute evolutionshistorische Gründe dafür und auch klare evolutionsgeschichtliche Konsequenzen: Männer sind zum Beispiel aggressiver als Frauen.

Ein dritter Gesichtspunkt der Sexualität besteht schließlich darin, daß jeder andere heute lebende Mensch eine potentielle Genquelle für Ihre Kinder ist. Wir stammen ausschließlich von Menschen ab, die nach den besten Genen gesucht haben, ein Verhalten, das wir von unseren Vorfahren geerbt haben. Wenn Sie also nach jemandem mit guten Genen Ausschau halten, dann handeln Sie so, weil Sie dieses Verhalten geerbt haben; oder, um es prosaischer auszudrücken, Menschen fühlen sich zu Menschen mit hohem reproduktivem und genetischem Potential hingezogen – den Gesunden, Fähigen und Mächtigen. Die Konsequenzen aus dieser Tatsache, die als sexuelle Selektion bezeichnet wird, können, wie wir in späteren Kapiteln sehen werden, im Extremfall grotesk sein.

Wir müssen uns fragen: »Warum?«

Wenn man von der Funktion der Sexualität oder eines anderen menschlichen Verhaltens spricht, so ist das stark verkürzt formuliert. Ich denke in diesem Zusammenhang nicht an die teleologische Sinnsuche oder die Frage nach der Existenz eines höheren planenden Wesens, das ein bestimmtes Ziel vor Augen hat. Noch weniger gehe ich von einer Voraussicht oder einem Bewußtsein auf seiten der Sexualität selbst oder der Menschheit aus. Ich beziehe mich lediglich auf die verblüffende Macht der Anpassung, die Charles Darwin so trefflich gewürdigt hat und die von vielen seiner modernen Kritiker so wenig verstanden wird. Denn ich muß mich an dieser Stelle dazu bekennen, ein Adaptionist zu sein – eine recht ungeschliffene Bezeichnung für jemanden, dessen Überzeugung es ist, daß Tiere und Pflanzen, ihre Körperteile und ihr Verhalten zum großen Teil dazu angelegt sind, bestimmte Probleme zu lösen.[9]

Lassen Sie mich das erklären. Das menschliche Auge ist dazu »angelegt«, ein Bild der sichtbaren Welt auf der Netzhaut zusammenzusetzen; der menschliche Magen ist dazu »angelegt«, Nahrung zu verdauen; es ist widersinnig, solche Tatsachen zu leugnen. Die einzige Frage ist, auf welche Weise es dazu gekommen ist, daß diese Organe zu diesen Zwecken angelegt wurden. Und die einzige Antwort, die der Prüfung durch Zeit und kritische Betrachtungen standgehalten hat, lautet: Einen Planer gab es nicht. Moderne Menschen stammen vor allem von jenen Menschen ab, deren Augen und Mägen besser für die Bewältigung ihrer jeweiligen Aufgaben geeignet waren als die anderer Menschen. Kleine, zufällige Verbesserungen der Verdauungstätigkeit des Magens und der Sehfähigkeit des Auges wurden somit deshalb vererbt, weil diejenigen Menschen mit schlechter Verdauung und mangelhaftem Sehvermögen nicht lange genug lebten oder sich nicht erfolgreich fortgepflanzt haben.

Menschen empfinden die Vorstellung von funktionsbezogener Planung als sehr anschaulich und haben kaum Schwierigkeiten, die Analogie zur Anlage des Auges zu begreifen. Die Vorstellung von »geplantem« Verhalten liegt für uns jedoch offenbar weit weniger nahe – hauptsächlich deshalb, weil wir davon ausgehen, daß zweckgerichtetes Verhalten ein Hinweis auf eine bewußte Entscheidung ist. Ein Beispiel mag verdeutlichen, was ich meine. Es gibt eine kleine Wespe, die ihre Eier in Gewächshausfliegen injiziert, in denen aus den Eiern neue Wespen heranwachsen, indem die Larven ihre Wirtsfliege von innen heraus auffressen. Traurig, aber wahr. Stellt eine dieser Wespen jedoch während der Eiablage fest, daß die betreffende Fliege bereits von einer anderen Wespe befallen ist, dann tut sie etwas bemerkenswert Intelligentes. Sie hält von dem Ei, das sie zu legen beabsichtigt, das Sperma zurück und legt ein unbefruchtetes Ei in die Wespenlarve im Inneren dieser Gewächshausfliege. (Es ist eine Besonderheit von Wespen und Ameisen, daß sich bei ihnen unbefruchtete Eier zu Männchen entwickeln, alle befruchteten Eier hingegen zu Weibchen.) Das »Intelligente« an dem Verhalten der Mutterwespe besteht darin, zu erkennen, daß in einer bereits befallenen Fliege weniger Nahrung zur Verfügung steht als in einem nichtbefallenen Wirt. Die Wespe, die aus dem Ei heranwächst, wird deshalb klein und kümmerlich sein. Bei dieser Spezies aber sind die Männchen klein und die Weibchen groß. Es ist deshalb »klug« von der Mutterwespe, sich dafür zu »entscheiden«, ihren Nachwuchs männlich werden zu lassen, wenn sie weiß, daß er ohnehin nicht groß werden kann.

Natürlich ist das Unsinn. Sie ist nicht »klug«; sie »entscheidet« nichts, und sie »weiß« nicht, was sie tut. Sie ist nur eine winzigkleine Wespe mit einer Handvoll Hirnzellen und kann absolut nicht bewußt denken. Sie ist ein Automat, der die einfachen Anweisungen seines neuralen Programms ausführt: *Falls Fliege befallen, Sperma zurückhalten.* Ihr Programm ist über Millionen von Jahren durch natürliche Selektion gestaltet worden: Wespen mit der ererbten Neigung, ihr Sperma zurückzuhalten, wenn sie ihr Opfer bereits befallen vorfanden, hatten mehr erfolgreiche Nachkommen als solche, die das nicht taten. In derselben Weise also, in der die natürliche Selektion ein Auge zum »Zweck« des Sehens »geplant« hat, hat sie auch ein Verhalten erzeugt, das »geplant« zu sein scheint, den Bedürfnissen einer Wespe zu genügen.[10]

Diese »machtvolle Illusion von vorsätzlicher Planung«[11] ist eine so grundlegende Vorstellung und doch so einfach, daß es kaum nötig scheint, sie zu wiederholen. Richard Dawkins hat sie in seinem wunderbaren Buch *The Blind Watchmaker* ausführlich untersucht und erklärt.[12] Im Rahmen meines Buches werde ich von der Hypothese ausgehen, daß ein Verhaltensmuster, ein genetischer Mechanismus oder eine Geisteshaltung um so stärker auf eine bestimmte Funktion zugeschnitten sind, je höher der Grad ihrer jeweiligen Komplexität ist. So wie uns die Komplexität des Auges zwingend zu dem Schluß veranlaßt, daß seine Funktion das Sehen ist, so läßt die Komplexität sexueller Anziehungskraft darauf schließen, daß die Funktion der Sexualität der genetische Austausch ist.

Mit anderen Worten: Ich glaube, daß es immer nützlich ist zu fragen: »Warum ist etwas so, wie es ist?« Das, was die Wissenschaft hauptsächlich ausmacht, ist das trockene Geschäft, herauszufinden, wie das Universum funktioniert, wie die Sonne scheint oder wie Pflanzen wachsen. Die meisten Wissenschaftler führen ein Leben, das voller »Wie«-Fragen ist, nicht voller »Warum«-Fragen. Bedenken Sie jedoch einen Moment lang den Unterschied zwischen der Frage »Warum verliebt sich ein Mann?« und der Frage »Wie verliebt sich ein Mann?« Die Antwort auf die zweite Frage wird sich um rein technische Dinge drehen. Männer verlieben sich, weil Hormone auf die Gehirnzellen einwirken und umgekehrt – oder aufgrund eines ähnlichen physiologischen Effekts. Eines schönen Tages wird irgendein Wissenschaftler ganz genau wissen, wie das Gehirn eines jungen Mannes plötzlich von dem Bild einer ganz bestimmten jungen Frau besessen sein kann, Molekül für Molekül. Aber die »Warum«-Frage erscheint mir interessanter, denn die Antwort darauf berührt den Kern dessen, was die menschliche Natur zu dem gemacht hat, was sie ist.

Warum hat sich dieser Mann in diese Frau verliebt?

Weil sie hübsch ist.

Warum spielt das Aussehen dabei eine Rolle?

Weil Menschen eine im großen und ganzen monogame Spezies darstellen, so daß Männer in bezug auf ihre Gefährtinnen wählerisch sind (Schimpansenmännchen hingegen nicht); gutes Aussehen ist ein Zeichen von Jugend und Gesundheit, welche ihrerseits wieder Zeichen von Fruchtbarkeit sind.

Warum spielt die Fruchtbarkeit seiner Partnerin für den Mann eine Rolle?

Weil seine Gene andernfalls von den Genen der Männer verdrängt würden, für die dieser Punkt wichtig ist.

Was kümmert ihn das?

Das tut es überhaupt nicht, aber seine Gene verhalten sich so, als kümmerte es sie. Wer eine unfruchtbare Partnerin wählt, hinterläßt keine Nachkommen. Somit stammt jeder von Männern ab, die fruchtbare Frauen bevorzugten, und jeder erbt von seinen Vorfahren dieselbe Vorliebe.

Warum ist dieser Mann Sklave seiner Gene?

Ist er nicht. Er hat einen freien Willen.

Aber Sie haben doch gerade gesagt, er ist verliebt, weil das für seine Gene von Vorteil ist.

Es steht ihm frei, das Diktat seiner Gene zu mißachten.

Weshalb wollen seine Gene überhaupt mit ihren Genen zusammenkommen?

Weil das die einzige Möglichkeit für sie ist, in die nächste Generation zu gelangen; beim Menschen gibt es zwei Geschlechter, die sich nur fortpflanzen können, wenn sie ihre Gene miteinander vermischen.

Warum gibt es beim Menschen zwei Geschlechter?

Weil im Falle beweglicher Organismen Hermaphroditen weniger gut geeignet sind, zwei Dinge zur gleichen Zeit zu tun, als Männer und Frauen, die jeweils nur die eine *oder* die andere Sache tun. Deshalb wurden hermaphroditische Urtiere von Urtieren verdrängt, die sich sexuell fortpflanzten.

Warum aber nur zwei Geschlechter?

Weil das die einzige Möglichkeit war, einen lange andauernden genetischen Austausch zwischen verschiedenen Gensätzen zu unterhalten.

Was?

Ich erkläre das später.

Aber warum braucht sie ihn? Warum machen ihre Gene nicht einfach die Babys allein, ohne auf seinen Beitrag zu warten?

Von allen Warum-Fragen ist letztere die grundlegendste, und deshalb soll das nächste Kapitel mit ihr beginnen.

In der Physik gibt es keinen großen Unterschied zwischen einer Warum-Frage und einer Wie-Frage. Wie dreht sich die Erde um die Sonne? Durch die Anziehungskraft der Gravitation. Warum dreht sich die Erde um die Sonne? Wegen der Gravitation. Die Evolution aber sorgt dafür, daß die Biologie ein ganz anderes Spiel ist, denn sie beinhaltet eine ungewisse Vergangenheit. Wie der Anthropologe Lionel Tiger es ausdrückt: »Notwendigerweise werden wir in gewissem Sinne gezwungen, gedrängt oder zumindest beeinflußt von der geballten Macht selektiver Entscheidungen, die im Verlaufe von Tausenden von Generationen gefallen sind.«[13] Schwerkraft bleibt Schwerkraft, wie auch immer die Würfel der Geschichte fallen. Ein Pfau ist deshalb ein so prächtiger Pfau, weil an irgendeinem Punkt der Geschichte die Urpfauenhennen damit aufhörten, ihre Partner nach prosaischen Nützlichkeitskriterien auszuwählen, und statt dessen einer modischen Vorliebe für prächtige Verzierungen frönten. Jedes lebende Wesen ist ein Produkt seiner Vergangenheit. Wenn ein Neodarwinist fragt »Warum?«, fragt er im Grunde »Wie ist es dazu gekommen?« Er ist ein Historiker.

Konflikt und Kooperation

Eine Besonderheit der Geschichte ist, daß die Zeit jeden Vorteil zunichte macht. Jede Erfindung führt über kurz oder lang zu einer Gegenerfindung. Jeder Erfolg trägt den Samen seiner eigenen Niederlage in sich. Jede Vorherrschaft findet ihr Ende. Die Evolutionsgeschichte macht da keine Ausnahme. Fortschritt und Erfolg sind stets relativ. Als das Land noch nicht von Tieren besiedelt war, konnte das erste Amphibium, welches das Meer verließ, es sich noch leisten, fischähnlich auszusehen und langsam und behäbig einherzuschreiten, denn es hatte keine Feinde und keine Konkurrenten. Wenn es jedoch heutzutage einen Fisch an Land zöge, würde er sicher sehr schnell von einem Fuchs verschlungen. In der Geschichte ist ebenso wie in der Evolution jeder Fortschritt eine vergebliche Sisyphusarbeit, die darin besteht, immer an ungefähr demselben Ort zu verbleiben, indem man in allem immer besser wird. Autos bewegen sich nicht rascher durch Londons überfüllte Straßen als Pferdekutschen vor hundert Jahren. Computer haben keinen Einfluß auf die Produktivität, denn die Menschen lernen, Aufgaben, die leichter geworden sind, komplizierter zu machen und zu wiederholen.[14]

Dieses Konzept, daß jeglicher Fortschritt relativ ist, wurde in der Biologie bekannt als der »Rote-Königin-Effekt«, benannt nach einem Erlebnis des Mädchens Alice aus Lewis Carrolls Erzählung *Alice hinter den Spiegeln*. Alice begegnet im Land hinter den Spiegeln der Roten Königin, einer Schachfigur, die unablässig rennt, ohne dabei vom Fleck zu kommen; die Landschaft um sie herum bewegt sich ständig mit ihr. Diese Vorstellung gewinnt in der Evolutionstheorie mehr und mehr an Einfluß, und sie wird auch in diesem Buch immer wieder herangezogen. Je schneller man läuft, um so rascher bewegt sich die Welt um einen herum und um so weniger Fortschritte erzielt man. Das Leben ist ein Schachturnier, bei dem man im Falle eines Sieges das nächste Spiel mit dem Handicap beginnt, daß ein Bauer fehlt.

Die Rote Königin ist nicht bei allen evolutionsgeschichtlichen Ereignissen am Werk. Betrachten wir zum Beispiel einen Eisbären mit seinem dicken Pelz aus weißem Fell. Der Pelz ist deshalb so dick, weil die Ureisbären besser überleben und sich fortpflanzen konnten, wenn sie nicht froren. Es gab also einen relativ einfachen Evolutionsfortschritt: je dicker das Fell, um so weniger frierende Bären. Das Klima veränderte sich dadurch jedoch nicht. Nun ist das Eisbärenfell noch aus einem anderen Grunde weiß: zur Tarnung. Weiße Bären können sich sehr viel leichter an Robben heranschleichen als braune Bären. Vermutlich war es irgendwann in grauer Vorzeit leicht, sich an arktische Robben heranzuschleichen, weil diese keine Feinde auf dem Eis fürchteten – so wie heutzutage die antarktischen Robben auf dem Eis noch vollkommen arglos sind. In jenen Tagen hatten es die Protoeisbären leicht, Robben zu fangen. Bald aber kam es dazu, daß nervöse, mißtrauische Robben länger lebten als vertrauensselige, und so wurden die Robben allmählich vorsichtiger. Für die Bären wurde das Leben schwerer. Sie mußten sich still und heimlich an die Robben heranschleichen, doch die sahen sie bereits von weitem. Bis eines Tages (vielleicht nicht ganz so plötzlich, aber das ist auch nicht ausschlaggebend) durch eine Zufallsmutation eine Bärin weiße Junge statt brauner bekam. Diese gediehen und vermehrten sich, denn die Robben sahen sie nun nicht mehr von weitem. Die Evolutionsleistung der Robben war vergeblich gewesen; sie befanden sich wieder an dem Punkt, an dem sie zuvor gewesen waren. Die Rote Königin hatte zugeschlagen.

In der Welt der Roten Königin wird jeder von Ihnen erreichte Evolutionsschritt relativ bleiben, solange Ihr Widersacher lebt und in hohem Maße von Ihnen abhängt (beziehungsweise in hohem Maße darunter zu leiden hat, wenn Sie gut gedeihen) wie im Falle von Eisbären und Robben. Der Rote-Königin-Effekt wird also in besonderem Maße zwischen Räuber und Beute, Parasit und Wirt und Männchen und Weibchen derselben Spezies zum Tragen kommen. Jedes Geschöpf auf dieser Welt befindet sich mit seinen Parasiten (oder Wirten), seinen Räubern (oder seiner Beute) und vor allem mit seinem Partner in einem Schachturnier nach dem Reglement der Roten Königin.

So wie Parasiten von ihren Wirten abhängen und sie dennoch schädigen, so wie Tiere ihren Partner ausnutzen und ihn dennoch brauchen, so klingt auch bei der Roten Königin grundsätzlich noch ein zweites Thema mit – es handelt sich um eine Verquickung von Kooperation und Konflikt. Die Beziehung zwischen einer Mutter und ihrem Kind ist einigermaßen durchsichtig: Beide streben nach demselben Ziel – dem eigenen Wohlergehen und dem des anderen. Die Beziehung zwischen einem Mann und dem Liebhaber seiner Frau oder zwischen einer Frau und ihrer Rivalin um eine bessere Stellung ist ebenfalls ziemlich geradlinig: Beide wünschen einander das Schlechteste. Im ersten Fall geht es nur um Kooperation, in den beiden anderen nur um Konflikt und Konkurrenz. Wie aber ist die Beziehung zwischen einer Frau und ihrem Ehemann? Es ist eine Kooperation in dem Sinne, daß jeder für den anderen das Beste will. Aber warum? Um einander auszubeuten. Ein Mann nutzt seine Frau aus, indem er sie seine Kinder zur Welt bringen läßt. Eine Frau nutzt ihren Ehemann aus, indem sie ihn die Kinder zeugen und bei deren Erziehung helfen läßt. Ehe bewegt sich auf dem schmalen Grat zwischen einem kooperativen Unternehmen und gegenseitiger Ausbeutung – fragen Sie jeden beliebigen Scheidungsanwalt. In erfolgreichen Ehen werden die Kosten von den gegenseitigen Vorteilen in solchem Maße übertroffen, daß die Kooperation im Vordergrund steht; in erfolglosen Ehen nicht.

Es ist eines der großen, immer wiederkehrenden Themen menschlicher Geschichte: die Balance zwischen Kooperation und Konflikt. Unter dem Druck, sie zu bewahren, stehen Regierungen und Familien, Liebende und Rivalen. Sie ist der Schlüssel zur Ökonomie. Dies ist, wie wir sehen werden, eines der ältesten Themen der Lebensgeschichte, denn bis hinunter auf das Niveau der Gene kehrt es unablässig wieder. Seine Hauptgrundlage aber ist die Sexualität. Auch sie ist – so wie eine Ehe – ein kooperatives Unternehmen zwischen zwei rivalisierenden Gensätzen – Ihr Körper ist die Plattform für diese angespannte Koexistenz.

Die Qual der Wahl

Eine von Darwins weniger bekannten Thesen lautete, daß sich die Geschlechtspartner im Tierreich wie Pferdezüchter verhalten, die ununterbrochen bestimmte Typen selektionieren und die Rasse somit unaufhörlich verändern. Diese Theorie der sexuellen Selektion wurde nach Darwins Tod über viele Jahre hinweg ignoriert und ist erst vor kurzem wieder in Mode gekommen. Ihre Grunderkenntnis besteht darin, daß das Ziel eines Tieres nicht das bloße Überleben ist, sondern die Fortpflanzung. Und tatsächlich steht in Fällen, in denen es zu einem Konflikt zwischen Fortpflanzung und Überleben kommt, die Fortpflanzung im Vordergrund. Lachse zum Beispiel verhungern während der Laichzeit. Bei Spezies mit sexueller Fortpflanzung gilt es, einen geeigneten Partner zu finden und diesen dazu zu bringen, ein paar von seinen Genen abzugeben: Dieses Ziel ist von so zentraler Bedeutung für die Entwicklung von Leben, daß es nicht nur den Bauplan des Körpers beeinflußt hat, sondern auch die Beschaffenheit der Psyche. Einfach ausgedrückt: Alles, was den Reproduktionserfolg erhöht, wird sich auf Kosten aller anderen Dinge ausbreiten, die solches nicht tun – auch dann, wenn dadurch das Überleben gefährdet wird.

Die sexuelle Selektion läßt ebenso den Eindruck einer zweckgerichteten »Planung« entstehen wie die natürliche Selektion. Und so wie sie ein Geweih für den Kampf mit dem Rivalen im sexuellen Wettbewerb und einen Pfauenschwanz zum Zwecke der Verführung hat entstehen lassen, so ist die Psyche eines Mannes darauf ausgerichtet, Dinge zu tun, die sein Überleben gefährden, aber seine Chancen erhöhen, eine oder mehrere wertvolle Geschlechtspartnerinnen zu gewinnen. Testosteron selbst, Elixier aller Männlichkeit, erhöht die Anfälligkeit für Infektionskrankheiten. Das stärker wettbewerbsorientierte Wesen eines Mannes ist das Ergebnis sexueller Selektion. Männer haben sich dahingehend entwickelt, gefährlich zu leben, denn der Erfolg im Wettstreit oder in der Schlacht führte oftmals zu mehr oder besseren sexuellen Eroberungen und zu mehr überlebenden Kindern. Wenn Frauen gefährlich leben, dann gefährden sie dadurch lediglich die Kinder, die sie bereits haben. Ebenso ist die enge Verknüpfung von weiblicher Schönheit und weiblichem Fortpflanzungspotential (eine schöne Frau ist definitionsgemäß jung und gesund; im Vergleich zu älteren Frauen wird sie daher fruchtbarer sein und eine längere Fortpflanzungsspanne vor sich haben) eine Folge der sexuellen Selektion, die sowohl auf die männliche Psyche als auch auf den weiblichen Körper wirkt. Ein Geschlecht formt das andere. Die Figur einer Frau gleicht deshalb einer Sanduhr, weil Männer das immer bevorzugt haben. Männer besitzen ein aggressiveres Wesen, weil Frauen dies immer bevorzugt haben (beziehungsweise aggressiven Männern erlaubt haben, andere Männer im Wettbewerb um Frauen zu übertreffen – das läuft auf dasselbe hinaus). Dieses Buch wird schließlich mit der erstaunlichen Theorie enden, daß der menschliche Intellekt selbst das Produkt sexueller Selektion und nicht der natürlichen Selektion zu verdanken ist. Heutzutage sind die meisten Evolutionsanthropologen der Ansicht, daß ein größeres Gehirn zum Reproduktionserfolg beitrug: Entweder indem es Männer in die Lage versetzte, andere Männer zu überlisten und auszubooten (und Frauen dazu, andere Frauen zu überlisten und auszubooten), oder indem es ursprünglich zur Werbung und zur Verführung eines Mitglieds des jeweils anderen Geschlechts eingesetzt wurde.

Die Entdeckung und Beschreibung der menschlichen Natur und dessen, wie sie sich von der Natur anderer Tiere unterscheidet, ist eine der interessantesten Aufgaben, die sich der Wissenschaft jemals stellten, gleichrangig mit der Jagd nach dem Atom, dem Gen und dem Ursprung des Universums. Und dennoch ist es eine Frage, vor der die Wissenschaft stets und ständig zurückgeschreckt ist. Die größten »Experten« zum Thema menschliche Natur, die unsere Spezies hervorgebracht hat, waren Menschen wie Buddha und Shakespeare – keine Wissenschaftler oder Philosophen. Die Biologen bleiben bei Tieren. Jene, die versuchen, die Grenze zu überschreiten, wie Edward Wilson von der Harvard University in seinem 1975 erschienenen Buch *Sociobiology – The New Synthesis*, werden politischer Motive bezichtigt und geschmäht.[15] Unterdessen vertreten die Humanwissenschaften die Auffassung, Untersuchungen an Tieren seien für Untersuchungen am Menschen bedeutungslos und es gebe nichts Derartiges wie eine universelle menschliche Natur. Die Folge ist, daß die Wissenschaft, die bei der Formulierung der Urknalltheorie oder der Entschlüsselung der DNA mit größter Umsicht und Gelassenheit bahnbrechende Erfolge erzielte, sich bei der Klärung dessen, was der Philosoph David Hume als die größte aller Fragen bezeichnete, so außerordentlich unbeholfen anstellt: Weshalb ist die menschliche Natur so, wie sie ist?

Zwei

Das Mysterium

Sproß folgt auf Sproß in ewiggleichem Streben,
Im Sohn unsterblich wird des Vaters Leben.
Ein Jahr ums andere erhält sich so die Zunft,
Gleich im Gebaren, gleich auch an Vernunft.
Bis einst, genau wie junge Knospen bald schon nicht mehr zieren,
Und wie Insektenschwärme sich im Nichts verlieren,
Wachsende Sehnsucht sich im schwang'ren Elter rührt
Und frommen Wunsch nach sanfterem Geschlechte schürt ...

Erasmus Darwin,
The Temple of Nature,
or the Origin of Society

Zog, die Marsianerin, lenkte ihr Fahrzeug vorsichtig in eine neue Umlaufbahn und bereitete sich auf den Wiedereintritt in eine Öffnung auf der erdabgewandten Seite des Planeten vor, der Seite, die noch niemand von der Erde aus gesehen hatte. Es war nicht das erste Mal, und im Augenblick war sie weniger nervös als vielmehr ungeduldig, endlich heimzukommen. Sie war lange auf der Erde gewesen, länger als die meisten Marsianer es dort aushielten, und sie konnte ein ausgiebiges Argonbad und ein Glas Chlor kaum erwarten. Es würde schön sein, die Kollegen wiederzusehen. Und ihre Kinder. Und ihren Ehemann – sie ertappte sich selbst und begann zu lachen. Sie war so lange auf der Erde gewesen, daß sie sogar begonnen hatte, selbst wie ein Erdling zu denken. Ehemann, also wirklich! Jeder Marsianer wußte, daß Marsianerinnen keine Ehemänner haben. Auf dem Mars gab es so etwas wie Sex nicht. Zog dachte voller Stolz an den Bericht in ihrem Rucksack: »Leben auf der Erde: Die Aufklärung des Reproduktionsmysteriums«. Das war das Beste, was sie je geleistet hatte, nun konnte man ihr die Beförderung nicht mehr verweigern, was auch immer Big Zag sagen mochte ...
Eine Woche darauf öffnete Big Zag die Tür zum Konferenzraum des Komitees der »Earthstudy Inc.« und befahl der Sekretärin, Zog hereinzuschicken. Zog trat ein und nahm auf dem ihr zugewiesenen Stuhl Platz. Big Zag vermied es, ihr in die Augen zu sehen, räusperte sich und begann:
»Zog, das Komitee hat Ihren Bericht sehr sorgfältig gelesen, und ich glaube sagen zu können, daß wir alle von seiner Gründlichkeit beeindruckt sind. Sie haben mit Sicherheit einen eingehenden Überblick über die Fortpflanzung auf der Erde gegeben. Vielleicht mit Ausnahme von Miss Zeeg hier, sind wir darüber hinaus übereinstimmend der Ansicht, daß Sie damit einen überwältigenden Beweis für Ihre Hypothese geliefert haben. Ich betrachte es nunmehr als zweifelsfrei erwiesen, daß das

Leben auf der Erde sich in der von Ihnen beschriebenen Weise fortpflanzt und sich dazu dieser merkwürdigen Erfindung namens ›Sexualität‹ bedient. Weniger glücklich sind einige Komiteemitglieder allerdings mit Ihrer Schlußfolgerung, daß viele der besonderen Facetten jener Erdlingspezies, die man auch als Menschen bezeichnet, eine Konsequenz dieser Sache namens Sexualität sein sollen: eifersüchtige Liebe, Sinn für Schönheit, männliche Aggressivität, sogar das, was sie lächerlicherweise als Intelligenz bezeichnen.« Das Komitee kicherte beifällig über diesen alten Witz. »Aber«, sagte Big Zag plötzlich sehr laut, wobei sie von dem vor ihr liegenden Artikel hochblickte, »wir haben eine große Schwierigkeit mit Ihrem Bericht. Wir sind der Ansicht, daß Sie es versäumt haben, den interessantesten Aspekt des Ganzen anzusprechen. Es ist eine höchst einfache Frage, bestehend aus fünf Buchstaben.« Big Zags Stimme triefte vor Sarkasmus: »*Warum?*«

Zog stammelte: »Was meinen Sie mit ›Warum‹?«

»Ich meine: Warum gibt es bei den Erdlingen Sexualität? Warum klonen sie sich nicht selbst, so wie wir? Warum benötigen sie zwei Geschöpfe, um ein Baby zu bekommen? Warum um alles in der Welt gibt es Männer? Warum? Warum? Warum?«

»Oh«, erwiderte Zog rasch. »Ich habe versucht, eine Antwort auf diese Frage zu erhalten, bin damit aber nicht sehr weit gekommen. Ich fragte einige Menschen, Leute, die sich mit dem Thema über viele Jahre hinweg beschäftigt haben. Sie wußten es nicht. Sie hatten einige Vermutungen, aber jede davon war anders. Die einen sagten, Sexualität sei ein entwicklungsgeschichtlicher Zufall gewesen, andere hielten es für eine Methode, Krankheiten abzuwehren. Manche waren der Ansicht, es habe mit der Anpassung an Veränderungen und einer rascheren Evolution zu tun. Wieder andere meinten, es sei eine Möglichkeit, Gene zu reparieren. Im Grunde aber wußte es keiner wirklich.«

»*Wußte keiner?*« Big Zag explodierte. »Wußte keiner? Das bedeutsamste Merkmal ihrer gesamten Existenz, die spannendste Frage über das Leben auf Erden, die jemals gestellt worden ist, und sie *wissen es nicht*? Zod sei uns gnädig!«

Von der Leiter zur Tretmühle

Welchen Zweck hat Sexualität? Auf den ersten Blick scheint die Antwort offensichtlich bis zur Banalität. Der zweite Blick aber läßt andere Gedanken aufkommen. Warum muß ein Baby das Produkt von zwei Leuten sein? Warum nicht von dreien oder von einem? Muß es dafür überhaupt einen Grund geben?

Vor ungefähr zwanzig Jahren änderte eine Gruppe einflußreicher Biologen ihre Ansichten über Sexualität. Hatten sie sie zunächst als logisch, unentbehrlich und sinnvoll zum Zwecke der Fortpflanzung erachtet, so wechselten sie nahezu über Nacht zu der Auffassung, daß es unmöglich sei, zu erklären, weshalb die Sexualität nicht völlig von der Bildfläche verschwunden sei. Sie schien plötzlich überhaupt keinen Sinn zu haben. Von jenem Tag an war die Bedeutung der Sexualität eine offene Frage, die man zur Königin aller evolutionstheoretischen Probleme kürte.[1]

Doch aus aller Verwirrung heraus gewinnt allmählich eine Antwort Konturen. Um sie zu verstehen, müssen Sie eine spiegelverkehrte Welt betreten, in der nichts so ist, wie es scheint. Sexualität hat nichts mit Fortpflanzung zu tun, Geschlecht nichts mit Mann und Frau, Werbung nichts mit Verführung, Mode nichts mit Schönheit und Liebe nichts mit Zuneigung.

Als Charles Darwin und Alfred Wallace im Jahre 1858 ihre erste überzeugende Darstellung eines Evolutionsmechanismus veröffentlichten, befand sich die viktorianische Ausgabe jener Form von Optimismus, die man auch als »Fortschritt« bezeichnet, gerade auf ihrem Höhepunkt. Es überrascht kaum, daß Darwin und Wallace prompt so interpretiert wurden, als huldigten ihre Überlegungen dem Gott dieses Fortschritts. Ihre unmittelbare Popularität verdankte die Evolutionstheorie (die sich in der Tat ungeahnter Beliebtheit erfreuen sollte) zu einem großen Teil der Tatsache, daß man sie als eine Theorie des steten Fortschritts von der Amöbe bis zum Menschen mißverstand, einer Leiter ineinandergreifender Verbesserungen.

Heute, nahezu am Ende des zweiten Jahrtausends, ist die Menschheit von anderen Gedanken beseelt. Sie erkennt, daß der Fortschritt im Begriff ist, an die Grenzen von Überbevölkerung, Treibhauseffekt und Erschöpfung der Ressourcen zu stoßen. Wie rasch wir auch laufen, wir scheinen nicht vom Fleck zu kommen. Hat die industrielle Revolution den Weltbürger im Durchschnitt gesünder gemacht, wohlhabender und weiser? Gespenstischerweise (ein Philosoph würde uns allerdings glauben machen wollen: vorhersehbarerweise) entspricht der derzeitige Stand der Evolutionstheorie dieser Haltung. In den Evolutionswissenschaften ist es derzeit *en vogue*, Fortschritt zu verspotten; die Evolution ist keine Leiter, sie ist eine Tretmühle.

Schwangere Jungfrauen

Für den Menschen ist Sexualität die einzige Möglichkeit, Babys zu bekommen, und genau das schien der einzige Sinn der Sexualität zu sein. Erst in der zweiten Hälfte des neunzehnten Jahrhunderts begann man, diese Vorstellung in Zweifel zu ziehen. Man erkannte, daß es offenbar alle möglichen, besseren Wege zur Fortpflanzung gab: Mikroskopisch kleine Tiere zweiteilen sich. Weidenbäume wachsen aus Stecklingen. Der Löwenzahn produziert Samen, die aus dem Erbgut der Mutterpflanze geklont sind. Jungfräuliche Blattwespen gebären jungfräuliche Nachkommen, die bereits mit weiteren Jungfrauen schwanger sind. Der Zoologe August Weismann formulierte dies im Jahre 1902 deutlich: »Eine so fundamentale Einrichtung [wie die Amphimixie, die Vermischung zweier Keimplasmen] muß eine fundamentale Bedeutung haben, und es fragt sich, wo diese liegen könnte? ... Soviel läßt sich von vornherein sagen: in der Ermöglichung der Fortpflanzung kann sie nicht liegen, denn diese geschieht auch ohne sie auf die verschiedenste Weise, durch Zwei- odcr Mehrtheilung des Organismus, durch Knospung, durch Erzeugung einzelliger Keime.«[2]

Weismann war der erste, der diese Schule machende Auffassung vertrat. Seither haben Evolutionsbiologen bis auf den heutigen Tag in regelmäßigen Abständen erklärt, daß Sexualität ein Luxus sei, den es eigentlich nicht geben dürfte.

Einer Anekdote zufolge soll es bei einem frühen Treffen der Royal Academy im London des siebzehnten Jahrhunderts, bei dem auch der König anwesend war, zu einer ernsthaften Diskussion darüber gekommen sein, weshalb ein Glas Wasser mit einem Goldfisch darin dasselbe wöge wie ein Glas Wasser ohne Fisch. Alle möglichen Erklärungen wurden vorgeschlagen und wieder verworfen. Die Debatte war recht hitzig, bis der König unvermittelt erklärte: »Ich bezweifle Ihre Prämisse.« Er schickte nach einem Goldfischglas samt Wasser, Fisch und einer Waage. Man stellte das Glas auf die Waage, fügte den Fisch hinzu, und das Gewicht des Glases erhöhte sich exakt um das Gewicht des Fisches – natürlich.

Die Geschichte ist zweifellos erfunden, und es wäre unfair, zu behaupten, daß die Wissenschaftler, denen Sie bei der Lektüre dieses Buches begegnen werden, so töricht seien, ein Problem zu vermuten, wo keines ist. Und doch gibt es eine kleine Parallele. Als eine Gruppe von Wissenschaftlern plötzlich äußerte, sie könne sich nicht erklären, weshalb es Sexualität gebe, und sie halte alle derzeit vorhandenen Erklärungen für unbefriedigend, empfanden andere Wissenschaftler eine derartige intellektuelle Zimperlichkeit als absurd. Sexualität gibt es, so stellten sie fest, also muß sie irgendeinen Vorteil bieten. Wenn Biologen Tieren und Pflanzen erklären, daß sie mit asexueller Vermehrung besser dran seien, dann verhalten sie sich wie Ingenieure, die einer Hummel erklären, sie könne – theoretisch betrachtet – nicht fliegen. »Das Problematische an dieser Auseinandersetzung«, schrieb Lisa Brooks von der Brown University, »ist, daß die meisten Organismen mit sexueller Fortpflanzung sich der Konsequenzen offenbar nicht bewußt sind.«[3] Vielleicht gibt es in den existierenden Theorien hier und da ein paar Löcher – so die Zyniker –, aber glaubt ja nicht, daß wir Euch den Nobelpreis verleihen, wenn Ihr sie stopft. Außerdem: Warum muß Sexualität überhaupt einen Sinn haben? Vielleicht ist es einfach ein evolutionsgeschichtlicher Zufall, daß die Fortpflanzung auf diese Weise erfolgt, so etwas Ähnliches wie die Entscheidung, auf welcher Straßenseite man fährt.

Und doch verfügen sehr viele Geschöpfe nicht über Sexualität oder bedienen sich ihrer nur gelegentlich in einer Generation, in anderen jedoch nicht. Die Ururenkelin der jungfräulichen Blattwespe wird sich am Ende des Sommers sexuell fortpflanzen: Sie wird sich mit einer männlichen Blattwespe paaren und Junge haben, die eine Mischung aus beiden Eltern sind. Weshalb macht sie sich die Mühe? Dafür, daß Sexualität zufällig entstanden ist, scheint sie sich mit bemerkenswerter Ausdauer zu behaupten. Die Debatte ist nicht totzukriegen. In jedem Jahr warten Wissenschaftler mit einem neuen Strauß von Erklärungen auf, mit einer neuen Sammlung von Aufsätzen, Experimenten und Simulationen. Befragt man die beteiligten Forscher im einzelnen, so herrscht einhellige

Übereinstimmung darüber, daß das Problem gelöst sei; nur hinsichtlich dessen, welche Lösung die richtige ist, sind sie sich uneinig. Der eine beharrt auf Hypothese A, ein anderer auf Hypothese B, ein dritter auf C, ein vierter auf allen dreien. Könnte es eine komplett andere Erklärung geben? Ich fragte John Maynard Smith, einen der ersten, der die Frage »Weshalb gibt es Sexualität?« gestellt hat, ob er der Ansicht sei, es bedürfe neuer Erklärungen: »Nein. Wir haben die Antworten. Wir können uns nur nicht auf sie einigen. Das ist alles.«[4]

Von Sexualität und freiem Handel

Bevor wir fortfahren, ist eine kurze genetische Begriffserklärung notwendig. Gene sind biochemische Rezepte, niedergeschrieben in einem Alphabet aus vier Buchstaben, das man auch als DNA bezeichnet – Rezepte für die Herstellung und den Betrieb eines Körpers. Ein normaler Mensch besitzt von jedem seiner 75000 Gene zwei Kopien in jeder Zelle seines Körpers. Alle 150000 menschlichen Gene zusammengenommen bezeichnet man als das *Genom* eines Menschen. Die Gene sind 23 Paaren fadenförmiger Strukturen zugeordnet, den sogenannten *Chromosomen*. Wenn ein Mann eine Frau befruchtet, dann enthält jedes seiner Spermien nur eine einzige Kopie jedes Gens, insgesamt also 75000 Gene auf 23 Chromosomen. Diese kommen mit den 75000 Genen auf 23 Chromosomen im weiblichen Ei zusammen und bilden so einen vollständigen menschlichen Embryo mit 75000 Genpaaren auf 23 Chromosomenpaaren.

In diesem Zusammenhang ist ein weiterer Fachbegriff wichtig: *Meiose*. Dabei handelt es sich grundsätzlich um den Vorgang, durch den der Mann »bestimmt«, welche seiner Gene im Spermium vorhanden sein sollen, beziehungsweise durch den die Frau »festlegt«, welche Gene im Ei vorhanden sein werden. Für den Mann stehen die 75000 Gene zur Wahl, die er von seinem Vater geerbt hat, oder die 75000 Gene von seiner Mutter oder, was wahrscheinlicher ist, eine Mischung aus beiden. Im Verlauf der Meiose geschieht etwas Eigenartiges. Jedes der 23 Chromosomenpaare legt sich der Länge nach an sein Gegenstück. Durch einen Vorgang namens *Rekombination* werden Stücke des einen Satzes mit Stücken des anderen Satzes ausgetauscht. Anschließend werden die Chromosomenpaare in Einzelchromosomen getrennt und auf verschiedene Keimzellen aufgeteilt, man bezeichnet dies als *Segregation*. Ein einfacher Chromosomensatz von einem Elternteil wird dann bei den Nachkommen mit einem einfachen Chromosomensatz vom anderen Elternteil gepaart.

Das wesentliche Kriterium der Sexualität ist also der Austausch von Genen. Das heißt, daß ein Baby (durch Rekombination) eine gründliche Mischung von vier großelterlichen Genen erhält, die ihm (nach Segregation) über seine beiden Eltern übermittelt werden. Die für die Sexualität essentiellen Vorgänge bestehen also in einer Kombination von Rekombination und Segregation. Alles andere – Geschlecht, Partnerwahl, Inzestvermeidung, Polygamie, Liebe, Eifersucht – sind lediglich Möglichkeiten, Segregation und Rekombination effizienter oder sorgsamer durchzuführen.

Von dieser Warte aus betrachtet, wird Sexualität allerdings sofort von der Fortpflanzung abgekoppelt. Ein Lebewesen kann sich die Gene eines anderen in jedem Lebensstadium ausborgen. Nichts anderes tun zum Beispiel Bakterien. Sie koppeln sich einfach aneinander, wie in der Luft auftankende Flugzeuge, schicken ein paar Gene durch den Schlauch und gehen getrennte Wege. Die Reproduktion erledigen sie später, indem sie sich zweiteilen.[5]

Sexualität ist also gleichzusetzen mit genetischer Durchmischung. Die Unstimmigkeiten beginnen, sobald man sich darüber klarzuwerden versucht, weshalb die Genmixtur eine solch gute Idee sein sollte. Ungefähr das ganze letzte Jahrhundert über lautete die traditionelle Lehrmeinung, die genetische Durchmischung sei im Hinblick auf die Evolution vorteilhaft, weil sie dazu beitrage, eine hinreichende Variabilität zu schaffen, aus der die natürliche Selektion dann auswählen kann. Sie verändert keine Gene – sogar Weismann, der von Genen noch nichts wußte und vage von »Iden« sprach, erkannte dies –, aber sie schafft neue Genkombinationen. »Wir sehen uns genöthigt anzunehmen, daß das Keimplasma aus Iden zusammengesetzt ist, das heißt aus gleichwertigen Keimplasmastückchen, deren jedes alle Arten von Determinanten enthält. Ich habe diese Iden früher bereits Ahnenplasmen genannt ... Auch heute noch betrachte ich Amphimixis als das Mittel, durch welches eine stets sich erneuernde Umkombinierung der Variationen bewirkt wird.«[6]

Sexualität stellt eine Art Freihandel mit erfolgreichen genetischen Erfindungen dar, durch den die Chance erhöht wird, daß diese sich innerhalb der Spezies ausbreiten können, so daß die Art sich weiterentwickeln kann. Nach Weismann beschleunigt Sexualität die Evolution.

Graham Bell, ein britischer Biologe in Montreal, gab dieser traditionellen Ansicht den Namen »Vikar-von-Bray-Hypothese«. Er beruft sich damit auf eine Romanfigur, einen Kleriker dieses Namens aus dem sechzehnten Jahrhundert, der sich den jeweils herrschenden religiösen Strömungen sehr rasch anzupassen verstand und, sobald der regierende Monarch wechselte, zwischen protestantischen und katholischen Riten munter hin- und herpendelte. Tiere mit sexueller Fortpflanzung, so sagte man, seien ebenso wie dieser flexible Vikar sehr anpassungsfähig und veränderten sich rasch. Diese Vikar-von-Bray-Lehre hat nahezu ein Jahrhundert überlebt. In manchen Biologielehrbüchern begegnet man ihr noch heute. Wann genau sie zum erstenmal in Frage gestellt wurde, ist schwer zu sagen. Es gab bereits in den zwanziger Jahren unseres Jahrhunderts erste Zweifel daran. Die modernen Biologen begriffen erst nach und nach, daß die Weismannsche Logik unter schweren Mängeln litt. Sie schien die Evolution als eine Art Gebot zu behandeln, so als existierten Arten nur, um sich durch Evolution weiterzuentwickeln – als sei Evolution das Ziel aller Existenz.[7]

Das ist natürlich Unsinn. Evolution ist etwas, das Organismen geschieht. Es ist ein ungerichteter Vorgang, der die Nachkommen eines Tieres zuweilen komplexer, zuweilen aber auch einfacher macht und sie manchmal auch gleichbleiben läßt. Wir sind so in der Sichtweise von Fortschritt und Optimierung gefangen, daß es uns merkwürdig schwer fällt, so etwas zu akzeptieren. Aber niemand hat dem Quastenflosser, einem in der Nähe von Madagaskar lebenden urtümlichen Fisch, der heute noch genauso aussieht wie seine Vorfahren vor dreihundert Millionen Jahren, mitteilen können, daß er gegen irgendein Gesetz verstoßen hat, weil er sich nicht evolutionsgemäß weiterentwickelt hat. Der Vorstellung, Evolution könne einfach nicht rasch genug ablaufen, und dem unmittelbar daraus folgenden Schluß, der Quastenflosser sei ein Fehlschlag, weil er sich nicht zum Menschen entwickelt hat, läßt sich leicht entgegentreten. Bereits Darwin bemerkte, in welch dramatischer Weise die Menschheit in das Evolutionsgeschehen eingriff und es künstlich beschleunigte, als sie in einem – entwicklungsgeschichtlich betrachtet winzigen – Augenblick Hunderte von Hunderassen vom Chihuahua bis hin zum Bernhardiner heranzüchtete. Das allein beweist, daß die Evolution nicht so rasch abläuft, wie sie könnte. In Wirklichkeit ist der Quastenflosser alles andere als ein Flop, er ist ein Erfolg. Er ist unverändert geblieben – ein Entwurf, der ohne Neuerungen auskommt, so etwas wie ein VW-Käfer. Die evolutionäre Entwicklung ist kein Ziel, sondern ein Mittel zur Lösung von Problemen.

Weismanns Nachfolger, insbesondere Sir Ronald Fisher und Hermann Muller, konnten der teleologischen Falle entrinnen, indem sie argumentierten, die Evolution sei, wenn schon nicht vorbestimmt, so doch wenigstens essentiell. Arten mit asexueller Vermehrung seien im Nachteil und würden im Wettstreit mit Arten, die sich sexuell vermehren, unterliegen. Dic beiden Wissenschaftler bezogen das Genkonzept in die Weismannsche Argumentationsweise ein, und so präsentierten Fishers Buch aus dem Jahre 1930[8] und Mullers Buch aus dem Jahre 1932[9] ein anscheinend wasserdichtes Argument für die Vorteile der Sexualität. Muller ging sogar so weit, nachdrücklich zu erklären, das Problem sei durch die neue Wissenschaft der Genetik als gelöst zu betrachten. Arten mit sexueller Fortpflanzung teilen ihre neu erschaffenen Gene mit allen anderen Individuen, Arten, die sich asexuell vermehren, tun das nicht. Arten, die sich sexuell vermehren, sind damit so etwas wie eine Gruppe von Erfindern, die ihre Kräfte bündeln. Würde der eine eine Dampfmaschine entwickeln und der andere das Schienensystem, dann könnten beide zusammen etwas erreichen. Arten, die sich asexuell vermehren, benähmen sich wie Gruppen eifersüchtiger Erfinder, die ihr Wissen niemals teilten, so daß am Ende Dampflokomotiven auf Straßen fahren und Pferde ihre Karren auf Schienen ziehen müßten.

Im Jahre 1965 modernisierten James Crow und Motoo Kimura die Fisher-Muller-Logik, in dem sie anhand mathematischer Modelle nachwiesen, wie zwei seltene Mutationen in einer Spezies mit sexueller Vermehrung zusammenkommen könnten, in einer Spezies mit asexueller Vermehrung hingegen nicht. Die Art, die sich sexuell fortpflanzt, muß nicht darauf warten, daß zwei seltene Ereignisse im gleichen Individuum zusammenkommen, sondern sie kann aus zwei verschiedenen Individuen kombinieren. Dies, so sagten sie, garantiere der sich sexuell fortpflanzenden Spezies einen Vorteil gegenüber der asexuellen Spezies, solange erstere mindestens eintausend Individuen umfaßt. Alles schien in Ordnung. Sexualität ließ sich als Mittel zur Evolution erklären, und die moderne Mathematik gab dem Ganzen eine neue Dimension von Präzision. Man konnte den Fall getrost als gelöst betrachten.[10]

Der größte Rivale des Menschen ist der Mensch

Dabei wäre es geblieben, hätte nicht ein schottischer Biologe namens V. C. Wynne-Edwards einige Jahre zuvor, nämlich 1962, ein voluminöses und einflußreiches Buch verfaßt. Wynne-Edwards hat der Biologie einen enormen Dienst erwiesen, denn er deckte einen Riesenirrtum auf, mit dem sich der Kern aller Evolutionstheorien seit Darwins Tagen systematisch infiziert hatte. Er deckte diesen Trugschluß übrigens nicht auf, um ihn zu entlarven, sondern weil er ihn für richtig und wichtig hielt. Doch gerade dadurch nannte er ihn zum erstenmal beim Namen.[11]

Dieser Trugschluß lebt in der Art und Weise weiter, in der viele Laien über Evolution reden. Wir sprechen auch untereinander fröhlich über Evolution als einer Frage des »Überlebens einer Art«. Wir sagen damit gleichzeitig aus, daß es Arten sind, die miteinander konkurrieren, daß Darwins »Überlebenskampf« zwischen Sauriern und Säugetieren stattfindet, zwischen Hasen und Füchsen oder zwischen Menschen und Neandertalern. Wir bedienen uns der Vorstellung von Nationalstaaten und Fußballmannschaften: Deutschland gegen Frankreich, Heimteam gegen Rivalen.

Charles Darwin selbst glitt gelegentlich in diese Denkweise ab. Gleich der Untertitel von *The Origin of Species* (deutsch: *Die Entstehung der Arten*) spricht von der »Erhaltung begünstigter Rassen«.[12] Sein Hauptinteresse galt jedoch dem Individuum und nicht der Art. Jedes Lebewesen unterscheidet sich von jedem anderen. Manche Organismen überleben oder gedeihen leichter als andere und hinterlassen mehr Junge. Wenn solche Dinge erblich sind, ist eine allmähliche Veränderung der Spezies unumgänglich. Darwins Überlegungen wurden später mit Gregor Mendels Erkenntnissen vereinigt, der nachgewiesen hatte, daß erbliche Faktoren aus Einzelportionen bestehen, die man in der Folgezeit als Gene bezeichnete. Darwins und Mendels Ergebnisse bildeten so das Grundgerüst einer Theorie, mit der man zu erklären imstande war, wie Mutationen an Genen sich innerhalb einer ganzen Spezies ausbreiten können. Doch unter dieser Theorie war ein ungelöstes Problem begraben. Wenn die Besten ums Überleben kämpfen: Mit wem konkurrieren sie eigentlich? Mit den eigenen Artgenossen oder mit Angehörigen anderer Spezies?

Eine Gazelle in der afrikanischen Savanne ist bestrebt, nicht von Geparden gefressen zu werden, sie ist gleichzeitig aber auch bestrebt, schneller als andere Gazellen zu laufen, wenn die Herde von einem Geparden angegriffen wird. Für die Gazelle zählt, daß sie schneller ist als andere Gazellen, und nicht, daß sie schneller ist als die Geparden. (Es gibt die alte Geschichte von einem Philosophen, der wegrennt, als er und sein Freund von einem Bären bedroht werden. »Das nützt nichts, du wirst niemals schneller sein als der Bär«, sagt sein logisch denkender Freund. »Das muß ich auch gar nicht«, antwortet der Philosoph. »Ich muß nur schneller sein als du.«)
Psychologen fragen sich gelegentlich, wie überhaupt jemand die Gabe erlangen konnte, die Rolle des Hamlet spielen zu können oder die Differentialrechnung zu begreifen, da seinerzeit, als der menschliche Intellekt sich unter primitiven Bedingungen formte, keine der beiden Fähigkeiten von Bedeutung für die Menschheit war. Einstein wäre vermutlich ebenso ratlos gewesen wie jeder andere, wenn er vor dem Problem gestanden hätte, ein Wollnashorn zu fangen. Nicholas Humphrey, ein Psychologe aus Cambridge, war der erste, der die Lösung dieses Rätsels klar erkannte. Wir setzen unseren Intellekt nicht ein, um praktische Probleme zu lösen, sondern um einander auszutricksen. Um Leute zu hintergehen, Betrug aufzudecken, die Motive anderer Menschen zu verstehen und Leute zu manipulieren – dafür benutzen wir unseren Verstand. Es ist also nicht von Bedeutung, wie klug und geschickt Sie sind, sondern wieviel klüger und geschickter als andere Sie sind. Der Wert des Intellekts ist grenzenlos. Die Selektion innerhalb einer Spezies wird immer wichtiger sein als die Selektion zwischen verschiedenen Spezies.[13]
Diese Unterscheidung mag auf den ersten Blick abwegig erscheinen. Schließlich ist trotz alledem das Beste, was ein Tier für seine Art tun kann, zu überleben und sich fortzupflanzen. Angenommen, das Individuum ist eine Tigerin, in deren Territorium vor kurzem eine andere Tigerin eingewandert ist. Heißt sie den Eindringling willkommen und bespricht mit ihr, wie sie das Territorium am zweckmäßigsten zusammen beherrschen und die Beute untereinander aufteilen? Nein, sie kämpft mit ihr auf Leben und Tod – was vom Standpunkt der Spezies aus betrachtet wenig hilfreich ist. Oder nehmen wir an, das Individuum sei ein Adlerjunges einer seltenen Spezies, sorgsam in seinem Nest von Naturschützern bewacht. Adlerjunge töten häufig ihre jüngeren Geschwister. Gut für das Individuum, schlecht für die Art.

Im gesamten Tierreich kämpft ein Individuum gegen das andere, gleichgültig ob dieses derselben Spezies angehört oder nicht. Und der mächtigste Konkurrent, dem ein Lebewesen mit einiger Wahrscheinlichkeit je im Leben begegnen wird, ist tatsächlich ein Angehöriger seiner eigenen Art. Die natürliche Selektion ist nicht auf Gene ausgerichtet, die Gazellen helfen, als Spezies zu überleben, sondern auf Gene, die den Chancen von Einzeltieren entgegenstehen – denn solche Gene werden ausgerottet, lange bevor sich ihre Vorzüge zeigen können. Es ist eben nicht so, daß Spezies andere Spezies bekämpfen, wie Nationen gegeneinander ins Feld ziehen.

Wynne-Edwards war felsenfest davon überzeugt, daß Tiere häufig etwas für ihre Art tun, oder zumindest für die Gruppe, in der sie leben. So war er beispielsweise der Ansicht, Seevögel entschieden sich bei einer hohen Populationsdichte dafür, nicht zu brüten, um übermäßigen Druck auf das Nahrungsangebot zu vermeiden. Sein Buch hatte die Bildung zweier Lager zur Folge: die Verfechter einer Theorie der Gruppenselektion, die der Überzeugung waren, ein großer Teil tierischen Verhaltens werde nicht durch individuelle Interessen bestimmt, sondern von den Interessen der Gruppe, und die Vertreter einer Theorie der Individualselektion, die der Ansicht waren, daß grundsätzlich nur individuelle Interessen triumphieren. Das Argument der Gruppenselektionisten ist ungeheuer ansprechend – wir versinken in einer Ethik aus Teamgeist und Nächstenliebe. Darüber hinaus scheint es auch tierischen Altruismus zu erklären: Bienen sterben, wenn sie versuchen, den Bienenstock zu schützen, und stechen; Vögel warnen einander vor Räubern oder helfen, ihre jüngeren Geschwister zu füttern; sogar Menschen sind bereit, in einem Akt selbstlosen Heldentums zu sterben, um das Leben anderer zu retten. Doch der Schein täuscht, wie wir sehen werden. Altruismus bei Tieren ist ein Mythos; selbst bei den spektakulärsten Fällen von Selbstlosigkeit stellt sich heraus, daß Tiere den eigennützigen Interessen ihrer eigenen Gene gehorchen – auch wenn dies heißen mag, gelegentlich den eigenen Körper zu mißachten.

Die Wiederentdeckung des einzelnen

Sollten Sie jemals Gelegenheit haben, irgendwo in Amerika an einer Konferenz von Evolutionsbiologen teilzunehmen, dann haben Sie vielleicht Glück und bekommen einen hochgewachsenen, lächelnden Mann mit grauem Schnurrbart zu Gesicht, der, oberflächlich betrachtet, eine leichte Ähnlichkeit mit Abraham Lincoln hat und sich bescheiden im Hintergrund des allgemeinen Trubels hält. Höchstwahrscheinlich umgibt ihn eine Traube von Bewunderern, die jedem seiner Worte andächtig lauschen – denn er ist eher schweigsam. Durch den Raum wird ein Raunen gehen: »George ist da.« Aus den Reaktionen der Leute wird Ihnen die Ahnung erwachsen, daß Sie es hier mit menschlicher Größe zu tun haben.

Der Mann, um den es geht, ist George Williams. Die meiste Zeit seiner sehr erfolgreichen beruflichen Laufbahn hat er als stiller, in seine Bücher vergrabener Biologieprofessor an der State University of New York in Stony Brook, Long Island, verbracht. Von ihm stammen keine bemerkenswerten Experimente und keine verblüffenden Entdeckungen. Und doch ist er der Vater einer Revolution in der Evolutionsbiologie, die von ähnlicher Tragweite war wie einst die Darwinsche. Im Jahre 1966 schrieb er – aufgebracht über Wynne-Edwards und andere prominente Verfechter der Gruppenselektionstheorie – in seinen Sommerferien ein Buch darüber, wie Evolution seiner Ansicht nach wirklich abläuft. Dieses Buch mit dem Titel *Adaptation and Natural Selection* erhebt sich noch heute wie ein Gipfel des Himalaya über die Biologie. Es war für die Biologie, was Adam Smiths Werk für die Wirtschaftswissenschaften gewesen war: Es erklärte, in welcher Weise kollektive Wirkungen auf die Handlungen selbstsüchtiger Einzelwesen zurückgehen.[14]

In diesem Buch begegnete Williams den logischen Fehlern der Gruppenselektionstheorie mit entwaffnender Schlichtheit. Die wenigen Evolutionsforscher wie Sir Ronald Fisher, J. B. S. Haldane und Sewall Wright, die immer auf seiten der Individualselektionstheorie geblieben waren, erfuhren hier neue Bestätigung.[15] Diejenigen, die wie Julian Huxley[16] Spezies und Individuum durcheinandergebracht hatten, sahen sich unversehens im Abseits. Innerhalb weniger Jahre nach dem Erscheinen von Williams' Buch wurde Wynne-Edwards eine schwere Niederlage zuteil, und nahezu alle Biologen stimmten darin überein, daß ein

Lebewesen durch die Evolution niemals die Fähigkeit entwickeln könne, seiner Art zu seinen eigenen Ungunsten zu helfen. Ein Lebewesen kann nur dann selbstlos handeln, wenn seine Interessen mit denen der Art vereinbar sind.

Diese Vorstellung war in höchstem Maße beunruhigend, denn sie beinhaltete das Bild eines sehr grausamen und herzlosen Individuums, und sie wurde obendrein in einem Jahrzehnt geboren, in dem die Ökonomen ausgiebig ihre Entdeckung feierten, daß man mit der idealistischen Begründung, sie leisteten einen Beitrag zur Gesellschaft, Menschen dazu überreden konnte, höhere Steuern zu zahlen. Die Gesellschaft, sagten sie, gründet sich nicht notwendigerweise darauf, die Gier des einzelnen zu unterdrücken, sondern sie kann statt dessen an seine bessere Natur appellieren. Und nun kamen die Biologen bei Tieren zu genau dem entgegengesetzten Schluß – und entwarfen das Bild einer rauhen Wirklichkeit, in der kein Tier jemals sein eigenes Streben den Bedürfnissen des Teams oder der Gruppe opfern würde. Krokodile fressen einander auch dann noch die Jungen weg, wenn die Spezies schon auszusterben droht.

Doch Williams' Aussage lautete anders. Er wußte sehr gut, daß Einzeltiere häufig zu kooperieren scheinen und daß die menschliche Gesellschaft nicht aus erbarmungslosen Wesen besteht, die sich gegenseitig ausplündern. Er sah aber auch, daß Kooperation nahezu immer nur unter sehr engen Verwandten stattfindet – Mutter und Kind, verschwisterte Arbeiterbienen – und dort, wo sie direkt oder schließlich dem Vorteil des einzelnen dient. Es gibt wirklich nur sehr wenige Ausnahmen. Und das ist deshalb so, weil eigennützige Individuen immer dann, wenn Eigennutz höher im Kurs steht als Altruismus, die größere Zahl der Nachkommen haben, so daß die Altruisten unausweichlich aussterben. Dort aber, wo Altruisten ihren Verwandten helfen, helfen sie denen, die mit ihnen die gleichen Gene teilen, unter anderem auch die Gene – welche auch immer das sein mögen –, die sie zu Altruisten machten. Somit breiten sich solche Gene ohne jede bewußte Absicht seitens der Einzelwesen aus.[17]

Williams erkannte aber auch, daß es für dieses Muster eine störende Ausnahme gab: die Sexualität. Die traditionelle Erklärung für die Existenz von Sexualität, die Vikar-von-Bray-Theorie, basierte vor allem anderen auf der Gruppenselektionstheorie. Sie forderte, daß ein Individuum bei der Fortpflanzung seine Gene mit den Genen eines anderen in selbstloser Weise teilt, weil die Spezies sich andernfalls nicht erneuern würde und ein paar hunderttausend Jahre später von anderen Spezies verdrängt würde, welche sich erneuert haben. Spezies mit sexueller Vermehrung, so sagte diese Theorie, sind besser dran als Spezies, die sich asexuell vermehren.

Sind aber auch *Individuen* mit sexueller Vermehrung besser dran als Individuen, die sich asexuell vermehren? Falls dies nicht der Fall ist, ließe sich Sexualität mit Williams' »eigennütziger« Denkweise nicht vereinbaren. Aus diesem Grunde mußte entweder irgend etwas mit den Eigennutztheorien nicht stimmen, so daß wahrhafter Altruismus doch entstehen könnte, oder aber die traditionelle Erklärung für die Existenz von Sexualität mußte falsch sein. Und je gründlicher Williams und seine Mitstreiter der Sache auf den Grund gingen, um so weniger sinnvoll schien ihnen Sexualität im Hinblick auf das Individuum zu sein, ganz im Gegensatz zur Spezies.

Michael Ghiselin von der California Academy of Sciences in San Francisco beschäftigte sich seinerzeit gerade mit einer Studie zu Darwins Arbeiten, und ihm fiel auf, daß Darwin selbst stets die Vorrangigkeit des Kampfes zwischen Individuen gegenüber dem Kampf zwischen Gruppen betont hatte. Doch auch Ghiselin begann darüber nachzudenken, daß Sexualität hierbei scheinbar eine Ausnahme bildete. Er stellte sich folgende Frage: Wie könnte sich ein Gen für sexuelle Fortpflanzung zuungunsten eines Gens für asexuelle Fortpflanzung ausbreiten? Nehmen wir an, alle Angehörigen einer Art vermehrten sich asexuell. Eines Tages aber erfände ein Paar die sexuelle Fortpflanzung. Welchen Vorteil hätte dies? Und wenn es keinen Vorteil hätte, wie könnte sich diese Eigenschaft dann ausbreiten? Wenn sie sich aber nicht ausbreiten könnte, weshalb pflanzen sich dann so viele Arten sexuell fort? Ghiselin konnte sich nicht vorstellen, wie die neue, sich sexuell vermehrende Art mehr Nachkommen hinterlassen könnte als die alte, sich asexuell vermehrende. Im Grunde müßte sie sogar weniger Nachkommen haben, denn im Gegensatz zu ihren Rivalen müßten in ihrem Fall die Individuen Zeit damit verschwenden, einen Partner zu finden, und einer der beiden Partner, das Männchen, bekäme keine Jungen.[18]

John Maynard Smith von der University of Sussex in England, ein zur Genetik abgewanderter Ingenieur mit einem scharfen und ein bißchen verspielten Verstand, Schüler des großen Neodarwinisten J. B. S. Haldane, beantwortete Ghiselins Frage – ohne allerdings das Dilemma damit zu lösen. Er stellte fest, daß ein Gen für Sexualität sich nur dann ausbreiten könne, wenn es die Anzahl der Nachkommen, die ein Individuum haben kann, verdopple – eine scheinbar unsinnige Vorstellung. Angenommen, so erklärte er, wobei er Ghiselins Gedanken umdrehte, in einer Spezies mit sexueller Vermehrung beschlösse ein Individuum eines Tages, auf Sexualität zu verzichten und seine Gene sämtlich in den eigenen Nachwuchs zu investieren, ohne dabei welche von seinem Partner zu verwenden. Es hätte damit doppelt so viele Gene an die nächste Generation weitergegeben wie seine Rivalen. Mit Sicherheit bekäme es dadurch einen Riesenvorsprung. Es hätte doppelt soviel zur nächsten Generation beigetragen und wäre bald Alleinherrscher über das Erbgut der Art.[19]

Stellen Sie sich eine Steinzeithöhle vor, die von einem Mann und von zwei Frauen bewohnt wird – eine der beiden Frauen ist Jungfrau. Eines Tages bringt die Jungfrau auf »asexuelle« Weise ein kleines Mädchen zur Welt, welches im Grunde einem eineiigen Zwilling ihrer selbst entspräche (in der Fachsprache bezeichnet man einen solchen Vorgang als Parthenogenese oder Jungfrauengeburt). Dies kann auf verschiedene Weise geschehen, beispielsweise durch einen Vorgang, den man Automixie nennt und bei dem, grob gesprochen, ein Ei durch ein anderes Ei befruchtet wird. Zwei Jahre später bekommt diese Höhlenbewohnerin auf die gleiche Weise eine weitere Tochter. Ihre Schwester hat auf normale Weise in derselben Zeit eine Tochter und einen Sohn bekommen. In der Höhle leben nunmehr acht Leute. Als nächstes bekommen die drei Mädchen jeweils zwei Kinder, und die erste Generation stirbt. Jetzt leben in der Höhle zehn Leute, von denen fünf sich parthenogenetisch fortpflanzen. Innerhalb von zwei Generationen hat sich das ursprünglich bei einem Viertel der Population vorhandene Gen für die Parthenogenese auf die Hälfte der Population ausgebreitet. Es würde nicht sehr lange dauern, bis Männer ausgestorben wären.

Das ist es, was Williams als Kosten der Meiose bezeichnete und Maynard Smith als die Kosten für die Existenz des männlichen Geschlechts. Denn das Verhängnis für die sich sexuell fortpflanzenden Höhlenbewohner besteht darin, daß die Hälfte von ihnen männlich ist und deshalb keine Kinder haben kann. Es stimmt zwar, daß Männer gelegentlich zur Aufzucht von Kindern beitragen, indem sie Wollnashörner zum Abendessen jagen oder ähnlichen Beschäftigungen nachgehen, aber auch das erklärt nicht, wozu Männer wirklich da sind. Denn nehmen wir an, die parthenogenetische Frau in der Höhle könne nur Nachwuchs bekommen, wenn sie vorher Geschlechtsverkehr gehabt hätte. Auch hierfür gibt es Beispiele. Manche Pflanzen produzieren nur Samen, wenn sie von den Pollen einer verwandten Art befruchtet werden, wobei der Samen jedoch keine Gene aus diesen Pollen übernimmt; man bezeichnet diesen Vorgang als Pseudogamie.[20] In diesem Falle wüßten die männlichen Höhlenbewohner nicht, daß sie in genetischer Hinsicht ausgeschlossen sind, betrachteten die asexuell gezeugten Babys als ihre eigenen und brächten für sie genauso Wollnashornfleisch auf den Tisch wie für ihre leiblichen Kinder.

Dieses Gedankenexperiment macht den riesigen numerischen Vorteil deutlich, den ein Gen hat, das seinen Besitzer asexuell werden läßt. Diese Form von Logik brachte Maynard Smith, Ghiselin und Williams zu der Frage, worin der ausgleichende Vorteil der Sexualität eigentlich besteht – schließlich vermehren sich alle Säugetiere und Vögel, die meisten Wirbellosen, Pflanzen und Pilze und viele Protozoen auf sexuelle Weise.

Denjenigen, die meinen, unser Fragen nach den »Kosten für die Sexualität« illustriere nur, wie erschütternd materiell wir geworden seien, und diese Argumentationsweise entbehre zudem jeglicher Logik, stelle ich folgende Aufgabe: Liefern Sie mir eine Erklärung für Kolibris. Nicht dafür, wie sie leben und wie ihr Organismus funktioniert, sondern dafür, weshalb es sie überhaupt gibt. Hätte Sexualität nicht ihren Preis, dann gäbe es keine Kolibris. Kolibris leben von dem Nektar, den Blüten produzieren, um bestäubende Insekten und Vögel anzulocken. Nektar ist ein reines Geschenk der Pflanze, die ihren schwer erarbeiteten Zucker den Kolibris zur Verfügung stellt; ein Geschenk, das sie nur deshalb macht, weil der Kolibri dann ihre Pollen zu einer anderen Pflanze tragen wird. Um mit einer anderen Pflanze eine sexuelle Beziehung eingehen zu können, muß die erste Pflanze den Pollenträger mit Nektar bestechen. Nektar ist also ein reiner Unkostenfaktor, den die Pflanze auf dem Weg zur sexuellen Vermehrung einberechnet. Gäbe es Sexualität umsonst, gäbe es keine Kolibris.[21]

Williams hielt es für möglich, daß seine Logik stimmte, doch er glaubte, für Tiere wie uns seien die praktischen Probleme schlicht unüberwindbar. Mit anderen Worten, es hätte zwar Vorteile, von sexueller Fortpflanzung zu asexueller Fortpflanzung zu wechseln, aber es wäre einfach zu schwierig zu bewerkstelligen.

Zu diesem Zeitpunkt etwa gerieten die Soziobiologen in eine Falle und ließen sich zu rasch von »adaptionistischen« Argumenten einwickeln, von »So-ist-es-nun-einmal«-Geschichten, wie Stephen Jay Gould von der Harvard University sie nannte. Manchmal, erklärt Gould, sind Dinge zufällig so, wie sie sind. Goulds eigenes Beispiel hierfür ist der dreieckige Zwickel, der sich über zwei rechtwinklig zueinanderstehenden Kathedralenbögen ergibt und selbst keine Funktion hat, sondern lediglich ein Nebenprodukt ist, wenn man eine Kuppel auf vier Bögen gründet. Die Zwickel zwischen den Bögen von St. Markus in Venedig sind nicht absichtlich geformt worden, sie sind vorhanden, weil es keine Möglichkeit gibt, zwei Bögen benachbart anzuordnen, ohne dabei einen Zwischenraum zu erzeugen. Das menschliche Kinn ist möglicherweise auch so ein »Zwickel« – es hat keine Funktion, ergibt sich aber daraus, daß wir Kiefer haben. Ebenso ist die Tatsache, daß Blut rot ist, mit Sicherheit ein photochemischer Zufall und keine Frage des Designs. Vielleicht war Sexualität ein solcher »Zwickel«, ein entwicklungsgeschichtliches Relikt aus Zeiten, als sie noch einem bestimmten Zweck diente. Genauso wie Kinn, kleine Zehen und Blinddarm hat sie nun keinen Zweck mehr, ist aber nur schwer loszuwerden.[22]

Diese Begründung für die Existenz von Sexualität überzeugt aber recht wenig, denn es gibt nur wenige Tiere und Pflanzen, die Sexualität abgeschafft haben oder sich ihrer nur selten bedienen. Wie steht es beispielsweise mit Wasserflöhen? Über viele Generationen hinweg vermehren sich Wasserflöhe asexuell: Es gibt nur Weibchen, die wiederum Weibchen zur Welt bringen und sich niemals paaren. Wenn sich der Tümpel allerdings allmählich mit Wasserflöhen füllt, beginnen einige von ihnen, Männchen zur Welt zu bringen, die sich mit anderen Weibchen paaren und »Dauereier« produzieren, die am Rande des Tümpels ruhen und sich regenerieren, wenn er wieder Wasser führt. Wasserflöhe können die Sexualität also »an- und abschalten«, was darauf hinzuweisen scheint, daß die Sexualität, außer zum Evolutionsgeschehen beizutragen, noch einen anderen Sinn haben muß. Wenn ein Wasserfloh Nachkommen produzieren will, ist ihm das – zumindest zu bestimmten Zeiten – den Einsatz von Sexualität wert.

Wir stehen also weiterhin vor einem Rätsel. Sexualität dient der Art, allerdings auf Kosten des einzelnen. Einzeltiere können sie abschaffen und ihre Rivalen mit sexueller Vermehrung zahlenmäßig rasch überrunden. Aber sie tun das nicht. Sexualität muß sich also auf irgendeine geheimnisvolle Art sowohl für das Individuum als auch für die Art »auszahlen«. Aber wie?

Unwissenheit als Herausforderung

Bis Mitte der siebziger Jahre blieb die von Williams entfachte Diskussion im verborgenen. Ihre Vorreiter schienen recht zuversichtlich bei den Versuchen, das Dilemma aufzulösen. Doch Mitte der siebziger Jahre war dies ein für allemal vorbei: Zwei Wissenschaftler warfen einen Fehdehandschuh, den andere Biologen einfach aufheben mußten. Einer von beiden war Williams selbst, der andere Maynard Smith.[23] »Die Evolutionstheorie steht am Rande einer tiefen Krise«, stellte Williams in seinem neuen Buch *Sex and Evolution* melodramatisch fest. Doch während es sich bei dieser Schrift um eine geistreiche Würdigung verschiedener möglicher Theorien über die Existenz von Sexualität handelte, einen Versuch, die Krise zu entschärfen, war Maynard Smiths neues Buch *The Evolution of Sex* das genaue Gegenteil davon. Es dokumentierte seine Ratlosigkeit und Verwirrung. Wieder und wieder kam Maynard Smith auf den enormen Preis der Sexualität zu sprechen: die doppelte Überlegenheit der asexuellen Fortpflanzung – zwei Jungfrauen mit parthenogenetischer Vermehrung können doppelt so viele Kinder haben wie eine Frau und ein Mann. Wieder und wieder erklärte er, dieser Sachverhalt stehe unüberwindbar allen herkömmlichen Theorien entgegen. »Ich fürchte, der Leser wird diese Modelle möglicherweise unzutreffend und unbefriedigend finden«, schrieb er, »aber sie sind die besten, die wir haben.« Und in einem anderen Artikel: »Es bleibt das Gefühl, irgendein essentieller Aspekt des Problems werde ständig übersehen.«[24] Durch seine nachdrückliche Betonung, daß es in keiner Weise gelöst sei, hatte Maynard Smiths Buch eine elektrisierende Wirkung. Die Veröffentlichung dieser Schrift war eine demütige und ehrliche Geste.
Die Versuche, die Existenz von Sexualität zu erklären, haben sich seither schwindelerregend vermehrt. Dem außenstehenden Beobachter des wissenschaftlichen Geschehens bieten sie ein ungewöhnliches Schauspiel. Die meiste Zeit tappen die Wissenschaftler im dunkeln und

versuchen, eine Tatsache, ein Muster oder eine Theorie zu entdecken, die niemand zuvor bemerkt hat. Diesmal aber war es ein ganz anderes Spiel: Das, worum es ging, Sexualität, war wohlbekannt, allerdings gab es keine befriedigende Erklärung dafür, warum Sexualität vorteilhaft war. Ein neuer Erklärungsversuch mußte die vorhandenen übertreffen – so wie eine Gazelle schneller rennen muß als andere Gazellen, nicht aber unbedingt schneller sein muß als der Gepard, der sie verfolgt. Theorien zur Existenz von Sexualität gibt es zu Schleuderpreisen, und die meisten davon sind in dem Sinne »richtig«, daß sie einen logischen Sinn ergeben. Welche aber ist die richtigste?[25]

Auf den folgenden Seiten werden Ihnen drei Arten von Wissenschaftlern begegnen. Der erste ist ein Molekularbiologe, der ständig etwas von Enzymen und exonukleolytischem Abbau murmelt. Er möchte wissen, was mit der DNA, dem Material, aus dem Gene bestehen, geschieht. Seiner Überzeugung nach ist Sexualität nichts anderes als die Ausbesserung von DNA oder eine ähnliche Form molekularer Technologie. Er hat keine Ahnung von Gleichungen, liebt aber lange Worte, in der Regel solche, die er und seine Kollegen erfunden haben. Der zweite ist ein Genetiker – mit nichts als Mutationen und Mendelscher Vererbung im Kopf. Er ist besessen von der Idee, beschreiben zu können, was während sexueller Vorgänge mit Genen geschieht. Er wird Dinge fordern wie ein Experiment, in dessen Verlauf man Organismen über viele Generationen hinweg an der Ausübung von Sexualität hindert, um zu sehen, was dann geschieht. Wenn man ihn nicht bremst, wird er damit beginnen, Gleichungen zu schreiben und von »Kopplungsungleichgewichten« zu erzählen. Der dritte ist ein Ökologe, den nichts mehr interessiert als Parasiten und Polyploidie. Er liebt vergleichende Untersuchungen – welche Spezies verfügt über Sexualität und welche nicht? – und weiß viele sonderbare Dinge über die Arktis und die Tropen. Seine Denkweise ist ein bißchen weniger rigoros als die der anderen, seine Sprache ein bißchen farbenfroher, und seine natürliche Welt ist die der Graphik, sein Geschäft die Computersimulation.

Jeder dieser drei Charaktere favorisiert eine andere Art der Erklärung für die Existenz von Sexualität. Der Molekularbiologe redet im Grunde darüber, weshalb Sexualität entstanden ist, was nicht notwendigerweise dasselbe ist wie die Frage, was Sexualität heute leistet, was wiederum den Genetiker am brennendsten interessiert. Der Ökologe dagegen fragt ein bißchen anders: Unter welchen Umständen ist Sex besser als kein Sex? Vergleicht man diese Erklärungsweisen mit möglichen Begründungen, warum Computer erfunden wurden, so würde der Historiker (wie ein Molekularbiologe) sagen, sie seien erfunden worden, um die von deutschen U-Boot-Kommandanten verwendeten Codes zu knacken. Heute werden sie dazu jedoch nicht mehr gebraucht. Sie werden eingesetzt, um ständig sich wiederholende Aufgaben effizienter und leistungsfähiger zu erledigen, als Menschen das können (die Antwort des Genetikers). Den Ökologen würde es interessieren, weshalb ein Computer das »Fräulein vom Amt« ersetzen kann, nicht aber zum Beispiel einen Koch. Alle drei liegen unter Umständen auf ganz verschiedenen Ebenen »richtig«.

Die Mastercopy-Theorie

Der Vorreiter der Molekularbiologen ist Harris Bernstein von der University of Arizona. Sein Argument lautet, Sexualität sei erfunden worden, um Gene zu reparieren. Den ersten Hinweis dafür lieferte die Entdeckung, daß mutierte Fruchtfliegen, die nicht mehr in der Lage sind, ihre Gene zu reparieren, auch nicht in der Lage sind zu »rekombinieren«: Rekombination jedoch ist der eigentlich wichtige Vorgang im Rahmen sexueller Fortpflanzung, das Durchmischen der Gene bei der Vereinigung von Spermium und Ei. Schaltet man den genetischen Ausbesserungsmechanismus aus, stirbt auch die Sexualität.

Bernstein erkannte, daß die Zelle zur Reparatur von Genen dieselben Werkzeuge verwendet, die sie auch bei sexuellen Vorgängen einsetzt. Er war jedoch nicht in der Lage, Genetiker und Ökologen davon zu überzeugen, daß die Ausbesserung von Genen mehr ist als der ursprüngliche, längst überholte Sinn der Maschinerie, deren sich die Sexualität bedient. Die Genetiker sind der Ansicht, Sexualität habe sich hauptsächlich aus der Maschinerie der Genreparaturmechanismen entwickelt, doch dies sei nicht gleichbedeutend mit der Feststellung, Sexualität existiere heutzutage, um Gene auszubessern. Schließlich kann man auch nicht aus der Tatsache, daß die Beine des Menschen Abkömmlinge von Fischflossen sind, darauf schließen, daß sie zum Schwimmen da sind.[26]

An dieser Stelle ist ein kurzer Abstecher in die Welt der Moleküle notwendig. Die DNA ist ein langes fadenförmiges Molekül, das Informationen in Form eines einfachen Alphabets aus vier »Basen« enthält (ganz ähnlich dem Morsealphabet aus zwei Arten von Strichen und zwei Arten von Punkten). Diese »Buchstaben«-Basen haben die Namen A, C, G und T. Das Schöne an der DNA ist, daß jeweils zwei Buchstaben sich gegenseitig ergänzen und sich vorzugsweise den jeweils anderen gegenüber lagern. So paart sich A mit T und umgekehrt, beziehungsweise C mit G und umgekehrt. Das heißt, es gibt eine Möglichkeit, die DNA automatisch zu kopieren: Man stückelt aus den jeweils entgegengesetzten Buchstaben entlang des DNA-Molekülstranges einen zweiten Strang zusammen. Die Sequenz AAGTTC wird auf dem komplementären Strang zu TTCAAG: Kopiert man diesen nochmals, dann erhält man wiederum die Originalsequenz. Normalerweise besteht jedes Gen aus einem DNA-Strang, der – eng mit seiner komplementären Kopie verschlungen – die berühmte Doppelhelix bildet. An den Strängen bewegen sich spezielle Enzyme auf und ab und reparieren jede aufgespürte Unregelmäßigkeit entsprechend der Vorlage durch den Originalstrang. Die DNA wird durch Sonnenlicht und chemische Substanzen fortwährend geschädigt. Gäbe es keine Reparaturenzyme, verkäme sie nur allzubald zu bedeutungslosem Kauderwelsch.

Was aber geschieht, wenn beide Stränge an der gleichen Stelle beschädigt sind? Das passiert gar nicht so selten, zum Beispiel können beide Stränge fest miteinander verschmelzen, ähnlich wie ein Tropfen Klebstoff einen geschlossenen Reißverschluß versiegelt. Die Ausbesserungsenzyme können dann nicht mehr feststellen, wie die DNA repariert werden muß. Sie benötigen eine Vorlage des Originalzustandes. Sexualität sorgt dafür. Sie liefert eine Kopie desselben Gens von einem anderen Lebewesen (durch Segregation) oder von einem anderen Chromosom im selben Lebewesen (durch Rekombination). Jetzt kann die Reparatur anhand des neuen Musters erfolgen.

Natürlich kann diese neue Vorlage an derselben Stelle beschädigt sein, die Wahrscheinlichkeit dafür ist aber gering. Ein Kaufmann, der die Zahlen einer Rechnung ein zweites Mal addiert, versichert sich damit, keinen Fehler gemacht zu haben. Er geht davon aus, daß er denselben Fehler mit großer Wahrscheinlichkeit nicht zweimal macht.

Die Ausbesserungstheorie wird von verschiedenen Indizien gestützt. Setzt man einen Organismus zum Beispiel schädigendem UV-Licht aus, dann ergeht es ihm im allgemeinen besser, wenn er die Möglichkeit zur

Rekombination hat, als wenn dies nicht der Fall ist, und es ergeht ihm sogar noch besser, wenn er in seinen Zellen zwei Chromosomen hat. Wenn aber ein mutierter Stamm entsteht, der ganz auf die Rekombination verzichtet, dann erweist er sich als besonders anfällig für Schädigungen durch UV-Licht. Bernstein kann darüber hinaus Einzelheiten erklären, die seine Rivalen nicht erklären können, etwa die merkwürdige Tatsache, daß eine Zelle, unmittelbar bevor sie ihre Chromosomenpaare aufteilt, um ein Ei entstehen zu lassen, deren Zahl zunächst verdoppelt und dann drei Viertel davon wegwirft. In der Ausbesserungstheorie bedeutet dies, die auszugleichenden Fehler aufzuspüren und in eine »gemeinsame Währung« umzuformen.[27]

Nichtsdestoweniger versagt die Ausbesserungstheorie bei der Aufgabe, die sie sich selbst gestellt hat. Sie sagt nichts zum Thema Kreuzung und Segregation.* Wenn Sexualität nämlich darin besteht, zusätzliche Genkopien heranzuziehen, dann ist es selbstverständlich besser, diese von Verwandten und nicht von fremden Artgenossen zu bekommen. Bernstein stellt fest, daß Kreuzung und Segregation Möglichkeiten sind, Mutationen zu überspielen, doch letztlich läuft das auf nichts anderes heraus als auf eine Wiederholung der Begründung dessen, daß Inzucht nichts Gutes sei; Sexualität aber ist die Ursache für Inzucht, nicht deren Folge.

Außerdem ist jedes Argument, das von den »Reparaturleuten« für die Rekombination ins Feld geführt wird, lediglich ein Argument für das Anlegen von »Back-up«-Kopien von Genen; dafür aber gibt es anstelle des zufälligen Austauschs zwischen Chromosomen eine weit einfachere Möglichkeit: Man nennt sie Diploidie.[28] Ei und Spermium sind jeweils haploid – beide besitzen je eine Kopie jedes einzelnen Gens. Bei einem Bakterium oder einer primitiven Pflanze wie einem Moos ist es dasselbe. Die meisten Pflanzen jedoch und nahezu alle Tiere sind diploid, das heißt, sie besitzen von jedem Gen *zwei* Kopien – je eine von jedem Elternteil. Es gibt einige wenige Organismen, vor allem Pflanzen, die aus natürlichen Hybriden hervorgegangen oder vom Menschen ihrer Größe wegen selektioniert wurden und polyploid sind. Der größte Teil der Weizenhybride zum Beispiel ist hexaploid: Er besitzt von jedem Gen sechs Kopien. Bei Süßkartoffeln sind alle weiblichen Pflanzen oktoploid oder hexaploid, alle männlichen Pflanzen sind tetraploid – ein Umstand,

* Begriffserklärung S. 50

durch den diese Pflanzen steril sind. Sogar einige Stämme der Regenbogenforellen und Haushühner sind triploid – und schließlich noch eine Papageienart, auf die man vor ein paar Jahren stieß.[29] Ökologen vermuten inzwischen, Polyploidie könne bei Pflanzen eine Art Alternative zur Sexualität sein. In großen Höhen und in den höheren Breitengraden scheinen Pflanzen zugunsten asexueller Polyploidie auf Sexualität zu verzichten.[30]

Doch die Erwähnung von Ökologen an dieser Stelle greift zu weit voraus. Im Moment geht es uns um die Ausbesserung von Genen. Gestatteten sich diploide Organismen bei jeder Zellteilung im Verlaufe ihres Körperwachstums auch nur ein geringes Maß an Rekombinationstätigkeit zwischen ihren Chromosomen, dann gäbe es mehr als genug Gelegenheit zur Reparatur von Genen. Das tun sie aber nicht. Sie rekombinieren ihre Gene nur bei jener besonderen endgültigen Teilung namens Meiose, die zur Bildung einer Spermien- oder einer Eizelle führt. Bernstein hat darauf eine Antwort. Seiner Ansicht nach gibt es eine andere, ökonomischere Art, Genschäden im Verlaufe einer gewöhnlichen Zellteilung auszubessern. Sie besteht darin, nur die besten Zellen überleben zu lassen. Unter dieser Voraussetzung sind Ausbesserungen unnötig, denn die gesunden Zellen werden die geschädigten in kürzester Zeit ausdünnen. Nur wenn der Körper Keimzellen produziert, die er allein in die Welt entlassen muß, wird es nötig, auf Fehlersuche zu gehen.[31]

Wie also lautet der Urteilsspruch über die Reparaturtheorie? Ich würde sagen: unbewiesen. Zwar hat es deutlich den Anschein, als seien die Mittel, deren sich die Sexualität bedient, aus denen hervorgegangen, die auch zur Genreparatur herangezogen werden, und Rekombination erreicht mit Sicherheit ein hohes Maß an Genausbesserung. Aber ob das der eigentliche Sinn von Sexualität ist? Vermutlich nicht.

Fotokopierer und Ratschen

Auch den Genetikern lassen Schädigungen der DNA keine Ruhe. Doch während Bernstein sich mit den Schäden beschäftigt, die repariert werden, beschäftigen sich die Genetiker mit den Schäden, die sich nicht reparieren lassen. Sie bezeichnen diese als Mutationen.

Früher hatte die Wissenschaft Mutationen als seltene Ereignisse betrachtet. Doch in den vergangenen Jahren erkannte man allmählich, wie viele Mutationen tatsächlich ständig geschehen. Sie addieren sich bei Säugern zu einer Häufigkeit von ungefähr einhundert pro Genom und Generation. Das bedeutet, daß Ihre Kinder sich einzig aufgrund zufälliger Kopierfehler Ihrer Enzyme oder als Folge von Mutationen, die in Ihren Eierstöcken oder Hoden von kosmischer Strahlung verursacht wurden, in über hundert genetischen Details von Ihnen und Ihrem Partner unterscheiden. Etwa neunundneunzig von diesen hundert Unterschieden sind bedeutungslos: sogenannte stille oder neutrale Mutationen, die den Sinn eines Gens nicht entstellen. Das mag nicht übermäßig viel erscheinen, wenn man bedenkt, daß wir 75000 Genpaare besitzen und daß die meisten Änderungen minimal und harmlos sind beziehungsweise innerhalb ruhender DNA, das heißt zwischen den Genen, geschehen. Doch es reicht, um eine stetige Ansammlung von Schäden nach sich zu ziehen, wobei dies natürlich auch zu einer ständig wechselnden Anzahl neugeschaffener Ideen führt.[32]

Die allgemein anerkannte Ansicht zum Thema Mutationen lautet, daß die meisten von ihnen nichts Gutes bedeuten und daß ein gut Teil davon ihren Träger oder ihren Erben tötet (Krebs beginnt mit einer oder mehreren Mutationen), daß es aber gelegentlich unter all den ungünstigen Mutationen eine günstige gibt, eine echte Verbesserung. Die Mutation zum Beispiel, die der Sichelzellenanämie zugrunde liegt, ist, wenn man beide Kopien des Gens trägt, unter Umständen tödlich. Da sie aber gleichzeitig Immunität gegen Malaria verleiht, hat sich diese Mutation in einigen Teilen Afrikas massiv ausbreiten können.

Über viele Jahre hinweg haben Genetiker sich auf günstige Mutationen konzentriert und Sexualität als eine Möglichkeit betrachtet, diese innerhalb der Population zu verteilen, ganz ähnlich wie die »gegenseitige Befruchtung« mit guten Ideen, die zwischen Universitäten und Industrie vor sich geht. Gerade so wie die Technologie »Sexualität« braucht, um Neuerungen von außen einzubringen, so wird sich auch ein Tier oder eine Pflanze, die nur auf ihre eigenen Erfindungen angewiesen sind, nur sehr langsam erneuern. Sehr viel rascher kommen sie vorwärts, wenn sie die Erfindungen anderer Tiere und Pflanzen erbitten, ausleihen oder stehlen: Die Gene in die Hand zu bekommen, ähnlich wie Firmen Erfindungen voneinander kopieren, das ist die Lösung. Pflanzenzüchter, die versuchen, einen hohen Ertrag bei Reispflanzen mit Kurzstieligkeit und

Resistenz gegen Krankheiten zu kombinieren, verhalten sich wie Fabrikanten, die Zugang zu vielen verschiedenen Erfindern haben. Züchter asexueller Pflanzen müssen abwarten, bis sich die Neuerungen allmählich in einer Linie vereinigen. Einer der Gründe, weshalb sich Champignons in den vergangenen drei Jahrhunderten ihrer Kultivierung so wenig verändert haben, besteht darin, daß sie sich asexuell vermehren und somit keine selektive Züchtung möglich ist.[33]

Der überzeugendste Grund für das Ausleihen von Genen ist der, daß man dabei sowohl von der Erfindungsgabe anderer als auch von der eigenen profitiert. Sexualität führt Mutationen zusammen und arrangiert Gene pausenlos zu neuen zufälligen Kombinationen. Ein Vorfahr der Giraffen mag beispielsweise einen längeren Hals entwickelt haben, ein anderer dagegen längere Beine. Beides zusammen war besser als eines allein.

Eine solche Argumentationsweise verwechselt jedoch Ursache und Wirkung. Die Vorteile liegen viel zu weit in der Zukunft; sie treten erst nach einigen Generationen in Erscheinung, bis dahin hätte jeder Konkurrent mit asexueller Vermehrung seine sich sexuell vermehrenden Rivalen längst überrundet. Im übrigen wäre die Sexualität, da sie doch so gute Genkombinationen zusammenwürfeln kann, vermutlich noch leistungsfähiger bei der Zerstörung bereits vorhandener Kombinationen. Das einzige, was man bei Organismen mit sexueller Fortpflanzung ganz sicher sagen kann, ist, daß ihr Nachwuchs sich von ihnen unterscheidet – wie so mancher Caesar, Bourbon und Plantagenet zu seiner Enttäuschung feststellen mußte. Pflanzenzüchter bevorzugen Weizen- oder Maissorten mit männlicher Sterilität, die ihre Samen ohne sexuelle Vorgänge produzieren, denn auf diese Weise können sie sicher sein, daß ihre guten Sorten gut bleiben.

Es ist nachgerade die Definition von Sexualität, daß sie Genkombinationen auftrennt. Die Parole der Genetiker zum Thema Sexualität lautet: Sexualität vermindert »Kopplungsungleichgewichte«. Was sie damit sagen wollen ist, daß Gene, die miteinander verknüpft sind – wie blaue Augen und blondes Haar –, ohne Rekombination auf ewig miteinander verknüpft blieben und es niemals jemanden gäbe, der blaue Augen und braunes Haar oder blondes Haar und braune Augen hat. Dank der Sexualität ist das sagenhafte Zusammenspiel in demselben Moment, in dem es geschaffen wird, auch schon wieder verloren. Sexualität gehorcht eben nicht dem berühmten Gebot: »Repariere nichts, was nicht kaputt ist.« Sie vergrößert das Chaos.[34]

Ende der achtziger Jahre gab es ein letztes Wiederaufleben des Interesses an Theorien zum Thema »vorteilhafte« Mutationen. Mark Kirkpatrick und Cheryl Jenkins von der University of Texas beschäftigten sich dabei nicht mit dem Aspekt, wie groß die Wahrscheinlichkeit ist, daß zwei getrennte Erfindungen zur gleichen Zeit gemacht werden, sondern mit der Chance, dieselbe Sache zweimal zu erfinden. Angenommen, blaue Augen verdoppeln die Fruchtbarkeit, so daß Leute mit blauen Augen doppelt soviel Kinder bekämen wie Leute mit braunen Augen. Angenommen aber auch, zu Beginn habe jedermann braune Augen. Die erste Mutation bei einer braunäugigen Person wäre folgenlos, da das Gen für blaue Augen rezessiv ist und von einem dominanten Gen für braune Augen auf dem komplementären, vom anderen Elternteil geerbten Chromosom des Betreffenden maskiert würde. Erst dann, wenn zwei Nachkommen dieser ursprünglichen Mutation und somit beide Gene für blaue Augen zusammenkommen, wird der große Vorteil für blaue Augen deutlich. Nur die Sexualität bringt die beiden dazu zu heiraten und erlaubt ihren Genen, zusammenzukommen. Diese Tatsachen faßt man zur sogenannten Segregationstheorie der Sexualität zusammen, sie ist logisch und unbestritten. Tatsächlich beschreibt sie vorteilhafte Folgen der Sexualität. Unglückseligerweise ist der Effekt bei weitem zu schwach, um einen wesentlichen Beitrag zur Erklärung der ungeheuren Verbreitung von Sexualität zu liefern. Mathematische Modelle zeigen, daß es fünftausend Generationen bräuchte, um in dieser Form gute Arbeit zu leisten, und bis dahin hätte die Asexualität das Spiel längst gewonnen.[35]

In den letzten Jahren haben sich die Genetiker von der Betrachtung vorteilhafter Mutationen abgewandt und begonnen, über schlechte Mutationen nachzudenken. Sexualität, so vermuten sie, ist eine Möglichkeit, schlechte Mutationen loszuwerden. Auch diese Überlegung hat ihren Ursprung in den sechziger Jahren, und zwar bei Hermann Joseph Muller, einem der Väter der Vikar-von-Bray-Theorie. Muller, der einen großen Teil seiner Karriere an der University of Indiana zubrachte, publizierte seinen ersten wissenschaftlichen Artikel über Gene im Jahre 1911, und in den kommenden Jahrzehnten sollte diesem eine wahre Flut von Ideen und Experimenten folgen. Im Jahre 1964 gelangte er zu einer seiner größten Erkenntnisse, heute unter dem Namen »Mullers Ratsche« bekannt. Ein einfaches Beispiel mag sie veranschaulichen: In einem Aquarium leben zehn Wasserflöhe, nur einer davon ist völlig frei von Mutationen. Alle anderen haben einen oder mehrere kleine Defekte. Im Schnitt schaffen es pro Generation nur etwa fünf Wasserflöhe, sich zu vermehren, bevor sie von den Fischen gefressen werden. Das Risiko, sich nicht vermehren zu können, beträgt für den mutationsfreien Wasserfloh eins zu eins. Natürlich trifft das auch auf den Wasserfloh mit den größten Mutationen zu, und doch gibt es einen wesentlichen Unterschied: Wenn der mutationsfreie Wasserfloh tot ist, dann gibt es nur eine Möglichkeit, ihn »wiedererstehen« zu lassen, nämlich die Korrektur der Mutation in einem mutierten Wasserfloh durch eine weitere Mutation – ein sehr unwahrscheinlicher Vorgang. Ein Floh mit zwei Defekten aber kann sehr leicht entstehen, dazu bedarf es lediglich irgendeiner Mutation irgendwo im Genom eines bereits mutierten Wasserflohs. Mit anderen Worten, der zufällige Verlust bestimmter Nachkommenlinien führt dazu, daß Fehler sich anhäufen. Genauso wie sich eine Ratsche leicht in die eine Richtung drehen läßt, aber nicht zurückgedreht werden kann, sammeln sich genetische Mutationen unausweichlich an. Die einzige Möglichkeit für den »vollkommenen« Wasserfloh, das Drehen der Ratsche zu umgehen, besteht in der sexuellen Weitergabe seiner fehlerfreien Gene an andere Flöhe vor seinem Tod.[36]

Die Muller-Ratsche gilt zum Beispiel auch, wenn Sie mit einem Fotokopiergerät Kopien einer Kopie von der Kopie eines Originals anfertigen. Mit jeder folgenden Kopie nimmt die Qualität ab. Nur wenn Sie das unversehrte Original aufbewahren, können Sie wieder eine saubere Kopie herstellen. Aber nehmen Sie einmal an, Sie bewahren das Original mit den Kopien zusammen in einem Ordner auf, und es werden immer dann neue Kopien hergestellt, wenn nur noch eine Kopie im Ordner ist. Dafür, daß das Original herausgenommen und vielleicht weggeschickt wird, besteht dann die gleiche Wahrscheinlichkeit wie dafür, daß Kopien hinausgehen. Wenn aber die Originalkopie verloren ist, dann wird die beste Kopie, die Sie machen können, stets weniger gut sein als zuvor. Eine schlechtere Kopie als die schlechteste aber können Sie leicht herstellen, indem Sie einfach die schlechteste Kopie kopieren, die Sie besitzen.

Graham Bell von der McGill University hat eine andere Debatte neu belebt, die um die Jahrhundertwende unter den Biologen geführt wurde, und zwar die Diskussion darüber, ob Sexualität eine verjüngende Wirkung habe. Die Biologen interessierte, warum eine Protozoenpopulation in Kultur, die man zwar mit ausreichend Futter versorgte, die aber keine Möglichkeit hatte, sich sexuell zu vermehren, unausweichlich einem allmählichen Abbau ihrer Vitalität, Größe und ihrer (asexuellen) Reproduktionsrate anheimfiel. Bei einer erneuten Analyse der Experimente fand Bell einige klare Beispiele für die Aktivität der Muller-Ratsche. Bei Protozoen, die keine Gelegenheit zu sexueller Vermehrung hatten, sammelten sich ungünstige Mutationen allmählich an. Dieser Prozeß wurde bei einer bestimmten Gruppe von Protozoen, den Ciliaten, durch die Angewohnheit beschleunigt, die Gene der Keimbahn gesondert zu lagern und Kopien davon für den täglichen Gebrauch an einem anderen Ort aufzubewahren. Die Reproduktion der Kopien erfolgt rasch und oft ungenau, so daß sich hier die Fehler besonders rasch häufen. Bei diesen Organismen gehört zur sexuellen Fortpflanzung unter anderem auch, daß alle Kopien ausrangiert und aus den Keimbahnoriginalen neue Kopien angefertigt werden. Bell vergleicht dies mit einem Tischler, der stets den letzten hergestellten Stuhl – samt Fehlern – kopiert und sich nur gelegentlich wieder am Originalentwurf orientiert. Sexualität wirkt also in der Tat als Jungbrunnen. Sie versetzt diese Kleinstlebewesen in die Lage, sich bei jedem Akt sexueller Fortpflanzung aller inzwischen angesammelten Fehler aus einer besonders rasch arbeitenden asexuellen Ratsche zu entledigen.[37]

Bell zog daraus eine merkwürdige Schlußfolgerung. Wenn die Population klein (weniger als zehn Milliarden) oder die Anzahl der Gene bei einem Organismus sehr groß ist, hat die Muller-Ratsche einen ernst zu nehmenden Effekt auf die asexuelle Linie. Und zwar deshalb, weil die fehlerfreie Genklasse in einer kleineren Population leichter verlorengeht. Lebewesen mit einem größeren Genom und relativ kleinen Populationen (zehn Milliarden ist ungefähr das Doppelte der heutigen Weltbevölkerung) werden sich relativ rasch in Schwierigkeiten »ratschen«. Jene mit größeren Populationen und relativ kleinem Genom haben aber keine Probleme. Bell vermutet, daß die sexuelle Form der Reproduktion eine Voraussetzung dafür war, daß Lebewesen groß wurden (und sich weniger schneller vermehrten), beziehungsweise umgekehrt, daß Sexualität bei kleinen Lebewesen unnötig ist.[38]

Er berechnete, wieviel Sexualität notwendig ist – oder besser, wie viele Rekombinationen notwendig sind, um die Ratsche anzuhalten, und kam zu dem Ergebnis, daß bei kleineren Lebewesen weniger Sexualität notwendig ist. Wasserflöhe vermehren sich nur alle paar Generationen sexuell. Menschen müssen das in jeder Generation tun. James Crow von der University of Wisconsin in Madison geht sogar noch weiter und vermutet, daß die Muller-Ratsche möglicherweise erklären könnte, weshalb Knospung eine vor allem bei tierischen Lebewesen sehr seltene Form der Fortpflanzung ist. Auch die meisten sich asexuell vermehrenden Arten nehmen es noch immer auf sich, ihren Nachwuchs aus einzelnen Zellen (Eiern) zu ziehen. Weshalb? Crow nimmt an, dies geschehe deshalb, weil Fehler, die für eine einzelne Zelle tödlich sind, sich in eine Knospe sehr leicht einschleichen könnten.[39]

Wenn aber die Ratsche nur für große Lebewesen ein Problem darstellt, weshalb pflanzen sich dann so viele Kleinlebewesen sexuell fort? Außerdem bedarf es, um die Ratsche anzuhalten, nur gelegentlicher Episoden sexueller Aktivität; es wäre nicht nötig gewesen, daß so viele Tiere die asexuelle Fortpflanzung abschafften. Alexej Kondraschow vom Research Computer Centre in Poschino bei Moskau präsentierte im Bewußtsein dieser Problematik eine Theorie, die eine Art Umkehrung der Muller-Ratsche ist. Sein Argument: Wenn ein Lebewesen in einer Population mit asexueller Reproduktionsweise durch eine Mutation stirbt, wird die Population diese Mutation los – weiter nichts. In einer Population mit sexueller Fortpflanzung hingegen haben einige der Organismen von Geburt an viele Mutationen, andere hingegen weniger. Wenn nun diejenigen mit den vielen Mutationen sterben, dann wird durch sexuelle Vorgänge die Ratsche beständig in die andere Richtung gedreht, das heißt, die Zahl der Mutanten nimmt ab. Da die meisten Mutationen schädlich sind, bedeutet dies einen deutlichen Vorteil für die sexuelle Fortpflanzung.[40]

Warum aber sollten Mutationen auf diese Weise ausgeräumt werden statt durch bessere Kontrolle und Korrektur? Kondraschow bietet eine eindrucksvolle Erklärung dafür, weshalb dies sinnvoll sein sollte. Wenn man sich dem Zustand der Vollkommenheit nähert, nehmen die Kosten für die Perfektion von Kontroll- und Reparaturmechanismen rasch zu, ein Phänomen, das an das Gesetz von der fallenden Profitrate in der Ökonomie erinnert. Einige Fehler durchgehen zu lassen und zur sexuellen Fortpflanzung überzuwechseln, um sie auszuräumen, ist unter Umständen billiger.

Matthew Meselson, Molekularbiologe an der Harvard University, hat eine andere Erklärung gefunden, die über Kondraschows Überlegungen hinausgeht. Meselson vermutet, daß »gewöhnliche« Mutationen, die einen Buchstaben im genetischen Code gegen einen anderen austauschen, relativ harmlos sind, weil sie leicht ausgebessert werden können,

Insertionen aber – ganze DNA-Abschnitte, die anstelle eines einzigen Buchstabens in ein Gen hineingeraten – kann man nicht so leicht rückgängig machen. Solche »egoistischen« Insertionen haben die Neigung, sich wie eine Infektion auszubreiten, Sexualität aber wirkt dem entgegen, denn durch sie werden die Insertionen auf bestimmte Individuen aufgeteilt, und mit dem Tod dieser Träger verschwinden auch die Insertionen aus der Population.[41]

Kondraschow stellt sich einer empirischen Überprüfung seiner Theorie. Er erklärt, er sei zufrieden, wenn sich herausstellen sollte, daß die Häufigkeit nachteiliger Mutationen größer ist als eine Mutation pro Individuum pro Generation. Falls die Häufigkeit unter eins liegen sollte, wäre seine Theorie allerdings in Schwierigkeiten. Der bisherigen Beweislage nach bewegt sich die Häufigkeit für nachteilige Mutationen hart an der Grenze: Bei den meisten Organismen beträgt sie ungefähr eins pro Individuum pro Generation. Aber angenommen, sie wäre hoch genug, dann würde das lediglich beweisen, daß Sexualität eine Rolle beim Ausräumen von Mutationen spielt; unbeantwortet bliebe, weshalb Sexualität bestehenbleibt.[42]

Inzwischen bröckelt diese Theorie. Sie kann nicht erklären, wie Bakterien, bei denen in manchen Spezies sexuelle Vorgänge nur selten, in anderen hingegen überhaupt nicht stattfinden, trotz allem nur geringfügig unter ihrer Mutationsrate leiden und weniger Korrekturfehler bei der Kopie von DNA machen. Wie es einer von Kondraschows Kritikern formulierte: »Sexualität ist ein merkwürdig schwerfälliges Gerät zur Haushaltsführung.«[43]

Und schließlich leidet Kondraschows Theorie unter den gleichen Mängeln wie alle anderen Theorien über genetische Reparaturmechanismen und die Vikar-von-Bray-Theorie selbst: Die von ihr geforderten Mechanismen arbeiten zu langsam. Gemessen an einem Klon sich asexuell vermehrender Individuen, würde eine Population mit sexueller Vermehrung durch die höhere Produktivität des Klons unweigerlich ausgelöscht, es sei denn, die genetischen Rückschläge innerhalb des Klons machten sich rechtzeitig bemerkbar. Es ist ein Rennen gegen die Zeit. Wie lange? Curtis Lively von der University of Indiana hat errechnet, daß sich bei jeder Verzehnfachung der Populationsgröße der Vorteil sexueller Fortpflanzung innerhalb von sechs weiteren Generationen zeigen müßte, damit die Sexualität das Rennen nicht verliert. Bei einer Million Individuen wäre die sexuelle Fortpflanzung andernfalls innerhalb von vierzig, bei einer Milliarde Individuen innerhalb von achtzig Generationen ausgestorben. Die Theorien zur genetischen Ausbesserung jedoch fordern allesamt Tausende von Generationen zur Sichtbarmachung der Auswirkungen. Kondraschows Theorie beinhaltet mit Sicherheit die am schnellsten voranschreitenden Mechanismen, aber auch diese sind vermutlich nicht schnell genug.[44]

Bislang existiert keine rein genetische Theorie zur Erklärung von Sexualität, die auf breiter Basis unterstützt wird. Eine zunehmende Zahl von Evolutionstheoretikern ist daher der Ansicht, daß des Rätsels Lösung in der Ökologie zu finden ist, nicht in der Genetik.

Drei

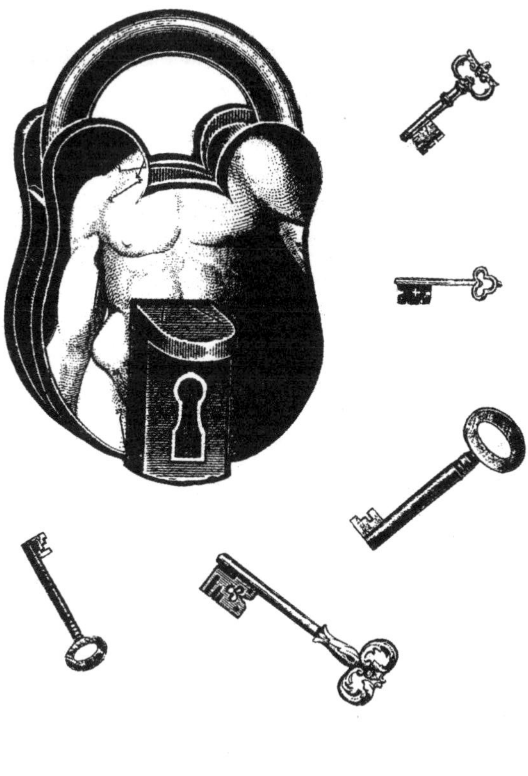

Die Macht der Parasiten

Das Schachbrett ist die Welt; die Figuren sind die Phänomene des Universums; die Spielregeln sind das, was wir als Naturgesetze bezeichnen. Der Gegenspieler ist uns verborgen. Wir wissen, daß sein Spiel stets fair, gerecht und geduldig sein wird. Aber wir wissen leider auch, daß er niemals einen Fehler übersieht oder uns auch nur das geringste Maß an Unwissenheit zugesteht.

Thomas Henry Huxley,
A Liberal Education

Die Egelartigen Rädertierchen (Bdelloidea) stechen selbst aus der bunten Vielfalt mikroskopisch kleiner Organismen hervor. Sie leben in jeder Art von Süßwasser, von Pfützen in der Gosse angefangen bis hin zu heißen Quellen am Toten Meer und kurzlebigen Tümpeln auf dem antarktischen Kontinent. Sie sehen aus wie Kommas, angetrieben von einem Apparat auf der Vorderseite ihres Körpers, der einem kleinen Wasserrädchen ähnelt. Wenn ihr wässeriges Zuhause austrocknet oder zufriert, nehmen sie die Form eines Apostrophs an und begeben sich zur Ruhe. Dieser »Apostroph«, den man auch als Zyste bezeichnet, ist verblüffend widerstandsfähig gegen jegliche Form der Mißhandlung. Man kann ihn eine Stunde lang kochen oder eine Stunde lang bis auf ein Grad über dem absoluten Nullpunkt – das heißt bis auf –272 °C – einfrieren. Er widersteht nicht nur dem Zerfall, er stirbt auch nicht. Nach dem Auftauen verwandelt sich die Zyste rasch in ein Rädertierchen zurück, das mit seinem Bugrädchen im Tümpel seines Wegs paddelt und sich von vorbeikommenden Bakterien ernährt. Innerhalb weniger Stunden beginnt es, Eier zu produzieren, aus denen neue Rädertierchen schlüpfen. Ein Egelartiges Rädertierchen kann einen mittelgroßen See innerhalb von zwei Monaten mit seinen Nachkommen füllen. Die Zysten werden als Staub so leicht auf dem Erdball herumgeweht, daß die Rädertierchen vermutlich regelmäßig zwischen Afrika und Amerika hin- und herpendeln.

Außer diesen bemerkenswerten Leistungen hinsichtlich ihrer Widerstandsfähigkeit und ihrer Fruchtbarkeit gibt es noch etwas anderes Merkwürdiges an den Rädertierchen: Man hat noch nie ein männliches Egelartiges Rädertierchen gesehen. Soweit die Biologen heute wissen, ist jedes einzelne Mitglied jeder einzelnen der auf der Welt vorkommenden fünfhundert Bdelloidea-Arten weiblich. In ihrem Repertoire existiert Sex einfach nicht.

Möglicherweise findet bei diesen Rädertierchen eine Durchmischung eigener und fremder Gene in der Art statt, daß sie tote Artgenossen fressen und einige von deren Genen absorbieren, oder auf ähnlich verrückte Weise.[1] Neuesten Forschungen von Matthew Meselson und David Welch zufolge gibt es bei den Rädertierchen aber keine sexuellen Vorgänge. Meselson und Welch haben festgestellt, daß das gleiche Gen bei zwei verschiedenen Individuen in bestimmten Bereichen, die keinen Einfluß auf seine Funktion haben, bis zu dreißig Prozent differieren kann – ein solches Maß an Verschiedenheit läßt darauf schließen, daß die Egelartigen Rädertierchen bereits vor vierzig bis achtzig Millionen Jahren auf die Sexualität verzichtet haben.[2]

Es gibt viele andere Spezies auf der Welt, die sich nie sexuell fortpflanzen, angefangen von Löwenzahn und Eidechsen bis zu Bakterien und Amöben, aber die Bdelloidea sind das einzige Beispiel für eine ganze Unterordnung von Tieren, denen sexuelle Gewohnheiten komplett abgehen. Vielleicht ist es eine Folge dieser Gegebenheit, daß die Bdelloidea alle ziemlich gleich aussehen, wohingegen andere Rädertierchen, die mit ihnen verwandten Monogononten, von sehr viel größerer Vielfalt sind: Sie decken das gesamte Formenspektrum der Satzzeichen ab. Nichtsdestoweniger, die Egelartigen Rädertierchen sind ein lebender Gegenbeweis für die traditionelle Weisheit der Biologie-Lehrbücher, die da lautet, daß es ohne Sexualität so gut wie gar nicht zur Evolution kommt und die Arten sich Veränderungen nicht anpassen können. Die Existenz Egelartiger Rädertierchen ist, um mit John Maynard Smith zu sprechen, »ein evolutionärer Skandal«.[3]

Die Kunst, ein bißchen anders zu sein

Wenn es zu keinem genetischen Fehler kommt, dann ist ein Baby-Bdelloid mit seiner Mutter identisch. Bei einem menschlichen Baby ist das nicht der Fall, was die wichtigste Konsequenz sexueller Vermehrung ist und den meisten Ökologen zufolge auch ihr Zweck.

Im Jahre 1966 deckte George Williams den logischen Fehler im Herzen der Lehrbucherklärung zur Existenz von Sexualität auf. Er wies nach, daß sie von den Tieren verlangt, eigene kurzlebige Eigeninteressen zu ignorieren, um das Überleben und die Evolution ihrer Art zu fördern, eine Form von Selbstbeschränkung, die sich nur unter ganz besonderen Umständen in der Evolution entwickelt haben kann. Williams war sich zunächst sehr unsicher, was an ihre Stelle zu setzen sei. Ihm war jedoch aufgefallen, daß Sexualität häufig mit der Form der Verbreitung in Zusammenhang zu stehen schien. Gras zum Beispiel breitet sich lokal durch vegetative (asexuelle) Wurzelausläufer aus, seine durch sexuelle Vorgänge entstandenen Samen jedoch überläßt es dem Wind zur weiteren Verbreitung. Blattläuse mit sexueller Vermehrung haben Flügel, sich asexuell vermehrende hingegen nicht. Das legt folgende Überlegung nahe: Wenn Ihre Jungen weit reisen müssen, ist es besser, sie sind sehr anpassungsfähig, denn anderswo ist es vielleicht nicht so wie zu Hause.[4]

Die Ausarbeitung dieses Denkansatzes war in den siebziger Jahren die Hauptbeschäftigung der am Thema Sexualität interessierten Ökologen. Im Jahre 1971 stellte John Maynard Smith die Hypothese auf, Sexualität werde vielleicht für solche Fälle gebraucht, in denen zwei verschiedene Lebewesen in einen neuen Lebensraum einwandern, weil die geschlechtliche Fortpflanzung in diesem Fall dazu beiträgt, beide Merkmale zu kombinieren.[5] Zwei Jahre später beteiligte sich Williams erneut an der Diskussion, und zwar mit folgendem Argument: Wenn die meisten Jungen sterben, was bei den Populationen, bei denen die Jungen ihr Glück in weiten Reisen suchen, tatsächlich der Fall ist, dann handelt es sich bei den Überlebenden vielleicht nur um die, die am besten angepaßt sind. Es interessiert also nicht im geringsten, wie viele Junge von durchschnittlicher Qualität ein Lebewesen produziert. Was wirklich zählt, ist, eine Handvoll Junge zu haben, die außergewöhnlich sind. Wenn Sie wollen, daß Ihr Sohn Papst wird, dann besteht der beste Weg dahin nicht darin, viele gleiche Söhne zu haben, sondern darin, viele verschiedene Söhne zu haben – in der Hoffnung, daß einer davon gut, gescheit und religiös genug ist.[6]

Die allgemein gebräuchliche Analogie für das, was Williams beschrieb, ist eine Lotterie. Asexuelle Fortpflanzung ist vergleichbar mit dem Besitz vieler Lose mit derselben Nummer. Um eine Chance zu haben, die Lotterie zu gewinnen, brauchen Sie viele verschiedene Lose. Wenn also eine hohe Wahrscheinlichkeit dafür besteht, daß der Nachwuchs unter veränderten oder ungewöhnlichen Bedingungen zurechtkommen muß, dann dient Sexualität sowohl dem Individuum als auch der Art.

Williams war vor allem fasziniert von Organismen wie Blattläusen und den bereits erwähnten Monogononten, die sich nur alle paar Generationen sexuell fortpflanzen. Blattläuse vermehren sich im Sommer auf einem Rosenbusch, Rädertierchen in einer Pfütze auf der Straße. Wenn aber der Sommer zu Ende geht, vermehrt sich die letzte Blattlausgeneration ebenso wie die letzte Generation von Monogononten ausschließlich sexuell: Es werden Männchen und Weibchen produziert, die einander auswählen, sich paaren und zähe kleine Junge bekommen, die den Winter beziehungsweise die Trockenheit als verhärtete Zysten überstehen und die Wiederkehr besserer Bedingungen abwarten. Für Williams sah das ganz nach seiner Lotterie aus. Solange die Bedingungen günstig und vorhersehbar waren, zahlte es sich aus, sich so rasch wie möglich – also asexuell – zu vermehren. Wenn aber die kleine Welt ein Ende fand und die nächste Generation von Blattläusen oder Rädertierchen vor den Unsicherheiten einer neuen Heimat stand, dann zahlte es sich aus, Nachkommen von großer Vielfalt zu haben – in der Hoffnung, einer davon erweise sich als überlebensfähig.
Williams verglich das »Blattlaus-Rädertierchen-Modell« mit zwei anderen: dem »Erdbeeren-Korallen-Modell« und dem »Ulmen-Austern-Modell«. Erdbeerpflanzen und jene Tierchen, aus denen Korallenriffe bestehen, sitzen ihr Leben lang am selben Ort, senden jedoch Ausläufer aus beziehungsweise bilden Korallenzweige, so daß sich das Individuum und seine Klone allmählich in der näheren Umgebung ausbreiten. Wenn sie ihre Nachkommen jedoch auf der Suche nach einem neuen, noch unberührten Lebensraum sehr viel weiter verbreiten wollen, dann produzieren Erdbeeren durch sexuelle Vorgänge Samen, und Korallen produzieren, ebenfalls durch geschlechtliche Fortpflanzung, sogenannte Planula-Larven. Die Samen werden von Vögeln fortgetragen, und die Planula-Larven treiben tagelang mit den Strömungen auf dem Meer. Für Williams war dies eine räumliche Version seiner Lotterie: Wer am weitesten reist, trifft mit der größten Wahrscheinlichkeit auf andere Lebensbedingungen. Deshalb ist es am günstigsten, wenn die Nachkommenschaft sehr verschieden ist, wobei man stets die Hoffnung haben kann, daß ein oder zwei Sprößlinge der Umgebung, in die sie schließlich gelangen, angepaßt sind. Ulmen und Austern vermehren sich sexuell und produzieren Millionen winziger Nachkommen, die mit Wind und Strömung dahintreiben, bis einige wenige von ihnen das Glück haben, an einem geeigneten Ort zu landen und ein neues Leben zu beginnen.

Warum das so ist? Weil – so Williams – sowohl Ulmen als auch Austern ihren Lebensraum bereits ausgefüllt haben. Es gibt nur wenige freie Stellen auf einer Austernbank und nur wenige Lichtungen in einem Ulmenwald. Jede freie Stelle wird Tausende von Bewerbern in Form neuer Larven oder Samen anziehen. Es spielt deshalb keine Rolle, ob ihre Jungen gut genug zum Überleben sind. Was zählt, ist, daß sie die Allerbesten sind. Sexualität erzeugt Vielfalt und läßt deshalb einige Nachkommen außergewöhnlich flexibel und andere eher kümmerlich werden, asexuelle Fortpflanzung hingegen macht sie alle durchschnittlich.[7]

Die Tangled-Bank-Hypothese

Williams' These ist mit den Jahren in vielen Versionen, unter vielen Namen und mit etlichen genialen Drehs immer wieder auf der Bildfläche erschienen. Ganz allgemein lassen mathematische Modelle allerdings eher darauf schließen, daß solche Lotterie-Modelle nur dann funktionieren, wenn der Preis für das richtige Los tatsächlich ein riesiger Jackpot ist. Nur dann, wenn einige wenige der ausgesandten Nachkommen überleben und sich außerordentlich gut entwickeln, zahlt Sexualität sich aus. In anderen Fällen tut sie das nicht.[8]

Dieser Einschränkung wegen und weil die meisten Arten keine Jungen produzieren, die sich auf Wanderschaft begeben, machten sich nur wenige Ökologen die Lotterie-Theorie vorbehaltlos zu eigen. Doch erst als Graham Bell aus Montreal wie einst jener legendäre König mit dem Goldfisch darauf bestand, den tatsächlichen Beweis für das vom Lotterie-Modell beschriebene Muster zu Gesicht zu bekommen, stürzte das ganze Theoriengebäude in sich zusammen. Bell begann, zahlreiche Arten unter den Gesichtspunkten Ökologie und Sexualität zu katalogisieren, in dem Bestreben, die Korrelation zwischen Umweltveränderungen und Sexualität nachzuweisen, die Williams und Maynard Smith mehr oder weniger unausgesprochen vorausgesetzt hatten. Danach wäre zu erwarten gewesen, daß Tiere und Pflanzen sich unter den folgenden Bedingungen mit höherer Wahrscheinlichkeit sexuell vermehren: wenn sie hochgelegene Landschaften oder höhere Breitengrade besiedeln (das Klima unterliegt dort stärkeren Schwankungen und ist daher rauher), im Süßwasser eher als im Meer (weil sich die Lebensumstände im Süßwasser durch Regenfälle, Erwärmung oder Austrocknung im Sommer, Frost im Winter und so weiter ständig ändern, was im Meer weit weniger der Fall ist), bei Kräutern, die in Lebensräumen mit stark schwankenden Bedingungen leben, und bei kleineren Lebewesen eher als bei großen. Bell stellte Gegenteiliges fest: Arten, die sich asexuell vermehren, sind häufig klein und leben in hochgelegenen Regionen oder höheren Breitengraden, im Süßwasser oder in Lebensräumen mit schwankenden Bedingungen. Sie gedeihen an wenig besiedelten Standorten, an denen rauhe, veränderliche Bedingungen verhindern, daß Populationen sich optimal entfalten können. Sogar die Verknüpfung zwischen der Art der Fortpflanzung und schlechten Zeiten bei Blattläusen und Rädertierchen erwies sich bei genauem Hinsehen als Mythos. Blattläuse und Rädertierchen wechseln nicht dann zu sexueller Fortpflanzung über, wenn Frost und Dürre drohen, sondern wenn die Populationsdichte mit dem Nahrungsangebot kollidiert. Man kann sie sehr leicht im Labor dazu veranlassen, zu sexueller Fortpflanzung überzuwechseln, indem man sie einfach zu dicht wachsen läßt.

Bells Urteil über das Lotterie-Modell war vernichtend:

»Von den besten Köpfen, die jemals über die Rolle von Sexualität nachgedacht haben, zumindest als gedankliche Grundlage akzeptiert, versagt es bei der Überprüfung durch eine vergleichende Analyse offenbar ganz entschieden.«[9]

Lotterie-Modelle sagen voraus, daß Sexualität dort am häufigsten sein müßte, wo sie in Wirklichkeit am seltensten vorkommt – bei ausgesprochen fruchtbaren kleinen Lebewesen in veränderlicher Umgebung. Hier aber bildet Sexualität im Gegenteil sogar die Ausnahme; bei großen, langlebigen Lebewesen aber, die sich nur langsam vermehren, ist sie an der Tagesordnung.

Das war Williams gegenüber ein bißchen unfair, denn schließlich hatte sein »Ulmen-Austern«-Modell zumindest vorhergesagt, daß die Ursache für die sexuelle Fortpflanzung bei Ulmen in der erbitterten Konkurrenz junger Bäume um ausreichenden Raum besteht. Michael Ghiselin entwickelte diese Idee im Jahre 1974 weiter und kam zu einigen vielsagenden Analogien mit ökonomischen Gegebenheiten. Er drückt es so aus: »Wenn der Markt gesättigt ist, zahlt es sich aus, zu diversifizieren.«

Ghiselin war der Ansicht, die meisten Lebewesen wetteiferten mit ihren Brüdern und Schwestern, und es könnten mehr von ihnen überleben, wenn jeder ein bißchen anders wäre als der andere.

Die Tatsache, daß es Ihren Eltern bei der Ausübung bestimmter Tätigkeiten gutging, heißt unter anderem, daß es sich für Sie vermutlich auszahlen wird, etwas anderes zu tun, denn der Standort ist möglicherweise bereits überreich an Freunden und Verwandten Ihrer Eltern, die alle etwas Ähnliches machen.[10]

Graham Bell bezeichnete diese Erklärung nach dem berühmten letzten Absatz aus Charles Darwins *Die Entstehung der Arten* als die »Tangled-Bank-Theorie«:

»Wie anziehend ist es, ein mit verschiedenen Pflanzen bedecktes Stückchen Land zu betrachten, mit singenden Vögeln in den Büschen, mit zahlreichen Insekten, die durch die Luft schwirren, mit Würmern, die über den feuchten Erdboden kriechen, und sich dabei zu überlegen, daß alle diese so kunstvoll gebauten, so sehr verschiedenen und doch in so verzwickter Weise voneinander abhängigen Geschöpfe durch Gesetze erzeugt wurden, die noch rings um uns wirken.«[11] *

Bell verglich die Situation der Ulmen in Williams' Modell mit dem Fall eines Knopfmachers, der keine Konkurrenz zu fürchten hat und den örtlichen Markt bereits vollständig mit Knöpfen versorgt hat. Was würde er dann tun? Er könnte weitermachen wie bisher und Ersatzknöpfe verkaufen, oder er könnte sein Angebot vielfältiger gestalten und versuchen, den Markt zu erweitern, indem er seine Kunden dazu ermutigt, alle möglichen verschiedenen Knöpfe zu kaufen. Entsprechend zahlte es sich für Organismen in einem »gesättigten« Lebensraum aus, ihre Nachkommen vorsichtshalber ein bißchen unterschiedlich zu gestalten, statt immer gleiche Nachkommen zu produzieren, weil dann die Hoffnung bestand, dem Wettstreit durch Anpassung in Nischen entgehen zu können. Während seiner ausführlichen Studie über die Verteilung von sexueller und asexueller Vermehrung im Tierreich kam Bell zu dem Schluß, die Tangled-Bank-Theorie sei von allen ökologischen Theorien zur Existenz von Sexualität die vielversprechendste.[12]

Die Vertreter dieser Theorie konnten zur Untermauerung ihrer Überlegungen auf einige vielsagende Befunde aus den Erträgen des Weizen-

* Im Original beschreibt Darwin dieses komplex strukturierte Biotop als *entangled bank*. (A. d. Ü.)

und Gerstenanbaus zurückgreifen. Mischungen verschiedener Sorten sind in der Regel ertragreicher als eine einzelne Sorte; Pflanzen, die man an anderen Standorten kultiviert, bringen in der Regel weniger Ertrag als an ihrem gewohnten Standort, so als seien sie ihrem Heimatboden genetisch angepaßt; wenn man aus Stecklingen gezogene Pflanzen mit solchen vergleicht, die aus Samen wachsen, also auf sexuellem Wege erzeugt wurden, schneiden erstere allgemein schlechter ab, so als gewähre die Sexualität irgendeinen Vorteil in Form einer gewissen Variabilität.[13]

Leider lassen sich all diese Ergebnisse von rivalisierenden Theorien mit derselben Plausibilität erklären. Williams schrieb: »Das Schicksal wäre in der Tat äußerst wohlmeinend, widersprächen die Schlußfolgerungen aus einer Theorie denen aus einer anderen.«[14] Dies ist ein besonders empfindlicher Punkt in dieser Debatte. Ein Wissenschaftler verglich die Situation mit einem Hausbesitzer, der zu ergründen versucht, warum seine Auffahrt so naß geworden ist: vom Regen, vom Rasensprenger oder vom Hochwasser des nahen Flusses. Es hilft ihm nicht weiter, wenn er den Rasensprenger anstellt und sieht, daß die Auffahrt dadurch in der Tat naß werden kann, oder wenn er zuschaut, wie der Regen sie naß werden läßt.[15] Aus solchen Beobachtungen Schlüsse zu ziehen würde bedeuten, in eine Falle zu tappen, die von den Philosophen als Trugschluß bezeichnet wird. Nur weil die Nässe vom Rasensprenger verursacht worden sein kann, heißt das nicht, daß er sie tatsächlich verursacht hat. Nur weil die Tangled-Bank-Theorie mit den Tatsachen im Einklang steht, heißt das nicht, daß sie sie richtig erklärt.

Heutzutage ist es nicht leicht, überzeugte Vertreter für die Tangled-Bank-Theorie zu finden. Ihr Hauptproblem ist nur zu vertraut: Wenn doch gar nichts kaputt ist, weshalb sollte Sexualität dann etwas reparieren. Eine Auster, die groß genug geworden ist, um sich fortzupflanzen, ist – vom Standpunkt der Auster aus – ein großer Erfolg. Die meisten ihrer Geschwister sind tot. Wenn das Ganze etwas mit Genetik zu tun hat, wie es die Verfechter dieser Theorie vermuten, warum müssen wir dann davon ausgehen, daß die Kombination von Genen, die in dieser Generation das Rennen gemacht hat, in der nächsten Generation automatisch versagt? Man kann um diese Schwierigkeiten herumkommen, aber die Erklärungen klingen dann immer ein bißchen an den Haaren herbeigezogen. Es ist nicht schwer, einen Fall zu finden, in dem Sexualität von Vorteil ist. Doch daraus ein allgemeingültiges Prinzip abzuleiten, gültig

für jeden Lebensraum, für jede Säuger- und Vogelart und für jeden Nadelbaum, ein Prinzip, das den Vorteil der sexuellen gegenüber der asexuellen Fortpflanzung auch dann noch überzeugend erklären kann, wenn man berücksichtigt, daß die Rate der Nachkommen bei der asexuellen Vermehrung doppelt so hoch ist – dieses Prinzip zu formulieren, dazu kann sich niemand so recht durchringen.
Es gibt einen weit praxisbezogeneren Einwand gegen die Tangled-Bank-Theorie. Ihre Verfechter sagen voraus, daß Tiere und Pflanzen mit sehr vielen kleinen Nachkommen, die miteinander in Konkurrenz treten, ein größeres Interesse an sexueller Fortpflanzung haben müßten als Pflanzen und Tiere, die wenige große Nachkommen haben. Auf den ersten Blick scheint die Größe des Nachwuchses kaum Rückschlüsse darauf zuzulassen, ob eine Art sich sexuell fortpflanzt oder nicht. Blauwale, die größten Tiere der Welt, haben riesige Nachkommen – jedes davon wiegt mehr als fünf Tonnen. Mammutbäume, die größten Pflanzen der Welt, haben winzige Samen – das Gewichtsverhältnis von Pflanze zu Samen entspricht dem Gewichtsverhältnis zwischen dem Planeten Erde und der Pflanze.[16] Und doch pflanzen sich Wale und Mammutbäume sexuell fort. Im Gegensatz dazu hat eine Amöbe, die sich bei der Vermehrung zweiteilt, ein riesenhaftes »Junges«, genauso groß wie »sie selbst«. Und doch pflanzt sie sich nie sexuell fort.
Ein Schüler von Graham Bell, Austin Burt, zog aus, die Wirklichkeit zu betrachten, um festzustellen, ob die Tangled-Bank-Theorie mit den Tatsachen übereinstimmt. Er richtete sein Augenmerk weniger darauf, ob Tiere sich sexuell fortpflanzen, sondern darauf, wieviel Rekombination zwischen ihren Genen stattfindet. Sein Ansatz war relativ einfach: Er bestimmte die Zahl der Crossing-over-Segmente auf einem Chromosom. Als Crossing-over bezeichnet man Chromosomenabschnitte, an denen zwei Chromosomen ihre Gene buchstäblich miteinander austauschen. Burt stellte fest, daß die Rekombinationshäufigkeit bei Säugern in keiner Beziehung zur Anzahl der Nachkommen steht, nur wenig Beziehung zur Körpergröße und eine sehr enge Beziehung zum Zeitpunkt der Geschlechtsreife aufweist. Mit anderen Worten: Langlebige Tiere, die spät ihre sexuelle Reife erlangen, zeigen unabhängig von ihrer Größe und ihrer Fruchtbarkeit ein höheres Maß an genetischer Durchmischung als kurzlebige Organismen, die ihre Geschlechtsreife früh erlangen. Nach Burts Messungen verfügt der Mensch über dreißig Crossing-over-Abschnitte, Kaninchen über zehn und Mäuse über drei. Die

Verfechter der Tangled-Bank-Theorie würden das Gegenteil voraussagen.[17]

Die Tangled-Bank-Theorie gerät zudem in Konflikt mit Beobachtungen an Fossilienfunden. In den siebziger Jahren erkannten Evolutionsbiologen, daß Arten sich im Grunde nicht stark verändern. Über Tausende von Generationen hinweg bleiben sie unverändert und werden dann plötzlich durch andere Lebensformen verdrängt. Die Tangled-Bank-Theorie ist eine »Theorie der kleinen Schritte«. Wäre sie zutreffend, müßten Arten gemächlich durch den von ihnen bewohnten, sich fortwährend leicht verändernden Lebensraum driften und sich in jeder Generation ein wenig wandeln, statt über Millionen von Generationen einem Typ treu zu bleiben. Eine allmähliche Entfernung einer Art von ihrer ursprünglichen Gestalt geschieht auf kleinen Inseln oder in winzigen Populationen, und zwar aufgrund bestimmter Effekte, die zu einem gewissen Grad der Muller-Ratsche analog sind: zufällige Auslöschungen einiger Formen und zufälliger Aufstieg anderer mutierter Formen. In größeren Populationen wird das verhindert, und zwar durch nichts anderes als durch die Sexualität. Sie ist die Ursache dafür, daß eine Neuentwicklung der gesamten Art zur Verfügung gestellt wird – und sich sofort in der Menge verliert. In Inselpopulationen kann die Sexualität dies nicht so ohne weiteres bewirken, denn die Population unterliegt in hohem Maße der Inzucht.«[18]

Williams war der erste, der erkannte, daß den meisten populären Ansichten zur Evolution eine völlig falsche Annahme zugrunde lag und tatsächlich noch immer zugrunde liegt. Die alte Vorstellung von der Evolution als einer Leiter des Fortschritts hält sich noch immer hartnäckig in der teleologischen Betrachtungsweise. Nach dieser Sicht ist die Evolution für eine Art vorteilhaft, weshalb diese daran interessiert sein müßte, den Ablauf der Evolution zu beschleunigen. Und doch ist der Stillstand ein untrügliches Kennzeichen der Evolution – und nicht die Veränderung. Sexualität, die Reparatur von Genen und all jene hochentwickelten Methoden des Aussiebens bei höheren Organismen, die dazu dienen, nur fehlerlose Eier und Spermien als Beitrag zur nächsten Generation zuzulassen – all das sind Maßnahmen, die Veränderungen verhindern. Nicht der Mensch ist der eigentliche Triumph des genetischen Systems, sondern der Quastenflosser, denn er ist seinem Typ seit vielen Millionen Jahren unverändert treu geblieben – trotz endloser Attacken auf die chemischen Verbindungen, aus denen sein Erbgut besteht. Das

alte Vikar-von-Bray-Modell der Sexualität als Mittel zur Beschleunigung von Evolution setzt voraus, daß Organismen daran interessiert sind, ihre Mutationsrate möglichst hoch zu halten – denn Mutationen sind die Quelle aller Variabilität – und ein leistungsfähiges System zum Aussieben unbrauchbarer Mutanten zu entwickeln. Aber, so Williams, es gibt bisher keine Hinweise darauf, daß irgendein Lebewesen jemals etwas anderes täte, als seine Mutationsrate so gering wie möglich zu halten. Es strebt nach einer Mutationsrate von Null. Evolution beruht auf der Tatsache, daß es dabei versagt.[19]
Die Tangled-Bank-Theorie funktioniert mathematisch gesehen nur dann, wenn es einen hinreichenden Vorteil dafür gibt, anders zu sein. Das Risiko: Was sich in einer Generation auszahlt, wird sich in der nächsten Generation nicht auszahlen – und dies ist um so eher der Fall, je länger eine Generation währt. Das bedeutet gleichzeitig, daß sich die Bedingungen ständig ändern.

Die Rote Königin

Auftritt der Roten Königin. Sie betritt die Bühne im Laufschritt. Diese ganz besondere Monarchin wurde vor zwanzig Jahren zu einem festen Bestandteil biologischer Theorien und hat seither von Jahr zu Jahr mehr an Bedeutung gewonnen. Folgen Sie mir, wenn Sie wollen, in das dunkle Labyrinth vollgestopfter Regale in einem Büro der University of Chicago, vorbei an Bücherstapeln, die mühsam das Gleichgewicht bewahren, und an meterhohen babylonischen Türmen aus Papier. Zwängen Sie sich zwischen zwei Aktenschränken hindurch und betreten Sie ein schauerliches Kämmerchen, nicht größer als eine Besenkammer, in dem ein älterer Mann sitzt – in kariertem Hemd und mit einem grauen Bart, der sicher länger ist als der von Gottvater persönlich, aber nicht so lang wie der von Charles Darwin. Sie stehen vor dem Propheten der Roten Königin: Leigh Van Valen, einem unbeirrbaren Ergründer evolutionärer Prinzipien. Lange bevor sein Bart grau war, durchforstete Van Valen eines schönen Tages im Jahre 1973 seinen unergründlichen Verstand nach einem Begriff, der eine neue Entdeckung umschreiben sollte, auf die er soeben gestoßen war. Er hatte herausgefunden, daß die

Wahrscheinlichkeit, mit der eine Familie von Tieren ausstirbt, unabhängig davon ist, wie lange diese Familie bereits existiert hat. Mit anderen Worten: Arten verbessern ihre Überlebensfähigkeit nicht (noch werden sie im Alter gebrechlich, wie dies bei Individuen der Fall ist). Das Risiko für ihr Aussterben ist dem Zufall unterworfen.

Die Bedeutung seiner Entdeckung war Van Valen nicht verborgen geblieben. Er hatte einen wesentlichen Aspekt der Evolution erkannt, der von Darwin vernachlässigt worden war: Der Existenzkampf wird nie leichter; wie gut eine Art auch ihrer Umgebung angepaßt ist – sie kann sich nie ausruhen, denn ihre Konkurrenten und Feinde passen sich ihren Nischen ebenfalls an. Überleben ist ein Spiel, bei dem unter dem Strich nichts bleibt. Eine Art wird durch ihren Erfolg lediglich zu einem noch lohnenderen Ziel für andere rivalisierende Spezies. Van Valen erinnerte sich seiner Kindheit, und sein Geist entzündete sich an den lebenden Schachfiguren, denen *Alice hinter den Spiegeln* begegnet. Die Rote Königin ist eine furchterregende Frau, die wie der Wind läuft, aber niemals irgendwohin zu gelangen scheint: »›Nun, in unserer Gegend‹, sagte Alice, noch immer ein wenig atemlos, ›kommt man im allgemeinen woandershin, wenn man so schnell und so lange läuft wie wir eben.‹ ›Behäbige Gegend!‹ sagte die Königin. ›Hierzulande mußt du so schnell rennen, wie du kannst, wenn du am gleichen Fleck bleiben willst. Und um woandershin zu kommen, muß man noch mindestens doppelt so schnell laufen!‹«[20]

»Ein neues Evolutionsgesetz«, schrieb Van Valen und sandte sein Manuskript reihum an die prestigeträchtigsten Wissenschaftszeitschriften – um es postwendend zurückzubekommen. Aber sein Anspruch war berechtigt. Die Rote Königin ist zu einer geachteten Persönlichkeit am Biologischen Hofe avanciert. Und nirgendwo steht ihr Name höher im Kurs als bei den Theorien zur Existenz von Sexualität.[21]

Theorien im Sinne der Roten Königin gehen davon aus, daß die Welt mit dem Tod um die Wette läuft. Sie ändert sich ständig. Aber haben wir nicht gerade eben gehört, daß Arten sich über viele Generationen hinweg statisch verhalten und sich nicht ändern? Jawohl. Der springende Punkt bei der Roten Königin ist, daß sie rennt, um am selben Ort zu bleiben. Die Welt kommt immer wieder dahin zurück, wo sie begonnen hat; es gibt Veränderungen, aber keinen Fortschritt.

Nach der Theorie der Roten Königin hat Sexualität nichts mit der Anpassung an eine unbelebte Natur zu tun – nichts damit, größer zu werden, besser getarnt zu sein oder Kälte oder Wärme besser ertragen zu lernen – sondern all das ist Teil eines Kampfes gegen einen Gegner, der zurückschlägt.

Biologen haben die Bedeutung physikalischer Ursachen für einen frühzeitigen Tod im Gegensatz zu biologischen Ursachen stets überschätzt. In beinahe jeder Betrachtung zur Evolution gelten Dürre, Frost, Wind oder Hunger als die großen Bedrohungen des Lebens. Der große Kampf, so erzählt man uns, besteht in der Anpassung an diese Bedingungen. Wunder physischer Anpassung – die Höcker des Kamels, der Pelz des Eisbären, die kochfeste Zyste der Rädertierchen – werden zu den größten Leistungen der Evolution gezählt. Die ersten Evolutionstheorien hatten alle die Erklärung dieser Fähigkeit zur Anpassung an die physische Umgebung zum Inhalt. Doch mit der Tangled-Bank-Theorie hat sich ein anderes Thema Gehör verschafft, und es wird bei der Roten Königin sogar zum Leitmotiv. Was Tiere tötet oder daran hindert, sich fortzupflanzen, ist nur selten ein physikalischer Faktor. Sehr viel häufiger sind andere Lebewesen dafür verantwortlich – Parasiten, Räuber und Konkurrenten. Ein Wasserfloh, der in einem überfüllten Teich verhungert, ist nicht das Opfer mangelnder Nahrungsressourcen, sondern der Verlierer eines Konkurrenzkampfes. Räuber und Parasiten verursachen höchstwahrscheinlich, direkt oder indirekt, die meisten Todesfälle auf der Welt. Wenn ein Baum in einem Wald stirbt, so ist er in der Regel zunächst von einem Pilz geschwächt worden. Wenn ein Hering zu Tode kommt, dann meist im Maul eines größeren Fischs oder in einem Netz. Was hat Ihre Vorfahren vor zwei oder mehr Jahrhunderten umgebracht? Pocken, Tuberkulose, Influenza, Lungenentzündung, Pest, Scharlach, Durchfall. Hunger oder ein Unfall mögen Menschen geschwächt haben, aber gestorben sind sie an Infektionen. Ein paar von den Wohlhabenderen starben an Altersschwäche, an Krebs oder an Herzinfarkt, doch das waren nicht sehr viele.[22]

Im Ersten Weltkrieg starben in vier Jahren fünfundzwanzig Millionen Menschen. Bei der darauffolgenden Influenza-Epidemie starben fünfundzwanzig Millionen Menschen in vier Monaten.[23] Sie war die letzte einer langen Reihe verheerender Seuchen, welche die menschliche Spezies seit Beginn der Zivilisation heimgesucht hatten. Europas Bevölkerung wurde im Jahre 165 nach Christus durch die Masern, im Jahre 251 durch Pocken, um 1348 durch die Beulenpest, um 1492 durch Syphilis und um 1800 durch Tuberkulose stark dezimiert.[24] Und dies sind nur die

Epidemien. Örtlich begrenzt auftretende Erkrankungen forderten darüber hinaus ungeheuer viele Menschenleben. So wie jede Pflanze einem immerwährenden Angriff durch Insekten ausgesetzt ist, so enthält jedes Tier ein Gewimmel zahlloser hungriger Bakterien, die auf ihre Gelegenheit warten. Möglicherweise befinden sich in dem, was Sie stolz als »Ihren« Körper bezeichnen, mehr Bakterien als menschliche Zellen. Vielleicht befinden sich jetzt, in dem Augenblick, in dem Sie dies lesen, auf und in Ihnen mehr Bakterien, als es Menschen auf der Erde gibt.

In den vergangenen Jahren haben sich die Evolutionsbiologen wieder und wieder dem Thema Parasiten zugewandt. Richard Dawkins formulierte es kürzlich in einem Artikel so:

»Belauschen Sie einmal an irgendeinem beliebigen Zentrum moderner Evolutionsforschung die Unterhaltung in der Kaffeepause – Sie werden feststellen, daß Parasit einer der meistgebrauchten Begriffe im Wortschatz ist. Parasiten werden als hauptsächliches Bewegungselement bei der Evolution von Sexualität gehandelt, als aussichtsreichste Kandidaten für eine endgültige Lösung dieses Problems aller Probleme.«[25]

Parasiten haben aus zwei Gründen eine verheerendere Wirkung als Räuber. Zum einen, weil es mehr von ihnen gibt. Menschen zum Beispiel sind nicht von Räubern bedroht – andere Menschen und weiße Haie einmal ausgenommen –, aber sie haben eine Menge Parasiten. Selbst Kaninchen, die von Wieseln, Füchsen, Bussarden, Hunden und Menschen verzehrt werden, sind die Wirte für eine noch weit größere Zahl von Flöhen, Läusen, Zecken, Stechmücken, Bandwürmern und ungezählte Formen von Protozoen, Bakterien, Pilzen und Viren. Durch das Myxomatose-Virus bleiben weit mehr Kaninchen auf der Strecke als durch Füchse. Der zweite Grund ist gleichzeitig die Ursache für den ersten: Parasiten sind in der Regel kleiner als ihre Wirte, Räuber dagegen sind größer. Das bedeutet, daß Parasiten kürzere Lebensspannen haben und innerhalb eines bestimmten Zeitraumes mehr Generationen durchleben als ihre Wirte. Die Bakterien in Ihrem Darm bringen im Laufe Ihres Lebens sechsmal so viele Generationen hervor, wie die Menschheit brauchte, um sich vom Affen bis heute zu entwickeln.[26] Als Folge davon vermehren sich die Bakterien rascher als ihre Wirte und können die Wirtspopulation dadurch kontrollieren und eindämmen. Räuber dagegen folgen nur dem Beuteaufkommen.

Parasiten und ihre Wirte sind durch enge evolutionäre Bande miteinander verknüpft. Je erfolgreicher der Angriff des Parasiten (je mehr Wirte er infiziert oder je mehr Ressourcen er aus jedem Wirt bezieht), desto mehr werden die Überlebenschancen des Wirts davon abhängen, ob er in der Lage ist, eine Verteidigungsstrategie zu entwickeln. Je besser sich der Wirt verteidigt, um so stärker wird die natürliche Selektion solche Parasiten fördern, die in der Lage sind, diese Abwehr zu durchbrechen. Der Vorteil wird also immer von einem zum anderen pendeln: Je drängender die Notlage für den einen ist, um so besser wird er kämpfen. Das aber ist wahrhaftig die Welt der Roten Königin, in der man niemals den Sieg davontragen, sondern stets nur einen zeitweiligen Aufschub erwirken kann.

Wettrüsten

Genau darin aber besteht auch die wechselvolle Welt der Sexualität. Parasiten liefern einem Organismus den Ansporn dafür, seine Gene in jeder Generation zu verändern, wie es die Sexualität zu fordern scheint. Der Erfolg der Gene, die ihm in der letzten Generation so ungemein von Nutzen waren, kann der beste Grund dafür sein, genau diese Gene in der folgenden Generation abzuschaffen. Bis diese nächste Generation nämlich auf der Bildfläche erscheint, haben die Parasiten mit Sicherheit eine Antwort auf die wirksamste Verteidigung der letzten Generation gefunden. Es ist ein bißchen wie beim Sport. Beim Schach oder beim Fußball ist die Taktik, die sich zunächst als die wirkungsvollste erweist, sehr bald diejenige, die die anderen rasch zu unterlaufen lernen. Jeder neuen Variante im Angriff wird bald durch eine Variante in der Verteidigung begegnet.

Die geläufigste Analogie hierfür ist natürlich das Wettrüsten zwischen zwei Mächten. Die eine baut eine Atombombe, also baut auch die andere eine. Die eine baut Raketen, die andere muß nachziehen. Panzer um Panzer, Hubschrauber um Hubschrauber, Bomber um Bomber, U-Boot um U-Boot. Die beiden Länder rennen gegeneinander an und bleiben doch am selben Ort. Waffen, auf die es vor Jahren keine Antwort gegeben hätte, werden verwundbar und veralten. Je größer der Vorsprung der einen Supermacht, um so verbissener versucht die andere aufzuholen. Niemand wagt es, die Tretmühle zu verlassen, solange er es sich leisten kann, im Rennen zu bleiben.

Diese Analogie mit dem Wettrüsten sollte nicht zu ernst genommen werden, aber sie bietet einige interessante Erkenntnisse. Richard Dawkins und John Krebs erhoben ein dem Wettrüsten entliehenes Argument in den Stand eines »Prinzips«: das »Frühstück-oder-Leben«-Prinzip. Ein Hase, der vor einem Fuchs flieht, rennt um sein Leben – ein starker entwicklungsgeschichtlicher Ansporn, schnell zu sein. Der Fuchs ist lediglich an seinem Frühstück interessiert. Sehr richtig, aber wie steht es mit einer Gazelle, die vor einem Geparden flieht? Füchse können auch von etwas anderem leben als von Kaninchen, Geparden aber fressen nur Gazellen. Ein langsamer Gepard fängt also nichts und stirbt. Eine langsame Gazelle hat unter Umständen Glück und begegnet niemals einem hungrigen Geparden. Der Nachteil liegt also beim Geparden. Dawkins und Krebs stellten fest: In der Regel gewinnt der Spezialist das Wettrüsten.[27]

Parasiten sind überragende Spezialisten, aber der Vergleich mit dem Wettrüsten ist bei ihnen weniger zwingend. Der Floh im Ohr des Geparden hat mit diesem, was die Ökonomen ein »gemeinsames Interesse« nennen: Stirbt der Gepard, stirbt auch der Floh. Gary Larson zeichnete einst einen Cartoon, in dem ein Floh mit einem Plakat durch das Fell eines Hunderückens marschierte. Auf dem Plakat stand: »Der Hund ist bald am Ende«: Der Tod des Hundes ist eine schlechte Nachricht für den Floh, selbst wenn der Floh ihn beschleunigt haben sollte. Die Frage, ob Parasiten davon profitieren, wenn sie ihren Wirt schädigen, wird von den Parasitologen seit vielen Jahren heiß diskutiert. Wenn ein Parasit einen neuen Wirt zum erstenmal befällt (Myxomatose-Viren die europäischen Kaninchen, das AIDS-Virus den Menschen, der Pest-Bazillus die Europäer des vierzehnten Jahrhunderts), dann ist die von ihm verursachte Krankheit zu Beginn in der Regel ansteckend. Im Laufe der Zeit nimmt die Ansteckungsgefahr jedoch ab. Manche Krankheiten bleiben aber tödlich, während andere rasch nahezu harmlos werden. Die Erklärung ist einfach: Je ansteckender die Krankheit ist und je weniger widerstandsfähige Wirte vorhanden sind, um so leichter fällt es dem Parasiten, einen neuen Wirt zu finden. Bakterien und Viren, die in nichtresistente Populationen eingeschleppt wurden, haben also keine Probleme mit dem Tod ihres Wirts, denn sie verbreiten sich rasch weiter. Doch wenn die meisten der möglichen Wirte bereits infiziert oder resistent sind und der Parasit nun nicht mehr ohne weiteres den Wirt wechseln kann, dann muß er Vorsicht walten lassen, um sich nicht seine eigene Lebensgrundlage zu entziehen. Ganz ähnlich bewirkt ein Firmenchef, der an seine Beschäftigten appelliert »Bitte streiken Sie nicht, sonst muß die Firma Bankrott anmelden«, weit mehr, wenn die Arbeitslosigkeit hoch ist, als wenn die Beschäftigten bereits andere Stellenangebote in der Tasche haben. Doch selbst wenn die Ansteckungsgefahr abnimmt, ist der Wirt durch den Parasiten noch immer in seinem Wohlbefinden beeinträchtigt und steht unter dem Druck, seine Abwehrkräfte zu verbessern, während andererseits die Parasiten ständig versuchen, um diesen Schutzschild herumzukommen und sich auf Kosten des Wirts neue Ressourcen zu erschließen.[28]

Künstliche Viren

Verblüffende Beweise für die Tatsache, daß Parasiten und ihre Wirte sich in einem evolutionsgeschichtlichen Wettrüsten befinden, kommen aus einer Quelle, mit der man in diesem Zusammenhang eigentlich nicht rechnet: aus dem Inneren der Computer. Ende der achtziger Jahre hatten die Evolutionsbiologen Gelegenheit, das Entstehen einer neuen Disziplin zu verfolgen. Sie trägt den Namen Künstliches Leben (KL). KL ist eine etwas überhebliche Bezeichnung für Computerprogramme, die so angelegt sind, daß sie unter den gleichen Bedingungen von Replikation, Konkurrenz und Selektion eine Evolution durchlaufen wie natürliches Leben. In gewissem Sinne sind sie der endgültige Nachweis dessen, daß Leben nur eine Sache der Information ist und daß Komplexität durch ungerichteten Wettstreit entstehen und vom Zufall gestaltet sein kann.

Wenn Leben Information gleichzusetzen ist, und wenn Leben von Parasiten angegriffen wird, dann sollte auch Information von Parasiten angreifbar sein. Wenn einst die Geschichte der Computer geschrieben wird, dann wird das erste Programm, dem die Bezeichnung »künstlich am Leben« zuerkannt wird, möglicherweise ein trügerisch einfaches, kleines Zweihundertzeilenprogramm sein, das im Jahre 1983 von Fred Cohen, einem Doktoranden am California Institute of Technology, verfaßt wurde. Das Programm war ein »Virus«, das Kopien seiner selbst in andere Programme hineinschmuggelte – auf die gleiche Weise, in der Viren Kopien ihrer selbst in andere Wirte einschleusen. Computerviren haben sich seither zu einem weltweiten Problem entwickelt. Es entsteht der Eindruck, als sei die Bedrohung durch Parasiten in jedem Lebenssystem unumgänglich.[29]

Doch Cohens Virus und seine vertrackten Nachfolger sind von Menschen geschaffen. Erst als Thomas Ray, ein Biologe von der University of Delaware, vom Interesse an KL gepackt worden war, entstanden Computerviren auch spontan. Ray entwarf ein System namens Tierra, das aus miteinander konkurrierenden Programmen bestand, die ständig durch Mutationen mit kleinen Fehlern versehen wurden. Erfolgreiche Programme setzten sich auf Kosten anderer Programme durch.

Das Ergebnis war verblüffend. Unter den Bedingungen von Tierra begannen die Programme, sich im Verlauf ihrer Evolution zu kürzeren Versionen ihrer selbst zu entwickeln. Ein Originalprogramm aus achtzig Anweisungen wurde durch eines mit neunundsiebzig Anweisungen ersetzt. Plötzlich erschienen aber Programmversionen, die nur fünfundvierzig Anweisungen lang waren: Sie entliehen die Hälfte des von ihnen benötigten Codes aus anderen Programmen. Dies waren echte Parasiten. Bald darauf hatten einige der längeren Programme etwas entwickelt, was Ray als Immunität gegenüber Parasiten bezeichnete: Einem Programm gelang es, unempfindlich gegen angreifende Parasiten zu werden, indem es sich teilweise tarnte. Doch die Parasiten waren dadurch nicht zu schlagen. Irgendwann erschien ein mutierter Parasit auf der Bildfläche, der die getarnten Programmteile aufspüren konnte.[30]

Und so nahm das Wettrüsten seinen Lauf. So manches Mal, wenn Ray den Computer laufen ließ, wurde er mit spontan auftretenden Hyperparasiten, sozialen Hyperparasiten und betrügerischen Hyper-Hyperparasiten konfrontiert. Alles in einem Evolutionssystem von (ursprünglich) geradezu lächerlicher Einfachheit. Er hatte somit demonstriert, daß die Existenz eines Wirt-Parasiten-Wettrüstens eine der grundlegendsten und unausweichlichen Konsequenzen der Evolution ist.[31]

Der Vergleich mit dem Wettrüsten hinkt allerdings etwas. Bei einem wirklichen Wettrüsten gewinnt eine alte Waffe nur selten ihren Vorteil zurück. Die Tage des Langbogens sind vorüber. Im Wettstreit zwischen einem Parasiten und seinem Wirt können die alten Waffen unter Umständen aber die effizientesten sein, weil der Gegenspieler es verlernt hat, sich gegen sie zu verteidigen. Die Rote Königin steht also vielleicht weniger vor dem Dilemma, stets am selben Ort zu bleiben, als vor dem Problem, immer wieder von vorn anfangen zu müssen – wie Sisyphos, dazu verdammt, in Ewigkeit einen Stein auf einen Hügel des Hades zu rollen, nur um ihn wieder hinabrollen zu sehen.

Es gibt drei Möglichkeiten, wie Tiere ihren Körper vor Parasiten schützen können. Zum Beispiel können sie, wenn sie rasch genug wachsen und sich fortpflanzen, die Parasiten »hinter sich lassen«. Pflanzenzüchtern ist das wohlbekannt: Die Spitze des wachsenden Sprosses, in welche die Pflanze all ihre Kraft legt, ist in der Regel parasitenfrei. Eine bemerkenswerte Theorie vertritt sogar die Ansicht, Spermien seien deshalb so klein, damit sie keine Bakterien mit sich tragen könnten, um Eizellen zu infizieren.[32] Eine menschliche Eizelle teilt sich unmittelbar nach der Befruchtung mit unerhörter Geschwindigkeit, möglicherweise tatsächlich, um Viren und Bakterien in einem der entstehenden Kompartimente zurückzulassen.

Die zweite Verteidigungsmöglichkeit ist die Sexualität; mehr davon später. Die dritte ist ein Immunsystem, sie aber wird erst von Reptilien an aufwärts eingesetzt. Pflanzen und viele Insekten und Amphibien verfügen über eine weitere Methode, die chemische Verteidigung: Sie produzieren Substanzen, die für ihre Plagegeister giftig sind. Manche Angreifer entwickeln daraufhin Möglichkeiten, diese Gifte abzubauen und so weiter – das Wettrüsten hat begonnen.

Antibiotika sind chemische Verbindungen, die von Pilzen produziert werden, und zwar als natürliche Verteidigung gegen deren Rivalen, das heißt gegen Bakterien. Als der Mensch begann, Antibiotika einzusetzen, stellte er fest, daß die Bakterien mit ernüchternder Geschwindigkeit die Fähigkeit entwickelten, Antibiotika zu widerstehen – resistent zu werden. Bei der Entwicklung von Antibiotika-Resistenzen in krankheitserregenden Bakterien fällt zweierlei auf: Zum einen scheinen die entsprechenden Resistenzgene von einer Art zur nächsten zu springen – aus harmlosen Darmbakterien werden krankmachende Organismen – und dies über eine Form des Gentransfers, die sexuellen Vorgängen sehr ähnlich ist. Zum anderen scheinen viele dieser kleinen Ungeheuer die Resistenzgene bereits auf ihren Chromosomen zu tragen, so daß es nur noch darum geht, den Trick zum »Anschalten« des Gens neu zu erfinden. Beim Wettrüsten zwischen Bakterien und Pilzen haben viele Bakterien die Fähigkeit erworben, Antibiotika abzuwehren, eine Fähigkeit,

von der sie »gedacht« hatten, sie benötigten sie nicht mehr, wenn sie sich im menschlichen Darm befinden.
Da ihre Lebensspanne im Vergleich zu der ihres Wirts so kurz ist, können Evolution und Anpassung bei Parasiten rascher ablaufen. Innerhalb von ungefähr zehn Jahren ändern sich die Gene des AIDS-Virus in einem Ausmaß, das der Änderung des menschlichen Genoms innerhalb von zehn Millionen Jahren entspricht. Für Bakterien sind dreißig Minuten unter Umständen das ganze Leben. Menschen, bei denen eine Generation ewige dreißig Jahre umfaßt, sind – entwicklungsgeschichtlich betrachtet – Schildkröten.

Wie ein DNA-Schloss geknackt wird

Schildkröten sind nichtsdestoweniger einer stärkeren genetischen Durchmischung unterworfen als Hasen. Austin Burts Entdeckung einer Beziehung zwischen der Länge einer Generation und der Rekombinationsaktivität ist ein Beweis für den Einfluß der Roten Königin. Je länger die Zeitspanne einer Generation ist, desto mehr Rekombinationen sind vonnöten, um Parasiten effektvoll zu begegnen.[33] Bell und Burt stellten darüber hinaus fest, daß die bloße Anwesenheit eines boshaften parasitären Chromosoms namens B-Chromosom ausreicht, um für eine zusätzliche Rekombinationstätigkeit (und damit stärkere genetische Durchmischung) bei einer Art zu sorgen.[34] Sexualität scheint also eine wesentliche Rolle beim Kampf gegen Parasiten zu spielen. Aber wie?
Lassen wir für den Moment solche Dinge wie Flöhe und Stechmücken beiseite und konzentrieren wir uns auf Viren, Bakterien und Pilze, die Ursachen für die meisten Krankheiten. Sie sind darauf spezialisiert, in Zellen einzudringen – entweder, wie Bakterien und Pilze, um sie aufzufressen, oder, wie Viren, um ihre genetische Maschinerie zu unterminieren und dazu zu bringen, neue Viren herzustellen. Wie auch immer, sie müssen dazu in die Zellen hineingelangen. Zu diesem Zwecke bedienen sie sich bestimmter Proteinmoleküle, die in andere Moleküle auf der Zelloberfläche hineinpassen – in der Fachsprache: an diese binden. Das Wettrüsten zwischen Parasiten und ihren Wirten dreht sich ausschließlich um diese bindenden Proteine. Parasiten erfinden neue

Schlüssel, Wirte ändern die Schlösser. Hier gibt es ein klares Argument für die Theorie der Gruppenselektion: Zu jedem beliebigen Zeitpunkt wird eine Art, die sich sexuell fortpflanzt, viele verschiedene Schlösser besitzen; Mitglieder einer Art, die sich asexuell fortpflanzt, werden dagegen alle dieselbe Art von Schloß haben. Ein Parasit mit dem richtigen Schlüssel kann daher die sich asexuell vermehrende Art binnen kurzem auslöschen, die Art mit sexueller Fortpflanzung hingegen nicht. Das ist die Erklärung für die wohlbekannte Tatsache, daß wir durch die Umwandlung unserer Äcker in Monokulturen mit hochgezüchteten Weizen- oder Maissorten all jenen epidemischen Krankheiten Tür und Tor öffnen, denen wir nur mit Pestiziden begegnen können, die wir in immer größeren Mengen einzusetzen gezwungen sind.[35]

Die Aussage der Roten Königin jedoch ist zu gleichen Teilen verzwickter und einleuchtender: Ein Individuum kann durch sexuelle Fortpflanzung Nachkommen mit einer größeren Überlebenswahrscheinlichkeit produzieren als ein Individuum, das Klone seiner selbst produziert. Der Vorteil der Sexualität kann in einer einzigen Generation sichtbar werden, und zwar deshalb, weil jedes Schloß, das in einer Generation bekannt ist, bei den Parasiten einen Schlüssel entstehen läßt, der dazu paßt. Man kann also sicher sein, daß dies das Schloß ist, das man ein paar Generationen später besser nicht mehr haben sollte. Denn bis dahin ist auch der passende Schlüssel bekannt. Es ist die Seltenheit, die belohnt wird.

Spezies mit sexueller Fortpflanzung können auf eine Art Bibliothek verschiedener Schlösser zurückgreifen, die Spezies mit asexueller Vermehrung nicht zur Verfügung steht. Diese Bibliothek kennt man unter zwei langen Begriffen, die mehr oder weniger denselben Sachverhalt umschreiben: Heterozygotie und Polymorphismus. Beides verliert ein Tier, wenn seine Linie durch Inzucht weitergeführt wird. Sie bedeuten, daß es in der Population insgesamt (Polymorphismus) und in jedem einzelnen Mitglied der Population (Heterozygotie) gleichzeitig verschiedene Versionen desselben Gens gibt. Die »polymorphe« Blau- und Braunäugigkeit der Bewohner der westlichen Welt ist ein gutes Beispiel: Viele Menschen mit braunen Augen haben gleichzeitig auch das rezessive Gen für blaue Augen – sie sind heterozygot. Solche Polymorphismen sind für einen waschechten Darwinisten genauso geheimnisumwittert wie die Sexualität, denn sie bedeuten, daß ein Gen genauso gut ist wie das andere. Denn wenn braune Augen auch nur geringfügig besser wären als blaue (oder treffender, wenn normale Gene besser wären als Gene, die für die Sichelzellenanämie verantwortlich sind), dann hätte ein Gen das andere mit Sicherheit irgendwann verdrängt. Weshalb um alles in der Welt sind wir dann vollgestopft mit so vielen verschiedenen Versionen unserer Gene? Weshalb gibt es ein so hohes Maß an Heterozygotie? Im Falle der Sichelzellenanämie ist das so, weil das Sichelzellen-Gen dazu beiträgt, den Organismus vor Malaria zu schützen, so daß dort, wo Malaria häufig ist, die Heterozygoten (Menschen mit einem normalen Gen und einem Sichelzellengen) besser dran sind als Leute mit normalen Genen. Die Homozygoten dagegen (Menschen, die entweder zwei normale Gene oder zwei Sichelzellengene haben) leiden unter Malaria beziehungsweise unter Sichelzellenanämie.[36]

Dieses Beispiel ist zwar sehr abgegriffen, weil es immer wieder in den Biologie-Lehrbüchern angeführt wird, doch es illustriert anschaulich, daß viele der notorisch polymorphen Gene, zum Beispiel die Blutgruppen-Gene, die Histokompatibilitätsantigene* und ähnliche, Einfluß auf die Abwehrkräfte gegenüber Krankheiten haben. Manche dieser Gene sind entwicklungsgeschichtlich obendrein erstaunlich alt. Sie haben seit Äonen Bestand. So gibt es beim Menschen Gene, die bestimmten Genen bei Kühen entsprechen und hier wie da in verschiedenen Versionen vorliegen. Verblüffend ist, daß die Varianten bei den Kühen genau die gleichen sind wie beim Menschen. Das bedeutet, daß Sie, liebe Leserin und lieber Leser, möglicherweise über ein Gen verfügen, das dem Gen einer bestimmten Kuh ähnlicher ist als dem entsprechenden Gen Ihres Partners. Das ist bei weitem verwunderlicher, als es beispielsweise die Entdeckung wäre, daß Fleisch in Frankreich *viande* heißt, in England *meat*, wiederum *viande* in einem isolierten Steinzeitdorf in Neuguinea und *meat* im Nachbardorf. Hier wirkt irgendeine mächtige Kraft, die sicherzustellen versucht, daß die meisten Versionen eines Gens überleben und daß keine dieser Versionen sich allzusehr ändert.[37]

Diese Kraft ist mit an Sicherheit grenzender Wahrscheinlichkeit das Phänomen Krankheit. Sobald ein »Schloß«-Gen selten wird, wird auch

* Vererbte Strukturen auf tierischen und menschlichen Zellen, die zum Beispiel bei einer Transplantation beim Empfänger eine Immunreaktion und damit eine Abstoßung des Transplantats auslösen können. (A. d. Ü.)

der passende Parasiten-»Schlüssel« selten, so daß dieses Schloß wieder im Vorteil ist. In den Fällen, in denen Seltenheit belohnt wird, pendelt der Vorteil ständig von einem Gen zum anderen und sorgt dafür, daß kein Gen ausstirbt. Auch andere Mechanismen begünstigen die Entwicklung von Polymorphismen: jeder Vorgang, der seltenen Genen einen Selektionsvorteil gegenüber häufig vorkommenden Genen verschafft. Oft sind daran Räuber beteiligt, die seltene Formen übersehen und nur gewöhnliche Formen aussuchen. Geben Sie einem Vogel im Käfig ein paar Futterstückchen, die bis auf wenige grüne alle rot gefärbt sind. Der Vogel wird sehr bald die Vorstellung entwickeln, rote Dinge seien eßbar, und wird grünes Futter zunächst übersehen. J. B. S. Haldane erkannte als erster, daß die Existenz von Parasiten weit stärker als die Existenz von Räubern dazu beitragen könnte, Polymorphismen zu unterhalten – insbesondere dann, wenn der zunehmende Erfolg eines Parasiten beim Angriff auf eine neue Variante des Wirts mit dem abnehmenden Erfolg eines Angriffs auf eine ältere Variante einhergeht – wie dies bei Schloß und Schlüssel der Fall ist.[38]

Die Schlüssel-Schloß-Metapher verdient es, genauer betrachtet zu werden. Beim Flachs zum Beispiel gibt es siebenundzwanzig Versionen von fünf verschiedenen Genen, die zur Resistenz gegen einen Rostpilz führen: siebenundzwanzig Versionen von fünf Schlössern. In jedes Schloß passen mehrere Versionen eines Schlüssel-Gens beim Rostpilz. Die Gefährlichkeit des Rostpilzes hängt davon ab, wie gut seine fünf Schlüssel in die fünf Schlösser der Flachspflanze passen. Das Ganze verhält sich nicht hundertprozentig wie ein richtiger Schlüssel in einem richtigen Schloß, denn es genügt, wenn die beiden teilweise zueinander passen: Der Rost muß nicht jedes Schloß öffnen können, bevor er den Flachs infizieren kann. Je mehr Schlösser er jedoch öffnen kann, um so größer ist seine Angriffskraft.[39]

Was Sex und Impfungen miteinander verbindet

Nun wird es die aufmerksamen Alleswisser unter meinen Lesern schon kribbeln, denn bisher habe ich das Immunsystem unterschlagen. Der normale Weg, einer Krankheit zu begegnen, werden sie erklären, hat nichts mit Sexualität zu tun, sondern mit der Produktion von Antikörpern – durch Impfung oder wie auch immer. Das Immunsystem ist – in evolutionären Dimensionen gesehen – eine relativ neue Erfindung: Es begann vor vielleicht dreihundert Millionen Jahren bei den Reptilien. Frösche, Fische, Insekten, Hummer, Schnecken und Wasserflöhe haben kein Immunsystem. Trotz allem gibt es derzeit eine originelle Theorie, die das Immunsystem mit der Sexualität in einer übergreifenden Rote-Königin-Hypothese zusammenführt. Hans Bremermann von der University of California in Berkeley ist ihr Urheber. Mit faszinierenden Argumenten versucht er, die Wechselbeziehung zwischen beiden darzulegen. Das Immunsystem, erklärt er, funktioniert nicht ohne Sex.[40] Es besteht aus weißen Blutzellen, von denen es ungefähr zehn Millionen verschiedene Typen gibt. Jeder Typ besitzt ein Proteinschloß auf seiner Oberfläche, einen sogenannten Antikörper, zu dem ein Schlüssel namens Antigen auf der Oberfläche eines Bakteriums paßt. Sobald der Schlüssel im Schloß steckt, beginnt die weiße Blutzelle, sich mit irrsinniger Geschwindigkeit zu teilen, und produziert eine Armee von weißen Zellen, die den schlüsseltragenden Eindringling verschlingen – sei es nun ein Grippevirus, ein Tuberkulosebakterium oder auch Zellen eines Herztransplantats. Aber es gibt für den Körper eine Schwierigkeit: Er kann nicht von jedem Antikörperschloß eine ganze Armee vorrätig haben, um alle möglichen Schlüsseltypen auszuschalten, denn er hat zwar Platz für Millionen von Zellen eines Typs oder für je eine Zelle von einer Million verschiedener Typen, nicht aber für Millionen von Zellen in Millionen verschiedenen Ausführungen. Er hat deshalb immer nur einige wenige Kopien jeder weißen Blutzelle vorrätig. Sobald eine weiße Zelle dem Antigen begegnet, das zu ihrem Schloß paßt, beginnt sie sich zu teilen. Daher die Verzögerung zwischen dem Beginn einer Grippe und der Immunantwort, die Sie genesen läßt.

Jedes Schloß wird durch eine Art von Zufallsgenerator geschaffen, der versucht, eine möglichst breit sortierte Bibliothek von Schlössern bereitzuhalten, selbst wenn einige der zu ihr passenden Schlüssel niemals in Parasiten gefunden wurden. Die Parasiten verändern ihre Schlüssel nämlich unablässig, um schließlich doch einen zu finden, der zu den sich ebenfalls ständig ändernden Schlössern des Wirts paßt. Das Immunsystem befindet sich daher in ständiger Bereitschaft. Eine solche Zufallsauswahl bedingt, daß unter all den vom Wirt entworfenen Zelltypen auch weiße Blutzellen entstehen, welche die Zellen des Wirts angreifen. Um einem solchen Angriff zu entgehen, sind die wirtseigenen Zellen mit einem Codewort ausgestattet, das man als MHC (*major histocompatibility complex* – zu deutsch etwa Haupthistokompatibilitätsantigene) bezeichnet. Damit wird der Angriff verhindert.

Um den Sieg davonzutragen, muß der Parasit entweder hoffen, bis zu dem Zeitpunkt, an dem die Immunantwort wirksam wird, einen anderen Wirt infiziert zu haben (wie die Grippeviren), sich innerhalb der Wirtszelle tarnen (wie das AIDS-Virus), seine eigenen Schlüssel häufig ändern (wie der Erreger der Malaria), oder er muß versuchen, das Codewort nachzuahmen, das die wirtseigenen Zellen tragen. Die Erreger der Bilharziose zum Beispiel schnappen Codewort-Moleküle aus Wirtszellen auf und bedecken ihre gesamte Oberfläche damit, um sich gegenüber passierenden weißen Zellen zu tarnen. Trypanosomen, die Erreger der Schlafkrankheit, ändern unablässig ihre Schlüssel, indem sie ein Gen nach dem anderen anschalten. Das AIDS-Virus ist das geschickteste von allen. Einer Theorie zufolge mutiert es ständig, so daß jede Generation über andere Schlüssel verfügt. Von Zeit zu Zeit besitzt der Wirt ein Schloß, das zu dem Schlüssel paßt, und das Virus wird unterdrückt. Doch schlußendlich – zehn Jahre später vielleicht – verschaffen die Zufallsmutationen dem Virus einen Schlüssel, für den der Wirt gerade kein Schloß besitzt. An diesem Punkt hat das Virus gewonnen. Es hat die Lücke im Schloß-Repertoire des Immunsystems gefunden und legt los. Im Prinzip durchläuft das AIDS-Virus dieser Theorie nach eine Evolution, bis es eine ungedeckte Stelle in der Immunrüstung des Körpers entdeckt hat.[41]

Für alle Krankheitserreger besteht der Selektionsdruck darin, die Codewörter des Wirts nachzuahmen. Für alle Wirtsorganismen besteht der Selektionsdruck darin, das Codewort ständig zu ändern. Und hier kommt nach Bremermann die Sexualität ins Spiel.

Die Histokompatibilitätsantigene legen nicht nur die Codewörter für die körpereigene Identifizierung fest, sondern sind auch für die Anfälligkeit gegenüber Krankheiten verantwortlich. Sie sind extrem polymorph. In

einer Durchschnittspopulation von Mäusen gibt es mehr als hundert Versionen jedes einzelnen Histokompatibilitätsgens, beim Menschen sogar noch mehr. Jede Person trägt eine einzigartige Kombination dieser Moleküle. Deshalb werden zum Beispiel Transplantate von einer Person zur anderen bei jedem Menschen – außer bei eineiigen Zwillingen – abgestoßen, wenn man nicht spezielle Medikamente einnimmt. Ohne geschlechtliche Fortpflanzung ist es unmöglich, einen solchen Grad an Polymorphie aufrechtzuerhalten.
Ist das Vermutung oder Wahrheit? Im Jahre 1991 entdeckten Adrian Hill und seine Mitarbeiter von der Oxford University die ersten brauchbaren Indizien dafür, daß die hohe Variabilität von Histokompatibilitätsantigenen durch die stete Auseinandersetzung mit pathogenen Organismen (mit Krankheiten) zustande gekommen sein muß. Sie stellten fest, daß dort, wo die Malariadurchseuchung hoch ist, auch ein ganz bestimmtes Histokompatibilitätsantigen (HLA-Bw53) extrem häufig ist, das andernorts eher selten vorkommt. Bei Kindern, die an Malaria erkrankt sind, findet man im allgemeinen kein HLA-Bw53 – möglicherweise liegt hier die Ursache für ihre Erkrankung.[42] Eine außerordentliche Entdeckung in diesem Zusammenhang stammt von Wayne Potts von der University of Florida in Gainesville: Hausmäuse scheinen nur solche Hausmäuse als Partner zu wählen, deren Histokompatibilitätsgene sich von den ihren unterscheiden. Sie sind offenbar in der Lage, dies am Geruch zu erkennen. Eine solche Bevorzugung maximiert die Vielfalt an Histokompatibilitätsgenen bei Mäusen und macht die Jungen widerstandsfähiger.[43]

Bill Hamilton und die Macht der Parasiten

Viele Autoren denken darüber nach, daß Sexualität, Polymorphismus und Parasiten irgend etwas miteinander zu tun haben. Mit dem ihm eigenen Weitblick kam J. B. S. Haldane der Sache am nächsten: »Ich möchte die Möglichkeit zu bedenken geben, daß [die Heterozygotie] möglicherweise eine Rolle bei der Resistenz gegenüber Krankheiten spielt: in Gestalt einer ganz besonderen Art von Wettrennen zwischen Bakterien oder zwischen Viren, die an Individuen von bestimmter biochemischer

Verfassung angepaßt sind, während die anderen Zustände relativ unberührt bleiben.«

Haldane schrieb dies im Jahre 1949, vier Jahre bevor die Struktur der DNA aufgeklärt wurde.[44] Einem indischen Kollegen Haldanes, Suresh Jayakar, gelang es einige Jahre später, noch weiter zum Kern des Problems vorzudringen.[45] Danach sollten diese Überlegungen bis zum Ende der siebziger Jahre auf Eis liegen. Zu diesem Zeitpunkt gelangten innerhalb weniger Jahre fünf verschiedene Leute unabhängig voneinander zu derselben Erkenntnis: John Jaenike aus Rochester, Graham Bell aus Montreal, Hans Bremermann aus Berkeley, John Tooby aus Harvard und Bill Hamilton aus Oxford.[46]

Hamilton ist jedoch derjenige, der dieser Verbindung von Sexualität und Krankheit am beharrlichsten nachgegangen ist und den man auch am meisten damit in Zusammenhang bringt. Seiner äußeren Erscheinung nach verkörpert Hamilton – auf eine schon beinahe unglaubwürdige Weise – das Bild des zerstreuten Professors: Die Brille an einer Schnur um den Hals, die Augen fest auf den Boden gerichtet, wandelt er durch Oxfords Straßen. Sein bescheidenes Benehmen und sein lockerer Schreib- und Erzählstil täuschen jedoch. Hamilton hat die Gabe, in der Biologie stets zur rechten Zeit und am rechten Ort aufzutauchen. In den sechziger Jahren formulierte er die Theorie der Verwandtenselektion – die Überlegung, daß ein großer Teil tierischer Kooperation und tierischen Altruismus sich mit dem Erfolg solcher Gene erklären läßt, die Tiere dazu veranlassen, sich um nahe Verwandte zu kümmern, da diese die gleichen Gene mit ihnen teilen. Bis weit in die achtziger Jahre hinein war er mit seiner Ansicht, daß Gegenseitigkeit der Schlüssel für jedwede menschliche Kooperation sei, den meisten seiner Kollegen voraus. Im Verlauf dieses Buches werden wir wieder und wieder feststellen, daß wir uns in Hamiltons Fußstapfen bewegen.[47]

Mit Hilfe zweier Kollegen von der University of Michigan entwarf Hamilton ein Computermodell für die Wechselwirkung von Krankheit und Sexualität, ein kleines Stück Künstliches Leben. Es begann mit einer imaginären Population aus zweihundert Lebewesen. Sie ähnelten dem Menschen in vielem – sie waren mit vierzehn fruchtbar, trugen bis etwa fünfunddreißig und bekamen ein Junges pro Jahr. Doch der Computer sorgte dafür, daß sich einige von ihnen sexuell fortpflanzten – das heißt, es waren zwei Elternteile nötig, um ein Kind zu zeugen und großzuziehen –, die anderen dagegen asexuell. Der Tod unterlag dem Zufall. Wie zu erwarten, starb der Teil der Population, welcher sich sexuell vermehrte, bei jedem Durchlauf rasch aus. Bei einer Partie zwischen Sexualität und Asexualität gewinnt – wenn sonst alles andere gleich ist – grundsätzlich die Asexualität.[48]

Als nächstes führte man einige Parasitenspezies ein – zweihundert Individuen von jeder Art –, deren Einfluß von krankheitserregenden Genen abhing, welchen bei den Wirtsorganismen keimabwehrende Gene gegenüberstanden. Die Wirte mit der geringsten Widerstandskraft und die Parasiten mit der geringsten Ansteckungskraft starben in jeder Generation. Nun war die Population mit asexueller Vermehrung nicht mehr automatisch im Vorteil. Nunmehr ging die Partie häufig an die Sexualität. Am häufigsten gewann sie, wenn es in jedem Lebewesen viele Gene gab, die Widerstandskräfte und Infektionskräfte festlegten.

Was in diesem Modell geschah, war folgendes: Erfolgreiche krankheitsabwehrende Gene nahmen wie erwartet zu, worauf die Zahl der krankheitserregenden Gene, die solche Widerstandskräfte umgehen konnten, ebenfalls wuchs. Dadurch verminderten sich die krankheitsabwehrende Gene wiederum, und das widerfuhr dann auch den Gegenspielern. Wie Hamilton es ausdrückte: »Antiparasitäre Anpassungen befinden sich in einem Zustand permanenter Rückständigkeit.« Doch bevor die ungünstigen Gene aussterben, wie das bei dem Populationsanteil mit asexueller Vermehrung der Fall ist, wird der Prozeß an einem bestimmten Punkt gestoppt, so daß sie wieder aufleben können. »Das Wesentliche an sexuellen Vorgängen ist bei unserer Theorie die Tatsache, daß sie Gene bewahren, die im Augenblick zu nichts taugen, von denen man sich aber verspricht, daß sie irgendwann vielleicht wieder gebraucht werden«, schrieb Hamilton. »Sie probieren [diese Gene] in ständig neuen Kombinationen aus und warten, bis der Brennpunkt der nachteiligen Eigenschaften sich woandershin verlagert hat.« Es gibt kein ideales Modell für die Gestaltung des körpereigenen Schutzschildes gegenüber Krankheiten, weil dieser sich ständig ändern muß.[49]

Bei Hamiltons Simulationen füllt sich der Bildschirm seines Computers mit einem roten transparenten Würfel, in dessen Innerem zwei Linien, eine grüne und eine blaue, einander wie Feuerwerke in einer lange belichteten Aufnahme jagen. Diese Darstellung repräsentiert folgenden Sachverhalt: Der Parasit verfolgt seinen Wirtsorganismus durch den »genetischen Raum« – genauer ausgedrückt: Jede Achse des Würfels repräsentiert verschiedene Versionen desselben Gens, und sowohl Wirt als auch Parasit ändern ihre Genkombinationen ständig. In etwa der Hälfte aller Fälle endet der Wirt schließlich in einer Ecke des Würfels, am Ende seiner Genvielfalt, und bleibt dort stecken. Ein besonders gutes Mittel, das zu verhindern, sind Mutationsfehler, doch auch ohne sie geschieht das spontan. Es ist vollkommen unvorhersehbar, was geschehen wird, obgleich die Ausgangsbedingungen von einem unbarmherzigen »Determinismus« geprägt sind – es gibt kein Zufallselement. Manchmal verfolgen die beiden Linien einander in genau demselben gleichmäßigen Rhythmus um die Kante des Würfels herum, wobei sie ganz allmählich alle fünfzig Generationen ein Gen ändern. Manchmal erscheinen merkwürdige Wellen und Kreise, manchmal reines Chaos, und die beiden Linien füllen den Würfel mit bunten Spaghetti. Auf befremdliche Art und Weise lebt das Ganze.[50]

Natürlich entspricht das Modell der wirklichen Welt kaum: Es bringt die Auseinandersetzung ihrem Ende um kein bißchen näher als das Modell eines Kriegsschiffes, das beweisen soll, daß ein richtiges Kriegsschiff schwimmen kann. Aber es trägt dazu bei, die Bedingungen zu definieren, unter denen die Rote Königin auf ewig rennen wird: Eine extrem vereinfachte Version eines menschlichen Wesens und eine grotesk vereinfachte Version eines Parasiten verändern kontinuierlich ihre Gene in zyklischer und zufälliger Weise. Sie ruhen nie, sie rennen unablässig, ohne jemals irgendwohin zu gelangen, und kommen am Ende an ihren Anfang zurück – solange beide sich sexuell fortpflanzen.[51]

Sex in großen Höhen

Hamiltons Krankheitstheorie kommt in vieler Hinsicht zu denselben Vorhersagen wie Alexej Kondraschows Mutationstheorie, der wir im letzten Kapitel begegnet sind. Um auf die Analogie mit dem Rasensprenger und dem Regenguß zurückzukommen: Beide können erklären, weshalb die Auffahrt naß ist. Welche Erklärung aber ist die richtige? In den letzten Jahren haben die Erkenntnisse der Ökologie die Waagschale in Hamiltons Richtung sinken lassen. In bestimmten Lebensräumen sind Mutationen häufig und Krankheiten selten: Auf Berggipfeln zum Beispiel gibt es sehr viel mehr ultraviolettes Licht von jener genschädigenden Qualität als in der Ebene, Mutationen entstehen leichter. Wenn Kondrashow also recht hätte, dann müßte in großen Höhen die sexuelle Fortpflanzung häufiger sein. Das ist sie nicht. Alpenblumen sind vielfach Vertreter von Pflanzengruppen mit sehr vielen asexuellen Varianten. In manchen Pflanzengruppen vermehren sich die den Berggipfeln am nächsten wachsenden Populationen asexuell, während die weiter unten wachsenden sich sexuell fortpflanzen. Bei fünf Arten der *Townsendia* finden sich die Populationen mit asexueller Vermehrung alle in größeren Höhen als die Populationen mit sexueller Vermehrung. Bei *Townsendia condensata*, die nur in großen Höhen vorkommt, hat man bisher überhaupt nur eine einzige Population mit sexueller Vermehrung gefunden, und das war die dem Meeresspiegel am nächsten lebende.[52]

Nun gibt es dafür natürlich alle möglichen Erklärungen, die mit Parasiten überhaupt nichts zu tun haben: Je höher man geht, um so kälter wird es, und um so weniger kann man sich auf Insekten zur Bestäubung einer Pflanze mit sexueller Vermehrung verlassen. Doch wenn Kondraschow recht hätte, dann sollte die Notwendigkeit, Mutationen zu bekämpfen, solche Faktoren überbieten. Dieser Höheneffekt spiegelt sich im übrigen auch in einem ähnlichen Effekt hinsichtlich der geographischen Breite wider. Mit den Worten eines Lehrbuches: »Es gibt Zecken und Läuse, Käfer, Fliegen, Motten, Grashüpfer, Tausendfüßler und viele weitere Arten, bei denen auf dem Weg von den Tropen zu den Polen die Männchen verschwinden.«[53]

Eine weitere Tatsache, die sich im Einklang mit der Parasiten-Theorie befindet, ist, daß die meisten Pflanzen mit asexueller Vermehrung kurzlebige einjährige Pflanzen sind. Langlebige Bäume stehen vor einem besonderen Problem, denn ihre Parasiten haben Zeit, sich an die genetische Verteidigung der Bäume anzupassen – eine Evolution zu durchlaufen. Wenn Douglasien von Schildläusen (amorphen »insektoiden« Tröpfchen, die kaum Ähnlichkeit mit einem Tier haben) befallen werden, sind zum Beispiel stets die älteren Bäume stärker betroffen als die jüngeren. Durch die Verpflanzung dieser Insekten von einem Baum zum anderen konnten zwei Wissenschaftler zeigen, daß die Ursache dafür die bessere Anpassung der Insekten ist und nicht die Schwäche älterer Bäume. Bäume, die Nachwuchs produzieren würden, der mit ihnen genetisch identisch ist und auf dem sich die gut angepaßten Insekten unverzüglich niederlassen könnten, würden ihren Nachkommen keinen Gefallen er-

weisen. Statt dessen pflanzen sich diese Bäume sexuell fort und produzieren lauter verschiedene Nachkommen.[54]
Vielleicht begrenzt Krankheit die Lebensdauer generell: Es hat wenig Sinn, sehr viel länger zu leben, als die im eigenen Körper lebenden Parasiten brauchen, um sich an den Organismus anzupassen. Wie es Eiben, Bristlecone-Kiefern und den riesenhaften Mammutbäumen gelingt, Tausende von Jahren zu überleben, ist bislang unklar, sicher ist jedoch, daß sie dank der Wirkung bestimmter chemischer Substanzen in Holz und Rinde bemerkenswert widerstandsfähig gegen Verfall sind. In der kalifornischen Sierra Nevada liegen die Stämme entwurzelter Mammutbäume, teilweise sind sie von mehrere hundert Jahre alten Wurzeln riesiger Kiefern überwuchert – und doch ist das Holz der Mammutbaumstämme hart und unversehrt.[55]
In diesem Zusammenhang lockt übrigens die Spekulation, die merkwürdige Synchronisation der Bambusblüte könne irgend etwas mit Sexualität und Krankheiten zu tun haben. Manche Bambusbäume blühen nur alle 121 Jahre – und zwar überall auf der Welt zum gleichen Zeitpunkt –, danach sterben sie. Dadurch haben ihre Nachkommen alle möglichen Vorteile: Sie müssen nicht mit lebenden Eltern konkurrieren, und die Parasiten sterben mit den Bambuseltern aus. (Ihre Gegenspieler sind dadurch ebenfalls in Schwierigkeiten: Die Blüte ist eine kritische Zeit für Pandas.)[56]

Geschlechtslose Schnecken

All das aber sind Beobachtungen aus der Naturgeschichte – keine sorgfältig geplanten wissenschaftlichen Experimente. Es gibt in der Tat nur einige wenige direkte Beweise für die Parasiten-Theorie der Sexualität. Die bei weitem gründlichste Untersuchung zur Wirkung der Roten Königin wurde in Neuseeland durchgeführt, und zwar von einem besonnenen amerikanischen Biologen namens Curtis Lively, den die Evolution der Sexualität zu faszinieren begann, als er während des Studiums einen Aufsatz zu diesem Thema schreiben mußte. Bald darauf ließ er seine bisherige Forschung im Stich, fest entschlossen, das Problem der Sexualität endlich zu lösen. Er begab sich nach Neuseeland und beobachtete Wasserschnecken aus Flüssen und Seen. Dabei stellte er fest, daß es in vielen Populationen keine Männchen gab und daß die Weibchen Nachkommen auf jungfräulichem Wege produzierten. In anderen Populationen hingegen paarten sich die Weibchen mit Männchen und erzeugten Nachkommen, die sich ihrerseits sexuell vermehrten. Somit konnte er Proben der Schneckenpopulationen nehmen, die Zahl der Männchen bestimmen und hatte damit ein ungefähres Maß für das Vorkommen von Sexualität. Seine Überlegung war die: Wenn die Vikar-von-Bray-Theorie richtig wäre und Schnecken der Sexualität bedürften, um sich an Veränderungen anzupassen, dann müßte er in Flüssen mehr Männchen finden als in Seen, da Flüsse sich ständig verändernde Lebensräume repräsentieren; wäre die Tangled-Bank-Theorie zutreffend, dann sollte er mehr Männchen in Seen als in Flüssen finden, denn Seen sind stabile, dichtbesiedelte Lebensräume; träfen schließlich die Überlegungen der Rote-Königin-Hypothese zu, dann sollte er dort mehr Männchen finden, wo es mehr Parasiten gibt.[57]

Es gab mehr Männchen in Seen. Ungefähr zwölf Prozent der Schnecken in einem durchschnittlichen See sind männlichen Geschlechts, in Flüssen sind es im Vergleich dazu lediglich zwei Prozent. Die Vikar-von-Bray-Theorie scheidet damit aus. Allerdings gibt es in Seen mehr Parasiten. Die Theorie der Roten Königin ist damit also nicht ausgeschlossen. Tatsächlich wirkte die Rote Königin um so vielversprechender, je genauer er hinsah. Ohne Parasiten gab es keine Populationen mit hohem Anteil an Sexualität.[58]

Die Tangled-Bank-Theorie konnte Lively damit aber nicht fallenlassen. Er kehrte daher nach Neuseeland zurück und wiederholte seine Studie, diesmal aber mit dem Ziel, festzustellen, ob die Schnecken und ihre Parasiten sich einander in genetischer Hinsicht angepaßt hatten. Er entnahm einem See Parasiten und versuchte, Schnecken aus einem See auf der anderen Seite der Southern Alps damit zu infizieren. In jedem Fall waren die Parasiten erfolgreicher bei der Infektion von Schnecken aus ihrem eigenen See. Zunächst klingt das wie eine schlechte Nachricht für die Rote Königin, Lively erkannte jedoch, daß dem nicht so ist. Wenn man eine größere Resistenz im Heimatsee erwartet, hat man eine sehr wirtsorientierte Sichtweise. Der Parasit versucht ununterbrochen, die Verteidigungsmechanismen seines Wirts zu unterlaufen, daher ist er in seinem Bestreben, seine Schlüssel so zu ändern, daß sie in die Schlüssellöcher der Schnecke passen, mit sehr hoher Wahrscheinlichkeit im-

mer nur einen molekularen Schritt hinter der Schnecke zurück. Schnecken aus anderen Seen haben völlig andere Schlösser. Da aber der fragliche Parasit, ein kleines Geschöpf namens *Microphallus*, die Schnecke kastriert, verschafft er Schnecken mit neuen Schlössern einen ungeheuren Vorteil. Derzeit führt Lively in seinem Labor das entscheidende Experiment durch, das zeigen soll, ob die Anwesenheit von Parasiten tatsächlich eine Schnecke, die sich ungeschlechtlich fortpflanzt, daran hindert, eine sich sexuell vermehrende Schnecke zu ersetzen.[59]
Der Fall der neuseeländischen Schnecken hat in hohem Maße dazu beigetragen, Kritiker der Roten Königin zufriedenzustellen. Noch beeindruckter allerdings waren diese von Livelys Untersuchungen an einem kleinen in Mexiko vorkommenden Jungfernkärpfling. Dieser Fisch hybridisiert gelegentlich mit einem anderen zu einem triploiden Hybrid (einem Fisch also, der seine Gene wie ein Bürokrat in dreifacher Ausfertigung lagert). Die Hybridfische können sich nicht sexuell fortpflanzen, die Weibchen allerdings produzieren – als Jungfrauen – jungfräuliche Klone ihrer selbst, solange sie Spermien von einem normalen Fisch erhalten. Lively und Robert Vrijenhoek von der Rutgers University in New Jersey fingen Jungfernkärpflinge in drei verschiedenen Tümpeln und bestimmten bei ihnen die Zahl der von einer Wurminfektion, der sogenannten Schwarzfleckenkrankheit, verursachten Zysten. Je größer die Fische, um so mehr schwarze Flecken hatten sie. Doch im ersten Tümpel, dem »Log Pool«, fanden sie auf den Hybriden weit mehr schwarze Flecken als auf den sich sexuell vermehrenden Jungfernkärpflingen, vor allem wenn diese relativ groß waren. Im zweiten Tümpel, dem »Sandal Pool«, existierten zwei verschiedene sich ungeschlechtlich vermehrende Klone nebeneinander, wobei der zahlenmäßig vorherrschende Klon stärker von Parasiten befallen war, der seltenere Klon und die sich sexuell vermehrenden Klone hingegen waren großenteils immun. Genau das hatte Lively prophezeit, denn er hatte argumentiert, daß die Würmer ihre Schlüssel den am häufigsten vorkommenden Schlössern im Tümpel anpassen würden, das heißt also denen des zahlreichsten Klons. Warum? Weil dann die Chance, auf ein passendes Schloß zu treffen, stets größer ist. Somit wäre der seltene Klon relativ sicher, ebenso die sich sexuell vermehrenden Jungfernkärpflinge, bei denen jeder über ein anderes Schloß verfügte.
Noch faszinierender waren die Verhältnisse jedoch im dritten Tümpel, dem »Heart Pool«. Dieser war 1976 während einer Dürre eingetrocknet

und zwei Jahre später von einigen wenigen Jungfernkärpflingen rekolonisiert worden. Zum Zeitpunkt der Untersuchung. 1983, gab es in diesem Tümpel zahlreiche Jungfernkärpflinge, die aus Inzucht hervorgegangen waren. Diese sich sexuell vermehrenden Fische waren anfälliger für schwarze Flecken als die Klone im selben Tümpel. Bald stammten mehr als fünfundneunzig Prozent der Jungfernkärpflinge im Heart Pool von ungeschlechtlichen Klonen. Auch das stimmt mit der Theorie der Roten Königin überein, denn Sexualität taugt nichts, wenn keine genetische Variabilität herrscht: Man kann keine Schlösser ändern, wenn nur ein Typ von Schloß zur Auswahl steht. Lively und Vrijenhoek setzten in dem Tümpel einige Weibchen aus Populationen mit einem höheren Anteil an sexueller Vermehrung aus – sozusagen als Quelle neuer Schloßformen. Innerhalb von zwei Jahren waren die sich sexuell vermehrenden Jungfernkärpflinge nahezu immun gegen schwarze Flecken, die sich nunmehr dem Angriff auf die Hybrid-Klone zugewandt hatten. Über achtzig Prozent der Jungfernkärpflinge in dem Tümpel pflanzten sich nunmehr geschlechtlich fort. Um der Sexualität aus ihrem doppelten Nachteil herauszuhelfen, hatte also eine kleine Prise genetischer Variabilität ausgereicht.[60]

Diese Studie über Jungfernkärpflinge macht sehr anschaulich deutlich, wie Sexualität Wirtsorganismen in die Lage versetzt, ihre Parasiten in eine Zwickmühle zu treiben. Wie John Tooby es formulierte: Parasiten können sich ihre Entscheidung einfach nicht vorbehalten. Sie müssen unablässig »wählen«. Im Wettstreit miteinander sind sie ständig auf der Jagd nach der am häufigsten vorkommenden Wirtsart und vergiften damit ihren eigenen Brunnen, indem sie die seltenere Wirtsart fördern. Je besser ihre Schlüssel in die Schlösser des Wirts passen, desto rascher sieht sich der Wirt dazu veranlaßt, sein Schloß zu ändern.[61]

Sexualität läßt den Parasiten immerfort im Zweifel. In Chile hatten sich einst importierte europäische Brombeerpflanzen zu einer wahren Plage entwickelt – man führte einen Rostpilz ein, der sie unter Kontrolle halten sollte: Der Pilz war wirksam gegenüber einer sich ungeschlechtlich fortpflanzenden Brombeerspezies und versagte gegenüber einer Spezies mit sexueller Fortpflanzung. Und was die höheren Ernteerträge von Mischungen verschiedener Gerste- oder Weizenarten im Vergleich zu Monokulturen betrifft, so sind diese zu etwa zwei Dritteln der Tatsache zuzuschreiben, daß Mehltau sich in Mischkulturen weniger leicht verbreitet als in Reinkulturen.[62]

Auf der Suche nach Instabilität

Die Geschichte der Erklärung von Sexualität mit Hilfe der Roten-Königin-Hypothese ist ein hervorragendes Beispiel dafür, wie man durch die Vereinigung verschiedener Ansätze bei einem Problem in der Wissenschaft ein großes Stück vorankommen kann. Hamilton und andere haben ihre Überlegungen zum Thema Parasiten und Sexualität nicht einfach aus der Luft gegriffen. Sie sind nur die Nutznießer dreier getrennter Forschungsprojekte, die erst jetzt zusammengefunden haben. Wissenschaftler des ersten kamen zu der Erkenntnis, daß Parasiten Populationen kontrollieren und dazu veranlassen können, Zyklen zu durchlaufen: Die ersten Andeutungen hierzu stammen aus den zwanziger Jahren von Alfred Lotka und Vito Volterra und wurden in den siebziger Jahren von Robert May und Roy Andersson in London weiterentwickelt.
Wissenschaftler des zweiten Projekts, J. B. S. Haldane und andere, entdeckten in den vierziger Jahren, daß es zahlreiche Polymorphismen gibt, daß von nahezu jedem Gen etliche Versionen zu existieren scheinen und daß es irgend etwas geben muß, was verhindert, daß eine davon alle anderen auslöscht.
Wissenschaftler des dritten Projekts, Walter Bodmer und andere Mediziner, beobachteten Verteidigungsmechanismen gegen Parasiten und kamen zu der Erkenntnis, daß es krankheitsabwehrende Gene gibt, welche eine Art von Schlüssel-Schloß-System darstellen. Hamilton führte die Ergebnisse aus allen drei Projekten zusammen und erklärte: Parasiten befinden sich in einem immerwährenden Kampf mit ihren Wirtsorganismen, einem Kampf, dessen Strategie in dem ständigen Wechsel von einem Resistenzgen zu anderen besteht – daher die große Anzahl verschiedener Genversionen. Nichts von alledem wäre ohne sexuelle Vorgänge möglich.[63]
Bei allen drei Projekten bestand der Durchbruch für die Forscher darin, die Vorstellungen von Stabilität zu überwinden. Lotka und Volterra waren daran interessiert, in Erfahrung zu bringen, ob Parasiten eine Wirtspopulation stabil kontrollieren können. Haldane wollte wissen, was Polymorphismen so lange stabil erhalten hat. Hamilton dachte anders. »Wo andere offenbar an Stabilität interessiert sind, hoffe ich zum Wohle meiner Vorstellung von Sexualität auf soviel Veränderung und Bewegung ... wie irgend möglich.«[64]

Die größte Schwäche dieser Theorie bleibt die Tatsache, daß sie Zyklen von Anfälligkeit und Widerstandsfähigkeit voraussetzt: Der Vorteil sollte ständig wie ein Pendel – wenngleich nicht mit dessen Regelmäßigkeit – vor und zurück schwingen.[65] Es gibt in der Natur verschiedene Beispiele regulärer Zyklen: Lemminge und andere Nagerpopulationen erreichen fast alle drei Jahre eine maximale Populationsdichte und nehmen in der Zwischenzeit drastisch ab. Die Moorhühner schottischer Moore durchlaufen regelmäßige Zyklen hoher und niedriger Populationsdichte, wobei zwischen den Maxima ungefähr vier Jahre liegen; die Ursache dafür ist ein parasitischer Wurm. Die Regel sind eher chaotische Schwankungen – wie Heuschreckenplagen – oder ein allmähliches Zu- und Abnehmen wie im Falle der Menschheit. Dabei bleibt die Möglichkeit offen, ob die Zahl der krankheitsresistenten Gene zyklisch ab- und zunimmt. Bisher hat das noch niemand untersucht.[66]

Das rätselhafte Rädertierchen

Nachdem ich nun erklärt habe, weshalb Sexualität existiert, muß ich mich erneut dem Fall der Egelartigen Rädertierchen (Bdelloidea) zuwenden, jenen winzigen Süßwassergeschöpfen, bei denen es überhaupt keine Sexualität gibt – eine Tatsache, die John Maynard Smith als Skandal bezeichnet hatte. Damit die Rote Königin recht behielte, müßten Bdelloidea auf irgendeine andere Weise immun gegenüber Krankheiten sein; sie müßten über einen antiparasitären Mechanismus verfügen, der eine Alternative zur Sexualität darstellt. Auf diese Weise wären sie die Ausnahme von der Regel – statt letztere in Frage zu stellen.
Wie der Zufall es will, befindet sich der Rädertierchenskandal unter Umständen kurz vor seiner Aufklärung. Aber – nach bester wissenschaftlicher Tradition – es kann alles auch ganz anders sein. Zwei neue Theorien versuchen, die Geschlechtslosigkeit der Rädertierchen zu erklären. Die erste stammt von Matthew Meselson. Er ist der Ansicht, genetische Insertionen – springende Gene, die Kopien ihrer selbst in Genabschnitte einfügen, in denen sie nichts zu suchen haben – seien aus irgendwelchen Gründen für Rädertierchen problemlos. Sie bräuchten deshalb keine Sexualität, um diese aus ihren Genen zu verdrängen. Dies ist eine ty-

pisch Kondraschowsche Erklärung, allerdings mit einem Schuß Hamilton darin (Meselson bezeichnet Insertionen als eine Art genetische Geschlechtskrankheit).[67] Die zweite Theorie ist eine etwas konventionellere Hamiltonsche Überlegung: Richard Ladle von der Oxford University stellte fest, daß es Tiergruppen gibt, die vollständig austrocknen können, ohne dabei zu sterben – sie verlieren etwa neunzig Prozent ihres Wassergehaltes. Dazu bedarf es bemerkenswerter biochemischer Fähigkeiten. In keiner dieser Tiergruppen gibt es sexuelle Vorgänge. Bei diesen Organismen handelt es sich um bestimmte Arten von Bärtierchen (Tardigrada), Fadenwürmern (Nematoden) und Egelartigen Rädertierchen (Bdelloidea). Man erinnere sich, daß manche Rädertierchen zu kleinen Zysten eintrocknen und als Staub umhergepustet werden können. Dies ist etwas, was die Rädertierchen aus der Ordnung der Monogononten nicht vermögen (ihre Eier hingegen wohl). Ladle meint, die Fähigkeit, sich selbst eintrocknen zu können, sei eine sehr wirksame Strategie zur Abwehr von Parasiten – eine Methode, Parasiten aus dem Körper zu verdrängen. Er ist allerdings nicht in der Lage, schlüssig zu erklären, weshalb den Parasiten die Austrocknung mehr zu schaffen machen sollte als den Wirtsorganismen; Viren sind ohnehin kaum mehr als Partikel von molekularen Dimensionen und können sicherlich eine ordentliche Eintrocknung vertragen. Aber Ladle scheint etwas anderes im Sinn zu haben: Jene Nematoden und Bärtierchen, die nicht austrocknen, sind ausnahmslos Arten mit sexueller Fortpflanzung. Jene, die austrocknen können, hingegen sind sämtlich weiblichen Geschlechts.[68]

Die Rote Königin ist weit davon entfernt, all ihre Rivalen aus dem Feld geschlagen zu haben. Überall gibt es Nester des Widerstands. Hartnäckige Verfechter der Theorie der genetischen DNA-Reparatur halten an Orten wie Arizona, Wisconsin und Texas die Stellung. Kondraschows Banner zieht noch immer neue Gefolgsleute an. Ein paar einsame Tangled-Bankers schießen aus dem Hinterhalt ihrer Laboratorien. John Maynard Smith betont, er sei noch immer Pluralist. Graham Bell gesteht, das »eherne Vertrauen« (in die Tangled-Bank-Theorie) verloren zu haben, von dem sein Buch *The Masterpiece of Nature* noch durchdrungen gewesen ist, doch ein allen Zweifeln enthobener Gefolgsmann der Roten Königin ist auch er nicht geworden. George Williams träumt noch immer davon, daß Sexualität schlicht ein evolutionärer Zufall war, den wir nunmehr am Hals haben. Joe Felsenstein bleibt dabei, daß die ganze Diskussion auf falschen Grundlagen beruht – genau wie die Diskussion darüber, ob ein Goldfisch zum Gewicht des Wassers nicht beiträgt, wenn man ihn in ein Goldfischglas setzt. Austin Burt vertritt überraschenderweise die Anschauung, die Rote Königin und Kondraschows Mutationstheorie seien nur detaillierte Auswüchse von Weismanns ursprünglicher Überlegung, nach der Sexualität die Variabilität liefert, die zur Beschleunigung der Evolution vonnöten ist: Damit haben wir den Kreis geschlossen. Sogar Bill Hamilton räumt ein, die ursprüngliche reine Rote-Königin-Hypothese komme nicht ohne einige Variationen in Raum und Zeit aus.

Hamilton und Kondraschow begegneten einander zum ersten Mal im Juli 1992 in Ohio und einigten sich fröhlich darauf, uneins zu bleiben, bis es mehr Beweise gebe. Aber Wissenschaftler sagen das immer; Anwälte geben nie eine Niederlage zu. Ich glaube, daß die Wissenschaft in hundert Jahren zurückblicken wird, um festzustellen, daß der Vikar von Bray von der *tangled bank* (zu deutsch: Uferböschung) hinuntergefallen ist und von der Roten Königin erschlagen wurde.[69]

Sexualität hat mit Krankheit zu tun. Sie wird eingesetzt, um der Bedrohung durch Parasiten zu begegnen. Organismen brauchen Sex, um ihre Gene immer wieder zu variieren, bevor die Parasiten zum Angriff ansetzen. Männer sind trotz alledem nicht überflüssig; sie sind der Versicherungsschutz einer Frau gegen Fälle wie Kindstod durch Grippe-Epidemien und Pocken (falls das ein Trost ist). Frauen nehmen Spermien in ihre Eier auf, weil andernfalls (wenn sie den eigenen Chromosomensatz einfach nur verdoppelten) die entstehenden Babys gegenüber dem erstbesten Parasiten, der ihre genetischen Schlösser knacken kann, alle gleich verwundbar wären.

Bevor aber die Männer nun ihre neugewonnene Bedeutung zu feiern beginnen, bevor an den Feuern die Trommeln gerührt und Epen über Krankheitserreger verfaßt werden, sollen sie vor einem neuen Angriff auf ihre Existenzberechtigung zittern. Sie sollten etwas über Pilze erfahren. Schließlich pflanzen sich viele Pilze geschlechtlich fort, ohne jemals männliche Organismen zu entwickeln. Bei ihnen gibt es Tausende von verschiedenen Geschlechtern, die alle gleich aussehen, alle in gleichem Maße zur Paarung untereinander fähig sind, jedoch nicht zur Paarung mit dem eigenen Geschlecht.[70] Sogar im Tierreich gibt es viele Organismen, die als Hermaphroditen leben, Regenwürmer beispielsweise. Die Tatsache, daß es eine geschlechtliche Fortpflanzung gibt, setzt nicht notwendigerweise die Existenz verschiedener Geschlechter voraus, schon gar nicht von zwei Geschlechtern und erst recht nicht von zwei Geschlechtern, die so verschieden sind wie Mann und Frau. Auf den ersten Blick scheint die Art der sexuellen Fortpflanzung mit nur zwei Geschlechtern sogar die blödsinnigste zu sein, denn sie bedeutet, daß ganze fünfzig Prozent aller Leute, die man trifft, als Paarungspartner nicht in Frage kommen. Wären wir Hermaphroditen, wäre jeder ein möglicher Partner. Verfügten wir über zehntausend Geschlechter, wie jeder gängige Giftpilz, dann träfen wir bei neunundneunzig Prozent aller Begegnungen auf einen potentiellen Partner. Gäbe es bei uns drei Geschlechter, dann kämen zwei Drittel der Leute, denen wir begegneten, in Frage. Es wird deutlich, daß die Erklärung der Roten Königin für die sexuelle Fortpflanzung des Menschen nur der Anfang einer langen Geschichte ist.

Vier

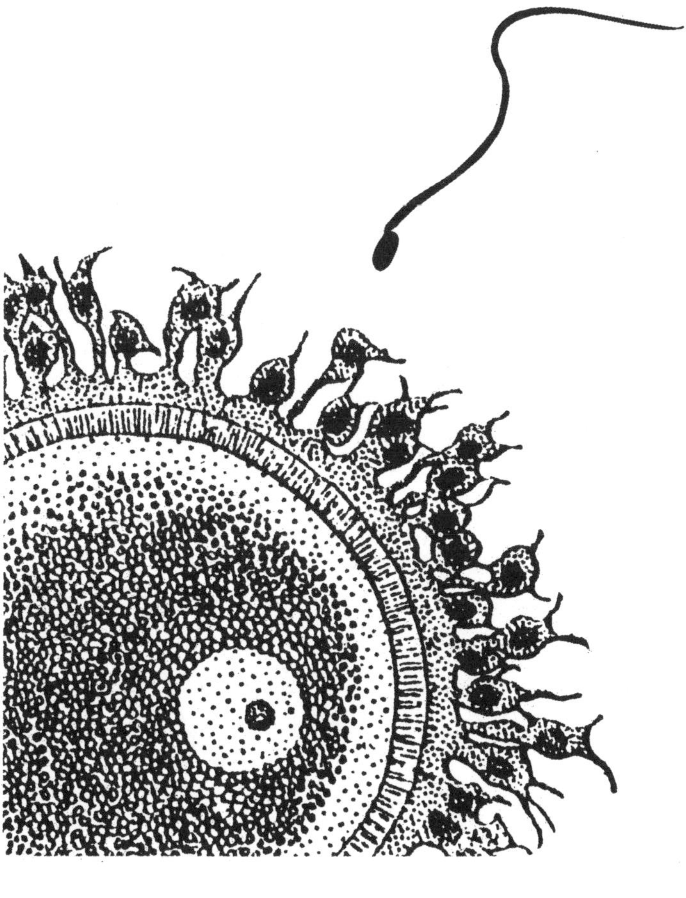

Genetische Meuterei und Geschlecht

Der Schildkröt lebt im Panzer eingezwängt,
Der praktisch sein Geschlecht verhängt.
Ich find' es ganz schön raffiniert,
wie er in dieser Klemme eifrig prokreiert.

Ogden Nash

Im Mittelalter gab es in einem typischen britischen Dorf einen Dorfanger, auf dem alle Bewohner ihr Vieh gemeinsam weideten. Die Weide gehörte allen, und jeder konnte dort so viele Rinder grasen lassen, wie er wollte. Als Folge davon wurden die Wiesen häufig überweidet, so daß sie schließlich nur noch für einige wenige Rinder ausreichten. Wäre jeder Dorfbewohner dazu angehalten worden, sich ein wenig einzuschränken, dann hätte der Dorfanger weit mehr Tiere ernähren können. Diese »Tragödie des kleinen Mannes«[1] hat sich in der Geschichte der Menschheit zahllose Male wiederholt. Jedes Fischfanggebiet, das befahren wurde, war nur zu bald überfischt, und die Fischer verarmten. Wale, Wälder und Wasseradern erfuhren dasselbe Schicksal. Für den Ökonomen reduziert sich die Tragödie des kleinen Mannes auf eine Frage der Eigentumsverhältnisse. Die Tatsache, daß der Dorfanger oder das Fanggebiet nicht einem einzelnen gehört, bedeutet, daß den durch Überweidung oder Überfischung entstandenen Schaden jeder zu gleichen Teilen mitträgt. Demjenigen aber, der die eine Kuh zuviel hat weiden lassen, oder demjenigen, der das eine Netz zuviel gefischt hat, fällt der volle Ertrag jener Kuh oder jenes Fangs trotzdem zu. Somit steckt er den Gewinn als Privatmann ein und überläßt die Kosten der Öffentlichkeit. Dieses Verhalten, das dem einzelnen nützt, schadet der Gemeinschaft.

Weshalb sind Menschen keine Hermaphroditen?

Keine der bisher diskutierten Theorien ist imstande zu erklären, weshalb es zwei Geschlechter gibt.[2] Warum ist nicht jedermann ein Hermaphrodit, teilt seine Gene mit anderen und umgeht im übrigen die Kosten für die Männlichkeit – indem er selbst auch dem weiblichen Geschlecht angehört? Weshalb *überhaupt* zwei Geschlechter, auch bei Hermaphroditen? Warum händigt nicht jeder jedem in völliger Gleichberechtigung Genpäckchen aus? Die Frage »Warum gibt es die Sexualität?« ist sinnlos ohne die Frage: »Warum gibt es die Geschlechter?« Zufällig gibt es darauf eine Antwort. Dieses Kapitel handelt von dem vielleicht merkwürdigsten Aspekt aller Rote-Königin-Theorien, jenem Umstand, der sich hinter der wenig anziehenden Bezeichnung »intragenomischer Konflikt« verbirgt. Übersetzt bedeutet dies, es geht um Harmonie und Selbstsucht, um Interessenkonflikte zwischen Genen im Inneren von Organismen, um Freibeuter-Gene und um kriminelle Gene. Der intragenomische Konflikt »verleiht dem Evolutionsvorgang einen instabilen, interaktiven, historischen Charakter«.[3]

Die fünfundsiebzigtausend Gene, die den menschlichen Körper entstehen und funktionieren lassen, befinden sich in ungefähr derselben Lage wie fünfundsiebzigtausend Einwohner einer kleinen Stadt. In nahezu derselben Weise, wie die menschliche Gesellschaft ein manchmal angespanntes Nebeneinander von freiem Unternehmertum und sozialem Zusammenwirken ist, gilt dies auch für die Aktivitäten der Gene in einem Organismus. Ohne Kooperation wäre die Stadt kein Gemeinwesen. Jedermann würde sich auf Kosten jedes anderen reich lügen, stehlen und betrügen, und sämtliche sozialen Aktivitäten – Handel, Regierung, Bildung und Sport – rieben sich bis zu einem von Mißtrauen beherrschten Stillstand auf. Ohne Kooperation zwischen den Genen könnte der von ihnen bewohnte Körper nicht dazu verwendet werden, diese Gene in die nächste Generation zu transportieren, denn der Körper entstünde gar nicht erst.

Noch vor einer Generation hätten Biologen diesen Absatz mit großer Verblüffung zur Kenntnis genommen. Gene haben kein Bewußtsein und »entscheiden« sich nicht zur Zusammenarbeit; sie sind seelenlose Moleküle, die von chemischen Botschaften an- oder abgeschaltet werden. Was sie dazu bringt, in der richtigen Art und Weise zusammenzuarbeiten und einen menschlichen Körper zu schaffen, ist irgendein geheimnisvolles biochemisches Programm – keine demokratisch getroffene Entscheidung. In den letzten Jahren aber hat die von Williams, Hamilton und anderen angezettelte Revolution dazu geführt, daß mehr und mehr Biologen Gene als etwas betrachten, das aktiven und denkenden Einzelwesen vergleichbar ist. Nicht daß Gene ein Bewußtsein besäßen oder von irgendwelchen Zukunftsgedanken getrieben würden – kein ernstzunehmender Biologe glaubt so etwas. Aber die teleologische Wahrheit ist, daß die Entwicklung durch natürliche Selektion voranschreitet und daß natürliche Selektion nichts anderes bedeutet, als daß die Gene, die ihr eigenes Überleben zu sichern versuchen, eher überleben. Ein Gen ist deshalb per definitionem der Nachfahr eines Gens, das es geschafft hat, in die nächste Generation zu gelangen. Ein Gen also, das Dinge veranlaßt, durch die sein eigenes Überleben gesichert wird, kann in einer teleologischen Sichtweise als etwas bezeichnet werden, das diese Dinge tut, *weil* sie sein Überleben sichern. Das Zusammenwirken, durch das ein Körper geschaffen wird, ist eine ebenso wirksame Überlebens-»Strategie« für Gene, wie das Zusammenwirken am Gemeinwesen Stadt eine wirkungsvolle soziale Strategie für Menschen ist.

Gesellschaft besteht aber nicht nur aus Kooperation. Ein gerüttelt Maß an wettbewerbsorientiertem freiem Unternehmertum ist unumgänglich. Ein gigantisches Experiment namens Kommunismus in einem Labor namens Sowjetunion hat dies deutlich gemacht. Die einfache und wunderbare Vorstellung, die Gesellschaft ließe sich auf der Grundlage des Prinzips »Jeder nach seinen Fähigkeiten« organisieren, hat sich als katastrophal unrealistisch erwiesen, da der einzelne nicht einsehen konnte, weshalb er bei einer nicht leistungsbezogenen Bezahlung seine Kräfte voll ausschöpfen sollte. Ein aufgezwungenes Zusammenwirken kommunistischer Prägung ist durch die eigennützigen Interessen einzelner ebenso verwundbar wie der freie Wettbewerb auch. Wenn also die Wirkung eines Gens darin bestünde, das Überleben eines Organismus zu sichern, und wenn es dabei dessen Fortpflanzung verhinderte beziehungsweise im Falle der Paarung selbst nie weitergegeben würde, dann stürbe dieses Gen aus und würde wirkungslos.

Das richtige Gleichgewicht zwischen Wettbewerb und Zusammenarbeit zu finden war über Jahrhunderte hinweg Ziel und Verhängnis westlicher Politik. Adam Smith erkannte, daß man den wirtschaftlichen Interessen des einzelnen besser gerecht wird, wenn man dem Ehrgeiz aller keine

Schranken auferlegt, als wenn man versucht, dessen Bedürfnissen im voraus zu begegnen. Doch nicht einmal Adam Smith konnte behaupten, die freie Marktwirtschaft schaffe ein Utopia. Auch der liberalste Politiker unserer Tage ist von der Notwendigkeit überzeugt, das Streben ehrgeiziger Einzelpersonen zu regulieren, zu überwachen und zu besteuern, um sicherzustellen, daß sie ihren Ehrgeiz nicht ausschließlich auf Kosten anderer befriedigen. Mit den Worten von Egbert Leigh, einem Biologen des Smithsonian Tropical Research Institute: »Die menschliche Intelligenz muß die Gesellschaft erst schaffen, in der freier Wettbewerb zwischen den einzelnen Mitgliedern sich zum Nutzen des Ganzen addiert.«[4] Die Gen-Gesellschaft steht vor genau demselben Problem. Jedes Gen ist Nachfahr eines Gens, das unbeabsichtigt mit allen Mitteln gerempelt und geschoben hat, um in die nächste Generation zu gelangen. Das Zusammenwirken zwischen Genen ist intensiv – der Wettbewerb nicht minder. Und es ist dieser Wettbewerb, der in der »Erfindung« der Geschlechter gipfelte.

Als vor etlichen Milliarden Jahren Leben aus der Ursuppe hervorging, vermehrten sich jene Moleküle, die dafür sorgten, daß sie selbst – auf Kosten anderer – repliziert wurden. Dann entdeckten einige dieser Moleküle die Tugenden der Kooperation und Spezialisierung, und so begannen sie, sich zu Gruppen namens Chromosomen zusammenzutun und Maschinerien namens Zellen zu unterhalten, die in der Lage waren, diese Chromosomen effizient zu replizieren, genauso wie sich in der Menschheitsgeschichte einst kleine Gruppen von Bauern mit Schmieden und Zimmerleuten in Dörfern zu kooperativen Einheiten zusammenschlossen. Die Chromosomen entdeckten, daß verschiedene Arten von Zellen sich zu einer Superzelle zusammenschließen konnten, so wie verschiedene Dörfer sich zu größeren Einheiten verbanden. Damit hatte die Erfindung der modernen Zelle aus einem Team unterschiedlicher Bakterien stattgefunden. Die Zellen fanden sich dann zu Tieren, Pflanzen und Pilzen zusammen, riesengroßen Zusammenschlüssen von Zusammenschlüssen von Genen, genauso wie sich mehrere Dörfer zu Ländern und Länder zu Reichen zusammenfanden.[5]

Nichts davon wäre möglich gewesen, hätte es nicht Gesetze gegeben, die das Allgemeinwohl über den selbstsüchtigen Trieb des einzelnen stellten – sowohl in menschlichen Gemeinschaften als auch im Verbund der Gene. Es gibt nur ein Kriterium, an dem die Qualität eines Gens meßbar ist: Es muß Ahnherr anderer Gene werden. Dies geschieht in hohem

Maße auf Kosten anderer Gene, ähnlich wie ein Mann seinen Wohlstand großenteils dadurch erwirbt, daß er andere (rechtmäßig oder unrechtmäßig) dazu bringt, ihm ihre Reichtümer abzutreten. Ist ein Gen allein auf sich gestellt, dann sind alle anderen Gene seine Feinde: Jeder kämpft für sich allein. Ist das Gen Teil eines Zusammenschlusses, dann hat jedes andere Gen in diesem Verbund das gemeinsame Interesse, eine rivalisierende Gruppe zu unterwerfen, geradeso wie Angestellte ein gemeinsames Interesse am Wohlergehen ihrer Firma zu Lasten einer anderen haben.

Ähnliche Bedingungen gelten in der Welt der Viren und Bakterien. Die Parasiten sind Einwegbehälter für einfache Gen-Teams. Jedes dieser Teams steht in einem erbitterten Wettstreit mit anderen, die Mitglieder innerhalb eines Teams pflegen jedoch weitgehend harmonische Beziehungen. Aus Gründen, die Ihnen in Kürze einleuchten werden, wird diese Harmonie zerstört, wenn sich Bakterien zu Zellen und Zellen zu Organismen zusammenschließen. Mit Hilfe von Gesetzen und einer Verwaltung muß man ihr erneut Geltung verschaffen.

Auch auf bakterieller Ebene stimmt das Bild nur bedingt. Betrachten wir den Fall eines neuen, mutierten »Überflieger«-Gens, das plötzlich in einem Bakterium auftaucht. Es ist allen anderen Genen seiner Art überlegen, doch sein Schicksal hängt zum größten Teil von der Qualität seines Teams ab. Es ist so ähnlich wie bei einem hochintelligenten Ingenieur, der in einer kränkelnden kleinen Firma beschäftigt ist, oder bei einem exzellenten Leistungssportler, der zu einer zweitklassigen Mannschaft gehört. So wie der Ingenieur oder der Sportler sich nach einer neuen Stellung umsehen werden, so möchte man erwarten, haben auch diese Gene eine Möglichkeit entwickelt, sich von einem Bakterium zum anderen zu begeben. Das haben sie tatsächlich. Man nennt diesen Vorgang *Konjugation*, und man ist sich darüber einig, daß es sich um eine Form von Sexualität handelt. Zwei Bakterien verbinden sich über einen dünnen Schlauch miteinander, durch den sie ein paar Kopien ihrer Gene austauschen. Im Gegensatz zur Sexualität im eigentlichen Sinne hat dieser Vorgang mit Fortpflanzung nichts zu tun und stellt zudem ein seltenes Ereignis dar. In jeder anderen Hinsicht aber ist es ein sexueller Vorgang: Es ist ein genetischer Austausch.

Donald Hickey von der University of Ottawa und Michael Rose von der University of California in Irvine vertraten als erste zu Beginn der achtziger Jahre die Ansicht, »Bakteriensex« sei nicht der Bakterien wegen erfunden worden, sondern der Gene wegen – nicht der Mannschaft wegen, sondern der Spieler wegen.[6] Der Fall eines Gens also, das – auf Kosten seiner Mannschaftskollegen – eigennützigen Interessen gehorcht: Es verläßt die Kollegen zugunsten einer besseren Mannschaft. Die Theorie von Hickey erklärt nicht hinreichend, warum Sexualität im Pflanzen- und Tierreich so ungemein verbreitet ist; sie konkurriert nicht mit den bisher diskutierten Theorien. Aber sie liefert Hinweise dafür, wie alles begonnen hat, Hinweise zum Ursprung der Sexualität.

Vom Standpunkt eines einzelnen Gens aus betrachtet, ist Sexualität somit eine Methode der horizontalen und der vertikalen Ausbreitung. Wenn also ein Gen seinen Träger zur Sexualität veranlassen könnte, vollbrächte es etwas zu seinem eigenen Vorteil (genauer gesagt, es würde die Wahrscheinlichkeit dafür erhöhen, Nachfahren zu hinterlassen), selbst dann, wenn dies auf Kosten des einzelnen ginge. Genauso wie das Tollwutvirus einen Hund dazu bringt, alles und jeden zu beißen, und somit den Hund benutzt, um seine eigene Ausbreitung auf andere Hunde zu gewährleisten, könnte ein Gen seinen Träger zu sexuellen Beziehungen veranlassen, um sicherzustellen, daß es in eine andere Keimbahn gelangt.

Hickey und Rose fasziniert vor allem eine besondere Klasse von Genen, die als Transposons oder »springende« Gene bezeichnet werden. Diese sind offenbar in der Lage, sich selbst aus Chromosomen herauszuschneiden und in andere Chromosomen einzuflicken. In den achtziger Jahren gelangten zwei Gruppen von Wissenschaftlern gleichzeitig zu dem Schluß, Transposons seien offenbar Beispiele »egoistischer« oder parasitärer DNA, die Kopien ihrer selbst auf Kosten anderer Gene verbreitet. Statt zu fragen, ob Transposons vorteilhaft für den Organismus sind, nahmen sie es als gegeben hin, daß deren Existenz zwar schlecht für den Organismus ist, aber gut für die Transposons selbst.[7] Gangster und Kriminelle existieren schließlich auch nicht zum Nutzen der Gesellschaft, sondern zu deren Schaden und zu ihrem eigenen Nutzen. Vielleicht sind Transposons, um mit Richard Dawkins zu sprechen, »kriminelle Gene«. Hickey fiel auf, daß Transposons bei Organismen, die sich durch Exogamie * sexuell vermehren, sehr viel häufiger sind als bei Organismen, bei denen es zur Inzucht kommt, oder bei solchen, die sich asexuell vermehren. Er zog zur Beurteilung dessen einige mathemati-

* Paarungsverhalten, das die eng Verwandten tabuisiert. (A.d.Ü.)

sche Modelle heran, aus denen deutlich wurde, daß parasitäre Gene auch dann im Vorteil sind, wenn sie ihrem Träger Nachteile bringen. Solche Gene befinden sich auf Plasmiden (kleinen, vom Kerngenom abgetrennt vorliegenden, ringförmigen DNA-Stücken), und es stellte sich heraus, daß solche Plasmide in Bakterien tatsächlich den Vorgang der Konjugation, durch den sie sich ausbreiten, selbst auslösen. Sie verhalten sich genau wie das Tollwutvirus, das Hunde dazu veranlaßt, einander zu beißen. Die Linie zwischen einem kriminellen Gen und einem infektiösen Virus beginnt zu verschwimmen.[8]

Abel hat keine Nachfahren

Von solchen kleineren Aufständen einmal abgesehen, geht es in der Bakterien-Mannschaft relativ friedlich zu. Selbst in einem komplizierteren Organismus wie dem einer Amöbe, die irgendwann in grauer Vorzeit aus dem Zusammenschluß archaischer Bakterien entstanden ist[9], gibt es nur wenige Konflikte zwischen dem gemeinsamen Interesse der Mannschaft und den Interessen der Mitglieder. In komplizierteren Organismen aber haben Gene weit mehr Möglichkeiten, ihr eigenes Wohlergehen zu Lasten anderer zu sichern.

In tierischen und pflanzlichen Genomen gibt es, wie sich herausgestellt hat, Meutereien. In einigen weiblichen Mehlwürmern existiert ein Gen namens Medea, das dafür sorgt, daß nur Nachkommen überleben, in denen es vorhanden ist[10]: Als lockte das Gen alle Nachkommen des Weibchens in eine Falle, aus der nur jene freikommen, die es in sich tragen. Es gibt komplett egoistische Chromosomen, sogenannte B-Chromosomen, die nichts anderes tun, als ihre eigene Weitergabe an die nächste Generation zu sichern. Sie dringen in jedes Ei eines Insekts ein.[11] Ein anderes Insekt, eine Schildlaus, ist Sitz eines noch seltsameren genetischen Parasiten. Wenn die Eier der Schildlaus befruchtet werden, kann es vorkommen, daß mehr als ein Spermium ins Ei eindringt. Dann verschmilzt das eine Spermium auf ganz normale Weise mit dem Ei-Kern, während sich das andere Spermium in der Zelle herumlümmelt und bei jeder Teilung der Eizelle ebenfalls teilt. Wenn die Schildlaus heranreift, frißt das parasitische Spermium deren Keimzellen und ersetzt sie durch

Kopien seiner selbst. Das Insekt produziert also Spermien und Eier, die mit ihm selbst überhaupt nicht mehr verwandt sind, ein verblüffendes Beispiel für genetischen Betrug.[12]

Die besten Gelegenheiten für egoistische Gene ergeben sich allerdings im Rahmen sexueller Vorgänge. Die meisten Tiere und Pflanzen sind diploid: Ihre Gene liegen paarweise vor. Diploidie aber ist auch eine unbequeme Partnerschaft zwischen zwei Gensätzen, und wenn Partnerschaften zu Ende gehen, kommt es nicht selten zu Feindseligkeiten. Die hier beschriebene Partnerschaft endet mit einem sexuellen Vorgang. Während der Meiose (vgl. S. 50), dem zentralen genetischen Prozeß der Sexualität, trennen sich die Genpaare, um Spermien und Eier zu bilden. Ganz plötzlich hat jedes Gen die Gelegenheit, auf Kosten seines Partners eigennützig zu sein. Falls es die Eizellen oder Spermien für sich reklamieren kann, lebt es weiter, während sein Partner verlorengeht.[13]

Diesen Vorgang hat in den letzten Jahren eine Gruppe junger Biologen unter die Lupe genommen. Die bekanntesten unter ihnen sind Steve Frank von der University of California in Irvine, Laurence Hurst, Andrew Pomiankowski, David Haig und Alan Grafen in Oxford. Ihre Theorie lautet wie folgt: Bei der Empfängnis erhält der Embryo nur die Hälfte seiner Gene von der Mutter. Das sind die glücklichen; die weniger glücklichen schmachten im Verborgenen und hoffen auf die zweite Ziehung – wenn sie das nächste Mal schwanger wird. Rekapitulieren wir: Wir besitzen dreiundzwanzig Chromosomenpaare, dreiundzwanzig Chromosomen von unserem Vater und dreiundzwanzig Chromosomen von unserer Mutter. Wenn wir ein Ei oder ein Spermium produzieren, nehmen wir ein Chromosom von jedem Paar, so daß wir wiederum insgesamt dreiundzwanzig Chromosomen haben. Diese können entweder alle von der Mutter oder alle vom Vater stammen oder, was wahrscheinlicher ist, eine Mischung aus beiden sein. Verwendete nun aber ein egoistisches Gen einen falschen Würfel, so daß seine Chancen, in den Embryo zu gelangen, besser als fünfzig zu fünfzig stünden, so hätte es damit einen Riesenvorteil. Nehmen wir einmal an, es ließe sein Gegenstück – das Gen also, das von dem anderen Elternteil stammt, einfach absterben.

Solch ein Gen gibt es. Bei einer bestimmten Art von Fruchtfliegen liegt auf dem Chromosom Nummer zwei ein Gen namens *segregation distorter* (zu deutsch etwa »Segregationsverzerrer«), das schlicht alle Spermien absterben läßt, die die andere Kopie von Chromosom Nummer zwei enthalten. Die Fliege produziert deshalb nur die halbe Menge an Spermien. Doch jedes dieser Spermien enthält das *Segregation-distorter*-Gen, das somit in der Nachkommenschaft der Fliege das Monopol innehat.[14]

Nennen wir dieses Gen Kain. Zufällig ist Kain der eineiige Zwilling von Abel, das heißt, er kann seinen Bruder nicht töten, ohne sich selbst zu töten – denn die Waffe, die er verwendet, ist ein zerstörerisches Enzym, das in die Zelle gelangt – eine chemische Waffe sozusagen. Seine einzige Hoffnung besteht darin, sich selbst mit einem Apparat zu versehen, der ihn schützt, mit einer »Gasmaske«, die aus einem Gen besteht, das die Wirkung des zerstörenden Enzyms verhindert. Kain wird also Nachfahren haben, Abel nicht. Ein Gen für den chromosomalen Brudermord wird sich daher mit tödlicher Sicherheit ausbreiten, und sein Träger wird die Erde erobern. *Segregation distorters* und andere Brudermord-Gene werden allgemein unter dem Namen *meiotic drive* (auf deutsch etwa »Meiose-Ungleichgewicht«) gehandelt, denn sie sorgen dafür, daß der Vorgang der Meiose, die Beendigung der Partnerbeziehung, in einer zuvor festgelegten Richtung verläuft.[15]

Gene, die eine solche Richtungsfestlegung vornehmen, sind bei Fliegen, Mäusen und ein paar anderen Lebewesen bekannt, aber sie sind selten. Weshalb? Aus demselben Grund, aus dem Mord selten ist. Die Interessen der übrigen Gene werden durch Gesetze geschützt. Gene haben – wie Menschen auch – Besseres zu tun, als einander umzubringen. Die Gene, die Abels Chromosom geteilt haben und mit ihm untergegangen sind, hätten überlebt, wäre es ihnen gelungen, eine Technik zu entwickeln, mit der sich Kains Pläne hätten durchkreuzen lassen. Oder, anders herum ausgedrückt: Gene, welche die Pläne derjenigen vereiteln, die die Meiose zu ihren Gunsten beeinflussen, werden sich ebenso unfehlbar ausbreiten wie jene, die diesen Druck schaffen. Das Ergebnis ist ein Rote-Königin-Rennen.

David Haig und Alan Grafen sind der Ansicht, daß eine solche Reaktion in der Tat sehr häufig stattfindet und daß sie in einer Art von genetischem Durcheinanderwürfeln besteht, dem Austausch von Chromosomenteilen. Sollte ein Chromosomenstück, das sich in nächster Nähe zu Abel befindet, urplötzlich seinen Platz mit einem Chromosomenstück tauschen, das sich in nächster Nähe zu Kain befindet, dann würde Kains Maske sang- und klanglos von Kains Chromosom entfernt und Abels

Chromosom aufgepfropft. Das Ergebnis: Kain beginge Selbstmord, und Abel lebte von nun an glücklich und in Frieden.[16]

Diesen Austausch nennt man Crossing-over. Er geschieht zwischen nahezu allen Chromosomenpaaren bei den meisten Tier- und Pflanzenarten. Sein einziges Resultat besteht in einer gründlicheren Vermischung von Genen – was die meisten Leute für seinen Hauptzweck hielten, bis Haig und Grafen ihre Überlegungen anstellten. Die beiden Wissenschaftler sind nämlich der Ansicht, daß ein solcher Austausch gar nicht die primäre Funktion des Crossing-over ist, sondern daß dieses dazu da ist, die intrazelluläre Rechtslage wahren zu helfen. In einer vollkommenen Welt gäbe es keine Polizisten, denn die Menschen begingen keine Morde. Polizisten wurden nicht zur Zierde der Gesellschaft eingeführt, sondern um diese vor dem Zerfall zu bewahren. Haigs und Grafens Theorie zufolge wacht das Crossing-over auf genau dieselbe Weise über die Aufteilung der Chromosomen, damit die Fairneß gewahrt bleibt.

Das Wesen dieser Theorie lädt nicht zu bedenkenloser Zustimmung ein. Haig drückt es in seiner trockenen australischen Art so aus: Sie hat Ähnlichkeit mit einem Elefantenabwehrspray. Du weißt, daß es funktioniert, denn Du siehst keine Elefanten.[17]

In Mäusen und Fliegen überleben Kains Gene, weil sie ihre Masken sehr eng an sich drücken, so daß sie durch ein Crossing-over kaum zu trennen sind. Ein Chromosomenpaar aber wird von Kains Genen besonders niederträchtig heimgesucht – die Geschlechtschromosomen, bei denen kein Crossing-over stattfindet. Beim Menschen und bei vielen Tieren wird das Geschlecht durch eine Art genetisches Glücksspiel festgelegt. Bekommt man ein Paar X-Chromosomen von den Eltern, wird man eine Frau, bekommt man ein X und ein Y, wird man ein Mann (es sei denn, man ist ein Vogel, eine Spinne oder ein Schmetterling, dann ist es umgekehrt).

Da Y-Chromosomen, welche die Gene zur Festlegung der Männlichkeit enthalten, mit X-Chromosomen nicht übereinstimmen, gibt es zwischen beiden kein Crossing-over. Das hat zur Folge, daß ein Kain-Gen auf einem X-Chromosom das Y-Chromosom töten kann, ohne Gefahr zu laufen, Selbstmord zu begehen. Dadurch wird das Geschlechterverhältnis in der Folgegeneration zugunsten des weiblichen Geschlechts gewichtet. Diese Kosten aber würden von der Gesamtpopulation getragen; der Vorteil hingegen, in der Nachwuchsgeneration allein vertreten zu sein, kommt einzig und allein dem Kain-Gen zugute – das Ganze verhält sich genauso wie bei den rücksichtslosen Freibeutern, welche die Tragödie des kleinen Mannes verschulden.[18]

Zum Lobe einseitiger Abrüstung

Im großen und ganzen jedoch setzt sich auch bei Genen das Allgemeininteresse gegen die Kriminalität durch. Wie Egbert Leigh es ausdrückte, das »Parlament der Gene« vertritt seine Interessen.[19] Den Leser befriedigt all das mit Sicherheit nicht. »Dieser kleine Ausflug in die zelluläre Bürokratie«, wird er sagen, »war zwar ganz amüsant, hat uns aber der Frage vom Anfang dieses Kapitels keinen Schritt nähergebracht – weshalb gibt es zwei Geschlechter?«

Nur Geduld. Der Weg, den wir gewählt haben – die Betrachtung von Interessenkonflikten zwischen verschiedenen Gensätzen – bringt uns einer Antwort näher. Denn möglicherweise entpuppt sich das Geschlecht selbst als Teil der zellulären Bürokratie. Als männlich definiert man das Geschlecht, das Spermien oder Pollen produziert: kleine bewegliche Gameten in großer Zahl. Das weibliche Geschlecht produziert wenige große, unbewegliche Gameten, die Eizellen. Doch Größe ist nicht der einzige Unterschied zwischen männlichen und weiblichen Gameten. Ein weit bedeutsamerer Unterschied ist darin zu sehen, daß es einige Gene gibt, die ausschließlich von der Mutter stammen. Im Jahre 1981 schrieben zwei Harvard-Wissenschaftler, Leda Cosmides und John Tooby, deren Scharfsinn wir im Verlaufe des Buches noch mehrere Male bewundern können, die Chronik einer noch ehrgeizigeren genetischen Rebellion gegen das Gen-Parlament, einer Rebellion, die Pflanzen und Tieren seltsame neue Richtungen weisen und in der Erfindung zweier Geschlechter gipfeln sollte.[20]

Bis jetzt habe ich alle Gene bezüglich ihres Vererbungsmusters als ähnlich betrachtet. Doch das ist nicht ganz richtig. Wenn ein Spermium ein Ei befruchtet, dann stellt es dem Ei nur eines zur Verfügung: einen Sack voll Gene, seinen Zellkern. Der Rest bleibt draußen. Doch auch ein paar väterliche Gene bleiben damit ausgeschlossen, denn diese befinden sich nicht im Kern, sondern in kleinen Strukturen, die man als Organellen bezeichnet. Hiervon sind insbesondere zwei Arten von Bedeutung: die Mitochondrien, die mit Hilfe von Sauerstoff Energie aus Nährstoffen herstellen, und (in Pflanzen) die Chloroplasten, die mit Hilfe von Sonnenenergie diese Nährstoffe aus Luft und Wasser produzieren. Die Organellen sind mit sehr großer Sicherheit die Nachfahren von Bakterien, die einst in Zellen gelebt haben und von diesen »gezähmt« wurden, weil ihre biochemischen Fertigkeiten der Wirtszelle von großem Nutzen waren. Als Nachfahren frei lebender Bakterien brachten sie ihre eigenen Gene mit, und auch heute noch haben sie eine Menge davon. Menschliche Mitochondrien zum Beispiel besitzen siebenunddreißig eigene Gene. Wenn man fragt: »Weshalb gibt es zwei Geschlechter?«, dann fragt man gleichzeitig auch: »Weshalb gibt es Organellen-Gene, die nur mütterlicherseits vererbt werden?«[21] Warum ist den Organellen der Spermien der Zutritt zum Ei verwehrt? Die Evolution scheint sogar außerordentlich weit gegangen zu sein in ihrem Bestreben, väterliche Organellen aus Eizellen auszuschließen. Bei Pflanzen verhindert eine extreme Verengung, daß väterliche Organellen in den Pollenschlauch gelangen. Bei Tieren wird das Spermium beim Eintritt ins Ei mehr oder weniger »entkleidet«, um die Organellen zu entfernen. Warum? Die Antwort findet sich bei einer Ausnahme von dieser Regel: einer Alge namens *Chlamydomonas,* die zwei Geschlechter mit der Bezeichnung Plus und Minus besitzt, statt in männlicher und weiblicher Form aufzutreten. Bei dieser Art führen die Chloroplasten beider Elternteile eine Art Zermürbungskrieg, in dessen Verlauf neunundneunzig Prozent von ihnen getötet werden. Die verbleibenden fünf Prozent stammen aus dem Plus-Elternteil, der die Minus-Organellen durch seine zahlenmäßige Überlegenheit aus dem Feld schlägt.[22] Dieser Krieg schwächt die ganze Zelle. Die Gene des Zellkerns sehen mit derselben dunklen Vorahnung zu, die auch den Prinzen in *Romeo und Julia* angesichts des Krieges zwischen zweien seiner Gefolgsleute beschleicht:

> Aufrührische Vasallen, Friedensfeinde
> Die ihr den Stahl mit Nachbarblut entweiht!
> Wollt Ihr nicht hören? Männer, wilde Tiere,
> Die ihr die Flammen Eurer schnöden Wut
> Im Purpurquell aus Euren Adern löscht!
> Zu Boden werft, bei Buß an Leib und Leben,
> Die mißgestählte Wehr aus blutger Hand!

Hört eures ungehaltnen Fürsten Spruch!
Drei Bürgerzwiste haben dreimal nun,
Aus einem luftgen Wort von euch erzeugt,
Du alter Capulet und Montague,
Den Frieden unserer Straßen schon gebrochen.
... Verstört ihr jemals wieder unsre Stadt,
So zahl euer Leben mir den Friedensbruch.

Romeo und Julia, 1. Akt, 1. Szene

Wie der Prinz nur zu bald erkennen muß, reicht selbst die Androhung einer solch schweren Strafe nicht aus, den Streit zu unterbinden. Wäre er dem Beispiel der Gene im Zellkern gefolgt, hätte er alle Montagues töten lassen. Die Kern-Gene von Mutter und Vater einigen sich darauf, alle männlichen Organellen ermorden zu lassen. Es bietet also einen Vorteil (für die männlichen Kern-Gene, nicht für die männlichen Organellen), dem Typ anzugehören, dessen Organellen vernichtet werden, so daß lebensfähige Nachkommen entstehen können. Die Träger folgsamer Organellen mit Selbstmordtendenzen (im Minus-Geschlecht) werden also überleben. Schon bald käme jede Abweichung vom Eins-zu-eins-Verhältnis zwischen Tätern und Opfern dem selteneren Geschlecht zugute und berichtigte das Ergebnis automatisch. Damit sind zwei Geschlechter erfunden: Täter, die Organellen zur Verfügung stellen, und Opfer, die das nicht tun.

Laurence Hurst aus Oxford verwendet diese Argumentation, wenn er postuliert, die Existenz zweier Geschlechter sei automatisch die Folge sexueller Vorgänge, die auf der Verschmelzung von Gameten beruhen. Das heißt, man findet überall dort zwei Geschlechter, wo Sexualität darin besteht, daß zwei Zellen miteinander fusionieren wie bei *Chlamydomonas* und den meisten Tieren und Pflanzen. Dort, wo Sexualität gleichbedeutend ist mit Konjugation – der Bildung einer schlauchförmigen Verbindung zwischen zwei Zellen, durch die Gene hindurchtransportiert werden – und nicht in der Verschmelzung zweier Zellen besteht, gibt es keine Konflikte und somit keinen Bedarf für die Existenz von Täter- und Opfergeschlechtern. Und so gibt es denn bei den Arten mit »Konjugationssexualität« wie Wimperntierchen und Pilzen jede Menge verschiedener Geschlechter. Bei den Arten, bei denen Sex mit der Verschmelzung zweier Zellen einhergeht, gibt es hingegen nahezu ausnahmslos zwei Geschlechter. In einem besonders hübschen Fall vereint

ein sogenannter »hypotricher« Ziliat sogar beide Möglichkeiten in sich. Im Falle der Fusion verhält er sich, als hätte er zwei Geschlechter, im Falle der Konjugation verfügt er über viele Geschlechter.
Im Jahre 1991, gerade in dem Moment, als er letzte Hand an diese nette Geschichte legte, stolperte Hurst über einen Sachverhalt, der ihr zu widersprechen schien: Ihm kam eine Schleimpilzform unter, die dreizehn Geschlechter aufwies und bei der es dennoch zur Fusionssexualität kam. Er hakte nach und stellte fest, daß diese dreizehn Geschlechter hierarchisch angeordnet sind. Geschlecht Nummer dreizehn stellt grundsätzlich die Organellen, gleichgültig, mit wem es sich paart. Geschlecht Nummer zwölf stellt nur dann die Organellen, wenn es sich mit Geschlecht Nummer elf oder einem in der Hierarchie noch tiefer stehenden Geschlecht paart, und so weiter. Das funktioniert genauso gut, als gäbe es nur zwei Geschlechter, ist aber um einiges komplizierter.[23]

Safe-Sex-Tips für Spermien

Ebenso wie ein Großteil des Tier- und Pflanzenreichs praktizieren auch wir Fusionssex und haben zwei Geschlechter. Doch handelt es sich bei uns um eine leicht modifizierte Form: Das männliche Geschlecht liefert seine Organellen nicht Mördern in die Hände, sondern es läßt sie an der Grenze zurück. Ein Spermium transportiert nur seine Kernladung, eine Mitochondrienmaschine und einen Flagellenpropeller. Jene Zellen, aus denen die Spermien hervorgehen, gehen recht weit in ihrem Bestreben, vor der Fertigstellung der Spermienzelle alles überflüssige Zytoplasma zu entfernen, und lassen sich dessen Absorption einiges kosten. Sogar Propeller und Maschine werden abgeworfen, wenn das Spermium auf ein Ei trifft, und es bleibt nur der Kern übrig.
Hurst erklärt dies, indem er einmal mehr das Thema Krankheiten auf den Tisch bringt.[24] Organellen sind nicht die einzigen genetischen Rebellen im Zellinneren. Es gibt dort auch Bakterien und Viren. Und für sie gilt genau dieselbe Logik wie für Organellen. Wenn zwei Zellen miteinander fusionieren, dann führen die in ihnen lebenden rivalisierenden Bakterien einen Kampf auf Leben und Tod. Findet ein Bakterium, das bislang glücklich und zufrieden in einem Ei lebte, seinen Platz plötzlich

von einem durch ein Spermium eingeschleusten Rivalen besetzt, so muß es mit diesem konkurrieren, und das kann bedeuten, daß es seine latente Position verläßt und sich als Krankheit manifestiert. Es gibt genügend Hinweise darauf, daß Krankheiten auf diese Weise verursacht werden. Das AIDS zugrundeliegende Virus beispielsweise infiziert menschliche Gehirnzellen, bleibt dort aber in einer Art Ruhezustand. Infiziert nun aber ein völlig anderes Virus, das Zytomegalievirus, ein solches bereits mit HIV infiziertes Gehirn, dann »weckt« es damit das HI-Virus »auf«, welches sich nunmehr rasch vermehrt. Dies ist einer der Gründe dafür, daß es mit größerer Wahrscheinlichkeit zum Ausbruch von AIDS kommt, wenn ein HIV-Träger eine zweite Infektion bekommt, die zu Komplikationen führt. Darüber hinaus ist es eines der Merkmale von AIDS, daß alle möglichen, sonst eher harmlosen Bakterien und Viren, die bei vielen von uns friedlich im Körper schlummern, im Verlauf dieser Krankheit schlagartig aggressiv werden. Zu einem Teil ist das auf die Tatsache zurückzuführen, daß AIDS eine Krankheit des Immunsystems ist und dessen Kontrollfunktion außer Kraft setzt, aber das Ganze ergibt auch einen evolutionsbiologischen Sinn: Droht der Wirtsorganismus zu sterben, dann vermehren sich die Keime, so rasch sie können, um ihr Überleben zu sichern. Solche sogenannten opportunistischen Infektionen treffen einen nur, wenn man schon »unten« ist. Ein Wissenschaftler vertritt sogar die Auffassung, die Kreuzreaktivität des Immunsystems (d. h. die Tatsache, daß die Infektion durch einen Parasitenstamm zur Resistenz gegenüber einem anderen Stamm führt) sei unter Umständen der Trick, mit dem ein Parasit rivalisierenden Artgenossen die Tür vor der Nase zuschlage, sobald er drinnen ist.[25]

Wenn es sich für einen Parasiten auszahlt, beim Auftauchen eines rivalisierenden Parasiten zugrunde zu gehen, dann zahlt es sich für den Wirtsorganismus aus, die Kreuzinfektion mit zwei Parasitenstämmen zu verhindern. Und nie ist die Gefahr einer Kreuzinfektion größer als während sexueller Vorgänge. Ein Spermium, das mit einem Ei fusioniert, riskiert, seine Bakterien- und Virenlast ebenfalls einzuschleppen; das aber würde die Parasiten, die bereits im Ei schlummern, aufwecken und einen Machtkampf auslösen, in dessen Verlauf das Ei erkranken oder sterben würde. Um dies zu verhindern, ist das Spermium bestrebt, möglichst überhaupt kein Material ins Ei einzuschleppen, in dem sich Bakterien oder Viren aufhalten könnten. Es gibt nur seinen Kern an das Ei ab. Safe Sex, im wahrsten Sinne des Wortes.

Diese Theorie wird schwer zu beweisen sein, Unterstützung erfährt sie allerdings durch das Pantoffeltierchen *Paramecium*, ein Protozoon (ein einzelliger Organismus), das sich durch Konjugation fortpflanzt, das heißt, indem es Kerne durch einen engen Schlauch an eine andere Zelle übermittelt. Diese Methode ist hygienisch einwandfrei in dem Sinne, daß nur der Kern durch den Schlauch transportiert wird. Die beiden Paramezien sind nur etwa zwei Minuten lang miteinander verbunden; eine längere Paarungszeit würde das Risiko bergen, daß auch Zytoplasma durch den Schlauch gelangt. Der Schlauch ist für den Kern sogar beinahe zu eng, er muß sich regelrecht hindurchzwängen. Und es ist möglicherweise kein Zufall, daß *Paramecium* und seine Verwandten die einzigen Lebewesen sind, bei denen Gene in extrem kleinen Kernen gelagert werden, von denen zum täglichen Gebrauch größere Arbeitskopien hergestellt werden.[26]

Zeit für eine Entscheidung

Geschlecht ist somit eine Erfindung, die dazu beitragen soll, den Konflikt zwischen den zytoplasmatischen Genen beider Elternteile zu bewältigen. Statt den Nachwuchs durch einen solchen Konflikt zu gefährden, wurde eine sinnvolle Übereinkunft ausgehandelt: Sämtliche zytoplasmatischen Gene werden von der Mutter gestellt, vom Vater kommen überhaupt keine. Dadurch wurden die väterlichen Keimzellen kleiner und hatten die Möglichkeit, zahlreicher und beweglicher zu werden – ein klarer Vorteil, wenn es darum geht, ein Ei zu erreichen.

Das Ganze erklärt nun zwar, weshalb es zwei Geschlechter gibt, eines mit großen und eines mit kleinen Keimzellen, es erklärt aber nicht, weshalb nicht jedes Lebewesen beide Geschlechter an Bord haben kann. Warum sind Menschen keine Hermaphroditen? Wäre ich eine Pflanze, stellte sich diese Frage wohl nicht: Die meisten Pflanzen sind Hermaphroditen. Dem liegt ein allgemeines Prinzip zugrunde: Bewegliche Lebewesen sind zweihäusig und getrenntgeschlechtlich, seßhafte Lebewesen wie Pflanzen und Entenmuscheln dagegen sind Hermaphroditen. Vom ökologischen Standpunkt aus betrachtet ist das sinnvoll. Unter der Bedingung, daß Pollen leichter sind als Samen, kann eine Pflanze, die nur Samen produziert, Nachkommen nur in ihrer direkten Umgebung erzeugen. Eine Pflanze dagegen, die auch Pollen produziert, kann Pflanzen befruchten, die weit entfernt sind. Das Gesetz der fallenden Profitrate gilt für Samen, nicht aber für Pollen.

Das erklärt allerdings noch immer nicht, weshalb Tiere eine andere Route gewählt haben. Die Antwort finden wir bei jenen murrenden Organellen, die am Eingang zurückbleiben müssen, wenn ein Spermium ins Ei eindringt. Beim männlichen Geschlecht befindet sich jedes Organellen-Gen in einer Sackgasse, denn es wird vom Spermium zurückgelassen. Sämtliche Organellen in Ihrem Körper und sämtliche der darin vorhandenen Gene stammen von Ihrer Mutter, kein einziges von Ihrem Vater. Schlechte Nachrichten für Gene, deren Lebenswerk darin besteht – Sie erinnern sich –, in die nächste Generation zu gelangen. Für Organellen-Gene ist jeder Mann eine Sackgasse. Es überrascht nicht, daß für solche Gene die »Versuchung« groß ist, Lösungen für diese Schwierigkeit zu entwickeln und sich auf Kosten derer ausbreiten, die dazu nicht in der Lage sind. Bei einem hermaphroditischen Organismus bestünde für ein Organellen-Gen die in diesem Zusammenhang attraktivste Möglichkeit darin, sämtliche Mittel seines Trägers in die Produktion von Weibchen zu lenken.

Das entspringt nicht bloßer Phantasie. Hermaphroditen befinden sich in einer Art Dauerkriegszustand mit rebellierenden Organellen-Genen, die versuchen, ihre männlichen Gegenstücke aus dem Weg zu räumen. In über hundertvierzig Pflanzenarten hat man Gene nachgewiesen, die das männliche Geschlecht vernichten (***male-killer genes***). Ihnen wachsen Blüten, doch die Staubbeutel sind verkümmert: Es werden Samen produziert, aber Pollen fehlen. Die Ursache für diese Form von Sterilität ist grundsätzlich ein Organellen-Gen und niemals ein Kern-Gen. Dieses rebellierende Gen lenkt, indem es die Staubbeutel verkümmern läßt, die pflanzlichen Ressourcen zur Produktion von Weibchen um und sichert damit seine eigene Vererbung. Dem Kern ist ein solches Vorurteil gegen das weibliche Geschlecht fremd. Im Gegenteil, wenn es den Rebellen gelingt, ihre Ziele in vielen Artgenossen durchzusetzen, dann wäre es für den Kern von unschätzbarem Vorteil, der einzigen Pflanze in weitem Umkreis anzugehören, die noch in der Lage ist, Pollen zu produzieren. Wo immer also Gene auftauchen, die zur Sterilität in bezug auf das männliche Geschlecht führen, werden diesen sehr bald Kern-Gene entgegengesetzt, die die Fruchtbarkeit wiederherstellen. Beim Mais gibt es beispielsweise zwei Sterilitätsgene, die beide jeweils durch ein die Fruchtbarkeit wiederherstellendes Gen blockiert werden. Beim Tabak finden sich nicht weniger als acht solcher Genpaare. Durch die Kreuzung zweier Maissorten kann ein Pflanzenzüchter die Sterilitätsgene aus ihrer Unterdrückung durch den Kern befreien, denn das unterdrückende Gen des einen Elternteils erkennt den Rebellen des anderen nicht. Für den Züchter ist so etwas deshalb wünschenswert, weil sich die Pflanzen auf einem Feld unter diesen Umständen nicht selbst befruchten können. Wenn der Züchter nun eine andere Sorte dazwischenpflanzt, bei der das männliche Geschlecht fruchtbar ist, dann erhält er Hybridsamen. Und diese sind aufgrund eines mysteriösen Umstands namens Hybridvitalität sehr viel ertragreicher als ihre beiden Elternsorten. Sonnenblumen, Hirse, Kohl, Tomaten, Mais und andere Feldfrüchte sind in Gestalt von Sorten mit männlicher Sterilität und weiblicher Fruchtbarkeit Haupterwerbsquelle der Landwirtschaft auf der ganzen Welt.[27]

Ob ein Gen für männliche Sterilität am Werk ist, läßt sich leicht feststellen, denn die Pflanzen erscheinen in diesem Fall in zwei Formen: als weibliche Pflanzen und als Hermaphroditen. Solche Pflanzenpopulationen werden als gynodiözisch bezeichnet; andro-diözische Pflanzen, die nur als männliche Pflanzen und als Hermaphroditen auftreten, sind so gut wie unbekannt: Beim wilden Thymian zum Beispiel ist in der Regel die Hälfte der Pflanzen weiblichen Geschlechts, die übrigen sind Hermaphroditen. Die einzig mögliche Erklärung dafür, daß sie auf halber Strecke entlang der Einbahnstraße steckengeblieben sind, ist ein dauernder Kampf zwischen den Organellen-Genen, die das männliche Geschlecht vernichten, und den Kern-Genen, welche die Fruchtbarkeit wiederherstellen. Unter bestimmten Umständen kommt es zum Patt, bei dem jedes weitere Vorgehen einer Seite der anderen Seite einen Vorteil und damit die Fähigkeit zurückzuschlagen verschafft. Je zahlreicher die Gene werden, die es auf das männliche Geschlecht abgesehen haben, um so stärker werden auch diejenigen gefördert, die es wiederherstellen.[28]

Auf Tiere läßt sich diese Logik nicht anwenden, denn die meisten tierischen Organismen sind keine Hermaphroditen. Hier zahlt es sich für ein Organellen-Gen nur dann aus, das männliche Geschlecht zu vernichten, wenn dadurch Energie oder irgendwelche anderen Mittel den Schwestern der getöteten Männchen zufielen, daher ist dieser Fall seltener. Bei hermaphroditischen Pflanzen wird die weibliche Funktion der Pflanze

gefördert, oder die Pflanze produziert mehr Samen, wenn die männliche Funktion verschwindet. Ein Gen zur Vernichtung der männlichen Funktion bei einer Maus zum Beispiel, das alle Männchen im Wurf sterben ließe, verschaffte deren Schwestern nicht den geringsten Vorteil. Vernichteten Organellen-Gene Männchen mit der Begründung, sie seien Sackgassen der Evolution, so wäre das pure Bosheit.[29]
Bei Tieren wird der Konflikt also ganz anders gelöst. Man stelle sich eine Population fröhlicher Mäuse-Hermaphroditen vor: Nehmen wir an, es kommt bei diesen Tieren zu einer Mutation, die alle männlichen Gonaden vernichtet. Sie würde sich unweigerlich ausbreiten, denn den Weibchen, die dieses Gen besitzen, geht es bestens: Es gibt doppelt so viele Babys, denn in die Spermienproduktion muß nicht mehr investiert werden. Bald wird die Population aus wenigen Hermaphroditen und sehr vielen Weibchen bestehen, wobei die Weibchen das Gen tragen, welches das männliche Geschlecht vernichtet. Nun könnte die Art zum ausgeglichenen Hermaphroditismus zurückkehren, so wie das viele Pflanzen vor ihr getan haben. Genauso wahrscheinlich aber wird etwas ganz anderes geschehen, bevor es zu einer Mutation kommen kann, die in der Unterdrückung des betreffenden Gens endet.
An diesem Punkt nämlich ist Männlichkeit ein eher seltenes Gut geworden. Die wenigen verbliebenen Hermaphroditen genießen einen ungeheuren Vorteil, denn sie allein können die Spermien produzieren, auf die alle Weibchen nach wie vor angewiesen sind. Je seltener sie werden, um so besser geht es ihnen. Schließlich wird es sich nicht mehr lohnen, die Mutation zu beherbergen, mit der sich Männlichkeit vernichten läßt. Eher ist das Umgekehrte der Fall: Für die Kern-Gene wäre die vorteilhafteste Lösung in diesem Falle ein Gen, welches das weibliche Geschlecht vernichtete und einen der Hermaphroditen in die Lage versetzte, seine Weiblichkeit völlig aufzugeben und allen übrigen Artgenossen Spermien feilzubieten. Wenn aber ein solches, gegen das weibliche Geschlecht gerichtetes Gen auf der Bildfläche erscheint, dann verlieren alle übrigen Hermaphroditen ihren Vorteil, die weder das Gen zuungunsten des männlichen noch das Gen zu Lasten des weiblichen Geschlechts besitzen. Sie konkurrieren dann mit echten Männchen und echten Weibchen. Die meisten verfügbaren Spermien aber besitzen gleichzeitig auch das Gen zuungunsten des weiblichen Geschlechts, die meisten Eier hingegen, die zur Befruchtung zur Verfügung stehen, tragen das Gen zu Lasten der Männlichkeit – die Nachkommen werden al-

so kontinuierlich gezwungen, sich zu spezialisieren. Die Geschlechter haben sich getrennt.[30]
Die Antwort auf die Frage »Würden Sie die Kosten für Ihre Männlichkeit nicht lieber umgehen, indem Sie zum Hermaphroditen werden?« lautet: »Ja, aber es gibt keinen Weg zurück. Wir haben uns festgefahren.«

Der Fall der unbefleckten Puter

Durch die Trennung in zwei Geschlechter beendete das Tierreich die erste Meuterei der Organellen. Doch der Sieg war nicht von Dauer. Die Organellen-Gene nahmen ihre Meuterei wieder auf, und diesmal war ihr Ziel, alle Männchen zum Aussterben zu bringen und die Art rein weiblich werden zu lassen. Das mag wie ein Selbstmordkommando erscheinen, denn eine männchenlose Art mit sexueller Fortpflanzung wäre innerhalb einer Generation ausgestorben und alle Gene mit ihr. Doch es gibt zwei Gründe, weshalb das die Organellen nicht schert. Erstens können sie die Art in eine parthenogenetische Spezies umwandeln, eine Spezies also, bei der die Geburt von Jungen auch ohne Spermien möglich ist, was sie auch tun. Sie würden also versuchen, die Sexualität abzuschaffen. Zum anderen verhalten sie sich wie Kabeljaufischer, Walfänger oder Nutznießer von Dorfangern. Sie suchen einen kurzfristigen Vorteil im Konkurrenzkampf zu erheischen, auch wenn dies auf lange Sicht Selbstmord bedeutet. Ein Walfänger, der nur an sein Geschäft denkt, würde nicht das letzte Walpärchen verschonen, damit es sich vermehren kann; er würde es töten, bevor sein Konkurrent es täte – und würde den Ertrag einstreichen. Ebenso würde kein Organellen-Gen das letzte Männchen seiner Art verschonen, denn in einem Männchen ist es ohnehin zum Aussterben verdammt.
Betrachten wir einmal das Gelege eines Marienkäfers. Wenn die männlichen Eier absterben, werden sie von den weiblichen Larven gefressen, die auf diese Weise zu einer guten Mahlzeit kommen. Es überrascht nicht, daß bei Marienkäfern ebenso wie bei Fliegen, Schmetterlingen, Wespen und Käfern – insgesamt kennt man zur Zeit etwa dreißig Insektenarten – Gene am Werk sind, die sich gegen das männliche Geschlecht

richten, und zwar dann und nur dann, wenn die Jungen im Gelege miteinander konkurrieren müssen. Diese Gene residieren allerdings nicht in Organellen, sondern in Bakterien, die innerhalb der Insektenzellen leben. Diese Bakterien haben ebenso wie die Organellen keine Möglichkeit, in Spermien hineinzugelangen, wohl aber in Eier.[31]
Bei Tieren bezeichnet man solche Gene als *Sex ratio distorters*, »Störer des Geschlechterverhältnisses«. Bei mindestens zwölf Arten einer kleinen parasitischen Wespenfamilie namens *Trichogramma* führt eine bakterielle Infektion dazu, daß Weibchen nur Weibchen produzieren, und zwar auch aus unbefruchteten Eiern. (Alle Wespen verfügen über ein besonderes System der Geschlechtsbestimmung, bei dem unbefruchtete Eier normalerweise zu Männchen werden.) Die Gattung ist vor dem Aussterben gefeit, und den Bakterien hilft dieses System, über das Zytoplasma der Eizelle in die nächste Generation zu gelangen. Die gesamte Art wird so lange parthenogenetisch bleiben, wie das Bakterium vorhanden ist. Behandelt man die Wespen mit einem Antibiotikum, dann gibt es plötzlich – man höre und staune – zwei Geschlechter. Penicillin heilt die an Jungfrauengeburten leidenden Wespen.[32]
In den fünfziger Jahren machten Wissenschaftler eines landwirtschaftlichen Forschungszentrums in Beltsville, Maryland, die Entdeckung, daß einige Truthahneier sich auch ohne Befruchtung zu entwickeln begannen. Allen heroischen Bemühungen der Wissenschaftler zum Trotz gelangten diese Puter jungfräulicher Herkunft allerdings so gut wie nie über das Embryonalstadium hinaus. Die Wissenschaftler erkannten in diesem Zusammenhang, daß bei den Tieren die Pockenimpfung mit lebenden Viren den Anteil an Eiern, die sich ohne Spermien zu entwickeln begannen, von ein bis zwei Prozent auf drei bis sechzehn Prozent erhöhte. Durch selektive Zucht und die Verwendung von drei verschiedenen Viren gelang es ihnen, einen Stamm von Pozo-Gray-Putern zu erzeugen, bei dem sich die Hälfte aller Eier ohne Befruchtung zu entwickeln begann.[33]
Wenn das bei Putern funktioniert, weshalb sollte es dann nicht auch beim Menschen möglich sein? Laurence Hurst ist in diesem Zusammenhang einem sehr vagen Hinweis auf einen möglicherweise geschlechtsverändernden Parasiten beim Menschen nachgegangen. In einer kleinen französischen Wissenschaftszeitschrift berichtete im Jahre 1946 ein Arzt aus Nancy über die erstaunliche Geschichte einer Frau, die damals ihr zweites Kind erwartete. Das erste, ein Mädchen, war bereits

als Säugling gestorben. Sie war keineswegs überrascht, daß ihr zweites Kind ebenfalls eine Tochter war. In ihrer Familie, so erzählte sie, seien niemals Söhne zur Welt gekommen.

Ihre Geschichte las sich folgendermaßen: Sie war die neunte Tochter einer sechsten Tochter. Weder ihre Mutter noch sie hatten Brüder. Ihre acht Schwestern bekamen siebenunddreißig Töchter und keinen einzigen Sohn. Ihre fünf Tanten hatten achtzehn Töchter und keinen Sohn. Insgesamt waren in dieser Familie zweiundsiebzig Frauen geboren worden, aber kein einziger Mann.[34]

Natürlich kann das reiner Zufall sein, aber das ist unwahrscheinlich: Die Chancen stehen schlechter als eins zu einer Trillion. Die beiden französischen Wissenschaftler, die diesen Fall beschrieben haben, R. Lienhart und H. Vermelin, schlossen aufgrund fehlender Indizien hierfür das Vorkommen von Spontanaborten, die selektiv die männlichen Feten betroffen hätten, aus. Viele der Frauen waren sogar ungewöhnlich fruchtbar: Eine von ihnen hatte zwölf Töchter, eine neun und eine andere acht. Sie mutmaßten statt dessen, daß bei den Frauen und ihrer Familie ein zytoplasmatisches Gen vorhanden ist, welches jeden Embryo, in dem es vorkommt, unabhängig von den jeweils vorhandenen Geschlechtschromosomen, verweiblicht. (Es gibt übrigens auch keinen Hinweis darauf, daß es sich um Jungfrauengeburten gehandelt haben könnte. Die älteste Schwester dieser Frau lebte als Nonne im Zölibat und blieb kinderlos.)

Der Fall der Madame B., wie sie genannt wurde, ist kolossal spannend: Hatten ihre Töchter und Nichten ebenfalls nur Töchter? Wie steht es mit den Cousinen ersten Grades? Gibt es in Nancy noch immer eine ständig wachsende Dynastie von Frauen, die das Geschlechterverhältnis der Stadt demnächst aus dem Gleichgewicht bringen wird? Trifft die von den französischen Ärzten angebotene Erklärung zu? Falls ja, um was für ein Gen handelt es sich, und wie liegt es vor? Es kann in einem Parasit vorhanden gewesen sein oder in Organellen. Wie hat es funktioniert? Vielleicht werden wir das niemals erfahren.

Die Buchstabenschlacht der Lemminge

Einige Einwohnerinnen der Stadt Nancy einmal ausgenommen, wird beim Menschen das Geschlecht im allgemeinen von den Geschlechtschromosomen festgelegt. Bei Ihrer Empfängnis haben um das Ei Ihrer Mutter zwei Arten von Spermien Ihres Vaters gebuhlt: Die eine enthielt ein X-Chromosom, die andere ein Y-Chromosom. Welche von beiden das Rennen gemacht hat, bestimmte Ihr Geschlecht. Bei Säugetieren, Vögeln, den meisten anderen Tieren und sehr vielen Pflanzen ist das der normale Gang der Dinge: Das Geschlecht wird durch die Geschlechtschromosomen genetisch bestimmt. Leute mit einem X- und einem Y-Chromosom werden männlich, Leute mit zwei X-Chromosomen werden weiblich.

Doch auch die Erfindung von Geschlechtschromosomen und deren Erfolg bei der Unterdrückung der Rebellion durch zytoplasmatische Gene hat das Leben in der Gen-Gesellschaft nicht nachhaltig befrieden können. Denn nun begannen die Geschlechtschromosomen selbst, Interesse am Geschlecht der Kinder ihres Trägers zu entwickeln. Beim Mann befinden sich die das Geschlecht kontrollierenden Gene beispielsweise auf dem Y-Chromosom. Die eine Hälfte der Spermien eines Mannes trägt ein X-Chromosom in sich, die andere Hälfte ein Y-Chromosom. Um Vater einer Tochter zu werden, muß der Mann seine Partnerin mit einem Spermium befruchten, das das X-Chromosom trägt. Damit gibt er allerdings keines seiner Y-Gene weiter. Vom Standpunkt des Y-Chromosoms aus ist seine Tochter nicht mit ihm verwandt. Ein Y-Chromosom, das zum Untergang sämtlicher das X-Chromosom enthaltenden Spermien eines Mannes führte und sich damit das Monopol in der Nachkommengeneration des Mannes sicherte, würde auf Kosten aller anderen Y-Gene gedeihen. Daß alle Kinder männlich würden und die Art auf diese Weise ausstürbe, interessiert das Y dabei nicht: Es verfügt über keinen Vorausblick.

Dieses Phänomen des »vorlauten Y« wurde von Bill Hamilton im Jahre 1967 zum ersten Mal postuliert.[35] Er betrachtete es als eine ernst zu nehmende Gefahr, da es eine Art sehr rasch still und leise aussterben lassen kann. Und er fragte sich, wie – wenn überhaupt – diese Bedrohung verhindert werden könnte. Eine Lösung bestünde darin, das Y-Chromosom zu knebeln, indem man ihm bis auf seine geschlechtsbestimmende

Funktion alles nimmt. In der Tat befinden sich Y-Chromosomen die meiste Zeit über unter einer Art Hausarrest: Nur wenige ihrer Gene werden aktiv, der Rest ruht. Bei manchen Arten wird das Geschlecht nicht durch das Y-Chromosom festgelegt, sondern durch das Verhältnis der Anzahl von X-Chromosomen zur Anzahl normaler Chromosomen. Um einen männlichen Vogel entstehen zu lassen, reicht ein einziges X-Chromosom nicht aus, es müssen zwei sein. Bei den meisten Vögeln ist das Y-Chromosom völlig verkümmert.

Wieder ist die Rote Königin am Werk. Weit davon entfernt, sich auf eine faire und vernünftige Form der Geschlechtsbestimmung zu einigen, muß die Natur mit einer endlosen Reihe von Revolutionen fertigwerden. Sobald es ihr gelungen ist, eine davon zu unterdrücken, muß sie feststellen, daß sie damit nur den Weg für eine neue freigemacht hat. Aus diesem Grunde ist die Geschlechtsbestimmung, um es mit den Worten von Cosmides und Tooby auszudrücken, ein Vorgang voll »sinnloser Komplexität, der [ein hohes Maß an] Unzuverlässigkeit, Irrtümern und [vom Standpunkt des einzelnen aus betrachtet] Verschwendung an den Tag legt.«[36]

Doch nicht nur das Y-Chromosom kann drängeln, auch das X-Chromosom ist dazu in der Lage. Lemminge sind kleine, pummelige arktische Mäuse, die wegen ihrer Neigung, sich dann und wann in großen Massen gemeinsam von irgendwelchen Klippen zu stürzen, unter den Cartoon-Zeichnern eine gewisse Berühmtheit erlangt haben. Ihre Berühmtheit unter den Biologen verdanken sie der Tatsache, daß ihre Populationen explosionsartig anwachsen und, sobald sie ihre Nahrungsquellen erschöpft haben, ebenso rasch wieder kollabieren. Sie sind jedoch noch aus einem anderen Grunde bemerkenswert: Sie haben eine besondere Art, das Geschlecht ihrer Jungen festzulegen. Bei ihnen gibt es drei Geschlechtschromosomen, W, X und Y. XY ist ein Männchen, WX und WY sind Weibchen. YY überlebt nicht. Was hier geschehen ist, läßt sich folgendermaßen erklären: Irgendwann ist eine mutierte Form von X-Chromosom entstanden, welche die maskulinisierende Wirkung des Y-Chromosoms aufhebt. Die Folge davon ist ein Weibchenüberschuß (übrigens ist dies auch eine mögliche Erklärung für Madame B.s Familie). Damit sind die Männchen im Vorteil, und man könnte erwarten, daß sie sehr bald die Fähigkeit entwickeln, mehr Y- als X- enthaltende Spermien zu produzieren. Das aber ist nicht der Fall. Weshalb? Zuerst haben die Biologen angenommen, es habe irgend etwas mit den regelmäßig

wiederkehrenden Bevölkerungsexplosionen zu tun, in deren Verlauf ein Überschuß an Töchtern von Vorteil wäre, doch inzwischen hat sich herausgestellt, daß man gar nicht so weit ausholen muß. Das weibchenlastige Geschlechterverhältnis ist aus genetischen Gründen stabil, es bedarf keiner ökologischen Begründung.[37]
Ein Männchen, das nur Y-Spermien produziert, kann sich mit einem XX-Weibchen paaren und zeugt nur Söhne (XY), mit einem WX-Weibchen produziert es zur Hälfte Söhne und zur Hälfte Töchter, mit einem WY-Weibchen zeugt es nur Töchter, denn die YY-Söhne sterben. Wenn es sich also mit jeder Weibchenart einmal paart, dann besteht das Nettoergebnis in gleich vielen Söhnen und Töchtern, wobei alle Töchter WY-Weibchen sind, die nur Töchter haben können. Das Männchen ist also weit davon entfernt, das Geschlechterverhältnis auszugleichen, sondern hält es vielmehr weibchenlastig (obwohl es nur Y-Spermien produziert). Der Fall der Lemminge macht deutlich, daß auch die Einführung von Geschlechtschromosomen nicht verhindert, daß aufrührerische Chromosomen das Geschlechterverhältnis zu ändern suchen.[38]

Wie bestimmt man das Geschlecht seines Kindes?

Nicht alle Tiere besitzen Geschlechtschromosomen. Eigentlich ist kaum einzusehen, weshalb man sie bei so vielen Organismen findet. Sie machen die Geschlechtsbestimmung zu einem puren Glücksspiel, nur gebremst von der willkürlichen Übereinkunft, daß das Geschlechterverhältnis (in der Regel) gleich zu halten sei, nämlich bei fünfzig zu fünfzig. War das erste Spermium, welches das Ei Ihrer Mutter erreichte, ein Y-Spermium, dann sind Sie ein Mann, andernfalls sind Sie eine Frau. Es gibt wenigstens drei andere und bessere Möglichkeiten, Ihr Geschlecht festzulegen.
Die erste gilt für eher seßhafte Kreaturen und besteht darin, das Geschlecht seinen sexuellen Gelegenheiten anzupassen. Zum Beispiel von anderem Geschlecht zu sein als der unmittelbare Nachbar, denn dieser oder diese wird vermutlich Ihr Partner werden. Eine Pantoffelschnecke, die sich übrigens des lateinischen Namens *Crepidula fornicata* erfreut, beginnt ihr Leben als Männchen und entwickelt sich, sobald sie aufhört

umherzuwandern und auf einem Felsen seßhaft wird, zum Weibchen; ein anderes Männchen läßt sich auf ihr nieder und wird allmählich ebenfalls zum Weibchen; ein drittes Männchen kommt dazu und so weiter, bis sich ein Turm aus Pantoffelschnecken gebildet hat, bei dem die unteren Tiere weiblichen Geschlechts und die oberen männlichen Geschlechts sind. Eine ganz ähnliche Methode findet sich bei bestimmten riffbewohnenden Fischen. Der Schwarm besteht aus vielen Weibchen und einem einzigen großen Männchen. Stirbt dieses, dann wechselt das größte Weibchen im Schwarm einfach sein Geschlecht. Der Blaukopf-Lippfisch ändert sein Geschlecht von weiblich auf männlich, sobald er eine bestimmte Größe erreicht.[39]

Vom Standpunkt des Fisches aus betrachtet, ist dieser Geschlechtswechsel ausgesprochen sinnvoll, gibt es doch einen grundlegenden Unterschied hinsichtlich der Risiken beziehungsweise Vorteile von Männchen und Weibchen. Ein großes Weibchen kann nicht wesentlich mehr Eier legen als ein kleines. Ein großes Männchen aber, das sich einen Harem erkämpft, kann sehr viel mehr Nachkommen hinterlassen als ein kleines. Ja, ein kleines Männchen ist sogar schlechter dran als ein kleines Weibchen, denn es hat überhaupt keine Chance, einen Partner zu finden. Bei polygamen Arten gibt es daher häufig die folgende Grundstrategie: Wenn du klein bist, sei weiblich, wenn du groß bist, sei männlich.[40]

Solche Listen sind von unschätzbarem Wert. Es ist sehr vorteilhaft, während des Heranwachsens als Weibchen zu leben, hier und da ein bißchen zu brüten, dann das Geschlecht zu wechseln und schließlich als Polygamist den Jackpot einzustreichen, sobald man die ausreichende Größe hat, um einem Harem vorzustehen. Eigentlich ist es erstaunlich, daß nicht viel mehr Säuger und Vögel dieses System annehmen. Halbwüchsige Rehböcke verbringen Jahre ihres Lebens im Zölibat und warten auf die Gelegenheit zur Paarung, während ihre Schwestern jedes Jahr ein Kitz haben.

Die zweite Möglichkeit der Geschlechtsbestimmung besteht darin, das Ganze der Umgebung anheimzustellen. Bei manchen Fischen, Krebsen und Reptilien hängt das Geschlecht von der Temperatur ab, mit der das Ei bebrütet wird. Bei den Schildkröten schlüpfen aus Eiern, die während der Brut wärmeren Temperaturen ausgesetzt waren, Weibchen, bei Alligatoren hingegen Männchen. Bei Krokodilen schlüpfen sowohl bei hoher als auch bei niedriger Bruttemperatur Weibchen aus den Eiern, und nur mittelmäßige Temperaturen lassen Männchen entstehen. (Reptilien sind hinsichtlich der Methoden zur Geschlechtsbestimmung ohnehin die unternehmungslustigsten Organismen von allen. Manche Lurche und Schlangen richten sich nach genetischen Gesichtspunkten, doch während XY-Leguane Männchen und XX-Leguane Weibchen sind, werden XY-Schlangen weiblich und XX-Schlangen männlich.) Die atlantischen Ährenfische bestimmen ihr Geschlecht genau wie wir, diejenigen, die weiter südlich leben, lassen das Geschlecht ihrer Embryos über die Wassertemperatur regulieren.[41]

Diese umweltorientierte Methode scheint ein recht seltsamer Weg zu sein. Sie bedeutet, daß sich unter ungewöhnlich warmen Bedingungen unter Umständen zu viele Alligatoren-Männchen und zuwenig Weibchen entwickeln. Sie führt darüber hinaus auch zu »Mischgeschlechtern«, Tieren also, die weder das eine noch das andere sind.[42] Kein Biologe kann mit einer wasserdichten Erklärung dafür aufwarten, weshalb Alligatoren, Krokodile und Schildkröten sich dieser Art der Geschlechtsbestimmung bedienen. Die beste Erklärung scheint noch die zu sein, daß all das mit der Körpergröße zu tun hat. Unter wärmeren Bedingungen schlüpfen aus den Eiern größere Babys als unter kälteren. Wenn das Großsein für Männchen eher von Vorteil ist als für Weibchen (wie bei den Krokodilen, bei denen Männchen um Weibchen konkurrieren, wobei die größeren gewinnen) oder umgekehrt (wie bei den Schildkröten, bei denen größere Weibchen mehr Eier legen als kleinere, während die kleineren Männchen genauso viele Weibchen befruchten können wie die größeren), dann zahlt es sich aus, unter wärmeren Bedingungen das Geschlecht, weiblich oder männlich, aus den Eiern schlüpfen zu lassen, das von seiner Größe her die meisten Vorteile hat.[43]

Ein noch deutlicheres Beispiel für dieses Phänomen ist der Fall eines Fadenwurms (Nematode), der innerhalb einer Insektenlarve lebt. Seine Größe wird durch die Größe des Insekts festgelegt: Sobald er Haus und Wirt verspeist hat, hört er auf zu wachsen. Ein großer weiblicher Wurm aber kann mehr Eier legen als ein kleinerer, während ein großes Männchen nicht mehr Weibchen begatten kann als ein kleineres. Größere Würmer werden daher eher zu Weibchen, kleinere zu Männchen.[44]

Ein dritter Weg, das Geschlecht festzulegen, besteht darin, die Mutter bei jedem Kind wählen zu lassen. Über die eindrucksvollsten Möglichkeiten verfügen monogononte Rädertierchen, Bienen und Wespen. Bei ihnen werden die Eier nur dann weiblich, wenn sie befruchtet werden.

Aus unbefruchteten Eiern schlüpfen Männchen. Das bedeutet, daß die Männchen haploid sind, also nur über einen einzelnen Gensatz verfügen, während Weibchen zwei Gensätze haben. Auch dies ergibt einen biologischen Sinn. Es hat zur Folge, daß ein Weibchen ein Volk gründen kann, ohne jemals einem Männchen zu begegnen. Da die meisten Wespen Parasiten sind, die in anderen Insekten leben, ist es für ein Weibchen, das auf einen Wirtsorganismus trifft, vorteilhaft, eine Kolonie gründen zu können, ohne erst auf das Eintreffen eines Männchens warten zu müssen. Haploidie aber ist anfällig gegenüber bestimmten Formen von genetischer Meuterei. So gibt es zum Beispiel bei der Wespe Nasonia ein kleines überzähliges Chromosom namens PSR, das über die männliche Linie vererbt wird und jedes weibliche Ei, in das es hineingelangt, dazu bringt, weiblich zu werden – indem es einfach sämtliche väterlichen Chromosomen mit Ausnahme seiner selbst vernichtet. Die nunmehr auf den haploiden mütterlichen Chromosomensatz reduzierten Eier entwickeln sich zu Männchen. PSR findet sich überall dort, wo Weibchen in der Überzahl sind, und hat den Vorteil auf seiner Seite, dem selteneren und daher begehrten Geschlecht anzugehören.[45]

In groben Umrissen lautet die Theorie der Geschlechtszuweisung etwa so: Im Tierreich wird das den Umständen am ehesten angemessene Geschlecht gewählt, es sei denn, man ist dazu gezwungen, sich der genetischen Lotterie von Geschlechtschromosomen zu unterwerfen. In den letzten Jahren ist den Biologen aber immer deutlicher klargeworden, daß eine genetische Lotterie durch Geschlechtschromosomen mit einer Geschlechtsbestimmung nicht ganz unvereinbar ist. Denn wenn Säuger und Vögel in der Lage wären, zwischen X- und Y-Spermien zu unterscheiden, dann könnten auch sie das Geschlechtsverhältnis bei ihren Nachkommen in die eine oder andere Richtung beeinflussen, und die Selektion würde sie ebenso dazu bringen, das zu tun, wie sie auch Krokodile und Nematoden dazu bringt, die Geschlechtsbestimmung von den günstigsten Verhältnissen für den Nachwuchs abhängig zu machen.[46]

Das Erstgeborenenrecht und die Primatologie oder: Weshalb sardinenfressende Opossums Söhne bekommen

Im Verlauf der neodarwinistischen Revolution der sechziger und siebziger Jahre brachten Amerika und Großbritannien je einen großen Revolutionär hervor, deren intellektuelle Überlegenheit bis heute unangetastet geblieben ist: John Maynard Smith und George Williams. Jedes der beiden Länder brachte darüber hinaus aber auch einen hochintelligenten Grünschnabel hervor, deren frühreife Geister die biologische Welt mit ihrem Ungestüm aufrüttelten. Das britische Wunderkind war Bill Hamilton – ihm sind wir bereits begegnet –, aus Amerika kam Robert Trivers, der als Harvard-Student der frühen siebziger Jahre eine Fülle von neuen Ideen entwickelte, die sich als ihrer Zeit weit voraus erweisen sollten. Trivers ist eine Legende der Biologie. Unkonventionell bis hin zur Exzentrizität verbringt er seine Zeit zum einen mit der Beobachtung von Eidechsen in Jamaika und zum anderen mit intensivem Grübeln in einem Kiefernwäldchen nahe Santa Cruz in Kalifornien. Eine seiner provokantesten Überlegungen entwickelte er in Zusammenarbeit mit seinem Kommilitonen Dan Willard im Jahre 1973. Sie enthält möglicherweise den Schlüssel zu einer der einfachsten und doch einflußreichsten Fragen, die ein Mensch jemals stellt: Junge oder Mädchen?[47]

Es ist eine bemerkenswerte statistische Tatsache, daß sämtliche zweiundvierzig Präsidenten der Vereinigten Staaten es zusammen auf neunzig Söhne und einundsechzig Töchter brachten. Ein Geschlechterverhältnis von sechzig Prozent Männern in einer so großen Stichprobe unterscheidet sich in auffallender Weise von dem der Gesamtbevölkerung, wobei niemand weiß, wie es dazu gekommen ist – vermutlich war es reiner Zufall. Doch Präsidenten sind in dieser Hinsicht nicht allein. Königshäuser, Aristokraten und selbst gutbetuchte amerikanische Siedler haben mit bleibender Regelmäßigkeit mehr Söhne als Töchter. Genau wie gut gefütterte Opossums, Hamster, Sumpfbiber und ranghohe Klammeraffen. Die Theorie von Trivers und Willard bringt diese Beobachtungen in einen Zusammenhang.[48]

Trivers und Willard erkannten, daß dasselbe Grundprinzip, welches das Geschlecht von Fadenwürmern und Fischen festlegt, sich auch auf solche Lebewesen anwenden läßt, die das Geschlecht nicht ändern können, aber ihre Jungen selbst versorgen. Sie postulierten, daß sich bei Tieren irgendeine systematische Kontrolle über das Geschlechtsverhältnis beim Nachwuchs feststellen lassen müßte. Man stelle sich dies als einen Wettbewerb vor, bei dem es darauf ankommt, wer die meisten Enkel hat. Verhält sich das männliche Geschlecht polygam, dann kann Ihnen ein erfolgreicher Sohn mehr Enkelkinder bescheren als eine erfolgreiche Tochter, und ein erfolgloser Sohn bringt weniger ein als eine weniger erfolgreiche Tochter, denn er findet überhaupt keine Partnerinnen. Ein Sohn ist damit eine risikoreiche Alternative zu einer Tochter, die im Erfolgsfall reichen »Ertrag« bringt. Eine gesunde Mutter verschafft ihrem Nachwuchs eine gute Ausgangsposition für das Leben und erhöht damit die Chancen, daß ihr Sohn später einmal in der Lage sein wird, einen Harem für sich zu beanspruchen. Eine Mutter in schlechterem Zustand wird höchstwahrscheinlich einen eher zarten und schmächtigen Sohn haben, der sich unter Umständen überhaupt nicht fortpflanzt, ihre Töchter hingegen können einem Harem angehören und Nachkommen haben, selbst dann, wenn sie in keiner guten Verfassung sind. Wenn Sie also Gründe zu der Annahme haben, daß es Ihrem Nachwuchs einmal gutgehen wird, sollten Sie Söhne haben; wenn Sie annehmen müssen, daß Sie sich – im Vergleich zu anderen in der Population – weniger gut entwickeln werden, sollten Sie Töchter bekommen.[49]

Deshalb, so Trivers und Willard, müßten vor allem bei polygamen Tieren Eltern, die sich in guter Verfassung befinden, vermutlich männchenlastige Würfe haben, während Eltern in schlechter Verfassung vermutlich weibchenlastige Würfe haben werden. Zunächst wurde dies als reichlich weit hergeholte Vermutung belacht, doch nach und nach zollten die Kollegen dieser Überlegung Respekt, und schließlich erfuhr sie profunde Unterstützung durch empirische Daten.

Betrachten wir den Fall des venezolanischen Opossums, eines kleinen Beuteltieres, das aussieht wie eine Ratte und in Erdlöchern lebt. Steve Austad und Mel Sunquist von der Harvard University hatten vor, die Trivers-Willard-Theorie zu widerlegen. Sie fingen in Venezuela vierzig jungfräuliche Opossum-Weibchen und markierten sie. Zwanzig dieser Weibchen fütterten sie mit 125 Gramm Sardinen pro Tag, indem sie die Sardinen an den Eingang der Erdlöcher legten – zweifellos zur Überraschung und Freude der Opossums. Danach fingen sie die Tiere allmonatlich wieder ein, öffneten ihre Bauchtaschen und bestimmten das Geschlecht der Jungen. Unter den zweihundertundsechsundfünfzig Jungen der nicht mit Sardinen gefütterten Mütter betrug das Verhältnis von Männchen zu Weibchen genau 1 zu 1. Bei den zweihundertsiebzig Jungen sardinengefütterter Weibchen betrug das Verhältnis 1,4 zu 1. Gut gefütterte Opossums bekommen also mit signifikanter Wahrscheinlichkeit mehr Söhne als schlecht gefütterte.[50]

Der Grund? Die Jungen gut gefütterter Opossums werden größer; größere Männchen aber sind eher in der Lage, später einmal einen Harem für sich zu beanspruchen, als kleinere. Dafür, daß größere Weibchen mehr Junge bekommen werden, besteht dagegen keine erhöhte Wahrscheinlichkeit. Die Opossum-Mütter haben also in das Geschlecht investiert, das ihnen vermutlich einmal zu den meisten Enkeln verhilft.

Opossums stehen mit diesem Verhalten nicht allein. Im Labor gezüchtete Hamster kann man dazu bringen, weibchenlastige Würfe zu bekommen, wenn man sie beim Heranwachsen oder in der Schwangerschaft hungrig hält. Bei den Sumpfbibern haben Weibchen in gutem Zustand männchenlastige Würfe; Weibchen, die sich in schlechtem Zustand befinden, haben weibchenlastige Würfe. Bei den Weißwedelhirschen haben ältere Mütter und schmächtige Jährlinge häufiger weibliche Kitze, als dies der Zufall fordern würde. Dasselbe gilt für Ratten, die unter Streßbedingungen gehalten werden. Bei vielen Huftieren hat Streß oder ein unergiebiger Lebensraum jedoch den gegenteiligen Effekt und verschiebt das Gleichgewicht auf die Männchenseite.[51]

Einige dieser Effekte lassen sich auch durch andere Theorien leicht erklären. Da Männchen oft größer sind als Weibchen, wachsen männliche Embryos schneller und stellen für die Mutter eine größere Belastung dar. Für einen hungrigen Hamster oder ein schwaches Reh zahlt es sich deshalb aus, eher einen Wurf mit vielen Weibchen auszutragen als einen mit vielen Männchen. Es ist zudem nicht leicht, das Geschlechterverhältnis bei der Geburt exakt nachzuweisen, und es hat so viele negative Ergebnisse gegeben, daß etliche Wissenschaftler darauf beharren, die positiven Ergebnisse seien statistischer Zufall gewesen (wenn man eine Münze nur lange genug wirft, wird man irgendwann auch zwanzigmal nacheinander Kopf bekommen). Doch nichts kann die Opossum-Studie und ähnliche Untersuchungen erklären. Bis zum Ende der achtziger Jahre schließlich waren viele Wissenschaftler davon überzeugt, daß Trivers und Willard zumindest in manchen Fällen recht hatten.[52]

Am alleraufregendsten aber waren die Befunde, die sich mit dem Sozialstatus befaßten. Tim Clutton-Brock von der Cambridge University beobachtete Rotwild auf der Insel Rhum vor der schottischen Küste. Er stellte fest, daß der Zustand der Mutter nur wenig Einfluß auf das Geschlecht der Kälber hatte, wohl aber ihr Rang innerhalb der Gruppe. Dominante Weibchen hatten mit einer leicht erhöhten Wahrscheinlichkeit Söhne statt Töchter.[53]

Clutton-Brocks Ergebnisse alarmierten die Primatologen, die seit langem vermutet hatten, daß es bei verschiedenen Affenarten vorbelastete Geschlechterverhältnisse gibt. Bei den Klammeraffen Perus ergab sich in den Untersuchungen von Meg Symington ein deutlicher Bezug zwischen dem sozialen Rang des Muttertiers und dem Geschlecht des Nachwuchses. Sämtliche einundzwanzig Jungtiere der rangunterstenWeibchen waren Weibchen; unter den acht Jungtieren der ranghöchsten Weibchen gab es acht Männchen; nur bei den mittleren Rangstufen befand sich das Geschlechterverhältnis im Gleichgewicht.[54]

Eine noch größere Überraschung barg jedoch der Vergleich dieser Befunde mit den Geschlechterprävalenzen verschiedener anderer Affenarten. Bei Pavianen, Brüllaffen, Rhesusaffen und indischen Hutaffen liegen die Verhältnisse genau anders herum: Ranghohe Weibchen haben weiblichen, rangniedere Weibchen dagegen männlichen Nachwuchs. Bei achtzig Jungen von zwanzig kenianischen Brüllaffenweibchen stellte Jeanne Altmann von der University of Chicago fest, daß bei ranghohen Weibchen die Wahrscheinlichkeit für die Geburt einer Tochter doppelt so hoch war wie bei rangniederen. Folgestudien lieferten weniger auffällige Ergebnisse, und manche Wissenschaftler halten die Ergebnisse dieser Affenstudie für reinen Zufall, das ist möglicherweise falsch.[55]

Symingtons Klammeraffen bevorzugten Söhne, wenn sie dominant waren, die anderen Affen hingegen Töchter. Möglicherweise ist das wirklich kein Zufall. Bei den meisten Affen (Brüllaffen, Paviane und Makaken eingeschlossen) verlassen die Männchen in der Pubertät die Gruppe, in der sie geboren wurden, und schließen sich einer anderen an – man bezeichnet dies als männliche Exogamie. Bei Klammeraffen ist es umgekehrt: Die Weibchen verlassen die Gruppe. Verläßt ein Affe seine Heimatgruppe, dann besteht für ihn keine Chance, den sozialen Rang der Mutter zu erben. Ranghohe Weibchen müßten also Junge des Geschlechts produzieren, das daheimbleibt, um ihnen ihren Rang weitergeben zu können. Rangniedere Weibchen müßten Junge des Geschlechts haben, das die Gruppe verläßt, damit sie ihren Nachkommen

keinen niederen sozialen Status aufbürden. Deshalb haben ranghohe Brüllaffen, Paviane und Makaken Töchter, ranghohe Klammeraffen dagegen Söhne.[56]
Hierbei handelt es sich um einen hochmodifizierten Trivers-Willard-Effekt, im Handel unter der Bezeichnung *local resource competition model*.[57] Ein hoher Rang führt also zu einer Bevorzugung des Geschlechts, das in der Pubertät nicht fortzieht. Ob das möglicherweise auch für den Menschen gilt?

Bekommen dominante Frauen Söhne?

Der Mensch ist ein Affe. Von den fünf Menschenaffenarten leben drei in Sozialverbänden, bei zweien davon, den Gorillas und den Schimpansen, sind es die Weibchen, die die angestammte Gruppe verlassen, und es sind die Männchen, die ihr weiter angehören. Jane Goodall beobachtete Schimpansen am Gombestrom in Tansania und stellte fest, daß junge Männchen, die von älteren Weibchen geboren wurden, es leichter haben, an die Spitze zu gelangen, als Männchen, die von jungen Weibchen abstammen. Affenweibchen mit einem hohen Sozialstatus sollten demnach – Trivers und Willard zufolge – männliche, solche mit einem niederen Sozialstatus dagegen weibliche Junge bekommen.[58]
Nun sind Männer nicht übermäßig polygam, der Vorteil einer besonderen Körpergröße ist für einen Mann nicht sehr ausgeprägt: Hochgewachsene Männer betören nicht notwendigerweise mehr Frauen, und große Jungen werden nicht unbedingt zu großen Männern. Aber die Menschheit ist eine hochsoziale Spezies, und ihre Gesellschaften haben fast alle eine Schichtenstruktur. Eine äußerst bedeutsame Grundvoraussetzung für einen hohen sozialen Status ist bei Männern ebenso wie bei Schimpansenmännchen der Fortpflanzungserfolg. Wohin man auch blickt, von irgendwelchen Stammesangehörigen bis hin zum viktorianischen England, Männer mit einem hohen Sozialstatus hatten mehr Kinder als Männer mit niederem Status. Der Sozialstatus aber ist in hohem Maße ererbt, er wird meist von den Eltern auf die Kinder übertragen. Frauen verlassen bei der Heirat normalerweise ihr Zuhause. Ich will damit nicht sagen, daß es eine instinktive oder natürliche Haltung ist, daß

es unausweichlich oder auch nur wünschenswert ist, wenn Frauen bei der Heirat in das Haus des Mannes ziehen, ich stelle nur fest, daß es lange Zeit die Regel war. Es gibt nur wenige Kulturen, in denen das Gegenteil der Fall ist. Somit ist die menschliche Gesellschaft – genauso wie die der Menschenaffen, im Gegensatz aber zu den meisten anderen Affengesellschaften – ein Patriarchat mit weiblicher Exogamie, in der Söhne den Status ihres Vaters (oder ihrer Mutter) stärker übernehmen als Töchter. Deshalb zahlt es sich für Väter mit einem hohen Sozialstatus oder für dominante Frauen oder für beide wohl eher aus, Söhne zu bekommen, während Untergebene eher Töchter haben müßten. Ist das so? Kurz: Man weiß es nicht. Bei amerikanischen Präsidenten, europäischen Aristokraten, in verschiedenen Königshäusern und bei ein paar anderen sozial ranghohen Gruppen ist das männliche Geschlecht in der Nachkommenschaft vielleicht stärker vertreten. In rassistischen Gesellschaften scheinen die Angehörigen der jeweils unterdrückten ethnischen Gruppen mit einer etwas höheren Wahrscheinlichkeit eher Töchter als Söhne zu haben. Aber die Sache ist weitaus komplizierter, als es den Anschein hat, so daß hier keine Statistik verläßlich ist. Zum Beispiel entstünde bereits dadurch, daß man nach dem ersten Sohn aufhört, Kinder zu bekommen – was bei jemandem, der einen Nachfolger für seine Dynastie benötigt, durchaus der Fall sein kann –, eine statistische Verzerrung zugunsten des männlichen Geschlechts. Mit Sicherheit gibt es keine Untersuchungen, die frei von solchen Verzerrungen sind. Eine Untersuchung aus Neuseeland läßt erahnen, was sich herausstellen könnte, wenn Anthropologen und Soziologen sich die Mühe machten, die Angelegenheit genauer zu beleuchten.[59]

Bereits im Jahre 1966 hatte Valerie Grant, Psychiaterin an der University of Auckland in Neuseeland festgestellt, daß Mütter von Söhnen dazu neigen, dominierend zu sein, und emotional weniger belastet sind als Mütter von Töchtern. Sie testete fünfundachtzig Frauen im ersten Drittel ihrer Schwangerschaft mit Hilfe eines Standardtests zur Unterscheidung »dominanter« Persönlichkeiten von »unterwürfigen« Charakteren – was immer das im einzelnen heißen mag. Jene Frauen, die später Töchter gebaren, hatten auf der Dominanzskala, die von 0 bis 6 reichte, im Durchschnitt einen Wert von 1,35. Diejenigen aber, die später einen Sohn gebaren, erreichten durchschnittlich 2,26 Punkte; dieser Unterschied ist signifikant. Das Interessante ist, daß Grant diesen Test unternommen hatte, bevor Trivers und Willard ihre Theorie publizierten.

»Ich kam auf diesen Gedanken ganz unabhängig von jeder anderen Untersuchung auf Gebieten, in denen sich eine solche Erkenntnis normalerweise ergeben würde«, erzählte Grant mir. »Für mich entsprangen diese Überlegungen dem Widerwillen dagegen, Frauen die Verantwortung für ein Kind ›falschen‹ Geschlechts aufzubürden.«[60]
Ihre Arbeit ist der einzige Hinweis darauf geblieben, daß der mütterliche Sozialstatus das Geschlecht der Kinder in einer Art und Weise beeinflussen könnte, wie es die Trivers-Willard-Theorie vorhersagt. Falls das kein reiner Zufall ist, ergibt sich daraus die Folgefrage, wie Menschen es schaffen, unbewußt etwas zu erreichen, was sie bereits seit zahllosen Generationen vergeblich bewußt anstrebten.

»Marktwert« der Geschlechter

Kaum ein Thema ist so mythen- und legendenbeladen wie das Bestreben, das Geschlecht der eigenen Kinder zu beeinflussen. Sowohl Aristoteles als auch der Talmud empfehlen, das Bett in Nord-Süd-Richtung aufzustellen, wenn man Jungen haben möchte. Anaxagoras' Überzeugung, man würde Knaben zeugen, wenn man den Geschlechtsverkehr auf der rechten Seite liegend vollzöge, war von solch immensem Einfluß, daß sich Jahrhunderte später ein paar französische Adlige den rechten Hoden entfernen ließen. Wenigstens rächte sich das Schicksal an diesem griechischen Philosophen und Anhänger des Perikles. Er wurde von einem Stein erschlagen, den eine Krähe hatte fallen lassen. Der Vogel war zweifellos eine retrospektive Reinkarnation irgendeines französischen Adligen, der sich den rechten Hoden hatte abnehmen lassen, um daraufhin sechs Mädchen zu zeugen.[61]
Es handelt sich hier um ein Thema, das schon immer Scharlatane angezogen hat wie ein Kadaver die Schmeißfliegen. Die Ratschläge der alten Weiber, die den flehenden Vätern über Jahrhunderte immer wieder gegeben wurden, sind großenteils unbrauchbar. Die Japanese Sex Selection Society propagiert die Anwendung von Kalzium zur Erhöhung der Chancen auf einen Jungen – ein nicht sehr erfolgreiches Rezept, wie sich zeigte. Ein im Jahre 1991 von zwei französischen Gynäkologen publiziertes Buch behauptet das genaue Gegenteil: Eine sechs Wochen lang

vor der Befruchtung eingenommene kalium- und natriumreiche, aber kalzium- und magnesiumarme Diät erhöhe die Chancen einer Frau, einen Jungen zu bekommen, auf achtzig Prozent. Eine amerikanische Firma, die »Geschlechts-Kits« für 50 Dollar das Stück auf den Markt gebracht hatte, ging bankrott, nachdem die Aufsichtsbehörden ihr Betrug am Kunden nachweisen konnten.[62]

Auch die modernen wissenschaftlichen Methoden sind nicht wesentlich verläßlicher. Sie alle beruhen auf dem Bestreben, im Labor Y- und X-enthaltende Spermien zu trennen; letztere enthalten dreieinhalb Prozent mehr DNA. Eine von dem amerikanischen Wissenschaftler Roland Ericsson entwickelte und weithin patentierte Technik wird als besonders erfolgreich bezeichnet, doch Ericsson hat bisher noch keine überzeugenden Daten publiziert. Bei dieser Technik läßt man Spermien durch Eiweiß schwimmen, wobei das schwerere X-Spermium langsamer vorwärtskommt als das Y-Spermium. Larry Johnson vom United States Department of Agriculture hat hingegen eine in der Tat äußerst wirksame Methode zur Geschlechtsbestimmung entwickelt (mit ungefähr achtzigprozentiger Erfolgsquote), die allerdings für den Menschen gänzlich ungeeignet ist. Dabei wird die Spermien-DNA mit einem Fluoreszenzfarbstoff gefärbt und dann im Gänsemarsch durch einen Detektor geschickt, der sie über zwei Kanäle nach ihrer Helligkeit sortiert. Die X-Chromosomen sind, da sie mehr DNA enthalten, heller gefärbt. Der Detektor sortiert die Spermien zu Hunderttausenden pro Sekunde, und man kann sie danach zur Reagenzglasbefruchtung von Eizellen verwenden. Kein Mann mit klarem Verstand aber würde seine Spermien solchen Farbstoffen aussetzen und eine kostspielige *In-vitro*-Fertilisation durchführen lassen, nur um einen Sohn zu bekommen.[63]

Kurioserweise hätten wir Menschen es weit einfacher, die Chancen für Nachkommen des einen oder des anderen Geschlechts zu beeinflussen, wenn wir Vögel wären, denn bei den Vögeln ist es die Mutter, die das Geschlecht des Embryos festlegt, nicht der Vater. Vogelweibchen haben ein X- und ein Y-Chromosom (manchmal auch nur ein X), Männchen hingegen zwei X-Chromosomen. Ein Vogelweibchen kann ein Ei des gewünschten Geschlechts legen und jedes beliebige Spermium zu dessen Befruchtung »heranziehen«. Von dieser Möglichkeit machen Vögel tatsächlich Gebrauch. Weißkopf-Seeadler und manche Falken legen oft zuerst ein weibliches Ei und erst danach ein männliches. Damit hat das Weibchen einen Vorsprung gegenüber dem Männchen, so daß es

größer werden kann (weibliche Raubvögel sind meistens größer als männliche). Dreizehenspechte ziehen doppelt so viele Söhne groß wie Töchter und verwenden die übrigen Söhne als Kindermädchen für die folgende Brut. Bei den Zebrafinken haben, wie Nancy Burley von der University of California in Santa Cruz feststellte, »attraktive« Männchen, die sich mit »unattraktiven« Weibchen paaren, in der Regel mehr Söhne als Töchter und umgekehrt. Bei dieser Art läßt sich die Attraktivität durch einen einfachen Trick verändern, indem man rote (attraktive) oder grüne (unattraktive) Bändchen um die Beine des Männchens bindet, beziehungsweise schwarze (attraktive) oder hellblaue (unattraktive) Bändchen um die Beine des Weibchens. Dadurch werden sie für andere Zebrafinken zu mehr oder weniger erstrebenswerten Paarungspartnern.[64]
Nun sind wir aber keine Vögel. In Ländern, wo der Staat der Überbevölkerung Herr zu werden versucht, indem er nur ein Kind pro Familie erlaubt, werden mangels sicherer Methoden der Geschlechtsbestimmung viele weibliche Embryonen abgetrieben! Diese Praktiken werden auch in anderen Ländern angewandt, in denen es in irgendeiner Weise nachteilig für die Eltern ist, Mädchen großzuziehen. Zwischen 1979 und 1984 wurden in China mehr als 250000 weibliche Säuglinge unmittelbar nach der Geburt getötet.[65] In manchen Altersgruppen kommen in China auf 100 Mädchen 122 Jungen. Bei einer vor kurzem in Bombay durchgeführten Studie stellte sich heraus, daß bei 8000 Abtreibungen in 7997 Fällen weibliche Feten betroffen waren.[66]
Möglicherweise lassen sich auch manche Daten aus dem Tierreich mit »bewußten« Spontanaborten erklären. Nach Studien von Morris Gosling von der University of East Anglia verlieren die Weibchen bei Sumpfbibern auch in gutem Zustand ganze Würfe, wenn diese zu weibchenlastig ausfallen würden, und beginnen wieder neu. Magnus Nordborg von der Stanford University, der sich mit dem geschlechtsgebundenen Kindermord in China beschäftigt und im Tierreich nach vergleichbarem Verhalten sucht, ist der Ansicht, daß auch die hohe Zahl der Spontanaborte bei Pavianen ähnlich erklärt werden kann. Allerdings scheint dieser Weg der Forschung nicht weit zu führen.[67]
Es gibt eine Menge natürlicher Faktoren, die – falls es überhaupt möglich ist – das Geschlechterverhältnis auch beim menschlichen Nachwuchs beeinflussen könnten. Ein solcher Faktor ist beim bekannten Kriegsheimkehrer-Effekt im Spiel. Während und unmittelbar nach

größeren Kriegen werden in den beteiligten Ländern ungewöhnlich viele Söhne geboren, als sollten die verstorbenen Männer ersetzt werden (das ergäbe allerdings wenig Sinn: Die nach dem Krieg geborenen Männer werden sich mit ihren Altersgenossinnen verbinden und nicht mit den im Krieg verwitweten Frauen).

Weitere Beispiele für den möglichen Einfluß solcher Faktoren: Ältere Väter haben mit größerer Wahrscheinlichkeit Töchter, ältere Mütter hingegen eher Jungen. Frauen, die an infektiöser Hepatitis oder Schizophrenie leiden, bekommen etwas eher Töchter als Söhne; ebenso Frauen, die rauchen und trinken. Auch die Frauen, die nach dem großen Londoner Smog von 1952 niederkamen, und die Frauen von Testpiloten, Perlentauchern, Geistlichen und Narkoseärzten bekommen mit größerer Wahrscheinlichkeit Töchter als Söhne. In manchen Teilen Australiens, in denen die Trinkwasserversorgung von Regenfällen abhängig ist, gibt es dreihundertzwanzig Tage nachdem ein schwerer Sturm die Stauseen gefüllt und den Schlamm aufgewühlt hat, einen deutlichen Rückgang der Geburtenziffern von Söhnen. Frauen mit multipler Sklerose und Frauen, die kleine Mengen von Arsen zu sich nehmen, gebären mehr Söhne.[68]

In dieser Fülle von Statistiken eine Logik zu sehen, überfordert derzeit die meisten Wissenschaftler. Bill James vom Medical Research Council in London arbeitet seit einigen Jahren eine Theorie aus, nach der Hormone den Erfolg von X- und Y-Spermien beeinflussen können. Eine ganze Reihe von Befunden läßt darauf schließen, daß eine höhere Konzentration des Hormons Gonadotropin im Blut der Mutter den Anteil an Töchtern erhöhen könnte, während ein hoher Testosteronspiegel beim Vater den Anteil an Söhnen erhöhen könnte.[69]

Valerie Grants Theorie legt auch für den Kriegsheimkehrer-Effekt eine hormonelle Ursache nahe: Während eines Krieges müssen Frauen die Aufgaben der Männer miterledigen, also dominanter sein, was ihren Hormonspiegel verändert und somit die Wahrscheinlichkeit, Söhne zu bekommen, erhöht.

Bei vielen Arten sind Hormone und sozialer Rang in irgendeiner Weise miteinander verknüpft, dasselbe gilt, wie wir gesehen haben, für den Sozialstatus und das Geschlechterverhältnis bei den Nachkommen. Niemand weiß, wie Hormone solches bewirken können. Möglicherweise verändern sie die Schleimbarriere des Muttermundes oder sogar die Säurezusammensetzung (den pH-Wert) in der Vagina.

Die Hormontheorie scheint auch einen der hartnäckigsten Einwände gegen die Trivers-Willard-Theorie zu entkräften: Daß es offenbar keine genetische Kontrollmöglichkeit für das Geschlechterverhältnis gibt. Die Unfähigkeit der Tierzüchter, eine Rasse heranzuziehen, bei der sich das Geschlechterverhältnis der Nachkommengeneration beeinflussen läßt, macht hellhörig. Nicht, daß man es nicht versucht hätte. Richard Dawkins zu diesem Thema: »Es war problemlos für Rinderzüchter, auf hohe Milch- und Fleischerträge, große und kleine Körpergrößen, Hornlosigkeit, Resistenz gegen verschiedene Krankheiten und Furchtlosigkeit angesichts eines Zweikampfes mit einem Bullen hin zu züchten. Für die Milchindustrie aber wäre es natürlich von ungemein großem Interesse, wenn sich Rinder züchten ließen, die eher Färsen statt Bullenkälber produzieren würden. Sämtliche Versuche, das zu erreichen, sind fehlgeschlagen.«[70] Die Geflügelindustrie ist noch sehr viel mehr daran interessiert, das Geschlecht der Zuchttiere zu beeinflussen. Derzeit beschäftigt sie Mannschaften gut ausgebildeter Koreaner, die sorgsam ihr Geheimnis hüten, welches sie in die Lage versetzt, mit großer Geschwindigkeit das Geschlecht einen Tag alter Küken zu bestimmen (allerdings werden die Koreaner vielleicht bald von einem Computer eingeholt[71]). In Ausübung dieses speziellen Gewerbes reisen sie um die ganze Welt.

In Sichtweite des Pazifischen Ozeans erklärte mir eines schönen Tages ein Enchiladas verzehrender Richard Dawkins, weshalb es völlig klar sei, daß man Tiere, die nur ein Geschlecht hervorbringen, nicht züchten könne. Angenommen, Sie hätten eine Kuh, die nur Färsen bekommt. Mit wem kreuzen Sie diese Kälber, um die Rasse zu erhalten? Mit normalen Bullen – wobei Sie die Gene auf der Stelle eins zu eins verdünnen.

Man kann es auch anders ausdrücken: Die Tatsache, daß die eine Hälfte einer Population Söhne bekommt, macht es für die andere Hälfte lohnenswert, Töchter zu haben. Jedes Tier ist Kind eines männlichen und eines weiblichen Organismus. Wenn also dominante Tiere Söhne haben, zahlt es sich für die rangniederen Tiere aus, Töchter zu haben. Das Geschlechterverhältnis der Population als Ganzes wird sich immer wieder bei eins zu eins einpendeln, denn sobald es sich davon entfernt, hat irgendwer einen Vorteil davon, dem selteneren Geschlecht anzugehören. Diese Erkenntnis hatte zuerst Sir Ronald Fisher in den zwanziger Jahren, und Trivers hält sie für den Kern der Antwort auf die Frage, wes-

halb die Fähigkeit, das Geschlecht der eigenen Nachkommen zu beeinflussen, niemals in den Genen verankert sein kann.
Im übrigen wäre es unsinnig, den sozialen Rang, wenn er denn tatsächlich für die Bestimmung des Geschlechterverhältnisses von Bedeutung wäre, in den Genen festzuschreiben, denn er ist definitonsgemäß etwas, das seinen Ursprung nicht in den Genen hat. Das Zuchtziel hoher Sozialstatus ist im Rennen der Roten Königin eine nutzlose Übung. Rang ist relativ. »Man kann nicht gezielt auf rangniedere Kühe züchten«, so Trivers. »Damit schaffte man allenfalls eine neue Hierarchie und stellte den Thermostat frisch ein. Wenn alle Ihre Kühe unterwürfig sind, dann wird die am wenigsten unterwürfige zur dominantesten und wird somit einen entsprechenden Hormonspiegel aufweisen.« Der Rang beeinflußt den Hormonspiegel, und dieser hat seinerseits Auswirkungen auf das Geschlechterverhältnis beim Nachwuchs.[72]

Konvergente Vernunftschlüsse

Trivers und Willard postulieren mit ihrer Theorie, die Evolution müsse einen unbewußten Mechanismus einbauen, der das Geschlechterverhältnis der Nachkommenschaft eines einzelnen Organismus beeinflußt. Wir sehen uns aber gerne als vernunftbegabte Individuen, die bewußte Entscheidungen fällen. Ein vernunftbegabter Mensch kann jedoch zu denselben Schlußfolgerungen gelangen wie die Evolution. Einige der stichhaltigsten Argumente zur Unterstützung der Überlegungen von Trivers und Willard entstammen nicht Tierstudien, sondern dem Intellekt des Menschen, der die in der Natur gültige Logik wiederentdeckt hat.
In vielen Kulturen bemühen sich Eltern mehr um ihre Söhne als um ihre Töchter. Noch in jüngster Zeit wurde dies lediglich als Ausdruck sexistischen Verhaltens oder der Tatsache gewertet, daß aus ökonomischer Sicht Söhne häufig für wertvoller gehalten werden als Mädchen. Doch durch konsequente Anwendung der von Trivers und Willard propagierten Logik haben die Anthropologen erkannt, daß die Begünstigung des männlichen Geschlechts überhaupt keine Allgemeingültigkeit besitzt und daß sich genau dort eine Begünstigung des weiblichen Ge-

schlechts findet, wo man sie nach Trivers und Willard erwarten würde. Entgegen landläufiger Ansicht ist die Favorisierung von Jungen gegenüber Mädchen nämlich kein Allgemeingut. Es gibt im Gegenteil eine enge Beziehung zwischen dem Sozialstatus und dem Ausmaß der Bevorzugung von Söhnen. Laura Betzig von der University of Michigan wies darauf hin, daß zu Zeiten der Feudalherrschaft Fürsten ihre Söhne bevorzugten, Kleinbauern aber ihren Besitz eher an ihre Töchter weitergaben. Während die Feudalherren ihre Töchter töteten, vernachlässigten oder in Klöster verbannten, hinterließen die Familien in den unteren Schichten ihnen ihren Besitz. Sexismus war eine Sache der Herrschenden und nicht der von der Geschichtsschreibung vernachlässigten Massen.[73]

Sarah Blaffer Hrdy von der University of California in Davis erklärt, aus allen verfügbaren historischen Quellen werde deutlich, daß Söhne in der obersten gesellschaftlichen Klasse weit stärker favorisiert wurden als in anderen Schichten: bei den Großbauern im Deutschland des achtzehnten Jahrhunderts ebenso wie bei den indischen Kasten des neunzehnten Jahrhunderts, bei den verzweigten Sippen im mittelalterlichen Portugal ebenso wie bei testamentarischen Verfügungen im heutigen Kanada und bei den Hirtengesellschaften im heutigen Afrika. Diese Begünstigung erfolgte in Gestalt des Vermächtnisses von Land und Wohlstand, aber auch in Gestalt einfacher Fürsorge. Noch heute wird in Indien Mädchen häufig weniger Milch gegeben und weniger medizinische Pflege zuteil als Jungen.[74]

Andernorts werden in unteren Schichten aber auch heute noch Töchter bevorzugt. Ein mittelloser Sohn ist oft gezwungen, alleinstehend zu bleiben; eine mittellose Tochter aber kann einen reichen Mann heiraten. Im heutigen Kenia bringen die Angehörigen des Mukogodo-Stammes im Falle einer Krankheit ihre Töchter bereitwilliger zum Arzt als ihre Söhne, so daß mehr Töchter das vierte Lebensjahr überstehen als Söhne. Vom Standpunkt der Mukogodo-Eltern ist das durchaus vernünftig, können doch ihre Töchter in die Haushalte reicher Samburu- und Massai-Männer einheiraten und es damit zu Ansehen bringen, während ihre Söhne die Mukogodo-Armut erben. Nach der Arithmetik von Trivers und Willard sind in solchen Fällen die Töchter bessere Garanten für eine hinreichende Anzahl an Enkeln als Söhne.[75]

Mildred Dickemann von der California State University stellte fest: Die Vergabe der Ressourcen an Söhne ist in einer stark geschichteten Gesellschaft die sicherste Investition, die reiche Leute tätigen können. Das beste Beispiel stammt aus Dickemanns eigenen Untersuchungen der traditionellen Heiratsbräuche in Indien: Das brutale Verbrechen, weibliche Säuglinge zu töten, gegen das die Briten vergeblich vorzugehen versuchten, korrelierte mit einem relativ hohen Sozialstatus in der sehr stark geschichteten indischen Gesellschaft des neunzehnten Jahrhunderts. Angehörige höherer Kasten töteten ihre Töchter häufiger als Angehörige niederer Kasten. Es gab eine Sippe sehr wohlhabender Sikhs, die all ihre Töchter tötete und vom Erbe ihrer Frauen zehrte.[76]

Auch andere Theorien versuchen, diese Muster zu erklären. Den nachhaltigsten Einfluß hat dabei die Überlegung, daß es eher ökonomische denn fortpflanzungstechnische Gesichtspunkte sind, nach denen ein bestimmtes Geschlecht bevorzugt wird. Jungen können später ein Auskommen haben und auch ohne Mitgift heiraten. Solche Überlegungen aber versagen gänzlich, wenn es darum geht, die Verknüpfung mit dem Sozialstatus zu erklären. Denn danach müßten die unteren Klassen Söhne bevorzugen, und nicht die oberen, da sich die unteren Töchter am wenigsten leisten können. Sollte aber die Anzahl der Enkel das entscheidende Kriterium sein, sind die indischen Heiratspraktiken durchaus erfolgversprechend. In ganz Indien galt es immer als unbestrittene Tatsache, daß Frauen eher in höhere soziale und ökonomische Verhältnisse »hinaufheiraten« können als Männer, so daß es Töchtern armer Leute mit größerer Wahrscheinlichkeit gutgehen wird als den Söhnen. In Dickemanns Analyse stellen Mitgiften eigentlich nichts anderes dar als ein verzerrtes Echo des Trivers-Willard-Effekts in einer Art mit weiblicher Exogamie: Söhne erben den zur Fortpflanzung nötigen Sozialstatus; Töchter müssen ihn erwerben.

Wenn Sie keinen Reichtum zu vererben haben, werden Sie alles tun, was in Ihrer Macht steht, um Ihrer Tochter einen guten Ehemann zu beschaffen.[77]

Trivers und Willard postulieren, daß die Begünstigung des männlichen Geschlechts in einem Teil der Gesellschaft durch die Begünstigung des weiblichen Geschlechts in einem ganz anderen Teil ausgeglichen werden muß, und sei es nur aus dem Grunde, daß nur Mann und Frau zusammen Kinder zeugen können, wieder einmal die Fisher-Logik. Bei den Nagern scheint die Begünstigung des Geschlechts vom Zustand der Mutter abzuhängen, bei den Primaten vom sozialen Rang. Doch Paviane und Klammeraffen gehen von einer streng hierarchisch strukturier-

ten Gesellschaft aus. Menschen tun das nicht. Was geschieht in einer modernen, relativ gleichberechtigten Gesellschaft?
Im gesellschaftlich vergleichsweise unstrukturierten Kalifornien konnten Hrdy und ihre Mitarbeiterin Debra Judge in den Testamenten Verstorbener bislang keine wohlstandsabhängige Bevorzugung des einen oder des anderen Geschlechts feststellen. Vielleicht ist die alte elitäre Gewohnheit, Jungen den Mädchen vorzuziehen, infolge der Auseinandersetzung mit dem Thema Gleichberechtigung inzwischen doch verschwunden.[78]
Doch es gibt eine andere, schwerwiegendere Konsequenz moderner Gleichberechtigung. In manchen Gesellschaften scheint die Begünstigung des männlichen Geschlechts von der herrschenden Schicht auf die Gesamtgesellschaft übergegriffen zu haben. Die besten Beispiele hierfür sind China und Indien. In China hat die Politik des Einzelkindes vermutlich zum Tode von siebzehn Prozent aller Mädchen geführt. Sechsundneunzig Prozent aller Frauen in einem indischen Krankenhaus, denen mitgeteilt wurde, daß sie eine Tochter erwarteten, entschieden sich für eine Abtreibung, während nahezu einhundert Prozent aller Frauen, die Söhne erwarteten, diese austrugen.[79] Das heißt nichts anderes, als daß eine leicht zugängliche Technik, die es Menschen ermöglicht, das Geschlecht ihres Kindes zu beeinflussen, tatsächlich das Geschlechterverhältnis innerhalb der Population verschieben würde.
Das Geschlecht des eigenen Kindes festzulegen ist eine individuelle Entscheidung, die für niemanden sonst Konsequenzen hat, außer für einen selbst. Weshalb haftet dieser Vorstellung dann ein so schlechtes Image an? Die Tragödie des kleinen Mannes: ein kollektiver Schaden, entstanden aus der möglicherweise verständlichen Wahrnehmung individueller Interessen durch den einzelnen. Jemand, der beschließt, nur Söhne haben zu wollen, fügt niemandem Schaden zu. Wenn sich aber jeder dazu entscheidet, dann leidet auch jeder darunter. Die düsteren Prognosen für einen solchen Fall reichen von einer männlich dominierten Gesellschaft, in der jeder von Vergewaltigung, Gesetzlosigkeit und einer allgemein zügellosen Mentalität bedroht wird, bis hin zu einem weiteren unaufhaltsamen Anstieg männlicher Dominanz in einflußreichen Positionen. Die sexuelle Frustration als Los vieler Männer wäre noch das geringste Übel.
Um die kollektiven Interessen auf Kosten des einzelnen zu schützen, wurden Gesetze erlassen – genauso wie das Crossing-over erfunden

wurde, um gesetzlose Gene in Schach zu halten. Wäre die Geschlechtswahl ein billiges Verfahren, dann würde das Parlament mit Sicherheit ein Gesetz zur Erhaltung eines Geschlechterverhältnisses von eins zu eins über die Menschheit verhängen – genauso wie das Parlament der Gene die unparteiische Meiose eingeführt hat.

Fünf

Pfauenfedern

Ja, ja! du sahst sie schön, doch in Gesellschaft nie;
Du wogst nur mit sich selbst in jedem Auge sie;
Doch leg einmal zugleich in die kristallnen Schalen
Der Jugendreize Bild, wovon auch andere strahlen,
Die ich dir zeigen will bei diesem Fest vereint;
Kaum leidlich scheint dir dann, was jetzt ein Wunder scheint.

Shakespeare,
Romeo und Julia,
Erster Akt, zweite Szene

Das australische Buschhuhn baut die besten Komposthaufen der Welt. Jedes Männchen schüttet einen Hügel aus zwei Tonnen Blättern, Zweigen, Erde und Sand auf. Ein solcher Hügel hat die richtige Größe und Form, um in seinem Inneren genau die Temperatur entstehen zu lassen, in der ein Ei langsam zum Huhn heranreift. Die Hennen suchen die Hügel der Hähne auf, legen ihre Eier hinein und verschwinden. Nach dem Schlüpfen kämpfen sich die Jungen allmählich zur Oberfläche des Hügels durch und verlassen ihn, bereit, für sich selbst zu sorgen.

Um mit Samuel Butler zu sprechen (»eine Henne ist nur das Mittel, mit dem ein Ei ein anderes Ei erzeugt«): Wenn Eier das Mittel sind, mit dem ein Weibchen zu einem neuen Buschhuhn beiträgt, dann ist der Hügel nichts anderes als das Mittel, mit dem das Männchen dazu beiträgt. Der Hügel ist nahezu in demselben Maße ein Produkt seiner Gene, wie das Ei ein Produkt ihrer Gene ist. Im Gegensatz zum Weibchen bleibt für das Männchen jedoch eine gewisse Restunsicherheit bestehen. Woher soll er wissen, daß er tatsächlich Vater der schlüpfenden Küken in seinem Hügel ist? Wie australische Wissenschaftler vor kurzem festgestellt haben, lautet die Antwort, daß er es erstens nicht weiß und daß er zweitens oftmals auch gar nicht der Vater ist. Weshalb also häuft er riesige Hügel für die Kinder anderer Väter auf, wenn der Witz der sexuellen Fortpflanzung doch darin besteht, den eigenen Genen den Weg in die nächste Generation zu ebnen? Bei näherem Hinsehen stellt sich heraus, daß das Weibchen nur dann ein Ei in seinen Hügel legen darf, wenn es sich vorher mit ihm gepaart hat: Das ist die Gebühr für die Benutzung seines Hügels. Sein Preis ist, daß er dafür ein Ei akzeptieren muß. Ein fairer Handel.

Vom Standpunkt des Männchens aus betrachtet ist der Hügel dann gar nicht sein Beitrag zu einem jungen Buschhuhn, sondern das Mittel, weibliche Buschhühner anzulocken, um sich mit ihnen zu paaren. Und natürlich suchen die Weibchen, wenn sie sich entscheiden, wo sie ihre Eier legen wollen, die besten Hügel aus und somit auch die besten Hügelbauer. Manchmal besetzen die Hähne widerrechtlich fremde Hügel, so daß der Besitzer des besten Hügels im Grunde der erfolgreichste Dieb ist.

Selbst wenn ein mittelprächtiger Hügel ausreichen würde, sind die Weibchen doch gut beraten, den besten zu wählen, denn nur so erben ihre Söhne das Talent ihres Vaters zum Hügelbauen, Hügelstehlen und Frauen betören. Der Hügel des Buschhahns ist also beides: sein Beitrag zur Aufzucht der Jungen und Ausdruck seiner Werbung.[1]

Die Geschichte von den Buschhuhn-Hügeln hat mit der Theorie der sexuellen Selektion zu tun, einer Sammlung komplizierter und überraschender Erkenntnisse zur Evolution von Verführungskünsten im Tierreich – Thema des folgenden Kapitels – und sie bietet, wie wir in späteren Kapiteln sehen werden, auch Erklärungen für sehr viele Merkmale der menschlichen Natur.

Hat Liebe mit Vernunft zu tun?

Manchmal fällt es auch dem Biologen schwer, sich daran zu erinnern, daß Sexualität nichts anderes ist als eine Art genetisches *joint venture*. Der Auswahlvorgang hinsichtlich der Person, mit der wir uns hierbei zusammentun (im allgemeinen Sprachgebrauch gelegentlich auch als »sich verlieben« bezeichnet), ist geheimnisumwittert, hoch selektiv und eine Sache reiflicher Überlegung. Wir betrachten längst nicht jedes Mitglied des anderen Geschlechts als geeigneten Koalitionspartner. Wir machen uns Gedanken darüber, wer in Frage kommt, wir verlieben uns wider besseres Wissen, und oft verlieben wir uns kein bißchen in jemanden, der in uns verliebt ist. Das Ganze ist ein äußerst kompliziertes Geschäft.

Hinzu kommt, daß es keine Sache des Zufalls ist. Sexuelle Bedürfnisse schlummern deshalb in uns, weil wir von Leuten abstammen, die ebenfalls sexuelle Bedürfnisse hatten; jene, die diese Bedürfnisse nicht hatten, haben keine Nachfahren. Eine Frau, die sich für einen bestimmten

Mann als Partner entscheidet, riskiert damit (ebenso wie ein Mann, der sich für eine Frau entscheidet), daß beider Gene sich zusammentun, um die nächste Generation zu bilden. Kein Wunder, daß sie diese Gene sehr sorgfältig auswählen wird. Auch die freizügigste Frau ist nicht mit jedem hergelaufenen Mann zufrieden.

Das Ziel für Weibchen im Tierreich besteht darin, einen Partner zu finden, dessen genetische Qualitäten ihn zu einem guten Ehemann, Vater oder Urahn machen. Das Ziel eines Männchens ist es oftmals, so viele Weibchen wie möglich zu finden, manchmal auch, gute Mütter und Geliebte zu finden, und nur selten, gute Ehefrauen zu finden. Robert Trivers beschrieb im Jahre 1972 die Ursache für diese Asymmetrie, die sich durch das gesamte Tierreich zieht und bei der die wenigen Ausnahmen die Regel nur bestätigen. Das Geschlecht, das am meisten in die Aufzucht der Jungen investieren muß – was beispielsweise damit beginnt, daß es den Fetus neun Monate in seinem Bauch herumträgt –, hat gleichzeitig am wenigsten Vorteile von zusätzlichen Affären. Das Geschlecht, das am wenigsten investiert, hat Zeit genug, andere Partner zu suchen. Männchen investieren also weniger und streben hinsichtlich ihrer Partnerwahl Quantität an, während Weibchen mehr investieren und daher hinsichtlich ihrer Partner eher Qualität anstreben.[2] Männchen buhlen also um die Gunst der Weibchen und haben dadurch zum einen mehr Gelegenheit, eine große Zahl an Nachkommen zu produzieren, gehen gleichzeitig aber auch ein höheres Risiko ein, überhaupt nicht Vater zu werden. Männchen sind eine Art genetisches Sieb: Nur die besten gelangen zur Fortpflanzung, und der ständige Ausschluß weniger guter Männchen durch den reproduktiven Wettbewerb verdrängt stetig weniger gute Gene aus der Population.[3] Von Zeit zu Zeit wird die Vermutung laut, dies sei der »Zweck« der Existenz von Männchen, aber es ist ein Trugschluß zu glauben, die Evolution entscheide, was für eine Art das Beste ist.

Bei manchen Arten funktioniert das Sieb besser als bei anderen. Bei den Elefantenrobben zum Beispiel wird in jeder Generation so gründlich gesiebt, daß die neue Generation schließlich nur von einer Handvoll Männchen abstammt. Männliche Albatrosse sind ihrem einzigen Weibchen so treu, daß nahezu jedes Männchen, das geschlechtsreif wird, auch zur Brut gelangt. Dennoch ist die Feststellung gerechtfertigt, daß Männchen bei der Partnerwahl in der Regel größeren Wert auf Quantität legen und Weibchen größeren Wert auf Qualität. Im Falle von Vögeln wie dem Pfau, vollführt das Männchen sein Balzritual bei jedem Weibchen, dessen es ansichtig wird; die Weibchen paaren sich aber nur mit einem Männchen – in der Regel ist es das mit dem prächtigsten Schwanz. Der Theorie der sexuellen Selektion zufolge ist es genaugenommen der Fehler der Weibchen, daß die Männchen überhaupt einen so lächerlich aufgeputzten Schwanz tragen. Männchen haben lange Schwanzfedern entwickelt, um Weibchen zu betören; Weibchen haben die Fähigkeit entwickelt, sich davon betören zu lassen, um sicherzugehen, daß sie das beste Männchen ergattern.

Dieses Kapitel handelt von einer anderen Art Wettstreit im Wettbewerb der Roten Königin, einem Wettstreit, der in der Erfindung von Schönheit gipfelte. Läßt man im Falle des Menschen einmal sämtliche praktischen Kriterien für die Partnerwahl beiseite – Reichtum, Gesundheit, Leistungsfähigkeit und Fruchtbarkeit –, dann bleibt noch immer das scheinbar willkürliche Kriterium Schönheit. Bei den meisten anderen Tieren verhält es sich ähnlich. Bei Arten, bei denen die Weibchen von ihren Partnern nichts Nützliches zu erwarten haben, scheinen sie sich auf rein ästhetische Kriterien zu verlassen.

Hohe Ansprüche und Ornamente

Um es in menschliche Worte zu fassen, wir fragen uns bei Tieren (wie später auch bei uns selbst): Heiraten sie des Geldes wegen, der Kinder wegen oder der Schönheit wegen? Die Theorie der sexuellen Selektion besagt letztlich nichts anderes, als daß bei einem Tier ein großer Teil seiner Erscheinung nicht seinem Überleben angepaßt ist, sondern ihm dabei helfen soll, die besten oder die meisten Partner anzuziehen. Manchmal geraten diese beiden Ziele – Überleben und Erwerb eines Partners – miteinander in Konflikt. Die Überlegung geht zurück auf Charles Darwin, obgleich seine Gedanken zu dem Thema von einer für ihn gänzlich untypischen Verschwommenheit sind. Zum erstenmal griff er dieses Thema in *The Origin of Species* (deutsch: *Über die Entstehung der Arten*) auf, später sollte er jedoch ein ganzes Buch darüber schreiben: *The Descent of Man and Selection in Relation to Sex* (deutsch: *Die Abstammung des Menschen*).[4]

Darwin wollte damit belegen, daß die menschlichen Rassen ihren Ursprung in der Partnerwahl hatten. Im Laufe der Evolution hätten die Frauen innerhalb einer jeden Rasse es vorgezogen, einen Mann zu heiraten, der die gleiche Hautfarbe hatte wie sie selbst. Mit anderen Worten: In der Zwickmühle, nicht erklären zu können, welchen Nutzen schwarze beziehungsweise weiße Haut haben sollte, vermutete er, schwarze Frauen hätten schwarze Männer und weiße Frauen weiße Männer bevorzugt, und betrachtete somit dieses Phänomen als Ursache statt als Wirkung. So wie ein Taubenliebhaber neue Varianten erzeugen kann, indem er nur die von ihm bevorzugten Rassen zur Zucht kommen läßt, könnten Tiere durch selektive Partnerwahl untereinander dasselbe erreichen.
Darwins Rassentheorie war ganz bestimmt ein Flop[5], seine Erkenntnis der selektiven Partnerwahl aber sicher nicht. Er stellte die Frage, ob die Bevorzugung bestimmter Männchen-»Sorten« von seiten der Weibchen nicht der Grund dafür sein könnte, weshalb so viele Vogelmännchen und andere männliche Tiere so auffällig bunt und geschmückt sind. Auffällige Männchen schienen ihm ein besonders merkwürdiges Ergebnis der natürlichen Selektion, denn es war für ihn schwer vorstellbar, wie ein auffälliges Äußeres zum Überleben eines Tieres beitragen kann. Im Grunde mußte es umgekehrt sein, denn auffällige Männchen erregen sehr viel rascher die Aufmerksamkeit ihrer Feinde.
Am Beispiel des Pfauenmännchens, mit seinem großen mit schillernden Augen bedeckten Schwanz, kam Darwin zu der Vermutung, Pfauen hätten so lange Schwanzfedern entwickelt (die eigentlich keine Schwanzfedern sind, sondern verlängerte Rumpffedern, die den Schwanz bedecken), weil Pfauenhennen sich nur mit Hähnen paaren, die lange Federn haben. Denn schließlich, so beobachtete er, setzen die Pfauen ihren Schwanz zur Balz ein. Seit dieser Beobachtung gilt der Pfau als Krönung, Aushängeschild, Symbol und Inbegriff der sexuellen Selektion.
Warum aber sollten Pfauenhennen lange Schwänze mögen? Darwin konnte nur antworten: Ich nehme das einfach an. Pfauenhennen bevorzugen lange Schwanzfedern aufgrund irgendeines angeborenen Sinns für Ästhetik – was ohnehin keine Antwort ist. Und die Tatsache, daß Weibchen die Männchen auswählen und nicht umgekehrt, reflektiert – angesichts der passiven Rolle des Eies und der aktiven Rolle der Spermien – schlicht den normalen Gang der Welt: Männer verführen, Frauen werden verführt.

Von allen Überlegungen Darwins sollte die der Weibchenwahl sich als die am wenigsten überzeugende erweisen. Die Naturforscher akzeptierten zwar bereitwillig die Erkenntnis, daß männliche Waffen wie zum Beispiel Geweihe entstanden sein könnten, um dem Männchen beim Wettbewerb um Weibchen einen Vorteil zu verschaffen, doch sie schraken instinktiv ob der frivolen Vermutung zurück, die Federn eines Pfauenschwanzes könnten dazu da sein, Pfauenhennen zu verführen. Mit Recht wollten sie wissen, weshalb Pfauenhennen einen langen Schwanz attraktiv finden sollten und welchen möglichen Wert er für die Henne haben könnte. Ein ganzes Jahrhundert lang wurde Darwins These von der Weibchenwahl ignoriert, und die Biologen machten alle möglichen Verrenkungen, um mit anderen Erklärungen aufzuwarten. Darwins Zeitgenosse Alfred Russel Wallace stand ursprünglich auf dem Standpunkt, jeder Schmuck, sogar der Pfauenschwanz, sei damit zu erklären, daß er in irgendeiner Form der Tarnung diene. Später ging er zu der Auffassung über, Schmuck sei schlicht ein Ausdruck überbordender Manneskraft. Julian Huxley, der die Diskussion zu diesem Thema über viele Jahre hinweg beherrschte, zog dagegen die Ansicht vor, nahezu sämtlicher Schmuck und alles Balzverhalten hätten den Sinn, andere Männchen zu übertrumpfen. Wieder andere vertraten den Standpunkt, Schmuck sei für die Weibchen eine Hilfe zur Unterscheidung der Arten, damit sie in der Lage wären, ein Männchen der richtigen Spezies zu wählen.[6] Der Naturforscher Hugh Cott war von den leuchtenden Farben giftiger Insekten derart beeindruckt, daß er die Vermutung äußerte, alle grellen Farben und alle prächtigen Ornamente hätten den Zweck, Räuber vor Gefahren zu warnen. Manchmal stimmt das. Im Regenwald des Amazonas tragen Schmetterlinge einen Farbcode: gelb und schwarz bedeutet ungenießbar, blau und grün bedeutet zu schnell, um sich fangen zu lassen.[7] In den achtziger Jahren schuf man eine neue Version dieser Theorie und paßte sie der Färbung von Vögeln an: Sehr farbenprächtige Vögel sollten die wendigsten Flieger sein, somit vor Falken und anderen Räubern prahlen: Ich bin schnell, also versuch' nicht, mich zu fangen. Ein Wissenschaftler setzte ausgestopfte Trauerschnäpper in einem Gehölz aus. Die unauffällig gefärbten Weibchen wurden von Habichten und Falken angegriffen, die farbenprächtigen Männchen nicht.[8] Jede Theorie, so schien es, war der Ansicht vorzuziehen, Weibchen reagierten auf männliche Schönheit.

Und doch ist es unmöglich, einem Pfau beim Balzen zuzusehen, ohne dabei zu der Überzeugung zu gelangen, seine Schwanzfedern müßten etwas mit der Verführung von Pfauenhennen zu tun haben. Schließlich war das auch der Weg, wie Darwin zu seiner Schlußfolgerung gekommen war: Er wußte, daß die prächtigsten Federn bei Vogelmännchen der Werbung um Weibchen dienen und zu keinem anderen Zweck. Wenn zwei Pfauenhähne kämpfen oder wenn ein Pfau vor einem Räuber flieht, hält er seinen Schwanz sorgfältig zusammengefaltet.[9]

Wettstreit oder Werbung

Der Weibchenwahl zur Anerkennung zu verhelfen, bedurfte es allerdings mehr als das. Es gab eine Menge hartnäckiger Anhänger der Huxleyschen Ansicht, all das sei lediglich eine Sache der Konkurrenz zwischen Männchen. »Dort, wo Weibchenwahl beschrieben wurde, ist sie nur ein Zusatz zu männlichem Konkurrenzverhalten und spielt vermutlich eine eher untergeordnete Rolle«, schrieb der britische Biologe Tim Halliday noch im Jahre 1983. Genauso wie eine Hirschkuh den Haremsbesitzer akzeptiert, der für den Harem gekämpft hat, so nimmt es vielleicht eine Pfauenhenne als gegeben hin, daß sie sich mit dem Champion unter den Männchen paart.[10]

Unter einem Gesichtspunkt ist diese Unterscheidung mehr oder weniger unwichtig. Pfauenhennen, die sich alle für dasselbe Männchen entscheiden, und Rotwildhindinnen, die sich einmütig demselben Haremsbesitzer unterwerfen, haben beide ein Männchen aus vielen »gewählt«. Die »Wahl« der Pfauenhennen aber verläuft kein bißchen freiwilliger oder bewußter als die der Hindinnen. Es ist lediglich so, daß die Pfauenhennen verführt und nicht gewonnen wurden. Sie wurden von der Balz des besten Männchens betört, ohne der Sache auch nur einen einzigen Gedanken gewidmet zu haben – geschweige denn, realisiert zu haben, daß das, was sie taten, etwas mit einer »Wahl« zu tun hat. Man hat immer wieder den Fehler begangen, anzunehmen, Wahl sei ein bewußter und aktiver Vorgang, und deshalb sei es undenkbar, daß weibliche Tiere ihre Partner aufgrund »rationaler« Kriterien auswählen.[11] Betrachten wir eine menschliche Parallele: Die Karikatur zweier Höhlenbewohner, die auf Leben und Tod miteinander kämpfen, wobei der Gewinner sich die Frau des Verlierers über die Schulter wirft und mitnimmt, ist das eine Extrem. Cyrano de Bergerac ist das andere: Er hofft, Roxane allein durch Worte zu verführen. Dazwischen aber gibt es Tausende von Abstufungen. Ein Mann kann eine Frau im Wettkampf mit anderen Männern gewinnen, oder er kann um sie werben – oder beides. Beide Techniken – Werbung oder Wettstreit – sieben mit derselben Wahrscheinlichkeit den »besten« Mann aus. Der einzige Unterschied besteht darin, daß mit der ersten Technik Dandys selektioniert werden, mit der zweiten hingegen Schläger. Deshalb sind die Bullen der Elefantenrobben und Hirsche groß, bewaffnet und gefährlich. Pfauen und Nachtigallen hingegen sind ästhetische Schaumschläger.

Bis zur Mitte der achtziger Jahre hatten sich die Indizien dafür gehäuft, daß bei vielen Arten die Weibchen eine ganze Menge zu sagen haben, wenn es um die Wahl ihres Partners geht. Überall dort, wo Männchen sich auf gemeinsamen Balzarenen tummeln, hängt der Erfolg eines Männchens stärker von seinen Fähigkeiten im Tanzen und Herumstolzieren ab als von seiner Fähigkeit, andere Männchen zu besiegen.[12]

Es bedurfte einer Reihe einfallsreicher Skandinavier, um einwandfreie Hinweise darauf zu bekommen, daß Vogelweibchen bei der Partnerwahl in der Tat die männlichen Federn im Auge haben. Anders Møller, ein dänischer Wissenschaftler, dessen Experimente famos durchdacht sind, stellte fest, daß Schwalbenmännchen mit künstlich verlängerten Schwanzfedern rascher Partnerinnen finden, mehr Junge aufziehen und häufiger Ehebruch begehen als Männchen mit normalen Schwanzfedern.[13] Jakob Höglund bewies, daß man Doppelschnepfenmännchen, deren Balz in der Präsentation ihrer weißen Schwanzfedern besteht, dazu bringen kann, mehr Weibchen zu ködern, wenn man ihnen schlicht und einfach Deckweiß auf die Schwanzfedern malt.[14] Das allererste Manipulationsexperiment in dieser Reihe stammt von Malte Andersson, der sich mit einer afrikanischen Vogelfamilie beschäftigt, den Witwen. Witwen besitzen dicke schwarze Schwänze von der mehrfachen Länge ihres Körpers, die sie im Flug zur Schau stellen. Andersson fing sechsunddreißig Männchen, kürzte deren Schwänze und ersetzte die eine Hälfte durch verlängerte Schwanzfedern, die andere Hälfte ließ er verkürzt. Die Männchen mit den verlängerten Schwanzfedern erwarben deutlich mehr Partnerinnen als Männchen mit normalen oder verkürzten Schwanzfedern.[15] Ähnliche Experimente bei anderen Arten mit ungewöhnlich langen Schwanzfedern führten zu demselben Resultat.[16]

Weibchen wählen also. Schlüssige Beweise dafür, daß weibliche Präferenzen erblich sind, haben sich bisher nur schwer finden lassen, doch wäre es merkwürdig, wenn dem nicht so wäre. Ein brauchbarer Hinweis in diesem Zusammenhang kommt aus Trinidad. Dort lebt ein kleiner Fisch namens Guppy, der je nach der Umgebung, in der er lebt, unterschiedlich gefärbt ist. Zwei amerikanische Wissenschaftler konnten zeigen, daß bei den Guppy-Arten, bei denen die Männchen das leuchtendste Orange aufwiesen, die Weibchen orangefarbene Männchen allen anderen vorzogen.[17]

Eine solche weibliche Präferenz für den männlichen Schmuck kann sich zu einer Bedrohung für die Männchen entwickeln. Der afrikanische Malachit-Nektarvogel ist schillernd grün mit scharlachroter Haube. Er lebt in großen Höhen an den Hängen des Mount Kenya und ernährt sich von Nektar und Insekten, die er im Fluge fängt. Bei den Männchen sind die beiden mittleren Schwanzfedern verlängert, und die Weibchen bevorzugen die Männchen mit den längsten Federn. Zwei Wissenschaftler konnten zeigen, daß die von den Weibchen bevorzugten langen Schwanzfedern für ihre Träger eine Last waren: Sie verlängerten sie bei einigen Männchen und verkürzten sie bei anderen, bei einer dritten Gruppe versahen sie die Federn mit Gewichten, und bei einer vierten Gruppe schließlich befestigten sie Ringe von demselben Gewicht an den Beinen. Diejenigen mit verlängertem oder beschwertem Schwanzgefieder waren beim Insektenfang behindert, diejenigen mit kurzen Schwanzfedern schnitten besser ab als normale Vögel, und diejenigen mit Gewichten an den Beinen lagen gleichauf mit normalen Vögeln.[18]

Die Weibchen entscheiden also. Ihre Ansprüche haben sie geerbt. Sie bevorzugen prunkvolle Ornamente, die für die Männchen eine Bürde sind. Soviel ist unbestritten. Bis hierhin hatte Darwin recht.

Das Modediktat

Die Frage, auf die Darwin eine Antwort schuldig blieb, lautete: warum? Warum um alles in der Welt sollten Weibchen protzige Männchen bevorzugen? Selbst wenn die »Präferenz« gänzlich unbewußt bestünde und lediglich eine instinktive Reaktion auf die überlegenere Verführungskunst prächtiger Männchen darstellte, so würde das doch bedeuten, daß die weiblichen Präferenzen der Evolution unterworfen waren, das männliche Merkmal hingegen nicht. Es war schwer, dafür eine Erklärung zu finden.

Irgendwann in den siebziger Jahren erinnerten die Biologen sich daran, daß es schon seit den dreißiger Jahren eine befriedigende Antwort auf diese Frage gab. Sir Ronald Fisher hatte damals den Standpunkt vertreten, ein völlig hinreichender Grund dafür, daß Weibchen lange Schwanzfedern bevorzugen, sei der, daß andere Weibchen das auch tun. Auf den ersten Blick sieht das verdächtig nach einem Zirkelschluß aus, aber diese Logik besticht gerade durch ihre Einfachheit. Sobald die meisten Weibchen einer Art sich dafür entschieden haben, sich vorzugsweise mit bestimmten Männchen zu paaren, und als Entscheidungskriterium die Schwanzlänge heranziehen – je länger, je lieber natürlich, doch dazu kommen wir später –, ist ein gewisser Trend geboren. Jedes Weibchen, das diesem Trend zuwiderhandelt, wird Söhne mit kurzen Schwanzfedern bekommen. (Vorausgesetzt, der Sohn erbt die Federn seines Vaters.) Alle anderen Weibchen aber halten Ausschau nach Männchen mit langen Schwanzfedern, so daß Söhne mit kurzen Schwanzfedern wenig erfolgreich sein werden. Bis hierher ist die Wahl eines Männchens mit langen Federn unter Umständen nichts anderes als eine willkürliche Modeerscheinung; dennoch wirkt sie despotisch. Jede Pfauenhenne befindet sich in einer Tretmühle, aus der sie nicht auszusteigen wagt, verdammte sie doch ihre Söhne damit zur Ehelosigkeit. Die Folge von alledem ist, daß die zunächst willkürliche Vorliebe der Weibchen die Männchen ihrer Spezies zu immer groteskeren »Anhängen« veranlaßt. Der Prozeß kann selbst dann noch fortschreiten, wenn der Schmuck das Leben des Männchens bedroht – solange die Bedrohung seiner Existenz geringer ist als seine Zuchterfolge. Mit Fishers Worten: »Die beiden Charakteristika, die durch einen solchen Prozeß betroffen sind – das heißt die Gefiederentwicklung bei den Männchen und die sexuellen Präferenzen bei den Weibchen –, müssen somit zusammen voranschreiten und werden dies mit ständig zunehmender Geschwindigkeit tun, solange dieser Prozeß nicht durch eine drastische Gegenselektion kontrolliert wird.«[19]

Übrigens ist Polygamie keine unabdingbare Voraussetzung für diesen Prozeß. Darwin fiel auf, daß es auch bei einigen monogamen Vogelarten farbenprächtige Männchen gibt, bei Enten und Amseln beispielsweise. Seiner Ansicht nach zahlt es sich für die Männchen unter Umständen noch immer aus, verführerisch zu erscheinen, weil sie, wenn sie schon nicht nach qualitativen Gesichtspunkten vorgehen, so doch auf diese Weise die Weibchen erringen, die als erste zur Brut bereit sind. Seine Überlegungen sind zum großen Teil durch Untersuchungen in jüngster Zeit bestätigt worden. Früh brütende Weibchen ziehen mehr Junge auf als spät brütende, und der beste Sänger oder der prunkvollste Dandy erringt in der Regel das zuerst brutbereite Weibchen. Bei jenen monogamen Arten, bei denen beide Geschlechter von großer Farbenpracht sind (Papageien, Kiebitze und Papageientaucher), scheint es eine gegenseitige sexuelle Selektion zu geben: Männchen folgen dem Modetrend, prächtige Weibchen auszuwählen, und umgekehrt.[20]

Man beachte allerdings, daß im Falle der Monogamie das Männchen sowohl wählt als auch verführt: Ein Seeschwalbenmännchen wird seine Angebetete mit Fisch beschenken – einerseits, um sie zu füttern, andererseits, um ihr zu beweisen, daß er gut genug fischen kann, um für ihre Jungen zu sorgen. Wenn er das zuerst brutbereite Weibchen im Brutgebiet wählt, und wenn sie den besten Fischer aussucht, dann wenden beide äußerst sinnvolle Kriterien an. Es wäre albern, auch nur einen Gedanken darauf zu verschwenden, bei ihrer Paarung spiele die Wahl keine Rolle. Von den Seeschwalben bis zur Pfauenhenne gibt es ein Kontinuum verschiedener Kriterien. Eine Fasanenhenne zum Beispiel, die bei der Aufzucht ihrer Jungen keine Hilfe vom Hahn erfährt, wird einen einzelnen Hahn in ihrer Nachbarschaft ignorieren und sich in den Harem eines Hahns begeben, der bereits mehrere Hennen sein eigen nennt. Dieser unterhält in seinem Territorium eine Art von Schutzgeldunternehmen, und als Gegenleistung für das Monopol über seine Weibchen bewacht er sie, während sie fressen. Für die Weibchen ist ein guter Beschützer wichtiger als ein treuer Ehemann. Eine Pfauenhenne dagegen erhält solchen Schutz nicht. Das einzige, was sie vom Hahn bekommt, ist Sperma.[21]

Und doch gibt es hier ein Paradoxon. Im Falle der Seeschwalbe wäre es eine fatale Entscheidung, ein kümmerliches Männchen zu wählen, denn das Weibchen liefe Gefahr, seine Küken dem Hungertod preiszugeben. Im Falle der Fasanenhenne wäre es von Nachteil, den weniger guten Haremsverteidiger zu wählen. Im Falle der Pfauenhenne aber hat die Wahl eines armseligen Männchens für sie so gut wie überhaupt keine Konsequenzen. Sie hat von ihrem Partner keine praktische Hilfe zu erwarten, also, so scheint es, auch nichts zu verlieren. Man sollte deshalb erwarten, daß die Wahl am sorgsamsten von der Seeschwalbe und am wenigsten sorgfältig von der Pfauenhenne getroffen wird.
Die Realität aber sieht genau umgekehrt aus. Pfauenhennen begutachten mehrere Männchen und lassen sich bei ihrer Entscheidung Zeit, so daß jedes Männchen sein Rad im besten Licht präsentieren kann. Zudem wählen die meisten Pfauenhennen dasselbe Männchen. Seeschwalben paaren sich ohne große Umstände. Am wählerischsten scheinen die Weibchen dort zu sein, wo es am wenigsten darauf ankommt.[22]

Schwindender Genvorrat

Am wenigstens darauf ankommt? Eine wichtige Sache gibt es, auf die es bei den Pfauen ankommt: eine Handvoll Gene. Gene sind das einzige, was eine Pfauenhenne vom Hahn bekommt – eine Seeschwalbe dagegen erhält darüber hinaus auch praktische Hilfe. Ein Seeschwalbenmännchen muß lediglich seine elterlichen Fähigkeiten unter Beweis stellen; ein Pfau muß demonstrieren, daß er die besten Gene anzubieten hat.
Pfauen gehören zu den wenigen Vögeln, die so etwas wie einen Markt der Verführungskunst abhalten, eine sogenannte Arenabalz. Verschiedene Hühnerarten, einige Paradiesvögel und Schnurrvögel, einige Antilopen, Rehe, Fledermäuse, Fische, Schwärmer, Schmetterlinge und andere Insekten verfahren ebenso. Zur Brutzeit kommen die Männchen an einem Balzplatz zusammen, markieren kleine, dicht beieinanderliegende Territorien und preisen den vorübergehenden Weibchen ihre Waren an. Charakteristischerweise versammelt ein einzelnes Männchen oder einige wenige – in der Regel diejenigen, die sich in der Nähe des

Arenazentrums befinden – die meisten Partnerinnen. Doch die zentrale Position eines erfolgreichen Männchens ist weniger die Ursache seines Erfolgs denn seine Konsequenz: Die anderen Männchen versammeln sich um den Champion herum.
Am besten untersucht ist in diesem Zusammenhang das Beifußhuhn des amerikanischen Westens. Es ist ein großartiges Erlebnis, vor dem Beginn der Morgendämmerung in die Ebenen Wyomings hinauszufahren und zu beobachten, wie sich eine eintönige Prärie mit tanzenden Beifußhühnern füllt. Jedes davon kennt seinen Platz, jedes vollführt sein festgelegtes Balzritual, bläst seine Luftsäcke auf, stelzt umher und trägt die aufgeblasenen Luftsäcke in seinem Gefieder zur Schau, wobei es um keinen Deut anders aussieht als eine Tänzerin in den Folies Bergères. Die Weibchen schlendern über diesen Markt, und nach einigen Tagen der Begutachtung aller angebotenen Waren paaren sie sich mit einem der Männchen. Daß sie bei ihrer Entscheidung nicht gedrängt werden, ist offensichtlich: Das Männchen kopuliert mit dem Weibchen erst, wenn dieses sich vor ihm niedergekauert hat. Ein paar Minuten später ist das Ganze vorbei, und das Weibchen beginnt seine lange und einsame Elternschaft. Es hat von seinem Partner nur eines empfangen – Gene –, und es sieht ganz so aus, als habe es alles versucht, um die besten zu ergattern, die zu bekommen waren.
Und hier stehen wir wieder vor dem Problem, daß die Spezies, bei der die Wahl am wenigsten Konsequenzen für das Weibchen hat, am wählerischsten ist. Denn ein einziger Hahn übernimmt unter Umständen die Hälfte aller Paarungen an einem Balzplatz; man weiß, daß der Top-Hahn dreißig oder mehr Hennen an einem Morgen begatten kann.[23] Das hat zur Folge, daß in der ersten Generation die genetische Rahmschicht von der Populationsoberfläche abgeschöpft wird, in der nächsten Generation der Rahm vom Rahm, und in der dritten der Rahm vom Rahm des Rahms etc. Wie jeder Molkereiangestellte weiß, ist dies eine Prozedur, die sich sehr bald erschöpft: Es bleibt nicht mehr genug Trennbares im Rahm, um weiterhin die dickere Schicht abzuschöpfen. Bei den Beifußhühnern ist es genauso. Wenn die nächste Generation von zehn Prozent aller Männchen abstammt, dann werden über kurz oder lang alle Weibchen und alle Männchen genetisch identisch sein, so daß es keinen Sinn mehr hat, ein Männchen dem anderen vorzuziehen, denn sie sind ohnehin alle identisch. Man bezeichnet diese Tatsache als Paradoxon der Arenabalz. Und sie bildet die Hürde,

die zu nehmen jedwede moderne Theorie der sexuellen Selektion bemüht ist. Wie das anzustellen ist, soll Gegenstand der folgenden Unterkapitel sein.

Montagues und Capulets

Es wird nun Zeit, über den großen Zwiespalt zu berichten. Die Anhänger der Theorie der sexuellen Selektion teilen sich in zwei, einander feindlich gesinnte Gruppen. Es gibt keine allgemein akzeptierten Namen für die beiden Parteien. Meist werden sie als »Fisherianer« und Anhänger der »Gute-Gene«-Hypothese bezeichnet. Helena Cronin hat eine meisterhafte Geschichte der Debatte zur sexuellen Selektion verfaßt.[24] Sie bevorzugt die Bezeichnungen »Geschmack« und »Vernunft«. Manchmal werden die unterschiedlichen Richtungen auch als »sexy-son«-Theorie und »Gesunder-Nachwuchs«-Theorie bezeichnet.
Die Anwälte der Fisher-Partei (sexy son, Geschmack) stehen auf dem Standpunkt, Pfauenhennen bevorzugten prächtige Männchen deshalb, weil sie bestrebt seien, erbliche Schönheit an ihre Söhne weiterzugeben, damit diese wiederum in der Lage seien, viele Weibchen anzuziehen. Die Verfechter des anderen Lagers dagegen (gute Gene, gesunder Nachwuchs, Vernunft) gehen davon aus, Pfauenhennen zögen prächtige Männchen deshalb vor, weil die Schönheit ein Ausdruck hoher genetischer Qualität – Resistenz gegenüber Krankheiten, Stärke und Vitalität – sei, und daß es diese Qualitäten seien, die ein Weibchen an ihre Jungen weiterzugeben trachtet.
Nicht alle Biologen haben sich dem einen oder anderen Lager angeschlossen, manche sind der Ansicht, es könne einen Kompromiß geben, und andere bildeten am liebsten eine dritte Partei und riefen mit Mercutio »Zum Teufel beider Sippschaft!« Nichtsdestoweniger liegt zwischen beiden eine Kluft, die sich mit der zwischen den Montagues und den Capulets in Shakespeares *Romeo und Julia* durchaus vergleichen läßt.
Die Fisherianer leiten ihre Vorstellung in erster Linie von Sir Ronald Fishers großartigen Erkenntnissen hinsichtlich despotischer Modetrends ab und stimmen mit Darwin insoweit überein, als auch sie die

weibliche Vorliebe für Pracht für willkürlich und nicht zweckgerichtet erachten. Ihrer Meinung nach wählen Weibchen, insbesondere auf den Balzplätzen, die Männchen entsprechend ihrer Farbenpracht, der Länge ihrer Schwanzfedern, der Virtuosität ihres Gesangs oder welcher anderen Qualität auch immer aus, weil innerhalb der Art ein willkürliches Modediktat regiert, das niemand zu brechen wagt und dem zufolge Schönheit vorzuziehen ist. Die Genqualitätsanhänger treten in die Fußstapfen von Alfred Russel Wallace (wenn ihnen das auch häufig nicht klar ist), wenn sie argumentieren, daß – so willkürlich und verrückt es auch scheinen mag, wenn ein Weibchen sich für ein Männchen deshalb entscheidet, weil dessen Schwanzfedern besonders lang sind oder sein Gesang besonders laut ertönt – der Wahnsinn doch Methode hat. Die Schwanzfedern beziehungsweise der Gesang teilen jedem Weibchen genau mit, wie gut die Gene eines Männchens wirklich sind. Die Tatsache, daß es laut singen oder lange Schwanzfedern besitzen und pflegen kann, beweist genauso eindrücklich, daß es gesunde und vitale Söhne und Töchter haben wird, wie das Fischerglück eines Seeschwalbenmännchens dessen Partnerin wissen läßt, daß das Männchen imstande ist, eine größere Familie zu versorgen. Schmuck und Verzierungen sind entstanden, um Genqualität augenfällig zu machen.
Der Zwiespalt zwischen Fisherianern und den Genqualitätsanhängern tat sich in den siebziger Jahren auf, als die Tatsache der Weibchenwahl schließlich zur Befriedigung der meisten Wissenschaftler bewiesen und begründet schien. Diejenigen, die aus der mathematisch-theoretischen Ecke kamen – blasse, exzentrische Typen, die sich meist in inniger Umarmung mit ihrem Computer befinden –, wurden zu Fisherianern. Naturalisten und Feldforscher – bärtige, verschwitzte Typen mit Stiefeln – entwickelten sich allmählich zu Anhängern des Genqualitätslagers.[25]

Was kostet die Wahl?

Die erste Runde ging an die Fisherianer. Man speiste mathematische Modelle mit Fishers Überlegungen, und sie überlebten dies. In den frühen achtziger Jahren ließen drei Wissenschaftler ihre Computer ein imaginäres Spiel durchführen, bei dem Weibchen Männchen mit langen

Schwanzfedern bevorzugten und daraufhin Söhne bekamen, deren Schwanzfedern ebenfalls lang waren, und Töchter, welche dieselbe Vorliebe hatten wie ihre Mütter. Je länger der Schwanz eines Männchens, um so größer sein Paarungserfolg, um so geringer aber seine Chance, bis zur Paarung zu überleben. Die Schlüsselerkenntnis bestand darin, daß zu jedem Zeitpunkt eine »Gleichgewichtslinie« existiert, an der das Spiel zu einem Ende kommen kann. Entlang dieser Linie ist der Nachteil, den die männlichen Nachkommen eines Weibchens durch ihre langen Schwanzfedern erfahren, genau ausbalanciert durch den Vorteil, den diese Söhne bei der Partnerwahl haben.[26]

Mit anderen Worten: Je wählerischer die Weibchen, desto farbenprächtiger und aufwendiger werden die männlichen Ornamente sein, und genau das stellt man in der Natur fest. Beifußhühner haben ein aufwendig verziertes Gefieder, und es werden nur wenige Männchen ausgewählt; Seeschwalben sind wenig auffällig gefärbt, und die meisten Männchen finden eine Partnerin.

Die Modelle demonstrierten auch, daß der Prozeß sich von der Gleichgewichtslinie, wie von Fisher in seiner sogenannten »Selbstläuferhypothese« postuliert, mit ständig zunehmender Geschwindigkeit entfernen kann, aber immer nur dann, wenn die Weibchen hinsichtlich ihrer (erblichen) Präferenz variieren und wenn der männliche Schmuck keine zu große Belastung darstellt. Dieser Umstand ist außer zu Beginn des Prozesses, wenn sich eine Präferenz und ein neues Merkmal gerade neu herausgebildet haben, relativ unwahrscheinlich.

Die Mathematiker aber gingen sogar noch weiter. Es war von großem Einfluß, wenn der Auswahlprozeß die Weibchen etwas kostete. Wenn ein Weibchen bei der Entscheidung, mit welchem Männchen es sich paaren soll, kostbare Zeit verschenkte, die es besser zum Ausbrüten der Eier verwendete, oder wenn es sich dem Risiko aussetzte, von einem Raubvogel erbeutet zu werden, dann ist die Linie nicht mehr stabil. Denn sobald die Art das Gleichgewicht erreicht hat und das Für langer Schwanzfedern durch das Wider ausbalanciert wird, gibt es keinen Nettovorteil mehr für eine sorgsame Auswahl, so daß die Kosten, die eine Wahl möglicherweise mit sich bringt, die Weibchen allmählich in die Gleichgültigkeit treiben. Zunächst schien dies die Fisher-Theorie zu gefährden, und kurzzeitig flackerte das Interesse an einer anderen Version seiner Theorie auf, der zufolge ein besonders schicker Mann ein schlechter Vater sei – ein klarer Nachteil für ein wählerisches Weibchen.[27]

Glücklicherweise kam eine andere mathematische Erkenntnis zu Hilfe: die Überlegung nämlich, daß die Gene, die zur Entstehung eines prächtigen Schmucks oder langer Schwanzfedern führten, selbst zufälligen Mutationen unterworfen sind. Je reicher eine Verzierung ist, desto größer ist die Wahrscheinlichkeit dafür, daß eine Zufallsmutation dafür sorgt, daß sie weniger spektakulär wird. Warum? Eine Mutation ist Sand im genetischen Getriebe. Wirft man Sand in ein einfaches Gerät, einen Eimer zum Beispiel, dann ändert er dessen Funktion kaum. Wirft man Sand in ein kompliziertes Gerät, beispielsweise in die Mechanik einer Fahrradgangschaltung, dann macht er daraus höchstwahrscheinlich eine weniger gute Gangschaltung. Jede Veränderung an einem Gen wird somit das Ornament kleiner, weniger symmetrisch oder weniger farbenprächtig erscheinen lassen. Den Mathematikern zufolge ist dies ausreichend, damit es sich für ein Weibchen lohnt, ein Männchen mit einem prächtigen Ornament sorgfältig auszuwählen, denn jeder Fehler in diesem Ornament würde andernfalls von seinen Söhnen geerbt: Wenn es sich für das Männchen mit dem schönsten Schmuck entscheidet, wählt es gleichzeitig das Männchen mit den wenigsten Mutationen. Diese Gegebenheit ist vielleicht auch hinreichend, dem zentralen Problem beizukommen, das wir bereits früher angesprochen hatten, der Tatsache nämlich, daß, wenn in jeder Generation der beste genetische Rahm vom Rahm jeder Generation abgeschöpft wird, es bei dem Rahm über kurz oder lang keine Trennbarkeit mehr gibt. Mutationen sorgen dafür, daß immer wieder Milch in den Rahm gelangt.[28]

Das Ergebnis eines Jahrzehnts mathematischer Spielereien lautet also: Die Fisherianer haben nicht unrecht. Es ist möglich, daß beliebige Verzierungen sich aus keinem anderen Grund zu immer reichhaltigeren Formen entwickeln als dem, daß Weibchen ihre Wahl zwischen verschiedenen Männchen treffen und dabei willkürlichen Modetrends folgen; und je sorgfältiger sie aussieben, um so reichhaltiger werden die Verzierungen. Es stimmt also, was Fisher in den dreißiger Jahren gesagt hatte. Doch eine Menge Naturforscher waren nach wie vor nicht davon überzeugt, und das hatte zwei Gründe. Erstens: Ein Teil von dem, was Fisher zu beweisen suchte, diente ihm zugleich als Voraussetzung. Für seine Theorie ist es von entscheidender Bedeutung, daß die Weibchen bereits wählerisch sind. Fisher selbst hatte eine Antwort hierauf. Zu Beginn hätten Weibchen die Männchen mit den langen Schwanzfedern aus praktischen Gründen bevorzugt, etwa weil sie den Schmuck als Zeichen

überlegener Größe und Vitalität verstanden hätten. Diese Idee ist keineswegs aus der Luft gegriffen, schließlich sind selbst die wirklich monogamen Arten wie die Seeschwalben wählerisch, bei denen jedes Männchen ein Weibchen erringt. Aber die Idee stammt aus dem feindlichen Lager. Und so können die Genqualitätsverfechter darauf antworten: »Wenn ihr zugesteht, daß unsere Überlegungen zumindest am Anfang richtig sind, weshalb sollten sie es dann später nicht mehr sein?«
Der zweite Grund, weshalb einige Forscher nicht von Fishers Überlegungen überzeugt waren, ist einfacher: Der Beweis dafür, daß Fishers außer Kontrolle geratene Selektion geschehen kann, beweist nicht, daß sie auch tatsächlich geschieht. Computer reflektieren nicht die Wirklichkeit. Nur ein Experiment könnte die Naturforscher davon überzeugen, ein Experiment, das zeigen kann, daß die Attraktivität der Söhne die Evolution von Verzierungen vorantreibt.
Ein solches Experiment hat niemals stattgefunden, aber Leute wie ich, die eher den Fisherianern zuneigen, halten verschiedene Argumente für einigermaßen schlagkräftig. Schauen Sie sich in der Welt um – was sehen Sie? Sie stellen fest, daß aller Schmuck, über den wir hier sprechen, willkürlich ist. Pfauen haben Augen auf ihrem Rad; Beifußhühner besitzen aufblasbare Luftsäcke und ein auffälliges Schwanzgefieder; Nachtigallen verfügen über ein Melodienrepertoire von großer Vielfalt und über ein besonderes Gesangsmuster; Paradiesvögeln wachsen lange, prächtige Schwanzfedern, die an Wimpel erinnern; Laubenvögel sammeln blaue Gegenstände. Es ist ein wildes Durcheinander von Extravaganzen und Farben. Wenn Ornamente, die aufgrund sexueller Selektion ausgewählt werden, Vitalität und Stärke ihres Besitzers zu illustrieren hätten, dann müßten sie doch bestimmt nicht derart zufällig sein?
Es gibt ein weiteres Argument, das man zu Fishers Gunsten in die Waagschale werden kann – das Phänomen des Kopierens. Beobachtet man eine Arenabalz sorgfältig, dann stellt man fest, daß die Weibchen ihre Entscheidung häufig nicht allein treffen; sie beeinflussen sich untereinander. Beifußhennen paaren sich mit größerer Wahrscheinlichkeit mit einem Hahn, der sich soeben mit einer anderen Henne gepaart hat. Bei den Birkhühnern, die ebenfalls eine Arenabalz veranstalten, paaren sich die Hähne mehrmals nacheinander, wenn überhaupt. Eine ausgestopfte Birkhenne im Territorium eines Männchens lockt weitere Weibchen in das Territorium – allerdings veranlaßt sie sie nicht notwendigerweise auch zur Kopulation.[29] Läßt man Guppy-Weibchen zwei Männchen be-

obachten, von denen eines bereits ein Weibchen umwirbt, dann bevorzugen die Weibchen das werbende Männchen – auch dann, wenn das zuvor umworbene Weibchen nicht mehr anwesend ist.[30] Genau dieses kopierende Verhalten aber würde man erwarten, wenn Fisher recht hätte, denn hier wird der Mode um der Mode willen gefolgt: Es ist kaum von Bedeutung, ob das erwählte Männchen das »beste« ist; was zählt ist, daß es das modischste ist, und genau das wird auch für seine Söhne gelten. Wenn die Genqualitätsverfechter recht hätten, dürften die Weibchen sich untereinander nicht derart stark beeinflussen lassen. Es gibt sogar Hinweise darauf, daß Pfauenhennen versuchen, einander am Kopieren zu hindern, auch das ergibt in den Augen eines Fisherianers durchaus einen Sinn.[31] Denn wenn das Ziel darin besteht, in der nächsten Generation den attraktivsten Sohn zu stellen, dann ist eine Möglichkeit, das zu erreichen, die, den attraktivsten Ehemann zu wählen; die zweite Möglichkeit besteht darin, andere Weibchen daran zu hindern, sich mit dem attraktivsten Männchen zusammenzutun.

Ornamentale Handicaps

Wenn Weibchen sich ihre Männchen im Hinblick auf die zu erwartende Attraktivität künftiger Söhne aussuchen, warum sollten sie dann nicht auch im Hinblick auf andere genetische Qualitäten wählerisch sein? Die Verfechter der Theorie der »guten Gene« sind der Ansicht, Schönheit habe ihren Sinn: Pfauenhennen wählen genetisch überlegene Männchen, um Töchter und Söhne zu bekommen, die zum Überleben gerüstet sind und nicht nur dazu, Partner anzuziehen.

Die Anhänger dieser Theorie blicken auf ebensoviel experimentelle Unterstützung wie die Fisherianer. Essigfliegen, denen man eine freie Partnerwahl ermöglicht, produzieren eine Generation von Fliegen, die sich im Vergleich zu anderen, bei denen die Elterngeneration nicht frei wählen konnte, als zäher erweisen.[32] Beifußhennen, Birkhennen, Doppelschnepfen, Damhirsche und Witwen – sie alle scheinen bei der Arenabalz die Männchen zu bevorzugen, die am lebhaftesten balzen.[33] Plaziert man eine ausgestopfte Birkhenne genau an der Grenze zwischen zwei Birkhahn-Tanzplätzen, dann kämpfen beide Männchen um das Recht auf das Nekrophilie-Monopol. Sieger wird in aller Regel das Männchen, das den noch lebenden Weibchen am attraktivsten erscheint und bei dem gleichzeitig die Wahrscheinlichkeit, daß es die nächsten sechs Monate überlebt, größer ist als bei anderen Männchen, so daß es außer der Fähigkeit, Weibchen zu beeindrucken, auch noch andere Qualitäten haben muß.[34] Je leuchtender das Rot eines Hausfinks, desto populärer ist er bei den Weibchen; er ist darüber hinaus aber auch der bessere Vater – er schafft mehr Futter für seine Jungen herbei – und lebt länger (vielleicht weil er aufgrund seiner genetischen Konstitution resistenter gegenüber Krankheiten ist). Indem die Weibchen das Männchen mit dem hellsten Rot aus dem Angebot wählen, erwerben sie also gleichzeitig die besten Überlebensgene und die besten Gene für Attraktivität.[35] Die Beobachtung, daß jene Männchen, welche die Verführungskunst am besten beherrschen, auch in anderen Dingen glänzen, überrascht kaum, läßt sich aber nicht als Beweis dafür werten, daß Weibchen für ihren Nachwuchs die besten Gene auswählen. Vielleicht meiden sie schwächliche Männchen, weil sie andernfalls anfälliger für Krankheiten wären. Auch widerlegen solche Beobachtungen die Fishersche Überlegung nicht, daß das Wichtigste, was ein attraktives Männchen seinen Söhnen weitergibt, die eigene Attraktivität ist. Sie lassen nur vermuten, daß das attraktive Männchen auch andere Attribute weitergibt.

Betrachten wir den Fall des Gelbbandgärtners, eines Laubenvogels aus Neuguinea. Das Männchen baut wie andere Laubenvögel auch eine kunstvolle Laube aus Zweigen und Farnen und versucht, Weibchen damit zu verführen. Das Weibchen inspiziert die Laube, und falls ihm Architektur und Dekorationen (bei denen es sich meist um Gegenstände von einer bestimmten, ungewöhnlichen Farbe handelt) gefallen, paart es sich mit ihm. Das Besondere am Gelbbandgärtner ist, daß sein bester Schmuck aus Federn eines bestimmten Paradiesvogels besteht, des Wimpelträgers oder Albert-Paradiesvogels. Diese Federn haben die mehrfache Körperlänge ihres ursprünglichen Trägers und wachsen diesem oberhalb der Augen. Sie sehen aus wie die Antennen eines Autoradios, verziert mit Dutzenden quadratischer blauer Wimpel. Da diese Federn, die nur einmal jährlich bei der Mauser abgeworfen werden, zum erstenmal erscheinen, wenn der Paradiesvogel vier Jahre alt ist und überdies bei den ansässigen Stammesangehörigen hoch im Kurs stehen, muß es für den Laubenvogel ein schwieriges Unterfangen sein, diese Federn zu ergattern. Und wenn ihm das schließlich gelungen ist, muß er sie bewachen, damit sie ihm nicht von anderen neidischen Laubenvogelmännchen für die eigene Laube gestohlen werden. Somit hat, um mit Jared Diamond zu sprechen, ein Laubenvogelweibchen, das ein Männchen gefunden hat, dessen Laube mit Federn des Albert-Paradiesvogels (auch Wimpelträger) geschmückt ist, die Gewißheit, »daß sie ein dominantes Männchen ausfindig gemacht hat, das phantastisch in der Lage ist, seltene Gegenstände aufzutun oder zu stehlen und gegen eventuelle Diebe zu verteidigen«.[36]

Soviel zum Laubenvogel. Wie aber steht es mit dem Paradiesvogel? In seinem Falle ist die Tatsache, daß er alt genug geworden ist, um diese Federn zu bekommen, daß sie bei ihm länger sind als bei allen anderen Männchen in seiner Nähe und daß er sie in gutem Zustand zu halten vermag, ein ebenso verläßlicher Indikator seiner genetischen Qualitäten. Aber wir werden an das erinnert, was Darwin am meisten ins Grübeln brachte und womit unsere Diskussion überhaupt begonnen hat. Wenn die Federn ein Indikator für die Qualität des Männchens sind, sind sie es dann nicht auch, die eben diese Qualität beeinträchtigen? Schließlich ist jeder Stammesangehörige in Neuguinea hinter ihnen her, und jedem Raubvogel fallen sie auf. Er mag gezeigt haben, daß er imstande ist zu überleben, doch seine Überlebenschancen sind der Federn wegen herabgesetzt; sie sind für ihn eine Last. Wie kann ein System, in dem Weibchen die Männchen nach deren Fähigkeit zum Überleben auswählen, dazu führen, daß die Männchen mit Hemmnissen für ihr Überleben belastet werden?

Das ist eine gute Frage, und es gibt darauf eine paradoxe Antwort, für die wir Amotz Zahavi, einem temperamentvollen israelischen Wissenschaftler, großen Dank schulden. Er erkannte im Jahre 1975, daß das Signal, das ein Männchen einem Weibchen übermittelt, um so mehr Eindruck macht, je stärker sich die Federn eines Pfauenschwanzes oder eines Paradiesvogels zu einem Handicap für ihren Träger auswachsen. Allein durch die Tatsache, daß das prächtige Männchen überlebt hat, kann sich das Weibchen dessen sicher sein, daß es der Prüfung durch das Leben getrotzt hat. Es hat trotz seines Handicaps überlebt. Je aufwendiger und kostspieliger das Handicap ist, um so besser eignet es sich als Signal für seine genetischen Qualitäten; somit wird die Evolution der Pfauenfedern eher beschleunigt, wenn diese ein Handicap darstellen, als wenn dies nicht der Fall wäre. Damit haben wir die Umkehrung der

Fisherschen Vorhersage, daß die Weiterentwicklung dieser Federn sich verlangsamen müßte, sobald die Federn zur Belastung würden.[37]
Dies ist eine reizvolle und nur allzu vertraute Überlegung. Wenn ein Massai-Krieger einen Löwen erlegt, um seine künftige Frau zu beeindrucken, läuft er zwar Gefahr, getötet zu werden, demonstriert aber auch, daß er den nötigen Mut besitzt, eine Viehherde zu verteidigen. Zahavis Handicap war nichts anderes als eine Version solcher Werbungsrituale. Dennoch wurde er von allen Seiten angegriffen, und man war allgemein der Ansicht, er sei im Unrecht. Das gewichtigste Argument gegen ihn war die Feststellung, die Söhne erbten das Handicap zusammen mit den guten Genen. Sie würden damit in genau demselben Maße belastet wie bevorteilt. Damit wären sie genauso schlecht dran, als wären sie unbelastet und unattraktiv.[38]
In den letzten Jahren hat Zahavi jedoch eine Bestätigung seiner Überlegungen erfahren. Mathematische Modelle wiesen nach, daß er möglicherweise im Recht ist, seine Kritiker dagegen im Unrecht.[39] Seine »Anwälte« haben der Theorie zwei subtile Details hinzugefügt und sie damit für die Genqualitätsseite der Theorien zur sexuellen Selektion besonders bedeutsam werden lassen. Das erste lautet: Handicaps als Kennzeichen hoher genetischer Qualitäten und die Einschränkung der Überlebensfähigkeit stehen in einer Wechselbeziehung: Je schwächer das Männchen, desto schwerer fällt es ihm, Schwanzfedern von bestimmter Länge zu produzieren oder zu erhalten. Tatsächlich haben Experimente mit Schwalben gezeigt, daß, wenn man den Vögeln künstlich längere Schwanzfedern verleiht und sie damit über ihren Zustand hinaus erhebt, die Schwanzfedern der Männchen in der nächsten Generation nicht mehr dieselbe Länge erreichen wie zuvor: Das Extra-Handicap hat seinen Preis.[40] Das zweite Detail: Der belastende Schmuck ist vielleicht entstanden, um eventuelle Defizite möglichst deutlich werden zu lassen. Schließlich wäre das Leben für Schwäne bedeutend leichter, wenn sie nicht weiß wären – wie jedermann weiß, der einmal versucht hat, in einem Hochzeitskleid einen See zu durchschwimmen. Schwäne werden erst weiß, wenn sie geschlechtsreif sind, das heißt im Alter von einigen Jahren; vielleicht vermittelt ein Gefieder, das weißer ist als weiß, einer skeptischen Schwänin die Gewißheit, daß dessen Träger neben der Nahrungsaufnahme Zeit genug findet, sein Gefieder zu pflegen.
Zahavis Rechtfertigung trug entscheidend dazu bei, die Debatte zwischen Fisherianern und Genqualitätsanhängern erneut zu entzünden.

Bis dahin ließ sich die Theorie der guten Gene nur anwenden, wenn der entstehende männliche Schmuck keine Belastung für die Männchen darstellte. Ein Männchen mag durch die Ornamente zwar seine genetischen Qualitäten vermitteln, doch wenn dies unter hohem Kostenaufwand geschähe, wäre der Effekt kontraproduktiv – es sei denn, er resultierte in einem attraktiven Sohn.

Lausige Männchen

Die Handicap-Theorie ist nunmehr mit dem zentralen Problem der sexuellen Selektion konfrontiert, dem Paradoxon der Arenabalz: Wenn die Pfauenhennen stets nur die wenigen allerbesten Männchen zur Paarung auswählen, dann schöpfen sie unablässig den Rahm vom genetischen Rahm, so daß es nach einigen Generationen keine nennenswerte Vielfalt mehr geben kann, aus der sie auswählen könnten. Die Feststellung der Genqualitätsverfechter, Mutationen würden mit hoher Wahrscheinlichkeit dazu führen, daß Schmuck und Verzierungen weniger wirkungsvoll werden, gibt darauf eine Teilantwort, die allerdings nicht völlig überzeugend ist. Schließlich liefert sie nur ein Argument dafür, nicht gerade den Schlechtesten auszuwählen, nicht aber dafür, den Besten zu nehmen.

Nur die Rote Königin kann unserem Problem beikommen. Denn die Theorie der sexuellen Selektion beinhaltet offenbar, daß Weibchen ständig rennen (indem sie so wählerisch sind) und doch am selben Ort bleiben (ohne Vielfalt zur Auswahl). An diesem Punkt sollten wir uns nach einem ständig veränderlichen Feind umsehen, einem Rivalen im Wettrüsten. Und hier treffen wir wieder auf Bill Hamilton. Zuletzt waren wir ihm begegnet, als wir darüber sprachen, daß Sexualität einen entscheidenden Beitrag zum Kampf gegen Krankheiten leistet. Falls der Hauptzweck sexueller Fortpflanzung darin besteht, die eigenen Nachkommen resistent gegen Parasiten zu machen, folgt daraus unmittelbar, daß es sinnvoll ist, einen Partner mit parasitenresistenten Genen zu suchen. AIDS hat jeden von uns nur allzusehr an die Bedeutung der Gesundheit des Partners erinnert, doch diese Logik gilt für alle Krankheiten. Im Jahre 1983 äußerten Hamilton und eine seiner Kolleginnen, Marlene Zuk (inzwischen an der University of California at Riverside) die Vermutung, daß Parasiten möglicherweise auch der Schlüssel zum Paradoxon der Arenabalz sein könnten, und somit auch zu Farbenpracht und Pfauenfedern, denn Parasiten und ihre Wirtsorganismen ändern, um einander zu überlisten, unablässig ihren genetischen Charakter. Je häufiger ein bestimmter Wirtsorganismus in einer Generation vorkommt, um so häufiger ist in der nächsten Generation der Parasitenstamm, der die Verteidigungsmechanismen dieses Wirts überwinden kann. Oder umgekehrt: Der Wirtsorganismus, der dem vorherrschenden Parasitenstamm am resistentesten gegenüber ist, wird in der folgenden Generation der vorherrschende Wirt sein. Somit kann das resistenteste Männchen unter Umständen der Nachkomme des in der vorigen Generation am wenigsten resistenten sein. Damit ist das Paradoxon mit einem Schlag gelöst. Durch die Auswahl des jeweils gesündesten Männchens jeder Generation treffen die Weibchen jedesmal auf einen anderen Satz von Genen und haben damit immer eine hinreichende genetische Vielfalt zur Verfügung.[41]

Die Hamilton-Zuk-Theorie war relativ gewagt, die beiden Forscher gingen ihren Weg jedoch weiter: Sie überprüften die Daten von einhundertneun Vogelarten und stellten dabei fest, daß es die farbenprächtigsten Arten waren, die am stärksten von Blutparasiten befallen waren. Diese Behauptung ist heftig angezweifelt worden und wurde heiß diskutiert, doch scheint sie auf festen Füßen zu stehen. Bei einem Überblick über fünfhundertsechsundzwanzig tropische Vogelarten erhielt Zuk dasselbe Ergebnis, und es gibt andere Forscher, die das gleiche für Paradiesvögel und einige Arten von Süßwasserfischen[42] bestätigen konnten: je mehr Parasiten, um so auffälliger die Art. Sogar beim Menschen ist offenbar die Parasitenlast um so schwerwiegender, je stärker polygam eine Gesellschaft ist, wobei man nicht weiß, ob das etwas zu bedeuten hat.[43] All das ist unter Umständen nur Zufall; Korrelation ist nicht gleichbedeutend mit Ursache. Um die Mutmaßungen von Hamilton und Zuk zu bestätigen, bedarf es dreierlei: Erstens müßten sich Beweise für regelmäßige genetische Zyklen bei Wirten und Parasiten finden; zweitens müßten Ornamente besonders gut geeignet sein, Parasitenfreiheit zu demonstrieren, drittens müßten Weibchen tatsächlich aus ebendiesem Grund die resistentesten Männchen wählen, und es dürfte sich nicht herausstellen, daß die erwählten Männchen nur zufälligerweise resistent sind.

Seit der ersten Veröffentlichung der Theorie von Hamilton und Zuk häufen sich die Befunde. Manche Indizien unterstützen die Theorie, andere nicht. Keines davon erfüllt wirklich alle genannten Kriterien. So wie die Theorie zum einen voraussagt, daß die prachtvollsten Arten auch die am stärksten von Parasiten befallenen sein müßten, so fordert sie gleichzeitig, daß innerhalb einer Art das Männchen mit dem prachtvollsten Schmuck am wenigsten von Parasiten geplagt sein sollte: In verschiedenen Fällen hat sich das bestätigen lassen; auch ist erweisen, daß Weibchen allgemein die am wenigsten von Parasiten befallenen Männchen bevorzugen. Das trifft für Beifußhühner, Laubenvögel, Paradiesvögel, Frösche, Guppys und sogar für Grillen zu.[44] Bei den Schwalben werden die Männchen mit längerem Schwanzgefieder von den Weibchen bevorzugt. Diese Männchen sind weniger stark von Läusen befallen, und ihre Nachkommen erben eine Resistenz gegen den Läusebefall auch dann, wenn sie von Stiefeltern aufgezogen werden.[45] Diese Ergebnisse überraschen nicht im mindesten. Es wäre im Gegenteil sehr viel erstaunlicher, wenn sich herausstellen sollte, daß Weibchen sich von mageren, kranken Männchen verführen ließen, statt dem Charme des gesündesten zu erliegen. Dennoch: Vielleicht meiden sie ein krankes Männchen aus keinem anderen Grund als dem, daß sie seine Erreger nicht aufschnappen wollen.[46]

Experimente mit Beifußhühnern überzeugen allmählich einen Teil der Skeptiker. Mark Boyce und seine Kollegen von der University of Wyoming stellten fest, daß an Malaria erkrankte Hähne und verlauste Hähne wenig erfolgreich sind. Sie beobachteten ferner, daß Läuse leicht festzustellen waren, da sie auf den aufgeblasenen Luftsäcken sichtbare Flecken bildeten. Zeichneten Boyce und seine Mitarbeiter auf die Luftsäcke eines gesunden Hahns solche Flecken, sank der Paarungserfolg des Hahns rapide.[47] Wenn sie nun noch zeigen könnten, daß es Zyklen von einem Resistenz-Gen zum anderen gibt, die durch das weibliche Selektionsverhalten vermittelt werden, dann erführe die Theorie der guten Gene einen deutlichen Aufschwung.

Symmetrische Schönheit

Im Jahre 1991 stolperten Anders Møller und Andrew Pomiankowski über eine Möglichkeit, den Bürgerkrieg zwischen Fisherianern und Gute-Gene-Anhängern zu beenden. Sie heißt Symmetrie. Es ist ein in der Entwicklungsbiologie wohlbekannter Umstand, daß der Körper eines Tieres symmetrischer ausfällt, wenn er unter guten Voraussetzungen heranwächst, und weniger symmetrisch, wenn die Voraussetzungen weniger gut waren. Skorpionsfliegen zum Beispiel entwickeln sich symmetrischer, wenn sie wohlgenährte Väter haben, die es sich leisten können, ihre Weibchen gut zu füttern. Der Grund hierfür besteht schlicht in dem bekannten Sand-im-Getriebe-Argument: Es ist nicht einfach, hohe Symmetrie zu erzeugen. Geht irgend etwas schief, kann Asymmetrie die Folge sein.[48]

Die meisten Körperteile wie Flügel oder Schnäbel sollten daher dann maximale Symmetrie aufweisen, wenn sie genau die richtige Größe besitzen, und am wenigsten symmetrisch sein, wenn irgendeine Form von Störung sie zu klein oder zu groß hat werden lassen. Hätten die Genqualitätsverfechter recht, sollten die größten Ornamente auch die symmetrischsten sein, denn große Ornamente sind Ausdruck guter Gene und einer streßarmen Entwicklung. Hätten die Fisherianer recht, sollte man im Prinzip keine Beziehung zwischen Größe und Symmetrie erwarten; wenn es aber doch eine gäbe, dann sollten die größten Ornamente am wenigsten Bezug zur Symmetrie haben, und zwar deshalb, weil die Größe einer Verzierung nichts anderes über ihren Träger aussagt, als daß er in der Lage ist, das größte Ornament zu produzieren.

Møller stellte fest, daß bei den von ihm untersuchten Schwalben die Männchen mit den größten Schwänzen auch die deutlichste Symmetrie aufwiesen. Dies entspricht nicht dem Muster, daß man bei anderen Federn beobachtet, zum Beispiel bei Flügelfedern, die der gewohnten Regel gehorchen: Die höchste Symmetrie findet sich bei denen, die der Durchschnittslänge am nächsten kommen. Mit anderen Worten: Während für die meisten Federn die Beziehung zwischen Federlänge und Symmetrie eine Glockenkurve ergibt, bildet sich aus diesem Verhältnis bei den Schwanzfedern eine ansteigende Kurve. Da die Schwalben mit den längsten Schwanzfedern bei der Partnerwahl die erfolg-

reichsten sind, heißt das gleichzeitig auch, daß symmetrische Schwanzfedern erfolgversprechender sein müssen. Møller kürzte oder verlängerte also die Schwanzfedern bestimmter Männchen und veränderte gleichzeitig auch deren Symmetrie. Je länger die Schwanzfedern waren, um so eher fanden die Männchen ein Weibchen und um so mehr Junge zogen sie auf. Innerhalb einer Größenklasse aber schnitten die mit der höheren Symmetrie besser ab als die mit geringerer Symmetrie.[49]
Møller wertet dies als unzweifelhaften Beweis für die Theorie der guten Gene, denn es beweist, daß sexuelle Selektion sich für ein zustandsabhängiges Merkmal – Symmetrie – entscheidet. Er tat sich mit Pomiankowski zusammen, und sie begannen, Ornamente, die eine Korrelation zwischen Größe und Symmetrie aufweisen, von denen zu unterschieden, bei denen es eine solche Verknüpfung nicht gibt – also Genqualitätsverfechter von Fisherianern zu trennen. Ihre ursprüngliche Schlußfolgerung hatte gelautet, Tiere mit einzelnen Ornamenten – wie Schwalben mit ihrem langen Schwanz – seien eher dem Gute-Gene-Lager zuzurechnen, während Tiere mit multiplen Ornamenten – wie Fasanen mit langem Schwanz, roten Gesichtsrosetten und farbenprächtigem Gefieder – eher Fisherianer seien und keine Korrelation zwischen Symmetrie und Größe aufwiesen. Pomiankowski hat die Angelegenheit seither aus einem anderen Blickwinkel heraus betrachtet und argumentiert folgendermaßen: Überall dort, wo die Weibchen eine Wahl nichts kostet, herrscht Fisher, und damit eine bestimmte Form von Ornamenten. Die Qualität der Gene ist dort von Bedeutung, wo die Kosten der Wahl hoch sind. Dieselbe Schlußfolgerung noch einmal: Pfauen sind Fisherianer, Schwalben sind Genqualitätsanhänger.[50]

Ehrliches Kammhuhn

Bis jetzt habe ich die Evolution männlichen Zierats nur vom Standpunkt des Weibchens aus betrachtet, denn seine Vorliebe treibt diese Evolution an. Bei einer Art wie dem Pfau aber, bei der weibliche Partnerwahl herrscht, ist das Männchen kein ausschließlich passiver Erdulder seines evolutionären Geschicks. Es ist ein leidenschaftlicher Freier und gleichzeitig ein eifriger Verkäufer. Es hat ein Produkt – möglicherweise seine Gene – zu verkaufen, und es hat über dieses Produkt etwas mitzuteilen. Nun gibt es aber nicht einfach seine Informationen preis und wartet dann bescheiden die Entscheidung der Pfauenhenne ab, sondern es ist vielmehr darauf aus, sie zu überzeugen und zu verführen. Und genauso wie sie von Weibchen abstammt, die eine sorgsame Wahl getroffen haben, stammt es von Männchen ab, die sich gut verkaufen konnten.

Der Vergleich mit dem Anpreisen einer Ware ist recht aufschlußreich, denn Werbefachleute vermarkten ihr Produkt nicht nur mittels bloßer Information. Sie flunkern, übertreiben und versuchen, es mit angenehmen Dingen in Zusammenhang zu bringen. Sie verwenden erotische Bilder, um Eiscreme zu verkaufen, Paare, die Hand in Hand einen Strand entlangschlendern, um Flugtickets an den Mann zu bringen, Romantik für Instantkaffee und Cowboys für Zigaretten.

Wenn ein Mann eine Frau umwirbt, dann schickt er ihr keine Kopie seines Bankauszugs, sondern eine Perlenkette. Er schickt ihr auch nicht seine Kranken-Akte, sondern erwähnt beiläufig, er laufe zwanzig Kilometer in der Woche und sei nie erkältet. Er erzählt ihr nichts über seine Schulabschlüsse, sondern beeindruckt sie durch seinen Witz. Er erbringt keinen Nachweis für seine Umsicht, sondern er schickt ihr einen Strauß roter Rosen zum Geburtstag. Jede dieser Gesten birgt eine Mitteilung in sich: Ich bin reich, ich bin fit, ich bin gescheit, ich bin nett. Doch die Information wird verpackt, um wirkungsvoller und verlockender zu erscheinen – in der gleichen Weise, wie die Aufforderung »Kaufen Sie unsere Eiscreme« auf sich aufmerksam macht, wenn sie von den Bildern zweier gutaussehender Menschen begleitet wird, die miteinander flirten.

Sowohl beim Flirt als auch in der Werbebranche gibt es eine Interessenkluft zwischen Käufer und Verkäufer. Die Frau muß die Wahrheit über den Mann in Erfahrung bringen: seinen Gesundheitszustand, seine Finanzen, seine Gene. Der Mann will übertreiben und die Information verzerren. Die Frau fordert die Wahrheit, der Mann liefert Lüge. Allein das Wort Verführung beinhaltet bereits Lug und Betrug.[51]

Verführung wird damit zu einem klassischen Rote-Königin-Wettstreit – diesmal tobt er allerdings zwischen weiblichem und männlichem Geschlecht und nicht zwischen Wirt und Parasit. Zahavis Handicap-Theorie würde in Hamiltons und Zuks Deutung voraussagen, daß Ehrlichkeit am längsten währt und daß aufschneiderische und betrügerische Männ-

chen irgendwann entlarvt werden, weil nämlich das Weibchen das Handicap nur aus dem Grunde als Auswahlkriterium wählt, weil es den Gesundheitszustand des Männchens offenbart.
Das Bankivahuhn ist der wilde Vetter unseres Haushuhns. Genau wie ein richtiger Gockel auf dem Bauernhof ist auch der Bankivahahn mit einer Reihe von Ornamenten versehen, die seine Partnerinnen nicht haben: lange gebogene Schwanzfedern, eine helle Halskrause und, das augenfälligste, ein roter Kamm auf dem Kopf. Marlene Zuk hatte sich vorgenommen, festzustellen, welches von diesen Merkmalen für die Hennen am bedeutsamsten ist. Sie präsentierte sexuell empfänglichen Hennen zwei Männchen und beobachtete, welches davon sie auswählten. In manchen Versuchen war eines der Männchen von Würmern befallen, die Gefieder, Schnabel und Beine kaum in Mitleidenschaft zogen, doch die Infektion schlug sich deutlich in der Beschaffenheit von Kamm und Augen nieder, die beide weniger stark gefärbt waren als bei normalen Männchen. Zuk stellte fest, daß die Hennen Hähne mit gesundem Kamm und gesunden Augen bevorzugten, auf das Gefieder jedoch weniger Wert legten. Für Männchen mit falschen roten Plastikkämmen konnten sich die Hennen allerdings nicht begeistern, diese schienen ihnen offenbar doch zu seltsam zu sein. Dennoch war klargeworden, daß die Hennen den größten Wert auf das Merkmal legten, das die meisten Rückschlüsse auf die Gesundheit eines Hahns zuließ.[52]
Zuk wußte, daß auch Geflügelzüchter Kamm und Kehllappen eines Hahns zur Beurteilung seiner Gesundheit heranziehen. Es faszinierte sie, daß die Kehllappen ein »ehrlicheres« Merkmal für den Zustand eines Gockels sein sollten als das Gefieder. Viele Vögel, insbesondere Mitglieder der Fasanenfamilie, tragen im Kopfbereich Anhänge, die sie während der Balz betont präsentieren: Truthähne haben oberhalb des Schnabels lange Hautlappen, Fasanen haben rote Haut-»Rosen«, Beifußhühner verfügen über Luftsäcke, Satyrhühner besitzen aufblasbare stahlblaue Kehlsäcke am Hals.
Die Rotfärbung von Kamm und Kehllappen eines Hahns kommt durch Karotinpigmente zustande. Auch Guppymännchen, Hausfinken und Flamingos verdanken Karotinoiden ihre Farbe. Die Besonderheit ist dabei, daß Vögel und Fische diese Verbindungen nicht selbst in ihren Geweben herstellen können, sie extrahieren sie aus der Nahrung – aus Früchten, Muscheln, Pflanzen oder Wirbellosen. Ihre Fähigkeit, Karotinoide aus der Nahrung zu gewinnen und an die verschiedenen Körpergewebe

weiterzuleiten, wird allerdings durch bestimmte Parasiten sehr stark beeinträchtigt. Ein an Kokzidiose erkrankter Hahn zum Beispiel sammelt weit weniger Karotinoide in seinem Kamm an als ein gesunder – selbst dann, wenn beiden Tieren dieselbe Menge an Karotinoiden mit der Nahrung verabreicht wurde. Niemand weiß genau, warum die Parasiten diesen speziellen Effekt haben, er scheint jedoch unumgänglich und ist daher für die Weibchen ausgesprochen nützlich: Die Farbintensität karotinoid-gefüllter Gewebe ist ein sichtbares Zeichen für den Grad des Parasitenbefalls. Kein Wunder also, daß Rot oder Orange so häufige Farben bei Ornamenten wie den bei der Balz präsentierten Kämmen, Kehl- und Hautlappen der Fasanen und Hühner sind.[53]

Größe und Farbenpracht solcher Kämme werden also durch das Vorhandensein von Parasiten beeinträchtigt, hervorgerufen aber werden sie durch Hormone. Je höher der Testosteronspiegel im Blut eines Hahns, um so größer und farbenprächtiger werden Kamm und Kehllappen sein. Das Problem dabei ist nur, daß mit dem Testosteronspiegel auch der Parasitenbefall zunimmt. Das Hormon selbst scheint die Resistenz gegenüber Parasiten herabzusetzen.[54] Wieder einmal weiß niemand warum, aber es ist eine Tatsache, daß Cortisol, das »Streß«-Hormon, das in Krisenzeiten in den Blutstrom abgegeben wird, einen deutlichen Effekt auf das Immunsystem hat. Eine langfristige Studie über den Cortisolspiegel bei Kindern auf den Westindischen Inseln hat ergeben, daß kurze Zeit nachdem der Cortisolspiegel erhöht war, auch das Infektionsrisiko anstieg.[55] Cortisol und Testosteron sind beide Steroidhormone, und sie haben eine bemerkenswert ähnliche Molekularstruktur: Von den fünf biochemischen Schritten, die notwendig sind, um aus Cholesterol Cortisol beziehungsweise Testosteron entstehen zu lassen, unterscheiden sich nur die beiden letzten Schritte.[56] Irgend etwas an den Steroidhormonen scheint also die Immunantwort grundsätzlich zu unterdrücken. Aufgrund dieses Aspekts der Testosteronwirkung ist das männliche Geschlecht anfälliger gegen Infektionen als das weibliche, ein Trend, der sich durch das gesamte Tierreich hindurch verfolgen läßt. Eunuchen leben länger als andere Männer, und das männliche Geschlecht weist generell eine höhere Mortalität auf. Bei einem kleinen australischen Lebewesen, einer Beutelmaus, erliegen die Männchen während der turbulenten Brutsaison sämtlich tödlichen Infektionen und sterben. Es hat den Anschein, als verfügten Männchen über einen begrenzten Energievorrat, den sie entweder zur Reproduktion oder für die

Abwehr gegenüber Krankheiten einsetzen können, nicht aber für beides zusammen.[57]

Im Hinblick auf die sexuelle Selektion bedeutet dies, daß Lügen sich nicht lohnt. Lebt man bezüglich seines Geschlechtshormonspiegels über seine Verhältnisse, so hat dies zwar den Besitz größerer Ornamente zur Folge, aber man wird auch anfälliger für den Befall durch Parasiten, der sich nun wiederum im Zustand dieser Ornamente niederschlägt. Unter Umständen läuft das Ganze rückwärts: Das Immunsystem unterdrückt die Testosteronproduktion. Mit Zuks Worten: »Männchen sind in dem Augenblick anfälliger für Krankheiten, in dem sie die männliche Ausrüstung erhalten.«[58]

Die beste Bestätigung für diese Mutmaßung entstammt einer Studie an Plötzen, kleinen Fischen mit rötlichen Flossen, die man im schweizerischen Bielersee findet. Den Plötzenmännchen wachsen auf der gesamten Körperoberfläche kleine Knötchen, die die Weibchen offenbar stimulieren, wenn sich die Fische bei der Balz aneinanderreiben. Je mehr Parasiten ein Männchen hat, um so weniger Knötchen wachsen ihm. Ein Zoologe ist in der Lage, aus der Zahl der Knötchen zu erschließen, ob das Männchen von einem Rundwurm oder von einem Plattwurm befallen ist. Die Schlußfolgerung liegt auf der Hand: Wenn ein Zoologe erkennen kann, welcher Parasit den Fisch befallen hat, dann kann ein Plötzenweibchen das vermutlich erst recht. Das Krankheitsmuster kommt durch verschiedene Arten von Geschlechtshormonen zustande: Die Konzentration des einen läßt sich nur um den Preis einer erhöhten Anfälligkeit für einen bestimmten Parasiten erhöhen, die des anderen läßt sich nur um den Preis einer verringerten Immunabwehr gegen eine andere Parasitenart erhöhen.[59]

Wenn Hahnenkämme und Plötzenknötchen ehrliche Signale sind, dann gilt dies aller Wahrscheinlichkeit nach auch für den Gesang. Eine Nachtigall, die lange und laut singt, muß bei guter Gesundheit sein, und ein großes Repertoire verschiedener Melodien läßt auf Erfahrung oder Geschick oder auf beides schließen. Eine temperamentvolle Balz, wie der *pas de deux* zweier Schnurrvögel ist vermutlich ebenfalls ein ehrliches Zeichen. Ein Vogel hingegen, der wie Pfau und Paradiesvogel lediglich seine Federn zur Schau stellt, ist möglicherweise ein Schwindler, dessen Vitalität seit dem Erwerb dieser Federn geschwunden ist: Pfauenfedern sind schließlich auch dann noch von unveränderter Farbenpracht, wenn ihr Besitzer längst tot und ausgestopft ist. So gesehen verwundert es nicht, daß die meisten Vogelmännchen sich nicht unmittelbar vor der Brutsaison mausern, sondern ihr Frühlingskleid bereits im Herbst zuvor bekommen. Somit müssen sie es den ganzen Winter über in Ordnung halten. Allein die Tatsache, daß ein Männchen sechs Monate lang sein Gefieder zu pflegen imstande war, sagt dem Weibchen etwas über die Beständigkeit seiner Vitalität. Bill Hamilton bemerkt dazu, daß zum Beispiel weiße Federn am Bürzel, wie man sie bei vielen Hühnervögeln findet, besonders schwer reinzuhalten sind, wenn der Vogel unter parasitärem Durchfall leidet.[60]

Zahavi war fest davon überzeugt, daß Ehrlichkeit eine Grundeigenschaft von Handicaps sein muß. Seiner Ansicht nach muß ein Ornament kostspielig sein, um ehrlich sein zu können; andernfalls könnte es in betrügerischer Absicht eingesetzt werden. Einem Hirsch kann kein mächtiges Geweih wachsen, ohne daß er das Fünffache seiner normalen täglichen Kalziumdosis zu sich nimmt; ein Doktorfisch kann nur dann von schillerndem Blau sein, wenn er sich in sehr gutem Zustand befindet – eine Tatsache, die er im Kampf mit anderen Männchen beweisen muß. Von der Annahme ausgehend, daß jeder, der die Regeln mißachtet und kein ehrliches Signal präsentiert, irgend etwas zu verbergen hat, werden die Männchen zu ehrlichen Balzsignalen gezwungen. Balzornamente sind daher Beispiele für die Forderung nach »ehrlicher Vermarktung«.[61]

All das klingt sehr logisch, doch ungefähr im Jahre 1990 wurde es einer Gruppe von Biologen bei dieser Vorstellung unbehaglich. Daß sexuelle Selektion etwas mit Wahrheit zu tun haben könnte, mochten sie nicht glauben, denn schließlich wußten sie, daß auch Fernsehwerbung mit Wahrheit überhaupt nichts zu tun hat – sie will den Betrachter manipulieren.

Die ersten und wortgewaltigsten Verfechter dieser Ansicht waren zwei Biologen aus Oxford: Richard Dawkins und John Krebs. Ihnen zufolge singt ein Nachtigallenmännchen nicht, um potentiellen Partnerinnen Information über sich zukommen zu lassen – es singt, um sie zu verführen. Und wenn die Taktik es erfordert, hinsichtlich seiner wahren Kräfte zu schwindeln – was soll's.[62]

In einem sehr vereinfachten Sinne kann man sagen, daß Eiscremewerbung ehrlich ist: Sie verrät den Namen der Marke. Nicht ehrlich aber ist es, wenn sie durchblicken läßt, daß es nach jedem Löffel Eiscreme mit Sicherheit zu irgendwelchen erotischen Erlebnissen kommt. Eine solch dreiste Lüge könnte von dem großen Genie im Tierreich, dem Menschen, garantiert mit Leichtigkeit durchschaut werden. Wird sie aber nicht. Werbung funktioniert. Markennamen, die mit irgendwelchen erotischen oder aufreizenden Bildern in Zusammenhang gebracht werden, sind bekannter, und was bekannt ist, verkauft sich besser. Warum funktioniert das? Deshalb, weil der Preis, den der Verbraucher zahlen müßte, um die verborgene Botschaft zu ignorieren, einfach zu hoch ist. Man läßt sich besser narren und kauft die zweitbeste Eiscreme, als daß man sich mühsam selbst die Fähigkeit anerzieht, Verkäufern zu widerstehen. Jede Pfauenhenne, die diese Zeilen liest, beginnt möglicherweise, ihr Dilemma zu erkennen. Denn auch sie wird unter Umständen durch das männliche Balzverhalten erfolgreich dazu verleitet, das zweitbeste Männchen zu wählen. Erinnern Sie sich: Das Arenabalz-Paradoxon geht davon aus, daß die Auswahlmöglichkeiten nicht sehr groß sind, stammen doch alle verfügbaren Männchen von wenigen Vätern der vorigen Generation ab. Damit leiten sich offenbar aus zwei gegensätzlichen Hypothesen – ehrliche Vermarktung und unehrliche Manipulation – gegensätzliche Schlüsse ab. Die Hypothese von der ehrlichen Vermarktung führt zu dem Schluß, daß Weibchen einen betrügerischen Verführer erkennen; die These von der unehrlichen Manipulation führt zu dem Schluß, daß Männchen die Weibchen wider deren besseres Wissen verführen.

Warum haben junge Frauen eine schlanke Taille?

Marian Dawkins und Tim Guilford aus Oxford haben vor kurzem eine mögliche Lösung für dieses Dilemma vorgestellt. Solange es das Weibchen etwas kostet, die Unehrlichkeit in einem Signal zu erkennen, ist es ihr den Aufwand möglicherweise nicht wert. Anders ausgedrückt: Wenn sie ihr Leben riskieren muß, um viele Männchen zu vergleichen und unter ihnen zu wählen, damit sichergestellt ist, daß sie wirklich das beste bekommt, wird der kleine Vorteil, den sie dadurch hat, von dem Risiko aufgewogen, das sie gleichzeitig trägt: Sie läßt sich besser von einem einigermaßen passablen Männchen erobern, als nach der Taube auf dem Dach zu streben. Und wenn sie nicht in der Lage ist, wirkliche Qualität von vorgetäuschter ohne weiteres zu unterschieden, dann können die anderen Weibchen das auch nicht, und somit werden ihre Söhne nicht unter der Unehrlichkeit ihres Vaters zu leiden haben.[63]

Ein verblüffendes Beispiel für diese Art von Logik stammt von Bobbi Low und ihren Kollegen an der University of Michigan und betrifft den Menschen. Low versuchte zu erklären, warum sich bei jungen Frauen mehr Fettgewebe auf Brust und Gesäß befindet als an anderen Teilen ihres Körpers. Die Frage ist deshalb wert, gestellt zu werden, weil junge Frauen sich in dieser Hinsicht von allen anderen Menschen unterscheiden. Ältere Frauen, junge Mädchen und Männer jeden Alters verteilen ihr Fettgewebe sehr viel gleichmäßiger auf Rumpf und Gliedmaßen. Wenn aber eine Frau um die zwanzig an Gewicht zunimmt, dann meist in Gestalt vermehrter Fettablagerung auf Brust und Gesäß, die Taille bleibt dabei bemerkenswert schlank.

Bis hierhin handelt es sich um unbestrittene Tatsachen. Was nun folgt, ist pure Mutmaßung, und genau das hat Low einiges an – zuweilen bösartiger (meistenteils aber dummer) Kritik eingetragen, als sie ihre Überlegungen im Jahre 1987 veröffentlichte.

Die Jahre Anfang Zwanzig sind für eine Frau das optimale Alter für eine Schwangerschaft; man könnte also annehmen, daß die ungewöhnliche Fettverteilung entweder mit der Partnersuche oder mit einer möglichen Schwangerschaft in Zusammenhang steht. Die Standarderklärung hinsichtlich einer Schwangerschaft lautet, Fett in der Taillengegend sei von Nachteil, weil es dort dem Fetus im Wege sei. Lows Erklärung betrifft die Partnersuche und bedient sich eines Rote-Königin-Rennens zwischen Männern und Frauen. Ein Mann, der sich nach einer Frau umsieht, stammt mit hoher Wahrscheinlichkeit von Männern ab, die zwei Dinge (von vielen anderen) attraktiv fanden: große Brüste, um Kinder ernähren zu können, und ein breites Becken, um Kinder leicht gebären zu können. Kindstod durch Unterernährung infolge eines Mangels an Muttermilch dürfte vor unseren wohlhabenden Zeiten recht häufig gewesen sein – und ist es in manchen Teilen der Welt noch heute. Auch der Tod von Mutter und Kind infolge eines zu engen Geburtsweges war mit Sicherheit keine Seltenheit. Komplikationen bei der Geburt gibt es beim Menschen besonders häufig. Der Grund dafür leuchtet ein: Innerhalb der letzten fünf Millionen Jahre hat die Schädelgröße der Feten extrem zugenommen, der Geburtskanal blieb jedoch unverändert. Dies hatte (bevor man bei der Mutter von Julius Cäsar den ersten Kaiserschnitt durchführte) zur Folge, daß

alle schmalhüftigen Frauen, die Mutter wurden, der natürlichen Selektion zum Opfer fielen.
Klar, daß Männer unter diesen Umständen Frauen mit relativ breiten Hüften und großer Brust bevorzugten. Es erklärt aber noch nicht, weshalb sich Fettgewebe auf Brust und Hüften ansammelt; Fett hat keinen Einfluß auf die Milchproduktion einer Brust, und die Entfernung der Beckenknochen voneinander wird durch Fett ebenfalls nicht beeinflußt. Low meint, Frauen vermitteln mit diesen Rundungen den Männern möglicherweise den (falschen) Eindruck, milchgefüllte Brüste und ein weites Becken zu haben. Die Männer sind darauf hereingefallen, denn die Kosten dafür, eine mit Fettgewebe gefüllte Brust von einer milchgefüllten zu unterscheiden oder Fettablagerungen auf den Hüften von einem breiten Becken zu unterscheiden, waren einfach zu groß, und die Gelegenheit hierzu hat gefehlt. Der männliche »Gegenangriff« im Sinne der Evolution bestand darin, eine schmale Taille »zu fordern«, sozusagen als Beweis für die Tatsache, daß bei einer Frau wenig Unterhautfettgewebe vorhanden ist, die Frauen allerdings haben dies problemlos unterlaufen, indem sie die Fähigkeit entwickelten, Fettgewebe abzulagern und die Taille dennoch schmal zu halten. Als »die Maße« einer Frau gilt schließlich noch immer die Kombination von Brust-, Taillen- und Hüftumfang. Eine Frau mit den Maßen 90–90–90 ist übergewichtig, schwanger oder im mittleren Alter. Eine Frau mit den Maßen 90–55–90 kommt als Pin-up-Girl des Monats im Playboy in Frage.[64]
Vielleicht ist Lows Theorie falsch, und sie ist die letzte, die diese Möglichkeit ausschließt, und doch ist die Theorie um keinen Deut weniger logisch oder weiter hergeholt als jede der Konkurrenztheorien, und für unsere Zwecke liefert sie ein anschauliches Beispiel dafür, daß ein Rote-Königin-Rennen zwischen jemandem, der einen unlauteren Werbefeldzug führt (in diesem Fall einmal die Frauen), und einem Kunden, der Ehrlichkeit fordert, nicht notwendigerweise von demjenigen gewonnen wird, der für Ehrlichkeit plädiert. Wenn Low recht hat, dann muß Fett leichter zu erwerben sein als Milchdrüsengewebe, genauso wie es für die Überlegungen von Dawkins und Guilford notwendig ist, daß Schwindel billiger sein muß als die Wahrheit.[65]

Glucksende Frösche

Das Ziel des männlichen Geschlechts ist die Verführung: Es versucht, die weibliche Seite dazu zu bringen, seinem Charme zu erliegen, ihre Gedanken mit Beschlag zu belegen und ihr Denken zu beeinflussen. Für das Männchen besteht ein Evolutionsdruck zu immer perfekteren Balzritualen, die ihm das Weibchen gewogen machen und es sexuell erregen, so daß es sich einer Paarung mit ihr sicher sein kann.

Für das Weibchen besteht – wenn man davon ausgeht, daß es von Vorteil ist, das beste Männchen zu wählen – der Evolutionsdruck darin, jeglichem Balzverhalten zu widerstehen – mit Ausnahme freilich der allerbesten Darbietung. Mit dieser Aussage hat man im Grunde nur die Argumentation zum Thema Weibchenwahl wiederholt, wobei diesmal eine stärkere Betonung auf dem »Wie« liegt als auf dem »Warum«. Doch Wiederholungen können auch sehr erhellend sein, und in diesem speziellen Fall gilt das ganz besonders. Michael Ryan von der University of Texas wiederholte diese Frage vor einigen Jahren, und zwar unter anderem deshalb, weil er sich mit Fröschen beschäftigt. Bei Fröschen lassen sich weibliche Präferenzen sehr leicht bestimmen, denn das Männchen sitzt auf einem Fleck und ruft, während das Weibchen dem Klang des Männchens nachgeht, der ihr am besten gefällt. Ryan ersetzte die Frösche durch Lautsprecher und bot den Weibchen verschiedene Aufnahmen von Männchen an, um ihre Präferenzen zu testen.

Das Froschmännchen der Spezis *Physalaemus pustulosus* lockt sein Weibchen mit einem langgezogenen Klagelaut, dem ein »Gluckser« folgt. Mit einer einzigen Ausnahme produzieren sämtliche seiner nächsten Verwandten den Klagelaut allein. Doch mindestens eine der verwandten Arten ohne den Gluckser zieht Rufe mit Glucksern denen ohne Gluckser vor. Das war ungefähr so, als habe man entdeckt, daß ein Stammesangehöriger aus Neuguinea Frauen in weißem Hochzeitskleid attraktiver findet als Frauen, die das traditionelle Gewand tragen. Es gibt Hinweise darauf, daß die Vorliebe für den Gluckser allein damit zu tun hat, daß das weibliche Ohr (oder, um genau zu sein, die Basilarmembran des Innenohrs) auf die Frequenz des Glucksers anspricht; vom Standpunkt der Evolution her gesehen, haben die Männchen dieses entdeckt und ausgenutzt. In Ryans Augen bringt dies das gesamte theoretische Gebäude der Weibchenwahl ins Wanken. Denn diese Theorie sagt sowohl in der Form von Fishers »sexy-son«-Hypothesen als auch in Gestalt der Theorie von den »guten Genen« vorher, daß sich männlicher Schmuck und weibliche Präferenz im Laufe der Evolution gleichzeitig entwickeln. Ryans Ergebnis aber scheint darauf hinzudeuten, daß die Präferenz in voll ausgereifter Form bereits existierte, bevor das Männchen den Schmuck überhaupt besaß. Pfauenhennen hatten bereits eine Vorliebe für Schwanzfedern mit schillernden Augen darauf, als die Hähne noch aussahen wie große Hühner.[66]

Falls irgendwer diesen Frosch für einen glücklichen Zufall hält: Alexandra Basolo, eine Kollegin Ryans, hat genau dasselbe bei einem Fisch gezeigt, beim Platy. Hier werden Männchen mit langen schwertähnlichen Verlängerungen der Schwanzflosse von den Weibchen bevorzugt. Männchen einer anderen Art besitzen solche schwertförmigen Schwänze, doch keine der anderen Verwandten des Platys, und es wäre schon sehr an den Haaren herbeigezogen, wollte man argumentieren, sie hätten alle ihr Schwert verloren. Wahrscheinlicher ist, daß sich der Schwertschwanz allmählich entwickelt hat. Die Präferenz für Schwertschwänze war bereits vorhanden, bevor es die Schwertschwänze selbst gab.[67] Auf der einen Seite ist das, was Ryan sagt, nicht besonders aufregend. Daß männliches Balzverhalten dem sensorischen System der Weibchen angepaßt sein sollte, ist natürlich zu erwarten. Affen sind die einzigen Säuger mit sehr guter Farbsichtigkeit. Es überrascht daher nicht, daß sie auch die einzigen Säugetiere sind, die mit hellen Farben wie Blau oder Pink ausgestattet sind. Es ist auch nicht verwunderlich, daß Schlangen, die taub sind, einander nichts vorsingen (sie fauchen lediglich, um andere Lebewesen abzuschrecken). Man könnte tatsächlich eine ganze Reihe von »Pfauenfedern« für jeden der fünf Sinne und noch einige andere mehr auflisten. Die Pfauenfedern für das Sehen, den Gesang der Nachtigall für das Gehör, den Duft des Moschusochsen für den Geruchssinn[68], die Pheromone einer Motte für den Geschmackssinn, die »morphologische Überladenheit« manches Insekten-»Penis« für den Berührungssinn[69], sogar die ausgefeilten elektrischen Balzsignale mancher Fische als sechstem Sinn[70]. Jede Art wählt für die Werbung des Männchens den Sinn, den die Weibchen am besten entschlüsseln können. In gewissem Sinne kehren wir damit zu Darwins ursprünglicher Vorstellung zurück: Weibchen verfügten, aus was für Gründen auch immer, über einen gewissen Sinn für Ästhetik, und dieser Sinn formt die männlichen Ornamente.[71]

Außerdem würde man erwarten, daß die Männchen eine Balzform wählen, die möglichst ungefährlich ist und die möglichst wenig kostet. Wer das tut, lebt länger und hinterläßt mehr Nachkommen als jemand, der das nicht tut. Wie jeder Vogelbeobachter weiß, steht die Schönheit eines Vogelgesangs in umgekehrtem Verhältnis zur Farbenpracht des Gefieders. Die opernreifen Sänger unter den Vogelmännchen, die Nachtigallen und Lerchen, sind von unauffälligem Braun und von den Weibchen kaum zu unterscheiden. Paradiesvögel und Fasanen dagegen, bei denen die Männchen prächtig gefärbt sind, während die Weibchen von unauffälligem Aussehen sind – sind schlichte Sänger, die sich eher in monotonem Gekrächze äußern. Interessanterweise gilt dasselbe Muster für die Laubenvögel in Neuguinea und Australien: je unauffälliger der Vogel, um so ausgefeilter und aufwendiger verziert ist seine Laube. Man kann sagen, Nachtigallen und Laubenvögel geben ihren Ornamenten die Gestalt von Gesang und Lauben. Das hat klare Vorteile. Ein Sänger kann seinen Schmuck ausschalten, wenn Gefahr droht, ein Laubenbauer den seinen verlassen.[72]

Weitere direkte Indizien für ein solches Muster finden sich bei Fischen. John Endler von der University of California in Santa Barbara beschäftigt sich mit dem Balzverhalten von Guppys und insbesondere mit den verschiedenen Farben, welche die Guppymännchen annehmen können. Fische verfügen über eine exzellente Farbsichtigkeit; während unsereiner für das Farbensehen drei verschiedene Zellarten verwendet (Zellen, die auf Rot, Blau und Grün ansprechen), besitzen Fische vier, Vögel dagegen bis zu sieben. Verglichen mit den Farbsehfähigkeiten von Vögeln ist unser Leben monochrom. Fische haben aber zusätzlich noch deshalb ganz andere Farbeindrücke als wir, weil ihre Welt Licht verschiedener Farben auf alle möglichen Arten herausfiltert. Je tiefer sie beispielsweise leben, um so weniger rotes Licht dringt zu ihnen. Je brauner das Wasser, um so weniger Blau dringt durch, je grüner das Wasser, um so weniger Rot und Blau und so weiter. Endlers Guppys leben in den Flüssen Trinidads. Bei der Balz befinden sie sich in der Regel in klarem Wasser, in dem Orange, Rot und Blau am besten zu sehen sind. Nun sind ihre Feinde aber Fische, die in Wasser leben, in dem gelbes Licht am besten durchdringt. Es überrascht nicht, das Guppymännchen niemals gelb sind.

Die Männchen verwenden zwei Arten von Farben: ein Orangerot, das auf ein Karotinoid zurückzuführen ist, welches der Guppy aus der Nahrung gewinnen muß, und ein Blaugrün, das durch Guaninkristalle in der Haut entsteht, welche sich ablagern, wenn der Guppy geschlechtsreif wird. Guppyweibchen, die in teefarbenem Wasser leben, in welchem man Orangerot besser sieht, reagieren empfindlicher auf orangerotes Licht als auf blaues, was durchaus logisch ist. Das Gehirn dieser Guppys ist genau der Wellenlänge dieses orangeroten Karotinpigments angepaßt, welches das Guppymännchen bei der Balz einsetzt – möglicherweise läßt sich dieser Zusammenhang auch umgekehrt betrachten.[73]

Von Mozart und Stärlingsgesängen

Mark Kirkpatrick, ein Kollege von Ryan an der University of Texas, ist einer der besten Kenner der Theorien zur sexuellen Selektion. Er gehörte zu denen, die Fishers Überlegungen in den frühen achtziger Jahren zu mathematischem Ansehen verhalfen. Inzwischen weigert er sich zu akzeptieren, daß man zwischen Fisher und Zahavi zu wählen hat. Zum Teil begründet er dies mit Ryans Ergebnissen.

Das heißt im übrigen nicht, daß Kirkpatrick so wie Julian Huxley etwas gegen die Weibchenwahl hätte. Huxley war der Ansicht, die Männchen erledigten die Selektion mittels Kämpfen untereinander selbst, Kirkpatrick hingegen glaubt, daß in vielen Spezies in der Tat die Weibchen wählen, daß ihre Präferenzen aber keiner Evolution unterworfen sind. Seiner Meinung nach konfrontieren sie die Männchen einfach mit ihrem anspruchsvollem Geschmack.

Sowohl die Anhänger der guten Gene als auch die Fisherianer sind in ihren Theorien darum bemüht, für aufwendiges Balzverhalten einen Grund zu finden, der einem Männchen Vorteile brächte. Kirkpatrick betrachtet das Ganze vom weiblichen Standpunkt aus. Nehmen wir einmal an, so erläutert er, die Präferenzen der Pfauenhennen haben die Hähne tatsächlich dazu gebracht, lange Schwanzfedern zu entwickeln. Weshalb sollten wir diese weibliche Präferenz nur mittels ihrer Wirkungen auf Söhne und Töchter zu begreifen haben? Könnten die Pfauenhennen nicht durchaus gute direkte Gründe für ihre Wahl gehabt haben? Könnten ihre Präferenzen nicht ganz und gar andere Gründe haben? Er ist der Ansicht, daß »andere evolutionäre Kräfte, die auf die Entwicklung von

Präferenzen einwirken, den Faktor gute Gene schließlich verdrängen werden und weibliche Präferenzen für Merkmale entstehen lassen, die das Überleben des männlichen Geschlechts gefährden«.[74]

Zwei Experimente aus jüngster Zeit sprechen für die Vorstellung, daß Weibchen schlicht einen anspruchsvollen Geschmack besitzen, der sich nicht im Laufe der Evolution entwickelt hat. Die Männchen aus der Gattung der Bootsschwänze (Vertreter der Neuwelt-Vogelfamilie der Stärlinge) beherrschen in der Regel nur einen Gesang. Bootsschwanzweibchen aber bevorzugen zur Paarung Männchen, die mehr als nur einen einzigen Gesang beherrschen. William Searcy von der University of Pittsburgh fand heraus, weshalb das so ist. Er machte sich die Tatsache zunutze, daß ein Bootsschwanzweibchen sich einem singenden Lautsprecher nähert und eine paarungsbereite Haltung einnimmt. Die Bereitschaft zu einem solchen Verhalten nimmt jedoch in dem Maße ab, wie es sich angesichts des Gesangs zu langweilen beginnt. Erst wenn der Lautsprecher zu einem anderen Gesang wechselt, wird sie erneut ihre Paarungsbereitschaft zeigen. Eine solche Form der »Gewöhnung« ist eine Eigenschaft nahezu aller Hirnfunktionen; auch unsere Sinne sind ebenso wie die von Dohlen darauf eingerichtet, nicht den Stillstand, sondern Neuheiten und Veränderungen zu registrieren. Die weibliche Präferenz hat sich nicht im Laufe der Evolution entwickelt, sondern sie ist einfach, wie sie ist.[75]

Die vielleicht verblüffendsten Erkenntnisse zum Thema sexuelle Selektion entstammen den Arbeiten von Nancy Burley, die Anfang der achtziger Jahre an Zebrafinken unternommen wurden. Sie hatte untersucht, wie diese kleinen australischen Finken ihre Partner wählen. Zur Vereinfachung ihrer Beobachtungen hielt sie die Tiere in Volieren und markierte jedes Tier mit einem farbigen Ring am Fuß. Nach einer Weile fiel ihr etwas Seltsames auf: Die Männchen mit roten Ringen wurden offenbar von den Weibchen bevorzugt. Mit weiteren Experimenten konnte sie bestätigen, daß die Ringe die Attraktivität sowohl bei Männchen als auch bei Weibchen drastisch veränderten. Männchen mit roten Ringen galten als attraktiv, Männchen mit grünen Ringen als unattraktiv. Weibchen mit schwarzen oder pinkfarbenen Ringen wurden bevorzugt, jene mit hellblauen Ringen ignoriert. Nicht nur die Beringung vermochte die Attraktivität eines Männchens zu beeinflussen, kleine Papierhütchen, die sie den Finken auf den Kopf klebte, hatten ebenfalls Einfluß auf das Verhalten der Tiere. Weibliche Zebrafinken gehen nach einer recht einfachen Regel vor, wenn sie einen möglichen Partner einschätzen: Je mehr Rot er am Körper hat (oder je weniger Grün, was auf dasselbe herauskommt, wenn man davon ausgeht, daß Rot und Grün vom Gehirn als zwei gegensätzliche Dinge gesehen werden), um so attraktiver ist er.[76]

Wenn eine weibliche Präferenz für Ästhetik besteht, dann ist es nur logisch, daß die Evolution Männchen hervorbringt, die sich diese Präferenz zunutze machen. So ist es zum Beispiel möglich, daß die »Augen« auf einem Pfauenschwanz auf die Pfauenhenne deshalb betörend wirken, weil sie wie eine Riesenversion wirklicher Augen erscheinen. Augen sind für viele Tiere visuelle Anziehungspunkte – mit möglicherweise sogar hypnotischem Charakter –, und das plötzliche Erscheinen zahlreicher starrender Riesenaugen führt bei der Pfauenhenne unter Umständen zu einem leicht hypnotischen Zustand, der den Annäherungsversuch des Pfaus erleichtert.[77] Das steht im Einklang mit der Beobachtung, »überhöhte Stimuli« seien häufig effizienter als normale. Manche Vögel ziehen beispielsweise lächerlich große Eier im eigenen Nest Eiern von Normalgröße vor: Eine Gans versucht eher auf einem Ei von der Größe eines Fußballs zu brüten als auf einem Ei von normaler Größe. Es hat den Anschein, als gäbe es für ihr Gehirn ein Programm, das ihr sagt: »Du magst Eier«, und so mag sie ein Ei um so mehr, je größer es ist. Je größer der Augenfleck, um so attraktiver oder faszinierender ist er vielleicht für die Pfauenhenne; das Männchen hat sich diese Tatsache einfach zunutze gemacht und trägt nunmehr viele riesengroße Augen, während die weibliche Präferenz unverändert geblieben ist.[78]

Werbung mit Webfehlern

Andrew Pomiankowski akzeptiert vieles von dem, was Ryan und Kirkpatrick sagen, doch wenn es um die Weibchenwahl geht, versagt er ihnen seine Zustimmung. Seiner Ansicht nach ist das, was die beiden postulieren, lediglich eine Einschränkung, die das männliche Merkmal in die vom sensorischen Apparat des Weibchens bevorzugte Richtung drängt. Das heißt aber nicht, daß die Überspitzung (eines Merkmals) ohne jedwede Änderung der weiblichen Präferenz vonstatten geht. Es ist nahezu unmöglich, sich vorzustellen, wie die Weibchen dem Fisher-Effekt entgehen können, wenn das männliche Ornament Generation für Generation immer überladener wird: Das anspruchsvollste Weibchen wird das Männchen mit dem prächtigsten Ornament wählen, somit die attraktivsten Söhne produzieren, womit sie die meisten Enkelinnen hat, so daß die Weibchen nach und nach immer anspruchsvoller werden und immer schwerer zu verführen und zu hypnotisieren sind. »Die kritische Frage«, schrieb Pomiankowski, »lautet nicht: Weshalb hat sich sensorische Ausbeutung entwickelt, sondern: weshalb lassen Weibchen es zu, daß sie ausgebeutet werden.« Zudem verrät es eine sehr engstirnige Vorstellung von Selektion, wenn man annimmt, daß sie zwar das Gehör eines Froschs für die Wahrnehmung von Räubern schärfen kann, es aber nicht gleichzeitig in anderer Form zur Auswahl eines Männchens anpassen kann.[79]

Es wird damit möglich, mit Ryan und Kirkpatrick zu argumentieren, daß die Extravaganzen männlicher Werbung den angeborenen weiblichen Geschmack treffen, ohne dabei gleichzeitig die Vorstellung abzulehnen, daß diese Ansprüche für die Weibchen deshalb von Nutzen sind, weil sie die besten Gene für die nächste Generation auswählen. Die Federn eines Pfauenschwanzes sind gleichzeitig Zeugnis einer durch natürliche Selektion entstandenen weiblichen Vorliebe für augenähnliche Objekte, ein Auswuchs des Modediktats unter den Pfauenhennen und ein Handicap, das den Zustand seines Trägers offenlegt. Solch toleranter Pluralismus ist nicht jedermanns Geschmack, doch Pomiankowski beharrt darauf, daß er keineswegs einem fehlgeleiteten Bestreben entspringt, jedermann gefallen zu wollen. In einem indischen Restaurant legte er mir eines schönen Tages auf einer Papierserviette eine Möglichkeit dar, wie sich alle derzeit kursierenden Theorien zur sexuellen Selektion in einem gemeinsamen Modell berücksichtigen lassen.

Jedes männliche Merkmal beginnt als Zufallsmutation. Falls es damit nun auch noch auf irgendeine sensible sensorische Ader beim Weibchen trifft, fängt es an, sich auszubreiten. Während es das tut, beginnt der Fisher-Effekt zu wirken, und sowohl das Merkmal als auch die Vorliebe dafür »arten« allmählich »aus«. Schließlich wird ein Punkt erreicht, an dem sich das Merkmal auf alle Männchen ausgebreitet hat und es für die Weibchen keinen Anlaß mehr gibt, der Mode weiter zu folgen. Somit verblaßt das Merkmal allmählich, denn für die Weibchen wird es nun kostspielig, zu wählen: Im Mindestfall bedeutet es für die Weibchen Zeit- und Energieverschwendung, die verschiedenen Männchen miteinander zu vergleichen. Wenn der Preis gering ist, verblaßt der Fisher-Effekt langsamer, beispielsweise in Spezies, die eine Arenabalz veranstalten, bei der alle Männchen auf einmal zu besichtigen sind. Manche Merkmale aber werden nicht verblassen, weil sie zufälligerweise einen Hinweis auf die Gesundheit ihres Trägers beinhalten – beispielsweise eine Schmuckfarbe, die sich ändert, wenn das Männchen von Parasiten befallen ist. Die Weibchen werden daher auf keinen Fall aufhören, die besten Männchen auszuwählen. Sie werden weiterhin die prächtigsten Männchen aussuchen (oder sich von ihnen verführen lassen), denn damit stellen sie sicher, daß ihre Nachkommen krankheitsresistent werden. Mit anderen Worten: Merkmale, die den Zustand ihres Trägers reflektieren, werden nicht die einzigen sein, die sich bis zu höchster Überladenheit entwickeln, aber sie werden am längsten bestehenbleiben. Und bei Spezies, deren Balz in Form einer Arenabalz stattfindet, werden sich alle überladenen Fisher-Merkmale ebenfalls erhalten, denn der Preis, den das Weibchen für die Wahl zu zahlen hat, ist gering. Bei einer Spezies mit hoher Promiskuität wird sich eine Sammlung der verschiedensten Handicaps, Ornamente und Farbkleckse zeigen. Pomiankowski hat seither (basierend auf der zuvor erwähnten Symmetrieüberlegung) Befunde zusammengetragen, die seine theoretischen Überlegungen bestätigen: das Postulat also, daß die Mehrfachmerkmale polygamer Spezies, wie die zahlreichen Verzierungen eines Pfaus, Fisher-Ornamente sind, während die Einzelmerkmale monogamer Vögel, wie der gegabelte Schwanz der Schwalben, Genqualitätsornamente oder Handicaps sind, die den Zustand ihres Trägers reflektieren.[80]

Wenn Sie das nächste Mal im Frühling in den Zoo gehen, versuchen Sie einmal zu beobachten, wie ein chinesischer Diamantfasanhahn vor einer Henne balzt. Er ist geradezu eine Farborgie. Die Haut um seine Augen schimmert blaßblau. Auf dem Kopf trägt er eine scharlachrote Haube. Seine Halskrause ist mit schwarzen Rändern abgesetzt, seine Kehle ist von irisierendem Grün, sein Rücken leuchtet smaragdgrün und königsblau, sein Bauch strahlt blütenweiß und sein Bürzel leuchtend orange. Am Schwanzansatz trägt er fünf Paar zinnoberrote Federn. Sein Schwanz ist länger als sein Körper und schwarz und weiß gestreift. Eine fehlfarbene oder beschädigte Feder wäre von weitem erkennbar. Er bildet eine einzige Werbefläche für die Qualität seiner Gene und steht ständig unter Druck, sein Gefieder sauber und gesund zu erhalten, er ist eine wandelnde Demonstration der sensorischen Ansprüche seiner Partnerin.

Der menschliche Pfau

Die Possen von Pfauen und Guppys sind für den Naturforscher zweifellos hoch interessant, auch für Leute, die sich mit der Evolution beschäftigen, eignen sie sich zur Demonstration bestimmter Gegebenheiten; alle anderen von uns aber schätzen das Studium der Pfauen und Guppys aus purer Ichbezogenheit. Wir wollen wissen, was wir daraus über die menschlichen Angelegenheiten lernen können. Gibt es wirklich Männer, die deshalb Erfolg bei Frauen haben, weil ihre äußere Erscheinung ein ehrliches Signal der naturgegebenen Qualität ihrer Gene und ihrer Resistenz gegenüber Krankheiten vermittelt?

Diese Vorstellung ist lächerlich. Männer haben bei Frauen aus vielen verschiedenen und zum Teil unterschwelligen Gründen Erfolg: Sie sind zuvorkommend oder gescheit, geistreich, gut aussehend oder reich. Die Menschheit ist einfach keine Art mit Arenabalz. Männer finden sich nicht in Gruppen zusammen, um sich vorübergehenden Frauen zu präsentieren. Die meisten Männer verlassen Frauen nicht unmittelbar nach der Kopulation. Männer zieren keine irrsinnigen Ornamente, und sie haben auch kein stereotypes Balzverhalten – wenn dies in einer durchschnittlichen Diskothek auch anders erscheinen mag. Wenn eine Frau sich für einen Mann entscheidet, gilt ihre Sorge nicht so sehr der Frage, ob er der Vater attraktiver Söhne oder krankheitsresistenter Töchter sein wird, sondern eher der Überlegung, ob er einen guten Ehemann abgeben wird. Ein Mann, der sich für eine Frau entscheidet, legt ähnlich irdische Maßstäbe an, wenngleich er vielleicht ein bißchen mehr auf Schönheit aus ist. Beide Geschlechter entscheiden nach Kriterien, die mit elterlichen Qualitäten zu tun haben. Menschen ähneln in dieser Hinsicht eher Seeschwalben, die einen Partner wählen, der gut fischen kann, als Beifußhühnern, die einander bei der Wahl des am eindrucksvollsten balzenden Männchens imitieren. Somit kann es in diesem Falle nicht zu dem Rote-Königin-Wettstreit zwischen den Geschlechtern kom-

men, der – Überlegungen der Hypothese von den guten Genen zufolge – um Verführung und Standhaftigkeit gegenüber unlauteren Werbung toben müßte.
Und doch können wir das nicht so kategorisch sagen. Es gibt Säugerarten, bei denen es nur wenige und geringfügige Auswirkungen der sexuellen Selektion gibt. Man wird kaum sagen können, daß eine Durchschnittsratte durch die Präferenzen weiblicher Urahnen mit irgendeiner Form gut sichtbarer Brunstornamente gesegnet sei. Selbst unsere nächsten Verwandten, die Schimpansen, sind von den Auswirkungen der Weibchenwahl kaum betroffen: Die Männchen sehen im großen und ganzen aus wie die Weibchen, und die Werbung gestaltet sich ziemlich schlicht. Allerdings sollten wir kurz innehalten, bevor wir die Auswirkungen sexueller Selektion auf den Menschen leichtfertig abtun. Schließlich sind die meisten Leute grundsätzlich an Schönheit interessiert. Lippenstift, Schmuck, Lidschatten, Parfüm, Haarfarben, hohe Absätze – Menschen sind kein bißchen weniger bereit, hinsichtlich ihrer sexuellen Attraktivität und ihrer Reize zu übertreiben oder zu lügen, als jeder Pfau oder Laubenvogel. Bei uns sind, wie die oben aufgeführte Liste zeigt, allem Anschein nach eher die Männer auf weibliche Schönheit aus, während Frauen von männlicher Schönheit weniger beeindruckt zu sein scheinen. Anders ausgedrückt: Statt Weibchenwahl zu betreiben, ist die Menschheit vielleicht das Opfer zahlloser Generationen von »Männchenwahl«. Wenn wir die Theorie der sexuellen Selektion auf den Menschen anwenden wollen, dann sollten wir also vielleicht in erster Linie die männliche Entscheidung für bestimmte weibliche Gene unter die Lupe nehmen. Im Grunde ist das aber ziemlich gleichgültig, denn sobald ein Geschlecht wählerisch wird, ergeben sich die übrigen Konsequenzen der sexuellen Selektion von allein. Es ist gut möglich, ja, wie wir in den nächsten paar Kapiteln sehen werden, sogar wahrscheinlich, daß manche Teile des menschlichen Körpers und seiner Psyche tatsächlich einer sexuellen Selektion unterworfen waren.

Sechs

Polygamie und die Natur des Mannes

Gäbe es keine Frauen – alles Geld der Welt wäre bedeutungslos.

Aristoteles Onassis

Macht ist das wirksamste Aphrodisiakum.

Henry Kissinger

Im alten Reich der Inkas unterlag die Sexualität eisernen Geschäftsbedingungen. Der Sonnenkönig Atahualpa hielt sich eintausendfünfhundert Frauen in zahlreichen »Jungfrauenhäusern«, die über das gesamte Königreich verteilt waren. Die Frauen wurden ausschließlich nach ihrer Schönheit beurteilt und waren zum Zeitpunkt der Auswahl selten älter als acht Jahre – damit ihre Jungfräulichkeit garantiert war. Jungfrau blieben sie zumeist nicht sehr lange: Sie waren die Konkubinen des Herrschers. Nach diesem hatten Männer jeden sozialen Ranges einen Harem von bestimmter, gesetzlich festgelegter Größe. Bei Fürsten zählte er über siebenhundert Frauen. »Wichtige Personen« bekamen fünfzig Frauen, die Oberhäupter der Lehensvölker dreißig, Oberhäupter von Provinzen mit mehr als hunderttausend Einwohnern zwanzig, Herrscher über tausend Einwohner fünfzehn, Verwalter von fünfhundert Menschen zwölf, Gouverneure mit hundert Untergebenen acht, Offiziere mit fünfzig Mann sieben, jemand mit zehn Mann fünf und mit fünf Mann drei. Da blieb für die Durchschnittsmänner nur äußerst wenig übrig, und das ihnen somit mehr oder weniger aufgezwungene Zölibat wird so manchen von ihnen zu Verzweiflungstaten hingerissen haben – wie man aus den drastischen Strafen ersehen kann, die er zu erwarten hatte, wenn er es wagte, seinem Chef Hörner aufzusetzen. Verging sich ein Mann an einer Haremsangehörigen, dann erwartete Frau und Kind, Verwandte, Dienstboten, alle Mitbewohner des Dorfes und seine Lamas die Todesstrafe. Das Dorf wurde dem Erdboden gleichgemacht und sein ehemaliger Standort mit Steinen markiert.

Die Folge davon war, daß Atahualpa und seine Fürsten so etwas wie die Aktienmehrheit hinsichtlich der Elternschaft für die nächste Generation innehatten. Sie brachten unterprivilegierte Männer systematisch um ihren genetischen Anteil an der Nachwelt. Die Angehörigen des Inkareiches waren somit zu einem großen Teil die Nachfahren mächtiger Männer.

In dem westafrikanischen Königreich Dahome (heute: Benin) hatten alle Frauen dem König nach Belieben zur Verfügung zu stehen. Tausende von ihnen wurden für ihn in königlichen Harems gehalten, und die von ihm bevorzugten »heiratete« er. Das Ergebnis war, daß die Könige von Dahome ausgesprochen fruchtbar waren, während gewöhnliche Männer in diesem Reich oft ehelos und ohne Nachkommen blieben. In der Stadt Abomey war es dem Bericht eines Besuchers aus dem neunzehnten Jahrhundert zufolge »schwierig, jemanden zu finden, der nicht von königlicher Abstammung war«.

Die Verknüpfung von Sex und Macht hat eine lange Tradition.[1]

Der Mensch, ein Tier

Bisher hat dieses Buch dem Leser nur einige wenige Seitenblicke auf den Menschen gestattet. Das ist durchaus kein Zufall. Die Prinzipien, die ich darzulegen versucht habe, lassen sich besser an Blattläusen, Löwenzahn, Schleimpilzen, Essigfliegen, Pfauen und See-Elefanten verdeutlichen als an einem ganz speziellen Affen. Doch immun ist dieser spezielle Affe gegen diese Prinzipien durchaus nicht. Der Mensch ist ebenso das Produkt der Evolution wie jeder Schleimpilz, und die Revolution der letzten zwanzig Jahre hinsichtlich der wissenschaftlichen Betrachtungsweise evolutionärer Vorgänge ist auch für die Menschheit von ungeheurer Bedeutung. Um die bisherige Diskussion zusammenzufassen: Evolution hat mehr mit der Fortpflanzung des jeweils bestangepaßten Organismus zu tun als mit dessen Überleben. Jedes Lebewesen auf der Erde ist das Produkt einer langen Reihe historischer Schlachten zwischen Parasiten und Wirtsorganismen, zwischen Genen und anderen Genen, zwischen Mitgliedern derselben Art und zwischen Mitgliedern eines Geschlechts im Konkurrenzkampf um die Mitglieder des anderen Geschlechts. Zu diesen Schlachten gehören auch psychologische Kämpfe, die zum Ziel haben, andere Artgenossen zu manipulieren und auszubeuten. Sie werden nie gewonnen, denn der Erfolg in der einen Generation stellt nur sicher, daß die Widersacher der nächsten Generation besser zum Kampf gerüstet sein werden. Das Leben ist ein Wettlauf, dem Leben des Sisyphos vergleichbar: immer schneller einer Ziellinie zustreben, die nichts anderes ist als der Ausgangspunkt für das nächste Rennen.

In diesem Kapitel soll begonnen werden, die Logik dieser Argumente konsequent auf die Grundlagen menschlichen Verhaltens anzuwenden. Wer der Ansicht ist, dies sei nicht gerechtfertigt, weil der Mensch einzigartig sei, bedient sich zur Untermauerung seiner Ansicht in aller Regel eines der beiden folgenden Argumente: Menschliches Verhalten sei erlernt und nicht ererbt; ererbtes Verhalten sei unflexibel, der Mensch aber sei eindeutig flexibel. Das erste Argument ist eine schamlose Übertreibung, das zweite ist falsch. Einen Mann packt nicht deshalb Verlangen, weil ihm das auf Vaters Schoß beigebracht wurde, er ist nicht hungrig oder ärgerlich, weil man ihm das vermittelt hat. All das ist Teil der menschlichen Natur. Er wurde mit der Fähigkeit geboren, Verlangen, Hunger und Wut zu entwickeln. Er hat gelernt, seinen Hunger auf Hamburger, seinen Zorn auf verspätete Züge und sein Verlangen auf Frauen zu richten – falls dies angebracht ist. Damit hat er seine »Natur« »verändert«. Ererbtes durchdringt alles, was wir tun – und es ist flexibel. Es gibt nichts Angeborenes, das bar alles Erlernten existiert; es gibt nichts Erlerntes, das sich ohne Angeborenes entwickelt. Wer das Gegenteil behauptet, tut etwas Ähnliches wie jemand, der erklärt, eine Fläche sei durch ihre Länge definiert, nicht aber durch ihre Breite. Jedes Verhalten ist das Produkt eines durch Erfahrung geschulten Instinkts.

Bis vor wenigen Jahren blieben Untersuchungen am Menschen von solchen Vorstellungen einhellig unbeeindruckt. Noch heute stehen viele Anthropologen und Soziologen vollkommen überzeugt auf dem Standpunkt, die Evolutionstheoretiker hätten ihnen nichts zu sagen. Der menschliche Körper mag das Produkt natürlicher Selektion sein, doch menschlicher Geist und menschliches Verhalten sind Produkte der »Kultur«, und menschliche Kultur ist nicht das Abbild menschlicher Natur, sondern es verhält sich genau umgekehrt. Dies engt die Untersuchungen von Sozialwissenschaftlern auf die Betrachtung von Unterschieden zwischen den Kulturen und zwischen Individuen ein – und führt zu einer Übertreibung solcher Unterschiede. In meinen Augen aber ist das Interessanteste am Menschen nicht das, was von einer Kultur zur anderen verschieden sind, sondern das, was allen Menschen gemeinsam ist, etwa Sprache und Grammatik, Hierarchiedenken, Liebe und Romantik, Eifersucht und langfristige Beziehungen zwischen den Geschlechtern (»Ehe« im weitesten Sinne). Hierbei handelt es sich um trainierbare Instinkte, die unserer Art eigen und mit derselben Sicherheit ein Produkt der Evolution sind wie Augen und Daumen.[2]

Warum Ehe?

Für einen Mann sind Frauen das Mittel, seine Gene an die nächste Generation weiterzugeben. Für eine Frau sind Männer die Quelle einer lebenswichtigen Substanz (des Spermas), mittels derer aus ihren Eizellen Embryos werden können. Für jedes Geschlecht bildet das jeweils andere Geschlecht eine begehrte und auszubeutende Ressource. Es fragt sich nur, wie? Eine Möglichkeit, das andere Geschlecht auszubeuten, besteht darin, so viele Personen wie möglich zur Paarung »herumzukriegen« und sie dann – genau wie es ein See-Elefant tut – zu verlassen. Das andere Extrem ist die Entscheidung für ein Individuum, mit dem alle Elternpflichten gleichmäßig geteilt werden – wie bei den Albatrossen. Jede Spezies befindet sich mit ihrem eigenen »Paarungssystem« irgendwo zwischen diesen beiden Extremen. Wo befindet sich der Mensch?

Es gibt fünf Möglichkeiten, das herauszufinden. Die eine besteht darin, moderne Menschen zu beobachten und das, was man bei ihnen feststellt, das menschliche Paarungssystem zu nennen. Hier lautet die Antwort in den meisten Fällen: monogame Partnerschaft. Die zweite Möglichkeit besteht darin, die menschliche Geschichte genauer zu betrachten und aus unserer Vergangenheit darauf zu schließen, welche sexuellen Arrangements für unsere Spezies typisch sind. Doch die Geschichte vermittelt uns düstere Einsichten: Ein geläufiges Arrangement unserer Vergangenheit bestand darin, daß reiche und mächtige Männer Frauen in ihren Harems zu Konkubinen versklavten. Eine dritte Möglichkeit besteht darin, moderne Menschen in ursprünglichen Gesellschaftsformen mit steinzeitähnlicher Technologie zu betrachten und anzunehmen, daß sie ungefähr so leben wie unsere Vorfahren vor zehn Jahrtausenden. Diese Lebensgemeinschaften liegen offenbar irgendwo dazwischen – weniger polygam als die frühen Hochkulturen, weniger monogam als moderne Gesellschaften. Die vierte Möglichkeit ist die, daß wir uns an unseren nächsten Verwandten orientieren, den Affen, und unser Verhalten und unsere Anatomie mit ihnen vergleichen. Aus dieser Betrachtungsweise lernen wir, daß erstens unsere Hoden für ein System der Promiskuität, wie es bei den Schimpansen herrscht, nicht groß genug sind (vgl. S. 259) und daß zweitens der männliche Körper nicht über eine ausreichende Größe für ein System der Haremspolygamie verfügt, wie es bei Gorillas üblich ist (es besteht eine eiserne Verknüpfung zwischen der Haremspolygamie einer Art und dem Größenunterschied zwischen Männchen und Weibchen). Auch sind wir nicht so antisozial und so der Treue verpflichtet wie die monogamen Gibbons. Wir liegen irgendwo dazwischen. Die fünfte Möglichkeit schließlich besteht darin, die Menschheit mit anderen Tieren zu vergleichen, bei denen ebenfalls ein hochentwickeltes Sozialgefüge besteht: Kolonievögel, Affen und Delphine. Wie wir sehen werden, ergibt sich aus dieser Betrachtungsweise die Einsicht, daß wir für ein System ehebrecherischer Monogamie gebaut sind.

Zumindest einige Varianten lassen sich ausschließen. Es gibt typisch menschliche Dinge, wie das Eingehen einer dauerhaften Bindung zwischen Sexualpartnern – selbst wenn diese polygam sind: Wir verhalten uns anders als Beifußhühner, deren Ehen bestenfalls Minuten dauern. Auch frönt die Menschheit nicht der Polyandrie wie die Blatthühnchen, tropische Wasservögel, bei denen große, übermächtige Weibchen Harems kleiner zahmer Männchen kontrollieren. Auf der Erde gibt es eigentlich nur eine einzige Lebensgemeinschaft, die in Polyandrie lebt. Sie besteht aus Frauen, die zwei oder mehr Brüder gleichzeitig heiraten, um damit eine familiäre Einheit zu schaffen, die in einem kargen Land, in dem die Männer Yaks hüten, um die Familien zu ernähren, wirtschaftlich lebensfähig ist. Der Ehrgeiz des jüngsten Bruders bleibt dabei jedoch, die Einheit zu verlassen und eine eigene Frau zu nehmen, für ihn ist die Polyandrie also deutlich nur zweite Wahl.[3] Auch leben Menschen nicht wie Rotkehlchen oder Gibbons in streng abgegrenzten Territorien, indem jedes Paar einen Bereich für sich in Anspruch nimmt und verteidigt, der ihm das ganze Leben lang ausreichend Nahrung bietet. Wir bauen Gartenzäune, doch selbst unsere Häuser werden meist von Mietern oder Mitbewohnern geteilt, und den größten Teil unseres Lebens verbringen wir auf die eine oder andere Art auf Gemeineigentum, bei der

Arbeit, beim Einkaufen, auf Reisen und zum Spaß. Menschen leben in Gruppen.
All das hilft uns also nicht wesentlich weiter. Die meisten Leute leben in monogamen Verhältnissen, aber das kann auch bedeuten, daß sie nur tun, was ihnen die Demokratie im großen und ganzen vorschreibt, nicht aber, wonach die menschliche Natur verlangt. Lockern wir das Verbot, dann wird die Polygamie blühen und gedeihen. Utah hatte einst eine Tradition theologisch sanktionierter Polygamie. In den letzten Jahren hat man dort aufgehört, die inzwischen gesetzlich untersagte Polygamie nachdrücklich zu verfolgen, und schon wird der alte Brauch wieder gepflegt. Die meisten bevölkerungsreichen Lebensgemeinschaften leben in Monogamie, aber drei Viertel aller Stammeskulturen sind polygam, und selbst angeblich monogame Kulturen sind dies meist nur dem Namen nach. Im Verlauf der Geschichte haben mächtige Männer in aller Regel mehr als eine Beziehung gehabt, auch wenn sie oft nur eine rechtmäßige Frau hatten. Das aber gilt nur für die Mächtigen. Alle übrigen Männer haben, auch in offenen polygamen Gesellschaften, meist jeweils nur eine Frau, und nahezu alle Frauen haben jeweils nur einen Mann. Damit stehen wir wieder am Anfang. Die Menschheit lebt je nach den herrschenden Umständen polygam oder monogam. Vielleicht ist es sogar naiv, davon ausgehen zu wollen, daß der Mensch überhaupt so etwas wie ein Paarungssystem besitzt. Er tut, was er will, und paßt sein Verhalten den jeweiligen Gegebenheiten an.[4]

Wenn Männer »mit der Tür ins Haus fallen« und Frauen flirten

Er? Was ist mit ihr? Bis vor kurzer Zeit hatten die Evolutionsbiologen eine relativ simple Art, Dinge wie das menschliche Paarungssystem vor dem Hintergrund der wesentlichen Unterschiede zwischen Mann und Frau zu sehen. Falls es nach mächtigen Männern ginge, lebten die Frauen vermutlich wie See-Elefantenweibchen in Harems. Das zumindest lernen wir mit Sicherheit aus der Geschichte. Ginge es nach den Frauen, wären Männer so treu wie Albatrosse. Wenn auch die Forschung diese Annahme modifiziert hat, so gilt doch noch immer, daß Männer im allgemeinen die Verführer sind, während Frauen verführt werden. Die

Menschheit teilt dieses Muster von feurigen, polygamen Männchen und keuschen, treuen Weibchen mit beinahe neunundneunzig Prozent aller Tierarten, unter anderem mit unseren nächsten Verwandten, den Menschenaffen.

Betrachten wir zum Beispiel die Frage des Heiratsantrages. In keiner Gesellschaft ist es die Regel, daß er von der Frau oder ihrer Familie formuliert wird. Selbst bei den freizügigsten westlichen Kulturen wird vom Mann erwartet, daß er die entscheidende Frage stellt, und von der Frau, daß sie darauf antwortet. Die Tradition, daß Frauen am Schalttag den Männern einen Antrag machen dürfen, unterstreicht ihre Benachteiligung in dieser Hinsicht nur: Frauen wird einer von 1460 Tagen eingeräumt, während Männer die Frage tagtäglich stellen können. Es stimmt zwar, daß Männer heutzutage nicht mehr auf die Knie fallen, sondern die Angelegenheit mit der Freundin als gleichberechtigte Partner »diskutieren«, doch selbst unter diesen Umständen wird das Thema in aller Regel zuerst vom Mann angeschnitten. Und was die Frage der Verführung selbst angeht, es ist auch hier wieder einmal der Mann, von dem man den ersten Zug erwartet. Frauen flirten zwar, aber Männer wagen den Vorstoß.

Warum ist das so? Die Soziologen schieben das Ganze auf die Konditionierung, und damit haben sie nicht ganz unrecht. Aber als Antwort ist diese Erklärung nicht ausreichend, denn in dem groß angelegten Menschenversuch namens sechziger Jahre wurde die Konditionierung in vielen Fällen entschieden abgelehnt, und doch hat das Muster überlebt. Im übrigen verstärkt Konditionierung im allgemeinen nur vorhandene Instinkte, statt diese zu verdrängen. Wie wir im letzten Kapitel erfahren haben, gibt es seit Robert Trivers' Erkenntnissen aus dem Jahre 1972[5] eine für Biologen befriedigende Erklärung dafür, daß im gesamten Tierreich in aller Regel die Männchen die feurigen Verehrer sind, und auch dafür, weshalb es Ausnahmen von dieser Regel gibt. Es ist nicht einzusehen, weshalb solches nicht auch für den Menschen gelten sollte. Trivers' Erklärung hat damit zu tun, daß das Geschlecht, welches in die Produktion und in die Aufzucht des Nachwuchses am meisten Energie investiert und somit die meisten Gelegenheiten vergibt, anderen Nachwuchs zu produzieren und aufzuziehen, auch dasjenige ist, dem aus einer zusätzlichen Beziehung am wenigsten Vorteile erwachsen. Ein Pfau tut einer Pfauenhenne einen winzigen Gefallen: Er liefert ihr ein bißchen Sperma, und das ist alles. Er schützt sie nicht vor anderen Pfauen, er füttert sie nicht, er verteidigt ihre Nahrungsquelle nicht und hilft weder beim Brüten noch bei der Aufzucht der Küken. Sie allein übernimmt die ganze Arbeit. Somit ist die Paarung mit ihm von ihrem Standpunkt aus ein höchst ungleiches Geschäft. Sie stellt ihm die heroische, einseitig erbrachte Riesenleistung in Aussicht, seine Spermien zu neuen Pfauen werden zu lassen; er verheißt ihr lediglich einen winzigen – wenn auch wichtigen – Beitrag. Sie könnte jeden beliebigen Pfau wählen und sich damit begnügen – es besteht keine Notwendigkeit, nochmals zu wählen. Er dagegen verliert nichts, sondern gewinnt im Gegenteil eine Menge, wenn er sich mit jeder greifbaren Henne paart; für sie bedeutet eine nutzlose Eroberung Zeit- und Energieverlust. Jedesmal, wenn er eine neue Henne verführt, fällt ihm der Hauptgewinn zu: ihre Investition in seine Söhne und Töchter. Jedesmal, wenn sie einem neuen Hahn erliegt, besteht ihr Gewinn in einem bißchen zusätzlichen Sperma, das sie vermutlich ohnehin nicht benötigt. Kein Wunder, daß es für ihn auf Quantität ankommt, für sie dagegen auf Qualität.

Etwas menschlicher gesprochen: Ein Mann kann mit verschiedenen Frauen nahezu gleichzeitig viele Kinder haben, eine Frau kann, wenn sie das Kind eines Mannes austrägt, nicht gleichzeitig noch andere Kinder produzieren. Jede Wette, daß Casanova mehr Nachkommen hatte als die Hure von Babylon.

Diese grundlegende Asymmetrie zwischen den Geschlechtern führt geradewegs zum Größenunterschied von Ei und Spermium. Im Jahre 1948 untersuchte der britische Biologe A.J. Bateman die Paarung von Essigfliegen. Er stellte fest, daß die erfolgreichsten Weibchen nicht wesentlich mehr Nachkommen hatten als die weniger erfolgreichen, daß aber die Männchen mit mehr Nachkommen sehr viel erfolgreicher waren als die Männchen mit wenigen Nachkommen.[6] Diese Asymmetrie wurde durch die Evolution weiblicher Brutpflege in hohem Maße verstärkt. Ihren Höhepunkt erreicht diese Entwicklung bei den Säugetieren. Ein weibliches Säugetier bringt ein riesengroßes Baby zur Welt, das eine lange Zeit im Leib ernährt worden ist. Ein Männchen kann innerhalb von Sekunden Vater werden. Frauen können ihre Fruchtbarkeit nicht erhöhen, indem sie mehrere Partner gleichzeitig haben, Männer dagegen sehr wohl. Und die Essigfliegen-Regel gilt noch immer. Selbst in hochmonogamen Gesellschaften haben Männer mit sehr viel größerer Wahrscheinlichkeit eine größere Anzahl von Kindern als Frauen. Ein Mann, der zweimal heiratet, zeugt mit einer größeren Wahrscheinlichkeit mit beiden Frauen Kinder, als daß eine Frau, die zweimal heiratet, von beiden Männern Kinder bekommt.[7]

Untreue und Prostitution sind Spezialfälle der Polygamie, bei denen keine (eheähnliche) Bindung zwischen den Partnern besteht. Dadurch fallen der Ehefrau eines Mannes und seiner Geliebten verschiedene Positionen hinsichtlich der von ihm wahrscheinlich zu erwartenden Investition in seine Kinder zu. Ein Mann, der seine Geschäfte so führt, daß ihm dabei Zeit, Gelegenheit und Geld für zwei Familien bleibt, ist nicht nur reich, sondern auch sehr selten.

Feminismus und Wassertreter

Die Regel, daß das Ausmaß an elterlicher Investition festlegt, welches Geschlecht versuchen wird, polygam zu leben, läßt sich an ihren Ausnahmen überprüfen. Bei den Seepferdchen tragen die Weibchen eine Art Penis, mittels dessen sie Eier in den Körper des Männchens injizieren und dabei die normale Paarungsmethode geschickt umkehren. Die Eier entwickeln sich im Männchen, und wie die Theorie es voraussagen würde – das Seepferdweibchen umwirbt das Männchen. Bei etwa dreißig Vogelarten – am besten untersucht sind in diesem Zusammenhang die Wassertreter und die Blatthühnchen – werden kleine, zahme Männchen von großen, aggressiven Weibchen umworben, und bei all diesen Arten ist es das Männchen, welches die Eier ausbrütet und die Küken aufzieht.[8]

Wassertreterhennen und andere Arten mit weiblicher Verführungskunst sind die Ausnahmen, welche die Regel bestätigen. Ich kann mich erinnern, daß ich einmal einen ganzen Schwarm Wassertreterhennen beobachtete, die ein einzelnes Männchen so hart bedrängten, daß es beinahe ertrank. Und warum? Weil ihre Partner alle friedlich die Eier für sie bebrüteten, und die Weibchen nichts Besseres zu tun hatten, als sich nach einem zweiten Partner umzuschauen. Sobald die Männchen mehr Zeit und Energie in die Aufzucht der Jungen investieren, übernehmen die Weibchen das Regiment bei der Balz, und umgekehrt.[9]

Beim Menschen ist diese Asymmetrie nur zu offensichtlich: neun Monate Schwangerschaft gegen fünf Minuten Spaß. Falls ein solches »Investitionsverhältnis« tatsächlich festlegt, welches Geschlecht in puncto Verführung welche Rolle übernimmt, dann ist es wahrlich keine Überraschung, daß eher Männer Frauen verführen als umgekehrt. Daraus könnte man nun schließen, eine hochpolygame Gesellschaft repräsentiere den Sieg des Mannes, während eine monogame Gesellschaft den Sieg der Frau darstelle. Diese Annahme ist irreführend. Eine polygame Gesellschaft repräsentiert in erster Linie den Sieg eines oder mehrerer Männer über alle anderen Männer. In polygamen Gesellschaften sind die meisten Männer zur Ehelosigkeit verdammt, denn das Geschlechterverhältnis bleibt gleich.

In jedem Fall lassen sich aus der Evolution keine moralischen Schlüsse irgendwelcher Art ziehen. Die Asymmetrie der pränatalen sexuellen Investition bei beiden Geschlechtern ist eine Begleiterscheinung des Lebens, kein moralisches Vergehen. Sie ist »natürlich«. Es mag äußerst verführerisch sein, als Mensch ein solches evolutionsgeschichtliches Szenario stürmisch zu begrüßen, da es männliche Untreue »rechtfertigt«, oder es vehement abzulehnen, da es die Forderungen nach sexueller Gleichberechtigung »unterläuft«. Aber es tut keines von beidem. Ich sage hier nichts darüber, was richtig oder falsch ist. Ich versuche, die Natur des Menschen zu *beschreiben* und nicht, ihr Moral zu *verschreiben*. Daß etwas natürlich ist, macht es nicht automatisch richtig. Mord ist insofern »natürlich«, als unsere Affenverwandtschaft ihn regelmäßig begeht, offenbar ebenso wie unsere menschlichen Vorfahren. Vorurteile, Haß, Gewalt, Grausamkeit – sie alle sind mehr oder weniger ein Teil unserer Natur. Und jedem von ihnen läßt sich durch die richtige Art der Erziehung begegnen. Die Natur ist nicht unflexibel, sondern formbar. Hinzu kommt der natürlichste Wesenszug der Evolution, nämlich der, daß die verschiedenen Versionen der Natur einander standhalten müssen. Die Evolution führt nicht nach Utopia. Sie führt zu einer Zukunft, in der das, was für einen Menschen gut ist, für einen anderen sehr schlecht sein kann oder das, was für eine Frau gut ist, für einen Mann von Übel sein kann. Der eine oder der andere wird im Zuge dessen zu einem »unnatürlichen« Schicksal verdammt. Genau das ist es, was die Botschaft der Roten Königin vermittelt.

Auf den folgenden Seiten werde ich wieder und wieder eine Vorstellung davon zu entwickeln suchen, was für die Menschheit »natürlich« ist. Vielleicht werden meine eigenen moralischen Vorurteile gelegentlich als Wunschvorstellung einfließen, doch das geschieht unbewußt. Selbst da, wo ich mich hinsichtlich der menschlichen Natur irre, bleibt es eine zweifelsfreie Tatsache, daß es eine solche Natur gibt, nach der man forschen kann.

Die Bedeutung homosexueller Promiskuität

Die meisten Prostituierten sind Frauen, und zwar aus dem einfachen Grund, weil die Nachfrage nach weiblichen Prostituierten größer ist als die nach männlichen. Legt die Existenz weiblicher Prostituierter ein ungeschminktes Zeugnis von den sexuellen Bedürfnissen des männlichen Geschlechts ab, so gilt dies für das Phänomen männlicher Homosexualität nicht minder. Vor dem Auftreten von AIDS herrschte unter praktizierenden homosexuellen Männern eine weit größere Promiskuität als unter heterosexuellen Männern. Viele Schwulenbars waren – und sind – anerkannte Treffpunkte, an denen man einen Partner für die Nacht finden kann. In San Francisco wurden in öffentlichen Bädern Sexorgien veranstaltet, die, als sie in den frühen Jahren der AIDS-Epidemie zur Sprache kamen, nervöses Erschrecken auslösten. Eine Studie des Kinsey-Instituts über homosexuelle Männer im Bereich der San Francisco Bay will festgestellt haben, daß fünfundsiebzig Prozent der Schwulen mehr als hundert Partner, fünfundzwanzig Prozent mehr als tausend Partner in ihrem Leben gehabt haben.[10]

Damit soll nicht geleugnet werden, daß es viele Homosexuelle gibt, die weit weniger häufig ihre Partner wechseln als viele Heterosexuelle. Doch auch die Schwuleninitiativen sind der Ansicht, daß vor dem Bekanntwerden von AIDS die Promiskuität unter Homosexuellen im Durchschnitt allgemein höher war als unter Heterosexuellen. Dafür gibt es keine vernünftige Erklärung. Angehörige der Homosexuelleninitiativen würden sicher sagen, dies sei vor allem auf die Ablehnung der Gesellschaft zurückzuführen. Illegale Aktivitäten werden in aller Regel, wenn überhaupt, meist bis zum Exzeß betrieben. Die legalen und sozialen Schwierigkeiten, die einer Schwulenpartnerschaft entgegengebracht werden, schwächten solche stabilen Beziehungen.

Überzeugend ist das jedoch nicht. Die Promiskuität beschränkt sich ja nicht auf jene, die ihrer Homosexualität heimlich nachgehen. Bei

Schwulenpartnerschaften ist Untreue ein zugegebenermaßen größeres Problem als bei heterosexuellen Paaren, und die gesellschaftliche Ablehnung trifft lose homosexuelle Beziehungen weit stärker als stabile. Etliche dieser Argumente gelten auch für Lesbierinnen, doch mit einem großen Unterschied: Lesbierinnen gehen nur selten sexuelle Beziehungen zu Fremden ein, sondern leben meistens über viele Jahre in stabilen Partnerschaften, zur Untreue kommt es nicht sehr häufig. Die meisten Lesbierinnen haben weniger als zehn Partnerinnen im Leben.[11]

Donald Symons von der University of California in Santa Barbara meint, die Ursache dafür, daß männliche Homosexuelle im Durchschnitt mehr Sexualpartner als männliche Heterosexuelle und sehr viel mehr als weibliche Homosexuelle haben, sei darin zu suchen, daß männliche Homosexuelle männliche Tendenzen und Instinkte ohne den hemmenden Einfluß von Frauen ausleben: »Obwohl Homosexuelle, wie die meisten anderen Männer auch, intime Beziehungen wünschen, sind diese für sie doch schwer aufrechtzuerhalten, was vor allem auf den männlichen Wunsch nach sexueller Vielfalt zurückzuführen ist, auf die einmalige Gelegenheit, diesem Wunsch in einer rein männlichen Welt zu entsprechen, und auf die männliche Neigung zu sexueller Eifersucht ... Ich bin der Ansicht, heterosexuelle Männer hätten mit derselben Wahrscheinlichkeit sexuelle Beziehungen zu Fremden, beteiligten sich an anonymen Orgien in öffentlichen Bädern und nähmen sich auf dem Heimweg von der Arbeit die Zeit für fünf Minuten Sex in einer öffentlichen Toilette, wenn Frauen sich für diese Art von Aktivitäten mehr begeistern würden.«[12] Damit soll nicht gesagt werden, Homosexuelle hätten nicht den Wunsch nach einer stabilen intimen Beziehung. Symons stellt lediglich fest, daß der Wunsch nach monogamer Vertrautheit mit einem Lebensgefährten und das Verlangen nach gelegentlichen losen sexuellen Beziehungen zu Fremden keine unvereinbaren Dinge sind. Im Gegenteil: Auch für heterosexuelle Männer sind sie durchaus charakteristisch, wie die Existenz einer blühenden Callgirl- oder »Begleiterinnen«-Industrie beweist, mit deren Hilfe sich glücklich verheiratete Männer ihre sexuelle Abwechslung zu einem gewissen Preis verschaffen. Symons spricht nicht von homosexuellen Männern, sondern von Männern im allgemeinen, wenn er sagt: Homosexuelle Männer benehmen sich wie Männer, nur ein bißchen ausgeprägter; homosexuelle Frauen benehmen sich genau wie Frauen, nur ein bißchen ausgeprägter.[13]

Harems und Wohlstand

Im Schachspiel sexueller Beziehungen muß jedes Geschlecht auf den Zug des anderen reagieren. Die entstehende Situation, sei sie nun monogam oder polygam, ist eher ein Patt denn ein Sieg. Bei See-Elefanten und Beifußhühnern erreicht das Spiel den Punkt, an dem es den Männchen nur noch auf Quantität, den Weibchen dagegen auf Qualität ankommt. Beide zahlen einen hohen Preis: Die Männchen, weil sie kräftezehrende, unter Umständen tödliche Kämpfe um die Vorherrschaft als ranghöchster Bulle oder Hahn ausfechten, die Weibchen, weil ihnen jegliche Hilfe der Väter bei der Aufzucht der Jungen versagt ist.

Im Falle der Albatrosse ergibt sich ein vollkommen anderes Patt. Jedes Weibchen erwirbt einen Bilderbuch-Ehemann, beide teilen sich die Kosten für die Aufzucht der Jungen, und sogar die Balz beruht in gewissem Sinne auf Gegenseitigkeit. Keines der beiden Geschlechter strebt nach Quantität seiner Partner, beide streben nach Qualität: Bebrüten und Aufzucht eines einzelnen Kükens, das über viele Monate hinweg versorgt und gefüttert wird. Nun haben aber Albatrosmännchen dieselbe genetische Ausgangsposition wie See-Elefantenbullen – warum verhalten sie sich derart unterschiedlich?

Die Antwort läßt sich, wie John Maynard Smith zuerst erkannte, aus der Spieltheorie ableiten, einer den Wirtschaftswissenschaften entliehenen mathematischen Technik. Die Spieltheorie unterscheidet sich insofern von anderen Theorieformen, als sie der Tatsache Rechnung trägt, daß das Ergebnis einer Transaktion sehr häufig davon abhängt, was andere tun. Maynard Smith machte den Versuch, verschiedene genetische Strategien in derselben Weise gegeneinander antreten zu lassen, wie Ökonomen verschiedene ökonomische Strategien aneinander messen. Eines der Probleme, deren Lösung mit dieser Technik schlagartig möglich wurde, war die Frage, weshalb verschiedene Tiere so verschiedene Paarungssysteme haben.[14]

Stellen Sie sich eine Population urtümlicher Albatrosse vor, in der die Männchen hoch polygam sind und sich an der Aufzucht der Jungen nicht beteiligen. Stellen Sie sich weiter vor, Sie wären ein junges Männchen ohne die geringste Aussicht, jemals Besitzer eines Harems zu werden. Nehmen wir an, Sie verzichteten auf Ihre Ambitionen als Polygamist und heirateten ein einzelnes Weibchen, dem Sie bei der Aufzucht

der Jungen zur Hand gingen: Sie hätten zwar nicht den Hauptgewinn gezogen, wären aber noch immer besser dran als die meisten Ihrer ehrgeizigen Brüder. Gehen wir nun weiter davon aus, daß sich dadurch, daß Sie sich an der Aufzucht des Babys beteiligen, dessen Überlebenschance deutlich erhöhten. Dann hätten die Weibchen in der Population plötzlich zwei Alternativen: einen treuen Partner zu suchen, wie Sie es sind, oder einen Polygamisten zu nehmen. Diejenigen mit dem treusorgenden Partner hinterlassen mehr Nachkommen, so daß in jeder Generation die Anzahl der Weibchen, die sich einem Harem anschließen, abnimmt und somit auch der Vorteil, ein Polygamist zu sein, immer geringer wird. Die Art wird durch die »Monogamie« erobert.[15]
Das Ganze funktioniert aber auch umgekehrt. Die Männchen der kanadischen Trauerammern grenzen sich ein Revier ab und versuchen, mehrere Weibchen anzulocken, um sich mit ihnen zu paaren. Gesellt sich ein Weibchen einem Männchen zu, das bereits eine Partnerin hat, dann vergibt es die Chance, in den Genuß seiner väterlichen Talente zu kommen. Wenn aber sein Territorium deutlich mehr Nahrung bietet als das seines Nachbarn, dann zahlt sich für das Weibchen die Entscheidung trotzdem aus. Sobald es einen größeren Vorteil bedeutet, des größeren Territoriums oder der Gene wegen einen Bigamisten zu wählen, als sich der elterlichen Pflege wegen für einen Monogamisten zu entscheiden, wird das Resultat Polygamie sein. Dieses Modell einer sogenannten »Polygynie-Schwelle« erklärt offenbar, wieso viele sumpfbewohnende Vögel Nordamerikas polygam werden konnten.[16]
Beide Modelle ließen sich ohne weiteres auch auf die Menschheit anwenden. Sie entwickelte sich in Richtung Monogamie, weil der Vorteil, einen rangniederen Vater für seine Kinder zu haben, der zum Nahrungserwerb der Familie beitragen kann, größer war als der Nachteil, nicht mit dem Chef verheiratet zu sein. Oder die Menschheit wurde aufgrund der Besitzunterschiede zwischen verschiedenen Männern polygam. »Welche Frau würde es nicht vorziehen, die dritte Frau John F. Kennedys zu werden, statt die erste Frau von Bozo dem Clown zu sein?« meinte eine Evolutionsbiologin.[17]
Es gibt gewisse Hinweise darauf, daß auch beim Menschen eine Polygamie-Schwelle existiert. Bei den Kipsigis in Kenia besitzen reiche Männer mehr Vieh und mehr Frauen. Bei einem reichen Mann ist jede seiner Frauen mindestens ebenso gut dran wie die einzige Frau eines armen Mannes, und das wissen die Frauen auch. Monique Borgehoff Mul-

der von der University of California in Davis, die sich lange mit der Kultur der Kipsigis beschäftigt hat, berichtet, die Frauen würden sich häufig freiwillig für die Polygamie entscheiden. Eine Kipsigifrau wird vor ihrer Eheschließung von ihrem Vater beraten, und sie ist sich nur zu gut der Tatsache bewußt, daß sie ein besseres Schicksal erwartet, wenn sie die zweite Frau eines Mannes mit einem großen Viehbestand wird, als wenn sie sich dafür entscheidet, die erste Frau eines armen Mannes zu werden. Die Mitfrauen pflegen einen kollegialen Umgang miteinander und teilen sich ihre Pflichten auf. Auf die Kipsigis trifft das Modell einer Polygamie-Schwelle recht genau zu.[18]

Es gibt allerdings zwei Problempunkte bei dieser Theorie: Erstens sagt sie nichts über die Ansichten der ersten Frau aus, schließlich ergibt sich für sie überhaupt kein Vorteil, wenn sie ihren Ehemann und dessen Wohlstand mit anderen teilen muß. Von den Mormonen in Utah weiß man, daß die ersten Frauen in der Regel von der Ankunft einer zweiten Frau wenig begeistert sind. Die Mormonen hatten vor mehr als hundert Jahren die Polygamie offiziell abgeschafft, in den vergangenen Jahren aber haben einige Fundamentalisten den Brauch wieder aufgenommen und begonnen, sich öffentlich für seine Wiedereinführung einzusetzen. Der amtierende Bürgermeister von Big Water in Utah, Alex Joseph, hatte im Jahre 1991 neun Frauen und zwanzig Kinder. Die meisten seiner Frauen waren Karrierefrauen und hatten gegen dieses Arrangement nichts einzuwenden, aber nicht alle sind hier einer Meinung. »Der ersten Frau gefällt es nie, wenn eine zweite kommt«, stellt die dritte Mrs. Joseph fest, »der zweiten dagegen ist die erste Frau gleichgültig. Es kann da schon zu Streit und verletzten Gefühlen kommen.«[19]

Angenommen, die ersten Frauen haben grundsätzlich Einwände dagegen, ihren Ehemann zu teilen, was kann der Mann dagegen unternehmen? Er kann sie zwingen, das Arrangement zu akzeptieren, wie es vermutlich viele Despoten der Vergangenheit getan haben, oder er kann sie bestechen, damit sie es akzeptiert. Die Tatsache, daß die Kinder der ersten Frau in aller Regel mehr Rechte haben als die der zweiten, ist ein Bonus, der vermutlich in nicht geringem Maße zur Besänftigung der ersten Frauen beiträgt. In manchen Teilen Afrikas gilt das Gesetz, daß die erste Frau siebzig Prozent der Reichtümer ihres Mannes erbt. Der Mann kann aber auch Pech haben.

Übrigens veranlassen mich die Überlegungen zur Polygamie-Schwelle zuallererst zu der Frage: Wessen Interesse ist es eigentlich, wenn Polygamie von der Gesellschaft verurteilt wird? Wir würden zunächst vermuten, es geschehe im Interesse der Frauen. Aber denken Sie einmal nach. Es wäre vermutlich auch unter diesen Umständen illegal, jemanden zur Heirat zu zwingen, so daß zweite Frauen ihr Los freiwillig wählten. Eine Frau, die eine Karriere anstrebt, würde eine *ménage à trois* vermutlich sogar eher vorteilhaft finden: Sie hätte zwei Partner, welche die Arbeit der Kindererziehung mit ihr teilen würden. Ein Mormonenprediger führte unlängst »unwiderstehliche soziale Gründe« dafür an, daß Polygamie »für die moderne Karrierefrau so attraktiv« sei.[20] Bedenken Sie jedoch die Auswirkungen auf die Männer. Falls sich viele Frauen dafür entscheiden würden, die zweiten Frauen reicher Männer zu werden statt erste Frauen armer Männer, wären viele Männer zur Ehelosigkeit gezwungen. Ein gesetzliches Verbot der Polygamie ist also möglicherweise alles andere als eine Gesetzgebung, die Frauen schützt, sondern kommt vielmehr den Männern zugute.[21]

Lassen Sie uns die vier Gebote zur Theorie der Paarungssysteme formulieren. Erstens: Solange es für Weibchen von Vorteil ist, monogame, treue Männchen zu wählen, wird sich Monogamie entwickeln – es sei denn, zweitens: Männchen könnten sie zur Polygamie zwingen. Drittens: Wenn Weibchen keinen Nachteil davon haben, bereits gebundene Männchen zu wählen, wird es zur Polygamie kommen – es sei denn, viertens: Weibchen, die sich bereits in einer Beziehung befinden, sind in der Lage zu verhindern, daß Männchen sich weitere Partnerinnen suchen, wodurch es dann wiederum zur Monogamie käme. Die überraschende Schlußfolgerung aus der Spieltheorie lautet deshalb, daß Männchen sich trotz ihrer aktiven Verführerrolle im großen und ganzen als weitgehend passive Zuschauer ihres eigenen partnerschaftlichen Schicksals erweisen.

Welche Spielregeln gelten beim sexuellen Monopoly?

Die eben angeführten Überlegungen zur Existenz einer Polygamie-Schwelle betrachten die Angelegenheit jedoch weitgehend aus der »Vogelperspektive«. Wer sich mit Säugetieren beschäftigt, sieht die Sache völlig anders, denn nahezu alle Säugetiere befinden sich so weit von der

Polygamie-Schwelle entfernt, daß die vier Gebote bedeutungslos werden. Säugermännchen sind häufig während der Schwangerschaft so bedeutungslos für die Weibchen, daß es die Weibchen kaum kümmert, ob die Männchen sich bereits gepaart haben. Die Menschheit ist eine verblüffende Ausnahme von dieser Regel. Da Kinder von ihren Eltern so extrem lange versorgt werden, gleichen sie im Grunde eher jungen Vögeln als jungen Säugetieren. Eine Frau ist weit besser dran, wenn sie sich für einen unverheirateten mittelprächtigen Mann entscheidet, der ihr bei der Erziehung hilft, als wenn sie einen treulosen Erfolgsmann nimmt und alle Arbeit allein erledigen muß. Auf diesen Punkt werde ich im nächsten Kapitel noch einmal zurückkommen. Für den Augenblick sollten wir die Menschen vergessen und uns mit Hirschen beschäftigen.

Eine Hirschkuh hat keinen Bedarf an einem Bock, der nur ihr gehört. Er kann die Jungen weder säugen noch füttern. Das Paarungssystem der Hirsche ist daher bestimmt vom Kampf der Männchen untereinander und wird davon beeinflußt, wie die Weibchen sich verteilen. Wo die Weibchen in Herden leben (im Falle der Rothirsche zum Beispiel), kann der Bock einen Harem besitzen. Wo die Weibchen allein leben (im Falle von Rehen zum Beispiel), beherrschen die Männchen ein Revier und sind in der Regel monogam. Jede Art hat ihr eigenes Muster, und dieses hängt vom Verhalten der Weibchen ab.

In den siebziger Jahren begannen die Zoologen, diese Muster genauer zu untersuchen, um Hinweise darauf zu bekommen, wodurch das Paarungssystem einer Art festgelegt wird. Sie prägten in diesem Zusammenhang den neuen Begriff »Sozioökologie«. Ihre ergiebigsten Ausflüge unternahm diese neue Wissenschaft zu den Antilopen- und Affengesellschaften. Aus zwei Untersuchungen kam man zu dem Schluß, daß man das Paarungssystem von Antilopen und Affen mit großer Sicherheit aus deren Ökologie vorhersagen könne. Kleine Waldantilopen sind in ihrer Ernährung recht wählerisch. Sie leben daher einzeln und sind monogam. Mittelgroße Antilopen im offenen Buschland leben in kleinen Gruppen und bilden Harems. Große Savannenantilopen wie die Elenantilope leben in großen Herden, die von Promiskuität geprägt sind. Auf den ersten Blick scheint sich das System bei Affen nicht sonderlich von diesem Bild zu unterscheiden. Kleine, nachtlebende Buschbabys leben einzeln und sind monogam, vegetarisch lebende Indris leben in Harems, die in baumbestandenen Savannen lebenden Schimpansen bilden große von Promiskuität beherrschte Gruppen. Paviane der Savannen bilden große Harems oder Gruppen mit mehreren Männchen.[22]

All das erweckte den Anschein, als habe ein solcher biologischer Determinismus etwas zu bedeuten. Dahinter schien die Logik zu stehen, daß Säugerweibchen sich ohne Rücksicht auf sexuelle Gegebenheiten für das Leben allein, in kleinen oder in großen Gruppen entscheiden, und zwar allein dem Diktat von Nahrungserwerb und Sicherheit gehorchend, wohingegen Männchen darauf aus seien, so viele Weibchen wie möglich zu monopolisieren – entweder indem sie Gruppen von Weibchen direkt beschützen, oder indem sie ein Revier bewachen, in dem Weibchen leben. Einzeln und weit verstreut lebende Weibchen lassen den Männchen nur eine Chance: das Revier mit einem einzelnen Weibchen zu teilen und dessen treuer Ehemann zu werden (wie zum Beispiel bei den Gibbons). Weibchen, die weniger weit voneinander entfernt leben, geben den Männchen die Gelegenheit, die Reviere mehrerer Weibchen mit Beschlag zu belegen (wie beim Orang-Utan). Kleine Weibchengruppen geben den Männchen die Chance, die ganze Gruppe in Besitz zu nehmen und als Harem zu betrachten (wie bei den Gorillas). Große Gruppen müßte es mit anderen Männchen teilen (wie bei den Schimpansen).

Dieses Bild wird durch einen weiteren Faktor kompliziert, und zwar durch die Tatsache, daß die jüngere Geschichte einer Art Einfluß darauf haben kann, welchem Paarungssystem diese Art schließlich zuneigt, oder einfacher ausgedrückt, dieselbe Ökologie kann zwei verschiedene Paarungssysteme zur Folge haben, je nachdem, welcher Weg beschritten wird. In den Mooren von Nordostengland leben Birkhühner und Schottische Moorschneehühner in nahezu identischen Lebensräumen. Zwar bevorzugen die Birkhühner eher von niedrigen Büschen und Unterholz bewachsenes Gelände, das von den Schafen nicht allzusehr abgegrast wird, im übrigen aber sind sie ökologische Geschwister. Die Birkhühner jedoch kommen im Frühling zu einer spektakulären Arenabalz zusammen, bei der sich sämtliche Weibchen mit nur einem oder mit zwei Männchen paaren, denen, von deren Balz sie am meisten beeindruckt waren. Sie ziehen ihre Jungen ohne jede Hilfe von seiten der Männchen auf. Die benachbarten Moorschneehühner leben revierbezogen und monogam, bei ihnen widmet sich der Hahn mit nahezu derselben Aufmerksamkeit den Jungen wie die Henne. Beide Arten haben denselben Nahrungsvorrat, denselben Lebensraum und dieselben Feinde – und doch sind ihre Paarungssysteme völlig unterschiedlich. Warum? Wie die meisten Biologen bevorzuge ich die Erklärung, daß sie auf eine unterschiedliche Geschichte zurückblicken. Birkhühner sind die Nachkommen von Waldbewohnern, und im Wald entwickelten ihre mütterlichen Vorfahren den Brauch, Männchen weniger nach deren Revier, sondern eher auf Arenabalzen entsprechend ihrer genetischen Qualität auszuwählen.[23]

Jäger oder Sammler

Für den Menschen ergibt sich daraus ganz offensichtlich die Lehre, daß wir unser natürliches Habitat und unsere Vergangenheit genauer betrachten müssen, wenn wir unser Paarungssystem bestimmen wollen. Die Menschheit lebt erst seit weniger als tausend Jahren vorwiegend in Städten. Seit weniger als zehntausend Jahren betreibt sie Landwirtschaft. Dies sind nur winzige Augenblicke unserer Geschichte. Denn bereits mehr als eine Million Jahre zuvor war der Mensch deutlich erkennbar menschlich und lebte – vor allem in Afrika – in einer Jäger-und-Sammler-Kultur. Der Schädel eines modernen Stadtmenschen birgt also ein Gehirn, das für das Jagen und Sammeln in kleinen Gruppen in der afrikanischen Savanne angelegt ist. Mit welchem Paarungssystem der Mensch seinerzeit auch gelebt haben mag, es ist das, was für ihn auch heute noch das »natürliche« ist.

Robert Foley ist Anthropologe an der Cambridge University und hat versucht, sich über die Geschichte des menschlichen Sozialgefüges klarzuwerden. Er geht davon aus, daß alle Menschenaffenweibchen die Gruppe, in der sie geboren wurden, verlassen – während es bei den Pavianen die Männchen sind, die ihre angestammte Gruppe verlassen. Der Wechsel von männlicher Exogamie zu weiblicher Exogamie muß eine extrem große Umstellung für eine Art gewesen sein. In dieser Hinsicht sind Menschen auch heute noch typische Menschenaffen. In den meisten Kulturen ziehen Frauen zu ihren Männern, während die Männer im allgemeinen in der Nähe ihrer Verwandten bleiben. Es gibt allerdings einige Ausnahmen: In vielen, aber längst nicht in den meisten traditionellen menschlichen Gesellschaften ziehen die Männer zu den Frauen.

Weibliche Exogamie bedeutet, daß Menschenaffenweibchen im großen und ganzen die Möglichkeit fehlt, Verwandtschaftsbeziehungen zu unterhalten. Ein junges Schimpansenweibchen verläßt grundsätzlich die Gruppe seiner Mutter und begibt sich in eine fremde Gruppe, die von Männchen beherrscht wird, welche ihm nicht vertraut sind. Es muß daher die Fähigkeit entwickeln, sich in die Gunst der Weibchen einzuschleichen, die bereits in dieser Gruppe leben. Im Gegensatz dazu bleiben Männchen bei ihrer Gruppe und verbünden sich mit ranghohen Verwandten in der Hoffnung, deren Sozialstatus irgendwann zu übernehmen.

Soweit das Vermächtnis der Menschenaffen. Wie steht es mit dem Lebensraum des Frühmenschen? Gegen Ende des Miozäns vor etwa fünfundzwanzig Millionen Jahren begannen Afrikas Wälder zu schrumpfen. Trockenere, stärker den jahreszeitlichen Schwankungen unterworfene Biotope breiteten sich aus – Grasland, Buschland und Savannen. Vor etwa sieben Millionen Jahren trennten sich die Vorfahren des Menschen von den Vorfahren der modernen Schimpansen. Mehr noch als die Schimpansen und sehr viel stärker als Gorillas begannen unsere menschlichen Urahnen, diese trockenen Lebensräume zu besiedeln und sich ihnen anzupassen. Wir wissen dies, weil die frühesten Fossilien menschenähnlicher Affen (der Australopithecinen) an Orten gefunden wurden, die damals nicht bewaldet waren: Hadar in Äthiopien und die Olduvai-Schlucht in Tansania. Diese relativ offenen Lebensräume begünstigten beim Menschen vermutlich ebenso wie beim Schimpansen und Pavian, den beiden anderen Primaten der offenen Savanne, die Bildung größerer Gruppen. Sozioökologen stellen immer wieder fest, daß die Gruppen um so größer sind, je offener der von ihnen bewohnte Lebensraum ist – zum einen, weil große Gruppen wachsamer sein können, wenn es darum geht, Räuber auszumachen, zum anderen, weil die Nahrung relativ ungleichmäßig verteilt ist. Aus nicht hundertprozentig überzeugenden Gründen (vermutlich in erster Linie wegen des Größenunterschiedes zwischen Männchen und Weibchen) glauben die meisten Anthropologen, daß die frühen Australopithecinen wie Gorillas und manche Pavianarten in Harems lebten, die von einzelnen Männchen dominiert wurden.[24]

Dann aber, vor ungefähr drei Millionen Jahren, spaltete sich die menschliche Linie in zwei (oder mehr) Zweige auf. Robert Foley ist der Ansicht, daß die immer stärker von den Jahreszeiten abhängig werdenden Niederschläge die ursprüngliche Lebensweise für die Affenmenschen unhaltbar werden ließen, denn ihre Nahrung – Früchte, Samen und vielleicht Insekten – wurde während der trockenen Jahreszeit immer rarer. Der eine Zweig dieser Nachfahren entwickelte besonders starke Kiefer und Zähne, um mit einer Ernährung aus zunehmend zäher werdenden Pflanzen zurechtzukommen. Der *Australopithecus robustus* – auch als Nußknackermensch bezeichnet – konnte sich so mit festen Samen und zähen Blättern über die magere Jahreszeit hinweghelfen. Soweit man aus ihrer Anatomie schließen konnte, lebten Nußknackermenschen ebenso wie Schimpansen in Gruppen mit mehreren Männern.[25]

Die andere Linie aber beschritt einen völlig anderen Weg. Ihre Mitglieder, die man der Gattung *Homo* zurechnet, wechselten zu einer fleischhaltigen Ernährung. Der erste wirklich als Mensch zu bezeichnende Vertreter dieser Gattung, der *Homo erectus,* lebte vor 1,6 Millionen Jahren. Er war vermutlich der größte Fleischverzehrer unter den Affen, den die Welt je erleben sollte. Man weiß dies aus Knochenfunden an seinen Lagerplätzen. Vielleicht hat er sich zunächst eher von übriggelassener Löwenbeute ernährt, bevor er Werkzeuge verwendete, um selbst Wild zu erlegen. Allmählich lernte er, sich in regenarmen Jahreszeiten mit Fleisch zu versorgen. Und, so Foley und P. C. Lee: »Die Gründe für die Umstellung auf eine fleischhaltige Ernährung waren ökologische, die Konsequenzen aber waren weitreichend und betrafen auch das soziale Gefüge.« Die Jagd oder mehr noch die Suche nach einer verlassenen Löwenbeute verlangte, daß die Männer sich von zu Hause entfernten und sich auf die Hilfe ihrer Mitstreiter verlassen konnten. Ob es nun eine Folge hiervon war oder nur Zufall, der männliche Körper jedenfalls begann, eine Reihe langsamer koordinierter Veränderungen zu durchlaufen. Der Schädel behielt seine Jugendform bis ins Erwachsenenalter: ein größeres Gehirn und einen kleineren Kiefer. Die Geschlechtsreife verzögerte sich allmählich, so daß die Kinder länger von den Eltern abhängig blieben.[26]

Danach hat sich vermutlich die Lebensweise der Menschen über mehr als eine Million Jahre kaum geändert. Sie bewohnten das Grasland und die Savannen Afrikas, später dann auch Eurasiens und schließlich Amerikas. Sie machten Jagd auf Tiere und sammelten Früchte und Samen, verfügten innerhalb eines Stammes über komplexe Sozialbeziehungen und verhielten sich anderen Stämmen gegenüber feindselig. Don Symons bezeichnet diese Kombination von Ort und Zeit als »Umfeld evolutionärer Anpassung« (*environment of evolutionary adaptedness,* abgekürzt: EEA) und ist der Ansicht, daß es für die Entwicklung der menschlichen Psyche von zentraler Bedeutung war. An Gegenwart und Zukunft können wir nicht angepaßt sein, sondern lediglich an unsere Vergangenheit. Er gesteht allerdings bereitwillig zu, daß man nur schwer eine Aussage darüber machen kann, was für ein Leben die Menschen in jenem Umfeld geführt haben. Vermutlich lebten sie in kleinen Trupps; vielleicht waren sie Nomaden, sie ernährten sich sowohl von Fleisch als auch von Pflanzen, und vermutlich teilten sie einen großen Teil der Eigenarten moderner Zivilisationen: Ehe als Institution zur Aufzucht von Kindern, Liebe, Eifersucht, durch sexuelle Konkurrenz bedingte Gewalt zwischen Männern, eine Vorliebe der Frauen für Männer von gehobenem sozialem Rang, eine Vorliebe der Männer für junge Frauen, Kriegführung zwischen einzelnen Trupps und so weiter. Es gab mit großer Wahrscheinlichkeit eine geschlechtsspezifische Arbeitsteilung – Männer gingen zur Jagd, Frauen übernahmen das Sammeln –, eine Eigenart, die außer dem Menschen nur einige wenige Greifvögel entwickelt haben. Beim Volk der Ache in Paraguay zum Beispiel haben sich die Männer darauf spezialisiert, die Nahrung herbeizuschaffen, für die eine Frau, die noch ein Baby zu betreuen hat, nicht sorgen kann: Fleisch und Honig.[27]

Kim Hill von der University of New Mexico ist der Ansicht, es habe nie ein konsistentes EEA gegeben, stimmt aber der Feststellung zu, daß es universelle Merkmale menschlichen Lebens gibt, die heute der Aktualität entbehren, die aber in ihren Nachwirkungen noch spürbar sind. Jedermann kannte sämtliche Personen, denen er im Laufe seines Lebens begegnete. Es gab keinen Fremden, eine Tatsache, die für die Geschichte der Entwicklung von Handelsbeziehungen und der Verbrechensbekämpfung von ausschlaggebender Bedeutung gewesen ist. Diese fehlende Anonymität bedeutete auch, daß Scharlatane und Betrüger mit ihren Schwindeleien nicht durchkamen.

Eine andere Gruppe von Biologen in Michigan lehnt diese Form der EEA-Argumentation aus zwei Gründen völlig ab: Erstens sei das entscheidende Merkmal des EEA noch heute unverändert vorhanden. Es sind die anderen Menschen. Unsere Gehirne sind nicht deshalb so groß und komplex geworden, damit wir bessere Werkzeuge herstellen konnten, sondern damit wir einander besser verstehen lernten. Die Botschaft der Sozioökologie lautet, daß unser Paarungssystem nicht durch die Ökologie bestimmt wird, sondern durch andere Menschen – Mitglieder desselben Geschlechts ebenso wie Mitglieder des jeweils anderen Geschlechts. Es ist die Notwendigkeit, einander zu überlisten, zu betrügen, zu helfen und zu lehren, die uns dazu veranlaßt hat, immer intelligenter zu werden.

Und zweitens sind wir ihrer Ansicht nach vor allem anderen dazu entworfen, anpassungsfähig zu sein. Wir sind geschaffen, alle möglichen alternativen Strategien einzusetzen, um unser Ziel zu erreichen. Die heute existierenden Jäger-und-Sammler-Kulturen weisen eine ungeheure ökologische und soziale Variationsbreite auf. Vermutlich sind diese Jäger-und-Sammler-Gesellschaften kein repräsentatives Beispiel, denn sie bewohnen in erster Linie Wüsten und Wälder, also nicht den ursprünglichen Lebensraum des Menschen. Bereits zu Zeiten des *Homo erectus* gab es vermutlich spezialisierte Fischer-, Küstenbewohner-, Jäger- oder Sammlerkulturen, vom modernen Menschen ganz zu schweigen. Manche davon boten vermutlich sehr wohl Gelegenheit zur Anhäufung von Reichtümern und zur Polygamie. In der jüngeren Geschichte gab es am Pazifik eine Kultur von lachsfischenden Indianern, die hoch polygam organisiert war. Sobald es die lokale Jäger-Sammler-Ökonomie zuließ, waren Männer in der Lage, polygam zu leben, und Frauen konnten dem Widerstand der Mitfrauen mit älteren Rechten zum Trotz einem Harem beitreten. Ließ die Situation dies nicht zu, dann waren Männer in der Lage, gute Väter zu sein, während Frauen eifersüchtig über ihre Einehe wachten. Mit anderen Worten: Die Menschheit verfügt über viele Paarungssysteme: für jede Gelegenheit eines.[28]

Gestützt wird diese Überlegung durch die Tatsache, daß größere, intelligentere Tiere mit einem komplexeren Sozialverhalten von höherer Flexibilität hinsichtlich ihrer Paarungssysteme sind als kleinere, weniger intelligente Tiere, die einzeln leben. Schimpansen können, je nach der Zusammensetzung ihrer Ressourcen, in kleinen Trupps oder in großen Gruppen leben. Für Truthähne gilt dasselbe. Kojoten jagen im Rudel, wenn sie Rehe jagen, Mäuse dagegen jagen sie allein. Ein solches nahrungsinduziertes Sozialverhalten verursacht von selbst leichte Unterschiede im Paarungsverhalten.

Wenn aber die Menschheit eine flexible Spezies ist, dann umgibt uns das EEA in gewisser Weise noch immer. Wenn Menschen den Kulturen des zwanzigsten Jahrhunderts angepaßt handeln oder wenn Macht den Fortpflanzungserfolg erhöht, kann dies darauf zurückzuführen sein, daß im EEA (was und wann das auch immer gewesen sein mag) geformte Anpassungen noch immer funktionieren. Die technologischen Probleme des städtischen Lebens mögen sich himmelweit von den Problemen in einer Savanne des Pleistozän unterscheiden, die menschlichen Probleme aber sind die gleichen geblieben. Noch immer nimmt uns der Klatsch über Menschen, die wir kennen oder von denen wir gehört haben, gefangen. Männer sind noch immer machtbesessen und bestrebt, männliche Koalitionen zu bilden oder zu beherrschen. Menschliche Institutionen lassen sich nicht ohne ein tieferes Verständnis ihrer internen Politik verstehen. Die Monogamie unserer heutigen Gesellschaft ist vielleicht nur eine von vielen Varianten im Repertoire der Paarungssysteme, aus dem wir schöpfen können, so wie die Polygamie im alten China oder die gerontokratische Polygamie, die bei einigen heute lebenden australischen Ureinwohnern herrscht, in der die Männer viele Jahre darauf warten, heiraten zu dürfen, und sich dann im Greisenalter riesiger Harems erfreuen.

Falls dem so ist, dann ist der »Geschlechtstrieb«, den wir alle (anerkanntermaßen) in uns verspüren, vielleicht sehr viel spezifischer, als uns klar ist. Angesichts der Tatsache, daß Männer ihren Fortpflanzungserfolg durch das Eingehen mehrerer Beziehungen erhöhen können, Frauen hingegen nicht, sollte man annehmen, daß männliches Verhalten grundsätzlich darauf angelegt ist, jede sich bietende Gelegenheit zu polygamem Verhalten bereitwillig auszunutzen, und daß männliches Handeln in mancher Hinsicht nichts anderes zum Ziel hat.

Bei den Evolutionsbiologen herrscht weitgehende Übereinstimmung darüber, daß die meisten unserer Vorfahren im Pleistozän (den zwei Millionen Jahren menschlicher Existenz vor der Entwicklung landwirtschaftlicher Kulturen) in Verhältnissen lebten, die nur gelegentlich polygam waren. Heute lebende Jäger-und-Sammler-Gemeinschaften unterscheiden sich nicht wesentlich von modernen westlichen Kulturen. Die meisten Männer leben monogam, viele sind untreu, und einige we-

nige schaffen es, polygam zu leben, im Extremfall mit bis zu fünf Frauen. Bei den Aka, einem Pygmäenstamm in der Republik Zentralafrika, die in den Wäldern mit Netzen auf die Jagd gehen, haben fünfzehn Prozent der Männer mehr als eine Frau, ein typisches Muster für eine Lebensgemeinschaft, in der Nahrung gesucht werden muß.[29]
Einer der Gründe, weshalb die Lebensform der Jäger und Sammler nur ein geringes Maß an Polygamie begünstigt, besteht darin, daß Glück für den Jagderfolg eine mindestens ebenso große Rolle spielt wie Geschicklichkeit. Auch der beste Jäger kehrt häufig mit leeren Händen zurück und muß sich dann darauf verlassen, daß seine Jagdgenossen mit ihm teilen, was sie erbeutet haben. Diese Form der gerechten Aufteilung erlegter Beute ist ein Merkmal dieser Gemeinschaften (bei den meisten anderen jagenden Spezies steht die Beute allen zur Verfügung) und bietet ein gutes Beispiel für »reziproken Altruismus«, auf den sich gelegentlich das Sozialgefüge insgesamt zu gründen scheint. Ein erfolgreicher Jäger erlegt mehr, als er selbst essen kann, daher verliert er wenig, wenn er die Beute mit seinen Genossen teilt; er gewinnt damit sogar eine Menge, denn wenn er beim nächsten Mal weniger Glück hat, wird ihm von denen, mit denen er geteilt hat, dieselbe Gunst erwiesen. Ein solcher Austausch von Gefälligkeiten war der Ururahn moderner Geldwirtschaft. Da Fleisch sich nicht lagern ließ und Glück nie von Dauer war, konnte es in Jäger-Sammler-Gemeinschaften nicht zur Anhäufung von Reichtümern kommen.[30]
Mit der Einführung des Ackerbaus ergab sich für manche Männer schlagartig die Gelegenheit zur Polygamie. Durch die Landwirtschaft hatte ein Mann die Möglichkeit, einen Überschuß an Nahrungsmitteln – sei es nun Getreide oder Vieh – zu erwirtschaften, sich damit die Arbeitskraft anderer Männer zu erkaufen und damit sehr viel mächtiger zu werden als seine Zeitgenossen. Die Arbeitskraft wiederum gab ihm Gelegenheit, seinen Nahrungsmittelüberschuß weiter zu erhöhen. Zum erstenmal war Reichsein der beste Weg, noch reicher zu werden. Daß ein Bauer mehr erntet als sein Nachbar, ist nicht in demselben Maße vom Glück abhängig wie der Jagderfolg eines Mannes. Die Landwirtschaft machte es dem besten Bauern im Trupp plötzlich möglich, nicht nur den größten Nahrungsvorrat zu horten, sondern konnte ihm auch dazu verhelfen, den verläßlichsten Nachschub zu haben. Er war nicht darauf angewiesen, diesen mit anderen zu teilen, denn er bedurfte keiner gegenseitigen Gefälligkeit. Beim Volk der //Gana San in Namibia, die im Ge-

gensatz zu den benachbarten !Kung San das Jägerleben zugunsten des Ackerbaus aufgegeben haben, gibt es innerhalb eines Trupps sehr viel weniger Bereitschaft zum Teilen und sehr viel mehr politische Dominanz. Nunmehr konnte ein Mann durch den Besitz der besten und größten Felder, durch härtere Arbeit, durch einen zusätzlichen Ochsen oder durch die Beherrschung eines seltenen Handwerks zehnmal so reich werden wie sein Nachbar. Demzufolge konnte er entsprechend mehr Frauen erwerben. In einfachen Agrargesellschaften findet man häufig Harems mit bis zu hundert Frauen.[31]

Hirtengemeinschaften leben nahezu ausnahmslos polygam. Der Grund hierfür liegt auf der Hand. Eine Rinder- oder Schafherde von fünfzig Tieren ist nicht viel schwerer zu hüten als eine von fünfundzwanzig Tieren. Solchermaßen geschichtete Wirtschaftsformen ermöglichen es einem Mann, sich einen immer rascher wachsenden Reichtum zuzulegen. Die positive Rückkopplung führt dabei zu einer Ungleichverteilung von Reichtümern, die wiederum zu einer Ungleichverteilung sexueller Möglichkeiten führt. Bei den Mukogodo in Kenia beruht der größere Fortpflanzungserfolg einiger Männer auf deren Reichtum: Reich zu sein ermöglicht es ihnen, früh und häufig zu heiraten.[32]

Mit dem Beginn der »Zivilisation«, die in sechs verschiedenen Regionen der Welt (von Babylon im siebzehnten Jahrhundert vor Christus bis zu den Inkas im sechzehnten Jahrhundert nach Christus) unabhängig voneinander anbrach, hielten die Herrscher Tausende von Frauen in ihren Harems. Hatten Jagd- und Kriegerglück einem Mann einst eine oder zwei Frauen zusätzlich eingebracht, so hatte der Reichtum ihm zehn oder mehr verschafft. Doch Reichtum brachte noch einen weiteren Vorteil mit sich. Man konnte damit nicht nur Frauen direkt »kaufen«, sondern man konnte damit »Macht« erwerben. In diesem Zusammenhang ist zu bemerken, daß sich für die Zeit vor dem Beginn der Renaissance kaum eine Unterscheidung in Reichtum und Macht treffen läßt: Bis dahin gab es keinen Wirtschaftszweig, der von den Machtstrukturen unabhängig war. Ein Mann war wirtschaftlich und sozial von ein und demselben Herrn abhängig.[33] Grob gesagt handelt es sich bei Macht um die Fähigkeit, sich seine Verbündeten nach Belieben aussuchen zu können, und dies hängt in hohem Maße vom eigenen Reichtum ab (mit ein bißchen zusätzlicher Unterstützung durch Gewalt).

Machtstreben ist allen sozial lebenden Tieren gemeinsam. Kaffernbüffel steigen innerhalb der Hierarchie ihrer Herde zu Dominanzpositionen auf, die sich in sexuellen Vorteilen ausdrücken. Auch Schimpansen streben danach, »Alpha-Tier« ihrer Gruppe zu werden und damit ihre Paarungshäufigkeit zu erhöhen. Ähnlich wie Menschen bedienen sich Schimpansen nicht ausschließlich roher Gewalt, um ihr Ziel zu erreichen. Sie setzen auf Schläue und suchen Verbündete. Die Stammesfehden zwischen verschiedenen Schimpansengruppen sind Ursache und Folge der männlichen Neigung zur Bildung von Verschwörungen. Die Männchen in den von Jane Goodall beobachteten Gruppen waren sich stets ihrer Situation bewußt, wenn sie den Männchen einer anderen Gruppe zahlenmäßig unterlegen waren, und suchten gezielt nach Gelegenheiten, die feindlichen Männchen einzeln abzupassen. Je größer die Allianz und je stärker der Zusammenhalt, um so effizienter war das Bündnis.[34]

Zusammenschlüsse von Männchen finden sich in vielen Spezies. Bei Truthähnen präsentieren sich mehrere Brüder gleichzeitig auf einem Balzplatz. Tragen sie den Sieg davon, dann paaren sich die Weibchen mit dem ältesten Bruder. Bei Löwen finden sich Brüder zusammen, um fremde Männchen aus einem Rudel zu vertreiben und dieses selbst zu übernehmen; sie töten die Jungen, damit die Löwinnen wieder paarungsbereit werden, und sämtliche Brüder paaren sich mit allen vorhandenen Weibchen. Bei den Eichelspechten leben Gruppen von Brüdern mit Gruppen von Schwestern in einer Art Kommune zusammen und kontrollieren einen »Vorratsbaum«, in den sie zahllose Löcher gebohrt haben, um bis zu dreißigtausend Eicheln als Wintervorrat zu lagern. Die Jungen – Nichten und Neffen aller Vögel außer den leiblichen Eltern – müssen die Gruppe verlassen, eigene Bruder- und Schwesternschaften gründen und einen Vorratsbaum übernehmen, aus dem sie die bisherigen Bewohner vertreiben.[35]

Bündnisse zwischen Männchen oder Weibchen basieren nicht notwendigerweise auf Verwandtschaftsbeziehungen. Brüder helfen einander, weil sie verwandt sind: Was gut für die Gene des Bruders ist, ist auch gut für die eigenen, denn man teilt ja die Hälfte davon miteinander. Es gibt aber noch einen anderen Weg, sicherzustellen, daß Altruismus sich auszahlt: Gegenseitigkeit. Wenn ein Tier die Hilfe eines anderen beansprucht, könnte es versprechen, sich bei Gelegenheit zu revanchieren. Solange dieses Versprechen glaubwürdig ist – mit anderen Worten: solange Individuen einander erkennen und lange genug zusammenleben, um ihre Schulden einzutreiben –, solange kann ein Männchen andere

Männchen dazu bringen, ihm in Paarungsangelegenheiten zu assistieren. Etwas Ähnliches scheint bei Delphinen vor sich zu gehen, über deren Geschlechtsleben man erst in jüngster Zeit Erkenntnisse gewinnen konnte. Dank der Arbeiten von Richard Connor, Rachel Smolker und deren Kollegen wissen wir heute, daß Gruppen von Delphinmännchen einzelne Weibchen entführen, jagen, sie mit akrobatischen Choreographien umwerben und sich dann mit ihnen paaren. Sobald das Weibchen geworfen hat, verlieren die Männchen das Interesse an ihm, und es kann in eine Gruppe von Weibchen zurückkehren. Solche männlichen Bündnisse existieren häufig nur vorübergehend und bestehen auf einer »Eine-Hand-wäscht-die-andere«-Grundlage.[36]

Je intelligenter die Art und je flexibler ihre Bündnisse, um so weniger wird ein ehrgeiziges Männchen durch seine tatsächliche Stärke limitiert. Delphine und Schimpansen dürfen zwar nicht schwach sein, um eine Machtposition zu erringen, aber sie können sich sehr stark auf ihre Fähigkeit verlassen, erfolgreiche männliche Koalitionen zu bilden. Beim Menschen schließlich besteht überhaupt keine Korrelation mehr zwischen Stärke und Macht – jedenfalls nicht mehr seit der Erfindung von Waffen mit größerer Reichweite, wie zum Beispiel Steinschleudern, was Goliath am eigenen Leib erfahren mußte. Wohlstand, List, politische Fertigkeiten und Erfahrung führen zur Macht über andere. Von Hannibal bis zu Bill Clinton errangen Menschen Macht durch den Zusammenschluß von Verbündeten. Im Falle des Menschen hat Reichtum sich als eine Möglichkeit erwiesen, solche Allianzen zu schaffen. Bei anderen Tieren liegt der Lohn hierfür auf sexuellem Gebiet. Und beim Menschen?

Herrschergeschlechter

Ende der siebziger Jahre beschloß die kalifornische Anthropologin Mildred Dickemann, den Versuch zu unternehmen, einige Überlegungen Darwins auf die menschliche Geschichte und Kultur anzuwenden. Sie wollte einfach feststellen, ob die Art von Vorhersagen, die Evolutionsbiologen im Hinblick auf andere Tiere treffen, sich auch für den Menschen treffen lassen. Sie stellte fest, daß sich in den stark geschichteten orientalischen Gesellschaften der Frühgeschichte die Menschen offenbar genau so verhielten, wie man es erwarten würde, wenn ihr Ziel darin bestünde, so viele Nachkommen zu hinterlassen wie irgend möglich. Mit anderen Worten: Männer strebten nach polygamen Verhältnissen, während Frauen danach trachteten, sich mit Männern eines höheren Sozialstatus zu verheiraten. Sie fügte hinzu, daß viele Bräuche dabei sehr genau ins Bild passen: Mitgift, Kindesmord an Mädchen, klösterliche Abgeschiedenheit für Frauen, durch die ihre Jungfräulichkeit unversehrt gehalten werden sollte. In Indien praktizierten zum Beispiel höhere Kasten häufiger den Kindesmord an Mädchen als niedere Kasten, denn für sie bestand eine geringere Chance, ihre Töchter in höhere Kasten einheiraten zu lassen. Mit anderen Worten: Ehe war ein Handel – männliche Macht und männliches Einkommen gegen weibliches Reproduktionspotential.[37]

Ungefähr zur gleichen Zeit, als Dickemann ihre Studien unternahm, begann John Hartung von der Harvard University, sich für die Verteilung von Hinterlassenschaften zu interessieren. Er ging von der Hypothese aus, daß ein reicher Mann (oder eine reiche Frau) in einer polygamen Gesellschaft sein Vermögen eher einem Sohn hinterlassen würde als einer Tochter, weil ein reicher Sohn ihm mehr Enkel einbringen könne als eine reiche Tochter. Denn der Sohn kann mit verschiedenen Frauen Kinder haben, während die Tochter die mögliche Zahl ihrer Kinder auch mit vielen Ehemännern nicht erhöhen kann. Je polygamer eine Gesellschaft, um so größer also die Wahrscheinlichkeit für eine Verteilung des Erbes zugunsten des Mannes. Aus einer Übersicht über vierhundert verschiedene Gemeinschaften ergab sich eine imposante Unterstützung für diese Hypothese.[38]

Natürlich beweist das gar nichts. Es könnte reiner Zufall sein, daß evolutionstheoretische Argumente vorhersagen, was tatsächlich geschieht. Unter Wissenschaftlern kursiert diesbezüglich die warnende Anekdote von einem Mann, der zur Überprüfung seiner Theorie, daß sich beim Floh die Ohren an den Beinen befänden, diesem alle Beine entfernte. Dann forderte er den Floh auf, zu springen, und als dieser das nicht tat, zog er daraus den Schluß, seine Theorie sei richtig: Die Ohren des Flohs befinden sich an den Beinen.

Gleichwohl hatte schon Darwin begonnen, darüber zu spekulieren, ob sich die menschliche Historie nicht durch einen evolutionären Lichtstrahl erhellen ließe. Mitte der achtziger Jahre machte sich Laura Betzig daran, die Annahme zu überprüfen, Menschen seien in sexueller Hinsicht jeder möglichen Situation angepaßt. Sie hatte wenig Hoffnung auf Erfolg, kam aber zu dem Schluß, der beste Weg, eine solche Aussage zu testen, bestehe in einem einfachen Postulat: Unter diesen Umständen dürften Männer Macht nicht als Selbstzweck betrachten, sondern müßten sie als Mittel zu sexuellem und reproduktivem Erfolg einsetzen. Ein kurzer Blick in die Gegenwart schien nicht sehr ermutigend: Von Hitler bis zum Papst waren und sind die mächtigsten Männer häufig kinderlos. Ihr Ehrgeiz nimmt sie so in Anspruch, daß ihnen keine Zeit für Abenteuer bleibt.[39]

Als sie sich jedoch daran machte, die Geschichtsschreibung zu studieren, machte sie eine verblüffende Entdeckung. Ihre vereinfachende Vorhersage wurde wieder und wieder bestätigt. Sie versagte lediglich in der westlichen Geschichte der letzten paar Jahrhunderte. Und nicht nur das: In den meisten polygamen Gesellschaften gab es ausgeklügelte soziale Mechanismen, die sicherstellen sollten, daß ein mächtiger Polygamist einen polygamen Erben hinterließ.

Die sechs voneinander unabhängigen Kulturen der Frühgeschichte – Babylon, Ägypten, Indien, China, die Azteken und die Inkas – waren in der Tat bemerkenswert, weniger ihrer Kultiviertheit wegen, als wegen ihrer ungeheuren Machtkonzentration. Jede von ihnen wurde von Männern regiert, jeweils nur von einem, und dessen Macht war willkürlich und uneingeschränkt. Diese Männer waren Despoten, das heißt, sie konnten ihre Untergebenen ohne Furcht vor Vergeltung töten. Diese enorme Machtfülle wurde ohne eine einzige Ausnahme grundsätzlich in ungeheure sexuelle Produktivität umgesetzt. Dem babylonischen König Hammurabi standen Tausende von versklavten »Ehefrauen« zur Verfügung. Der ägyptische Pharao Akhenaten unterhielt dreihundertsiebzehn Konkubinen und »Herden« von Gemahlinnen. Der Aztekenherrscher Montezuma erfreute sich eines Besitzes von viertausend Konkubinen. Der indische Herrscher Udayama hielt sich sechstausend Gattinnen in von Eunuchen bewachten Häusern, die mit einem Ring aus Feuer geschützt waren. Der chinesische Kaiser Fei-ti hatte in seinem Harem zehntausend Frauen. Und die Inkas, wir hörten es bereits, hielten sich im ganzen Königreich Jungfrauen auf Vorrat.

Diese sechs Herrscher, jeder von ihnen ein typisches Exemplar, seinen Vorgängern und Nachfolgern zum Verwechseln ähnlich, verfügten nicht nur über Harems von ähnlicher Größe, sie bedienten sich auch ähnlicher Techniken, um diese zu füllen und zu bewachen. Sie nahmen nur junge Frauen (meist bereits vor dem Einsetzen der Menstruation) und hielten sie in einer geschützten Festung ohne jede Fluchtmöglichkeit. Sie ließen sie von Eunuchen bewachen, verwöhnten sie und erwarteten von ihnen, daß sie Kinder zur Welt brachten. Häufig ergriff man Maßnahmen, um die Fruchtbarkeit eines Harems zu erhöhen. Ammen, die den Frauen das Stillen abnahmen und damit das Wiedereinsetzen der Ovulation beschleunigten, gab es mindestens seit Hammurabis Gesetzgebung, das heißt seit dem achtzehnten Jahrhundert vor Christus: Sie werden bereits in sumerischen Wiegenliedern besungen. Die chinesischen Kaiser der Tang-Dynastie führten sorgfältig Buch über die Daten von Menstruation und Empfängnisbereitschaft im Harem, um sicherzugehen, daß sie wirklich nur die fruchtbarsten Geliebten auswählten. Von chinesischen Kaisern wurde zudem erwartet, mit ihrem Samen sorgsam umzugehen, um das Soll von mindestens zwei Frauen pro Tag erfüllen zu können, manch einer soll sich sogar über die Last seiner sexuellen Verpflichtungen beklagt haben. Harems hätten kaum sorgsamer geplant sein können, wären sie Brutapparate gewesen, die der Ausbreitung fürstlicher Gene dienten.[40]

Die Herrscher waren jedoch keine Ausnahmen. Laura Betzig untersuchte einhundertvier politisch autonome Sozialsysteme und stellte fest, daß »in beinahe allen Fällen die Machtfülle eines Mannes auf dessen Haremsgröße schließen läßt«.[41] Kleine Könige hatten hundert Frauen in ihren Harem, große Könige tausend und Kaiser fünftausend. Die traditionelle Geschichtsschreibung möchte uns glauben machen, solche Harems seien nur einer von vielen Vorzügen, die den erfolgreich die Macht anstrebenden Mann zusammen mit anderen Wahrzeichen seiner Herrschaft erwarteten: Diener, Paläste, Gärten, Musik, Seide, erlesene Speisen und Schaukämpfe. Aber Frauen rangieren ziemlich weit oben auf der Liste. Betzigs zentrale Aussage lautet: Es ist eine Sache, festzustellen, daß mächtige Herrscher polygam waren, es ist aber etwas ganz anderes, zu entdecken, daß sie sich alle mehr oder minder derselben Maßnahmen bedienten, um ihren Fortpflanzungserfolg zu erhöhen. Ammenwesen, Überwachung der Fruchtbarkeit und so weiter sind nicht die Mittel von Männern, die an sexueller Ausschweifung interessiert sind. Es sind die Maßnahmen von Männern, deren Interesse darin besteht, viele Kinder zu hinterlassen.

Eines ist jedoch bemerkenswert: Alle sechs Herrscher führten eine monogame Ehe. Mit anderen Worten: Sie erhoben stets eine ihrer Partne-

rinnen als »Königin« über alle anderen. Dies ist ein Charakteristikum polygamer menschlicher Kulturen. Wo es Harems gibt, gibt es auch »Hauptfrauen«, die anders behandelt werden als andere. Meist sind sie adliger Abstammung und, was entscheidend ist, sie allein sorgen für die rechtmäßigen Erben. Salomon hatte tausend Geliebte und eine Königin. Betzig betrachtete das Römische Reich unter diesen Gesichtspunkten und stellte fest, daß das Nebeneinander von monogamer Ehe und polygamer Untreue sich durch sämtliche Schichten der römischen Gesellschaft zog. Römische Kaiser waren – obwohl mit einer einzelnen Kaiserin vermählt – für ihre sexuellen Eskapaden berühmt. Julius Caesars Affären mit Frauen wurden »allgemein als extravagant beschrieben« (Suetonius). Von Augustus berichtete Suetonius: »Ihm haftet der Ruf an, ein Frauenheld zu sein, und man berichtet, daß er sich seine Leidenschaft, Mädchen – die seine Frau ihm aussuchte – zu entjungfern, bis ins hohe Alter erhalten hat.« Tiberius' »verbrecherische Begierden« waren »eines orientalischen Tyrannen würdig« (Tacitus). Caligula »machte in Rom nahezu jeder Frau von Rang den Hof« (Dio), seine Schwestern eingeschlossen. Sogar für Claudius betätigte sich dessen Ehefrau als Kupplerin, die ihm »verschiedene Hausmädchen zum Beischlaf« verschaffte (Dio). Als Nero den Tiber hinabsegelte, hatte er sich »eine Reihe Behelfsbordelle am Strand errichten lassen« (Suetonius). Wie in China – wenn auch nicht mit derselben Methodik – scheint die Hauptfunktion von Konkubinen das Gebären von Kindern gewesen zu sein.
Kaiser bildeten auch hier keine besondere Ausnahme. Den Lebenswandel eines reichen Patriziers namens Gordian, der als einer der Anführer einer Rebellion gegen Kaiser Maximinus und zugunsten seines eigenen Vaters im Jahre 237 vor Christus starb, kommentierte der englische Historiker Gibbon: »Zweiundzwanzig offizielle Konkubinen und eine Bibliothek von zweiundsechzig Bänden zeugten von der Vielfalt seiner Neigungen, und aus seinen Hinterlassenschaften geht hervor, daß beide, die einen wie die anderen, zum Gebrauch bestimmt waren und nicht der Prahlerei dienten.«
»Gewöhnliche« römische Adlige hielten Hunderte von Sklaven. Und obgleich weibliche Sklaven so gut wie keine Dienste im Haus versahen, erzielten sie einen hohen Preis, wenn sie in ihrer Jugend verkauft wurden. Männliche Sklaven waren in der Regel gezwungen, ehelos zu bleiben. Weshalb also erwarben die römischen Adligen so viele junge weibliche Sklaven? Die meisten Historiker sagen, das geschah, um bei ihren Skla-

ven für Nachkommen zu sorgen. Dann aber müßten schwangere Sklavinnen die höchsten Preise erzielt haben; das aber taten sie nicht. Wenn sich herausstellte, daß eine Sklavin keine Jungfrau mehr war, ging der Käufer gegen den Händler vor Gericht. Und weshalb sollte man bei den männlichen Sklaven auf Keuschheit bestehen, wenn es die Aufgabe der Sklavinnen sein sollte, Kinder zur Welt zu bringen? Es besteht kaum Zweifel daran, daß jene römischen Schriftsteller, die Sklavinnen mit Konkubinen gleichsetzten, die Wahrheit sagten. Die uneingeschränkte Verfügbarkeit von Sklavinnen »wird in der griechisch-römischen Literatur seit Homer als selbstverständlich gehandhabt; nur die modernen Schriftsteller haben es fertiggebracht, diese großenteils zu ignorieren«.[42]

Hinzu kommt, daß römische Adlige viele ihrer Sklaven verdächtig jung und mit verdächtig hohen Abfindungen freiließen. Dies kann keine wirtschaftlich wohlerwogene Entscheidung gewesen sein. Freigelassene Sklaven waren wohlhabend und zahlreich. Narzissus war der reichste Mann seiner Zeit. Die meisten freigelassenen Sklaven waren im Haus ihres Herrn geboren worden. Sklaven in den Minen oder in der Landwirtschaft wurden nur selten freigelassen. Es scheint unzweifelhaft, daß der römische Adel hier seine eigenen illegitimen Söhne von seinen Sklavinnen in die Freiheit entließ.[43]

Als Betzig sich dem Christentum im Mittelalter zuwandte, stellte sie fest, daß das Phänomen der Parallelität von monogamer Ehe und polygamen Beziehungen inzwischen so tief verwurzelt war, daß man schon recht tief graben mußte, wollte man ihm nachgehen. Polygame Beziehungen fanden nunmehr im verborgenen statt, hörten aber nicht auf zu bestehen. Mittelalterliche Volkszählungen weisen auf dem Land ein stark männerlastiges Geschlechtsverhältnis aus, denn sehr viele Frauen »standen in Diensten« von Klöstern und Schlössern. Ihre Tätigkeiten umfaßten meist verschiedene Dienerinnenaufgaben, doch bildeten sie eine Art offenen Harem, dessen Größe eindeutig durch Wohlstand und Macht des Schloßbesitzers festgelegt war. In manchen Fällen ließen Historiker und Schriftsteller mehr oder weniger offen durchblicken, daß Schlösser auch »Frauenhäuser« waren, in denen der Harem des Besitzers in Abgeschiedenheit und Luxus lebte.

Graf Baudouin, Mäzen eines literarisch ambitionierten Geistlichen namens Lambert, starb nach dessen Worten »als Vater von dreiundzwanzig unehelichen Kindern und zehn rechtmäßigen Töchtern und

Söhnen ... Sein Schlafzimmer hatte Zugang zu den Kammern der Dienerinnen und zu den Zimmern der jungen Mädchen im Obergeschoß. Es hatte auch Zugang zum Wärmezimmer, ›einem veritablen Brutkasten für Säuglinge‹.« Unterdessen hatten viele Bauern im Mittelalter Glück, wenn sie noch in einigermaßen jungen Jahren heiraten konnten, zur Untreue bot sich ihnen nur wenig Gelegenheit.[44]

Lohn der Gewalt

Wenn es Lohn und Ziel von Macht und Reichtum ist, viele Nachkommen zu haben, dann verwundert es nicht, wenn dieses Ziel auch Ursache und Lohn von Gewalt ist.[45]

Betrachten wir den Fall der Pitcairn-Insulaner. Im Jahre 1790 landeten neun Meuterer der *Bounty* auf Pitcairn. Unter ihnen befanden sich sechs Polynesier und dreizehn Polynesierinnen. Tausende von Meilen von der nächsten Zivilisation entfernt, vor den Augen der Welt verborgen, begannen sie, die kleine Insel zu besiedeln. Man beachte das Ungleichgewicht: fünfzehn Männer und dreizehn Frauen. Als man achtzehn Jahre später die Kolonie entdeckte, lebten noch zehn der Frauen, aber nur ein Mann. Von den anderen Männern hatte einer Selbstmord begangen, einer war eines natürlichen Todes gestorben, und die übrigen zwölf waren ermordet worden. Der Mann war einfach der letzte Überlebende einer ausschließlich aus sexuellen Motiven entflammten Orgie von Gewalt. Er ließ sich unverzüglich zum Christentum bekehren und verordnete der Gesellschaft von Pitcairn die Monogamie. Bis in die dreißiger Jahre unseres Jahrhunderts war die Kolonie zu Wohlstand gelangt, und man verfügt über genaue genealogische Aufzeichnungen, aus deren Studium man ersehen kann, daß die Monogamie funktionierte. Mit Ausnahme einiger seltener Fälle von Untreue waren und sind die Pitcairner monogam.[46]

Eine durch Gesetz, Religion oder Sanktionen gesicherte Monogamie scheint allerdings kein geeignetes Mittel, den mörderischen Konkurrenzkampf zwischen Männern zu verringern. Laut Tacitus schrieben die germanischen Volksstämme, die einige der römischen Kaiser sehr bedrängten, ihren Erfolg zum Teil der Tatsache zu, daß sie in einer mono-

gamen Gesellschaft lebten und somit in der Lage waren, ihre Aggressionen nach außen zu richten (für die polygamen und dennoch häufig erfolgreichen Römer gab es im übrigen keine solche Erklärung). Niemand durfte mehr als eine Frau haben, und somit hatte kein Mann Anlaß, einen Stammesbruder zu töten, um dessen Frau zu erwerben. Allerdings erstreckte sich die der Gesellschaft auferlegte Monogamie nicht auf gefangene Sklavinnen. Im Borneo des neunzehnten Jahrhunderts wurden die Stammesfehden der Insel von einem Stamm beherrscht, den Iban. Die Iban waren im Gegensatz zu ihren Nachbarn monogam, wodurch sie einerseits der Ansammlung verdrossener Junggesellen in ihren Reihen entgingen und andererseits zu ungeahnten Heldentaten motiviert wurden, bei denen ihnen ein fremdes Sklavenmädchen als Lohn winkte.[47]
Gewalt zwischen verschiedenen Gruppen ist Teil unseres Affenerbes. Bis in die siebziger Jahre hinein versuchten die Primatologen angestrengt, unsere vorgefaßten Ansichten über das friedfertige Leben von Affen in gewaltfreien Gesellschaften zu bestätigen. Dann begannen sie, sich der selteneren, aber ernsteren Seite des Schimpansenlebens zu widmen. Die Männchen eines Schimpansen-»Stammes« führen gelegentlich gewalttätige Überfälle gegen die Männchen eines anderen Stammes, wobei sie ihre Feinde abpassen und töten. Das ist ein großer Unterschied zum Territorialverhalten vieler anderer Tiere, die sich damit zufriedengeben, Eindringlinge zu vertreiben. Möglicherweise wollen die Angreifer sich das feindliche Territorium aneignen, doch wäre das ein karger Lohn für ein so gefährliches Unternehmen. Die männliche Allianz erwartet ein weitaus reicherer Lohn: Die jungen Weibchen der unterlegenen Gruppe schlagen sich auf die Seite der Sieger.[48]
Wenn Krieg uns tatsächlich als direktes Erbe der Feindseligkeiten zwischen Gruppen konkurrierender Affenmännchen um fremde Weibchen zugefallen ist, kann man schlußfolgern, daß vielleicht auch Stammesfehden eher um Frauen denn um Territorien ausgetragen werden. Lange Zeit haben Anthropologen darauf beharrt, Kriege würden stets um rare materielle Ressourcen geführt, vor allem um Protein, das oftmals schwer zu beschaffen ist. Als dann aber der in dieser Tradition herangewachsene Anthropologe Napoleon Chagnon in den sechziger Jahren auszog, etwas über die Yanonami in Venezuela in Erfahrung zu bringen, bekam er einen Schock: »Diese Leute kämpften keineswegs – wie man mir während des Studiums hatte beibringen wollen – um knappe Ressourcen, sie kämpften um Frauen.«[49] Zumindest sagten sie das. Es gibt

eine gute alte anthropologische Tradition, die besagt: »Glaube nie, was die Leute dir erzählen«, und so machte man sich über Chagnon lustig, weil er ihnen glaubte. Oder, wie er sich ausdrückt: »Den Magen darfst du als Kriegsgrund anführen – die Gonaden nicht.« Chagnon kehrte wieder und wieder zu den Yanonami zurück und sammelte eine Menge schockierender Daten, die keinen Zweifel mehr daran lassen, daß Männer, die andere Männer töten (unokais), unabhängig von ihrem sozialen Status mehr Frauen haben als Männer, die nicht zu Mördern werden.[50] Bei den Yanonami drehen sich Krieg und Gewalt in erster Linie um Sex. Die Entführung einer Frau oder die Rache für ein solches Vergehen läßt einen Krieg zwischen zwei benachbarten Dörfern ausbrechen, dessen Ergebnis darin besteht, daß Frauen ihren Besitzer wechseln. Die häufigste Ursache für Gewalt innerhalb eines Dorfes ist ebenfalls Eifersucht; ein zu kleines Dorf wird der Frauen halber geplündert, ein zu großes Dorf zerbricht am Seitensprung. Bei den Yanonami sind Frauen Währung und Lohn männlicher Gewalt. Viele Yanonami sterben einen gewaltsamen Tod. Bis zum Alter von vierzig Jahren haben zwei Drittel aller Menschen einen nahen Verwandten durch Mord verloren. Schmerz und Furcht angesichts der Morde werden dadurch aber in keiner Weise abgeschwächt. Den Yanonami, die ihre Wälder verlassen, erscheint das Leben in einer von Gesetzen geregelten Umgebung, die Mord verhindert, als geheimnisvoll und ungeheuer begehrenswert. Ebenso erinnern die Griechen sich mit großer Genugtuung an die Abschaffung gerichtlich verfügter Rache durch den Urteilsspruch über Orest als einen Meilenstein in ihrer Geschichte. Laut Aischylos tötete Orest Klytämnestra, weil diese Agamemnon hatte ermorden lassen, die Furien aber wurden von Athene überredet, das Gerichtsurteil anzuerkennen und das System der Blutrache zu beenden.[51] Thomas Hobbes übertrieb nicht, als er schrieb, »ständige Angst und die Furcht vor einem gewaltsamen Tod« seien charakteristisch für das Lebensgefühl der frühen Menschheit gewesen – obgleich er im zweiten und vertrauteren Teil des Satzes weit weniger richtig lag: »und ein Menschenleben, einsam, arm, abscheulich, verroht und kurz«.
Chagnon ist inzwischen der Ansicht, daß die traditionelle Lehre – Menschen kämpfen nur um knappe Ressourcen – an den Tatsachen vorbeigeht. Wenn die Ressourcen knapp sind, kämpfen die Menschen um sie. Wenn nicht, dann tun sie das nicht. »Warum soll man sich damit herumschlagen, um Mangango-Nüsse zu kämpfen, wenn doch der einzige

Grund für deren Besitz darin besteht, daß sie einem den Weg zu Frauen ebnen. Warum nicht gleich um Frauen kämpfen?« Er ist der Meinung, die meisten menschlichen Kulturen reichten nicht an die Grenzen irgendwelcher Ressourcen heran. Die Yanonami könnten ihren Wäldern ohne weiteres größere Gärten abringen, um mehr anzupflanzen, hätten aber dann Nahrung im Überfluß.[52]

Dieses Naturvolk nimmt keineswegs eine Sonderstellung ein. Alle Untersuchungen an primitiveren Lebensgemeinschaften, die man unternehmen konnte, bevor nationale Regierungen diesen Kulturen ihre Gesetze aufdrängen konnten, ergaben ein sehr hohes Niveau routinemäßiger Gewalt. Eine Studie kam zu dem Schluß, daß ein Viertel der in solchen Gemeinschaften getöteten Männer von anderen Männern ermordet wurde. Was die Motive angeht, so steht Sexualität hier im Vordergrund.

Der Gründungsmythos der westlichen Zivilisation, Homers *Ilias*, ist eine Geschichte, die mit einem Krieg um die Entführung einer Frau beginnt. Helena war ihr Name. Lange wurde die Entführung der Helena nach Troja von den Historikern nur als Vorwand für die territoriale Konfrontation zwischen Griechen und Trojanern verstanden. Aber können wir wirklich so selbstsicher und herablassend sein? Vielleicht führen die Yanonami wirklich ihre Kriege um Frauen, genau wie sie es sagen. Vielleicht taten dies auch Agamemnons Griechen, genau wie Homer es sagte. Die *Ilias* beginnt mit einem Streit zwischen Agamemnon und Achilles – und davon ist sie in weiten Teilen auch beherrscht. Bei diesem Streit geht es darum, daß Agamemnon darauf besteht, von Achilles Briseis als Konkubine zu erhalten, und zwar als Ersatz für seine eigene Konkubine Chryseis, die er ihrem Vater zurückgeben muß, einem Priester, der Apollos Hilfe gegen die Griechen beschworen hatte. Dieser Zwist in den eigenen Reihen kostet die Griechen beinahe den gesamten Sieg in einem Krieg, der ebenfalls durch den Streit über eine Frau entbrannt war.

In Lebensgemeinschaften vor der Einführung des Ackerbaus mag Gewalt durchaus ein Weg zum sexuellen Erfolg gewesen sein, insbesondere in unruhigen Zeiten. In vielen verschiedenen Kulturen waren die Kriegsgefangenen eher Frauen als Männer. Doch das Echo hallt bis in die heutige Zeit nach. Armeen wurden häufig ebensosehr durch die Aussicht auf Raub und Vergewaltigung im Siegesfalle motiviert wie durch Patriotismus oder Furcht. Generäle wußten dies, verschlossen die Au-

gen vor den Exzessen ihrer Truppen und sorgten für Marketenderinnen. Selbst in unserem Jahrhundert ist der Besuch von Prostituierten als Begründung für einen Kurzurlaub bei der Marine mehr oder weniger anerkannt. Und noch heute sind Krieg und Vergewaltigung miteinander verknüpft. In Ostpakistan (dem heutigen Bangladesch) wurden während einer neunmonatigen Besetzung durch westpakistanische Truppen im Jahre 1971 bis zu vierhunderttausend Frauen von den Soldaten vergewaltigt.[53]
Die 1992 an die Öffentlichkeit gedrungenen bosnischen Berichte über organisierte Vergewaltigungslager für serbische Soldaten waren einfach zu allgegenwärtig, als daß man sie hätte ignorieren können. Don Brown, Anthropologe in Santa Barbara, berichtet über seine Zeit in der Armee: »Die Männer redeten Tag und Nacht über Sex, über Macht wurde nie gesprochen.«[54]

Monogame Demokraten

Zum Wesen des Mannes gehört es also, Gelegenheiten zu polygamen Beziehungen beim Schopf zu packen – so sie ihm gewährt werden – und im Wettstreit mit anderen Männern Reichtum, Macht und Gewalt zur Erreichung sexueller Ziele einzusetzen – allerdings in der Regel nicht, wenn dadurch eine sichere monogame Beziehung aufs Spiel gesetzt würde. Kein sehr schmeichelhaftes Bild, enthüllt es doch Züge, die heftig mit modernen ethischen Grundsätzen kollidieren: Grundsätzen wie Monogamie, Treue, Gleichberechtigung, Gerechtigkeit und Gewaltfreiheit. Meine Aufgabe aber ist es, den Zustand zu beschreiben, nicht, ein Rezept dagegen zu liefern. Schließlich gibt es in der menschlichen Natur nichts Unveränderbares. In *The African Queen* sagt Katherine Hepburn zu Humphrey Bogart: »Natur, Mr. Allnut, ist etwas, worüber wir uns in unserem Leben hinauszuentwickeln haben.«
Im übrigen hat das lange Zwischenspiel menschlicher Polygamie, das vor etwa viertausend Jahren in Babylon begann, im Westen mehr oder weniger sein Ende gefunden. Offizielle Kurtisanen wurden zu inoffiziellen Geliebten, Geliebte wurden zu Geheimnissen, die vor Ehefrauen gehütet wurden. Im Jahre 1988 hatte politische Macht aufgehört, eine

Freikarte zur Polygamie zu sein, denn bereits der Hauch eines Verdachts auf Untreue konnte sie gefährden. Während Fei-ti, der Kaiser von China, tausend Frauen in seinem Harem halten konnte, waren für Gary Hart, auf seinem Weg zum Präsidentenamt der mächtigsten Nation der Welt, bereits zwei zuviel.

Was ist geschehen? Christentum? Kaum. Jahrhundertelang hatte eine friedliche Koexistenz mit der Polygamie bestanden, und jeder Tadel an ihr war von demselben zynischen Eigennutz wie der jedes Laien. Die Rechte der Frauen? Sie kamen zu spät. Eine Frau im viktorianischen England hatte nicht mehr in die Angelegenheiten ihres Mannes hineinzureden als eine Frau im Mittelalter. Bislang kann kein Historiker erklären, was tatsächlich geschehen ist, Vermutungen aber gehen unter anderem dahin, daß Könige irgendwann darauf angewiesen waren, ausreichend interne Verbündete zu haben, so daß sie der despotischen Machtausübung entsagen mußten. Damit war so etwas wie eine Demokratie geboren. Sobald monogame Männer die Gelegenheit hatten, gegen Polygamisten zu stimmen (und wer stürzt nicht gerne einen Konkurrenten, und sei er selbst auch noch so bestrebt, ihm nachzueifern?), war deren Schicksal besiegelt.

Despotische Machtausübung der Form, wie sie mit dem Beginn der Zivilisation entstanden war, ist überholt. Sie erscheint zunehmend wie eine Verirrung der Menschheitsgeschichte. Vor dem Anbruch der »Zivilisation« und seit dem Bestehen der Demokratie hatten Männer keine Möglichkeit, die Art von Macht zu erwerben, die die erfolgreichsten unter ihnen befähigt hätte, als Despoten der Promiskuität zu leben. Im Pleistozän war das Höchste, was ein Mann zu erwarten hatte, ein oder zwei treue Frauen und ein paar Affären, wenn er ein besonderes Geschick für die Jagd oder die Politik mitbrachte. Das Beste, auf das ein Mann heute hoffen kann, ist eine hübsche junge Geliebte und ein ergebenes Weib, das er etwa alle zehn Jahre auswechselt. Damit stehen wir wieder ganz am Anfang.

Dieses Kapitel hat sich ausschließlich dem männlichen Geschlecht gewidmet. Damit mag es so aussehen, als würden hier die Rechte der Frauen mit Füßen getreten, indem man sie und ihre Wünsche ignoriert. Aber genau das haben Männer seit der Einführung des Ackerbaus über viele Generationen hinweg getan. Vor der Erfindung der Landwirtschaft und seit der Einführung der Demokratie wurde solcher Chauvinismus unmöglich. Das Paarungssystem der Menschheit war wie das anderer Tiere ein Kompromiß zwischen männlichen und weiblichen Strategien. Und es ist schon eine kuriose Tatsache, daß die monogame eheliche Bindung durch die Despotie Babylons, die Lüsternheit der Griechen, die Promiskuität der Römer und die ehebrecherischen Verhältnisse des Christentums hindurch überlebt hat, um im industriellen Zeitalter als Ausgangspunkt der Familie neu zu erstehen. Selbst in den despotischsten und polygamsten Momenten menschlicher Geschichte ist die Menschheit der Institution der monogamen Ehe treu geblieben – ganz im Gegensatz zu anderen polygamen Tieren. Selbst Despoten hatten in aller Regel eine Königin und viele Konkubinen. Wenn wir die menschliche Faszination an der monogamen Ehe verstehen wollen, müssen wir die weibliche Strategie ebenso gründlich betrachten wie die männliche. Wenn wir das tun, werden wir einige außergewöhnliche Erkenntnisse über die menschliche Natur gewinnen. Davon handelt das nächste Kapitel.

Sieben

Monogamie und die weibliche Natur

SCHÄFER: Das Echo, hoff ich, wird im Wald sich rühren, und drollig Antwort geben. Soll ich's probier'n?

ECHO: Probier.

Was muß ich tun, um Liebe auszudrücken?

Drücken.

Wie soll ich sie erfreun, die noch nie stand auf Liebes Schwelle?

Sei schnelle.

Was rührt die Frau, wenn ich gesteh mein Herzeleid?

Ein Kleid.

Was hält sie keusch, die zärtlich in mein Herz ich einschloß?

Ein Schloß.

Wie Musik Fels erweicht, so stimmt die Liebe meine Lyra.

Lügner.

Dann sag mir, Echo, wie kann ich sie erraufen?

Kaufen.

Jonathan Swift,
A Gentle Echo on Woman

In einer außerordentlich interessanten Untersuchung, die man vor kurzem in Westeuropa durchgeführt hat, traten folgende Tatsachen zutage: Wenn verheiratete Frauen eine Affäre eingehen, dann entscheiden sie sich für dominante Männer, die älter und verheiratet sind, gut aussehen und ein symmetrisches Erscheinungsbild haben. Frauen haben mit sehr viel größerer Wahrscheinlichkeit dann eine Affäre, wenn ihre Partner eher fügsam und jünger als sie selbst sind, nicht besonders gut aussehen und ihr Erscheinungsbild in irgendeiner Form asymmetrisch ist. Eine kosmetische Operation, die das Aussehen eines Mannes verbessert, erhöht seine Chance für einen Seitensprung um hundert Prozent. Je attraktiver ein Mann, um so weniger aufmerksam ist er als Vater. Nahezu jedes dritte Kind, das in Westeuropa geboren wird, stammt aus einer außerehelichen Beziehung.

Wenn diese Fakten Sie erschüttern oder wenn Sie sich weigern, sie zu glauben – fassen Sie sich. Diese Studie wurde nicht an Menschen unternommen. Sie bezieht sich auf Schwalben, jene unschuldigen, zwitschernden Vögel mit den langen gegabelten Schwänzen, die in den Sommermonaten um Scheunen und Äcker ihre Pirouetten fliegen. Menschen sind ganz anders als Schwalben. Oder nicht?[1]

Ehe als Zwangshandlung

Die Harems antiker Despoten künden davon, daß Männer durchaus in der Lage sind, jede sich bietende Gelegenheit, sozialen Rang in reproduktiven Erfolg umzusetzen, bestmöglich für sich auszunutzen, doch Harems können für den größten Teil der menschlichen Geschichte nicht den Normalfall dargestellt haben. Heutzutage hat man eigentlich nur noch dann eine Chance, Haremsbesitzer und Potentat zu werden, wenn man einen Kult vom Zaun bricht und potentielle Konkubinen einer Gehirnwäsche bezüglich seiner Heiligkeit unterzieht. In vieler Hinsicht leben Menschen heute vermutlich in einem sozialen System, das dem ihrer Jäger-Sammler-Vorfahren eher ähnelt als den Bedingungen unserer Frühgeschichte. Keine Jäger-und-Sammler-Kultur gestattet mehr als gelegentliche Episoden der Polygamie. Die Institution Ehe ist im Grunde ein universelles Phänomen. Heute leben Menschen in größeren Gruppen zusammen als früher, innerhalb dieser Gruppen aber ist die Kernfamilie zentral für das menschliche Leben: ein Mann, seine Frau und beider Kinder. Die Ehe ist eine Institution zur Produktion, Betreuung und Erziehung von Kindern: Überall wo es sie gibt, beteiligt sich der Vater zumindest teilweise an der Aufzucht der Kinder, und sei es nur, indem er die Familie ernährt. In den meisten Gesellschaften streben Männer danach, polygam zu leben, nur wenigen aber ist das vergönnt. Selbst in den polygamen Hirtengemeinschaften sind die meisten Ehen monogame Beziehungen.[2]

Es ist unsere – normalerweise gelebte – Monogamie, die uns von anderen Säugetieren, Menschenaffen eingeschlossen, unterscheidet, nicht unsere gelegentliche Polygamie. Von den vier anderen Menschenaffen (Gibbons, Orang-Utans, Gorillas und Schimpansen) verfügen nur Gibbons über etwas Ähnliches wie eine Ehe. Gibbons leben als treue Paare in den Wäldern Südwestasiens, wobei jedes Paar sein Revier allein beherrscht.

Wenn Männer in ihrem Herzen wirklich, wie ich im letzten Kapitel behauptet habe, Gelegenheitspolygamisten sind, wie kommt es dann zur Ehe? Männer sind zwar unbeständig (»Du fürchtest dich vor einer Bindung, nicht wahr?« sagt das typische Opfer eines Verführers), aber sie sind ebensosehr daran interessiert, Frauen zu finden, mit denen sie eine Familie gründen können, und fühlen sich nicht selten trotz ihrer Un-

treue an diese Frau gebunden (»Gib zu, daß du niemals deine Frau meinetwegen verlassen würdest!« sagt die typische Geliebte).
Diese beiden Ziele widersprechen einander nur deshalb, weil Frauen sich weigern, sich sauber und ordentlich in Ehefrauen und Huren aufteilen zu lassen. Frauen sind nicht ein passives Gut, wie es die Despotenkämpfe des letzten Kapitels glauben machen möchten. Sie sind aktive Gegnerinnen im sexuellen Schachspiel, und sie haben ihre eigenen Ziele. Frauen sind und waren immer weit weniger an polygamen Verhältnissen interessiert als Männer. Das heißt allerdings nicht, daß sie keine sexuellen Opportunisten sind. Die Theorie vom begehrlichen Mann und der keuschen Frau versagt auf der ganzen Linie, wenn es darum geht, eine einfache Frage zu beantworten. Warum sind Frauen jemals untreu?

Der Herodes-Effekt

In den achtziger Jahren erkannte eine Gruppe von Wissenschaftlerinnen unter Leitung von Sarah Hrdy (inzwischen an der University of California in Davis), daß das Paarungsverhalten weiblicher Schimpansen und anderer Affen auf merkwürdige Weise im Widerspruch zur Trivers-Theorie stand, der zufolge sich aus der Elternschaft, die stark zu Lasten der Weibchen geht, die sorgsame Auswahl des Männchens durch das Weibchen ergeben müßte. Hrdys eigene Untersuchungen an Languren und Meredith Smalls Studien über Makaken schienen eine ganz andere Art von Weibchen zu beschreiben, die sich – in klarem Widerspruch zum erwarteten Stereotyp der Evolutionstheorie – von ihrem eigenen Trupp zum Stelldichein mit anderen Männern entfernten. Weibchen also, die aktiv nach Vielfalt bei ihren Geschlechtspartnern strebten, Weibchen, die mit derselben Wahrscheinlichkeit eine sexuelle Beziehung begannen wie Männchen. Weit davon entfernt, wählerisch zu sein, entpuppten sich die Weibchen als Urheber der Promiskuität. Hrdy gelangte zu der Vermutung, daß vielleicht eher mit der Theorie als mit den Weibchen etwas nicht stimmte. Ein Jahrzehnt später weiß man, was hier nicht stimmte: Eine Handvoll Ideen, zusammengefaßt unter der Bezeichnung »Theorie der Spermienkonkur-

renz«, hat ein völlig neues Licht auf die Evolution weiblichen Verhaltens geworfen.[3]
Die Lösung zu dem Problem fand sich in Hrdys Arbeit. Bei ihren Studien über die Languren von Abu in Rajasthan hatte Hrdy eine grausige Entdeckung gemacht: Von Affenmännchen verübter Mord an Affenbabys war an der Tagesordnung. Jedesmal, wenn ein Männchen einen Trupp Weibchen übernimmt, tötet es alle Säuglinge der Gruppe. Genau dasselbe hatte man einige Jahre zuvor bei Löwen beobachtet: Wenn mehrere Brüder ein weibliches Rudel erringen, ist ihre erste Handlung der Mord an Unschuldigen. Wie man in der Folge feststellen sollte, ist der von Männchen verübte Kindesmord bei vielen Nagern, Fleischfressern und Primaten gang und gäbe. Selbst unsere nächsten Verwandten, die Schimpansen, machen sich dessen schuldig. Die meisten Naturfreunde neigen, genährt durch eine Diät aus sentimentalen naturgeschichtlichen Fernsehsendungen, zu der Annahme, sie seien Zeugen einer pathologischen Verirrung. Doch Hrdy und ihre Kollegen hatten eine andere Erklärung anzubieten. Der Kindesmord, so glauben sie, ist eine »Adaptation«, eine in der Evolution gewachsene Strategie. Durch den Mord an seinen Stiefkindern beendet das Männchen die Milchproduktion des Weibchens und sorgt somit dafür, daß es wieder eher empfängnisbereit wird. Ein Alpha-Männchen bei den Languren oder ein paar Löwenbrüder haben ihre Führungsposition nur kurze Zeit inne, und der Kindesmord hilft ihnen, innerhalb dieser Zeitspanne die maximale Zahl an Nachkommen zu produzieren.[4]
Die Beobachtung von Kindesmord bei Primaten trug dazu bei, die Paarungssysteme der fünf Menschenaffenspezies verstehen zu lernen, denn damit lag zum erstenmal ein Grund vor, weshalb sich Weibchen einem Männchen oder einer Gruppe von Männchen gegenüber loyal verhalten sollten und umgekehrt: um ihre gemeinsamen genetischen Investitionen vor mörderischen rivalisierenden Männchen zu schützen. Grob gesagt wird das Sozialgefüge bei Affenweibchen durch die Verteilung der Nahrung bestimmt, bei Affenmännchen durch die Verteilung der Weibchen. Orang-Utan-Weibchen ziehen es beispielsweise vor, allein in streng abgegrenzten Territorien zu leben, um die spärlichen Ressourcen besser ausnutzen zu können. Die Männchen leben ebenfalls allein und versuchen, die Reviere mehrerer Weibchen zu monopolisieren. Die Weibchen in diesem Territorium erwarten von ihrem »Ehemann«, daß er ihnen zu Hilfe kommt, wenn ein anderes Männchen auf der Bildfläche erscheint.

Auch Gibbonweibchen leben allein. Gibbonmännchen sind in der Lage, die Reviere von bis zu fünf Weibchen zu verteidigen, und könnten ohne weiteres dieselbe Form von Polygamie praktizieren wie die Orang-Utans: Ein Männchen bewacht die Reviere von fünf Weibchen und paart sich mit allen. Außerdem sind Gibbonmännchen als Väter relativ nutzlos. Sie füttern die Jungen nicht, beschützen sie nicht vor Adlern, sie bringen ihnen nicht einmal etwas bei. Weshalb also bleiben sie so treu bei einem Weibchen? Die eine große Gefahr, vor der ein Vater sein Junges bewahren kann, ist die Bedrohung durch ein anderes Gibbonmännchen. Robin Dunbar von der Liverpool University ist der Ansicht, Gibbons seien monogam, um dem Kindesmord vorzubeugen.[5]

Ein Gorillaweibchen ist dem Männchen ebenso treu wie ein Gibbonweibchen. Sie geht, wohin er geht, und tut, was er tut. Und er ist, wenn man so will, ihr ebenfalls treu. Er bleibt viele Jahre lang bei ihr und sieht ihr zu, wie sie seine Kinder großzieht. Allerdings gibt es einen großen Unterschied zu den Gibbons: Er hat viele Weibchen in seinem Harem, denen er jeweils ebenso treu ist. Richard Wrangham von der Harvard University ist der Überzeugung, daß auch das soziale Gefüge der Gorillas in erster Linie dem Ziel dient, Kindesmord zu verhüten, und in diesem Fall ist auch die Sicherheit der Weibchen gewährleistet (im Fall der sich von Früchten ernährenden Gibbons reicht das Futter in einem Revier nur für ein Weibchen). Ein Männchen sorgt dafür, daß sein Harem vor Rivalen geschützt wird, und tut seinen Kindern damit den großen Gefallen, sie vor der Ermordung zu bewahren.[6]

Schimpansen haben durch die Entwicklung eines ganz anderen Sozialsystems die Strategie zur Verhinderung von Kindesmord noch weiter verfeinert. Da sie sich von Früchten ernähren, die reichlich vorhanden sind, wenn auch verstreut vorkommen, und sie daher mehr Zeit am Boden und im offenen Gelände verbringen, leben Schimpansen in größeren Gruppen (eine große Gruppe hat mehr Augen als eine kleine), die sich regelmäßig vorübergehend in kleinere Gruppen aufspalten. Diese »oszillierenden« Gruppen sind zu groß und zu variabel, als daß ein einzelnes Männchen sie dominieren könnte. Der Weg an die politische Spitze besteht für ein Schimpansenmännchen darin, Bündnisse mit anderen Männchen einzugehen. Schimpansentrupps enthalten viele Männchen. Somit ist ein Weibchen von vielen gefährlichen (potentiellen) Stiefvätern ihrer Jungen umgeben. Die Lösung des Weibchens besteht darin, seine sexuelle Gunst sehr viel weitläufiger zu verteilen, mit dem Effekt, daß jedes Männchen der Vater der Jungen sein könnte. Somit gibt es nur eine Möglichkeit, wie ein Schimpansenmännchen sicher sein kann, daß das Kind, das er bei einem Weibchen antrifft, *nicht* seines ist: wenn er das Weibchen niemals zuvor gesehen hat. Und, wie Jane Goodall beobachtete, Schimpansenmännchen greifen in der Tat fremde Weibchen mit Säuglingen an und töten deren Junge. Kinderlose Weibchen werden nicht angegriffen.[7]

Hrdys Problem ist gelöst. Das weibliche Streben nach Promiskuität bei Affen und Menschenaffen läßt sich durch die Notwendigkeit erklären, zur Verhinderung von Kindesmord die potentielle Vaterschaft auf viele Männchen zu verteilen. Trifft das auch auf die Menschheit zu?

Die Antwort darauf lautet schlicht: nein. Zwar ist die Tatsache, daß die Wahrscheinlichkeit des Todes eines Stiefkinds fünfundsechzigmal so hoch ist wie die von Kindern, die bei ihren leiblichen Eltern leben[8], ebensowenig zu leugnen wie der Umstand, daß die Furcht kleiner Kinder vor einem Stiefvater offenbar unvermeidlich ist. Aber beide Tatsachen haben in diesem Zusammenhang keine nennenswerte Bedeutung, denn sie beziehen sich beide auf größere Kinder und nicht auf Säuglinge. Deren Tod aber führt nicht dazu, daß die Mutter erneut schwanger werden kann.

Außerdem ist in diesem Zusammenhang die Feststellung, daß wir Affen sind, vielleicht ein bißchen irreführend. Unser Geschlechtsleben gestaltet sich um einiges anders als das unserer Cousins. Wären wir wie Orang-Utans, dann lebten Frauen allein und in großer Entfernung voneinander. Auch die Männer lebten allein, würden aber jeweils verschiedene Frauen für eine gelegentliche sexuelle Beziehung aufsuchen (oder gar keine). Falls sich jemals zwei Männer treffen sollten, gäbe es einen gewaltigen Kampf auf Leben und Tod. Verhielten wir uns so wie Gibbons, wäre unser Leben ganz anders: Jedes Paar lebte meilenweit von anderen entfernt und bekämpfte jedes Eindringen in sein Revier – welches es niemals verließe – auf Leben und Tod. Auch wenn wir manchmal ziemlich unfreundliche Nachbarn haben, leben wir Menschen doch nicht so wie die Gibbons. Selbst Leute, die sich in ihr geheiligtes Zuhause im Vorort zurückziehen, behaupten nicht, daß sie dort ewig bleiben wollen, ganz zu schweigen davon, daß sie alle Fremden auszuschließen gedenken. Einen großen Teil unseres Lebens verbringen wir auf gemeinsamem Territorium, bei der Arbeit, beim Einkaufen oder in der Freizeit. Wir sind gesellig und sozial. Wir sind auch keine Gorillas.

Andernfalls lebten wir in Serails, die von riesigen Männern mittleren Alters beherrscht würden, die doppelt soviel wögen wie eine Frau, jeweils ein sexuelles Monopol auf alle Frauen der Gruppe hätten und andere Männer demütigten. Sex gäbe es seltener als Feiertage, selbst für den großen Herrn, der sich nur einmal im Jahr dazu aufraffte; für die anderen Männer existierte er überhaupt nicht.[9]

Wären wir Schimpansen, dann lebten wir in einer Gesellschaft, die sich von unserer Menschengesellschaft nicht stark unterscheiden würde. Wir lebten in Familien, wären sehr sozial, unterhielten strenge Hierarchien, verteidigten das Gruppenrevier und verhielten uns aggressiv gegenüber anderen Gruppen. Mit anderen Worten, wir wären eine städtische Klassengesellschaft auf familiärer Basis mit einem starken Nationalbewußtsein und kriegerischen Bestrebungen. Erwachsene Männer widmeten ihren Bemühungen, innerhalb der politischen Hierarchie aufzusteigen, mehr Zeit als ihren Familien. Sobald wir uns aber der Sexualität zuwenden, sieht plötzlich alles ganz anders aus. Es fängt damit an, daß Männer sich keinen Deut um die Kinderaufzucht scherten, sie zahlten nicht einmal Alimente. Es gäbe grundsätzlich keine ehelichen Bindungen. Die meisten Frauen hätten sexuelle Beziehungen zu den meisten anderen Männern, wenngleich der Top-Mann (lassen Sie ihn uns den Präsidenten nennen) sich das Vorrecht über die meisten fruchtbaren Frauen sichern würde. Sex wäre eine gelegentliche Affäre, der man sich während des weiblichen Östrus in spektakulären Ausschweifungen hingäbe, die aber, wenn die Frau gerade schwanger wäre oder kleinere Kinder großzöge, auch auf Jahre hinaus vergessen sein könnte. Ihre Empfängnisbereitschaft teilte sich jedermann durch ein angeschwollenes, stark rosa gefärbtes Hinterteil mit, das sich für jeden männlichen Betrachter als unwiderstehliche Faszination erwiese. Männer würden versuchen, solche Frauen wochenlang allein zu besitzen, sie dazu drängen, mit ihnen allein herumzuziehen, wären dabei nicht immer erfolgreich und verlören beim Abklingen der Schwellung rasch das Interesse. Jared Diamond von der University of California in Los Angeles hat sich in Spekulationen darüber ergangen, welche Auswirkungen dieses Verhalten auf die Gesellschaft haben würde, indem er sich ausmalte, was in einem ganz normalen Büro geschähe, erschiene eine Frau einen Tag lang in unwiderstehlichem Pink zur Arbeit.[10]

Wären wir Zwergschimpansen oder Bonobos, lebten wir in ganz ähnlichen Gruppen wie die Schimpansen, doch gäbe es dann herumstreunende Gruppen dominanter Männchen, die verschiedene Gruppen von Weibchen aufsuchten. Als Folge davon müßten die Weibchen die mögliche Vaterschaft noch weiter ausdehnen, und so ist das Verhalten von Bonoboweibchen als durch und durch nymphoman zu bezeichnen. Schon beim kleinsten Wink kommt es zu sexuellen Kontakten in großer Vielfalt (orale und homosexuelle Praktiken eingeschlossen), und die Weibchen sind für die Männchen sehr lange sexuell anziehend. Ein junges Bonoboweibchen, das auf einen Baum trifft, an dem ihre Artgenossen fressen, wird sich zunächst mit jedem anwesenden Männchen (Heranwachsende eingeschlossen) paaren und erst dann zu fressen beginnen. Paarungen erfolgen nicht gänzlich wahllos, aber doch sehr freizügig.

Ein Gorillaweibchen paart sich etwa zehnmal pro geborenem Jungen, ein Schimpansenweibchen dagegen fünfhundert- bis tausendmal und ein Bonoboweibchen bis zu dreitausendmal. Ein Bonoboweibchen wird kaum jemals von einem benachbarten Männchen angegriffen, wenn es sich mit einem jüngeren Männchen paart: Paarungen erfolgen so häufig, daß sie nicht zwangsläufig etwas mit Zeugung zu tun haben. Bei den Bonobos ist tatsächlich die gesamte Anatomie der Aggression reduziert: Männchen sind genauso groß wie Weibchen, und sie verwenden weniger Energie darauf, in der Hierarchie aufzusteigen, als normale Schimpansen. Die beste Strategie zur genetischen Verewigung besteht für ein Bonobomännchen darin, sein Grünzeug zu fressen, ausgiebig zu schlafen und sich für einen langen Tag voll ausdauernder sexueller Aktivitäten fit zu halten.[11]

Uneheliche Vögel

Verglichen mit unseren Affencousins haben wir, die zahlenmäßig größte Gruppe der großen Affen, uns eines besonderen Tricks bedient. Irgendwie haben wir Monogamie und elterliche Betreuung neu erfunden, ohne dabei das Leben in großen Gruppen mit vielen Männchen aufgegeben zu haben. Ebenso wie Gibbons heiraten Männer einzelne Frauen und helfen ihnen, im Vertrauen auf die eigene Vaterschaft Kinder großzuziehen, aber gleichzeitig leben, wie bei den Schimpansen auch, die Frauen dabei in Gesellschaften, in denen sie ständig Kontakt zu anderen Männern haben. Für das Gesamtmodell gibt es keine Parallele bei den Menschenaffen. Bei Vögeln allerdings kann man etwas sehr Ähnliches beobachten. Viele Vögel leben in Kolonien, verhalten sich innerhalb der Kolonie jedoch monogam. Und diese Parallele aus der Vogelwelt liefert eine völlig andere Erklärung dafür, weshalb Weibchen an sexueller Vielfalt interessiert sein könnten. Eine Frau ist nicht gezwungen, zur Verhinderung von Kindesmord ihre sexuelle Gunst mehreren Männern zukommen zu lassen, möglicherweise hat sie aber gute Gründe dafür, sie mit einem wohlausgewählten zweiten Mann – neben ihrem Ehemann – zu teilen. Und zwar deshalb, weil ihr Ehemann – nahezu zwangsläufig – in der Regel nicht der beste verfügbare Mann ist; hätte er sie sonst geheiratet? Sein Wert besteht darin, daß er monogam ist und daher seinen Einsatz bei der Kindererziehung nicht auf mehrere Familien aufteilen wird. Warum aber seine Gene akzeptieren? Weshalb nicht seine Pflege beanspruchen, aber die Gene von einem anderen Mann nehmen?

Will man das menschliche Paarungssystem beschreiben, kann man sehr schwer präzise Aussagen machen. Menschen sind in ihren Gewohnheiten von ungeheurer Flexibilität, je nach ihrer ethnischen, religiösen, ökonomischen und ökologischen Zugehörigkeit. Dennoch zeichnen sich einige allgemeine Merkmale ab. Erstens: Frauen sind allgemein bestrebt, monogame Ehen einzugehen – selbst in Gesellschaften, in denen Polygamie erlaubt ist. Von seltenen Ausnahmen abgesehen, wählen sie sorgfältig und sind dann darauf aus, einen Mann ein Leben lang für sich zu haben – solange es sich für sie auszahlt –, seine Unterstützung bei der Kindererziehung zu beanspruchen und vielleicht sogar mit ihm zu sterben. Zweitens: Frauen suchen sexuelle Vielfalt nicht *per se*. Zwar gibt es Ausnahmen, aber sowohl fiktive als auch reale Frauen versichern immer wieder, Nymphomanie stelle für sie keine attraktive Alternative dar, und es besteht kein Grund, an ihren Äußerungen zu zweifeln. Die Verführerin, stets aus auf ein Abenteuer für eine Nacht mit einem Mann, von dem sie nicht einmal den Namen weiß, ist eine von Pornographie genährte Ausgeburt der Phantasie. Lesbierinnen, jeglicher Einschränkungen durch die männliche Natur enthoben, praktizieren keine Promiskuität, sondern sind im Gegenteil bemerkenswert monogam. Nichts von alledem überrascht: Weibliche Tiere gewinnen nur wenig durch sexuellen Opportunismus, denn ihr Fortpflanzungspotential ist nicht durch die Anzahl der Männchen bestimmt, zu denen sie sexuelle Beziehungen haben, sondern dadurch, wie lange sie benötigen, den Nachwuchs auszutragen. In dieser Hinsicht sind Männer und Frauen bemerkenswert verschieden.

Drittens sind Frauen allerdings gelegentlich untreu. Nicht jeder Seitensprung wird von Männern begangen. Auch wenn sie vielleicht niemals Interesse an einer losen sexuellen Beziehung zu einem männlichen Prostituierten oder einem Fremden haben wird, ist eine Frau – im Leben wie im Fernsehen – durchaus in der Lage, eine Affäre mit einem ihr bekannten Mann einzugehen oder zu provozieren, selbst wenn sie zu diesem Zeitpunkt »glücklich« verheiratet ist. Das ist ein Paradoxon, für das drei Lösungsmöglichkeiten denkbar sind. Wir können die Schuld für den Seitensprung dem Mann zuschieben und behaupten, daß die Überredungskünste eines Verführers schließlich auch die standhaftesten Herzen gewinnen. Nennen wir dies die »Gefährliche-Liebschaften«-Erklärung. Oder wir schieben die Schuld der modernen Gesellschaft zu und stellen fest, daß die Frustrationen und die Verworrenheit des modernen Lebens die natürlichen Gegebenheiten auf den Kopf gestellt und die Frauen zu absonderlichen Handlungen hingerissen haben. Nennen wir das die »Dallas«-Erklärung. Oder wir können annehmen, daß es eine gültige biologische Erklärung dafür gibt, wenn eine Frau eine sexuelle Beziehung außerhalb der Ehe sucht, ohne die Ehe dabei abschaffen zu wollen – irgendein weiblicher Instinkt, der Frauen nahelegt, sich einen sexuellen Plan B nicht zu versagen, falls Plan A nicht zur Zufriedenheit läuft. Nennen wir dies die »Emma-Bovary«-Strategie.

Ich werde in diesem Kapitel die Überzeugung vertreten, daß außereheliche Untreue möglicherweise eine große Rolle bei der Gestaltung unserer menschlichen Gesellschaft gespielt hat, da es vielleicht für beide Geschlechter von Vorteil gewesen ist, aus einer monogamen Ehe heraus nach alternativen Geschlechtspartnern zu suchen. Diese Schlußfolgerung gründet sich auf Beobachtungen der menschlichen Gesellschaft, sowohl der modernen als auch der Verhältnisse bei verschiedenen Stämmen, und auf Vergleiche mit Affen und Vögeln. Wenn ich Untreue als eine Kraft beschreibe, die unser Paarungssystem geformt hat, dann »rechtfertige« ich sie damit nicht. Nichts ist natürlicher, als daß Menschen eine Abneigung dagegen entwickelt haben, hintergangen und betrogen zu werden. Wenn meine Analyse also als Rechtfertigung der Untreue gedeutet würde, dann sollte man sie gleichzeitig auch als eine

Rechtfertigung sozialer und legaler Mechanismen zur Unterdrückung von Treulosigkeit interpretieren. Was ich damit sagen will, ist: Untreue und ihre Ablehnung sind gleichermaßen »natürlich«.

In den siebziger Jahren fiel Roger Short, einem britischen Biologen, der später nach Australien ging, eine Besonderheit im Zusammenhang mit der Anatomie der Menschenaffen auf: Schimpansen haben riesige Hoden, Gorillas winzige. Obwohl ein Gorilla viermal so schwer ist wie ein Schimpanse, wiegen seine Hoden nur ein Viertel dessen, was Schimpansenhoden wiegen. Short machte sich Gedanken darüber, was das zu bedeuten habe, und vermutete, es könnte mit dem Paarungssystem in Zusammenhang stehen. Nach Short sind die Hoden um so größer, je ausgeprägter die weibliche Polygamie ist.[12]

Der Grund dafür liegt auf der Hand. Paart sich ein Weibchen mit mehreren Männern, dann konkurrieren die Spermien aller Männchen darum, seine Eier zuerst zu erreichen. Die einfachste Möglichkeit, das Rennen zu eigenen Gunsten zu beeinflussen, besteht darin, mehr Spermien zu produzieren und die Mitbewerber zu überfluten. (Es gibt auch andere Möglichkeiten: Einige Kleinlibellen verwenden zum Beispiel ihren Penis, um Spermien herauszuschaffen, die zuerst dort waren. Hunde und Australische Springmäuse »verankern« ihren Penis nach der Kopulation im Weibchen und können sich eine Zeitlang nicht befreien, wodurch sie andere daran hindern, zum Zuge zu kommen. Beim Mann kommt es offenbar zur Produktion größerer Mengen defekter »Kamikaze«-Spermien, die eine Art Pfropf bilden, der die vaginale Pforte für spätere Eindringlinge verschließt.[13]) Wie wir gesehen haben, leben Schimpansen in Gruppen, in denen sich mehrere Männchen ein Weibchen teilen, so daß die Fähigkeit, häufig ejakulieren und dabei große Spermienmengen produzieren zu können, äußerst vorteilhaft ist, denn wer sie besitzt, hat die größte Chance auf eine Vaterschaft. Dieses Bild stimmt quer durch alle Affen- und Nagerarten. Je mehr sie sich, wie der Gorilla, eines sexuellen Monopols sicher sein können, um so kleiner sind ihre Hoden. Wenn sie in Gruppen mit vielen Männchen leben, sind die Hoden um so größer, je höher die Promiskuität ist.[14]

Es sah ganz so aus, als hätte Short damit zufällig einen anatomischen Hinweis gefunden, der das Paarungssystem einer Art erklärt: Große Hoden sind gleichbedeutend mit polygamen Weibchen. Ob man es verwenden könnte, um das Paarungssystem einer bisher nicht untersuchten Art vorherzusagen? Man weiß zum Beispiel nur sehr wenig über die

Lebensgemeinschaften von Walen und Delphinen, wenngleich – aufgrund des Walfangs – über ihre Anatomie sehr viel bekannt ist. Selbst wenn man ihrer Größe Rechnung trägt, so sind die Hoden bei allen Walarten riesenhaft. Die Hoden eines ordentlichen Glattwals wiegen mehr als eine Tonne und machen zwei Prozent seines Körpergewichts aus. Dem Affenschema folgend ließe sich nunmehr mit gutem Grund vorhersagen, daß Wal- und Delphinweibchen in erster Linie nicht monogam leben, sondern sich mit mehreren Männchen paaren. Soweit man inzwischen weiß, ist dies der Fall. Das Paarungssystem des Großen Tümmlers scheint aus dem gewaltsamen Zusammentreiben fruchtbarer Weibchen durch wechselnde Koalitionen von Männchen zu bestehen, wobei ein Weibchen gelegentlich sogar von zwei Männchen gleichzeitig begattet wird – ein Fall von Spermienkonkurrenz, der alles in den Schatten stellt, was man aus der Schimpansenwelt kennt.[15] Pottwale leben wie Gorillas in Harems: Ihre Hoden sind vergleichsweise klein. Ein Männchen ist alleiniger Besitzer des Harems, hier fehlt die Spermienkonkurrenz.

Lassen Sie uns diese Überlegungen nun auf den Menschen anwenden. Verglichen mit anderen Menschenaffenarten sind die Hoden des Mannes von mittlerer Größe – beträchtlich größer als die eines Gorillas. Ähnlich wie bei den Schimpansen befinden sich auch beim Menschen die Testikel in einem Skrotum außerhalb des Körpers, so daß bereits produzierte Spermien kühlgehalten werden und damit »lagerfähig« sind.[16] All das ließe sich als Beweis dafür werten, daß auch beim Menschen Spermienkonkurrenz besteht.

Nun sind menschliche Hoden aber nicht annähernd so groß wie die von Schimpansen, und es gibt vage Hinweise darauf, daß sie nicht mit voller Kraft arbeiten (was heißt, daß sie bei unseren Urahnen möglicherweise größer gewesen sind): Die Spermienproduktion pro Gramm Lebendgewicht ist beim Mann relativ gering. Alles in allem läßt sich offenbar mit gutem Grund der Schluß ziehen, daß es beim Menschen – wie erwartet – kein übermäßig hohes Maß an Promiskuität gibt.[17]

Nicht nur Affen, Menschenaffen und Delphine verfügen zum Teil über große Testikel. Auch Vögel tun das. Und von Vögeln stammt auch der entscheidende Hinweis hinsichtlich des menschlichen Paarungssystems. Die Zoologen wissen seit langem, daß die meisten Säuger polygam sind, während die meisten Vögel monogam sind. Sie führen dies auf die Tatsache zurück, daß es durch die Ablage von Eiern den Vogelmännchen möglich ist, sich sehr viel früher an der Aufzucht der Jungen zu beteiligen, als das einem Säuger je möglich sein wird. Ein Vogelmännchen kann sich damit beschäftigen, ein Nest zu bauen, es kann sich am Brüten beteiligen und für die Jungen Futter herbeischaffen: Das einzige, was es nicht vermag, ist das Eierlegen. Dies führt dazu, daß junge Vogelmännchen einem Weibchen mehr bieten als eine bloße Besamung, nämlich Hilfe bei der Aufzucht der Jungen, ein Angebot, das bei Arten wie den Sperlingen, die ihre Jungen füttern, angenommen wird, bei Arten wie den Fasanen, die ihre Jungen nicht füttern, hingegen nicht.

Bei manchen Vögeln übernehmen die Männchen, wie wir gesehen haben, sogar alle diese Aufgaben, so daß den Weibchen als einziges die Pflicht bleibt, die Eier für ihre vielen Ehemänner zu legen. Bei den Säugern hingegen gibt es nicht allzu viel, was ein Männchen tun kann, selbst wenn es das wollte. Es kann das Weibchen während der Schwangerschaft ernähren und damit zum Wachstum des Fetus beitragen, oder es kann das Baby herumtragen, wenn es geboren ist, und ihm, sobald es entwöhnt ist, Nahrung bringen, aber es kann es weder im Bauch herumtragen noch stillen. Säugerweibchen müssen im großen und ganzen allein mit ihren Jungen zurechtkommen, und bei den wenigen Möglichkeiten, die ein Männchen hat, dem Weibchen zu helfen, ist es unter Umständen besser dran, wenn es seine Energie darauf verwendet, als Polygamist zu leben. Nur dann, wenn seine Chancen für weitere Paarungen gering sind und seine Anwesenheit die Sicherheit der Jungen – wie bei den Gibbons – erhöht, bleibt es.

Bis Mitte der siebziger Jahre war diese Art von Spieltheorie-Argumenten gang und gäbe. In den achtziger Jahren aber ist es möglich geworden, genetische Blutuntersuchungen bei Vögeln durchzuführen, und hier wartete eine ungeheure Überraschung auf die Zoologen. Man stellte fest, daß sehr viele Jungvögel in einem Nest gar nicht die Kinder ihrer mutmaßlichen Väter sind. Vogelmännchen machen einander mit beachtlicher Häufigkeit zum Hahnrei. Beim Indigofink, einem hübschen dunkelblauen Vogel aus Nordamerika, der allem Anschein nach in treuer Einehe lebt, stammen vierzig Prozent der Jungen, die ein durchschnittliches Männchen in seinem Nest füttert, von einem anderen Vater.[18]

Die Zoologen hatten einen wichtigen Aspekt des Vogellebens völlig unterschätzt. Sie wußten, daß es ihn gab, hatten aber keine Vorstellung von seinem Ausmaß gehabt. Das Phänomen ist bekannt unter der Abkürzung EPC (*extra pair copulation* oder »außereheliche Beziehung«), doch ich werde es im folgenden als Seitensprung bezeichnen, denn darum handelt es sich. Die meisten Vögel sind zwar wirklich monogam, aber sie sind keineswegs treu.

Anders Møller, einem dänischen Zoologen von unglaublicher Energie, sind wir bereits im Zusammenhang mit der sexuellen Selektion begegnet. Er hat zusammen mit Tim Birkhead von der Sheffield University ein Buch geschrieben, das zusammenfaßt, was man über die Treulosigkeit von Vögeln weiß, und dieses Buch entwirft ein Bild, das für den Menschen nicht ohne Bedeutung ist. Als erstes konnten die Autoren beweisen, daß auch bei Vögeln die Hodengröße mit dem Paarungssystem der Art zusammenhängt. Am größten sind die Testikel bei Vögeln, die in Polyandrie leben, da heißt, bei denen ein Weibchen von mehreren Männchen begattet wird, und das leuchtet ein: Das Männchen, das die meisten Spermien produziert, wird vermutlich auch die meisten Eier befruchten.

Soweit sind die Ergebnisse eigentlich nicht überraschend. Die Hoden von Vögeln, die eine Arenabalz abhalten und bei denen wie bei den Beifußhühnern ein Männchen innerhalb weniger Wochen bis zu fünfzig Weibchen begatten muß, sind dagegen ungewöhnlich klein. Des Rätsels Lösung besteht darin, daß eine Beifußhenne sich nur ein- oder zweimal paart, und dann auch nur mit jeweils einem Männchen. Erinnern wir uns, das ist der einzige Zweck der Weibchenwahl auf dem Balzplatz. Der Champion muß zwar viele Hennen begatten, aber braucht jeweils nur eine geringe Spermienmenge abzugeben, denn er hat keine Konkurrenz. Die Hodengröße wird also nicht durch die Häufigkeit der Paarung bestimmt, sondern durch die Anzahl der männlichen Konkurrenten.

Monogame Arten liegen irgendwo dazwischen. Manche von ihnen haben relativ kleine Hoden, was auf ein geringes Maß an Spermienkonkurrenz schließen läßt. Andere haben riesenhafte Testikel von nahezu derselben Größe, wie man sie auch bei Vögeln findet, die in Polyandrie leben. Birkhead und Møller erkannten, daß Vögel mit großen Testikeln vor allem in Kolonien leben: Seevögel, Schwalben, Bienenesser, Reiher und Spatzen. Solche Kolonien geben den Weibchen reichlich Gelegenheit zur Untreue mit dem Männchen von nebenan, Gelegenheiten, die diese sich offenbar nicht entgehen lassen.[19]

Bill Hamilton ist der Überzeugung, daß hier auch die Erklärung dafür zu suchen ist, weshalb bei so vielen »monogamen« Vogelarten die Männchen prächtiger sind als die Weibchen. Die von Darwin erwogene traditionelle Erklärung lautet, das prächtigste Männchen oder der beste Sänger könne als erster die Weibchen zu sich locken – und ein frühes Gelege ist meist ein erfolgreiches Gelege. Sicher ist etwas daran, doch erklärt dies nicht, weshalb bei vielen Arten der Gesang noch lange andauert, wenn das Männchen längst sein Weibchen gefunden hat. Hamilton vermutet, daß ein prächtiges Männchen nicht wie ein Pfau versucht, mehr Ehefrauen zu bekommen, sondern daß er um Geliebte wirbt. Er verkündet seine Bereitschaft zu einer »Affäre«. Wie Hamilton es ausdrückte: »Warum hat sich Beau Brummel im Regency-England denn so herausgeputzt? Wollte er eine Frau finden oder eine ›Affäre‹?«[20]

Emma Bovary und die Schwalben

Was haben die Vögel davon? Bei den Männchen liegt es auf der Hand: Ehebrecher werden häufiger Vater. Was die Weibchen betrifft, so ist aber nicht einzusehen, weshalb sie so häufig untreu sein sollten. Birkhead und Møller verwarfen zunächst zahlreiche Überlegungen: Daß weibliche Untreue eine Art genetisches Beiprodukt des männlichen Bedürfnisses nach Untreue ist; daß das Weibchen durch Spermien verschiedener Herkunft sicherstellen will, daß zumindest ein Teil davon fruchtbar ist; daß es von abenteuerlustigen Männchen verführt wird (wie dies bei manchen Menschen- und Menschenaffenlebensgemeinschaften der Fall zu sein scheint). Nichts davon paßte zu den Tatsachen. Auch ließ sich das Ganze nicht auf den weiblichen Wunsch nach genetischer Vielfalt schieben. Es scheint wenig sinnvoll zu sein, unterschiedlichere Kinder haben zu wollen, als man ohnehin bekommt.
Birkhead und Møller gewannen den Eindruck, daß Vogelweibchen von ihrer Promiskuität deshalb profitieren, weil sie sich dadurch die Rosinen aus dem genetischen Kuchen herauspicken können – nach der Emma-Bovary-Strategie ehelicher Untreue. Eine Schwälbin braucht einen Ehemann, der ihr bei der Aufzucht ihrer Jungen hilft, unter Umständen kommt sie aber erst ins Brutgebiet, wenn die besten Männer schon vergeben sind. Die beste Taktik für sie besteht nun darin, sich für einen mittelmäßigen Ehemann oder einen Ehemann mit einem guten Nistplatz zu

entscheiden und eine Affäre mit seinem genetisch überlegenen Nachbarn einzugehen. Vieles spricht für diese Theorie: Schwalbenweibchen wählen für ihren Seitensprung stets Männchen, die dominanter, älter und attraktiver sind (das heißt, längere Schwanzfedern haben) als ihre Ehemänner. Sie haben keine »Affären« mit Junggesellen (die vermutlich bereits von anderen Weibchen abgewiesen wurden), sondern stets mit den Ehemännern anderer Weibchen, und sie stacheln potentielle Liebhaber gelegentlich zu Wettkämpfen an und entscheiden sich dann für den Gewinner. In Møllers Studien gewannen Männchen mit künstlich verlängerten Schwanzfedern zehn Tage früher ein Weibchen als andere, hatten mit einer achtfach erhöhten Wahrscheinlichkeit eine zweite Brut und eine doppelt so große Chance, die Frau des Nachbarn zu verführen, wie gewöhnliche Schwalbenmännchen.[21] (Wenn Mäuseweibchen sich mit anderen Mäuserichen paaren als denen, mit denen sie zusammenleben, entscheiden sie sich interessanterweise in aller Regel für solche, deren Krankheitsresistenzgene sich von ihren eigenen unterscheiden.[22])

Kurz: Seitensprünge kommen bei Kolonievögeln deshalb so häufig vor, weil ein Vogelmännchen dadurch *mehr* und ein Vogelweibchen dadurch *bessere* Junge hat.

Einer der seltsamsten Befunde aus den Vogelstudien der letzten Jahre ist die Entdeckung, daß attraktive Männchen unaufmerksame Väter abgeben. Nancy Burley, deren Zebrafinken einander für mehr oder weniger attraktiv halten, je nachdem, von welcher Farbe ihre Beringung ist, kam als erste zu dem Schluß[23], und Anders Møller kann für Schwalben dasselbe sagen. Paart sich ein Weibchen mit einem attraktiven Männchen, bemüht er sich weniger, und sie muß mehr für die Aufzucht der Jungen tun. Dies erweckt den Anschein, als habe er das Gefühl, ihr mit der überlegenen Qualität seiner Gene einen Gefallen getan zu haben, den sie ihm durch härtere Arbeit zurückzuzahlen hat. Das fördert natürlich die Neigung der Weibchen, lieber nach einem mittelmäßigen, hart arbeitenden Ehemann Ausschau zu halten, den es dann mit dem tollen Hecht von nebenan betrügt.[24]

Wie dem auch sei, das Prinzip – heirate einen netten Kerl und gönne dir eine Liebschaft mit deinem Chef, oder heirate einen häßlichen Reichen und nimm dir einen hübschen Liebhaber – ist Frauen nicht ganz fremd. Man nennt es, die Rosinen aus dem Kuchen picken. Flauberts Emma Bovary wollte beides: den hübschen Liebhaber und den respektablen Ehemann.

Die Studien an Vögeln wurden meist von Leuten durchgeführt, die von Anthropologie wenig Ahnung haben. Umgekehrt machten sich Ende der achtziger Jahre zwei britische Zoologen daran, Menschen zu betrachten und die Vogelstudien außer acht zu lassen. Robin Baker und Mark Bellis von der Liverpool University wollten wissen, ob es auch beim Menschen zur Spermienkonkurrenz kommt, und falls ja, ob Frauen darüber irgendeine Kontrolle haben. Ihre Ergebnisse warfen ein seltsames und erstaunliches Licht auf den weiblichen Orgasmus.

Die folgenden Zeilen sind der einzige Abschnitt dieses Buches, in dem Details aus dem Geschlechtsverkehr als evolutionstheoretisches Argument herhalten müssen. Baker und Bellis bestimmten, wieviel Sperma ein Mann im Verlauf einer Ejakulation produziert und was damit geschieht. Sie stellten fest, daß die Spermienmenge, die in der Vagina zurückbleibt, in einem Zusammenhang zur Orgasmusbereitschaft der Frau steht. Hat sie keinen Orgasmus oder erfolgt ihr Orgasmus mehr als eine Minute vor seiner Ejakulation, dann verbleibt in der Vagina nur sehr wenig Sperma. Erfolgt ihr Orgasmus unmittelbar vor seinem oder bis zu fünfundvierzig Minuten nach seinem, dann bleibt der größte Teil der Spermien in der Vagina. Schließlich hängt das Ganze noch davon ab, wieviel Zeit seit dem letzten Geschlechtsverkehr vergangen ist: Je länger der Zeitraum, um so mehr Sperma bleibt in der Vagina – es sei denn, die Frau hatte inzwischen, was die Wissenschaftler einen »nichtkopulatorischen Orgasmus« nennen. Die Empfängnisbereitschaft läßt sich also nur durch eines erhöhen: durch einen späten Orgasmus.

Bis hierher barg dies alles wenig Überraschungen; zwar war man dieser Tatsachen vor Bellis' und Bakers Arbeiten (die darin bestanden, ausgewählte Paare zu befragen und viertausend Personen einen Fragebogen in einer Zeitschrift bearbeiten zu lassen) nicht gewahr geworden, sie schienen aber auch nicht von übermäßiger Bedeutung zu sein. Doch Baker und Bellis taten darüber hinaus etwas ausgesprochen Mutiges. Sie befragten ihre Testpersonen auch nach eventuellen Seitensprüngen. Dabei stellten sie fest, daß bei treuen Frauen etwa fünfundfünfzig Prozent der Orgasmen vom späten (das heißt vom fruchtbaren) Typ waren. Bei untreuen Frauen waren es nur vierzig Prozent der Orgasmen mit dem eigentlichen Partner, aber siebzig Prozent der Orgasmen mit dem Liebhaber. Hinzu kam, daß die Frauen – ob bewußt oder unbewußt – an den Tagen des Zyklus mit ihren Liebhabern verkehrten, an denen sie am fruchtbarsten waren. Kombiniert man diese beiden Effekte, kommt man zu dem Schluß, daß selbst dann, wenn die untreuen Frauen mit ihrem Mann doppelt so häufig Geschlechtsverkehr haben wie mit ihrem Liebhaber, die Wahrscheinlichkeit dafür, ein Kind von letzterem zu empfangen, geringfügig größer ist als beim eigenen Mann.

Baker und Bellis sehen ihre Ergebnisse als Beweis für ein evolutionsgeschichtliches Wettrüsten zwischen Männern und Frauen, einen Rote-Königin-Wettstreit, aber einen, bei dem das weibliche Geschlecht einen Schritt voraus ist. Der Mann versucht, seine Chancen auf eine Vaterschaft in jeder Weise zu erhöhen. Ein großer Teil seiner Spermien macht nicht einmal den Versuch, ein Ei zu befruchten, sondern greift statt dessen andere Spermien an oder blockiert deren Durchtritt. Das männliche Sexualverhalten ist durch diese und andere Mechanismen darauf angelegt, die Chancen für die Befruchtung eines Eies zu erhöhen.

Die Frauen aber haben ein ausgefeiltes System von Techniken entwickelt, eine Empfängnis zu verhüten, es sei denn sie geschieht zu ihren Bedingungen. Durch den klugen Einsatz ihres Orgasmus sind sie im Grunde in der Lage, zu bestimmen, von welchem ihrer Liebhaber sie ein Kind empfangen wollen. Natürlich wußten Frauen das bisher nicht und setzten dieses Mittel deshalb nicht bewußt ein. Das Erstaunliche aber ist, daß sie es Bellis' und Bakers Untersuchungen zufolge dennoch, wenn auch unbewußt, tun. Das nun wiederum ist typisch für evolutionsbiologische Erklärungen. Warum haben Frauen überhaupt Sex? Weil sie es bewußt wollen. Warum aber sollten sie es unbewußt wollen? Weil Sexualität zur Reproduktion führt und sie als Nachfahren zweier Leute, die sich fortgepflanzt haben, der Masse derer angehören müssen, die danach streben, Dinge zu tun, die zur Reproduktion führen. Das Ganze ist nichts anderes als eine andere Darstellung desselben Arguments: Das typische Bild der Verteilung von weiblicher Untreue und weiblichen Orgasmen entspricht genau dem Muster, das man erwarten würde, wenn eine Frau unbewußt danach strebt, ein Kind von ihrem Liebhaber zu bekommen, ohne ihren Ehemann zu verlassen.

Bellis und Baker behaupten nicht, mehr gefunden zu haben als einen verführerischen Hinweis, aber sie haben versucht, der Ursache, weshalb uneheliche Elternschaft so häufig ist, nachzugehen. In einem

Wohnblock in Liverpool stellten sie anhand genetischer Tests fest, daß weniger als vier von fünf Personen Söhne ihrer offiziellen Väter waren. Mehr als zwanzig Prozent der Befragten hatten offenbar einen anderen Vater. Um zu kontrollieren, ob das nur für Liverpool zutraf, führten sie dieselben Untersuchungen in Südengland durch und kamen zu demselben Ergebnis. Aus ihren früheren Arbeiten wissen wir, daß auch ein geringes Maß an Untreue ein größeres Maß an unehelicher Elternschaft nach sich ziehen kann – durch den soeben beschriebenen Orgasmuseffekt. Frauen schlagen vielleicht – ganz unbewußt – genau wie Vögel zwei Fliegen mit einer Klappe und haben sexuelle Beziehungen zu einem genetisch überlegeneren Mann, ohne den Ehemann verlassen zu müssen.

Wie steht es mit den Männern? Baker und Bellis führten ein Experiment an Ratten durch und stellten fest, daß ein Rattenmännchen doppelt soviel Sperma ejakuliert, wenn es weiß, daß das Weibchen vor kurzem mit einem anderen Männchen zusammengewesen ist. Das unerschrockene Gespann Baker und Bellis begann nun unverzüglich nachzuforschen, ob dies bei Menschen ebenso ist. Und natürlich ist es so. Männer, deren Frauen den ganzen Tag mit ihnen zusammen waren, ejakulierten weit geringere Spermienmengen als Männer, deren Frauen den ganzen Tag von ihnen getrennt waren. Es sieht so aus, als kompensierten Männer unbewußt eine eventuelle weibliche Untreue. In diesem speziellen Wettstreit der Geschlechter aber haben Frauen die Oberhand, denn selbst wenn ein Mann – wiederum unbewußt – beginnen sollte, das Fehlen später Orgasmen bei seiner Frau mit ihrem Bestreben, nicht schwanger zu werden, in Verbindung zu bringen, kann sie ihn immer noch hintergehen – und ihm die Orgasmen vorspielen.[25]

Verfolgungswahn und Eifersucht

Nun bleibt der Gehörnte aber nicht untätig und ergibt sich nicht ohne weiteres bis zur Auslöschung seiner Gene seinem evolutionären Schicksal. Birkhead und Møller sind der Ansicht, ein großer Teil des Verhaltens von Vogelmännchen lasse sich durch die Annahme erklären, Männchen müßten ständig in Furcht vor der Untreue ihrer

Weibchen leben. Die erste Strategie wäre, das Weibchen für die Dauer seiner Fruchtbarkeit (jeweils ein bis zwei Tage, bevor es ein Ei legt) zu bewachen. Viele Vogelmännchen tun dies. Sie folgen dem Weibchen überallhin. Häufig wird ein Vogelweibchen beim Nestbau auf jedem Flug von einem Männchen begleitet, das selbst niemals etwas zum Nest beiträgt. Es paßt nur auf. Sobald das Gelege vollendet ist, lockert es seine Bewachung und sucht nach einer Gelegenheit für einen Seitensprung.

Findet ein Schwalbenmännchen seine Partnerin nicht, läßt es häufig einen lauten Alarmruf ertönen, durch den alle Schwalben auffliegen, so daß jeder Akt der Untreue wirksam unterbrochen wird. Trifft sich das Paar nach einer Trennung wieder oder wurde soeben ein fremdes Männchen aus dem Revier vertrieben, kopuliert das Männchen häufig unmittelbar danach mit dem Weibchen, als wolle es sicherstellen, daß seine Spermien in der Lage sind, mit denen des Eindringlings zu konkurrieren.

Im allgemeinen funktioniert diese Methode. Bei Arten mit einer effizienten Partnerbewachung ist die Seitensprungrate relativ gering. Manche Arten können es sich nicht leisten, den Partner zu bewachen. Bei Reihern und Greifvögeln zum Beispiel verbringen Männchen und Weibchen den Tag in erster Linie getrennt, der eine bewacht das Nest, der andere sorgt für Nahrung. Bei diesen Arten findet sich charakteristischerweise eine extrem hohe Kopulationshäufigkeit. Hühnerhabichte haben mehrere hundert Kopulationen pro Gelege. Das verhindert Seitensprünge zwar nicht, verdünnt aber deren Auswirkungen.[26]

Menschen leben ähnlich wie Reiher und Schwalben als monogame Paare innerhalb großer Kolonien. Väter helfen bei der Aufzucht der Jungen, und sei es nur durch das Herbeischaffen von Nahrung oder Geld. Und schließlich ist von ausschlaggebender Bedeutung, daß auch beim Menschen aufgrund der geschlechtsspezifischen Arbeitsteilung, die es bereits zu Zeiten früher Jäger-und-Sammler-Lebensgemeinschaften gab (grob gesprochen: Männer jagen, Frauen sammeln), die Geschlechter über längere Zeiträume getrennt sind. Damit haben Frauen hinreichend Gelegenheit zu einem Seitensprung, und Männer haben hinreichend Veranlassung, ihre Partnerinnen zu bewachen oder, wenn das nicht geht, häufig mit ihnen zu kopulieren.

Anschaulich zu zeigen, daß Untreue ein chronisches Problem aller menschlichen Gesellschaften ist und keineswegs eine Anomalie in Großbritanniens Hochhäusern, erweist sich als schwierig: zum einen weil die Antwort so offensichtlich ist, daß niemand sich mit der Frage beschäftigt hat, zum anderen weil Seitensprünge so einmütig geheimgehalten werden, daß die Sache sich schwer untersuchen läßt. Vögel zu beobachten ist einfacher.

Nichtsdestoweniger hat man den Versuch unternommen. Die etwa fünfhundertsiebzig Angehörigen des Ache-Volkes in Paraguay waren bis 1971 Jäger und Sammler und lebten in zwölf Gruppen zusammen. Danach kamen sie allmählich mit der Außenwelt in Berührung und wurden schließlich dazu gebracht, unter missionarischer Leitung in Reservaten der Regierung zu leben. Heute ernähren sie sich nicht mehr von gejagtem Wild und gesammelten Früchten, sondern bauen die meisten Nahrungsmittel in Gärten an. Doch als sie noch für einen Großteil ihrer Nahrung auf das Jagdgeschick der Männer angewiesen waren, stellte Kim Hill ein erstaunliches Muster fest. Ache-Männer gaben Fleisch, das sie selbst nicht benötigten, an Frauen weiter, mit denen sie eine sexuelle Beziehung eingehen wollten. Das geschah keineswegs mit dem Ziel, Kinder zu ernähren, deren Väter sie möglicherweise waren, sondern als direkte Bezahlung für eine Affäre. Es war nicht leicht gewesen, das herauszufinden. Hill mußte feststellen, daß er Fragen zum Thema Untreue in zunehmendem Maße aus den Befragungen streichen mußte, weil die Ache unter dem missionarischen Einfluß dieses Thema als immer heikler empfanden. Vor allem die Häuptlinge zögerten, darüber zu sprechen, was nicht verwundert, waren doch sie diejenigen mit den meisten Affären. Hill begann damit, Klatsch in seine Untersuchungen einzubeziehen, und war dadurch in der Lage, sich ein Bild von Treue und Untreue bei den Ache zu machen. Wie erwartet, waren die ranghohen Männer am stärksten in Affären verwickelt, ganz im Einklang mit der Vorstellung von den Rosinen aus dem genetischen Kuchen. Im Unterschied zur Vogelwelt aber waren es nicht nur die Weibchen rangniederer Männer, die sich auf Affären einließen. Ein Ache-Mann mit ehebrecherischen Absichten versucht in der Tat häufig, seine Partnerinnen mit Fleischgeschenken zu gewinnen, aber ein noch wichtigeres Motiv ist in diesem Zusammenhang nach Hills Ansicht die Tatsache, daß Ache-Frauen ständig damit rechnen, von ihren Ehemännern verlassen zu werden, und deshalb alternative Beziehungen pflegen. Je schlechter ihre Ehe ist, um so größer ist die Wahrscheinlichkeit dafür, daß sie untreu werden. Das ist natürlich ein zweischneidiges Schwert – wenn die Affäre publik wird, kann die Ehe daran zerbrechen.[27]

Was immer das Motiv für die Frauen ist, Hill und andere Wissenschaftler sind der Ansicht, daß der Einfluß der Untreue im Zusammenhang mit der Evolution des menschlichen Paarungssystems weitgehend unterschätzt worden ist. In Jäger-und-Sammler-Gemeinschaften würde der männliche Hang zum Opportunismus durch einen Seitensprung weit eher befriedigt als durch Polygamie. Nur in zwei der uns bekannten Jäger-Sammler-Kulturen kommt Polygamie häufig beziehungsweise sehr häufig vor. In allen übrigen findet man kaum einen Mann mit mehr als einer Ehefrau, und noch seltener jemanden mit mehr als zwei Frauen. Die beiden genannten Ausnahmen bestätigen die Regel. Die eine findet sich bei Indianern im Nordwesten der Vereinigten Staaten, die sich von reichhaltigen und zuverlässigen Lachsvorkommen des Pazifik ernähren und im Grunde hinsichtlich der Möglichkeit, Überflüsse zu horten, mehr Farmern ähneln als Jäger-Sammler-Gemeinschaften. Die andere Ausnahme bilden bestimmte Stämme australischer Ureinwohner, die eine gerontokratische Polygamie praktizieren. Männer heiraten erst, wenn sie vierzig sind, und bis fünfundsechzig haben sie in der Regel bis zu dreißig Frauen versammelt. Bei diesem eigenartigen System aber trügt der Schein gewaltig. Jeder ältere Mann hat jüngere männliche Assistenten, deren Schutz und Hilfe und deren wirtschaftliche Unterstützung er sich unter anderem dadurch erkauft, daß er über deren Affären mit seinen Frauen großzügig hinwegsieht. Der alte Mann schaut einfach nicht hin, wenn sein hilfsbereiter Neffe sich mit einer seiner jüngeren Frauen abgibt.[28]

In Jäger-Sammler-Gemeinschaften ist Polygamie selten, doch Seitensprünge, in welcher Form auch immer, geschehen häufig. In Analogie zu monogamen, koloniebildenden Vögeln müßte man erwarten, daß Menschen entweder Partnerbewachung betreiben oder häufige Kopulationen praktizieren. Richard Wrangham spekuliert, Menschen trieben Partnerbewachung *in absentia.* Männer übertrügen es einem Stellvertreter, ein Auge auf die Gefährtin zu haben. Wenn der Mann sich den ganzen Tag auf der Jagd befindet, kann er seine Mutter oder eine Nachbarin fragen, ob sich in seiner Abwesenheit etwas Besonderes ereignet hat. Bei den von Wrangham befragten Pygmäen Afrikas ist Klatsch allgegenwärtig. Somit besteht die beste Möglichkeit für einen Mann, etwaigen Affären seiner Frau wirkungsvoll zu begegnen, darin, sie wissen zu lassen, daß er über den Klatsch auf dem laufenden ist. Wrangham stellt in diesem Zusammenhang fest, daß dieses ohne Sprache unmöglich ist, und kommt zu dem Schluß, daß die geschlechtsspezifische Arbeitsteilung, die institutionalisierte Aufzucht von Kindern innerhalb einer Ehe und die Erfindung von Sprache – drei der grundlegendsten Charakteristika der Menschengemeinschaft – sich in Abhängigkeit voneinander entwickelt haben müssen.[29]

Weshalb die Knaus-Ogino-Methode versagt

Was geschah, bevor die Sprache eine stellvertretende Partnerüberwachung ermöglichte? Hierzu liefert die Anatomie einen bemerkenswerten Anhaltspunkt. Der vielleicht eigenartigste Unterschied zwischen der Physiologie einer Frau und der einer Schimpansin besteht darin, daß es für jedermann – die betreffende Frau eingeschlossen – unmöglich ist, vorherzusagen, wann genau sie in ihrem Zyklus fruchtbar sein wird. Der menschliche Eisprung ist unsichtbar und nur bedingt vorhersagbar. Schimpansinnen färben sich pink, Kühe beginnen für einen Bullen unwiderstehlich zu duften, Tigerinnen suchen Tiger aus, Mäuseweibchen becircen Mäuseriche – durch die gesamte Klasse der Säugetiere wird der Tag des Eisprungs mit Pauken und Trompeten verkündet. Nur beim Menschen nicht: eine minimale Änderung der Körpertemperatur, unbemerkt vor der Erfindung des Thermometers, das ist alles. Weibliche Gene scheinen außerordentlich weit zu gehen, um den Augenblick des Eisprungs zu verbergen.
Mit der verborgenen Ovulation kam es zu kontinuierlichem sexuellem Interesse. Obwohl Frauen mit erhöhter Wahrscheinlichkeit am Tag der Ovulation den Geschlechtsverkehr von sich aus beginnen, masturbieren, eine Affäre mit einem Liebhaber haben oder mit ihrem Ehemann zusammen sind[30], so bleibt es doch unbestreitbar, daß Menschen beiderlei Geschlechts zu jedem Zeitpunkt im Zyklus an sexuellen Aktivitäten interessiert sind. Sowohl Männer als auch Frauen haben Geschlechtsverkehr, wann immer sie das Bedürfnis danach verspüren, ohne Rücksicht auf hormonelle Ereignisse. Im Vergleich zu vielen anderen Tieren sind wir erstaunlich kopulationssüchtig. Desmond Morris be-

zeichnete den Menschen einmal als den »sexbesessensten lebenden Primaten«[31] (er sagte das allerdings, bevor sich jemand mit Bonobos beschäftigt hatte). Bei anderen Tieren mit hoher Kopulationsfrequenz – Löwen, Bonobos, Eichelspechten, Hühnerhabichten und weißen Ibissen – läßt sich dies auf die Spermienkonkurrenz zurückführen. Die Männchen der ersten drei Spezies leben in Gruppen mit einem gemeinsamen Zugang zu den Weibchen, so daß jedes Männchen gezwungen ist, so häufig wie möglich zu kopulieren, wenn es nicht riskieren will, daß die Spermien eines anderen Männchens das Ei vor den seinen erreichen. Hühnerhabichte und weiße Ibisse dagegen versuchen, sämtliche Spermien auszudünnen, die das Weibchen empfangen haben könnte, während sie »geschäftlich unterwegs« waren. Da die Menschheit ganz offensichtlich nicht in Promiskuität leben kann – selbst die bestorganisierte Kommune mit noch so freizügig gesonnenen Mitgliedern zerfällt über kurz oder lang unter dem Druck von Eifersucht und Besitzansprüchen –, scheint wohl der Fall des Ibisses am ehesten von einer gewissen Aussagekraft für den Menschen zu sein: ein koloniebildender, monogamer Vogel, den die Furcht vor Seitensprüngen zu häufigen Kopulationen veranlaßt. Nun muß allerdings das Ibismännchen seine Sechsmal-am-Tag-Sexpraxis nur jeweils ein paar Tage pro Saison unmittelbar vor der Eiablage durchhalten. Männer müssen über Jahre hinweg zweimal die Woche Sex praktizieren.[32]

Die verborgene Ovulation hat sich im Laufe der Evolution jedoch sicher nicht männlicher Bedürfnisse wegen entwickelt. In den späten siebziger Jahren gab es einen Wust spekulativer Theorien über ihre evolutionsbiologische Ursache. Ein großer Teil der Überlegungen läßt sich nur auf den Menschen anwenden – beispielsweise Nancy Burleys These, daß unsere weiblichen Vorfahren mit verborgenem Eisprung gelernt haben könnten, während ihrer fruchtbaren Tage abstinent zu bleiben, um das höchst schmerzhafte und gefährliche Unternehmen Geburt zu umgehen. Solche Frauen hätten jedoch keine Nachkommen, so daß die menschliche Rasse von den wenigen Ausnahmen abstammen müßte, die ihren Eisprung nicht fühlten – und doch ist die verborgene Ovulation etwas, das wir zumindest mit einigen wenigen Affen und mindestens einem Menschenaffen (dem Orang-Utan) teilen. Außerdem haben wir diese Eigenschaft mit nahezu allen Vögeln gemeinsam. Es ist lediglich unsere lächerlich engstirnige anthropozentrische Sichtweise, die uns glauben machen will, verborgene Ovulation sei etwas Besonderes.

Dennoch ist es der Mühe wert, sich die Erklärungsversuche für das, was Robert Smith einst als menschliche »reproduktive Unergründlichkeit« bezeichnet hatte, genauer anzusehen, denn sie werfen ein interessantes Licht auf die Theorie der Spermienkonkurrenz. Es sind zwei Arten von Argumenten: jene, die davon ausgehen, ein verborgener Eisprung stelle sicher, daß Väter ihre Jungen nicht verlassen, und jene, die genau das Gegenteil davon annehmen. Die erste Art von Begründung klingt so: Da ein Mann nicht weiß, wann seine Frau fruchtbar ist, muß er in ihrer Nähe bleiben und häufigen Geschlechtsverkehr mit ihr haben, um sicherzustellen, daß er der Vater ihrer Kinder ist. Das bewahrt ihn vor Unheil und sorgt dafür, daß er zur Stelle ist, um sich an der Babypflege zu beteiligen.[33]

Die andere Sorte von Argumenten hörte sich so an: Wenn Frauen ihre Partnerwahl sorgfältig und überlegt treffen wollen, dann ist es wenig sinnvoll, den Eisprung an die große Glocke zu hängen. Ein sichtbarer Eisprung würde viele Männer anziehen, die entweder um das Recht auf die Frau kämpfen oder sie miteinander teilen würden. Falls ein Weibchen sich aus Gründen der Verteilung möglicher Vaterschaft für die Promiskuität entscheidet (oder hierzu geschaffen ist), wie dies bei Schimpansen der Fall ist, oder wenn es einen Wettstreit entfachen will, damit ihm das beste Männchen zufällt, wie es bei See-Elefanten der Fall ist, dann zahlt es sich aus, den Zeitpunkt der Ovulation publik zu machen. Wenn es aber, aus welchen Gründen auch immer, ihren Partner lieber selbst wählt, ist es vorteilhafter, den Zeitpunkt geheimzuhalten.[34]

Diese Überlegung hat mehrere Varianten. Sarah Hrdy war der Ansicht, ein unspektakulärer Eisprung trage dazu bei, Kindesmord zu verhindern: weder Ehemann noch Liebhaber wüßten, ob ihnen Hörner aufgesetzt worden seien. Donald Symons glaubt, Frauen setzten ihr gleichbleibendes sexuelles Interesse dazu ein, abenteuerlustige Männer im Austausch gegen Geschenke zu verführen. L. Benshoof und Randy Thornhill äußerten die Vermutung, ein verborgener Eisprung versetze eine Frau in die Lage, sich heimlich einem überlegenen Mann zuzuwenden, ohne den Ehemann verlassen oder beunruhigen zu müssen. Falls der Eisprung ihr (oder ihrem Unterbewußtsein) weniger verborgen bliebe als ihm (was möglicherweise der Fall ist), trüge dies dazu bei, daß sich jede außereheliche Liaison für sie eher lohnt, denn damit »weiß« sie genauer, wann sie Geschlechtsverkehr mit ihrem Liebhaber haben muß, während der Ehemann nicht weiß, wann sie fruchtbar ist.

Mit anderen Worten, ein verborgener Eisprung ist eine Waffe im Kampf um Treue und Untreue.[35]
Interessanterweise bringt dies ein Wettrüsten zwischen Ehefrauen und Geliebten in Gang. Gene für einen verborgenen Eisprung erleichtern beides: die Treue ebenso wie die Untreue. Dies ist ein merkwürdiger Gedanke – und man hat derzeit keine Möglichkeit zu prüfen, ob er richtig ist –, er bringt allerdings die Überlegung mit sich, daß es in genetischer Hinsicht keine weibliche Solidarität geben kann. Frauen konkurrieren häufig mit anderen Frauen.

Spatzenkämpfe

Diese weibliche Konkurrenz enthält auch – eher als die Polygamie – die Erklärung, weshalb Seitensprünge häufig sind, und sie erleichtert es einem Mann, mehr als eine Frau zu haben. Rotdrosseln brüten im kanadischen Marschland und sind polygam: Die Männchen mit den besten Revieren ziehen jeweils mehrere Weibchen an, die dann in ihrem Revier brüten. Aber die Männchen mit den größten Harems sind außerdem die erfolgreichsten Schürzenjäger und auch die Väter der meisten Jungen in den benachbarten Territorien, was die Frage aufwirft, weshalb die Geliebten des Männchens nicht einfach zusätzliche »Ehefrauen« werden.
In den finnischen Wäldern lebt der Rauhfußkauz. In mäusereichen Jahren haben manche Käuze mehrere Weibchen in jeweils verschiedenen Territorien, während andere Männchen überhaupt keine Partnerin finden. Weibchen, die zu solchen polygamen Männchen gehören, ziehen signifikant weniger Junge groß als Weibchen, die in einer monogamen Beziehung leben – warum also lassen sie das mit sich machen? Warum verlassen sie die Männchen nicht und gehen zu einem der benachbarten Junggesellen? Ein finnischer Biologe ist der Ansicht, daß Polygamisten ihre Opfer beschwindeln. Die Weibchen beurteilen einen potentiellen Verführer danach, wie viele Mäuse er ihnen während der Balz bringt. In einem mäusereichen Jahr kann ein Männchen so viele Mäuse fangen, daß es ihm gelingt, zwei Weibchen den Eindruck zu vermitteln, er sei eine gute Partie; er kann jedem von beiden mehr Mäuse bringen als in einem normalen Jahr einem allein.[36]

Die nordischen Wälder scheinen voll von solchen betrügerischen Verführern zu sein. Ähnliche Beobachtungen bei einem unschuldig wirkenden kleinen Vogel brachen in den achtziger Jahren eine lang anhaltende wissenschaftliche Debatte vom Zaun. Manche Trauerschnäppermännchen in den Wäldern Skandinaviens sind in der Lage, polygam zu leben und zwei Territorien mit jeweils einem Weibchen darin zu unterhalten, genau wie die Käuze oder wie Sherman McCoy in Tom Wolfes *The Bonfire of the Vanities* (deutsch: *Fegefeuer der Eitelkeiten*), der eine anspruchsvolle Frau hat, die an der Park Avenue wohnt, und sich eine wunderschöne Geliebte in einer Mietwohnung am anderen Ende der Stadt nimmt.

Zwei Forscherteams haben diese Vögel beobachtet, und beide kamen zu unterschiedlichen Schlußfolgerungen. Die Schweden und die Finnen sind der Ansicht, der Geliebten würde vorgegaukelt, das Männchen sei unverheiratet. Die Norweger dagegen erklären, die Geliebte könne keineswegs im Zweifel sein, da das Weibchen gelegentlich ihr Nest in der Absicht aufsucht, sie daraus zu vertreiben. Sie akzeptiere die Tatsache, daß ihr Partner sie möglicherweise seiner Frau wegen im Stich läßt, hoffe aber, daß er, falls im Nest des anderen Weibchens irgend etwas schiefgeht, was häufig geschieht, zu ihr zurückkehren und ihr bei der Aufzucht der Jungen helfen werde. Er kommt mit seinem Verhalten nur dann durch, wenn beide Reviere so weit voneinander entfernt sind, daß das Weibchen das Territorium der Geliebten nicht allzu häufig besuchen und diese nicht zu sehr drangsalieren kann. Mit anderen Worten, den Norwegern zufolge belügen Männchen hinsichtlich ihrer Affären zwar ihre Weibchen, nicht aber ihre Geliebten.[37]

Es bleibt im dunkeln, ob nun das Weibchen oder die Geliebte das Opfer seines Betruges ist, eines aber ist sicher: Der bigamistische Trauerschnäpper hat einen kleinen Triumph errungen: Er ist der Vater zweier Gelege in dieser Saison. Das Männchen hat seinen bigamistischen Ehrgeiz auf Kosten der Weibchen befriedigt. Beide, Weibchen und Geliebte, hätten besser daran getan, einen Ehemann für sich allein zu suchen, statt sich einen zu teilen.

Zur Überprüfung der Hypothese, es sei besser, einen treuen Ehemann zu hintergehen, statt ihn zu verlassen und zweite Frau eines Bigamisten zu werden, untersuchte José Veiga Hausspatzen in einer Brutkolonie in Madrid. Nur ungefähr zehn Prozent der Männchen in dieser Kolonie waren polygam. Indem er bestimmte Männchen und Weibchen selektiv entfernte, konnte er verschiedene Theorien zu der Frage haben, weshalb nicht mehr Männchen mehrere Weibchen überprüfen. Zunächst widerlegte er die Annahme, Männchen seien zur Aufzucht der Jungen unentbehrlich. Weibchen in polygamen Beziehungen zogen ebenso viele Junge auf wie Weibchen in monogamen Beziehungen, sie mußten dazu allerdings härter arbeiten. Als nächstes entfernte er einige Männchen aus der Kolonie und beobachtete, welche Männchen nun von den »Witwen« ausgewählt wurden. Dabei konnte er die These zurückweisen, Weibchen zögen ungebundene Männchen vor: Sie entschieden sich nur zu bereitwillig für ein bereits gebundenes Männchen und ließen Junggesellen links liegen. Schließlich widerlegte er die Überlegung, Männchen seien nicht imstande, ungebundene Weibchen zu finden: Achtundzwanzig Prozent der Männchen paarten sich mit einem Weibchen, das im vorangegangenen Jahr nicht gebrütet hatte. Danach hängte er die Nistkästen näher zusammen, um es den Männchen zu erleichtern, zwei Weibchen gleichzeitig zu überwachen; er stellte fest, daß dies das Ausmaß an Polygamie in keiner Weise erhöhte. Somit blieb zur Erklärung der Seltenheit polygamer Beziehungen bei Spatzen nur eine Möglichkeit offen: Die zuerst anwesenden Weibchen haben nichts dafür übrig. Wie Vogelmännchen ihre Weibchen überwachen, so verjagen und attackieren Vogelweibchen die Zweitverlobten ihrer Männchen. Weibchen in Käfigen werden von »verheirateten« Spatzenweibchen angegriffen. Vermutlich weil es für die Weibchen – obwohl sie auch allein zurechtkämen – sehr viel einfacher ist, die Jungen mit der ungeteilten Hilfe ihres Gatten großzuziehen.[38]

Ich bin der festen Überzeugung, daß Menschen sich in dieser Hinsicht genauso verhalten wie Ibis, Schwalbe oder Spatz. Sie leben in großen Kolonien. Männer konkurrieren miteinander um Positionen innerhalb der Hackordnung. Die meisten Männer sind monogam. Polygamie wird von Frauen verhindert, die etwas dagegen haben, ihren Ehemann mit anderen zu teilen, aus Furcht, damit auch seinen Beitrag zur Kindererziehung teilen zu müssen. Selbst wenn sie die Kinder ohne seine Hilfe großziehen könnten, so ist sein Scheck doch ein wertvoller Beitrag dazu. Die Ächtung der polygamen Ehe aber verhindert nicht, daß ein Mann nach Gelegenheiten zu polygamen Beziehungen sucht. Es kommt häufig zu Seitensprüngen – am häufigsten zwischen ranghohen Männern und Frauen aller Rangstufen. Um dem vorzubeugen, versuchen Männer, ihre Partnerinnen zu überwachen, sind extrem gewalttätig gegenüber den

Liebhabern ihrer Frauen und haben häufig Geschlechtsverkehr mit ihren Frauen, und zwar nicht nur dann, wenn diese fruchtbar sind.
So klingt das Leben eines Spatzen, wenn man es vermenschlicht. Das Leben eines Menschen hört sich in »verspatzter« Form vielleicht so an: Die Vögel leben in großen Kolonien, die man als Stämme oder Städte bezeichnet. Die Männchen konkurrieren miteinander, um Ressourcen anzuhäufen, und erringen innerhalb der Kolonie einen gewissen Status, man bezeichnet ihre Bestrebungen als »Unternehmen« und »Politik«. Männchen umbalzen die Weibchen mit großem Einsatz. Die Weibchen lehnen es ab, ihre Männchen mit anderen Weibchen zu teilen. Viele Männchen – vor allem die älteren – tauschen ihre Weibchen allerdings gegen jüngere aus und hintergehen andere Männchen, indem sie deren Weibchen (mit deren Zustimmung) heimlich verführen.
Nicht die Details des Spatzenlebens sind das eigentlich Wichtige – es bestehen deutliche Unterschiede, unter anderem angesichts der Tatsache, daß die Verteilung von Dominanz, Macht und Ressourcen innerhalb der Kolonie beim Menschen sehr viel ungleichmäßiger ist als bei Spatzen –, sondern daß sie trotz allem das Hauptmerkmal aller koloniebildenden Vögel teilen: Monogamie oder zumindest Paarbindung plus reichlich Gelegenheit zur Untreue anstelle etablierter Polygamie. Der edle Wilde ist weit davon entfernt, in zufriedenem sexuellem Gleichmut zu existieren, sondern er lebt in steter Furcht davor, betrogen zu werden – und in stetem Bestreben, seinen Nachbarn ebendies anzutun. So nimmt es nicht wunder, daß beim Menschen Sex in allen Lebensgemeinschaften in erster Linie eine Privatangelegenheit ist und nur im geheimen stattfindet. Für Bonobos gilt solches nicht, wohl aber für viele monogame Vogelspezies. Einer der Gründe, weshalb die hohe Rate an unehelichem Nachwuchs bei Vögeln eine solche Überraschung war, ist der, daß nur wenige Naturforscher jemals einen Vogel in flagranti beobachtet haben: Auch bei den Vögeln geschieht das heimlich.[39]

Das grünäugige Monster

Die Angst, betrogen zu werden, sitzt bei Männern tief. Der Einsatz von Schleiern, Anstandsdamen, Abschirmung der Frauen und Keuschheitsgürteln legt Zeugnis ab von der männlichen Angst, zum Hahnrei gemacht zu werden, und von der weitverbreiteten Überzeugung, man habe Frauen, ebenso wie sämtlichen potentiellen Liebhabern, zu mißtrauen. Margo Wilson und Martin Daly von der McMaster University in Kanada haben sich mit dem Phänomen Eifersucht auseinandergesetzt und sind zu dem Schluß gekommen, daß die Fakten in eine evolutionsbiologische Erklärung passen. Eifersucht ist ein »menschliches Allgemeingut«, sie fehlt in keiner Kultur. Trotz aller Bemühungen der Anthropologen, eine Gesellschaft ohne Eifersucht zu finden und den Nachweis zu erbringen, daß es sich um ein Gefühl handelt, welches durch unheilvollen sozialen Druck oder aus pathologischen Gründen entsteht, ist ihnen das nicht gelungen. Die sexuelle Eifersucht scheint ein unausweichlicher Bestandteil der menschlichen Natur zu sein.

> Der Dämon Eifersucht, mit Gorgos Fratze,
> Die süßen Knospen fremder Lust zerfetzt,
> Durch zitternd' Hain verfolgt er, wilde Augen stier,
> Die Schritte arglos liebender Begier.[40]
>
> Erasmus Darwin

Wilson und Daly sind der Ansicht, eine Untersuchung der menschlichen Gesellschaft würde eine Geisteshaltung offenbaren, deren Manifestationen sich im Detail zwar unterschieden, die aber insgesamt »von monotoner Gleichförmigkeit« wäre. Es gibt »die gesellschaftlich anerkannte Ehe, die Vorstellung, daß Ehebruch eine Eigentumsverletzung darstellt, die Wertschätzung weiblicher Keuschheit, die Gleichsetzung des ›Schutzes‹ von Frauen mit dem Schutz vor sexuellen Kontakten und die besondere Konstellation, daß Untreue als Gewaltprovokation zu sehen sei«. Kurz: Stets und überall verhalten sich Männer so, als gehöre ihnen die Vagina ihrer Ehefrau.[41]

Wilson und Daly denken auch über die Tatsache nach, daß Liebe ein bewundertes Gefühl ist, Eifersucht hingegen verachtet wird, obgleich doch beide nichts anderes sind als zwei Seiten derselben Medaille – wie jedermann, der einmal verliebt war, bezeugen kann –, denn beide sind Teil eines sexuellen Besitzanspruchs. Wie so manches moderne Paar weiß, ist eine Beziehung nicht harmonischer, wenn die Eifersucht fehlt. Wenn er oder sie nicht eifersüchtig ist, wenn der andere sich einem anderen Mann beziehungsweise einer anderen Frau zuwendet, dann ist es ihm oder ihr gleichgültig geworden, ob die Beziehung bestehenbleibt. Psychologen haben festgestellt, daß Paare, bei denen es nie zur Eifersucht kommt, mit geringerer Wahrscheinlichkeit zusammenbleiben als Paare, in denen die Partner eifersüchtig aufeinander sind.

Wie Othello feststellen mußte, reicht oft bereits der Verdacht auf weibliche Untreue aus, einen Mann in solchen Zorn zu versetzen, daß er imstande ist, seine Frau zu töten. Othello ist eine Phantasiegestalt, doch so manche moderne Desdemona hat die Eifersucht ihres Ehemanns mit dem Leben bezahlt. Wie Wilson und Daly feststellen: »Die Konfliktursache in den allermeisten Fällen von Gattenmord ist das Wissen oder der Verdacht eines Mannes, daß seine Frau ihm untreu ist oder ihn zu verlassen beabsichtigt.« Einer der Gründe dafür, daß ein Mann, der seine Frau in einem Anfall eifersüchtiger Raserei tötet, vor Gericht kaum auf geistige Unzurechnungsfähigkeit plädieren kann, besteht in der juristischen Tradition der angloamerikanischen Rechtsprechung, der zufolge eine solche Handlung als »die Reaktion eines vernünftigen Mannes« anzusehen ist.[42]

Eine solche Interpretation der Eifersucht mag verblüffend banal erscheinen. Schließlich bedeutet sie nichts anderes, als daß einer Sache, die jedermann aus dem täglichen Leben kennt, im nachhinein ein evolutionsbiologischer Dreh verliehen wird. Bei den Soziologen und Psychologen jedoch gilt solches als ketzerischer Unsinn. Psychologen sehen Eifersucht als pathologische Entwicklung, die es zu verhindern gilt und die allgemein als schändlich zu betrachten ist – etwas, das jene immerwährend Böses hervorbringende »Gesellschaft« dem Menschen aufbürdet, um dadurch sein Wesen zu verderben. Eifersucht läßt auf geringe Selbstachtung schließen, so sagen sie, und sie zeugt von emotionaler Abhängigkeit. Genau das tut sie, und genau das ist es, was die Evolutionstheorie voraussagt. Ein Mann, der von seiner Frau nicht geachtet wird, ist genau der Typ, der Gefahr läuft, hintergangen zu werden, hat sie doch ein Motiv, sich für ihre Kinder einen anderen Vater zu suchen. Dies könnte sogar die außerordentliche und bis jetzt rätselhafte Tatsache erklären, weshalb die Ehemänner von Vergewaltigungsopfern eher seelisch verletzt sind und – ihrem eigenen besseren Wissen zuwider – ihre vergewaltigten Frauen eher ablehnen, wenn die Frauen *nicht* körperlich verletzt wurden. Eine Verletzung ist ihnen Beweis für deren Widerstand. Ehemänner mögen durch die Evolution dahingehend programmiert sein, den paranoiden Verdacht zu hegen, ihre Frauen seien überhaupt nicht vergewaltigt worden oder hätten gar »darum gebeten«.[43]

Untreue ist ein asymmetrisches Schicksal. Eine Frau verliert keinerlei genetische Investition, wenn ihr Mann untreu ist, ein Mann aber riskiert, unwissentlich ein fremdes Kind großzuziehen. Als wollten sie die Väter beruhigen, erklären die Leute mit merkwürdig größerer Häufigkeit – wie die Forschung festgestellt hat –, ein Kind sei »ganz der Papa«, als daß sie sagen, es sei »ganz die Mama« – und es ist vor allem die mütterliche Verwandtschaft, die dies bekräftigt.[44] Nicht daß eine Frau sich angesichts möglicher Untreue ihres Mannes nicht zu sorgen hätte: Sie könnte dazu führen, daß er sie verläßt, daß er Zeit und Geld auf die Geliebte verschwendet oder daß er sich eine unangenehme Krankheit holt. Es besagt letztendlich, daß Männer hinsichtlich der Untreue ihrer Frau stärker beunruhigt sind als umgekehrt. Geschichte und Gesetzgebung sind voll von solchen Beispielen. In den meisten Kulturen galt ein weiblicher Seitensprung als illegal und wurde schwer bestraft, während die Untreue des Ehemanns eher verziehen oder nur leicht bestraft wurde. In Großbritannien konnte ein gekränkter Ehemann noch im neunzehnten Jahrhundert gegen einen Ehebrecher einen Prozeß aufgrund des Tatbestands der *criminal conversation* anstrengen.[45] Selbst bei den Trobriand-Insulanern, noch 1927 von Bronislaw Malinowski als ein sexuell ungehemmtes Volk gefeiert, wurden Ehebrecherinnen mit dem Tode bestraft.[46]

Diese Form des Messens mit zweierlei Maß ist ein glänzendes Beispiel für gesellschaftlichen Sexismus, und sie wird in aller Regel als »genau das und sonst nichts« abgetan. Und doch verhält sich das Gesetz in bezug auf andere Verbrechen keineswegs sexistisch: Für Mord und Diebstahl wurden Frauen niemals härter bestraft als Männer, zumindest war solches nicht von Gesetzes wegen vorgesehen. Warum ist Untreue ein so besonderer Fall? Weil die Ehre des Mannes auf dem Spiel steht? Dann bestrafe man den untreuen Mann entsprechend hart, als Abschreckungsmittel wäre das nicht minder wirkungsvoll. Weil Männer im Kampf der Geschlechter zusammenhalten? Das tun sie in keinem anderen Fall. Das Gesetz ist hier recht deutlich: Alle bisher untersuchten Gesetzessammlungen definieren Ehebruch »hinsichtlich des verheirateten Status der Frau. Ob der ehebrecherische Mann auch verheiratet war, ist gleichgültig«.[47] Das ist deshalb so, weil »nicht der Ehebruch selbst bestraft wird, sondern lediglich ein mögliches Einbringen fremder Kinder in die Familie – sogar die durch einen Ehebruch entstehende diesbezügliche Unsicherheit wird bestraft. Der Ehebruch eines Ehemanns hat keine solchen Folgen«.[48]

Als in Thomas Hardys Roman *Tess of the D'Urbervilles* (deutsch: *Tess von den d'Urbervilles*) Angel Clare seiner frischgebackenen Ehefrau Tess in der Hochzeitsnacht gesteht, er habe bereits vor der Hochzeit seine Erfahrungen gesammelt, reagiert sie erleichtert und erzählt ihm die Geschichte ihrer eigenen Verführung durch Alec d'Urberville und das früh verstorbene Kind, das sie von ihm bekam. Sie hielt beide Vergehen für gleichwertig:

»Verzeih mir, wie dir verziehen ist! *Ich* verzeihe *dir*, Angel.«

»Du – ja, du tust es.«

»Du aber verzeihst mir nicht?«

»Verzeihung paßt nicht zu dem Fall. Du warst ein Mensch, jetzt bist du ein anderer. Wie kann Verzeihung eine so groteske – Gaukelei erfassen?«

Clare verließ sie noch in derselben Nacht.

Höfische Liebe

Menschliche Paarungssysteme werden in hohem Maße von der Möglichkeit zur Vererbung von Reichtum kompliziert. Die Tatsache, daß Status oder Reichtum von den Eltern ererbt werden kann, ist kein ausschließlich menschliches Merkmal. Manche Vögel übernehmen die elterlichen Territorien, nachdem sie geholfen haben, Folgebruten großzuziehen. Hyänen erben ihren Rang von ihren Müttern (bei den Hyänen sind die Weibchen dominant und oftmals auch größer); ebenso verhält es sich bei Affen und Menschenaffen. Menschen aber haben diesen Brauch zur Kunst erhoben. Und in der Regel demonstrieren sie ein weit größeres Interesse daran, Wohlstand an Söhne weiterzugeben, als daran, ihn Töchtern zu überlassen. Oberflächlich betrachtet, erscheint das merkwürdig. Jemand, der seinen Reichtum seinen Töchtern vermacht, sieht ihn mit großer Wahrscheinlichkeit an seine Enkelinnen übergehen, wobei er sich in diesem Fall einer Verwandtschaft sicher sein kann. Überläßt er seinen Reichtum hingegen seinem Sohn, verbleibt dieser bei Kindern, die seine Enkel sein können oder auch nicht. Bei den wenigen Kulturen mit weiblicher Erbfolge herrscht in der Tat ein solcher Grad von Promiskuität, daß Männer sich ihrer Vaterschaft nicht sicher sein können. Hier spielen Onkel die Rolle des Vaters für ihre Neffen.[49]

In Klassengesellschaften ziehen daher die Ärmeren häufig ihre Töchter den Söhnen bei der Regelung der Erbschaft vor. Dies aber hat nichts mit der Sicherheit der Vaterschaft zu tun, sondern damit, daß weniger wohlhabende Töchter mit größerer Wahrscheinlichkeit Nachwuchs haben werden als weniger wohlhabende Söhne. Für den Sohn eines feudalen Lehnsmannes bestand eine reelle Chance, kinderlos zu bleiben, während seine Schwester an das örtliche Schloß beordert wurde und unter Umständen zur fruchtbaren Konkubine des dortigen Herrschers avancierte. Es läßt sich tatsächlich zeigen, daß im fünfzehnten und sechzehnten Jahrhundert die Bauern in Bedfordshire ihren Töchtern mehr hinterließen als ihren Söhnen.[50] Im Ostfriesland des achtzehnten Jahrhunderts hatten die Bauern in stagnierenden Populationen merkwürdigerweise mädchenlastige Familien, während die Bauern in expandierenden Populationen knabenlastige Familien hatten. Es fällt schwer, nicht der Schlußfolgerung zu erliegen, dritte und vierte Söhne hätten eine Belastung für die Familie dargestellt (es sei denn, es fanden sich neue Möglichkeiten zur Existenzsicherung), und daß man bei der Geburt entsprechend handelte, damit in stagnierenden Populationen die Familien mädchenlastig wurden.[51]

An der Spitze der Gesellschaft jedoch sind die Verhältnisse umgekehrt. Mittelalterliche Lords verbannten viele ihrer Töchter in Klöster.[52] In der ganzen Welt haben reiche Männer stets ihre Söhne bevorzugt, häufig sogar nur einen einzelnen. Ein wohlhabender oder mächtiger Vater, der seinen Söhnen seinen Status hinterläßt beziehungsweise die Mittel, diesen zu erlangen, vererbt ihnen damit auch die Mittel, erfolgreiche Verführer zu werden und zahlreiche uneheliche Söhne zu produzieren. Für wohlhabende Töchter existiert ein solcher Vorteil nicht.

Daraus ergibt sich eine merkwürdige Konsequenz: Das Verdienstvollste, was ein Mann oder eine Frau tun können, ist damit, einem wohlhabenden Mann einen legitimen Erben zu schenken. Eine solche Logik legt nahe, daß Verführer anspruchsvoll sein sollten. Sie sollten sich für die Frauen mit den besten Genen entscheiden und gleichzeitig für diejenigen mit den wohlhabendsten Ehemännern und mit dem Potential, wiederum Söhne zu bekommen, die viele Nachkommen produzieren. Im Mittelalter wurde dies zur Kunst erhoben. Das Umwerben reicher Erbinnen und der Frauen großer Herrscher galt als die höchste Form höfischer Liebe. Turniere hatten keinen anderen Zweck, als potentiellen Verführern die Möglichkeit zu geben, großen Damen zu imponieren. Wie Erasmus Darwin es ausdrückt:

Brunftende Keiler hauen mit schmelzharten Zähnen,
Der Schulterschild wehrt ab, was sie von seitlich kommen wähnen;
Während die Weibchenrotte zusieht in verstummtem Staunen,
Und anglotzt den Sieger mit bewundernden Augen. –

So Ritter um Ritter, wie zu lesen in Romanzen,
Trieb an das stolze Roß, legt' ein die stoßbereite Lanzen;
Und wessen Wagemut gesegnet mit Unbezwingbarkeit
und Kraft, der – dies seiner Mühen güldner Sold –
vor der Schönheit sich verneigte und erreichte ihres Lächelns Huld.[53]

Zu Zeiten, als der legitime Sohn eines großen Herrschers von seinem Vater nicht nur dessen Reichtum erbte, sondern auch dessen polygames Verhalten, war es ein beliebter Zeitvertreib, den Betreffenden zu hintergehen. Tristan hatte erwartet, das Königreich seines Onkels Marke in Cornwall (March vun Kurneval) zu erben. Bei seinem Aufenthalt in Irland verschmähte er die Gunstbezeugungen der schönen Isolde so lange, bis König Marke um ihre Hand anhielt. Aus Furcht, seine Erbschaft zu verlieren, beschließt er, diese zumindest für seinen Sohn zu retten, und zeigt plötzlich ein ungeheures Interesse an Isolde. Zumindest erzählt Laura Betzig die alte Geschichte so.[54]
Betzigs Analyse mittelalterlicher Geschichte vertritt unter anderem die Vorstellung, daß die Hauptursache der Kontroversen zwischen Kirche und Staat im Buhlen um wohlhabende Erben bestanden habe. Im zehnten Jahrhundert ungefähr begann die Macht der Könige zu schwinden, und die der lokalen Feudalherren wuchs. Als Folge davon entwickelten Adlige ein stärkeres Streben nach der Zeugung legitimer Erben, die

ihren Titel weiterführen sollten, und etablieren das herrschaftliche Erstgeburtsrecht. Sie trennten sich von kinderlosen Frauen und hinterließen ihr gesamtes Vermögen dem erstgeborenen Sohn. Inzwischen hatte das neu belebte Christentum alle rivalisierenden Religionen besiegt und wurde zur vorherrschenden Religion in Nordeuropa. Die frühe Kirche war fieberhaft an Dingen wie Ehe, Scheidung, Polygamie, Ehebruch und Inzest interessiert. Zudem begann sie ab dem zehnten Jahrhundert, ihre Mönche und Priester aus der Aristokratie zu rekrutieren.[55]

Das geradezu besessene Interesse der Kirche an sexuellen Dingen unterscheidet sich in hohem Maße von den Ausführungen des heiligen Paulus. Die Kirche schwieg mehr oder weniger zu den Themen Polygamie oder unehelicher Nachwuchs, obwohl beides gang und gäbe war und gegen die Doktrin verstieß. Statt dessen konzentrierte sie sich auf drei Dinge. Erstens: Scheidung, Wiederverheiratung und Adoption. Zweitens: Ammenwesen und Geschlechtsverkehr in Zeiten, in denen die Liturgie Abstinenz forderte. Drittens: »Inzest« zwischen Personen, deren Verwandtschaftsgrad nach kanonischem Recht weniger als sieben betrug. Mit allen drei Regelungen schien die Kirche verhindern zu wollen, daß ein Herrscher legitime Erben produzierte. Ein Mann, der im Jahre 1100 der kirchlichen Doktrin gehorchte, durfte sich von einer kinderlosen Frau nicht scheiden lassen und schon gar nicht zu ihren Lebzeiten wieder heiraten. Er konnte keinen Erben adoptieren, seine Frau durfte eine Tochter im Säuglingsalter nicht einer Amme überlassen, um rascher ein weiteres Kind bekommen zu können, in der Hoffnung, daß es ein Sohn würde, und er durfte mit seiner Frau »drei Wochen vor Ostern, vier Wochen vor Weihnachten und ein bis sieben Wochen vor Pfingsten nicht schlafen, ebenso nicht sonntags, mittwochs, freitags und samstags – nicht an Tagen der Buße und des Gebets, und an verschiedenen anderen Festtagen ebenfalls nicht«. Er konnte mit keiner Frau einen legitimen Erben haben, die ihm verwandtschaftlich näher stand als eine Cousine siebten Grades – womit die meisten adligen Frauen im Umkreis von hundert Meilen ausgeschlossen waren. All das addiert sich zu einem steten Kampf der Kirche gegen die Geburt von Erben. Und »der Kampf um die Erbschaftsregelungen – um die Ehe – begann erst, als sich die Kirchen mit jüngeren Brüdern von Männern hohen Standes füllten«. Kirchenangehörige (enterbte jüngere Söhne) manipulierten die Sexualmoral, um den kircheneigenen Wohlstand zu erhöhen, oder gar, um sich selbst wieder Wohlstand und Titel zu verschaffen. Die Auflösung der Klöster durch Heinrich VIII., die Konsequenz seines Bruchs mit Rom, der wiederum eine Folge der römischen Mißbilligung seiner Scheidung von Katharina von Aragon war, die ihm keinen Sohn geboren hatte, ist eine Art Parabel für die Geschichte der Beziehungen zwischen Kirche und Staat.[56]

Die Kontroverse zwischen Kirche und Staat ist nur eine der zahllosen historischen Episoden in dem Kampf gegen die Konzentration von Wohlstand. Das Erstgeburtsrecht war über viele Generationen hinweg das Hauptinstrument zur Erhaltung von Wohlstand – und dessen Polygamie-Potential. Es gibt aber noch andere Möglichkeiten. Die erste darunter ist die Ehe selbst. Eine reiche Erbin zu heiraten war schon immer der rascheste Weg zum Reichtum. Heiratsstrategien und Erstgeborenenrecht arbeiten in diesem Zusammenhang natürlich gegeneinander: Wenn Frauen nicht erben, dann bringt es keinen Gewinn, die Tochter eines reichen Mannes zu heiraten. In den Königshäusern Europas allerdings, bei denen in den meisten Fällen auch Frauen die Thronfolge antreten konnten (falls kein männlicher Erbe vorhanden war), war es häufig möglich, Vorteile aus der Eheschließung zu ziehen. Eleonore von Aquitanien brachte den britischen Königen ein ordentliches Stück Frankreich ein. Der Spanische Erbfolgekrieg fand nur statt, weil man verhindern wollte, daß als Resultat einer strategischen Eheschließung ein französischer König den spanischen Thron erbte. Bis hin zu der aristokratischen Vorliebe für die Töchter amerikanischer Räuberbarone im England des zwanzigsten Jahrhunderts waren Allianzen zwischen einflußreichen Familien eine Kraft zur Konzentration von Reichtum.

Eine andere Möglichkeit, häufig praktiziert bei den Sklavenhalterdynastien des amerikanischen Südens, bestand darin, innerhalb der Familie zu heiraten. Nancy Wilmsen Thornhill von der University of New Mexico wies nach, daß die Männer in solchen Familien am häufigsten ihre Cousinen ersten Grades heirateten. Sie studierte die Genealogie von vier Südstaatenfamilien und stellte fest, daß mindestens die Hälfte aller Eheschließungen unter Verwandten stattfand, beziehungsweise, daß es oft zu einem Schwesterntausch kam (indem zwei Brüder zwei Schwestern heirateten). Bei Nordstaatenfamilien derselben Zeit dagegen fanden nur sechs Prozent aller Eheschließungen unter Verwandten statt. Besonders reizvoll sind diese Ergebnisse deshalb, weil Thornhill sie postuliert hatte, *bevor* sie daran ging, sie nachzuweisen. Die Konzentration

von Wohlstand eignet sich besser für Grundbesitz, dessen Wert darin liegt, daß er limitiert ist, als für Geschäftsvermögen, die in vielen Familien gleichzeitig geschaffen und verloren werden können.[57]
Thornhill ging in ihrer Argumentation weiter und vertrat die Ansicht, daß so, wie für manche Leute ein Reiz darin bestehen mag, durch Eheschließungen ihren Wohlstand zu konzentrieren, für andere Leute ein ebensolcher Reiz darin bestehen kann, genau das zu verhindern. Und Könige verfügen mehr als jeder andere über die Möglichkeit, Motivation und Macht, ihre Wünsche zu verwirklichen. Dadurch wird auch die anderweitig rätselhafte Tatsache klar, daß Verbote inzestuöser Ehen zwischen Cousin und Cousine in manchen Gesellschaften so strikt und zahlreich sind, in anderen hingegen völlig fehlen. In jedem Fall ist es die stärker geschichtete Gesellschaft, die die Ehe am striktesten reguliert. Bei den brasilianischen Trumai, einem Volk mit einem hohen Maß an Gleichberechtigung, zuckt man anläßlich einer Heirat zwischen Cousins die Schultern. Bei den ostafrikanischen Massai, bei denen der Wohlstand sehr ungleich verteilt ist, wird eine solche Verbindung mit »schwerer Prügel« geahndet. Bei den Inkas wurden jedem, der die Tollkühnheit besaß, eine weibliche Verwandte (im weitesten Sinne) zu heiraten, die Augen ausgestochen. Der Herrscher machte dabei natürlich eine Ausnahme: Seine Königin war seine Vollschwester, und Pachacuti führte den Brauch ein, als König alle seine Halbschwestern zu heiraten. Thornhill schließt daraus, daß diese Regeln nichts mit Inzest, sondern vor allem anderen damit zu tun hatten, die Konzentration von Wohlstand in anderen Familien zu verhindern; in aller Regel nahmen die Könige sich selbst von diesen Gesetzen aus.[58]

Darwinistische Geschichte

Diese Wissenschaftsform trägt den Namen darwinistische Geschichtsschreibung und wurde von richtigen Historikern – wie vorauszusehen – verlacht. Für sie bedarf es keiner weiteren Erklärung, wenn es um die Konzentration von Wohlstand geht. Für einen Darwinisten aber mußte diese einst (oder auch heute noch) ein Mittel zum reproduktiven Zweck

gewesen sein: Die natürliche Selektion erkennt keine andere Währung an.
Bei der Beobachtung von Beifußhühnern und See-Elefanten kann man sich relativ sicher sein, daß diese danach streben, ihren Reproduktionserfolg auf lange Sicht zu sichern. Dasselbe vom Menschen zu behaupten, ist allerdings ungleich schwieriger. Sicher ist, daß Menschen nach etwas streben, aber meist handelt es sich um Geld, Macht, Sicherheit oder Glück. Die Tatsache, daß sie dies nicht in Babys umsetzen, wird als Gegenbeweis für den gesamten evolutionären Ansatz zum Verständnis menschlicher Angelegenheiten gewertet.[59] Die Aussage der Evolutionsbiologen lautet jedoch nicht, daß diese Maßstäbe des Erfolgs heutzutage der Fahrschein zum Reproduktionserfolg sind, sondern daß sie es einst waren. In einem erstaunlichen Maße sind sie es sogar noch heute. Erfolgreiche Männer verheiraten sich häufiger mehrmals als wenig erfolgreiche, und auch wenn die moderne Empfängnisverhütung verhindert, daß sich dies in reproduktivem Erfolg niederschlägt, so haben doch reiche Leute in der westlichen Welt immer noch genauso viele oder gar mehr Kinder als arme Leute.[60]
Menschen in der westlichen Welt vermeiden es allerdings geflissentlich, so viele Kinder zu bekommen, wie sie könnten. Bill Irons von der University of Chicago hat sich mit diesem Problem herumgeschlagen. Er ist der Ansicht, daß Menschen immer dem Bedürfnis Rechnung getragen haben, einem Kind »einen guten Start ins Leben« zu verschaffen. Sie waren nie bereit, eine Minderung der Lebensqualität ihrer Kinder um der Quantität willen hinzunehmen. Als eine teure Ausbildung immer stärker zur Voraussetzung für Erfolg und Wohlstand wurde (ungefähr zum selben Zeitpunkt, an dem sich der Geburtenrückgang in demographischen Aufzeichnungen niederschlägt), waren die Menschen in der Lage, die Anzahl ihrer Kinder selbst zu bestimmen, so daß sie ihnen eine gute Schulbildung finanziell ermöglichen konnten. Genau das erhält man heutzutage von Thai zur Antwort, wenn man sie fragt, warum sie weniger Kinder haben als ihre Eltern.[61]
Seit unserer Jäger-und-Sammler-Vergangenheit hat kein genetischer Umbruch stattgefunden, und so schlummert tief im Innersten eines Mannes eine einfache Jäger-und-Sammler-Regel: Trachte danach, Macht zu erwerben, und benutze diese, um Frauen zu ködern, die dir Erben gebären werden; trachte danach, Reichtum zu erwerben, und verwende ihn dazu, Affären mit den Frauen anderer Männer zu haben, die

dir uneheliche Kinder schenken werden. Es begann damit, daß ein Mann mit der attraktiven Frau des Nachbarn im Austausch gegen eine kurze Affäre ein Stück besonders guten Fisch oder Honig teilte, und dieses Verhalten lebt fort in dem Popstar, der ein Fotomodell in seinen Mercedes bittet. Vom Fisch zum Mercedes – die Geschichte ist lückenlos: über Häute und Perlen, Pflug und Vieh, Schwerter und Schlösser. Macht und Reichtum verhelfen einem Mann zu Frauen, und Frauen verhelfen ihm zu genetischer Unsterblichkeit.

Ebenso tickt tief im Inneren einer Frau derselbe Jäger-und-Sammler-Rechner – seine Erfindung liegt zu kurz zurück, als daß sich viel geändert haben könnte: Trachte danach, einen fürsorglichen Ehemann zu finden, der in deine Kinder Nahrung und Pflege investiert; trachte danach, einen Liebhaber zu finden, der deinen Kindern erstklassige Gene verschafft. Nur wenn sie sehr viel Glück hat, findet sie beides beim selben Mann. Es begann mit einer Frau, die den besten unverheirateten Jäger im Stamm heiratete und eine Affäre mit dem besten verheirateten Jäger hatte, so daß ihren Kindern ein reichhaltiger Fleischvorrat sicher war. Dieses Verhalten lebt fort in der Frau des Großindustriellen, die ein Kind zur Welt bringt, das ihrem muskulösen Leibwächter ähnelt. Männer sind dazu da, als Quelle des Wohlstands, der Gene und der elterlichen Fürsorge ausgebeutet zu werden.

Diese Feststellung sei zynisch? Nicht halb so zynisch, wie die meisten Beschreibungen anderer Kapitel der menschlichen Geschichte ausfallen würden.

Acht

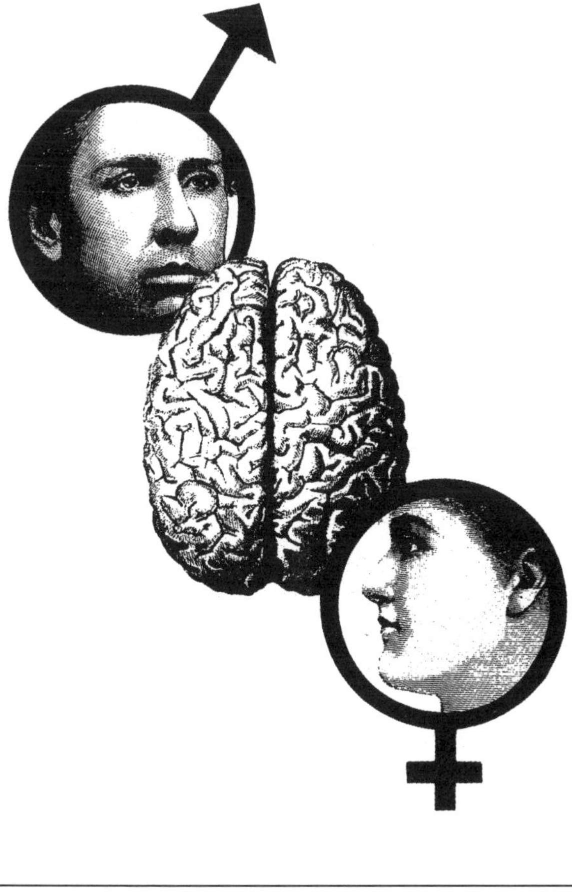

Das Geschlecht des Verstandes

No woman, no cry.

Bob Marley

Das Problem, ja das Problem mit Frauen,
Ich sag und sag es immer wieder
Von Kalamazoo bis Kamchatka
Das Problem mit Frauen – sind die Männer.

Ogden Nash/Kurt Weill

Die Kiefernwühlmaus *Microtus pinetorum* ist eine monogame Spezies; die Männchen helfen den Weibchen bei der Aufzucht der Jungen. Das Gehirn von Männchen und Weibchen ist ausgesprochen ähnlich – insbesondere ist bei beiden der Hippocampus gleich groß. Läßt man sie durch ein Labyrinth laufen, bewältigen beide diese Aufgabe gleich gut. Die Wiesenwühlmaus *Microtus pennsylvanicus* lebt ganz anders. Sie ist polygam; Männchen müssen die weit auseinanderliegenden Löcher ihrer verschiedenen Weibchen aufsuchen und kommen tagtäglich weiter herum als Weibchen. Bei der Wiesenwühlmaus haben die Männchen einen größeren Hippocampus als die Weibchen, finden sich in einem Labyrinth besser zurecht und merken sich den Weg besser. Ihr Gehirn ist für die Bewältigung solcher räumlichen Probleme einfach besser geeignet.[1]

Genau wie bei den Wiesenwühlmäusen schneiden auch beim Menschen Männer bei der Durchführung räumlicher Aufgaben besser ab als Frauen. Läßt man Testpersonen die Umrisse zweier Gegenstände aus verschiedenen Winkeln betrachten und bittet sie dann zu beurteilen, ob beide dieselbe Form darstellen, oder läßt man sie beurteilen, ob zwei verschieden geformte Gläser gleichviel Flüssigkeit enthalten, dann schneiden Männer im allgemeinen besser ab als Frauen. Bei manchen Arten scheinen Polygamie und räumliche Fertigkeiten zusammenzugehören.

Gleich oder gleichwertig?

Männer und Frauen haben unterschiedliche Körper. Die Unterschiede sind unmittelbares Ergebnis der Evolution. Der weibliche Körper hat sich im Laufe der Evolution dahin entwickelt, den Anforderungen zu genügen, die Schwangerschaft, Kinderaufzucht und das Sammeln von pflanzlicher Nahrung an ihn gestellt haben. Der männliche Körper hat sich im Laufe der Evolution dahin entwickelt, den Anforderungen zu genügen, die der Aufstieg innerhalb einer männlichen Hierarchie, der Kampf um Frauen und die Beschaffung von Fleisch zur Versorgung einer Familie an ihn gestellt haben.

Männer und Frauen haben unterschiedliche geistige Fähigkeiten. Die Unterschiede sind direktes Ergebnis der Evolution. Der weibliche Intellekt hat sich im Laufe der Evolution dahin entwickelt, den Anforderungen zu genügen, die Schwangerschaft, die Aufzucht von Kindern und das Sammeln von Pflanzen an ihn gestellt haben. Der männliche Intellekt hat sich im Laufe der Evolution dahin entwickelt, den Anforderungen zu genügen, die der Aufstieg innerhalb einer männlichen Hierarchie, der Kampf um Frauen und die Beschaffung von Fleisch zur Versorgung der Familie an ihn gestellt haben.

Die Aussagen zur körperlichen Entwicklung sind banal, die zur geistigen brisant. Die Behauptung, Mann und Frau hätten im Laufe der Evolution einen unterschiedlichen Intellekt entwickelt, ist für jeden Sozialwissenschaftler und jeden politisch denkenden Menschen ein Tabu. Und doch halte ich sie aus zwei Gründen für richtig. Erstens: Ihre Logik ist unangreifbar. Wie die beiden letzten Kapitel deutlich gemacht haben, waren Mann und Frau über große Zeiträume der Evolution hinweg einem sehr unterschiedlichen Selektionsdruck ausgesetzt, so daß diejenigen, die schließlich erfolgreich waren, auch diejenigen gewesen sein müssen, deren Gehirn dem jeweiligen Selektionsdruck am besten angepaßt war. Zweitens: Die Beweislage ist ausgesprochen eindrucksvoll. Vorsichtig, zögernd, doch mit stetig wachsender Überzeugung haben Physiologen und Psychologen begonnen, sich ein Bild von den Unterschieden zwischen männlichem und weiblichem Gehirn zu machen. Häufig hatten sie dabei den Vorsatz, zu beweisen, daß es diese Unterschiede nicht gibt. Doch wieder und wieder enthielten ihre Ergebnisse deutliche Hinweise darauf, daß dem nicht so ist. Nicht alles ist unterschiedlich, im Grunde stimmen die meisten Dinge sogar bei beiden Geschlechtern überein. Ein Großteil des Stammtischgeredes über Unterschiede zwischen beiden Geschlechtern ist nichts anderes als bequemer Sexismus. Außerdem bestehen gewaltige Überlappungen der Eigenschaften von Männern und Frauen. Zwar ist es eine treffende Verallgemeinerung, wenn man sagt, Männer seien größer als Frauen, doch in einer größeren Personengruppe ist die größte Frau in aller Regel immer noch größer als der kleinste Mann. Genauso mag eine durchschnittliche Frau bestimmte intellektuelle Aufgabenstellungen besser lösen als der Durchschnittsmann, und doch gibt es viele Frauen, die bei dieser Aufgabe schlechter abschneiden als der beste Mann oder umgekehrt. Aber die Befunde dafür, daß sich ein durchschnittliches männliches Gehirn hinsichtlich bestimmter Eigenschaften von einem durchschnittlichen weiblichen Gehirn unterscheidet, sind inzwischen nicht mehr zu ignorieren.

Unterschiede, die sich im Laufe der Evolution entwickelt haben, sind *per definitionem* genetisch. Doch bereits eine vorsichtige Andeutung, Männer und Frauen könnten genetisch unterschiedliche Gehirne besitzen, erschreckt das moderne Bewußtsein zu Tode, scheint diese Aussage doch Vorurteilen den Weg zu bahnen. Wie können wir eine gleichberechtigte Gesellschaft schaffen, wenn Männern »wissenschaftliche« Unterstützung für ihren Sexismus zuteil wird? Gebt den Männern einen Zentimeter an Unterschieden, und sie werden einen Kilometer von Vorteilen für sich beanspruchen: Im viktorianischen England war man der Ansicht, Männer und Frauen seien derart verschieden, daß Frauen nicht einmal das Stimmrecht bekamen. Im achtzehnten Jahrhundert glaubten manche Männer, Frauen seien logischer Schlußfolgerungen nicht mächtig. Doch weil man in der Vergangenheit geschlechtsspezifische Unterschiede schamlos übertrieben hat, heißt das nicht, daß es sie nicht geben darf. Für die Annahme, daß Mann und Frau einen identischen Intellekt haben sollten, gibt es *a priori* keinen vernünftigen Grund, und kein noch so inniger Wunsch wird es dazu kommen lassen, wenn dem nicht tatsächlich so ist. Mangelnde Gleichheit ist nicht gleichbedeutend mit mangelnder Gleichwertigkeit. Jungen interessieren sich für Gewehre, Mädchen für Puppen. Das kann Prägung sein, es kann aber auch genetisch bedingt sein, doch keines von beiden ist »besser« als das andere. Dazu der Anthropologe Melvin Konner: »Männer sind gewalttätiger als Frauen, und Frauen sind fürsorglicher als Männer – zumindest, wenn es um Säuglinge und Kinder geht. Es tut mir leid, wenn das ein Klischee ist, der Tatsache tut es jedoch keinen Abbruch.«[2] Außerdem sollte man folgendes bedenken: Nehmen wir an, es bestehen Mentalitätsunterschiede zwischen Männern und Frauen. Ist es dann richtig, so zu tun, als gäbe es sie nicht? Nehmen wir an, Jungen seien wettbewerbsorientierter als Mädchen. Hieße das nicht, man erzöge Mädchen und Jungen besser getrennt? Es gibt Hinweise darauf, daß Mädchen nach einer Ausbildung auf einer reinen Mädchenschule erfolgreicher sind. Eine geschlechtsblinde Ausbildung ist unter Umständen eine unfaire Ausbildung.

Mit anderen Worten: Davon auszugehen, beide Geschlechter seien in geistiger Hinsicht als identisch zu betrachten, wenn dieses nicht zutrifft, ist nicht minder unfair als dort geschlechtsspezifische Unterschiede zu vermuten, wo es keine gibt. Wir haben immer angenommen, diejenigen hätten die Last der Beweisführung zu tragen, die von der Existenz angeborener geistiger Unterschiede überzeugt sind. Vielleicht haben wir uns geirrt.

Männer und Landkarten

Nachdem das geklärt ist, wollen wir uns der Beweislage zuwenden. Es gibt drei Gründe, weshalb man erwarten sollte, daß die Evolution bei Mann und Frau verschiedene intellektuelle Qualitäten hervorgebracht hat: Erstens, weil Männer und Frauen Säugetiere sind und man bei allen Säugetieren geschlechtsspezifische Verhaltensunterschiede kennt. Um mit Charles Darwin zu sprechen: »Niemand bezweifelt, daß sich die Anlagen eines Bullen von denen einer Kuh unterscheiden, die des Keilers von der Wildsau, die des Hengstes von der Stute.«[3] Zweitens, weil Männer und Frauen Menschenaffen sind und es sich bei allen anderen Menschenaffen auszahlt, wenn Männchen anderen Männchen gegenüber aggressiv sind, wenn Männchen Gelegenheit zu häufiger Paarung suchen und wenn Weibchen sich aufmerksam ihren Jungen widmen. Und drittens schließlich, weil Männer und Frauen Menschen und als solche Säugetiere mit einem höchst ungewöhnlichen Merkmal sind: mit einer geschlechtsspezifischen Arbeitsteilung. Während bei den Schimpansen

Männchen und Weibchen dieselben Nahrungsvorkommen erschließen, bemühten sich vor der Einführung des Ackerbaus Mann und Frau in nahezu allen Lebensgemeinschaften auf verschiedene Art und Weise um den Nahrungserwerb. Männer suchten nach Vorräten, die beweglich, weit entfernt und unbeständig waren (in aller Regel Fleisch), Frauen, durch ihre Kinder eingeschränkt, suchten nach Vorräten, die statisch waren, nicht zu weit entfernt und beständig in ihrem Vorkommen (in der Regel Pflanzen).[4]

Mit anderen Worten: Es könnte sich herausstellen, daß der Mensch weit davon entfernt ist, ein Menschenaffe mit weniger geschlechtsspezifischen Unterschieden als erwartet zu sein, sondern statt dessen einer mit mehr geschlechtsspezifischen Unterschieden, als man erwarten würde. Die Menschheit ist vielleicht sogar die Säugerspezies mit der größten geschlechtsspezifischen Arbeitsteilung und den größten Unterschieden zwischen beiden Geschlechtern. Doch obwohl die Menschheit die geschlechtsspezifische Arbeitsteilung der Liste von Ursachen für das Bestehen von Geschlechtsdimorphismen hinzufügte, hat sie die Erfüllung von Elternpflichten seitens des männlichen Geschlechts von dieser Liste wieder gestrichen.

Von den vielen intellektuellen Merkmalen, denen man einen geschlechtsspezifischen Unterschied anhängen möchte, stechen vier dadurch heraus, daß ihre Auswirkungen sich in sämtlichen psychologischen Tests nachweisen lassen und daß sich diese Nachweise mit großer Beständigkeit wiederholen. Erstens: Mädchen schneiden bei verbalen Aufgabenstellungen besser ab. Zweitens: Jungen schneiden bei mathematischen Problemlösungen besser ab. Drittens: Jungen sind aggressiver. Viertens: Bei *manchen* räumlich-visuellen Aufgaben schneiden Jungen besser ab, bei anderen Mädchen. Im Verlauf der Kindheit wird dieser Unterschied größer. Grob vereinfacht: Männer können besser Karten lesen, Frauen besser Charaktere und Stimmungslagen – im Durchschnitt zumindest.[5] (Und in manchen dieser Merkmale ähneln homosexuelle Männer passenderweise eher Frauen als Männern.[6])

Die Sache mit der Bearbeitung räumlich-visueller Probleme ist relativ spannend, hat man sie doch in Analogie zu den Mäusen am Beginn dieses Kapitels als Argument für die natürliche Polygamie des Mannes herangezogen.[7] Grob gesagt, müssen polygame Mäuse den Weg von der Behausung des einen Weibchens zu der des nächsten kennen – und es stimmt auch, daß bei vielen polygamen Tieren, die uns verwandten

Orang-Utans eingeschlossen, Männchen Territorien kontrollieren, welche die Reviere mehrerer Weibchen einschließen. Bittet man Testpersonen, einen Gegenstand im Geiste rotieren zu lassen, um festzustellen, ob er mit einem anderen identisch ist, dann liegt nur eine von vier Frauen mit ihren Antworten auf der Werteskala dort, wo der männliche Durchschnitt liegt. Solche Rotationsaufgaben verlangen ähnliche Fähigkeiten, wie man sie fürs Kartenlesen braucht. Doch scheint es ein recht gewagter Schritt bis zu dem Argument zu sein, Männer seien polygam, weil sie besser Karten lesen könnten, nur weil dies zufällig auf Mäuse zutrifft. Außerdem gibt es räumliche Fertigkeiten, die Frauen besser beherrschen als Männer. Irwin Silverman und Marion Eals von der York University in Toronto vermuteten, daß die männliche Geschicklichkeit im Lösen von Rotationsaufgaben weniger eine Parallele zu polygamen Mäusen darstellt, die durch große Territorien patrouillieren, um viele Weibchen aufzusuchen, sondern vielmehr eine spezielle Tatsache aus der menschlichen Geschichte reflektiert: Bei den frühen Menschen im Pleistozän, die über eine Million Jahre hinweg oder sogar noch länger als Jäger und Sammler in Afrika lebten, waren die Männer Jäger. Sie brauchten daher gut entwickelte räumliche Fähigkeiten, um mit ihren Waffen bewegliche Ziele zu treffen, um Werkzeuge herzustellen, um nach langer Wanderung den Weg zum heimischen Lager zurückzufinden und so weiter.

Viele dieser Feststellungen sind Binsenweisheiten. Aber Silverman und Eals stellten sich folgende Frage: Welche speziellen räumlichen Fertigkeiten würde eine Sammlerin benötigen, die ein Mann nicht braucht? Zum Beispiel, so überlegten sie, müßten Frauen besser in der Lage sein, Details zu registrieren – Wurzeln, Pilze, Beeren und Pflanzen auszumachen – und sich Orientierungspunkte in der Landschaft zu merken, um zu wissen, wo sie zu suchen haben. Silverman und Eals unternahmen also eine Reihe von Experimenten, bei denen ihre Testpersonen ein Bild mit zahlreichen Gegenständen darauf betrachten und diese später aus dem Gedächtnis aufzählen mußten, oder die Kandidaten mußten drei Minuten in einem Raum verbringen und sich später daran erinnern, welche Gegenstände in dem Raum vorhanden gewesen waren. (Man erklärte den Studenten dabei, sie sollten in dem Raum lediglich warten, bis ein anderes Experiment beendet sei.) Bei jeder Bestimmung des Erinnerungsvermögens für Gegenstände und örtliche Gegebenheiten schnitten die weiblichen Studenten sechzig bis siebzig Prozent besser

ab als die Männer. Die alten Witze darüber, daß Frauen alles finden beziehungsweise, ihre Männer Sachen im ganzen Haus verlieren und die Frauen fragen müssen, wo sie sind, treffen also ins Schwarze. Der Unterschied entsteht etwa zum Zeitpunkt der Pubertät, genau wie sich auch die sozialen und verbalen Fähigkeiten von Frauen mit der Pubertät über die der Männer hinaus entwickeln.[8]
Verfährt sich eine Familie mit dem Auto, dann ist es die Frau, die anhalten und nach dem Weg fragen will, während der Mann darauf besteht, den Weg anhand von Karten und Wegweisern selbst zu finden. Das Klischee ist so verbreitet, daß es ein Körnchen Wahrheit enthalten muß. Und es paßt zu dem, was man über die Geschlechter weiß. Für einen Mann kommt es dem Eingeständnis einer Niederlage gleich, wenn er anhält und nach dem Weg fragt, etwas, das ein statusbewußter Mann um jeden Preis zu verhindern sucht. Für eine Frau zeugt es von gesundem Menschenverstand und ist Ausdruck ihrer Fähigkeit zu sozialem Verhalten.

Angeborenes und Erworbenes sind keine Gegensätze

Auch diese sozialen Fertigkeiten haben unter Umständen ihren Ursprung im Pleistozän. Eine Frau muß sich auf ihr Einfühlungsvermögen und ihre sozialen Fähigkeiten verlassen können: Sie muß Bindungen innerhalb des Stammes knüpfen, Männer dazu bringen, daß sie ihr helfen, mögliche Partner richtig einschätzen und ihre Mutterschaft vorantreiben. Das soll nun nicht heißen, alle Unterschiede seien rein genetischer Natur. Es könnte durchaus so sein, daß Männer einfach mehr Karten und Frauen mehr Romane lesen. Vielleicht ist alles nur eine Frage des Trainings: Frauen beschäftigen sich mehr mit Charakteren, und daher haben ihre Gehirne mehr Übung darin. Doch woher kommt diese Vorliebe? Vielleicht ist es Prägung. Frauen lernen, ihre Mütter nachzuahmen, und diese haben mehr Interesse für Charaktere als für Karten. Woher haben dann die Mütter dieses Interesse? Von ihren Müttern? Selbst wenn man einmal davon ausgeht, daß Eva einst willkürlich beschlossen hat, sich mehr für Charaktere zu interessieren als Adam, entgeht man der Tatsache der genetischen Manifestation nicht, denn Evas weibliche

Nachfahren wären, indem sie sich auf ihre gegenseitigen Charaktere konzentrierten, in demselben Maße erfolgreicher gewesen, wie ihre Fähigkeiten zur Einschätzung von Charakter und Stimmung überlegener waren, so daß sich die Gene für eine bessere Urteilsfähigkeit hinsichtlich dieser Eigenschaften ausgebreitet haben müssen. Wenn solche Fertigkeiten aber genetisch beeinflußt wären, dann könnten Menschen nicht verhindern, daß sie durch Gene dahingehend beeinflußt werden, daß sie eine Vorliebe für das entwickeln, was sie von Natur (und ihrer Genetik) aus gut können, und damit bestehende genetische Unterschiede durch kulturelle Prägung verstärken.

Dieses Phänomen – daß Leute sich auf Dinge spezialisieren, die sie gut können, und sich so Bedingungen schaffen, die ihren Genen entsprechen – kennt man auch unter dem Namen Baldwin-Effekt, nach James Mark Baldwin, der es im Jahre 1896 zuerst beschrieb. Eine solche Überlegung führt zu der Schlußfolgerung, daß die Evolution durch bewußte Entscheidungen und durch Technologie beeinflußt werden kann, eine Vorstellung, die von Jonathan Kingdon in seinem vor kurzem erschienenen Buch *Self-made Man and his Undoing*[9] ausführlich behandelt wird. Es ist nicht von der Hand zu weisen, daß ein sehr stark der Prägung unterworfenes Merkmal jeglicher biologischen Grundlage entbehren könnte. Erworbenes beeinflußt Angeborenes grundsätzlich in irgendeiner Form, nur sehr selten allerdings kämpft es aktiv dagegen an. (Eine Ausnahme bildet vielleicht die Aggressivität, die sich trotz immerwährender elterlicher Entmutigung bei Jungen stärker entwickelt.) In Amerika sind dreiundachtzig Prozent aller Mörder und dreiundneunzig Prozent aller betrunkenen Autofahrer männlichen Geschlechts. Es ist nur schwer vorstellbar, daß dies nur auf Prägung zurückzuführen sein soll.[10]

Für einen Nichtwissenschaftler ist es kaum nachvollziehbar, wie revolutionär die Konsequenzen aus diesen Überlegungen einst wirken mußten, als sie von Leuten wie Don Symons Ende der siebziger Jahre zum erstenmal geäußert wurden.[11] Was Symons sagte – daß Männer und Frauen einen unterschiedlichen Intellekt haben müßten, weil sie unterschiedliche evolutionsbiologische Anforderungen und Bedürfnisse zu erfüllen gehabt hatten –, läßt sich mit dem gesunden Menschenverstand ohne weiteres vereinbaren. Doch der überwiegende Teil aller von Sozialwissenschaftlern unternommenen Forschung zum Thema menschliche Sexualität war von der Idee durchdrungen, es gebe keine intellektuellen Unterschiede. Noch bis zum heutigen Tag gibt es viele Sozialwissenschaftler, die annehmen – nicht schlußfolgern, sondern annehmen –, das sämtliche bestehenden Unterschiede durch Eltern und Altersgenossen mit identisch geformten Gehirnen vermittelt werden. Hören wir einmal, was Liam Hudson und Bernadine Jacot, die Autorinnen des Buches *The Way Men Think* (deutsch: *Wie Männer denken*) sagen: »Tief innen in der männlichen Psyche schlummert eine ›Wunde‹, eine Entwicklungskrise, die ein kleiner Junge durchlebt, wenn er sich von der mütterlichen Liebe entfernt und seine männliche Persönlichkeit etabliert. Das macht Männer fähig zu abstrakter Denkweise, aber anfällig für mangelnde Sensibilität, Frauenfeindlichkeit und Perversion.«[12] Die Autorinnen halten damit trotz ihrer Ausgangsvoraussetzung, daß die Ursache irgendwo in der Kindheit zu suchen sein muß, neunundvierzig Prozent der menschlichen Spezies für potentiell pervers. Wieviel ergiebiger wäre es demgegenüber, könnten die Psychologen – statt Parabeln zu verfassen über »Wunden, die die Kindheit schlug« – sich dazu entschließen, zu akzeptieren, daß gewisse Unterschiede zwischen beiden Geschlechtern einfach vorhanden sind und daß sie in der Natur der Sache liegen, weil jedes Geschlecht im Laufe der Evolution eine Tendenz entwickelt hat, sich in Reaktion auf seine Erfahrungen so und nicht anders zu entfalten. Deborah Tannen hingegen, Autorin eines faszinierenden Buches über männliche und weibliche Gesprächsformen mit dem Titel *You Just Don't Understand* (deutsch: *Du kannst mich einfach nicht verstehen*) zieht zwar nicht die Möglichkeit in Betracht, daß die Unterschiede zwischen dem Wesen eines Mannes und dem einer Frau angeboren sein könnten, hat aber immerhin den Mut, die Ansicht zu vertreten, es sei besser, diese Unterschiede zu erkennen und mit ihnen zu leben, als sie zu verteufeln und persönliche Unzulänglichkeiten dafür verantwortlich zu machen: »Wenn sich jeder Versuch zur Kommunikation als vergeblich erweist und in einer Sackgasse endet und einem ein geliebter Partner als irrational und widerspenstig erscheint, dann rütteln die unterschiedlichen Sprachen von Mann und Frau an den Grundfesten unseres Lebens. Verstehen zu lernen, wie der andere ein Gespräch führt, ist ein Riesensprung über die Kommunikationskluft zwischen Frauen und Männern hinweg, ein Riesenschritt zur Schaffung von Kommunikationsebenen.«[13]

Hirne und Hormone

In einer Hinsicht lassen sich geschlechtsspezifische Unterschiede allerdings nicht allein den Genen zuschreiben. Angenommen, im Pleistozän ist bei einem Mann plötzlich ein Gen für einen besseren Richtungssinn aufgetreten, das gleichzeitig das soziale Einfühlungsvermögen dieses Mannes eingeschränkt hat, dann ist dieses Gen für ihn unter Umständen von Vorteil gewesen. Nun haben aber nicht nur seine Söhne dieses Gen von ihm geerbt, sondern auch seine Töchter. Bei ihnen hat sich das Gen möglicherweise als unvorteilhaft erwiesen, denn sie haben dadurch soziales Einfühlungsvermögen eingebüßt. Über einen längeren Zeitraum hinweg würde sich diese Veränderung neutralisieren, und das Gen breitete sich nicht aus.[14]

Das gelänge nur Genen, die in einem solchen Falle auf die Signale des jeweiligen Geschlechts reagierten: Wenn du dich in einem Mann befindest, dann verbessere dessen Richtungssinn, wenn du dich in einer Frau befindest, dann verbessere deren soziales Einfühlungsvermögen. Und genau das finden wir vor. Es gibt keine Hinweise auf Gene für unterschiedliche Gehirne, aber es gibt viele Hinweise auf Gene, die ein Gehirn in Reaktion auf männliche Hormone verändern (der historische Zufall will es, daß das »normale Gehirn« weiblich ist, solange es nicht maskulinisiert wird). Damit werden die intellektuellen Unterschiede zwischen Männern und Frauen von Genen verursacht, die auf Testosteron reagieren.

Zuletzt waren wir diesem Hormon bei Fischen und Vögeln begegnet. Dort hatte es zu gleichen Teilen für eine Überbetonung geschlechtsspezifischer Ornamente und für eine erhöhte Anfälligkeit gegenüber dem Parasitenbefall gesorgt. In den vergangenen Jahren haben sich mehr und mehr Indizien dafür gefunden, daß Testosteron nicht nur den Körper und eventuell vorhandene Ornamente beeinflußt, sondern auch das Gehirn. Testosteron ist eine urtümliche Substanz, die sich bei allen Wirbeltieren in mehr oder weniger derselben Gestalt findet. Seine Konzentration hat nachweislich direkten Einfluß auf die Aggressivität, denn bei Vögeln mit vertauschten Geschlechterrollen, wie die Wassertreter, und bei den von Weibchen beherrschten Clans der Hyänen haben tatsächlich die Weibchen den höheren Testosteronspiegel. Testosteron maskulinisiert den Körper: Ohne dieses Hormon bleibt der Körper weiblich, was immer die Gene sagen mögen. Es maskulinisiert das Gehirn ebenso.

In den meisten Fällen singt bei Vögeln nur das Männchen. Ein Zebrafink singt nur, wenn er genügend Testosteron im Blut hat. Unter dem Einfluß des Hormons wächst der Teil des Gehirns, in welchem der Gesang erzeugt wird, und der Vogel beginnt zu singen. Sogar ein weiblicher Zebrafink singt, wenn man ihn früh in seinem Leben und später als Erwachsenen mit Testosteron behandelt. Mit anderen Worten: Testosteron prägt das Gehirn des jungen Zebrafinken dahingehend, daß es später im Leben auf Testosteron reagieren und so die Fähigkeit entwickeln wird zu singen. Falls man von einem Zebrafink sagen kann, er besitze ein Bewußtsein, so ist Testosteron eine Droge, die sein Bewußtsein erweitert.

Für den Menschen gilt im großen und ganzen dasselbe. Hier kamen die Beweise aus einer Reihe natürlicher (und unfreiwiliger) Experimente. Die Natur hat manche Männer und Frauen mit ungewöhnlichen Hormonverhältnissen ausgestattet, und in den fünfziger Jahren haben die Ärzte dasselbe getan, indem sie schwangeren Frauen bestimmte Hormone injizierten. Frauen, die unter dem sogenannten Turner-Syndrom leiden, kommen ohne Eierstöcke zur Welt und haben noch weniger Testosteron im Blut als Frauen mit Eierstöcken (Eierstöcke produzieren ebenfalls Testosteron, wenn auch in geringeren Mengen als die Hoden). Diese Frauen sind in ihrem Verhalten extrem feminin, sie haben ein überaus großes Interesse an Babys, Kleidung, Haushaltsdingen und Romantik. Auch Männer mit einem geringen Testosteronspiegel – Eunuchen beispielsweise – sind bekannt für ihre feminine Erscheinung und Haltung. Männer, die als Embryos ungewöhnlich geringen Mengen Testosteron ausgesetzt gewesen sind, beispielsweise die Söhne von Diabetikerinnen, denen während der Schwangerschaft weibliche Hormone verordnet wurden, sind schüchtern und betont zurückhaltend. Männer mit sehr viel Testosteron dagegen sind streitlustig. Frauen, deren Mütter in den fünfziger Jahren während ihrer Schwangerschaft Progesteron-Injektionen erhielten (um einer Fehlgeburt vorzubeugen), berichteten später von sich, sie seien im Kindes- und Jugendalter sehr burschikos gewesen. Progesteron ist in seiner Wirkung Testosteron nicht unähnlich. Mädchen, die mit einem sogenannten adrenogenitalen Syndrom (AGS) geboren werden, sind ähnlich burschikos. Bei ihnen

produzieren die Nebennieren statt normaler Mengen von Cortisol einen Überschuß an Hormonen und Hormonvorstufen, die mit dem Testosteron verwandt sind.[15]
Beim Menschen liegen die Verhältnisse ein bißchen so wie bei den Zebrafinken, denn auch bei Jungen gibt es zwei Zeiträume, in denen der Testosteronspiegel hoch ist: im Mutterleib etwa ab der sechsten Woche nach der Empfängnis und während der Pubertät. Anne Moir und David Jessel formulieren es in ihrem Buch *Brain Sex* (deutsch: *Brain Sex. Der wahre Unterschied zwischen Mann und Frau*) so: Der erste Hormonschub belichtet den Negativfilm, der zweite entwickelt ihn.[16] Hier liegt der grundlegende Unterschied zu der Art, wie Testosteron die Entwicklung des Körpers beeinflußt. Wie auch immer die Erfahrung im Mutterleib ausgesehen haben mag, in der Pubertät wird der Körper durch das Testosteron der Hoden maskulinisiert. Nicht so das Gehirn. Der Verstand ist Testosteron gegenüber immun, es sei denn, er war im Mutterleib einer hinreichend hohen Testosteronkonzentration (im Vergleich zur Konzentration an weiblichen Hormonen) ausgesetzt. Es dürfte ganz einfach sein, eine Gesellschaft ohne geschlechtsspezifische Verhaltensunterschiede zwischen Mann und Frau maßzuschneidern. Man müßte lediglich allen Schwangeren die richtige Hormondosis injizieren, und das Ergebnis wären Männer und Frauen mit unterschiedlichen Körpern, aber mit identischen weiblichen Gehirnen. Krieg, Vergewaltigung, Boxen, Motorsport und Pornographie wären schon bald vergessen. Ein feministisches Paradies wäre angebrochen.

Männliche Negative

Die Wirkung dieser doppelten Testosteronladung auf das männliche Gehirn ist dramatisch: Schon vom ersten Tag an unterscheiden sich Jungen und Mädchen. Weibliche Säuglinge sind stärker am Lächeln, an der Kommunikation und an Menschen interessiert, männliche hingegen an Dingen und Ereignissen. Angesichts der Bilder vieler verschiedener Dinge wählen Jungen die Gegenstände, Mädchen die Menschen. Jungen sind stets und ständig dabei, Dinge auseinanderzunehmen, zu zerstören, in Besitz zu nehmen und für sich zu reklamieren. Mädchen sind

von Menschen fasziniert und behandeln ihre Spielsachen als Menschenersatz. Um beider Mentalität gerecht zu werden, haben wir deshalb Spielsachen erfunden, die dem jeweiligen Geschlecht entsprechen. Wir schenken den Jungen Traktoren, den Mädchen Puppen. Wir verstärken die Neigungen, die sie haben, aber wir schaffen diese nicht.
Alle Eltern wissen das. Hilflos müssen sie mitansehen, wie ihr Sohn jeden Stock in ein Gewehr oder ein Schwert umfunktioniert, während ihre Tochter jeden leblosen Gegenstand liebevoll umfängt, als sei er ihre Puppe. Eine Mutter schrieb am 2. November 1992 folgende Zeilen an den *Independent*: »Ich wüßte gerne, ob irgend jemand unter Ihren gebildeteren Lesern mir erklären kann, weshalb bei meinen Zwillingen, seit sie alt genug sind, um nach Dingen zu greifen, er unausweichlich die Auto/Zug-Gegenstände nimmt, während sie die Puppe/Teddy-Sachen bevorzugt, wenn man beide zusammen auf eine Krabbeldecke voller ›Mädchen‹- und ›Jungen‹-Spielsachen legt.«
Die Gene lassen sich nicht verleugnen. Und doch gibt es natürlich keine Gene, die jemandem beibringen, Gewehre oder Puppen zu mögen, es gibt nur Gene, die männliche Instinkte dazu veranlassen, Männer nachzuahmen, oder weibliche Instinkte dazu, weibliches Verhalten nachzuahmen.
In der Schule sind Jungen im Vergleich zu Mädchen unruhig, schwierig, unaufmerksam und lernen langsam. Neunzehn von zwanzig hyperaktiven Kindern sind Jungen. Viermal so viele Jungen wie Mädchen sind lernbehindert oder zeigen eine Leseschwäche. »Bildung ist fast schon eine Verschwörung gegen die Fähigkeiten und Neigungen eines Schuljungen«, schrieb die Psychologin Dianne McGuiness, eine Feststellung, der nahezu jeder Mann, der sich an seine Schulzeit erinnert, nur aus vollem Herzen zustimmen kann.[17]
Noch eine andere Tatsache beginnt sich im Schulalter herauszukristallisieren. Mädchen schneiden besser ab, wenn es um sprachbezogenes Lernen geht, Jungen bei mathematischen und bei einigen räumlich orientierten Fertigkeiten. Jungen haben ein besseres Abstraktionsvermögen, Mädchen sind literarisch begabter. Jungen mit einem zusätzlichen X-Chromosom (XXY anstelle des normalen XY) haben weitaus bessere verbale Fähigkeiten als normale Jungen. Mädchen mit dem Turner-Syndrom (X0 anstelle von XX) schneiden bei räumlichen Aufgabenstellungen noch schlechter ab als normale Mädchen. Mädchen, die im Mutterleib hohen Konzentrationen männlicher Hormone ausgesetzt waren, tun

sich leichter beim Lösen räumlicher Probleme. Jungen, die weiblichen Hormonen ausgesetzt waren, schneiden bei solchen Aufgaben schlechter ab. Diese Tatsachen wurden von Pädagogen zunächst angezweifelt und schließlich verschwiegen. Einer Wissenschaftlerin zufolge hat man damit sowohl den Jungen als auch den Mädchen mehr geschadet als geholfen.[18]

Auch das Gehirn selbst entwickelt merkwürdige Unterschiede. Bei Mädchen ist die Verteilung der Hirnfunktionen diffuser als bei Jungen, in deren Köpfen sie sehr viel klarer lokalisiert erscheinen. Bei Jungen entwickeln sich beide Gehirnhälften unterschiedlich und weisen eine stärkere Spezialisierung auf. Das *Corpus callosum*, das beide Hemisphären miteinander verbindet, ist bei Mädchen größer als bei Jungen. Es hat den Anschein, als isoliere Testosteron bei einem Jungen die rechte Hemisphäre, um sie vor dem Übergriff durch die verbalen Fertigkeiten der linken Hemisphäre zu bewahren.

Diese Fakten sind bei weitem nicht ausreichend und viel zu unsystematisch, als daß sie etwas anderes darstellen könnten als vage Hinweise auf das, was tatsächlich geschieht. Allerdings scheint der Spracherwerb eine entscheidende Rolle zu spielen. Sprache ist die menschlichste und daher auch die jüngste Errungenschaft unseres Verstandes – eine Eigenschaft, die wir in dieser Form mit keinem anderen Menschenaffen teilen. Sprache dringt allem Anschein nach in das Gehirn ein wie ein einmarschierender Barbar und verdrängt dabei andere Fertigkeiten – Testosteron scheint dem zu widerstehen. Was auch immer tatsächlich geschieht, es ist eine unbestreitbare Tatsache, daß ein Durchschnittsjunge von fünf Jahren ein Gehirn hat, das sich von dem eines durchschnittlichen Mädchens in demselben Alter stark unterscheidet.

Und doch ist der Testosteronspiegel eines durchschnittlichen Jungen von fünf Jahren sehr viel niedriger als bei seiner Geburt und unterscheidet sich in seiner Höhe nicht von dem eines gleichaltrigen Mädchens. Der Testosteronstoß im Mutterleib liegt lange zurück, und bis zum Alter von elf oder zwölf Jahren wird es hinsichtlich der Testosteronkonzentration nur wenig Unterschiede zwischen den Geschlechtern geben. Ein elfjähriger Junge ist einem gleichaltrigen Mädchen in dieser Hinsicht ähnlicher, als er es je in seinem Leben war oder sein wird. Er hat dasselbe Bildungsniveau und ähnliche Interessen. Man kennt sogar ein medizinisches Beispiel dafür, daß ein Mensch in diesem Alter noch die Fähigkeit besitzt, sowohl als typischer Mann als auch als typische Frau heranzuwachsen – trotz aller hormonbedingten Unterschiede in der frühen Kindheit. Dieses Beispiel findet sich in der Dominikanischen Republik und besteht aus achtunddreißig Fällen einer seltenen, genetisch bedingten Erkrankung namens 5-α-Reduktasemangel. Dieser Enzymdefekt läßt seinen Träger ungewöhnlich unempfindlich gegenüber den pränatalen Wirkungen des Testosterons werden. Als Folge davon werden die Männer mit weiblichen Geschlechtsorganen geboren und wachsen als Mädchen auf. In der Pubertät steigt ihr Testosteronspiegel jedoch plötzlich an, und sie entwickeln sich zu nahezu normalen Männern (der Hauptunterschied zu anderen Männern besteht darin, daß die Ejakulation durch eine Öffnung am Penisansatz erfolgt.) Obwohl diese Männer eine Kindheit als Mädchen hinter sich haben, haben sie sich großenteils relativ problemlos in ihre männliche Rolle in der Gesellschaft hineingefunden, was die Vermutung nahelegt, daß entweder das Gehirn bereits maskulinisiert gewesen sein muß, als die Genitalien noch nicht männlich waren, oder daß ihr Gehirn noch in der Pubertät anpassungsfähig war.[19]

Die Pubertät trifft einen jungen Mann wie ein Paukenschlag. Seine Hoden senken sich, seine Stimme bricht, er schießt wie Unkraut in die Länge, sein Körper wird behaart, und er verliert an Fettgewebe. Die Ursache all dessen ist eine wahre Testosteronflut, die von den Hoden produziert wird. Zu diesem Zeitpunkt hat er die zwanzigfache Testosteronmenge im Blut verglichen mit gleichaltrigen Mädchen. Die Wirkung all dessen besteht in der Entwicklung des intellektuellen Negativs, das seit der Hormondosis im Mutterleib in seinem Kopf lagert und seinen Verstand nun zu dem eines erwachsenen Mannes werden läßt.[20]

Sexismus und das Leben im Kibbuz

Nach ihren Ambitionen befragt, gaben Männer aus sechs verschiedenen Kulturkreisen im großen und ganzen die gleichen Antworten. Sie wollten praktisch veranlagt sein, gewitzt, selbstsicher, dominant, kompetitiv, kritisch und selbstbeherrscht. In erster Linie strebten sie nach Macht und Unabhängigkeit. Frauen derselben Kulturkreise wollten zärtlich sein, liebevoll, spontan, mitfühlend und großzügig. Sie wollten in erster

Linie der Gesellschaft nützlich sein.[21] Studien über männliche Konversation stellten fest, daß diese bevorzugt öffentlich stattfindet (das heißt, daß Männer sich zu Hause verschließen), daß sie dominierend ist, wettbewerbsorientiert, statusbewußt, aufmerksamkeitheischend, sachbezogen und dazu angelegt, Wissen und Fertigkeiten sichtbar werden zu lassen. Weibliche Konversation findet vor allem auf privater Ebene statt (das heißt, Frauen verschließen sich in großen Gruppen), festigt Beziehungen und ist kooperativ, beruhigend, einfühlsam, gleichberechtigt und unterliegt einem Selbstzweck (schließt also ein Gespräch um des Gesprächs willen ein).[22]

Natürlich gibt es dabei Ausnahmen und Überlappungen. So wie es Frauen gibt, die größer als Männer sind, so gibt es auch Frauen, deren Konversation Selbstsicherheit ausstrahlt, und Männer mit Einfühlungsvermögen. Aber so wie es trotz allem zulässig ist, die Verallgemeinerung zu treffen, daß Männer im Durchschnitt größer sind als Frauen, so ist es nicht weniger zulässig zu argumentieren, daß die oben angeführten Eigenschaften das männliche und das weibliche Wesen ziemlich zutreffend charakterisieren. Manche davon sind sicher auf den Unterschied zwischen Jagen und Sammeln zurückzuführen, dem charakteristischsten aller geschlechtsspezifischen Unterschiede beim Menschen. So kann es zum Beispiel kein Zufall sein, daß Männer Jagen, Angeln und den Genuß von Fleisch so viel höher schätzen als Frauen. Andere Eigenschaften haben eine jüngere Vergangenheit und reflektieren die sozialen Normen, welche die Geschlechter sich selbst durch Gruppenzwang und Bildung (die nicht immer so geschlechtsblind war, wie sie sich heute zu geben versucht) auferlegt haben. Das männliche Streben nach Selbstbeherrschung ist zum Beispiel möglicherweise ein modernes Attribut, der Erkenntnis entspringend, daß sein Wesen einer gewissen Kontrolle bedarf. Andere mögen ursprünglicher sein und Muster reflektieren, die wir mit anderen Menschenaffen gemeinsam haben, mit Pavianen hingegen nicht: zum Beispiel die Tatsache, daß eine Frau mit der Heirat in aller Regel ihre Gruppe verläßt, um zu ihrem Mann zu gehen, während Männer unter Verwandten leben. Wieder andere sind möglicherweise noch urtümlicher und sind allen Säugern und manchen Vögeln gemein, wie zum Beispiel die Tatsache, daß Frauen die Kinder großziehen, während Männer mit anderen Männern um Frauen konkurrieren. Mit Sicherheit ist es kein Zufall, daß Männer ihrem Rang innerhalb der Hierarchie eine kolossale Bedeutung beimessen und daß

männliche Schimpansen sich innerhalb strenger Dominanzhierarchien nach oben zu kämpfen versuchen.
Das israelische Kibbuzsystem hat sich als ein großes natürliches Experiment zur Dauerhaftigkeit von Geschlechterrollen erwiesen. Ursprünglich waren Männer und Frauen aufgefordert gewesen, sich im Kibbuz aller überkommenen Geschlechterrollen zu entledigen: Haarschnitt und Kleidung waren für beide Geschlechter gleich; Jungen hielt man dazu an, friedlich und sensibel zu reagieren, Mädchen wurde ein burschikoses Wesen zuerkannt. Männer übernahmen die Lasten des Haushalts, Frauen gingen zur Arbeit. Drei Generationen später aber haben sich diese Bestrebungen weitgehend gelegt, und das Leben im Kibbuz ist genaugenommen sexistischer als das Leben im übrigen Israel. Die Menschen sind zu den Stereotypen zurückgekehrt. Männer politisieren, während Frauen zu Hause bleiben. Jungen studieren Physik und werden Ingenieure, während Mädchen Soziologie studieren und Lehrerinnen oder Krankenschwestern werden. Frauen sorgen sich um Moral, Gesundheit und Bildung im Kibbuz, während Männer sich um Finanzen, Sicherheit und Geschäfte kümmern. Für manche Leute ist das rasch erklärt: Die Betreffenden haben einfach gegen das aufbegehrt, was ihnen die Eltern exzentrischerweise vorgeschrieben haben. Diese Erklärung ist allerdings in gewissem Sinne herablassend, behandelt sie doch die Handelnden nicht als Anwälte in eigener Sache, die sich ihren Neigungen entsprechend verhalten. Im Kibbuz putzen Frauen die Wohnungen, weil sie sich – wie überall sonst auch – darüber beklagen, daß Männer dies nicht ordentlich genug machen. Männer im Kibbuz putzen nicht, weil sie sich – wie Männer überall auf der Welt auch – darüber beklagen, daß sie sich, wenn sie es denn täten, von ihren Frauen anhören müßten, sie hätten es nicht ordentlich genug gemacht.[23]
Die Kibbuzim sind übrigens nicht die einzigen. Sogar im liberalen Skandinavien sind es die Frauen, die für die Familie kochen, waschen und die Kinder betreuen. Selbst dort, wo Frauen zur Arbeit gehen, gibt es einige Berufe, die nach wie vor eher männliche Bastionen sind (Automechaniker, Fluglotse, Testfahrer, Architekt), während andere eher weibliche Bastionen bilden (Hebamme, Grundschullehrerin, Sekretärin, Friseuse). Es wird allmählich immer unglaubwürdiger, darauf zu beharren, es seien soziale Vorurteile, die Frauen daran hinderten, Automechaniker zu werden. Frauen wollen diesen Beruf einfach seltener ergreifen. Sie wollen es deshalb nicht, weil die Autowerkstatt für sie eine wenig ein-

ladende »Männerwelt« darstellt, in der sie sich nicht willkommen fühlen. Warum aber ist es eine Männerwelt? Deshalb, weil Männer diese Arbeit ihrer Persönlichkeit entsprechend geformt haben, und eine männliche Persönlichkeit unterscheidet sich von einer weiblichen.

Feminismus und Determinismus

Das Groteske an dieser Zuerkennung unterschiedlicher Wesensarten ist, daß es sich dabei um eine durch und durch feministische Argumentationsweise handelt. Tief im Innersten des Feminismus ruht ein Widerspruch, zu dem sich nur wenige Feministinnen je bekannt haben. Man kann nicht erstens behaupten, daß Männer und Frauen für jede Arbeit gleich gut geeignet sind, und dann zweitens erklären, daß eine Arbeit anders ausgeführt würde, läge sie in den Händen von Frauen. Der Feminismus selbst ist also alles andere als egalitär. Feministinnen argumentieren ausdrücklich, daß es ein fürsorglicheres Wertesystem gäbe, wenn Frauen mehr Verantwortung hätten. Sie gehen damit von der Voraussetzung aus, daß Frauen von Natur aus anders sind. Regierten Frauen die Welt, gäbe es keinen Krieg. Führten Frauen große Unternehmen, lautete das Zauberwort Kooperation, nicht Konkurrenz. Das alles liest sich als ausdrückliche und handfeste Bestätigung des Sexismus: Die weibliche Natur unterscheidet sich von der männlichen Natur. Wenn Frauen eine andere Persönlichkeit haben, ist es dann nicht wahrscheinlich, daß sie sich bei manchen Arbeiten als besser oder schlechter erweisen als Männer? Es ist problematisch, sich auf Unterschiede zu berufen, wenn man sie gerade braucht, und andernfalls deren Existenz zu leugnen.

Gesellschaftliche Zwänge als Quelle aller Persönlichkeitsunterschiede hinzustellen, führt in diesem Zusammenhang ebenfalls zu nichts. Denn wäre der gesellschaftliche Druck so groß, wie die Sozialwissenschaftler es uns glauben machen wollen, dann wäre die natürliche Veranlagung einer Person irrelevant, und nur der (soziale) Hintergrund des Betreffenden zählte. Ein Mann aus einem zerrütteten Zuhause, der ein Leben in der Kriminalität führt, wäre somit ein Produkt dieser Erfahrung, und seine Seele wäre in keiner Weise negativ vorbelastet durch seine Natur.

Natürlich wischen wir das als Unsinn beiseite. Uns ist klar, daß er sowohl ein Produkt seines Hintergrunds als auch seiner Veranlagung ist. Dasselbe gilt für geschlechtsspezifische Unterschiede. Zu sagen, daß Frauen in der westlichen Welt nur deshalb in der Politik nicht im gleichen Maße vertreten sind, weil man sie in der Überzeugung erzogen hat, es sei dies eine rein männliche Karriere, bedeutet eine gönnerhafte Haltung gegenüber Frauen. In der Politik geht es in erster Linie um Ehrgeiz und Statusstreben, um Dinge also, denen Frauen vielleicht einen gesunden Zynismus entgegenbringen. Frauen haben einen eigenständigen Intellekt. Sie sind durchaus in der Lage, sich für eine politische Laufbahn zu entscheiden, wenn sie das wollen, was immer die Gesellschaft davon hält (und die westlichen Gesellschaften unterstützen derzeit solche Bestrebungen in hohem Maße). Einer der Gesichtspunkte, der eine politische Karriere möglicherweise wenig einladend erscheinen läßt, ist der in diesem Umfeld allgegenwärtige Sexismus, aber es ist unsinnig, anzunehmen, dies sei der einzige Grund.

Der Kern meiner Aussagen bis hierher lautet also, daß Männer und Frauen verschieden sind und daß ein Teil dieser Unterschiede in unserer Vergangenheit zu suchen ist, als Männer jagten und Frauen sammelten. Damit befinde ich mich gefährlich dicht an dem Argument, der Platz einer Frau sei der heimische Herd, während ihr Ehemann das Brot verdiene. Eben das aber läßt sich gerade nicht aus der hier präsentierten Logik schlußfolgern. Daß jemand zur Arbeit in ein Büro geht, ist ein fremder und neuartiger Aspekt für die Psychologie eines die Savanne bewohnenden Menschenaffen. Für einen Mann ist dies ebenso fremd wie für eine Frau. Wenn ein Mann im Pleistozän das Lager verließ und zur Jagd ging, während Frauen beim Pflanzensammeln kürzere Entfernungen zurücklegten, dann mag sich der männliche Verstand vielleicht dem Pendelverkehr über lange Strecken besser angepaßt haben. Keinen von beiden macht die Evolution dadurch jedoch geeigneter, am Schreibtisch zu sitzen und zu telefonieren, oder den ganzen Tag am Fließband Schrauben anzuziehen. Daß »Arbeit« Männersache und »Zuhause« Frauensache wurde, ist nicht mehr als ein historischer Zufall: Die Domestikation des Rindes und die Erfindung des Pfluges ließen die Nahrungsgewinnung zu einer Angelegenheit werden, die mit männlicher Muskelkraft besser zu regeln war. In Kulturen, in denen das Land von Hand beackert wird, übernehmen Frauen die meiste Arbeit. Mit der industriellen Revolution änderte sich diese Arbeitsaufteilung nicht – im

Gegenteil. Die postindustrielle Revolution aber – das Erstehen einer Dienstleistungsindustrie in jüngster Zeit – kehrt sie wieder um. Frauen gehen wieder wie im Pleistozän, als sie Knollen und Beeren suchten, »außer Haus arbeiten«.[24]

Von seiten der Evolutionsbiologie gibt es somit nicht die geringste Rechtfertigung für den Standpunkt, Männer sollten Geld verdienen und Frauen zu Hause bleiben und Socken stopfen. Es mag Berufe wie Automechaniker oder Großwildjäger geben, für die Männer sich körperlich besser eignen als Frauen, doch genauso gibt es Berufe wie Ärztin und Krankenschwester, die Frauen vermutlich von Natur aus besser liegen. Aber es gibt keine allgemeine biologische Grundlage für irgendeine sexistische Betrachtungsweise beruflicher Entwicklungen.

Auf merkwürdige Weise unterstützt die evolutionsbiologische Sichtweise die Ermutigungen zum Handeln sogar stärker als eine egalitäre Philosophie. Geht sie doch von der Überzeugung aus, daß Frauen nicht so sehr unterschiedliche Fähigkeiten haben, sondern vielmehr unterschiedliche Ziele. Der Reproduktionserfolg von Männern hing über viele Generationen mit dem Aufstieg innerhalb einer politischen Hierarchie zusammen. Frauen hatten kaum Veranlassung, ähnliche Erfolge anzustreben, hing doch ihr Fortpflanzungserfolg von anderen Dingen ab. Die evolutionsbiologische Betrachtungsweise sagt damit nur, daß Frauen nicht allzu häufig danach streben werden, die politische Leiter zu erklimmen, sie sagt aber nichts darüber, wie gut ihre Leistungen wären, wenn sie den Versuch tatsächlich unternähmen. Ich nehme an, daß es kein Zufall ist, daß Frauen in weit höherem Maße Spitzenpositionen innehaben (Premierministerinnen zahlreicher Länder zum Beispiel), als es ihr Anteil an niederen Positionen vermuten ließe. Ich nehme ferner an, daß es kein Zufall ist, daß es unter den englischen Königinnen sehr viel bemerkenswertere und beständigere Regime gegeben hat als unter den Königen. Vieles deutet darauf hin, daß Frauen im allgemeinen Länder ein bißchen besser regieren können als Männer. Alle verfügbaren Hinweise unterstützen zudem die feministische Überzeugung, daß es weibliche Züge gibt, die Frauen mit in diese Ämter einbringen – Intuition, Einschätzung von Charakteren, Verzicht auf Selbstbeweihräucherung –, auf die ein Mann nur neidisch sein kann. Da es das Verhängnis aller Organisationen – Unternehmen, Wohltätigkeitsverbänden oder Regierungen – ist, daß sie Ehrgeiz und List eher belohnen als Fähigkeiten (diejenigen, die an die Spitze gelangen, sind nicht notwendigerweise die besten für den jeweiligen Job), und da diese Art von Ehrgeiz Männern weit mehr liegt als Frauen, ist es völlig richtig, daß man Frauen bevorzugt fördern sollte – nicht, um den Vorurteilen abzuhelfen, sondern um der menschlichen Natur weiterzuhelfen.

Und natürlich auch, um weibliche Standpunkte zu repräsentieren. Feministinnen sind der Ansicht, Frauen müßten in Parlamenten und Kongressen in gleichem Maße vertreten sein wie Männer, da sie andere Anliegen haben. Das stimmt nur, wenn Frauen von Natur aus anders sind. Wären sie genau wie Männer, dann gäbe es keinen Grund, weshalb Männer weibliche Interessen nicht ebenso vertreten könnten wie ihre eigenen. An die Gleichberechtigung der Geschlechter zu glauben, ist nur gerecht. Von der Gleichheit der Geschlechter überzeugt zu sein, ist eine höchst merkwürdige und unfeministische Sache.

Feministinnen, die diesen Widerspruch erkennen, werden ihrer Erkenntnis wegen angeprangert. Camille Paglia, Literaturkritikerin und notorische »Unruhestifterin«, gehört zu den wenigen, die erkennen, daß Feminismus ein unmögliches Kunststück versucht: die menschliche Natur verändern zu wollen und dabei gleichzeitig darauf zu beharren, daß die weibliche Natur nicht veränderbar sei. Sie vertritt den Standpunkt, Männer seien keine verkappten Frauen und Frauen keine verkappten Männer. »Wacht auf«, ruft sie, »Männer und Frauen sind verschieden.«[25]

Die Ursachen männlicher Homosexualität

Ein Mann entwickelt eine sexuelle Vorliebe für Frauen, weil sich sein Gehirn in einer bestimmten Art und Weise entwickelt. Es entwickelt sich deshalb in dieser Weise, weil das von seinen Hoden produzierte Hormon sein Gehirn bereits im Mutterleib so verändert, daß es später in der Pubertät wieder auf Testosteron reagieren wird. Fehlen die Gene für die Hoden, der Testosteronschub im Mutterleib oder der Testosteronschub in der Pubertät – gleichgültig, welcher von diesen drei Faktoren –, ist man schon kein typischer Mann mehr. Man kann vermuten, daß ein Mann, der eine Vorliebe für andere Männer hat, jemand ist, der ein zusätzliches Gen besitzt, das die Entwicklung seiner Hoden beeinflußt, oder daß er über ein zusätzliches Gen verfügt, das Einfluß darauf hat, wie sein Gehirn auf Hormone reagiert, oder daß ihm eine andere Lernerfahrung während des pubertären Hormonschubs zuteil geworden ist – oder eine Kombination dieser Möglichkeiten.

Die Suche nach den Ursachen der Homosexualität hat eine Menge Licht in das Dunkel um die testosterongesteuerte Gehirnentwicklung gebracht. Bis in die sechziger Jahre hinein war es Mode, anzunehmen, Homosexualität müsse einzig und allein auf die Erziehung zurückzuführen sein. Da man sich aber außerstande sah, dem Problem mit Methoden wie der drastischen Aversionstherapie beizukommen, änderte sich diese Mode, und man bemühte statt dessen hormonelle Ursachen. Die Injektionen von männlichen Hormonen aber machen Schwule keineswegs heterosexueller, sondern nur noch mehr homosexuell interessiert. Die sexuelle Orientierung liegt also bereits vor dem Erreichen des Erwachsenenalters fest. Im Jahre 1960 begann ein ostdeutscher Arzt, Gunter Dörner, eine Versuchsreihe an Ratten, aus der hervorging, daß das Gehirn einer homosexuellen Ratte im Mutterleib anscheinend ein Hormon freisetzt, das eigentlich eher typisch für weibliche Gehirne ist: das luteinisierende Hormon, LH. Dörner, dessen Forschungsmotive oft deshalb in Frage gestellt werden, weil er allem Anschein nach eine Möglichkeit zur »Heilung« von Homosexualität suchte, kastrierte Rattenmännchen zu verschiedenen Zeitpunkten ihrer Entwicklung und injizierte ihnen dann weibliche Hormone. Je früher die Kastration erfolgte, um so größer war die Wahrscheinlichkeit, daß die Ratte andere Männchen umwarb. Forschungsergebnisse aus Großbritannien, Amerika und Deutschland bestätigen einmütig, daß ein pränataler Testosteronmangel die Wahrscheinlichkeit erhöht, daß ein Mann homosexuell wird. Männer mit einem zusätzlichen X-Chromosom und Männer, die im Mutterleib weiblichen Hormonen ausgesetzt waren, werden mit größerer Wahrscheinlichkeit homosexuell oder feminin, und feminine Jungen wachsen in der Tat häufiger zu Schwulen heran als andere Jungen. Erstaunlicherweise sind Männer, die in sehr belastenden Zeiten, wie zum Beispiel gegen Ende des Zweiten Weltkriegs empfangen beziehungsweise geboren wurden, häufiger schwul als Männer, die zu anderen Zeiten geboren wurden. (Das Streßhormon Cortisol wird aus derselben Vorläufersubstanz hergestellt wie Testosteron; vielleicht erschöpft es die Rohstoffreserven und läßt nur wenig Vorläufer zur Umwandlung in

Testosteron übrig.) Für Ratten gilt dasselbe: Bei Ratten, deren Mütter während der Schwangerschaft unter Streß standen, findet man häufiger homosexuelles Verhalten als bei anderen. Bei Dingen, die männliche Gehirne sonst mühelos bewältigen, schneiden Homosexuelle oft schlecht ab und umgekehrt. Schwule sind häufiger Linkshänder als andere Männer, was einer gewissen Logik nicht entbehrt, da die Frage, ob jemand Rechts- oder Linkshänder wird, ebenfalls von Geschlechtshormonen mitbeeinflußt wird. Gleichzeitig ist dies aber merkwürdig, da Linkshänder, wie allgemein angenommen wird, bei der Lösung räumlicher Probleme besser abschneiden als Rechtshänder. All das verdeutlicht letztlich nur, wie lückenhaft unser Wissen um die Beziehungen zwischen Genen, Hormonen, Gehirnen und Fähigkeiten noch immer ist.[26]
Unbestreitbar ist jedoch, daß Homosexualität ihre Ursache in der Wirkung einer ungewöhnlichen Hormonkombination während der Schwangerschaft haben muß, welche später nachläßt. Durch diese Tatsache wird wiederum die Überlegung gestützt, daß die sexuelle Orientierung von pränatalen Wirkungen der Geschlechtshormone abhängt, was im übrigen nicht unvereinbar ist mit den immer deutlicher werdenden Hinweisen darauf, daß Homosexualität genetisch bedingt ist. Von dem »Schwulen-Gen«, über das ich im nächsten Kapitel schreiben werde, nimmt man allgemein an, daß es sich als eines in einer ganzen Reihe von Genen erweisen wird, welche die Sensitivität bestimmter Gewebe gegenüber Testosteron beeinflussen.[27] Hier wirkt also beides: Angeborenes und Erworbenes.

Genauso verhalten sich übrigens auch die Gene für die Körpergröße: Zwei genetisch verschiedene Männer, die sich von derselben Diät ernähren, werden nicht gleich groß werden. Auch zwei eineiige Zwillinge, die man unterschiedlich ernährt, werden verschieden groß werden. Veranlagung ist die eine Seite des Rechtecks, Außeneinflüsse die andere. Gene für die Körpergröße sind im Grunde Gene, die auf eine bestimmte Diät mit einem bestimmten Wachstum reagieren.[28]

Weshalb heiraten reiche Männer schöne Frauen?

Wenn Homosexualität durch hormonelle Einflüsse im Mutterleib bestimmt wird, dann muß dies aller Wahrscheinlichkeit nach für heterosexuelles Verhalten ebenfalls gelten. Im Verlaufe unserer Evolution haben Männer und Frauen sich mit sehr unterschiedlichen sexuellen Gelegenheiten und Einschränkungen auseinandersetzen müssen. Für einen Mann barg eine lose sexuelle Beziehung zu einer Fremden verhältnismäßig wenig Risiken – Infektion, Entdeckung durch seine Frau –, dafür aber einen enormen Gewinn: den billigen Erwerb eines zusätzlichen Kindes als Beitrag zu seiner genetischen Hinterlassenschaft. Männer, die solche Gelegenheiten ausreizten, hinterließen mit Sicherheit mehr Nachkommen als Männer, die das nicht taten. Da wir definitionsgemäß nicht von kinderlosen Vorfahren abstammen, sondern von Leuten, die sich vermehrt haben, kann man jede Wette eingehen, daß sich moderne Männer ein Stück sexuellen Opportunismus erhalten haben. Bei nahezu allen Säugetieren und Vögeln ist das so, selbst bei solchen Arten, die vermeintlich monogam sind. Damit soll nicht gesagt werden, daß männliche Untreue unabänderlich oder daß jeder Mann ein potentieller Vergewaltiger sei, sondern nur, daß Männer angesichts einer Gelegenheit zu einer Affäre leichter der Versuchung erliegen als Frauen.

Es ist mehr als wahrscheinlich, daß Frauen anders reagieren. Eine sexuelle Beziehung zu einem Fremden trug einer Frau im Pleistozän nicht nur unter Umständen eine Schwangerschaft ein, bevor sie sich der Unterstützung des Mannes hinsichtlich der Kinderbetreuung hatte versichern können, sondern, falls sie verheiratet war, riskierte sie damit auch eine mögliche Rache seitens ihres Ehemannes, falls nicht, lief sie Gefahr, allein zu bleiben. Diesen ungeheuren Risiken stand kein übermäßig hoher Lohn gegenüber. Ihre Chancen, ein Kind zu empfangen, waren genauso groß, wenn sie einem Partner treu blieb, und die Gefahr, ein Kind zu verlieren, war bei der fehlenden Unterstützung durch einen Ehemann ungleich größer. Frauen, die lose Affären eingingen, hinterließen also vermutlich nicht mehr Nachfahren, sondern eher weniger – und so haben moderne Frauen vermutlich einen gewissen Argwohn gegenüber losen Beziehungen geerbt.

Ohne die Evolutionsgeschichte im Hinterkopf ist es fast unmöglich, die unterschiedliche sexuelle Mentalität von Mann und Frau zu erklären. Im Augenblick ist es *en vogue*, solche Unterschiede zu leugnen und darauf zu beharren, daß Frauen einzig durch gesellschaftliche Repressalien daran gehindert werden, sich freizügige Pornographie über Männer zu besorgen, beziehungsweise daß es nur paranoider Machismo ist, der Männer zur Promiskuität treibt. Doch dabei ignoriert man den ungeheuren sozialen Druck, dem Männer und Frauen heutzutage ausgesetzt sind und dessen Ziel eine Minderung der Unterschiede zwischen beiden Geschlechtern ist. Eine moderne Frau erfährt von männlicher Seite den Anspruch, sich sexuell offen zu verhalten, denselben Druck erfährt sie aber auch von seiten anderer Frauen. Ganz ähnlich stehen Männer unter dem steten Druck der Forderung, »verantwortungsbewußter«, sensibler und treuer zu sein – ein Druck, der sowohl von anderen Männern als auch von Frauen auf sie ausgeübt wird. Vielleicht sind Männer eher aus Neid denn aus moralischen Beweggründen Playboys gegenüber ebenso kritisch wie Frauen, häufig sogar kritischer. Wenn Männer auf sexuelle Beute aus sind, dann trotz eines Jahrhunderte währenden Drucks in die andere Richtung. Mit den Worten eines Psychologen: »Unsere unterdrückten Triebe sind in jeder Hinsicht genauso menschlich wie die Kräfte, die sie unterdrücken.«[29]

Worin bestehen nun die Unterschiede in der sexuellen Mentalität von Mann und Frau? In den vorangegangenen beiden Kapiteln habe ich den Standpunkt vertreten, daß für Männer der reproduktive Gewinn höher ist als für Frauen, so daß sie mit großer Wahrscheinlichkeit zur Ausübung von Macht, zur Kontrolle von Wohlstand und zum Streben nach Ruhm neigen. Das hatte zur Folge, daß Frauen ihr eigenes Streben nach Macht, Reichtum oder Ruhm eher in einer festen Beziehung verwirklichen konnten als ein Mann. Frauen, die dementsprechend handelten, hinterließen somit vermutlich mehr Nachfahren unter den heutigen Frauen als andere. Die evolutionsbiologische Schlußfolgerung lautet also, Frauen bevorzugen sehr wahrscheinlich reiche und mächtige Partner. Eine andere Sichtweise desselben Phänomens führt zur Überlegung, auf was eine Frau es bei einem Mann am ehesten abgesehen haben mußte, wenn sie Anzahl und Gesundheit ihrer Kinder optimieren wollte. Die Antwort lautet nicht: mehr Sperma, sondern: mehr Geld, mehr Rinder, mehr verbündete Stammesbrüder oder was auch immer für sie von Bedeutung gewesen sein mag.

Ein Mann dagegen sucht eine Partnerin, die sein Sperma und sein Geld einsetzt, um seine Kinder zur Welt zu bringen. Er hat deshalb immer einen starken Antrieb, bei seinen Partnerinnen Wert auf Jugend und Gesundheit zu legen. Männer, die es vorzogen, vierzigjährige Frauen statt Zwanzigjähriger zu heiraten, hatten nur eine geringe Chance, überhaupt Kinder zu bekommen, und wenn, dann sicher nicht mehr als eines oder zwei. Darüber hinaus liefen sie Gefahr, ein paar Stiefkinder aus einer vorangegangenen Ehe mit zu übernehmen. Damit hinterließen sie weniger Nachfahren als Männer, die sich immer für die jüngsten, gerade der Pubertät entwachsenen Frauen entschieden. Wir würden deshalb erwarten, daß Frauen auf Zeichen von Wohlstand und Macht ansprechen, Männer dagegen auf Zeichen von Jugend und Gesundheit.

Das mag erstaunlich trivial klingen. Nancy Thornhill dazu: »Es wird doch wohl niemand je ernstlich bezweifeln wollen, daß Männer junge, schöne Frauen begehren und daß Frauen reiche Männer von hohem Rang bevorzugen?«[30] Darauf ist zu antworten, daß Soziologen solches durchaus bezweifeln. Wenn man von ihrer Reaktion auf eine vor kurzem erschienene Studie ausgeht, dann wird klar, daß man sie nur durch die unerschütterlichsten Beweise wird überzeugen können. Die Studie stammt von David Buss von der University of Michigan, der eine groß angelegte Frageaktion unter amerikanischen Studenten durchgeführt hat, indem er sie bat, die Qualitäten, die sie an ihrem jeweiligen Partner am meisten schätzten, in der Reihenfolge ihrer Bedeutung aufzulisten. Er stellte fest, daß Männer Freundlichkeit, Intelligenz, Schönheit und Jugend bevorzugten, während Frauen auf Freundlichkeit, Intelligenz, Wohlstand und Status Wert legten. Man warf ihm vor, das gelte nur in Amerika und sei keine universelle Facette der menschlichen Natur.

Er wiederholte daher die Untersuchung siebenunddreißigmal in dreiunddreißig verschiedenen Ländern, wobei er mehr als eintausend Menschen befragte – und kam zu genau demselben Ergebnis. Männer achten mehr auf Schönheit und Jugend, Frauen auf Wohlstand und Status. Darauf erhielt er zur Antwort: Natürlich achten Frauen auf Wohlstand, schließlich wird dieser von Männern kontrolliert. Kontrollierten Frauen den Reichtum, könnten sie ihn nicht bei ihren Gatten suchen. Buss schaute nochmals hin und stellte fest, daß amerikanische Frauen, die überdurchschnittlich gut verdienen, *mehr* und nicht weniger Wert auf den Wohlstand potentieller Ehemänner legen als Frauen mit durchschnittlichem Verdienst.[31] Karrierefrauen maßen der Fähigkeit ihrer Ehemänner zum Geldverdienen mehr Bedeutung zu als Frauen mit niedrigem Einkommen. Eine Umfrage unter den fünfzehn einflußreichsten Vertreterinnen der feministischen Bewegung enthüllte, daß sie sich Partner wünschten, die noch einflußreicher waren als sie selbst. Buss' Kollege Bruce Ellis drückte es so aus: »Die sexuellen Ansprüche von Frauen steigen mit zunehmendem Wohlstand, Einfluß und Sozialstatus, statt zu sinken.«[32]

Etliche seiner Kritiker werfen Buss vor, er lasse die Umstände völlig außer acht. In verschiedenen Kulturen und zu verschiedenen Zeitpunkten werden sich auch verschiedene Kriterien der Partnerwahl entwickeln. Buss antwortet darauf mit einer einfachen Analogie. Die Muskelmasse bei einem durchschnittlichen Mann ist in hohem Maße von den Umständen abhängig: In Amerika haben junge Männer muskulösere Schulterpartien als in Großbritannien, zum einen, weil sie sich anders ernähren, und zum anderen, weil bei ihren Sportarten womöglich Wurfqualitäten stärker gefragt sind als Behendigkeit. Das widerlegt jedoch nicht die Verallgemeinerung: »Männer haben muskulösere Schultern als Frauen.« Auch die Tatsache, daß Frauen irgendwo auf der Welt mehr Wert auf den Reichtum eines Mannes legen als woanders, widerlegt nicht die Verallgemeinerung als solche, daß Frauen mehr Wert auf den Wohlstand eines potentiellen Partners legen als Männer.[33]

Das Hauptproblem von Buss' Analyse besteht darin, daß sie nicht zwischen einem Partner, der für eine Ehe ausgewählt wird, und einem Partner für eine kurze Affäre unterscheidet. Douglas Kenrick von der University of Arizona ließ eine Gruppe von Studenten verschiedene Eigenschaften potentieller Partner in ein System mit vier Intimitätsebenen einordnen. Bei der Suche nach einem Ehepartner war beiden Geschlechtern Intelligenz wichtig. Bei einem Partner für eine Nacht spielte die Intelligenz eine sehr viel untergeordnetere Rolle, vor allem für die Männer. Es bestehen kaum Zweifel, daß Menschen beiderlei Geschlechts sensibel genug sind, Freundlichkeit, Umgänglichkeit und Witz bei denen zu schätzen, mit denen sie den Rest ihres Lebens verbringen wollen.[34]

Das Problem bei jeder Messung sexueller Präferenzen besteht darin, daß diese immer Kompromisse sind. Ein alternder häßlicher Mann heiratet nicht nacheinander mehrere junge und schöne Frauen (es sei denn, er ist wirklich sehr reich). Er begnügt sich mit einer treuen Frau seines Alters. Eine junge Frau bindet sich nicht in ewiger Treue an einen reichen Großindustriellen. Sie wird nehmen, was kommt, vermutlich einen Mann, der etwas älter ist als sie selbst und eine sichere Ar-

beitsstelle hat. Die Menschen passen ihre Erwartungen dem eigenen Alter, Aussehen und Wohlstand an. Um festzustellen, wie unterschiedlich die sexuelle Mentalität von Mann und Frau wirklich ist, müßte man ein kontrolliertes Experiment durchführen. Man nähme einen durchschnittlichen Mann und eine durchschnittliche Frau und stellte beide vor die Wahl zwischen einer treuen Ehe mit einem vertrauten Partner und immerwährenden Orgien mit wunderschönen Fremden. Das Experiment ist bisher nicht unternommen worden, und es ist zu bezweifeln, daß einem die dazu nötigen finanziellen Mittel von irgendeinem Gremium bewilligt würden. Es muß aber auch gar nicht sein. Dieselbe Aussagekraft hat ein Experiment, bei dem man in die Köpfe der Menschen hineinschaut und ihre Phantasien betrachtet.
Bruce Ellis und Don Symons ließen dreihundertsieben kalifornische Studenten einen Fragebogen über ihre sexuellen Phantasien ausfüllen. Wären ihre Testpersonen Araber oder Briten gewesen, hätten Sozialwissenschaftler die Ergebnisse mit lockerer Hand vom Tisch gewischt, denn jeglicher geschlechtsspezifische Unterschied ließe sich gesellschaftlichen Zwängen mit sexistischem Hintergrund in die Schuhe schieben. Doch kein Volk der Welt oder der Geschichte kann aufrichtiger in der politischen Ideologie absoluter psychologischer Gleichheit zwischen den Geschlechtern verwurzelt sein als Studenten einer kalifornischen Universität. Jeder auftretende geschlechtsspezifische Unterschied ließe sich deshalb als konservative Schätzung für die Spezies als Ganzes betrachten.
Ellis und Symons stellten fest, daß zwei Dinge absolut keinen geschlechtsspezifischen Unterschied aufwiesen: Zum einen die Haltung der Studenten ihren eigenen Phantasien gegenüber. Schuldgefühle, Stolz und Gleichgültigkeit waren bei Männern und Frauen jeweils gleich stark vertreten. Beide Geschlechter hatten bei ihren Phantasien jeweils ein genaues Bild des Partners im Kopf. In jeder anderen Hinsicht gab es grundlegende Unterschiede zwischen Männern und Frauen. Männer haben mehr Phantasien und phantasieren über mehr Partner. Einer von drei Männern erklärte, in seinem Leben bereits sexuelle Phantasien über mehr als tausend verschiedene Partner gehabt zu haben, bei den Frauen berichteten nur acht Prozent über eine solche Vielfalt. Etwa die Hälfte der Frauen erklärte, während einer Phantasie den Partner niemals zu wechseln, bei den Männern galt dies nur für zwölf Prozent. Visuelle Eindrücke von der/den jeweiligen Partnerin/innen waren für die

Männer wichtiger als Vorstellungen von Berührung, Reaktion der Partnerin/innen oder andere Gefühle. Für Frauen galt das Umgekehrte; sie konzentrierten sich mit doppelt so hoher Wahrscheinlichkeit auf ihre eigenen Reaktionen, nicht auf die des Partners. Die Phantasien von Frauen beschäftigten sich außerordentlich häufig mit sexuellen Beziehungen zu einer vertrauten Person.[35]

Diese Ergebnisse stehen nicht allein da. Jede andere Studie zu sexuellen Phantasien kam zu dem Schluß, daß »sexuelle Phantasien bei Männern allgegenwärtig, aktiver, häufiger, in erster Linie visuell orientiert und ausschließlich sexuell sind und wechselnde Beziehungen dokumentieren. Sexuelle Phantasien von Frauen hingegen stehen eher in einem Zusammenhang, sind gefühlsbetont, intim und passiv«.[36]

Wir sind übrigens nicht allein auf solche Umfragen angewiesen. Zwei Industriezweige beuten ruhelos die sexuellen Phantasien von Männern und Frauen aus: die Verleger von Pornographie und die Verleger von Liebesromanen. Pornographie zielt nahezu ausschließlich auf Männer. Auf der ganzen Welt gehorcht sie denselben Standardformeln: Softpornos bestehen aus Bildern nackter oder halbnackter Frauen in provokativen Positionen. Männer werden durch solche Bilder erregt, während die Bilder nackter (anonymer) Männer auf Frauen nicht übermäßig erregend wirken. »Der Hang, sich von dem bloßen Anblick eines Mannes erregen zu lassen, würde zu wahllosen sexuellen Beziehungen führen, von denen eine Frau in reproduktiver Hinsicht nicht viel zu erwarten, durch die sie aber eine Menge zu verlieren hätte.«[37]

Harte Pornos stellen den Geschlechtsakt selbst dar und handeln nahezu immer von der Befriedigung männlicher Lust durch (mehrere) willfährige, leicht zu erregende, körperlich attraktive Frauen (oder, bei Schwulenpornos, Männer). Zusammenhänge, Handlung, Flirt, Werbung, sogar ein ausführlicheres Vorspiel fehlen dabei mehr oder weniger. Es gibt keine verbindenden Verhältnisse zwischen den Partnern, sie werden mehr oder weniger als Fremde dargestellt. Zwei Wissenschaftler zeigten heterosexuellen Studenten pornographische Filme und bestimmten das Ausmaß der hervorgerufenen Erregung. Das beobachtete Muster entspricht genau dem, was man logischerweise erwarten würde. Erstens: Männer wurden stärker erregt als Frauen. Zweitens: Männer wurden eher durch Darstellungen von Gruppensex erregt als durch Darstellungen eines heterosexuellen Paares. Bei Frauen war es umgekehrt. Drittens: Sowohl Männer als auch Frauen wurden durch Darstellungen lesbischer Beziehungen erregt, nicht aber durch Darstellungen männlicher Homosexualität (man erinnere sich: Die Studenten waren heterosexuell). Bei der Betrachtung pornographischer Filme waren sowohl Männer als auch Frauen an den weiblichen Schauspielern interessiert. Allerdings sind Pornos für Männer gemacht, werden an Männer verkauft und von Männern ausgesucht.[38]

Der Liebesroman dagegen zielt auf einen ausschließlich weiblichen Markt. Auch er entwirft eine fiktive Welt, die über die Jahre bemerkenswert gleich geblieben ist, außer daß sie sich weiblichen Karrierevorstellungen angepaßt hat und bei der Beschreibung von Sexualität weniger zurückhaltend geworden ist. Die Autoren richten sich strikt nach einer vom Verleger diktierten Vorlage. Der Geschlechtsverkehr spielt in diesen Romanen eine untergeordnete Rolle, im wesentlichen geht es um Liebe, Bindung, Häuslichkeit, Fürsorglichkeit und die Bildung von Beziehungen. Promiskuität und sexuelle Variabilität spielen so gut wie keine Rolle, und was an Sexualität tatsächlich stattfindet, wird durch die emotionalen Reaktionen der Heldin auf das, was ihr widerfährt, geschildert – insbesondere wenn es Berührungen betrifft – und nicht durch eine detaillierte Beschreibung des männlichen Körpers. Der Charakter des betreffenden Mannes wird oftmals detailliert beschrieben, sein Körper hingegen nicht.

Ellis und Symons behaupten, daß Liebesroman und Pornographie die jeweiligen utopischen Phantasien beider Geschlechter repräsentieren. Ihre Daten über die sexuellen Phantasien kalifornischer Studenten scheinen diesen Eindruck zu bestätigen. Genauso übrigens wie die fehlgeschlagenen Versuche einiger Zeitschriften, das männliche Pornographierezept für Frauen abzuwandeln (ein großer Teil der *Playgirl*-Leser sind Schwule), und das blühende Geschäft, freizügige Romane über sexuelle Promiskuität auf Flughäfen – an Männer – zu verkaufen. In jedem beliebigen Zeitschriftenladen finden sich Zeitschriften für Männer mit Titelbildern von Fotomodellen und dem Hinweis »mehr im Heftinneren«, und Zeitschriften für Frauen mit Frauen auf dem Titelfoto und Hinweisen wie »In diesem Heft: Wie verbessere ich eine Beziehung«. Es gibt Liebesromane, die Frauen ansprechen sollen, auf deren Titelbild Frauen abgebildet sind, und es gibt Sexromane mit Frauen auf dem Titelbild, die sich an Männer wenden. Das Verlagsgewerbe lebt von Angebot und Nachfrage und nicht von der gerade herrschenden Ideologie, und hier ist man sich über die unterschiedliche Haltung von Männern und Frauen zum Thema Sex keineswegs im Zweifel.

Dazu Ellis und Symons: »Die hier dargelegten Ergebnisse zum Thema sexuelle Phantasien, die wissenschaftliche Literatur über sexuelle Phantasien, ... die von den Konsumenten forcierten selektiven Kräfte des freien Marktes (welche den ewig gleichbleibenden Kontrast zwischen männlich-orientierter Pornographie und weiblich-orientierten Liebesromanen geschaffen haben), die ethnographischen Erkenntnisse über die menschliche Sexualität und die unentrinnbaren Konsequenzen einer evolutionsorientierten Artbetrachtung unserer selbst manifestieren die Existenz eines profunden geschlechtsspezifischen Unterschiedes im Rahmen der Sexualpsychologie.«[39]

Es ist dies eine weitaus liberalere Sichtweise als die seltsam unbarmherzige Betrachtungsweise der politisch Unfehlbaren, denen zufolge die Ursache dafür, daß Frauen von Nacktheit und Pornographie nicht stärker beeindruckt sind, einzig darin zu suchen sei, daß sie unablässig unterdrückt würden.

Wählerische Männer

Ein Paradoxon deutet sich an. Männer sind in ihrer Phantasie und in ihrem Innersten der Promiskuität und dem Opportunismus ergeben. Echte Opportunisten sind jedoch nicht besonders wählerisch – so würde man annehmen; und doch achten Männer auf das Aussehen einer Frau – mehr noch als Frauen auf das Aussehen von Männern. Ein Sportwagen und ein Spesenkonto können für eine Frau den Frosch zum Prinzen machen, aber auch die reichste Frau kann es sich nicht leisten, häßlich zu sein (in unserer Zeit der plastischen Chirurgie verfügt sie allerdings über gewisse Mittel, ihrer Häßlichkeit abzuhelfen). Ein Mann, der eine Affäre in Erwägung zieht, müßte sich nicht auf das beschränken, was er selbst als gutaussehende Frau empfände – aber er tut es in der Regel. Das ist einigermaßen ungewöhnlich. Ein Gorillamännchen oder ein Beifußhahn entziehen sich der Paarung mit einem Weibchen nicht aus Gründen ihrer Erscheinung. Sie ergreifen jede sich bietende Gelegenheit – unabhängig vom Aussehen der Angebeteten. Die polygamen

Despoten des Altertums lebten zwar der Promiskuität, doch waren sie dabei immer noch wählerisch; ihre Harems bestanden immer aus den Jungen, den Jungfräulichen und den Schönen.
Das Paradoxon ist unlösbar. In welchem Maße ein Tier gleich welchen Geschlechts wählerisch ist, steht, wie wir gehört haben, in einem direkten Zusammenhang zu der elterlichen Pflege, die es seinem Nachwuchs angedeihen läßt. Ein Birkhahn, der außer seinem Sperma nichts investiert, paart sich mit allem, was einem Weibchen auch nur im entferntesten ähnlich sieht: Ein ausgestopfter Vogel oder ein Modell reichen ihm.[40] Ein Albatrosmännchen, das sich ganz der Aufzucht seiner Jungen widmet, ist ungemein argwöhnisch, selektiv und dabei bestrebt, das beste verfügbare Weibchen zu ergattern. Das wählerische Verhalten des Menschen ist also einmal mehr Ausdruck der Tatsache, daß der Mensch in der Tat eine Paarbindung eingeht und in seine Jungen investiert – im Gegensatz zu einigen seiner anspruchslosen Menschenaffen-Cousins. Dies ist eine Hinterlassenschaft seiner in der Vergangenheit gelebten Monogamie: Wähle sorgfältig, denn vielleicht ist es deine einzige Chance. Die ungeheure Faszination, die weibliche Jugend auf einen Mann ausübt, deutet darauf hin, daß Paarbindungen ein Leben lang währten. Hierin sind wir allen anderen Tieren ziemlich unähnlich. Schimpansen finden alte Weibchen nicht weniger attraktiv als junge – vorausgesetzt sie sind brünstig. Die Tatsache, daß Männer Zwanzigjährige bevorzugen, ist ein weiteres Indiz für die Theorie, daß auch der Mann im Pleistozän fürs Leben heiratete.
Die Anthropologin Helen Fisher hat die These vertreten, es gebe eine natürliche Dauer für eine Ehe. Deshalb steigt ihrer Meinung nach die Scheidungsrate nach vier Jahren sprunghaft an. Vier Jahre reichen aus, ein einzelnes Kind über die größte Abhängigkeit hinauszubringen, und Fisher ist der Ansicht, Frauen hätten sich im Pleistozän nach Ablauf dieser Frist einen neuen Ehemann für das nächste Kind gesucht. Ihrer Ansicht nach ist Scheidung daher natürlich. Allerdings gibt es bei dieser These mehrere Schwachstellen. Das Maximum nach vier Jahren repräsentiert in der Sprache der Statistiker nur eine gewisse Häufung von Werten – und nicht einmal eine besonders prominente: Scheidungsraten müssen in irgendeinem Jahr nach der Heirat ihr Maximum erreichen. Zudem geht die Theorie völlig an der Tatsache vorbei, daß Männer grundsätzlich jüngere Frauen bevorzugen und daß Ehemänner weit über die Dauer von vier Jahren hinaus zum Heranwachsen ihrer Kinder

beitragen. Eine Frau, die ihren Mann jeweils vier Jahre nach der Geburt eines Kindes verließe, wäre jedesmal für den folgenden Mann um einiges weniger attraktiv, nicht nur, weil sie immer älter würde, sondern auch, weil sie eine ständig wachsende Anzahl von Stiefkindern mit in die Ehe brächte. Die männliche Vorliebe für junge Partnerinnen ist ein Indiz für lebenslange Partnerschaft.[41]

Bereits ein oberflächlicher Blick auf die Heiratsannoncen der Zeitungen bestätigt, was wir alle wissen: Männer suchen jüngere Frauen, Frauen suche reifere Männer – trotz der Tatsache, daß sie sie mit großer Sicherheit um zehn oder zwanzig Jahre überleben werden. Buss stellte in seiner Studie fest, daß Männer Frauen im Alter von etwa fünfundzwanzig Jahren bevorzugen, das heißt jenseits ihres Reproduktionsmaximums (sie haben bereits einige Jahre versäumt), aber nahe am Zeitpunkt maximaler Fertilität. Allerdings mag dieses Ergebnis irreführend sein, wie einige seiner Kommentatoren feststellen. Erstens, so stellt Don Symons fest, weist eine fünfundzwanzigjährige Frau einer modernen westlichen Gesellschaft vermutlich genauso viele Lebensspuren auf wie eine zwanzigjährige Angehörige irgendeines Stammes. Fragt man Yanonami-Männer, welche Frauen sie bevorzugen, dann antworten sie prompt *moko dude*, das heißt Frauen zwischen der Pubertät und dem ersten Kind. Alles andere einmal beiseite gelassen, ist genau das auch das Ideal westlicher Männer.[42]

Rassismus und Sexismus

Dieses Kapitel hat, beseelt von dem Gedanken, die Unterschiede zwischen den Geschlechtern darzustellen, die Unterschiede zwischen verschiedenen Rassen gänzlich ignoriert, obgleich beide in der Dämonologie moderner Vorurteile oft in einen Topf geworfen werden. In einer abenteuerlichen Gleichung wird das Beharren auf geschlechtsspezifischen Unterschieden dem Beharren auf Rassenunterschieden gleichgesetzt. Sexismus sei der Bruder des Rassismus. Offen gestanden bin ich darüber einigermaßen entsetzt. Ich halte es für ausgesprochen leicht – und angesichts der Beweislage für vernünftig – einzusehen, daß die Unterschiede zwischen Menschen verschiedener Rassen trivial im Ver-

gleich zu denen sind, die sich zwischen Männern und Frauen derselben Rasse auftun.
Nicht, daß es keine ethnischen und kulturellen Unterschiede gäbe. So wie ein Weißer eine andere Hautfarbe hat als ein Schwarzer, so hat er möglicherweise auch einen irgendwie etwas anders gearteten Sinn. Doch angesichts dessen, was wir über Evolution wissen, scheint das nicht sehr wahrscheinlich. Die verschiedenen Arten von Evolutionsdruck, die den menschlichen Geist geformt haben – vorwiegend kompetitive Beziehungen zu Verwandten, verbündeten Stammesangehörigen und Geschlechtspartnern –, waren und sind für Schwarze und Weiße dieselben, und vor allem wirkten sie, bevor die Vorfahren der Weißen Afrika vor einhunderttausend Jahren verließen. Während die Hautfarbe von Umständen wie den klimatischen Bedingungen beeinflußt wurde, die sich zwischen Afrika und Nordeuropa beträchtlich unterschieden, betreffen Probleme wie die Frage danach, welches Wild zu jagen ist oder wie man sich warm oder kalt zu halten hat, den menschlichen Geist nur sehr am Rande. Für dessen Gestaltung ist von weit größerer Bedeutung, daß er mit Mitmenschen umzugehen hat. Dieser Umstand aber ist überall derselbe. Dasselbe heißt in diesem Zusammenhang, dasselbe für Männer und dasselbe für Frauen, nicht aber dasselbe für Männer *und* Frauen.
Hierin liegt der grundlegende Unterschied zwischen Anthropologie und Darwinismus. Anthropologen beharren darauf, daß sich ein Stadtbewohner der westlichen Welt in seinen Gewohnheiten und Gedanken von einem Stammesangehörigen der Buschmänner weit stärker unterscheidet als jeder der beiden von seiner jeweiligen Frau. Eigentlich ist das die Grundlage ihrer Wissenschaft, denn die Aufgabe der Anthropologie ist es, die Unterschiede zwischen Völkern zu untersuchen. Dies hat allerdings die Anthropologen auch dazu verführt, die winzigen Unterschiede der verschiedenen Rassen zu übertreiben und die Flut von Ähnlichkeiten dabei zu ignorieren. Männer kämpfen, konkurrieren, lieben, jagen und geben auf der ganzen Welt an. Es stimmt, Buschmänner kämpfen mit Speeren und Stöcken, die Bewohner Chicagos mit Schußwaffen und Prozessen, Buschmänner streben nach dem Häuptlingsposten, die Bewohner von Chicago versuchen zum Abteilungsleiter aufzusteigen. Die Themen der Anthropologen – Traditionen, Mythen, Handwerk, Sprache, Rituale – bilden für mich nur die oberste Spitze eines Eisbergs. Darunter verborgen sind außerordentlich umfassende Menschheitsthe-

men, die überall auf der Welt gleich und die charakteristisch männlich und charakteristisch weiblich sind. Für einen Marsianer gliche ein Anthropologe, der sich mit Rassenunterschieden beschäftigt, einem Landwirt, der die Unterschiede zwischen den einzelnen Weizenhalmen auf seinem Acker betrachtet. Der Marsianer interessiert sich mehr für die typische Weizenpflanze. Das wirklich Interessante ist das allgemein Menschliche – es sind nicht die Unterschiede.[43]

Eines dieser allgemein menschlichen Dinge ist das sexuelle Rollenverhalten. Edward Wilson drückte es folgendermaßen aus: »In verschiedenen Kulturen sind es die Männer, die handeln und erwerben, während Frauen beschützt und verschachert werden. Söhne stoßen sich die Hörner ab, Töchter laufen Gefahr, ihr Leben zu ruinieren. Wo mit Sex gehandelt wird, sind meist Männer die Käufer.«[44] John Tooby und Leda Cosmides haben ihren Zweifeln an einer kulturbedingten Interpretation dieses allgemeinen Musters sogar noch unverblümter Ausdruck gegeben: »Die Behauptung, ›Kultur‹ könne die menschliche Vielfalt erklären, kann erst dann ernst genommen werden, wenn es Berichte über plündernde Frauen gibt, die Dörfer verwüsten, um Männer gefangenzunehmen, die sie zu Ehemännern machen; wenn Eltern ihre Söhne ins Kloster stecken statt ihrer Töchter, um deren Tugend zu erhalten, oder wenn die Verteilung von Präferenzen hinsichtlich physischer Attraktivität, der Verdienstmöglichkeiten und des relativen Alters in gleich vielen Kulturen in die eine Richtung vorbelastet ist wie in die andere Richtung.«[45]

Es wäre töricht, angesichts der hier erörterten Beweislage das Bestehen geschlechtsspezifischer Unterschiede zu leugnen, es wäre aber nicht weniger töricht, wollte man sie übertreiben. Was Intelligenz betrifft, so gibt es zum Beispiel keinen Grund, anzunehmen, Männer seien dümmer als Frauen oder umgekehrt – aus evolutionärer Sicht gibt es nichts, was dafür spricht, und es gibt keine Ergebnisse, die solches vermuten lassen. Wie bereits erwähnt, gibt es allerdings tatsächlich Befunde, die nahelegen, daß Männer bei abstrakten und räumlich orientierten Aufgabenstellungen besser abschneiden, während Frauen einen Vorsprung bei sprachlichen und sozialen Problemstellungen haben, wodurch die Arbeit eines jeden, der aufgerufen ist, einen geschlechtsneutralen Test zu entwerfen, kolossal erschwert wird. Im Grunde trägt es dazu bei, die alberne Vorstellung von einer einheitlichen Allgemeinintelligenz zu untergraben.

Die Berufung auf geschlechtsspezifische Unterschiede kann aber auch nicht als Entschuldigung für irgend etwas herhalten. Mit den Worten von Anne Moir und David Jessel: »Wir sprechen das Natürliche nicht heilig, nur weil es die biologische Realität ist. Männer beispielsweise haben eine natürliche Veranlagung zu Mord und Promiskuität, was kein Überlebensrezept für eine intakte Gesellschaft sein kann.«[46]

Die Leute scheinen nur allzuleicht den Unterschied zwischen den Worten »ist« und »sollte« zu übersehen. Wenn wir uns dazu entschließen, geschlechtsspezifische Unterschiede zwischen weiblichem und männlichem Verstand durch politische Maßnahmen auszugleichen, dann handeln wir der Natur zuwider – nicht mehr allerdings, als wenn wir Mord per Gesetz verbieten. Uns sollte aber bewußt sein, daß wir damit einen Unterschied ausgleichen und nicht eine neue Identität aufdecken. Wunschdenken, beides möchte dasselbe sein, ist reine Augenwischerei und tut beiden Geschlechtern keinen Gefallen.

Neun

Vom Nutzen der Schönheit

Klagt, Mädchen, klagt nicht Ach und Weh,
Kein Mann bewahrt die Treue,
Am Ufer halb, halb schon zur See
Reizt, lockt sie nun das Neue.

Shakespeare,
Viel Lärm um nichts,
2. Akt, 3. Szene

Derzeit suchen drei verschiedene Arbeitsgruppen amerikanischer Wissenschaftler nach dem »Schwulen-Gen«, einem menschlichen Gen, das dafür verantwortlich sein soll, daß manche Männer homosexuell sind. Alle diese Forscher sind der Ansicht, daß dieses Gen (oder diese Gene) auf dem X-Chromosom liegt, die Sensitivität gegenüber Androgenen (männlichen Hormonen) wie dem Testosteron reguliert und sich bei homosexuellen und heterosexuellen Männern möglicherweise unterscheidet. Sollte sich das bewahrheiten, wird diese Entdeckung viel Wirbel machen.

Das überzeugendste Indiz für die Existenz eines Schwulen-Gens ist die Tatsache, daß zweieiige Zwillinge, die im selben Mutterleib herangereift und im selben Haushalt aufgewachsen sind, nur mit einer Wahrscheinlichkeit von fünfundzwanzig Prozent beide homosexuell sind, eineiige Zwillinge unter denselben Bedingungen jedoch eine Chance von eins zu eins aufweisen. Wenn einer von beiden homosexuell ist, trifft dies mit einer fünfzigprozentigen Wahrscheinlichkeit auch für dessen Bruder zu. Außerdem gibt es Hinweise darauf, daß das Gen von der Mutter stammt und nicht vom Vater.[1]

Wie kann ein solches Gen angesichts der Tatsache, daß Homosexuelle in der Regel keine Kinder haben, überleben? Darauf gibt es zwei mögliche Antworten. Die eine lautet: Das Gen erhöht in demselben Maße, in dem es beim Mann die Fruchtbarkeit einschränkt, die Fruchtbarkeit bei einer Frau. Die zweite Möglichkeit ist spannender. Laurence Hurst und David Haig von der Oxford University sind der Ansicht, das Gen liege vielleicht gar nicht auf dem X-Chromosom. X-Gene sind nicht die einzigen, die nur über die Mutter weitergegeben werden. Auch mitochondriale Gene werden, wie in Kapitel vier beschrieben, auf diese Weise vererbt, und die Hinweise, die dafür sprechen, daß das Gen an eine Region auf dem X-Chromosom gekoppelt ist, sind bislang eher vage. Falls das

Schwulen-Gen sich wirklich in den Mitochondrien befände, könnten Hurst und Haig mit einer genetischen Verschwörungstheorie aufwarten. Vielleicht ist das Schwulen-Gen so etwas wie jene »Männchenkiller«-Gene, die man bei vielen Insekten findet. Es sorgt für die effiziente »Sterilisierung« von Männchen und verursacht so eine Umlenkung erblichen Wohlergehens auf Weibchen. Das hätte (zumindest bis vor kurzem) den Reproduktionserfolg der Nachkommen jener weiblichen Verwandten erhöht, so daß sich das Schwulen-Gen hätte ausbreiten können. Wenn die sexuellen Präferenzen Homosexueller von einem Gen beeinflußt (wenn auch nicht völlig bestimmt) werden, dann ist es wahrscheinlich, daß dies auch für die sexuellen Präferenzen Heterosexueller gilt. Wenn aber unsere Sexualinstinkte in einem solchen Maße von Genen bestimmt werden, dann muß ihre Evolution durch natürliche und sexuelle Selektion erfolgt sein, und das bedeutet, sie müssen in ihrer Beschaffenheit davon gezeichnet sein. Sie sind angepaßt. Es gibt einen Grund dafür, daß schöne Menschen attraktiv sind. Sie sind es deshalb, weil andere Menschen Gene besitzen, die sie dazu veranlassen, schöne Menschen attraktiv zu finden. Die Menschen haben solche Gene, weil jene, die nach Schönheitskriterien vorgegangen sind, mehr Nachkommen hinterlassen haben als jene, die das nicht getan haben. Schönheit ist kein willkürlicher Begriff. Die Erkenntnisse der Evolutionsbiologie sind im Begriff, unsere Ansichten über sexuelle Attraktivität zu verändern, denn sie können endlich mit möglichen Erklärungen dafür aufwarten, weshalb wir manche Geschöpfe schön finden und andere häßlich.

Schönheit als Allgemeingut

Botticellis Venus und Michelangelos David werden beide als schön empfunden. Würden jedoch ein Jäger-Sammler aus dem Neolithikum, ein Japaner oder ein Inuit dem zustimmen? Werden unsere Enkel zustimmen? Ist sexuelle Attraktivität abhängig von der Mode und vergänglich, oder ist sie dauerhaft und unerschütterlich?

Wir alle wissen, wie überkommen und schlicht unattraktiv sich die Mode von vor zehn Jahren in unseren Augen ausnimmt, ganz zu schweigen von der vor hundert Jahren. Männer in Wams und Knickerbockern mögen ja auf die eine oder andere Frau noch sexy wirken, Männer in Gehröcken jedoch sicher nicht. Es ist nicht leicht, sich des Eindrucks zu erwehren, der Sinn eines Menschen für das, was schön und sexy ist, unterliege der jeweiligen Modenorm. Rubens hätte Twiggy nicht als Modell gewählt. Außerdem ist Schönheit schlicht und einfach relativ – wie jeder Strafgefangene wird bezeugen können, der einige Monate ohne den Anblick einer Angehörigen des anderen Geschlechts hat zubringen müssen.

Dennoch hat diese Flexibilität ihre Grenzen. Es ist unmöglich, einen Zeitpunkt zu benenn'en, zu dem Frauen von zehn oder vierzig Jahren als erotischer empfunden wurden als Frauen von zwanzig. Es ist undenkbar, daß ein männlicher Bierbauch jemals auf Frauen anziehend gewirkt haben könnte oder daß hochgewachsene Männer für häßlicher gehalten wurden als untersetzte. Ein fliehendes Kinn ist bestimmt von keinem Geschlecht jemals für schön erachtet worden. Wenn Schönheit eine Modefrage ist, weshalb waren dann Falten und graue Haare, behaarte Rücken und Bardolpho-Nasen nie »in«? Je mehr Dinge sich ändern, um so mehr bleiben sie gleich. Die berühmte Büste der Nofretete, angefertigt vor dreitausenddreihundert Jahren, wird von uns genauso als atemberaubend schön empfunden wie einst von Akhenaten, als er der echten Nofretete den Hof machte.

Übrigens werde ich in diesem Kapitel über die sexuelle Anziehungskraft nahezu ausschließlich weiße Europäer, insbesondere Nordeuropäer, als Beispiel heranziehen. Das hat nichts damit zu tun, daß ich damit die Schönheitsstandards weißer Europäer absolut setzen möchte, sondern nur damit, daß sie die einzigen sind, von denen ich genug weiß, um darüber schreiben zu können. Eine getrennte Untersuchung der Schönheitsstandards schwarzer, orientalischer oder anderer Völker würde den hier gesteckten Rahmen sprengen. Das Problem nämlich, um das es mir hauptsächlich geht, gilt ganz allgemein für alle Menschen: Sind die Maßstäbe der Schönheit Grillen der Kultur oder angeborene Instinkte? Was ist flexibel, was dauerhaft? Ich vertrete in diesem Kapitel die Ansicht, daß man nur dann der Mischung von Kultur und Instinkt wirklich auf die Spur kommen und verstehen kann, weshalb es Merkmale gibt, die der Mode unterworfen sind, und andere, die sich diesem Maßstab widersetzen, wenn man etwas über die Evolution sexueller Anziehungskraft weiß.

Die ersten Hinweise dazu ergeben sich aus der Betrachtung des Inzests.

Freud und die Inzesttabus

Nur sehr wenige Männer haben sexuelle Beziehungen zu ihren Schwestern. Caligula und Cesare Borgia waren berühmte Ausnahmen (zumindest wurde ihnen das nachgesagt). Noch weniger Männer haben sexuelle Beziehungen zu ihrer Mutter, obwohl Freud ihnen unterstellt, ein unstillbares Verlangen danach zu hegen. Weitaus häufiger dagegen werden Töchter von ihren Vätern sexuell mißbraucht – aber auch das geschieht immer noch relativ selten.
Vergleichen wir zwei Erklärungen für diese Tatsachen. Erstens: Menschen tragen ein geheimes Verlangen nach Inzest in sich, können dieses Verlangen jedoch mit Hilfe gesellschaftlicher Tabus und Regeln unterdrücken; zweitens: Menschen finden ihre nächsten Verwandten nicht übermäßig sexuell anziehend, das Tabu befindet sich in ihrem Kopf. Die erste Erklärung stammt von Sigmund Freud. Er vertritt den Standpunkt, daß die erste und intensivste sexuelle Anziehungskraft von dem jeweils andersgeschlechtlichen Elternteil ausgeübt wird. Deshalb, so erklärt er weiter, erlegen alle menschlichen Gesellschaften ihren Mitgliedern strikte und spezifische Inzesttabus auf. Ohne solche Tabus, so läßt er durchblicken, wären wir alle Nachkommen aus Familien, in denen es häufig Inzucht gegeben hätte, und litten unter genetisch bedingten Anomalien.[2]
Freud ging von drei unbewiesenen Voraussetzungen aus. Erstens: Er setzte Anziehungskraft mit sexueller Anziehungskraft gleich. Eine Zweijährige mag ihren Vater lieben, das heißt aber nicht, daß sie ihn begehrt. Zweitens: Er nahm unbewiesenermaßen an, Menschen hätten ein inzestuöses Verlangen. Freudianer behaupten, die Tatsache, daß nur wenige Menschen dieses Verlangen auslebten, sei Ausdruck einer »Unterdrückung dieses Verlangens« – was Freuds Argument unangreifbar macht. Drittens: Er nahm an, gesellschaftliche Regeln bezüglich der Eheschließung zwischen Cousin und Cousine seien »Inzesttabus«. Bis vor nicht allzu langer Zeit hingen sowohl Wissenschaftler als auch Laien

Freuds Überzeugung an, Gesetze, welche Ehen zwischen Cousin und Cousine verbieten, seien dazu da, Inzest und Inzucht zu verhindern. Vielleicht sind sie das gar nicht.

Freuds Rivale auf diesem Gebiet war ein Mann namens Edward Westermarck, der im Jahre 1891 die Ansicht äußerte, Männer unterhielten deshalb keine sexuellen Beziehungen zu ihren Müttern und Schwestern, weil für sie keine besondere Anziehungskraft von Menschen ausgehe, mit denen sie aufgewachsen seien. Westermarcks Idee war einfach. Männer und Frauen können Verwandte nicht als solche erkennen, und deshalb haben sie keine Möglichkeit, der Inzucht bewußt aus dem Wege zu gehen. (Wachteln sind merkwürdigerweise dazu in der Lage: Sie erkennen Brüder und Schwestern auch dann, wenn sie getrennt aufgezogen wurden.) Aber sie können sich einer einfachen psychologischen Regel bedienen, die in neunundneunzig von hundert Fällen dazu taugt, eine inzestuöse Verbindung zu verhindern. Sie können es vermeiden, sexuelle Beziehungen zu solchen Menschen einzugehen, die sie von frühester Kindheit an sehr gut kennen. Damit erreicht man eine sexuelle Aversion gegenüber seinen nächsten Verwandten. Das verhindert zwar zugegebenermaßen keine Ehen zwischen Cousin und Cousine, aber dagegen ist im Grunde nicht allzuviel einzuwenden: Das Risiko, daß aus einer solchen Beziehung ein nachteiliges rezessives Gen hervorgeht, ist gering, und die Vorteile einer genetischen Allianz zur Erhaltung von Genkomplexen, die der Kooperation miteinander angepaßt sind, überwiegen es vermutlich. (Wachteln ziehen es vor, sich mit Cousins ersten Grades zu paaren, statt mit Fremden.) Natürlich wußte Westermarck dies nicht, aber es stützt sein Argument, denn es macht deutlich, daß die einzigen inzestuösen Verbindungen, die Menschen vermeiden sollten, die zwischen Bruder und Schwester und zwischen Eltern und Kind sind.[3]

Aus Westermarcks Theorie lassen sich einige einfache Vorhersagen ableiten: Stiefgeschwister sollten sich im allgemeinen nicht zueinander hingezogen fühlen, es sei denn, sie sind getrennt aufgewachsen. Sehr enge Kindheitsfreundschaften dürften demnach in der Regel nicht in eine Ehe münden. Die besten Indizien dafür stammen aus zwei Quellen: aus den israelischen Kibbuzim und aus einem alten chinesischen Heiratsbrauch. In den Kibbuzim werden die Kinder zusammen mit nichtverwandten Freunden in Krippen erzogen. Es bilden sich lebenslange Freundschaften, aber Ehen zwischen Krippenfreunden sind sehr selten.

In Taiwan praktizieren manche Familien die *shim-pua*-Heirat, bei der ein Mädchen vom Säuglingsalter an in der Familie ihres künftigen Ehemannes aufwächst. Sie heiratet also auf diese Weise ihren Stiefbruder. Diese Ehen bleiben häufig kinderlos, in erster Linie deshalb, weil sich die beiden Partner gegenseitig unattraktiv finden.[4] Dagegen ist es umgekehrt häufig der Fall, daß sich zwei getrennt aufgewachsene Geschwister ineinander verlieben, wenn sie einander im richtigen Alter begegnen.

All das fügt sich zu einem Bild sexuellen Desinteresses zwischen Menschen, die während ihrer Kindheit enge Kontakte zueinander hatten. Geschwisterlicher Inzest wird so, wie Westermarck angenommen hatte, durch die fehlende sexuelle Anziehungskraft der Geschwister zueinander verhindert. Westermarcks Theorie sagt aber noch etwas voraus: Wenn es zum Inzest kommt, dann zwischen Eltern und Kind, insbesondere zwischen Vater und Tochter, weil zum einen der Vater jenseits des Alters ist, in dem Vertrautheit zum sexuellen Desinteresse führt, und zum anderen, weil es meist die Männer sind, die eine sexuelle Beziehung beginnen. Und natürlich ist das die häufigste Form des Inzests.[5]

Dies alles widerspricht Freuds These, Inzesttabus seien dazu da, den Menschen inzestuöse Beziehungen zu verbieten. Im Grunde setzt Freuds Theorie sogar voraus, daß der Evolutionsdruck bei der Schaffung eines Mechanismus zur Verhinderung von Inzest nicht nur versagt, sondern das Entstehen nachteiliger inzestuöser Instinkte sogar gefördert hat, die nun durch Tabus unterdrückt werden müssen. Freudianer haben Westermarcks Theorie häufig mit dem Argument kritisiert, sie leugnete die Notwendigkeit von Inzesttabus insgesamt. Tatsächlich aber gibt es nur sehr selten Inzesttabus, die sich mit der Eheschließung innerhalb der Kernfamilie befassen. Die von Freud beobachteten Tabus befassen sich nahezu ausnahmslos mit dem gesetzlichen Verbot der Eheschließung zwischen Cousin und Cousine. In den meisten Gesellschaften besteht keine Notwendigkeit, den Inzest innerhalb der Kernfamilie zu verbieten, denn es besteht so gut wie kein Risiko dafür.[6]

Weshalb also gibt es Tabus? Claude Lévi-Strauss ist Vater einer anderen Theorie, der Bündnistheorie, welche die Bedeutung von Frauen als Handelsware zwischen verschiedenen Stämmen hervorhebt, weshalb man nicht zulassen konnte, daß sie innerhalb des Stammes heirateten. Da sich die Anthropologen jedoch noch nie darauf haben einigen können, was Lévi-Strauss im einzelnen gemeint hat, ist es sehr schwer, seine

Theorie zu überprüfen. Nancy Thornhill vertritt die These, die sogenannten Inzesttabus seien eigentlich von reichen Männern aufgestellte Heiratsregeln, die verhindern sollen, daß ihre Rivalen durch die Heirat mit Cousinen Wohlstand anhäufen. Sie haben ihrer Ansicht nach überhaupt nichts mit Inzest zu tun, sondern lediglich mit Macht.[7]

Wie man alten Buchfinken neue Tricks beibringt

Die Inzestgeschichte ist ein schönes Beispiel dafür, wie sehr Angeborenes und Erworbenes miteinander verwoben sind. Die Vermeidung von Inzest hat – wie oben ausgeführt – wahrscheinlich einen sozialen Ursprung. So gesehen spielt die Genetik dabei keine Rolle. Und doch hat die Sache mit Genetik zu tun, denn das Verhalten ist nicht erlernt: Es entwickelt sich im Gehirn von selbst. Der Instinkt, keine Kindheitsfreunde zu heiraten, ist angeboren, die Merkmale, an denen man diese Freunde erkennt, werden erlernt.

Eine der faszinierendsten Eigenschaften tierischer Gehirne ist die jugendliche Prägephase, in der etwas erlernt werden kann, was nicht wieder verlorengeht oder überdeckt wird. Konrad Lorenz machte die Entdeckung, daß Hühner- und Gänseküken auf den ersten beweglichen Gegenstand »geprägt« werden, der ihnen nach der Geburt begegnet – meist handelt es sich dabei um ihre Mutter, seltener um einen österreichischen Zoologen – und dem sie ab dann bevorzugt folgen. Wenige Stunden oder zwei Tage alte Küken aber werden nicht geprägt. Am empfänglichsten für eine Prägung sind sie im Alter zwischen dreizehn und sechzehn Stunden. Während dieser Zeit manifestiert sich das Bild der von ihnen bevorzugten Leitfigur in ihren Köpfen.

Dasselbe gilt, wenn ein Buchfink seinen Gesang erlernt. Falls er keinen anderen Buchfinken singen hört, wird er den typischen Gesang seiner Art niemals erlernen. Hört er keinen anderen Buchfinken, bis er ausgewachsen ist, lernt er den richtigen Gesang nie, sondern bringt einen kümmerlichen »Halbgesang« hervor. Auch wenn er im Alter von nur wenigen Tagen einen anderen Buchfinken hört, wird er den Gesang nicht erlernen. Nur dann, wenn die Begegnung während der Prägephase im

Alter von zwei Wochen bis zu zwei Monaten stattfindet, wird er lernen, richtig zu singen; danach verändert er seinen Gesang durch Nachahmung nicht mehr.[8]

Beim Menschen lassen sich ohne weiteres ebenfalls Beispiele für ein solches Lernen in bestimmten Phasen finden. Wenige Leute verändern ihren Akzent jenseits des Alters von etwa fünfundzwanzig Jahren, nicht einmal dann, wenn sie von den Vereinigten Staaten nach Großbritannien umziehen. Wechseln sie jedoch im Alter von zehn oder fünfzehn Jahren das Land, dann nehmen sie einen britischen Akzent rasch an. Sie verhalten sich damit genau wie Weißkehl-Ammerfinken, die mit dem »Dialekt« des Ortes singen, an dem sie sich im Alter von zwei Monaten befunden haben.[9] Ebenso sind Kinder in der Lage, sich fremde Sprachen sehr rasch durch den bloßen Umgang damit anzueignen, wohingegen Erwachsene sie mühsam erlernen müssen. Wir sind zwar keine Küken oder Buchfinken, aber auch wir haben bestimmte Phasen, in denen wir uns im Rahmen einer Anpassungsreaktion Vorlieben und Gewohnheiten aneignen, die sich später nur schwer verändern lassen.

Dieses Konzept des prägenden Lernens steht vermutlich auch hinter Westermarcks Inzest-Vermeidungsinstinkt. Wir sind sexuell desinteressiert gegenüber denen, mit denen wir während einer entscheidenden Phase unserer Entwicklung zusammen waren. Niemand weiß über diese Phase etwas Genaueres, doch läßt sich mit einer gewissen Berechtigung annehmen, daß sie irgendwann zwischen dem achten bis vierzehnten Lebensjahr, also in den Jahren vor dem Beginn der Pubertät liegt. Unser gesunder Menschenverstand sagt uns, daß auch die sexuelle Orientierung auf eine solche Weise festgelegt werden muß: Eine genetische Prädisposition (Veranlagung) trifft in einer kritischen Phase der Entwicklung auf entsprechende Vorbilder. Erinnern wir uns an das Schicksal des Buchfinkenjungen: Sechs Wochen lang ist es empfänglich dafür, den Buchfinkengesang zu erlernen. Während dieser sechs Wochen aber hört es alle möglichen Dinge: In meinem Garten zum Beispiel Autos, Telefone, Rasenmäher, Donner, Krähen, Hunde, Spatzen und Stare. Und doch imitiert es nur den Gesang des Buchfinken. (Wäre es eine Drossel oder ein Star, könnte es in der Tat einige der anderen Geräusche nachahmen – ein Vogel in Großbritannien brachte es fertig, das Geräusch eines klingelnden Telefons nachzuahmen, und richtete einiges Unheil unter friedlich sonnenbadenden Anwohnern an[10].) Beim Lernen ist so etwas häufig der Fall: Seit den Arbeiten von Niko Tinbergen und

Peter Marler aus den sechziger Jahren ist wohlbekannt, daß Tiere nicht alles und jedes lernen; sie lernen, was ihre Gehirne lernen »wollen«. Männer fühlen sich dank des Zusammenwirkens ihrer Gene und ihrer Hormone instinktiv zu Frauen hingezogen, in einer bestimmten Phase unterliegt dieser Hang jedoch einem starken Einfluß von Rollenbildern, Gruppenzwang und eigenem Willen. Es gibt Lernen, aber es gibt auch bestimmte Prädispositionen.

Ein heterosexueller Mann hat am Ende seiner Pubertät mehr als nur eine allgemeine sexuelle Präferenz für alle Frauen. Er hat eine genaue Vorstellung von schön und häßlich. Manche Frauen faszinieren ihn, andere sind ihm gleichgültig, wieder andere findet er abstoßend. Ist das auch etwas, was ihm durch eine Mischung aus Genen, Hormonen und sozialem Druck zugefallen ist? Vermutlich ja, die interessante Frage aber ist: Wieviel von jedem? Wäre der soziale Druck alles, dann wären die Bilder und Lehren, die wir Jugendlichen durch Filme, Bücher und Werbung vermitteln, von entscheidender Bedeutung. Wenn nicht, dann ist die Tatsache, daß Männer beispielsweise schlanke Frauen bevorzugen, von Genen und Hormonen bestimmt und keine kurzlebige Mode.

Stellen Sie sich vor, Sie wären Marsianer und interessierten sich für Beobachtungen am Menschen, ebenso wie William Thorpe sich für Buchfinken interessierte. Sie wollen herausfinden, woher Menschen ihre Schönheitsstandards beziehen. Also isolieren sie Jungen und führen einem Teil davon endlos Filme vor mit dicken Männern, die dicke Frauen anbeten und von diesen angebetet werden, während schlanke Männer und Frauen verschmäht werden. Andere lassen Sie bar jeden Kontakts zu Frauen aufwachsen, so daß bei ihnen im Alter von zwanzig Jahren die Entdeckung, daß es Frauen gibt, einen regelrechten Schock auslöst.

Es ist recht aufschlußreich, darüber zu spekulieren, wie das Experiment des Marsianers wohl ausgeht. Was nun folgt, ist der Versuch, aus sehr viel weniger drastischen Experimenten und Tatsachen dasselbe Ergebnis zusammenzustückeln. Welche Art Frau würde ein Mann vorziehen, der noch nie Frauen gesehen und sich von dem Schock einer ersten Begegnung mit ihnen erholt hat? Alte oder junge? Dicke oder dünne? Und würde der Mann, der in dem Glauben aufgewachsen ist, dick sei schön, wirklich dicke Frauen schlanken Fotomodellen vorziehen?

Vergessen Sie nicht den Grund dafür, daß wir uns hier mit männlichen Präferenzen beschäftigen. Aus dem letzten Kapitel haben wir gelernt, daß Männer mehr auf die physische Erscheinung einer Frau achten als umgekehrt und daß dies einen guten Grund hat: Jugend und Schönheit eignen sich als Hinweise auf den Wert einer Frau als potentielle Mutter besser als auf den Wert eines Mannes als potentiellen Vater. Frauen sind Jugend und Gesundheit nicht gleichgültig, doch legen sie mehr Wert auf andere Qualitäten als Männer.

Schlanke Frauen

Mode aber ändert sich. Wenn Schönheit eine Frage der Mode ist, kann sie sich ändern, wie sehr auch immer sie einem Diktat unterworfen sein mag. Betrachten wir einen Aspekt, hinsichtlich dessen sich die Definition von Schönheit in den vergangenen paar Jahren offenbar drastisch geändert hat. Der Herzogin von Windsor wird die Feststellung zugeschrieben, eine Frau könne »weder zu reich noch zu schlank sein«, doch selbst sie wäre angesichts der Abgezehrtheit eines modernen Fotomodells vermutlich sprachlos. Um es mit den Worten Roberta Seids auszudrücken, Schlankheit war in den fünfziger Jahren ein Mangel, in den sechziger Jahren wurde sie zum »Mythos«, zur »Sucht« in den siebziger und zur »Religion« in den achtziger Jahren.[11] Tom Wolfe prägte für Frauen aus der New Yorker Gesellschaft, die der Mode wegen hungern, den Begriff der »Society-Röntgenbilder«. Das Körpergewicht der zur Miss Amerika gekürten Frauen wird mit jedem Jahr geringer, ebenso das der *Playboy*-Pin-ups. Bei beiden Kategorien liegt das Körpergewicht der Betreffenden fünfzehn Prozent unter dem alterstypischen Durchschnitt.[12] Schlankheitsdiäten füllen die Zeitungen und die Brieftaschen von Scharlatanen. Anorexie und Bulimie, Krankheiten, die durch übermäßiges Abnehmen entstehen können, bringen junge Frauen um oder machen sie zu Pflegefällen.
Dabei fällt eines schmerzhaft ins Auge: Es gibt keine Vorliebe für den Durchschnitt. Selbst wenn man davon ausgeht, daß die vorherrschende Ernährung mit billigen und aufbereiteten Nahrungsmitteln Frauen im Durchschnitt sehr viel fülliger macht, als sie es vor ein- oder zweitausend Jahren gewesen sein mögen, um die gertenschlanke Figur zu bekommen, die derzeit in Mode ist, müssen Frauen extrem viel auf sich nehmen. Zudem war es für Männer sicher nie von Vorteil, die dünnste ver-

fügbare Frau zu heiraten. Heute wäre das ebenso wie im Pleistozän eine recht sichere Methode, die am wenigsten fruchtbare Frau zu wählen: Bereits mit einer Körperfettmenge von zehn bis fünfzehn Prozent unter dem Normalwert läuft eine Frau Gefahr, unfruchtbar zu werden. Tatsächlich existiert eine (weit hergeholte) Theorie, daß die weitverbreitete Schlankheitsbesessenheit junger Frauen eine im Laufe der Evolution entstandene Strategie sein soll, um eine zu frühe beziehungsweise eine Schwangerschaft, die vor der Zusicherung des Mannes eintritt, die Frau zu unterstützen, zu verhindern. Allerdings trägt das nicht dazu bei, die männliche Vorliebe für schlanke Frauen zu erklären, die eine ausgesprochen schlechte Anpassung darzustellen scheint.[13]

Wenn die männliche Vorliebe für Schlankheit schon paradox ist, wieviel erstaunlicher ist dann die Tatsache, daß sie obendrein neu zu sein scheint. In der Bildhauerei und Malerei läßt sich bis in die Renaissance zurückverfolgen, daß einst durchaus füllige Frauen als schön galten. Es gibt Ausnahmen. Nofretetes Hals ist der einer schlanken, eleganten Frau. Botticellis Venus läßt sich beim besten Willen nicht als übergewichtig bezeichnen. Im viktorianischen Zeitalter diente man eine Zeitlang dem Götzen Wespentaille in einem solchen Maße, daß viele Frauen sich mit extrem festen Korsagen schnürten, manch eine ließ sich sogar ein Paar Rippen entfernen, um ihren Taillenumfang zu verringern. Lillie Langtry konnte ihre Taille von siebenundvierzig Zentimetern mit beiden Händen umspannen – selbst die schlanksten Fotomodelle unserer Tage haben einen Taillenumfang von mindestens zweiundfünfzig Zentimetern. Hinweise darauf, daß fülligere Frauen durchaus attraktiver sein können als sehr dünne, finden sich aber nicht nur in unserem eigenen Kulturkreis. Auf der ganzen Welt findet man eine auffällige und deutlich ausgesprochene Vorliebe für fülligere Frauen, und in vielen Entwicklungsländern werden schlanke Frauen gemieden.

Robert Smuts von der University of Michigan steht auf dem Standpunkt, Magerkeit sei einst sehr verbreitet und stets Ausdruck relativer Armut gewesen. Heute findet sich die armutsbedingte Form der Magerkeit nur in den Entwicklungsländern. In den Industrienationen dagegen sind es wohlhabende Frauen, die in der Lage sind, sich eine fettarme Ernährung zu leisten und ihr Geld für Sport und Fitneß auszugeben. Schlankheit ist zu dem geworden, was einst die Körperfülle war: zu einem Statussymbol. Smuts ist der Ansicht, die männliche Vorliebe orientiere sich an den jeweiligen Statussymbolen und habe sich daher einfach geändert. Vermutlich ist dies über eine Änderung der Assoziation erfolgt: Ein heranwachsender junger Mann wird heutzutage stets und ständig mit einer Verknüpfung von Schlankheit und Wohlstand konfrontiert, vor allem seitens der Modeindustrie. Sein Unterbewußtsein beginnt, diese Assoziation während seiner »Prägephase« zu verinnerlichen, und wenn er sich sein weibliches Ideal zurechtlegt, dann wird er es entsprechend schlank sein lassen.[14]

Statusbewußtsein

Unglückseligerweise widerspricht diese Theorie den Schlußfolgerungen am Ende des letzten Kapitels. Denn man nimmt an, daß Frauen besonders aufmerksam hinsichtlich des Sozialstatus ihres potentiellen Gefährten sind, die Männer aber nicht. Soziobiologen vertreten die Ansicht, Männer bewerteten das Aussehen einer Frau nicht als Ausdruck ihres Wohlstands, sondern als Hinweis auf ihr Reproduktionspotential. Und doch haben wir es hier offensichtlich mit Männern zu tun, die die Taillenweite einer Frau offenbar als Hinweis auf deren Bankkonto werten und augenscheinlich unfruchtbarer Magerkeit nachlaufen.

Verschiedene Untersuchungen machen ganz unzweifelhaft klar, daß schöne Frauen und reiche Männer sehr viel häufiger zusammenkommen als reiche Frauen und schöne Männer. In einer Untersuchung erwies sich die physische Erscheinung einer Frau als ein weitaus verläßlicherer Hinweis auf den Sozialstatus ihres Ehemannes als ihr eigener sozioökonomischer Status, ihre Intelligenz oder ihre Bildung – eine relativ überraschende Feststellung, wenn man bedenkt, wie viele Menschen innerhalb ihres eigenen sozioökonomischen Status, auf gleichem Intelligenz- oder Bildungsniveau heiraten.[15] Wenn Männer die äußere Erscheinung als Hinweis auf den Status werten, weshalb verwenden sie dann nicht das eigentliche Wissen um den Status?

Im Gegensatz zur weiblichen Schlankheit sind männliche Statussymbole in aller Regel »ehrlich«: Wären sie das nicht, blieben sie nicht als solche erhalten. Nur der allerbeste Schwindler ist in der Lage, verschwenderischen Lebenswandel vorzugaukeln oder über längere Zeit mit Prahlereien über seinen Einfluß und seinen Status davonzukommen. Was die

Schlankheit betrifft, ist die Sache weitaus komplizierter, denn einst war es für arme Frauen von niederem sozialem Rang leichter, schlank zu sein, als für wohlhabende Frauen von hohem Rang. Selbst heutzutage, wo arme Frauen sich nur eine minderwertige Ernährung leisten können, während wohlhabende Frauen Salat essen, läßt sich nur schwer der Standpunkt vertreten, alle schlanken Frauen seien wohlhabend und alle dicken Frauen arm.[16]

Der Versuch, Status und Magerkeit miteinander zu verknüpfen, ist demnach nicht übermäßig überzeugend. Magerkeit eignet sich als Hinweis auf den Wohlstand kaum, und im übrigen sind Männer ohnehin nicht so sehr an Status und Wohlstand einer Frau interessiert. Genaugenommen führt das Argument zum Zirkelschluß: Sozialstatus und Schlankheit sind der männlichen Vorliebe für Schlankheit wegen miteinander verknüpft. Meiner Ansicht nach ist die Erklärung, die Schlankheit einer Frau wirke deshalb auf Männer, weil sie einen Hinweis auf den Status der Frau berge, wenig überzeugend.

Das Problem ist, daß ich nicht weiß, was ich an seine Stelle setzen soll. Nehmen wir an, es trifft zu, daß die Männer zu Zeiten Rubens' füllige Frauen bevorzugten und daß sie heute eine Vorliebe für schlanke Frauen hegen. Nehmen wir weiterhin an, die Männer haben irgendwann zwischen den fülligen Matronen Rubensscher Gemälde und den »Eine-Frau-kann-gar-nicht-schlank-genug-sein«-Tagen der Wallis Simpson aufgehört, die dickste oder irgendein mittelstarkes Ideal zu bevorzugen, und statt dessen begonnen, die schlankste Frau in ihrem Umkreis zu verehren. Ronald Fishers Theorie der sexuellen Selektion bietet eine mögliche Erklärung dafür, wie es zu dem Anpassungsdruck auf die Männer gekommen sein kann. Wenn ein Mann eine schlanke Frau bevorzugte, hatte er möglicherweise schlanke Töchter, die wiederum die Aufmerksamkeit ranghöherer Männer erregten, denn auch andere Männer bevorzugten Schlankheit. Mit anderen Worten: Eine Frau konnte vielleicht aufgrund ihrer Schlankheit nicht so viele Kinder bekommen wie eine dickere Frau, sie konnte aber davon ausgehen, daß sie mit einer höheren Wahrscheinlichkeit ihre Töchter gut verheiraten und durch den so erworbenen Wohlstand in die Lage versetzen konnte, mehr Kinder erfolgreich aufzuziehen. Ein Mann, der eine schlanke Frau heiratete, hatte somit unter Umständen mehr Enkel als jemand, der eine dickere Frau heiratete. Stellen Sie sich nun noch vor, daß eine kulturbedingte sexuelle Präferenz sich durch Nachahmung ausbreitet und daß junge

Männer die Gleichung »schlank gleich schön« durch die Beobachtung des Verhaltens anderer übernehmen. Sie stünden unter einem Anpassungsdruck (so wie die Tendenz der Beifußhennen, einander bei der Partnerwahl zu imitieren, einen Anpassungsdruck darstellt), denn ignorierten sie die jeweilige kulturbedingte Präferenz für füllige beziehungsweise für schlanke Frauen, riskierten sie, ihre Töchter zu alten Jungfern werden zu lassen, wie eine Pfauenhenne Gefahr läuft, daß ihre Söhne Junggesellen bleiben, wenn sie einen Partner mit kurzem Schwanz wählt. Mit anderen Worten: Solange die Vorliebe kulturbedingt, das bevorzugte Merkmal aber genetisch bedingt ist, bleibt Fishers Erkenntnis, daß Mode ein Diktat darstellt, unangetastet.[17]

Ich muß allerdings gestehen, daß mich alle diese Überlegungen nicht wirklich überzeugen. Wenn Mode ein Diktat ist, dann ließe sie sich nicht ohne weiteres ändern. Es bleibt ein Rätsel, wie Männer damit aufhören konnten, füllige Frauen zu bevorzugen, ohne sich dadurch selbst die Chance auf konkurrenzfähigen Nachwuchs zu nehmen. Es ist nicht leicht, sich des Eindrucks zu erwehren, daß die Mode, füllige Frauen zu bevorzugen, sich nicht unter einem bestimmten Anpassungsdruck geändert haben kann. Entweder hat sie sich spontan und ohne besonderen Grund geändert, oder Männer haben schon immer eine eher schlanke Figur bevorzugt.

Die Bedeutung der Taillenweite

Des Rätsels Lösung mag sich aus den Arbeiten eines phantasievollen indischen Psychologen namens Devendra Singh, nunmehr an der University of Texas in Austin, ergeben. Er stellte fest, daß der Körper einer Frau im Gegensatz zu dem eines Mannes zwischen Pubertät und mittlerem Lebensalter zwei bemerkenswerte Veränderungen erfährt. Ein Mädchen von zehn Jahren hat eine Figur, die sich von der, die sie mit vierzig haben wird, nicht übermäßig unterscheidet. Plötzlich aber ändern sich ihre Maße: Das Verhältnis von Taillenweite zu Brust- und Hüftumfang sinkt rasch. Mit dreißig nimmt es erneut zu, wenn ihr Busen an Festigkeit verliert und ihre Taille breiter wird. Dieses Verhältnis von Taillen- zu Brust- und Hüftumfang ist nicht nur deshalb bekannt, weil man es als »Maße« einer Frau bezeichnet, sondern es wurde vor allem in der Mode stets und ständig betont: Mieder, Korsagen, Reifröcke und Krinolinen waren dazu da, Taillen im Verhältnis zu Busen und Gesäß schmal erscheinen zu lassen. Büstenhalter, -einlagen, Schulterpolster (durch welche die Taille schmaler wirkt) und enge Gürtel sind heute an ihre Stelle getreten.

Singh erkannte, daß sich zwar das Gewicht der *Playboy*-Pin-ups deutlich änderte, daß das Verhältnis von Taillenweite zu Brust- und Hüftumfang jedoch gleichblieb. Erinnern wir uns, daß Bobbi Low von der University of Michigan den Standpunkt vertritt, Fettgewebe auf Gesäß und Brust erwecke den Eindruck eines breiten Beckens und eines großen Milchdrüsengewebes, während eine schlanke Taille anzuzeigen scheine, daß diese Merkmale eben nicht auf Fettgewebe zurückzuführen seien. Singhs Theorie unterscheidet sich ein wenig von Lows Theorie, weist aber erstaunliche Parallelen auf. Er ist der Ansicht, ein Mann finde innerhalb vernünftiger Grenzen nahezu jedes Gewicht einer Frau attraktiv, solange ihre Taille deutlich schlanker sei als ihre Hüften.[18]

Falls Ihnen das töricht vorkommt, betrachten Sie einmal die Ergebnisse aus Singhs Experimenten. Er zeigte männlichen Testpersonen zunächst vier Versionen desselben Fotos, auf dem Taille und Hüftregion einer jungen Frau in Shorts abgebildet waren. Jedes Foto war ein wenig retuschiert und zeigte ein jeweils unterschiedliches Verhältnis von Taillen- zu Hüftweite. Die Männer entschieden sich einstimmig, die Version mit der schlanksten Taille sei die attraktivste. Das Ergebnis an sich ist nicht sonderlich überraschend, bemerkenswert ist allerdings, daß es einstimmig erzielt wurde. Als nächstes zeigte er seinen Testpersonen eine Reihe von zeichnerischen Darstellungen der weiblichen Figur, in denen sich sowohl das Gewicht als auch das Verhältnis von Taillen- zu Hüftumfang änderte. Das Testergebnis: Eine füllige Frau mit schlanker Taille wurde in aller Regel einer schlanken Frau mit einer verhältnismäßig weniger schlanken Taille vorgezogen.

Singhs Interesse gilt in erster Linie der Anorexie, der Bulimie und der Besessenheit bereits schlanker Frauen, weiter abzunehmen. Seiner Ansicht nach sind relativ schlanke Frauen, die sich einer Diät unterziehen, dazu verdammt, sich mit noch weniger Gewicht nie attraktiver fühlen zu können, weil bei ihnen eine Diät keinen Einfluß auf das Verhältnis von Taillen- zu Hüftweite hat – wenn sich überhaupt etwas ändert, dann wird

die Taille in Relation zum Hüftumfang weniger schlank, weil nur dieser durch den Gewichtsverlust schrumpft.
Warum sollte das Verhältnis Taillen- zu Hüftweite von Bedeutung sein? Singh erklärt, daß eine »gynoide« Fettverteilung - mehr Fettgewebe auf den Hüften, weniger in der Körpermitte oder am Oberkörper - mit den hormonellen Veränderungen assoziiert ist, die mit weiblicher Fruchtbarkeit einhergehen. Eine »androide« Fettverteilung - Fett am Bauch, schlanke Hüften - dagegen ist mit männlichen Erkrankungen assoziiert, beispielsweise mit Herzerkrankungen, sogar bei Frauen. Was aber ist hier Ursache und was Folge? Ich halte es für wahrscheinlicher, daß die typisch weibliche Figur ebenso wie die Hormonwirkungen auf sexuelle Selektion zurückzuführen sind, das heißt, daß die weibliche Körperform eher ein Ergebnis der Konkurrenz um Männer ist, als daß sie irgendeiner anderen biologischen Erfordernis entspringt. Unbewußt haben Männer als selektive Züchter der weiblichen Gestalt gewirkt.
Low kann mit einer möglichen Erklärung für die männliche Vorliebe aufwarten - Frauen mit breitem Becken gebären ihre Kinder müheloser. Bei den meisten Menschenaffen ist das Gehirn der Jungen bei der Geburt erst halb entwickelt, bei menschlichen Babys nur zu einem Drittel, und sie verbringen angesichts der langen Lebensspanne des Menschen weit weniger Zeit im Mutterleib, als dies bei anderen Säugetieren die Regel ist. Der Grund dafür liegt auf der Hand. Wäre die Beckenöffnung, durch die wir geboren werden (der Geburtskanal) beträchtlich größer, dann könnten unsere Mütter nicht mehr gehen. Die Breite der menschlichen Hüften erreichte eine Grenze, über die sie nicht hinausgehen konnte. Da das Gehirn immer größer wurde, war ein früherer Geburtstermin die einzige Möglichkeit, die der Spezies blieb. Man stelle sich den Evolutionsdruck dieser Vorgänge auf die weibliche Hüftweite vor. Für einen Mann war es grundsätzlich eine gute Entscheidung, unter den für ihn verfügbaren Frauen diejenige mit den breitesten Hüften zu wählen - Generation für Generation über Millionen von Jahren hinweg. Ab einem gewissen Punkt konnten die Hüften nicht mehr breiter werden, Männer hatten die Präferenz jedoch noch immer - so kam es dazu, daß nunmehr Frauen mit schlanker Taille bevorzugt wurden, bei denen es durch den Gegensatz zur Hüftbreite zu dem Eindruck kommt, sie hätten ein breites Becken.[19]

Jugend gleich Schönheit?

Eine ganze Reihe von augenfälligen Merkmalen, nach denen die Schönheit einer Frau beurteilt wird, schwinden mit dem Alter rapide: makellose Haut, volle Lippen, klare Augen, feste Brüste, schmale Taille, schlanke Beine, sogar blondes Haar, das bei den meisten Menschen – von den extrem nordischen Typen einmal abgesehen – ohne chemische Zusatzstoffe selten die Dreißig erreicht. Bei diesen Dingen handelt es sich im Sinne von Kapitel fünf um ehrliche Handicaps: Sie sprechen eine deutliche Sprache hinsichtlich des wahren Alters, das sich nur mit viel Mühe mittels Schönheitschirurgie, Make-up oder Schleier verbergen läßt.

Man weiß seit langem, daß von Europäern blondes Haar bei einer Frau als schöner erachtet wird als braunes oder schwarzes. Bereits im alten Rom färbten Frauen ihre Haare blond. Im Italien des Mittelalters galten blondes Haar und große Schönheit als untrennbare Einheit; in Großbritannien sind die Worte blond und schön Synonyme.[20] Blondes Haar bei einem Erwachsenen ist möglicherweise ein durch sexuelle Selektion entstandenes ehrliches »Handicap« – wie die Schwanzfedern der Schwalben. Das Gen für blondes Haar im Kindesalter kommt in Europa (und merkwürdigerweise bei den australischen Aborigines) relativ häufig vor. Wenn es nun irgendwann in der jüngeren Vergangenheit der Menschheitsgeschichte – möglicherweise in der Nähe von Stockholm – zu einer Mutation gekommen ist, die bewirkt hat, daß blonde Haare nicht vor dem dreißigsten Lebensjahr dunkel werden, hat jeder Mann mit einer genetischen Präferenz für blonde Haare sicher sein können, eine *junge* Frau zu heiraten, was – in einer bis zum Hals bekleideten Zivilisation – anderen Männern nicht unbedingt gelang, weil sie das wahre Alter der Frauen nicht abschätzen konnten. Aus diesem Grunde hätten die Männer blonder Frauen mehr Nachfahren hinterlassen, und die Präferenz für blondes Haar hätte sich ausgebreitet. Damit wiederum hätte sich auch das Merkmal verbreitet, denn es wäre in der Tat ein ehrliches Indiz für die weibliche Reproduktionsfähigkeit gewesen. Daraus würde folgen: Blondinen bevorzugt.[21]

Wahrscheinlicher aber ist in diesem Zusammenhang, daß die Vorliebe für blondes Haar bei nordeuropäischen Männern – wenn sie denn existiert – ein kulturbedingtes Merkmal ist, das sich durch die Assoziation von Blondheit und Jugend im Mann unbewußt entwickelt hat – eine Assoziation im übrigen, welche die Kosmetikindustrie massiv zu untergraben sucht. Der Effekt ist jedoch derselbe: eine genetische Veränderung, die durch sexuelle Selektion entstanden ist. Eine alternative Theorie müßte irgendeinen natürlichen Vorteil für blondes Haar fordern – zum Beispiel den Zusammenhang mit heller Haut, welche die Absorption von UV-Licht zur Vorbeugung eines Mangels an Vitamin D erlaubt. Nun ist die Haut bei blonden Schweden allerdings nicht wesentlich heller als bei dunkelhaarigen Schweden; wirklich helle Haut tritt meist zusammen mit rotem Haar auf.

Bis vor kurzem war die sexuelle Selektion so etwas wie die letzte Zuflucht, wenn alle Erklärungsversuche im Rahmen einer natürlichen Selektion durch Umweltbedingungen versagten. Aber warum sollte das so sein? Weshalb ist es einsichtiger, davon auszugehen, daß blondes Haar bei den Balten aufgrund einer Vitaminmangelerkrankung selektioniert wurde, als davon auszugehen, daß es durch sexuelle Selektion entstanden ist? Die Beweise häufen sich, daß die Menschheit eine in hohem Maße durch sexuelle Selektion geformte Spezies ist und daß sich damit die große Variabilität bei Merkmalen wie Körperbehaarung, Nasenlänge, Haarlänge, Lockenpracht, Bartwuchs und Augenfarbe zwischen verschiedenen Rassen erklären lassen, eine Variabilität, die mit Klimabedingungen oder anderen physikalischen Faktoren vielleicht nichts zu tun hat. Beim Jagdfasan verfügt jede der sechsundvierzig isoliert lebenden Populationen in Zentralasien über eine andere Kombination von männlichem Gefiederschmuck: weiße Halskrause, grüner Kopf, blauer Rumpf, orangefarbene Brust. Genau wie bei ihm ist auch beim Menschen die sexuelle Selektion am Werk.[22]

Die männliche Vorliebe für Jugend ist eine menschliche Eigenart. Es gibt kein anderes bisher untersuchtes Tier, das davon mit ebensolcher Intensität besessen ist. Schimpansenmännchen finden Weibchen mittleren Alters beinahe ebenso attraktiv wie junge, solange beide paarungsbereit sind. Vermutlich hat das etwas damit zu tun, daß auch die menschliche Gewohnheit, Partnerschaften fürs Leben zu schließen, und die lange Zeit der Kindererziehung einzigartig sind. Wenn ein Mann sich für das ganze Leben an eine Frau bindet, muß er sicher wissen, daß sie eine lange Zeit der Fruchtbarkeit vor sich hat. Ginge er sein ganzes Leben lang nur kurzlebige Beziehungen ein, spielte es keine Rolle, wie jung seine Partnerinnen wären. Mit anderen Worten: Wir stammen von Männern ab, die sich junge Frauen nahmen und daher mehr Söhne und Töchter hinterließen als andere Männer.[23]

Schöne Gesichter

Daß viele Komponenten weiblicher Schönheit Rückschlüsse auf das Alter erlauben, weiß jede Frau und jede Kosmetikfirma. Doch zur Schönheit gehört mehr als nur Jugend. Generell gibt es zwei Gründe, weshalb viele jugendliche Frauen dennoch nicht als schön gelten: entweder sind sie über- oder untergewichtig, oder ihre Gesichtszüge erfüllen unser Schönheitsideal nicht. Schönheit ist eine Dreieinigkeit aus Jugend, Figur und Gesicht.

Ein Popsong der siebziger Jahre enthielt die grausame sexistische Zeile »schöne Beine, doch was für ein Gesicht«. Die Bedeutung regelmäßiger Gesichtszüge ist einigermaßen verblüffend. Weshalb sollte ein Mann auf die Chance verzichten, eine sexuelle Beziehung zu einer Frau einzugehen, nur weil diese ein Doppelkinn oder eine zu lange Nase hat?

Es ist möglich, daß Gesichtszüge einen Hinweis auf genetische oder erworbene Qualitäten, auf Charakter oder Persönlichkeit zulassen. Die Symmetrie der Gesichtszüge mag sich durchaus als Hinweis auf gute Gene oder auf gute Gesundheit im Laufe der Entwicklung erwiesen haben.[24] »Das Gesicht ist der Körperteil mit der höchsten Informationsdichte«, erklärte mir Don Symons eines Tages. Je weniger Symmetrie ein Gesicht aufweist, um so weniger attraktiv ist es. Asymmetrie aber ist nicht allzuhäufig der Grund dafür, daß ein Gesicht für häßlich gehalten wird; viele Leute haben Gesichter von perfekter Symmetrie und gelten dennoch als häßlich. Das zweite, was im Hinblick auf die Schönheit von Gesichtszügen bemerkenswert erscheint, ist die Tatsache, daß ein Gesicht, dessen einzelne Teile der jeweils am häufigsten vorkommenden Form, also dem Durchschnitt entsprechen, stets für schöner gehalten wird als jedes andere Gesicht: Im Jahre 1883 stellte Francis Galton fest, daß er durch die Überlagerung der Fotografien mehrerer Frauen ein Gesicht erzeugen konnte, das als schöner betrachtet wurde als jedes einzelne der Gesichter, die zu seiner Herstellung beigetragen hatten.[25] Das Experiment wurde kürzlich mit computerverarbeiteten Fotografien von

Studentinnen wiederholt: Das Bild wurde als um so schöner erachtet, je mehr Gesichter dazu beigetragen hatten.[26] Die Gesichter der Fotomodelle auf den Titelseiten von Illustrierten vergißt man sehr leicht. Obgleich man sie tagtäglich zu Gesicht bekommt, erkennt man nur wenige Einzelpersonen. Die Gesichter von Politikern hingegen, die nicht gerade für ihre Schönheit berühmt sind, bleiben weit besser in Erinnerung. Charaktergesichter sind *per definitionem* Gesichter, die vom Durchschnitt abweichen. Je durchschnittlicher und je makelloser ein Gesicht, um so schöner ist es, aber um so weniger sagt es etwas über den Charakter seines Besitzers aus.

Dieser Reiz des Mittelmaßes – einer Nase, die weder zu lang ist noch zu kurz, eines Augenpaares, das weder zu dicht beisammen noch zu weit auseinander steht, eines Kinns, das weder fliehend ist noch allzusehr hervorragt, von Lippen, die voll sind, aber nicht zu sehr, von Wangenknochen, die prominent sind, aber nicht zu sehr, eines Gesichts, das dem Durchschnitt entspricht: ovale Form, weder zu lang noch zu breit – zieht sich als Thema weiblicher Schönheit durch die gesamte Literatur. Für mich sieht es so aus, als sei hier der Fisher-Effekt vom attraktiven Sohn – beziehungsweise in diesem Fall von der attraktiven Tochter – am Werk. Angesichts der eminenten Bedeutung schöner Gesichtszüge läuft ein Mann, der eine häßliche Partnerin wählt, Gefahr, Töchter zu bekommen, die spät heiraten oder die nur zweitklassige Ehemänner finden. Durch die gesamte menschliche Geschichte hindurch haben Männer sich zur Realisierung ihrer Ambitionen des Aussehens ihrer Töchter bedient. In Gesellschaftsformen mit wenig sozialer Beweglichkeit konnte eine ausgesprochene Schönheit stets über ihren eigenen Stand hinaus heiraten.[27] Natürlich erben Frauen ihr Aussehen vom Vater ebenso wie von der Mutter, also sollte auch eine Frau gleichmäßig gestaltete Gesichtszüge bei einem Mann bevorzugen – und das tun die meisten Frauen.

Die einzige Voraussetzung für das Einsetzen des Fisher-Effekts ist die männliche Neigung, ein durchschnittliches Gesicht zu bevorzugen, und schon greift der Selbstläufereffekt: Jeder Mann, der von der durchschnittlichen Vorliebe abweicht, wird weniger oder ärmere Enkelkinder haben, da seine Töchter als unterdurchschnittlich schön gelten werden. Es ist ein grausames Modediktat, eines, das seine erbarmungslose Logik auf Kosten so mancher intelligenten Frau entfaltet, die zufälligerweise nicht so hübsch ist, und eines, das ironischerweise durch den demographischen Übergang zu verordneter Monogamie verschärft wurde. Im Europa des Mittelalters oder im antiken Rom nahmen die Mächtigen alle Schönheiten in ihre Harems und verursachten dadurch eine allgemeine Frauenknappheit für die anderen Männer. Eine häßliche Frau hatte seinerzeit somit eine weit bessere Chance, schließlich einen Mann zu finden, der sie in seiner Verzweiflung heiratete. Das mag nicht sehr gerecht klingen, doch Gerechtigkeit ist nur selten die Folge sexueller Selektion.

Persönlichkeiten

Soviel zum Thema: Was zieht Männer bei Frauen an? Was aber zieht Frauen zu bestimmten Männern? Auch für die männliche Anziehungskraft gilt die Dreieinigkeit von Jugend, Schönheit und Gestalt. Doch sehr vielen Studien zufolge sagen Frauen übereinstimmend aus, ihnen seien diese Faktoren weniger wichtig als Persönlichkeit und Status. Männer stellen die physische Erscheinung einer Frau grundsätzlich allen Erwägungen wie Persönlichkeit und Status voran; Frauen tun dies bei ihrer Abwägung männlicher Qualitäten nicht.[28]

Eine einzige Ausnahme ist in diesem Zusammenhang die Körpergröße. Hochgewachsene Männer werden von Frauen allgemein für attraktiver gehalten als untersetzte. In der Welt der Heiratsvermittlungsagenturen ist das Prinzip, daß ein Mann größer sein muß als seine Partnerin, so universell anerkannt, daß man es auch als »Kardinalprinzip der Partnerwahl« bezeichnet. Bei siebenhundertundzwanzig Anträgen von Ehepaaren zur Eröffnung von Bankkonten* war in nur einem Fall die Frau größer als der Mann. Wählte man zufällig aus der Gesamtbevölkerung Paare aus, so käme man zu demselben Ergebnis. Die Leute heiraten »nach Größen sortiert«. Männer suchen Frauen, die kleiner sind als sie selbst, Frauen suchen Männer, die größer sind als sie. Das kann nicht nur an den Männern liegen. Wenn man Frauen Bilder von Paaren zeigt und sie bittet, dazu eine Geschichte zu schreiben, dann schreiben selbst Frauen, die zuvor ausdrücklich geäußert hatten, ihnen sei die Körper-

* Bei manchen amerikanischen Banken ist das mit der Aufnahme der Personalien verbunden. (A. d. Ü.)

größe eines Mannes gleichgültig, häufiger Geschichten über furchtsame, schwache Männer, wenn der dargestellte Mann kleiner ist als die Frau. Die lobende Metapher »ein großer Mann« gibt es in zahlreichen Kulturen. Man hat errechnet, daß im modernen Amerika jeder Zentimeter Körpergröße zweieinhalbtausend Dollar Jahresgehalt wert ist.[29]
Bruce Ellis hat die Indizien dafür zusammengestellt, daß bei Männern die Persönlichkeit eine kritische Rolle spielt. In einer monogamen Gesellschaft wählt eine Frau sehr häufig ihren Partner, lange bevor er Gelegenheit hat, Chef zu werden, und so muß sie sich auf Indizien für sein künftiges Potential verlassen, statt von bereits erreichten Leistungen auszugehen. Gelassenheit, Selbstsicherheit, Optimismus, Leistungsfähigkeit, Ausdauer, Mut, Entschlußfreudigkeit, Intelligenz und Ehrgeiz – dies alles sind Eigenschaften, die einen Mann an die Spitze seiner jeweiligen Berufsgruppe bringen, und es ist kein Zufall, daß Frauen diese Merkmale attraktiv finden. Es sind Hinweise auf den zukünftigen Status.
Um diese Binsenweisheit zu prüfen, erzählten zwei Wissenschaftler ihren Testpersonen Geschichten über zwei Leute ungenannten Geschlechts, die sich an einem Tennisturnier beteiligen und beide gleich gut abschneiden. Die eine Person wurde als stark, wettbewerbsorientiert, dominant und entschlossen geschildert, die andere als beständige, eher zum Spaß als um den Sieg spielende Person geschildert, die sich von der anderen leicht einschüchtern ließ. Auf die Bitte, beider Charaktere zusammenzufassen, lieferten Männer und Frauen sehr ähnliche Beschreibungen. Doch während die Frauen erklärten, den dominanteren Partner sexuell attraktiver zu finden (falls er männlichen Geschlechts sei), fanden die Männer das nicht (falls diese Person im umgekehrten Falle eine Frau sei).[30]
Dieselben Wissenschaftler machten Videoaufnahmen von einem Schauspieler in zwei simulierten Interviews, wobei dieser in dem einen Gespräch sanftmütig mit gesenktem Kopf auf einem Stuhl nahe der Tür saß und dem Gesprächspartner zunickte, während er im anderen entspannt zurückgelehnt saß und selbstbewußt gestikulierte. Führte man diese Aufnahmen Frauen vor, dann fanden sie eine Beziehung zu dem dominanteren Schauspieler wünschenswerter, wurde dieselbe Rolle von einer Frau gespielt, galt diese Ansicht für die Männer nicht. Die Körpersprache ist für den Sexappeal eines Mannes wichtig.[31]
Falls es zutrifft, daß Frauen ihre Partner eher auf der Grundlage der Persönlichkeit einschätzen, so stimmt das mit den Tatsachen aus Kapitel

acht überein, von denen jedes Ehepaar ein Lied singen kann: Frauen können Charaktere besser einschätzen als Männer. Frauen, bei denen diese Eigenschaft besonders gut ausgeprägt war, hinterließen mehr Nachkommen als andere, während die Nachkommenzahl bei Männern mit einer guten Fähigkeit zur Einschätzung von Charakteren nicht höher war als bei Männern, die in dieser Hinsicht unfähig waren.

Diese Bedeutung des Charakters mag erklären, weshalb Hollywoods Regisseure der Ansicht sind, der perfekte Kassenfüller komme am besten mit einem bekannten, populären männlichen Hauptdarsteller und einer wenig bekannten weiblichen Schönheit zustande (wobei die Honorare selbstverständlich entsprechend verteilt sind). Männliche Stars wie Sean O'Connery oder Mel Gibson erwarben ihren Ruhm Schritt für Schritt. Weibliche Stars wie Julia Roberts oder Sharon Stone verdanken ihren raketengleichen Aufstieg einem einzigen Film. Das Rezept der James-Bond-Filme war vollkommen: Für jeden Film ein neues Mädchen, nur der gute alte Bond blieb derselbe. (Bei Männern läßt sich – wenn auch weniger ausgeprägt als bei anderen Säugermännchen – der Coolidge-Effekt feststellen: Eine neue Frau belebt seine Libido. Den Namen trägt dieser Effekt nach der berühmten Anekdote über den Besuch von Präsident Coolidge und seiner Gattin auf einer Farm. Man zeigte ihnen das Anwesen, und als man Mrs. Coolidge erklärte, ein Hahn könne sich sechsmal am Tage paaren, antwortete sie: »Sagen Sie das bitte dem Präsidenten.« Dessen Reaktion auf die Erzählung bestand in der knappen Frage: »Immer mit derselben Henne?« »O nein, Mr. President, immer mit einer anderen.« Darauf der Präsident: »Erzählen Sie das Mrs. Coolidge.«[32])

Indizien dafür, daß Frauen direkte Hinweise auf den männlichen Status für sehr wichtig halten, gibt es in überwältigender Fülle. Amerikanische Männer, die sich verheiraten, verdienen im Jahr ihrer Eheschließung etwa anderthalbmal soviel wie ihre unverheirateten Alterskollegen. In einer Übersicht über zweihundert Stammesgemeinschaften konnten zwei Wissenschaftler die Vermutung bestätigen, daß die Attraktivität eines Mannes eher von seinen Fähigkeiten und seiner Kühnheit bestimmt wird als von seiner körperlichen Erscheinung. Frauen halten Einfluß und Dominanz bei einem Mann generell für attraktiv. Buss kam bei seinen Beobachtungen in siebenunddreißig Gesellschaften zu dem Schluß, daß Frauen eher Wert auf die finanziellen Aussichten eines Mannes legen als umgekehrt. Alles in allem, so stellte Bruce Ellis in einem kürzlich erschienenen Übersichtsartikel fest, stellen »Status und Wirtschaftsleistung ausgesprochen wichtige Barometer männlicher Attraktivität dar, mehr noch als körperliche Merkmale«.[33]

Welches sind Indizien, die auf den Status hinweisen? Ellis vermutet, daß Schmuck und Kleidung eine Klasse von Hinweisen bilden: ein Anzug von Armani, eine Uhr von Rolex und ein BMW künden ebenso deutlich von Rang und Ansehen wie die Ärmelstreifen bei einem Admiral und der Kopfschmuck bei einem Sioux-Häuptling. In einem Buch, das die Chronik der Verknüpfung von Mode und der Konkurrenz zwischen Gesellschaftsklassen nachzeichnet, schrieb Quentin Bell: »Die Geschichte modischer Kleidung ist unlösbar mit der Konkurrenz zwischen Klassen verbunden, zunächst mit dem Wettstreit zwischen Aristokratie und Bürgertum und später mit dem sehr viel weitreichenderen Wettstreit zwischen Proletariat und Mittelstand ... verbunden. Das Ganze unterliegt einem System der Kleidermoral, das sich nach den jeweiligen pekuniären Wertestandards ausrichtet.«[34]

Bobbi Low hat die Verhältnisse in Hunderten verschiedener Lebensgemeinschaften betrachtet und ist zu dem Schluß gekommen, daß Dinge, die bei Männern als attraktiv gelten können, eigentlich immer in einem Zusammenhang mit Rang und Status stehen – Reife, Position, körperliche Stärke, Wagemut oder die Möglichkeit, sich mit Luxus zu umgeben –, während weibliche Ornamente eher Heiratsfähigkeit beziehungsweise Pubertät und manchmal auch den Wohlstand des Ehemannes signalisiert. Eine viktorianische Herzogin betonte mit der Klassenzugehörigkeit ihrer Kleidung sicher den Wohlstand ihres Mannes, nicht den eigenen. Dies gilt in modernen städtischen Lebensgemeinschaften ebenso wie einst bei den Urvölkern. Tom Wolfe stellte als erster fest, wie rasch Mercedessterne zu Statussymbolen der Drogenhändler in Harlem avanciert waren.

An dieser Stelle sieht es so aus, als befänden sich manche Evolutionsbiologen gefährlich nahe an der Feststellung, Frauen hätten im Verlauf der Evolution die Fähigkeit entwickelt, sich von BMWs beeindrucken zu lassen. Doch existiert diese Automarke erst seit einer Menschengeneration. Entweder arbeitet die Evolution in diesem Fall irrsinnig rasch, oder irgend etwas anderes stimmt nicht. Es gibt zwei Möglichkeiten, diesen Problemen aus dem Weg zu gehen. Die eine wird an der University of Michigan praktiziert, die andere in Santa Barbara. Was die Wissenschaftler aus Michigan sagen, klingt ungefähr so: Frauen haben im

Laufe der Evolution zwar nicht die Fähigkeit entwickelt, sich von BMWs beeindrucken zu lassen, aber sie haben eine gewisse Flexibilität entwickelt, mit deren Hilfe sie sich den Zwängen der jeweiligen Gesellschaft, in der sie herangewachsen sind, anpassen können. Die Wissenschaftler aus Santa Barbara erklären: Was sich im Laufe der Evolution entwickelt hat, ist nur selten das Verhalten selbst, es ist die diesem zugrundeliegende psychologische Disposition; moderne Frauen verfügen über eine Fähigkeit, die sich im Pleistozän entwickelt hat und sie in die Lage versetzt, Dinge zu erkennen, die sich in einen Zusammenhang zum Status eines Mannes bringen lassen, und diese begehrenswert zu finden.

In gewissem Sinne sagen beide dasselbe. Frauen lassen sich von Statussymbolen beeindrucken, wie auch immer diese im Einzelfall aussehen mögen. An irgendeinem Punkt kommen sie vermutlich zu der Assoziation zwischen BMW und Wohlstand: Die Gleichung ist nicht allzuschwer zu lösen.[35]

Das Modegeschäft

Erneut sind wir bei einem altbekannten Paradoxon angelangt. Evolutionsbiologen und Kunsthistoriker sind sich darüber einig, daß es bei der Mode um nichts anderes geht als um die Präsentation von Statussymbolen. Weibliche Kleidung folgt jedoch der Mode stärker als männliche. Nun suchen aber Frauen nach Hinweisen auf den Status – die der Mode unterworfen sind –, während Männer Hinweise auf die Fruchtbarkeit suchen, die nicht der Mode unterworfen sind. Männern sollte es somit gleichgültig sein, was Frauen tragen, solange diese eine glatte Haut haben, schlank, jung, gesund und im Prinzip zu haben sind. Frauen sollte es überhaupt nicht gleichgültig sein, was Männer tragen, denn die Kleidung verrät eine Menge über den sozialen Hintergrund, Wohlstand, Sozialstatus und sogar über die Ambitionen ihres Trägers. Weshalb folgen Frauen Modetrends dann soviel bereitwilliger als Männer?

Zu dieser Frage fallen mir verschiedene Antworten ein. Erstens, daß die Theorie schlicht falsch sein mag und Männer Statussymbole vorziehen, während Frauen auf den Körper schauen. Möglich, doch steht dem eine beachtliche Menge an Beobachtungen entgegen. Zweitens, daß weibliche Mode vielleicht überhaupt nichts mit Statussymbolen zu tun hat. Drittens, daß sich moderne westliche Gesellschaften möglicherweise zwei Jahrhunderte lang auf einem Irrweg befunden haben und nun allmählich beginnen, sich davon zu erholen. Im Regency-England, im Frankreich von Louis XIV., im mittelalterlichen Christentum, im antiken Griechenland oder bei den modernen Yanonamö folgten (und folgen) Männer der Mode ebenso bereitwillig wie Frauen. Männer trugen grelle Farben, fließende Gewänder, Juwelen, kostbare Stoffe, prachtvolle Uniformen und glänzende, reich verzierte Waffen. Die Jungfrauen, die sich von den Rittern retten ließen, waren um nichts modischer gewandet als ihre Liebhaber. Erst zu Zeiten Königin Viktorias wurde das männliche Geschlecht von der tödlichen Uniformität des schwarzen Gehrocks und seines jämmerlichen modernen Nachfolgers, dem grauen Anzug, infiziert, und erst in unserem Jahrhundert bewegten sich die Kleidersäume bei den Frauen wie Jo-Jos auf und ab.

Das alles legt die vierte und eindrucksvollste Erklärung nahe: Frauen haben in der Tat mehr Interesse an Kleidern als Männer, doch statt das jeweils andere Geschlecht mit ihren Betrachtungen zu beeinflussen, nehmen sie Einfluß auf das eigene. Jedes Geschlecht steuert das eigene Verhalten mit eigenen Präferenzen. Man weiß aus Experimenten, daß Männer glauben, Frauen legten sehr viel Wert auf die äußere Erscheinung, was aber so sehr gar nicht der Fall ist. Frauen sind der Ansicht, Männer legten mehr Wert auf Statussymbole, als dies der Wirklichkeit entspricht. Somit lebt jedes Geschlecht möglicherweise seine Instinkte in der Überzeugung aus, das andere Geschlecht möge dasselbe wie das eigene.

Es gibt ein Experiment, das diese Vorstellung stützt, der zufolge Mann und Frau ihre eigenen Vorlieben fälschlicherweise für die des anderen Geschlechts halten. April Fallon und Paul Rozin von der University of Pennsylvania zeigten vierhundert Studenten vier einfache Strichzeichnungen von männlichen und weiblichen Körpern in Badekleidung. In beiden Fällen unterschieden sich die Figuren nur durch ihre Körperfülle. Sie baten die Testpersonen, ihre derzeitige Figur anzugeben, ihre Idealfigur zu benennen, ferner diejenige, von der sie annahmen, sie erscheine dem anderen Geschlecht am attraktivsten, und schließlich die Figur des anderen Geschlechts, die sie jeweils für die attraktivste hielten. Bei den Männern waren die eigene, die Ideal- und die vermutlich attraktivste Figur ein und dieselbe: Männer sind im Durchschnitt mit ihrer Figur zufrieden. Das tatsächliche Gewicht der Frauen, die am Test beteiligt waren, lag wie erwartet über dem Gewicht, das sie für das Traumgewicht aus der Sicht des Mannes hielten, welches aber noch immer über ihrem eigenen Idealgewicht lag. Seltsamerweise irrten sich beide Parteien bei der Einschätzung dessen, was ihrer Ansicht nach das andere Geschlecht am liebsten mochte. Männer sind der Ansicht, Frauen bevorzugten einen massiveren Körperbau, als diese tatsächlich angaben; Frauen sind der Ansicht, Männer bevorzugten schlankere Frauen, als dies wirklich der Fall ist.[36]

Solche Fehleinschätzungen können allerdings nicht die gesamte Erklärung dafür bieten, weshalb Frauen der Mode anhängen, denn für andere attraktive Eigenschaften gelten sie nicht. Frauen sind weitaus stärker um ihre eigene jugendliche Erscheinung besorgt als Männer, obwohl sie selbst in der Regel keinen jüngeren Partner suchen.

Und auch die Vorstellung, daß Mode etwas mit Status zu tun haben soll, stört uns in einem demokratischen Zeitalter. Wir machen uns daher vor, daß Mode nur dazu da ist, einen Körper möglichst vorteilhaft erscheinen zu lassen. Neue Trends werden von wunderschönen Models präsentiert und vielleicht deshalb von Frauen gekauft, weil diese unbewußt die Schönheit dem Kleid und weniger dem Model zuerkennen. Es gibt Studien, die demonstrieren, was jedermann weiß: Männer fühlen sich von Frauen in enganliegender, knapper und offenherziger Kleidung angezogen, während Männer in entsprechender Kleidung im Vergleich dazu weniger Eindruck auf Frauen machen. Der größte Teil weiblicher Mode ist mehr oder weniger ausdrücklich dazu gedacht, Schönheit zu unterstreichen und zur Schönheit beizutragen. Eine riesenhafte Krinoline ließ – allein durch den Kontrast – eine Taille schmal erscheinen. Frauen wählen ihre Kleidung sorgsam im Hinblick darauf, daß sie zu ihrer Figur oder Haarfarbe »paßt«. Hinzu kommt, daß Männer meist Umgang mit angezogenen Frauen haben und sie auch im Laufe ihrer Entwicklung so sehen, so daß ihr Schönheitsideal das Bild einer bekleideten Frau ebenso umschließt wie das einer nackten. Havelock Ellis erzählt die Geschichte eines Jungen, der vor einem Gemälde über das Urteil des Paris gefragt wurde, welche der drei Göttinnen er für die schönste hielt, und der die Antwort gab: »Das kann ich nicht sagen, sie haben doch keine Kleider an.«[37]

Das typischste Merkmal der Mode in unseren Tagen jedoch ist ihr geradezu besessener Anspruch, neu zu sein. Wir haben bereits erfahren, wie Bell sich das erklärt: Trendsetter sind bestrebt, ihren vulgären Imitatoren zu entfliehen. Low ist der Ansicht, daß Aktualität der Schlüssel zu weiblicher Mode sei. »Jedwedes auffällige Äußere, das Aufschluß über die Fähigkeit gibt, Modetrends zu erkennen«, ist ein Indiz für den Status einer Frau.[38] In Modedingen an der Spitze zu stehen, ist mit Sicherheit ein Statussymbol unter jungen Frauen. Ohne die Möglichkeit, ständig einen Zustand der Rückständigkeit zu induzieren, wären Modeschöpfer um einiges ärmer.
Das bringt uns zurück auf den schwankenden Boden kulturbedingter Schönheitsstandards. Denn bei einer monogamen Spezies wie dem Menschen kann Schönheit nicht gewöhnlich sein; sie muß blenden. Männer sind deshalb so wählerisch, weil sie nur ein-, vielleicht zweimal die Chance zu einer Heirat bekommen, so daß sie immer daran interessiert sein werden, das Bestmögliche zu erlangen, und sich nicht mit dem Normalen begnügen werden. In einer Menge schwarzgekleideter Frauen wird die einzige rotgekleidete mit Sicherheit diejenige sein, die die Blicke eines Mannes auf sich zieht, gleichgültig wie ihre Figur oder ihre Gesichtszüge beschaffen sein mögen.
Allein das Wort Mode, dessen Bedeutung früher irgendwo zwischen Brauch und Anpassung lag, hat sich heute zu Neuheit und Modernität gewandelt. Quentin Bell erklärte angesichts schmerzhafter Korsagen und tiefer Dekolletés in einer puritanischen Gesellschaft: »Gegen die Mode gibt es grundsätzlich jede Menge einzuwenden; warum kommt es dann nie zu einem echten Verbot? Warum werden sowohl die öffentliche Meinung als auch formelle Grundsätze und Regeln unweigerlich mißachtet, während man sich in vollendeter Demut der Schneidermanier unterwirft, welche aus Gesetzen besteht, denen ohne jegliche Sanktionen Geltung verschafft werden kann, und das, obgleich diese Gesetze unvernünftig, willkürlich und darüber hinaus nicht selten grausam sind.«[39]
Mir bleibt das Gefühl, daß dieses Rätsel bei dem gegenwärtigen Stand evolutionsbiologischen und soziologischen Denkens unlösbar ist. Mode ist bestimmt von einem permanenten Wandel, und sie fordert auf tyrannische Weise eine ständige Anpassung. Mode hat etwas mit Status zu tun, und doch ist es das modebesessene Geschlecht, welches das Geschlecht, das die Mode weit weniger kümmert, zu beeindrucken sucht.

Die Torheit des sexuellen Perfektionismus

Wodurch auch immer die sexuelle Anziehungskraft bestimmt werden mag, hier ist die Rote Königin am Werk. Wenn über einen großen Bereich der menschlichen Geschichte hinweg schöne Frauen und einflußreiche Männer mehr Kinder hatten als ihre Rivalen – was sicher zutraf, denn die einflußreichen Männer wählten schöne Frauen, mit denen sie die Früchte der Arbeit ihrer Rivalen teilten –, dann wurden die Frauen in jeder Generation ein bißchen schöner, und die Männer wurden in jeder Generation ein bißchen dominanter. Dasselbe gilt aber auch für ihre Rivalen, denn auch sie waren die Nachfahren erfolgreicher Paare. Damit stiegen auch die Standards. Eine schöne Frau mußte noch heller scheinen, um am neuen Firmament bemerkt zu werden. Und ein dominanter Mann mußte noch gnadenloser drohen und intrigieren, um seinen Weg zu machen. Unsere Sinne werden vom Gewöhnlichen nur allzuleicht eingelullt, wie außerordentlich dieselben Dinge auch zu anderer Zeit oder an anderem Ort sein mögen. Charles Darwin formulierte es so: »Wären all unsere Frauen so schön wie die Venus von Medici, wir wären eine Weile bezaubert: Doch schon bald wünschten wir uns Vielfalt; und sobald wir diese hätten, wollten wir gewisse Merkmale an unseren Frauen über das derzeit existierende übliche Maß hinaus ausgeprägt sehen.«[40]

Das ist übrigens eine brillante Zusammenfassung der Gründe, weshalb Eugenik nicht funktionieren kann. Eine Seite weiter beschreibt Darwin den Jollof-Stamm in Westafrika, der berühmt ist für die Schönheit seiner Frauen und bei dem die häßlichen Stammesschwestern in die Sklaverei verkauft wurden. Eine solche Nazi-Eugenik würde in der Tat das Niveau der Schönheit im Stamm allmählich anheben, aber die subjektiven Standards der Männer würden ebenso rasch angehoben. Da Schönheit eine rein subjektive Empfindung ist, sind die Jollofs zu ewiger Enttäuschung verdammt.

Der deprimierende Teil an Darwins Erkenntnis ist die Tatsache, daß Schönheit nicht ohne ihr Gegenteil existieren kann. Sexuelle Selektion im Stil der Roten Königin ist unweigerlich eine Quelle der Unzufriedenheit, vergeblichen Bemühens und schlimmer Einzelschicksale. Jeder wird nach immer größerer Schönheit suchen, als er sie in seiner nächsten Umgebung finden kann. Damit entsteht ein zweites Paradoxon. Es ist gut und schön, festzustellen, daß Männer schöne Frauen und Frauen reiche und mächtige Männer heiraten wollen, aber die meisten von uns bekommen eine solche Chance gar nicht erst. Die moderne Gesellschaft ist monogam. Die meisten schönen Frauen sind also längst mit dominanten Männern verheiratet. Was geschieht mit Herrn und Frau Durchschnitt? Sie bleiben nicht ehelos, sie werden sich mit irgend etwas Zweitbestem begnügen. Bei den Beifußhühnern sind die Frauen die Perfektionisten, die Männchen sind gleichgültig. In einer modernen monogamen Gesellschaft können sich beide Geschlechter nicht erlauben, Perfektionisten zu sein, aber auch nicht, gleichgültig zu sein. Herr Durchschnitt entscheidet sich für eine schlichte Frau, Frau Durchschnitt heiratet den Mittelklassemann. Sie zügeln ihre idealistischen Präferenzen durch Realismus. Die meisten Leute heiraten hinsichtlich ihrer Attraktivität äquivalente Partner: Die attraktive Sportliche heiratet den Football-Helden, der Bücherwurm das Mädchen mit Brille, der Mann mit mittelmäßigem Einkommen die Frau von mittelmäßigem Aussehen. Dieses Vorgehen ist so allgegenwärtig, daß Ausnahmen meilenweit herausragen: »Was um alles in der Welt findet sie nur an ihm?« fragen wir beim Anblick des langweiligen, erfolglosen Ehemanns eines Fotomodells, so als müsse es irgendwo einen verborgenen Hinweis auf seinen Wert geben, den der Rest der Welt übersieht. »Wie hat sie es nur geschafft, den zu angeln?« fragen wir angesichts eines typischen Erfolgsmenschen, der mit einer unattraktiven Frau verheiratet ist.

Die Antwort lautet, daß jeder von uns seinen eigenen relativen Wert ebenso genau einschätzen kann, wie in Jane Austens Tagen die Menschen ihren Platz im Klassensystem kannten. Bruce Ellis verfügt über eine Methode, die diese Form der »sortierten Paarung« deutlich macht. Er läßt dreißig Studenten eine Nummer auf ihre Stirn kleben, die sie jeweils selbst nicht kennen, sondern die nur die anderen sehen. Er bittet sie, sich mit der höchstmöglichen Nummer zu einem Paar zusammenzufinden. Sofort ist die Nummer dreißig von einer wirbelnden Menge umgeben; somit schraubt sie ihre Erwartungen hoch und versucht, nicht jeden beliebigen zum Partner zu wählen, sondern wird sich schließlich mit irgend jemandem am oberen Ende der Zwanzigerzahlen zusammentun. Die Person mit der Nummer eins wird unterdessen, nachdem sie zunächst versucht hat, die dreißig von sich zu überzeugen, ihren Standard allmählich senken und die Skala hinuntergehen, bis sie schließlich den ersten Partner nehmen wird, der sie akzeptiert – vermutlich Nummer zwei.[41]

Dieses Spiel macht mit unbehaglichem Realismus deutlich, wie wir unsere eigene relative Attraktivität aus den Reaktionen anderer auf unsere Person ablesen. Wiederholte Ablehnung veranlaßt uns dazu, unsere Ansprüche zu senken; eine ununterbrochene Serie erfolgreicher Verführungsversuche hingegen ermutigt uns, noch ein wenig höher zu zielen. Doch es ist empfehlenswert, von der Tretmühle der Roten Königin abzuspringen, bevor man hinunterfällt.

Zehn

Das intellektuelle Schachspiel

Wär' ich (der ich zu meinem Leidwesen
Mich zähle zu den Ungeheuern Menschenwesen)
Ein Geist, mit freiem Willen, zu entscheiden,
In welches Fleisch er sich will kleiden,
Ich wär' ein Hund, ein Affe, auch ein Stier,
Alles wär' ich, nur nicht dies eitle Tier,
das stolz darauf, vernunftbegabt zu sein.
Die Sinne sind zu grob, und es erfind't
den sechsten, der widerspricht den andern fünf.
Und sicheren Instinkten zieht es vor
die Vernunft, die unzähl'ge Male schon verlor.

John Wilmot,
Earl of Rochester

Zeit: vor dreihunderttausend Jahren. Ort: irgendwo im Pazifischen Ozean. Anlaß: eine Konferenz der Großen Tümmler zu Fragen der Evolution ihrer Intelligenz. Die Konferenz fand in einem Seegebiet von etwa dreihundert Quadratkilometern statt, so daß die Konferenzteilnehmer zwischen den Treffen fischen konnten; es war Tintenfisch-Saison. Die Sitzungen bestanden aus langen Monologen geladener Sprecher, auf die eine Reihe von Kommentaren in Squeak, der Sprache der Pazifik-Tümmler, folgte. Squawksprechende Teilnehmer aus dem Atlantik konnten sich am Abend übersetzte Aufzeichnungen der Veranstaltungen anhören. Es ging im Grunde um eine einfache Frage: Warum ist das Gehirn der Großen Tümmler doppelt so groß wie das der meisten anderen Delphine? Der erste Sprecher verfocht die These, es sei dies eine Sache der Sprache. Delphine benötigten ein großes Gehirn, um die Konzepte und die Grammatik, mit deren Hilfe sie sich ausdrückten, im Kopf haben zu können. Die Kommentare hierzu waren gnadenlos. Die Sprachtheorie sei ungeeignet, auch nur eine einzige Frage zu beantworten, so die Kommentatoren. Wale besitzen ebenfalls eine komplexe Sprache, und jeder Delphin wisse doch, wie einfältig Wale seien. Erst im Jahr zuvor hatte eine Gruppe Großer Tümmler einen alten Buckelwal zum Narren gehalten und ihn mit in Buckelwalsprache ausgesandten Gerüchten über die angebliche Untreue seines besten Freundes dazu gebracht, diesen anzugreifen. Dem zweiten Sprecher, einem Männchen, wurde mehr Beifall zuteil, denn seine These lautete, der einzige Zweck der hohen Intelligenz der Tümmler sei die Fähigkeit zur Täuschung. »Sind wir nicht«, squeakte er, »Weltmeister der Verstellung und der Manipulation? Verbringen wir nicht den größten Teil unserer Zeit damit, Ränke gegeneinander zu schmieden, um einander bei der Jagd auf Weibchen auszutricksen? Sind wir nicht die einzige Spezies, bei der man ›Dreiecksbeziehungen‹ zwischen verbündeten Einzelwesen kennt?« Der dritte Sprecher gab zu bedenken, daß all das recht gut und schön sei, doch »Warum wir?« Warum Große Tümmler? Warum nicht Haie oder Schweinswale? Im Ganges gibt es einen Delphin, dessen Gehirn nur fünfhundert Gramm wiegt. Das Gehirn eines Großen Tümmlers wiegt anderthalb Kilo. Nein, lautete deshalb seine Überlegung, die Antwort hat schlicht und einfach mit der Tatsache zu tun, daß die Großen Tümmler von allen Lebewesen auf der Welt diejenigen mit den flexibelsten Ernährungsgewohnheiten sind. Sie können von Tintenfischen leben, von Fischen, von... nun, eben von allen möglichen Fischarten. Eine solche Vielfalt erfordere Flexibilität, und Flexibilität erfordert ein großes, lernfähiges Gehirn. Der letzte Sprecher des Tages war voller Verachtung für alle seine Vorgänger. Wenn ein komplexes soziales Gefüge Intelligenz voraussetze, weshalb seien dann die in sozialen Gemeinschaften lebenden Tiere an Land nicht intelligent? Der Sprecher hatte von einem Menschenaffen erzählen gehört, dessen Gehirn beinahe so groß sein sollte wie das des Großen Tümmlers; angesichts seiner Körpergröße müßte man es sogar als größer betrachten. Er lebe in Trupps in der afrikanischen Savanne, verwende Werkzeuge, mache Jagd auf Tiere und sammle Pflanzen. Er habe sogar so etwas Ähnliches wie eine Sprache, wenngleich diese nicht über den Formen- und Bilderreichtum von Squeak verfüge. Und er esse keinen Fisch, squeakte er scherzend.[1]

Der Erfolgsaffe

Vor ungefähr achtzehn Millionen Jahren gab es in Afrika zig verschiedene Menschenaffenarten und in Asien darüber hinaus noch etliche mehr. Im Verlaufe der darauffolgenden fünfzehn Millionen Jahre sollten die meisten von ihnen aussterben. Ein Zoologe vom Mars, der vor drei Millionen Jahren in Afrika gelandet wäre, hätte vermutlich den Schluß gezogen, Menschenaffen seien für den Mülleimer der Geschichte bestimmt, ein längst überholtes Tiermodell, aufgrund des evolutionären Wettkampfs mit anderen Affenarten als veraltet abgestempelt. Selbst wenn ihm aufgefallen wäre, daß es da einen Affen gab, einen nahen Verwandten der Schimpansen, der in der Lage war, völlig aufrecht auf zwei

Beinen zu gehen, so hätte er diesem sicher keine besonders große Zukunft prophezeit.

In Anbetracht seiner Größe – irgendwo in der Mitte zwischen Schimpanse und Orang-Utan – hatte der »aufrechte« Affe, der Wissenschaft bekannt unter dem Namen *Australopithecus afarensis,* der übrigen Welt als Lucy[2], ein Gehirn von »normaler« Größe: ungefähr 400 Kubikzentimeter, größer als das des modernen Schimpansen, kleiner als das eines modernen Orang-Utan. Kein Zweifel, seine Haltung war auf merkwürdige Weise menschenähnlich, sein Kopf aber war es nicht. Von seinen auffallend menschenartigen Beinen und Füßen einmal abgesehen, hätten wir ihn ohne jeden Zweifel als Menschenaffen eingeordnet. Im Verlaufe der nächsten drei Millionen Jahre sollten seine Nachkommen jedoch eine Art Größenexplosion ihres Gehirns erfahren. Die Kapazität des Gehirns verdoppelte sich in den darauffolgenden zwei Millionen Jahren, und in der darauffolgenden Jahrmillion verdoppelte sie sich noch einmal, bis sie beim modernen Menschen etwa 1400 Kubikzentimeter erreicht hatte. Bei Schimpansen, Gorillas und Orang-Utans blieb die Gehirngröße ungefähr gleich. Dasselbe gilt für den anderen Nachfahren von Lucys Art, den sogenannten *Australopithecus robustus* oder Nußknackermenschen, der sich zu einem spezialisierten Vegetarier entwickelte.

Was war die Ursache für die plötzliche und spontane Zunahme der Gehirngröße bei diesem speziellen Menschenaffen, die so viele Konsequenzen nach sich ziehen sollte? Warum traf es diesen bestimmten Affen und keinen anderen? Was ist für die erstaunliche Geschwindigkeit der Veränderung und für die Tatsache verantwortlich, daß diese Geschwindigkeit ständig zunimmt? Solche Fragen mögen auf den ersten Blick mit dem Thema dieses Buches nichts zu tun haben, doch die Antworten darauf stehen möglicherweise doch in einem Zusammenhang mit der Existenz von Sexualität. Wenn die neueren Theorien recht behalten, dann war die Evolution der menschlichen Gehirngröße das Ergebnis eines Rote-Königin-Wettstreits zwischen Individuen desselben Geschlechts.

Unter einem Gesichtspunkt läßt sich diese Evolution unserer menschlichen Vorfahren leicht erklären: Diejenigen mit großem Gehirn hatten mehr Nachfahren als andere, und die Kinder erbten dieses große Gehirn. Die nachfolgende Generation verfügte damit im Durchschnitt über ein größeres Gehirn als die Elterngeneration. Dieser in hohem Maße unwägbare Vorgang, der mal rascher, mal weniger rasch abläuft, führte schließlich zur Verdreifachung menschlicher Gehirnkapazität. Anders kann es nicht gewesen sein. Das Interessante an der Sache ist jedoch die Frage, was Leute mit großem Gehirn dazu veranlaßt haben mag, mehr Kinder zu haben als diejenigen mit kleinem Gehirn. Schließlich vermehren sich, wie so mancher Beobachter – angefangen von Charles Darwin bis hin zu Lee Kuan Yew, dem ehemaligen Premierminister von Singapur – hat feststellen müssen, gescheite Leute nicht wesentlich rascher als dumme.

Ein zeitreisender Marsianer könnte zurückblicken und die drei wichtigen Nachfahren des *Australopithecus* betrachten: *Homo habilis, Homo erectus* und den sogenannten archaischen *Homo sapiens*. Er würde eine stetige Zunahme der Gehirngröße feststellen – soviel wissen wir aus Knochenfunden – und wäre in der Lage, uns zu erklären, wozu die Gescheiten ihre Gehirne verwendeten. Wir können heute etwas Ähnliches tun, indem wir uns einfach vergegenwärtigen, wofür der moderne Mensch sein Gehirn braucht. Das Problem ist, daß nahezu jeder Aspekt menschlicher Intelligenz, den man als dem Menschen eigentümlich betrachten möchte, auf die anderen Menschenaffen auch zutrifft. Ein beträchtlicher Teil unseres Gehirns wird für die visuelle Wahrnehmung beansprucht; doch ist kaum zu erklären, weshalb für Lucy plötzlich die Notwendigkeit bestanden haben sollte, ein besseres visuelles Sehvermögen zu entwickeln als ihre entfernten Cousins und Cousinen. Gedächtnis, Gehör, Geruch, Gesichtserkennung, Selbsterkenntnis, manuelle Geschicklichkeit – sie alle nehmen im menschlichen Gehirn größeren Raum ein als im Gehirn eines Schimpansen, und doch ist schwer zu verstehen, weshalb eine dieser Fähigkeiten eher bei Lucy zu mehr Nachwuchs geführt haben sollte als bei einem Schimpansen. Was uns fehlt, ist ein qualitativer Sprung vom Menschenaffen zum Menschen, ein wesensmäßiger Unterschied also, der den menschlichen Verstand so veränderte, daß das größtmögliche Gehirn zum erstenmal auch das bestmögliche Gehirn war.

Es gab eine Zeit, da fiel es leicht zu definieren, was den Menschen von (anderen) Tieren unterschied (und das klang ungefähr so): Der Mensch lernt; Tiere haben Instinkte. Der Mensch verwendet Werkzeuge und besitzt Bewußtsein, Kultur und Selbsterkenntnis; Tiere haben all das nicht. Allmählich haben wir erkannt, daß die Grenzen hier fließend sind und daß es sich nicht um qualitative Unterschiede, sondern im Grunde lediglich um graduelle Unterschiede handelt. Schnecken lernen. Finken verwenden Werkzeuge. Delphine bedienen sich einer Sprache. Hunde haben ein Bewußtsein, Orang-Utans erkennen sich im Spiegel selbst. Rotgesichtmakaken tradieren kulturelle Gepflogenheiten. Elefanten trauern um ihre Toten.

Das soll nun nicht heißen, daß jedes Tier hinsichtlich jeder dieser Handlungen dem Menschen ebenbürtig sei, aber man sollte nicht vergessen, daß die Menschheit einst den Tieren nicht überlegen war und daß sie plötzlich unter dem Druck gestanden haben muß, besser und besser zu werden – für Tiere gab es einen solchen Druck offenbar nicht. Ein gut ausgebildeter Humanist lächelt sicher bereits spöttisch ob solcher Spitzfindigkeit. Nur Menschen sind in der Lage, Werkzeuge herzustellen und sie dann auch selbst zu verwenden. Nur Menschen sind in der Lage, Grammatik *und* einen reichen Wortschatz zu verwenden. Nur Menschen sind in der Lage, Gefühle zu empfinden und ihnen auch Ausdruck zu verleihen. Nahezu jede Diskussion über das Bewußtsein geht *a priori* davon aus, daß dies ein typisch menschliches Merkmal sei, wo es doch für jeden, der einmal einen Hund gehalten hat, offenkundig ist, daß jeder beliebige Hund träumen, traurig oder glücklich sein und einen Menschen vom anderen unterscheiden kann. Einen Hund als Automaten ohne Bewußtsein zu bezeichnen, das zeugt von Ignoranz.

Der Mythos Lernen

An diesem Punkt zieht sich ein Humanist in aller Regel auf seine stärkste Bastion zurück: Lernen. Der Mensch, so erklärt er, ist in seinem Verhalten von einzigartiger Flexibilität, er paßt sich Wolkenkratzern mit derselben Leichtigkeit an wie Kohlebergwerken, Tundren und Wüsten. Das ist deshalb so, weil er sich im Gegensatz zu anderen Tieren weniger auf Instinkte verläßt, sondern statt dessen mehr lernt. Das Erlernen dessen aber, was in der Welt vor sich geht, erfordert höher entwickelte Fähigkeiten – und somit auch ein größeres Gehirn – als ein Wesen sie benötigte, das mit einem vorgefertigten Programm in die Welt gesetzt wird. Die Gehirngröße des Menschen reflektiere also dessen Entwicklung weg von den Instinkten und hin zum Lernen.

Wie so ziemlich jeder andere auch, der je über diese Dinge nachgedacht hat, fand ich diese Logik zunächst unfehlbar, doch dann las ich ein Buch mit dem Titel *The Adapted Mind* von Leda Cosmides und John Tooby, beide von der University of California in Santa Barbara.[3] Sie hatten es sich zur Aufgabe gemacht, an einer weitverbreiteten Überzeugung zu rütteln, welche die Psychologie und die meisten anderen Sozialwissenschaften über viele Jahrzehnte hinweg beherrscht hat: daß Instinkt und Lernen einander entgegengesetzte Enden eines Spektrums seien und daß ein Tier, das sich auf seine Instinkte verläßt, nicht vom Lernen abhängig sei, beziehungsweise daß jemand, der lernt, von Instinkten unabhängig sei. Das stimmte einfach nicht. Lernen erfordert Plastizität, ein Instinkt basiert auf einer angelegten Bereitschaft. So verfügt ein Kind beispielsweise über eine nahezu unendliche Plastizität, wenn es darum geht, das Vokabular seiner Muttersprache zu erlernen. Es lernt mühelos, daß das Wort für Kuh *vache, cow* oder irgendein anderer Begriff ist. Geht es aber darum, zu blinzeln oder sich zu ducken, wenn sich ein Gegenstand, zum Beispiel ein Ball, mit großer Geschwindigkeit seinem Gesicht nähert, dann benötigt es überhaupt keine Plastizität. Müßte es einen solchen Reflex erlernen, so wäre dies äußerst schmerzhaft. Der Blinzelreflex ist also angelegt, der Wortschatzspeicher in seinem Gehirn ist plastisch.

Nun hat das Kind aber nicht gelernt, daß es einen Wortschatzspeicher benötigt. Es wird damit geboren und bringt gleichzeitig auch eine brennende Neugier darauf mit, die Namen von Dingen zu erlernen. Mehr noch: Wenn es das Wort »Tasse« lernt, dann weiß es ohne weitere Erläuterungen, daß dies die allgemeine Bezeichnung für jede beliebige Tasse ist, nicht für deren Inhalt, nicht für den Henkel und auch nicht für die ganz spezielle Tasse, die es beim ersten Mal gesehen hat, sondern für eine ganze Klasse von Gegenständen, die man als Tassen bezeichnet. Ohne diese beiden angeborenen Instinkte der »Verallgemeinerung auf den ganzen Gegenstand« und der »taxonomischen Verallgemeinerung« (Chomsky: *whole object assumption* und *taxonomic assumption*) wäre Sprache weitaus schwerer zu lernen. Kinder befinden sich ständig in der Lage des legendären Forschers, der auf ein ihm bisher unbekanntes Tier deutet und seinen ortskundigen Führer fragt: »Was ist das?« Worauf der Führer antwortet: »Känguruh« – in seiner Sprache aber heißt das: »Das weiß ich nicht.«

Mit anderen Worten: Es ist schwer zu begreifen, wie Menschen lernen (plastisch sein) können, ohne über Voraussetzungen (eine angelegte Bereitschaft) zu verfügen. Die alte Vorstellung, Instinkt und Lernen seien einander entgegengesetzt, ist schlicht falsch. Der Psychologe William James vertrat vor hundert Jahren die Auffassung, der Mensch verfüge über eine größere Lernkapazität und *mehr Instinkte* statt über mehr Lernfähigkeit und weniger Instinkte. Man hat ihn deshalb ausgelacht, aber er hatte recht.

Kehren wir zum Beispiel Sprache zurück. Je intensiver die Wissenschaft sich mit dem Spracherwerb beschäftigt, um so deutlicher wird es, daß viele Aspekte von immenser Bedeutung – wie die Grammatik und natürlich, vor allem anderen, zunächst einmal überhaupt der Wunsch zu sprechen – gar nicht durch Nachahmung gelernt werden. Kinder entwickeln Sprache einfach von selbst. Das mag nun einigermaßen abwegig erscheinen, denn ein Kind, das in der Isolation aufwächst, entwickelt sich nicht, wie König James I. von England gehofft hatte, zu einem Hebräisch sprechenden Wesen. Wie sollte es auch? Kinder müssen das Vokabular und die jeweils für ihre Sprache spezifischen Beugungs- und Satzbauregeln lernen. Nahezu alle Linguisten aber sind heute mit Noam Chomsky einer Meinung, daß es eine »Tiefenstruktur« gibt, die allen Sprachen gemeinsam und in jedes Gehirn einprogrammiert ist und nicht erlernt wird. Begründet liegt diese gemeinsame »Tiefenstruktur« (als die man zum Beispiel Gegebenheiten verstehen muß wie die Kennzeichnung eines Hauptworts als Subjekt oder Objekt entweder durch die Deklination oder durch seine Stellung innerhalb des Satzes) darin, daß alle Gehirne dasselbe »Sprachorgan« besitzen.

Das »Sprachorgan« ist bei einem Kind einfach vorhanden und wartet darauf, Regeln anzuwenden. Ein Kind leitet die grammatikalischen Grundregeln ohne jede Anweisung allein her, eine Aufgabe, die über die Leistungsfähigkeit eines Computers weit hinausgeht – es sei denn, man hat ihn mit einem gewissen Grundwissen ausgestattet.

Ab dem Alter von etwa anderthalb Jahren bis kurz nach der Pubertät sind Kinder davon fasziniert, Sprache zu erlernen, und sie lernen in dieser Zeit weit müheloser, auch mehrere Sprachen gleichzeitig, als Erwachsene das je könnten. Gleichgültig, wieviel Unterstützung und Ermutigung sie erfahren: Kinder lernen sprechen. Man muß ihnen keine Grammatik vermitteln, jedenfalls nicht, wenn sie es mit lebenden Sprachen zu tun haben, die sie gesprochen hören; sie erlernen sie intuitiv. Sie sind unablässig dabei, erlernte Regeln zu verallgemeinern – ungeachtet

aller falschen Beispiele, die ihnen zu Ohren kommen. Das Sprechenlernen erfolgt ganz ähnlich wie das Sehenlernen: Die Plastizität des Wortschatzspeichers wird mit der angelegten Bereitschaft des Gehirns zur Anwendung von Regeln zusammengeführt. Man muß dem Gehirn beibringen, daß ein bestimmtes großes Tier mit Euter Kuh heißt. Um aber eine Kuh auf dem Feld zu erkennen, muß der für das Sehen zuständige Teil des Gehirns das vom Auge empfangene Bild über eine Reihe hochentwickelter mathematischer Filter verarbeiten – das alles geschieht unbewußt, ist angeboren und nicht erlernbar. Ebenso weiß der für die Sprache zuständige Teil des Gehirns ohne weitere Erläuterungen, daß sich das Wort für große Tiere mit Euter grammatikalisch höchstwahrscheinlich wie ein Hauptwort und nicht wie ein Verb verhalten wird.[4]
Was ich damit sagen will, ist, daß nichts einem Instinkt näher kommt als die Prädisposition zum Erlernen einer Sprache. Sie ist nicht vermittelbar, sondern fest verkabelt. Sie ist nicht erlernt, sondern – welch schrecklicher Gedanke – genetisch bedingt. Und doch ist kaum etwas plastischer als Wortschatz und Satzbau, deren sich diese Prädisposition bedient. Die Fähigkeit, eine Sprache zu erlernen, ist, wie nahezu alle anderen menschlichen Gehirnfunktionen auch, ein Lerninstinkt.
Angenommen, ich habe recht, und Menschen sind wirklich nur Tiere mit ungewöhnlich vielen trainierbaren Instinkten, dann läßt sich eine solche Feststellung nur allzuleicht als Entschuldigung für instinktives Verhalten mißverstehen. Wenn ein Mann einen anderen tötet oder eine Frau verführt, dann handelt er lediglich seiner Natur gemäß. Welch düstere, amoralische Botschaft. Es muß doch eine natürliche, moralischere Basis für die menschliche Psyche geben als diese. Die jahrhundertealte Debatte zwischen den Jüngern Rousseaus und Hobbes' – ob das Wesen der Menschen dem eines verdorbenen, einstmals edlen Wilden oder dem eines zivilisierten Rohlings entspricht – geht am Eigentlichen vorbei. Die Indizien sprechen für Hobbes. Wir sind unseren Instinkten nach roh, und manche unserer Instinkte sind abstoßend. Natürlich sind einige andere Instinkte auch sehr moralisch, und die unerschöpfliche menschliche Fähigkeit zu Altruismus und Großmut – der Leim, der jede Gesellschaft zusammenhält – ist ebenso naturgegeben wie die Eigensucht. Und doch gibt es auch egoistische Instinkte. Männer sind instinktiv sehr viel eher in der Lage, zu morden oder vielfältige sexuelle Beziehungen einzugehen, als Frauen. Doch Hobbes' Feststellung ist insofern bedeutungslos, als Instinkte sich mit dem Lernen verbinden. Kei-

ner unserer Instinkte ist unabdingbar; keiner ist unüberwindlich. Moral hat nichts mit Natur zu tun. Sie geht niemals davon aus, daß Menschen Engel sind oder daß das, was sie den Menschen abverlangt, von selbst eintreten könnte. »Du sollst nicht töten« ist keine freundliche Mahnung, sondern ein scharf formuliertes Gebot, jedweden diesbezüglichen Instinkt zu unterdrücken – andernfalls ist mit Strafe zu rechnen.

Erworbenes und Angeborenes sind keine Gegensätze

Die Erkenntnis, daß der Mensch über einen Lerninstinkt verfügt, zerstört die gesamte Dichotomie – Lernen/Instinkt, Angeborenes/Erworbenes, Gene/Umwelt, menschliche Natur/menschliche Kultur – und alle anderen Dualismen, die seit Descartes jede wissenschaftliche Beschäftigung mit dem Verstand überschattet haben. Wenn das Gehirn aus hochspezialisierten, ihrem Inhalt nach aber flexiblen Mechanismen besteht, die sich im Laufe der Evolution herausgebildet haben, dann kann man die Tatsache, daß ein Verhalten flexibel ist, nicht mehr als einen Hinweis darauf werten, daß es »kulturbedingt« sei. Die Fähigkeit zum Gebrauch von Sprache ist insofern »genetisch bedingt«, als in den genetischen Anweisungen zur Zusammensetzung eines menschlichen Körpers auch eine Vorrichtung zum Spracherwerb vorgesehen ist. Sie ist gleichzeitig aber auch »kulturbedingt« in dem Sinne, daß Satzbau und Wortschatz willkürlich sind und erlernt werden. Darüber hinaus ist sie entwicklungsbedingt, denn die Vorrichtung zum Spracherwerb wird nach der Geburt größer. Die Tatsache, daß Sprache nach der Geburt erworben wird, ist nicht automatisch damit gleichzusetzen, daß sie kulturbedingt ist. Auch Zähne wachsen nach der Geburt.
»Ein Gen für Aggression gibt es genausowenig, wie es ein Gen für Weisheitszähne gibt«, schrieb Stephen Jay Gould und wollte damit ausdrücken, daß Verhalten kulturbedingt und nicht »biologisch bedingt« sei.[5] Damit hat er natürlich recht, aber genau deshalb ist seine Schlußfolgerung daraus falsch. Weisheitszähne sind keine kulturellen Artefakte; sie sind genetisch bedingt, auch wenn sie sich erst in der späten Jugend entwickeln und auch wenn es kein Gen gibt, das explizit sagt: »Laß Weisheitszähne wachsen.« Mit dem Ausdruck »ein Gen für Aggression«

will Gould die Situation andeuten, daß der Aggressivitätsunterschied zwischen Person A und Person B sich auf einen Unterschied im Gen X zurückführen lassen müßte. Doch ebenso wie alle möglichen umweltbedingten Unterschiede – zum Beispiel die Ernährung und die Wahl des Zahnarztes – dazu führen können, daß Person A größere Weisheitszähne hat als Person B, so können auch alle möglichen genetischen Unterschiede – solche beispielsweise, die Einfluß haben auf das Gesichtswachstum, auf die Resorption von Kalzium und auf die Reihenfolge, in der die Zähne auftreten – dazu führen, daß Person A größere Weisheitszähne hat als Person B. Dasselbe gilt für die Aggression.

Irgendwann im Verlauf unserer Ausbildung nehmen wir, ohne darüber nachzudenken, die Idee in uns auf, daß Angeborenes (Gene) und Erworbenes (Umwelt) Gegensätze sind, und daß wir uns jeweils für das eine oder das andere entscheiden müssen. Entscheiden wir uns für die umweltbedingte Sichtweise, dann setzen wir eine universelle menschliche Natur voraus, einem unbeschriebenen Blatt Papier gleich, das auf den Schriftzug der Kultur wartet; wir gehen davon aus, daß alle Menschen gleich geboren werden und vervollkommnet werden können. Entscheiden wir uns für die Gene, dann setzen wir irreversible genetische Unterschiede zwischen Individuen und zwischen Rassen voraus. Wir würden zu Fatalisten werden und in elitären Kategorien denken. Wer würde nicht von ganzem Herzen hoffen und wünschen, daß die Genetiker unrecht haben?

Der Anthropologe Robin Fox hat dieses Dilemma als ein Ringen zwischen Erbsünde und Vervollkommnung menschlicher Natur bezeichnet. Er porträtiert das Dogma der Verfechter umweltbedingter Erklärungen folgendermaßen: »Diese Rousseausche Tradition hat einen bemerkenswert starken Einfluß auf die Vorstellungen der abendländischen Kultur seit der Renaissance. Es wird befürchtet, daß wir ohne sie zu Opfern reaktionärer politischer Überzeugungen der verschiedensten Arten von Bösewichten würden, angefangen von den Sozialdarwinisten bis hin zu Eugenikern, Faschisten und Konservativen der Neuen Rechten. Um diesem Unheil zu entgehen, so das Argument, müssen wir darauf beharren, daß der Mensch entweder neutral geboren wird (als *tabula rasa*), oder aber, daß er von Geburt an gut ist und ihn schlimme Umstände dazu veranlassen, sich böse zu verhalten.«[6]

Die Vorstellung vom Menschen als einer *tabula rasa* geht zwar auf John Locke zurück, doch sollte sie in diesem Jahrhundert ihren eigentlichen

Siegeszug im Hinblick auf die intellektuelle Vorherrschaft antreten. Als Reaktion auf die schwachsinnigen Ideen der Sozialdarwinisten und Eugeniker begannen zahlreiche Denker – zunächst aus den Reihen der Soziologen, später auch aus denen der Anthropologen und schließlich auch der Psychologen – sich entschlossen dazu zu bekennen, daß der Mensch zu erziehen sein müsse, und schoben damit den Verfechtern einer biologischen, genetisch manifestierten Veranlagung die Beweislast zu. Solange man keinen Beweis für das Gegenteil habe, sei der Mensch als Geschöpf seiner Kultur, und nicht umgekehrt die Kultur als Produkt der menschlichen Natur zu betrachten.

Mit seiner Behauptung, der Mensch sei ein unbeschriebenes Blatt, auf das die Kultur schreibt, legte Émile Durkheim, Begründer der Soziologie, im Jahre 1895 den Grundstein für diese Wissenschaft. Seither haben sich seine Ideen zu drei ehernen Regeln verhärtet. Erstens: Jedwede Variabilität zwischen Kulturen muß kulturbedingt sein und hat keine biologischen Ursachen. Zweitens: Alles, was bei der Geburt nicht vollständig entwickelt vorhanden, sondern einer Entwicklung unterworfen ist, muß erlernt sein. Drittens: Alles genetisch Bedingte ist notwendigerweise unflexibel. Kein Wunder also, daß die Sozialwissenschaften mehr oder weniger entschlossen an der Vorstellung festhalten, es könne im menschlichen Verhalten nichts »Angeborenes« geben, denn zwischen verschiedenen Kulturen bestehen enorme Unterschiede. Vieles entwickelt sich nach der Geburt, und etliches ist einfach flexibel. Deshalb können ihrer Ansicht nach die Mechanismen des menschlichen Verstandes nicht angeboren sein – und es lassen sich für alle Aspekte kulturelle Ursachen finden. Der Grund dafür, daß Männer junge Frauen sexuell attraktiver finden als ältere, ist die unterschwellige kulturelle Lehre, daß sie Jugend zu bevorzugen haben – und nicht etwa die Tatsache, daß diejenigen ihrer Vorfahren, die eine angeborene Vorliebe für Jugend hatten, mehr Nachkommen hinterließen.[7]

Nun waren die Anthropologen an der Reihe. Durch die Veröffentlichung von Margret Meads *Coming of Age in Samoa* im Jahre 1928 hatte sich diese Disziplin gewandelt. Mead behauptete, der sexuellen Vielfalt seien ebensowenig Grenzen gesetzt wie der kulturellen, und sie sei daher ein Produkt der Erziehung. Mead unternahm nur wenig, um die vorherrschende Rolle der Erziehung zu belegen – genaugenommen erweisen sich die von ihr überhaupt unternommenen Versuche zur empirischen Beweisführung bei heutiger Betrachtung im großen und ganzen als Wunschdenken[8] –, aber sie schob die Beweislast der anderen Seite zu. Die Hauptströmungen der Anthropologie scheinen bis auf den heutigen Tag der Ansicht zuzuneigen, die menschliche Natur sei im großen und ganzen ein unbeschriebenes Blatt.[9]

Die psychologische Stellungnahme kannte mehrere Abstufungen. Freud glaubte an allgemein menschliche Attribute wie den Ödipuskomplex. Seine Nachfolger aber versuchten verbissen, alles und jedes mit Hilfe individueller frühkindlicher Einflüsse zu erklären, und der Freudsche Ansatz verkam zu einer kleinlichen Schuldzuweisung: Die frühkindliche Erziehung sei für das Wesen eines Menschen verantwortlich zu machen. Bald gelangten die Psychologen zu der Überzeugung, daß auch der Verstand eines Erwachsenen einen Allzweck-Lernapparat darstelle. Dieser Ansatz erreichte sein abgehobenstes Stadium in B.F. Skinners Behaviorismus. Skinner war der Ansicht, das Gehirn sei schlicht ein Apparat zur Verknüpfung beliebiger Ursachen mit irgendwelchen Wirkungen.

Rückblickend auf das, was die Nationalsozialisten im Namen der Natur alles angerichtet hatten, verspürten in den fünfziger Jahren nur sehr wenige Biologen das Bedürfnis, die Behauptungen ihrer Kollegen aus den Humanwissenschaften anzuzweifeln. Und doch begannen die ersten unbequemen Tatsachen sichtbar zu werden. Die Anthropologen hatten die von Margret Mead versprochene Vielfalt nicht feststellen können. Die Freudianer hatten mit ihren Verweisen auf frühkindliche Einflüsse nur wenig erklärt und noch weniger verändert. Die Behavioristen konnten die angeborenen unterschiedlichen Vorlieben verschiedener Tierarten, verschiedene Dinge zu lernen, nicht erklären: Wenn es darum geht, sich in einem Labyrinth zurechtzufinden, lernen Ratten leichter als Tauben. Die Unfähigkeit der Soziologen, Kriminalitätsursachen zu erklären oder zu korrigieren, war nachgerade peinlich. In den siebziger Jahren begannen sich ein paar mutige »Soziobiologen« zu fragen, weshalb die Menschheit eine Ausnahme bilden solle, wenn doch andere Tiere im Verlaufe der Evolution ein artspezifisches Wesen entwickelt haben. Das sozialwissenschaftliche Establishment schmähte deren Versuche und empfahl ihnen, sich fürderhin dem Ameisenbeobachten zu widmen. Doch ihre Frage ist bis heute unbeantwortet geblieben.[10]

Der Hauptgrund für die Feindseligkeit gegenüber der Soziobiologie bestand darin, daß diese allem Anschein nach das unbeirrbare Festhalten an Vorurteilen rechtfertigte. Das aber ist schlicht ein Irrtum. Genetische

Theorien zum Rassismus – oder irgendeinem anderen -ismus – haben nichts mit der Vorstellung zu tun, daß es eine universelle, instinktiv menschliche Natur geben muß. Im Grunde widersprechen die beiden einander sogar, glaubt doch die eine an Universalien, die andere an rassen- oder klassenspezifische Besonderheiten. Nur weil Gene eine Rolle spielen, spricht man von genetischen Unterschieden. Warum muß das so sein? Ist nicht auch die Sichtweise möglich, daß die Gene zweier verschiedener Individuen im Grunde weitgehend gleich sind? Das Firmenzeichen auf der Heckflosse einer Boeing 747 hängt von der Fluglinie ab, der die Maschine gehört. Die Heckflossen unter dem Emblem aber sind haargenau dieselben. Sie wurden aus demselben Metall in derselben Fabrik hergestellt. Nur weil beide Maschinen unter verschiedenen Fluggesellschaften fliegen, würden Sie doch nicht zwangsläufig annehmen, daß sie auch in verschiedenen Fabriken produziert wurden. Ebenso läßt sich auch im Hinblick auf Angehörige verschiedener Nationalitäten das Gehirn durchaus als das Produkt von Genen betrachten – und zwar nicht als das Produkt essentiell verschiedener Gene, sondern der prinzipiell gleichen Gene. Es gibt einen universell menschlichen Apparat zum Spracherwerb – genauso wie es eine universell menschliche Niere und eine universelle Heckflossenstruktur der Boeing 747 gibt.

Denken Sie in diesem Zusammenhang auch einmal an die unerträglichen Konsequenzen einer rein umweltbedingten Sichtweise. Stephen Jay Gould karikierte die Betrachtungsweise der Verfechter des genetischen Determinismus einst mit den folgenden Worten: »Falls wir wirklich programmiert sind zu sein, was wir sind, dann sind diese Merkmale unabdingbar. Wir könnten sie im Höchstfalle zu lenken versuchen, ändern können wir sie nicht.«[11] Er sprach von genetischer Programmierung, doch dieselbe Logik gilt auch – und sogar noch nachdrücklicher – für eine umweltbedingte Programmierung. Ein paar Jahre später schrieb Gould: »Kultureller Determinismus kann auch grausam sein, wenn er beispielsweise eine schwere angeborene Störung, wie den Autismus, irgendwelchem Psychogeschwätz über zuviel oder zuwenig elterliche Zuwendung in die Schuhe schiebt.«[12]

Wenn wir tatsächlich ein reines Produkt unserer Erziehung wären (und wer könnte leugnen, daß viele Kindheitseindrücke in der Tat unauslöschlich sind – nehmen wir nur den Akzent), dann würden wir möglicherweise wirklich durch unsere verschiedenen erzieherischen Umfelder für unser weiteres Leben programmiert – für einen Werdegang als Reicher, Armer, Bettler oder Dieb. Ein nur auf Umwelteinflüssen basierender Determinismus der Art, wie ihn noch immer viele Soziologen pflegen, ist eine ebenso grausame und erschreckende Vorstellung wie ein rein biologischer Determinismus, der von ebendiesen Leuten angegriffen wird. Die Wahrheit ist, daß die Einflüsse beider in uns unlösbar und auf von Fall zu Fall sehr unterschiedliche Art und Weise miteinander verknüpft sind. Was den Aspekt betrifft, daß unsere Eigenschaften von Genen bestimmt werden, so ist zu sagen, daß Entwicklung und Gestaltung der Produkte dieser Gene durch Erfahrungen beeinflußbar sind, so wie die Augen lernen, Kanten zu finden, oder wie der Verstand seinen Wortschatz erlernt. Was den Aspekt betrifft, daß wir durch unser Umfeld geformt werden, so ist zu sagen, daß es sich um ein Umfeld handelt, auf das unser Gehirn anspricht. Wir reagieren nicht auf »Gelée Royale«, das die Arbeiterbienen an bestimmte Larven verfüttern, um sie zu Königinnen werden zu lassen. Und eine Arbeiterbiene lernt nicht, daß das Lächeln der Mutter ein Grund zum Glücklichsein ist.

Der programmierte Verstand

Als sich in den achtziger Jahren auch Forscher, die sich mit Künstlicher Intelligenz beschäftigten, zu denen gesellten, die nach den Mechanismen des Verstandes forschten, gingen auch sie zunächst einmal von einer behavioristischen Grundvorstellung aus: Das menschliche Gehirn sei, ähnlich wie ein Computer, ein assoziativ arbeitender Apparat. Bald stellte man fest, daß ein Computer stets nur so gut ist wie sein Programmierer. Man käme nie auf die Idee, einen Computer zur Textverarbeitung einzusetzen, wenn man nicht über ein entsprechendes Programm verfügt. Ebenso muß man einen Computer zunächst einmal mit »Wissen« programmieren, wenn man ihn in die Lage versetzen will, Gegenstände zu erkennen, Bewegungen wahrzunehmen, medizinische Diagnosen zu stellen oder Schach zu spielen. Selbst die enthusiastischsten Vertreter der Vorstellung vom »neuronalen Netz«, die Ende der achtziger Jahre entwickelt wurde, gestanden recht bald ein, daß ihr Anspruch, einen allgemeingültigen Mechanismus für assoziatives Lernen gefunden zu haben, nicht zutraf: Ein neuronales Netz hängt entscheidend davon ab, daß ihm zuvor mitgeteilt wird, welche Antwort es zu erreichen oder welches Muster es zu finden hat, oder davon, für eine bestimmte Aufgabe eingerichtet zu sein, beziehungsweise davon, geeignete Lernbeispiele zu finden. Die »Konnexionisten«, die solch große Hoffnungen in neuronale Netze gesetzt hatten, stolperten in dieselben Fallen wie die Behavioristen eine Generation zuvor. Untrainierte Netzverknüpfungen erwiesen sich sogar als unfähig, die Vergangenheitsform der englischen Sprache zu erlernen.[13]

Alternativ zum Konnexionismus und zum vorangegangenen Behaviorismus gab es einen »kognitiven Ansatz«, der sich zum Ziel gesetzt hatte, die inneren Mechanismen des Verstandes zu ergründen. Ihre erste Blüte erreichten diese Überlegungen mit Noam Chomskys 1957 erschienenem Buch *Syntactic Structures* (deutsch: *Strukturen der Syntax)*, dem zufolge Allzweckapparate zum assoziativen Lernen einfach nicht in der Lage sind, grammatikalische Regeln aus der Sprache herzuleiten.[14] Nach Chomsky bedarf es dazu eines Mechanismus, der zuvor mit einem Grundwissen ausgestattet wurde, das ihm mitteilt, wonach er zu suchen hat. Allmählich begannen die Linguisten, Chomskys Argument zu akzeptieren. Wissenschaftler, die sich mit dem Sehen beschäftigten, verfolgten unterdessen den von David Marr, einem jungen britischen Wissenschaftler, vertretenen »computergestützten« Ansatz weiter. Marr und Tomaso Poggio enthüllten systematisch alle mathematischen Tricks, die das Gehirn einsetzt, um feste Gegenstände in dem vom Auge erzeugten Bild auszumachen. Die Netzhaut beispielsweise ist so verkabelt, daß eine besondere Sensitivität für Kontrastlinien zwischen hellen und dunklen Teilen eines Bildes entsteht: Mit optischen Täuschungen kann man zeigen, daß Menschen diese Linien als Anhaltspunkte für die Umrisse eines Gegenstands verwenden. Auch dieser Mechanismus ist, wie viele andere, dem Gehirn »angeboren«. Er ist für die Bewältigung seiner Aufgabe hoch spezialisiert und wird durch den steten Kontakt mit Beispielen perfektioniert. Auch hier gibt es keine Allzweckverknüpfung.[15]

Beinahe jeder Wissenschaftler, der sich mit Sprache oder Wahrnehmung beschäftigt, ist inzwischen der Ansicht, daß das Gehirn voller Mechanismen steckt, die es nicht »erlernt«, sondern die darauf spezialisiert sind, empfangene Signale auszuwerten und sie durch den Kontakt mit der Welt weiterzuentwickeln. Unser Verstand verfügt über spezialisierte Mechanismen, die in der Evolution dafür »geschaffen« wurden, Gesichter zu erkennen, Emotionen zu deuten, sich den eigenen Kindern gegenüber großzügig zu verhalten, sich vor Schlangen zu fürchten, sich zu bestimmten Mitgliedern des jeweils anderen Geschlechts hingezogen zu fühlen, Stimmungen unterworfen zu sein, Wortbedeutungen zu verstehen, sich Grammatik anzueignen, soziale Situationen zu interpretieren, die Eignung eines bestimmten Werkzeugs für eine bestimmte Aufgabe zu erkennen, soziale Verpflichtungen abzuschätzen und so weiter. Jedes dieser »Module« ist mit einem gewissen Maß an Wissen um die Welt ausgestattet, das es ihm ermöglicht, seine Aufgabe zu erfüllen – ganz ähnlich, wie die menschliche Niere dazu »geschaffen« und ausgestattet wurde, Blut zu filtern.

Wir verfügen über Module, mittels deren wir lernen, den Gesichtsausdruck eines anderen zu deuten – es gibt in unserem Gehirn Teile, die genau das lernen und sonst nichts. Mit zehn Wochen gehen wir angesichts eines Gegenstandes davon aus, daß er massiv ist und daß deshalb keine zwei Gegenstände zur selben Zeit denselben Platz einnehmen können – eine Grundüberzeugung, an der kein noch so häufiger Konsum von Zeichentrickfilmen später mehr rütteln kann. Babys zeigen sich überrascht, wenn man ihnen Tricks vorführt, bei denen zwei Gegenstände offenbar denselben Platz einnehmen können. Mit achtzehn Monaten sind Babys davon überzeugt, daß es so etwas wie ferngelenktes Geschehen nicht gibt – daß Gegenstand A von Gegenstand B nur dann bewegt werden kann, wenn dieser ihn berührt. Im selben Alter sortieren sie Gegenstände nach ihrer Funktion und nicht nach deren Farbe. Und aus verschiedenen Experimenten geht hervor, daß wir – ähnlich wie Katzen – davon ausgehen, daß jeder Gegenstand, der in der Lage ist, sich aus eigenem Antrieb zu bewegen, ein Tier sein muß – eine Vorstellung, die uns in unserer von Maschinen beherrschten Welt nur in sehr begrenztem Maße aus eigener Anschauung erwachsen kann.[16]

Zum Schluß ein Beispiel dafür, wie viele Instinkte in unseren Köpfen auf der Grundvermutung basieren, daß die Welt noch so ist wie im Pleistozän und vor der Erfindung von Autos. Ein New Yorker Säugling entwickelt bereitwilliger eine Furcht vor Schlangen als vor Autos – trotz der weit größeren Gefahr, die ihm von letzteren droht: Sein Gehirn ist für die Furcht vor Schlangen einfach prädisponiert.

Die Furcht vor Schlangen und die Annahme, daß etwas, das sich aus eigenem Antrieb bewegt, gleichbedeutend mit einem Tier sein muß, sind

Instinkte, die bei Affen höchstwahrscheinlich genausogut entwickelt sind wie beim Menschen. Auch die Abneigung eines Erwachsenen, eine sexuelle Beziehung zu jemandem einzugehen, mit dem er seine Kindheit verbracht hat – der Instinkt der Inzestvermeidung –, ist kein ausschließlich menschlicher Zug. Für solche Dinge benötigte Lucy ihr größeres Gehirn ebensowenig wie ein Hund.

Das einzige, was Lucy erspart blieb, war die Notwendigkeit, immer wieder von vorne anfangen zu müssen und in jeder Generation die Welt neu begreifen zu lernen. Doch weder die Regeln der Grammatik noch die Techniken, mittels deren man Trennlinien in einem Gesichtsfeld ausmacht, wurden ihr auf kulturellem Wege vermittelt. Auf diese Weise hätte man ihr vielleicht beibringen können, daß man sich vor Schlangen zu fürchten habe, aber warum das alles? Warum sollte Lucy nicht einfach mit der angeborenen Furcht vor Schlangen zur Welt gekommen sein? Für jemanden, der die Welt aus der evolutionsbiologischen Perspektive betrachtet, ist nicht einzusehen, weshalb wir das Lernen für so ungemein wertvoll erachten sollten. Wenn das Lernen in der Tat Instinkte ersetzte, statt sie zu verstärken und zu trainieren, dann verbrächten wir die Hälfte unseres Lebens damit, Dinge neu zu lernen, die Affen automatisch zu leisten oder zu erkennen vermochten – zum Beispiel zu wissen, daß ein treuloser Partner in der Lage ist, einen zu betrügen. Warum sollte man so etwas mühsam lernen müssen? Warum sollte der Baldwin-Effekt (vgl. S. 298) solches nicht lieber in einen Instinkt verwandeln und damit in der mühseligen Zeit des Heranwachsens ein bißchen Zeit einsparen? Müßte eine Fledermaus den Einsatz ihres Ultraschallsystems von den Eltern lernen, statt diese Fähigkeit einfach im Laufe ihres Heranwachsens zu entwickeln, oder müßte ein Kuckuck den Weg nach Afrika im Winter erst vermittelt bekommen, statt ihn zu »wissen«, bevor er aufbricht, dann gäbe es in jeder Generation weit mehr tote Fledermäuse und tote Kuckucks. Die Natur hat sich dafür entschieden, Fledermäuse mit einem Echolot auszustatten und Kuckucks mit einem Zugvogelinstinkt, denn dieser Weg ist weit effizienter als der des Lernens. Zweifellos lernen wir eine ganze Menge mehr als Fledermäuse und Kuckucks. Wir lernen Mathematik, ein Vokabular von zehntausend Wörtern und etwas über die Beschaffenheit des Verstandes anderer Leute. Aber wir sind dazu nur deshalb in der Lage, weil wir Instinkte dafür besitzen, solche Dinge zu lernen (Mathematik möglicherweise ausgenommen), und nicht deshalb, weil wir etwa weniger Instinkte besitzen als Fledermäuse und Kuckucks.

Der Mythos vom Werkzeugmacher

Bis Mitte der siebziger Jahre wurde die Frage, weshalb Menschen ein so großes Gehirn benötigen, eigentlich nur von Anthropologen und Archäologen gestellt, von denjenigen also, die sich mit Knochen und Werkzeugen früher Menschen befaßten. Ihre Antwort, im Jahr 1949 überzeugend dargelegt, in Kenneth Oakleys Buch *Man the Toolmaker*, lautete, der Mensch sei ein Hersteller und Verwender von Werkzeugen *par excellence*, und dies sei der Grund dafür, daß er ein so großes Gehirn entwickelt habe. Zieht man die im Laufe der Geschichte zunehmende Komplexität menschlicher Werkzeuge in Betracht, und bedenkt man die sprunghafte Zunahme der technischen Fertigkeiten unserer Ahnen, von der offenbar jede Zunahme der Schädelgröße begleitet war – vom *Homo habilis* zum *Homo erectus*, vom *Homo erectus* zum *Homo sapiens*, vom Neandertaler zum modernen Menschen –, so entbehrt dies nicht einer gewissen Logik. Aber diese Überlegungen sind in zweifacher Hinsicht nicht ganz unproblematisch. Erstens, weil man im Laufe der sechziger Jahre die Fähigkeit zur Werkzeugherstellung und -verwendung auch bei Tieren, insbesondere bei Schimpansen, entdeckte und damit der mehr oder weniger primitiven Werkzeugausstattung des *Homo habilis* einiges an Glanz nahm. Zweitens, weil es bei diesem Argument einen Haken gibt. Archäologen beschäftigen sich mit Steinwerkzeugen, denn diese bleiben erhalten. Ein Archäologe in einer Million Jahren wird unser Zeitalter als Betonzeitalter bezeichnen – und das mit einer gewissen Berechtigung; aber er wird vielleicht niemals etwas über Bücher, Zeitungen, Fernsehsendungen, die Bekleidungsindustrie, das Mineralölgeschäft und die Autoindustrie erfahren – von der auch die letzten Spuren dahingerostet sein werden. Vielleicht kommt er zu dem Schluß, unsere Zivilisation sei davon beherrscht gewesen, daß nackte Menschen Mann gegen Mann um Betonzitadellen kämpften. Vielleicht unterschied sich das neolithische Zeitalter vom paläolithischen so wie eine Mode von der anderen – nicht in bezug auf Werkzeuge, sondern was die Erfindung von

Sprache angeht oder die Einführung von Eheschließungen oder Vetternwirtschaft oder irgendein anderes Ereignis, das keine fossilen Spuren hinterläßt. Holz hatte vermutlich weit länger eine große Bedeutung für den Menschen als Stein, doch Holzwerkzeuge überleben nicht.[17]
Hinzu kommt, daß die Geschichte des Werkzeugs weit davon entfernt ist, den Lobpreis unermüdlichen menschlichen Erfindungsreichtums zu singen, sondern sie erzählt im Gegenteil von einem äußerst ermüdenden Konservativismus. Die ersten Steinwerkzeuge, die vor etwa zweieinhalb Millionen Jahren im Rahmen der *Homo-habilis*-Technologie in der Olduvai-Schlucht Äthiopiens entstanden, waren wirklich sehr einfach: grob behauene Felssplitter. Im Laufe der darauffolgenden Million Jahre sollten sie mehr oder weniger unverändert bleiben, sie wurden eher allmählich standardisiert, statt daß man mit ihnen experimentierte. Danach wurden sie von der *Homo-habilis*-Kultur des Acheulélen verdrängt, die Faustkeile und tropfenförmige Steingeräte kannte. Wiederum geschah über eine Million Jahre hinweg nichts, bis dann vor etwa zweihunderttausend Jahren – zeitgleich mit dem Erscheinen des *Homo sapiens* – eine dramatische Expansion in bezug auf Vielfalt und Perfektionierung der Werkzeuge stattfand. Von diesem Zeitpunkt an gab es kein Zurück mehr: Die Werkzeuge wurden bis zur Entdeckung der Metalle immer vielfältiger und ausgefeilter. Doch all das kommt zu spät, um die Größenzunahme des Gehirns erklären zu können. Diese schritt bereits seit drei Millionen Jahren unaufhaltsam voran.[18]
Die Werkzeuge herzustellen, die der *Homo erectus* verwendete, bedurfte keiner besonderen Anstrengung. Jeder war dazu in der Lage, und so war die Technik in ganz Afrika verbreitet. Es gab wenig Erfindungsreichtum und kaum schöpferische Prozesse. Eine ganze Million Jahre lang produzierten die Menschen dieselben langweiligen Faustkeile. Ihr Gehirn war – gemessen am Affenstandard – jedoch bereits riesengroß. Rechtshändigkeit, die Wahrnehmung von Formen und die Fähigkeit, von der gewünschten Funktion auf die dazu notwendige Form zu abstrahieren, waren für diese Menschen natürlich nützlich, aber wollte man die Größenzunahme des Gehirns mit der Verstärkung dieser Fähigkeiten erklären, so erscheint dies doch eher unglaubwürdig.
Die erste rivalisierende Theorie zur Hypothese vom Werkzeugmacher war die Theorie vom »jagenden Mann«. In den siebziger Jahren gab es, ausgelöst durch die Arbeiten Raymond Darts, ein großes Interesse an der Erkenntnis, daß der Mensch der einzige Menschenaffe war, der zu

einer fleischhaltigen Ernährung und damit zu einer jagenden Lebensweise übergewechselt war. Zur Jagd, so die logische Überlegung, bedarf es des Vorausdenkens, der List, einer gewissen Koordinationsfähigkeit und der Fähigkeit, bestimmte Methoden und Techniken zu erlernen: wo und wie man Wild aufspürt zum Beispiel, und wie man sich ihm nähert. Alles richtig und doch alles ganz banal. Jeder, der schon einmal einen Film darüber gesehen hat, wie Löwen in der Serengeti Zebras jagen, weiß, wie technisch versiert Löwen bezüglich jeder der oben angeführten Aufgaben sind. Sie pirschen sich an, lauern im Hinterhalt, arbeiten zusammen und überlisten ihr Opfer nicht minder wirkungsvoll als eine Gruppe menschlicher Jäger. Löwen brauchen dazu keine riesenhaften Gehirne, warum also wir? Die Mode vom »jagenden Mann« wich der von der »sammelnden Frau«, doch für sie gelten ganz ähnliche Argumente. Um Knollen auszubuddeln, ist es schlicht unnötig, etwas von Philosophie und Sprache zu verstehen. Paviane sind dabei nicht minder geschickt als Frauen.[19]

Eine der faszinierendsten Entdeckungen aus den großen Studien der sechziger Jahre über die Lebensweise der !Kung San in der namibischen Wüste war die Erkenntnis, über welch ungeheure Ansammlung von Wissen zu den lokalen Gegebenheiten die Jäger und Sammler verfügten – welche Art von Wild wann und wo zu jagen ist, wie man Fährten liest, wo man welche Pflanzen findet, welche Pflanzen nach einem Regen zur Verfügung stehen, was giftig ist und was heilt. Melvin Konner schrieb über die !Kung San: »Ihre Kenntnis wilder Pflanzen und Tiere ist tiefgehend und ausführlich genug, um jeden professionellen Botaniker und Zoologen zu lehren und zu beeindrucken.«[20]

Ohne eine solche Anhäufung und Weitergabe von Wissen wäre es der Menschheit nicht möglich gewesen, eine so reichhaltige und vielfältige Ernährung zu entwickeln, denn die Ergebnisse von Versuch und Irrtum hätten sich nicht addiert, sondern hätten in jeder Generation neu gelernt werden müssen. Damit wären wir beschränkt geblieben auf Früchte und Antilopenfleisch und hätten uns nicht an Knollen, Pilze und ähnliches gewagt. Es gibt eine verblüffende Symbiose zwischen Menschen und einem Vogel, dem afrikanischen Honiganzeiger, die darin besteht, daß der Vogel den Menschen zu einem Bienennest führt und, nachdem dieser das Nest ausgeräumt hat, die Honigreste verzehrt. Dieses erfolgreiche Verhältnis beruht auf der Tatsache, daß die Menschen einander erzählt haben, daß der Vogel ihnen zu Honig verhilft. Um Wissen anzusammeln

und dann weiterzugeben, bedarf es eines großen Gehirns und einer gut entwickelten Sprachfähigkeit – daher also die Notwendigkeit für ein großes Gehirn.
Das Argument ist hieb- und stichfest, doch wiederum gilt es für jeden Allesfresser der afrikanischen Savannen. Paviane müssen auch wissen, wo sie nach was zu suchen haben und ob sie einen Hundertfüßler oder eine Schlange fressen können oder nicht. Schimpansen suchen tatsächlich nach den Blättern einer bestimmten Pflanze, mit der sich Wurminfektionen heilen lassen, und sie verfügen über eine tradierte Kultur des Nüsseknackens. Jedes Tier, das in Gruppen lebt und bei dem sich die Generationen überlappen, kann sich einen Grundstock an Wissen zur Naturgeschichte aneignen, das durch simple Imitation weitergegeben wird. Auch diese Erklärung ist also offenbar nicht ausschließlich für den Menschen gültig.[21]

Der Baby-Affe

Angesichts der hier präsentierten Argumentationsweise fühlt ein Humanist möglicherweise eine gewisse Frustration in sich aufsteigen. Schließlich haben wir trotz alledem große Gehirne und benutzen sie auch. Die Tatsache, daß Löwen und Paviane kleine Gehirne haben und damit klarkommen, heißt nicht, daß uns unser Gehirn nicht hilft. Wir kommen eben besser zurecht als Paviane und Löwen. Wir haben Städte gebaut, sie nicht. Wir haben den Ackerbau eingeführt, sie nicht. Wir haben das Europa der Eiszeit kolonisiert, sie nicht. Wir können in Wüste und Regenwald leben, ihnen bleibt nur die Savanne. Das Argument ist nicht unberechtigt, denn ein großes Gehirn gibt es nicht umsonst. Beim Menschen werden achtzehn Prozent der täglich verbrauchten Energie dafür aufgewendet, das Gehirn in Gang zu halten. Es handelt sich damit um ein äußerst kostenintensives Ornament, das da an unserem oberen Körperende sitzt und sich für den Fall bereithält, daß es uns etwa dabei helfen soll, den Ackerbau zu erfinden; so ähnlich, wie die Sexualität eine äußerst kostenaufwendige Gewohnheit ist, die wir betreiben, nur damit es immer wieder zu genetischen Neuerungen kommt (siehe Kapitel 2). Das menschliche Gehirn ist eine beinahe ebenso kostenaufwendige

Erfindung wie die Sexualität; das bedeutet, daß sein Vorteil genauso unmittelbar und so weitreichend sein müßte wie der Vorteil der Sexualität. Vor diesem Hintergrund läßt sich gegen die sogenannte neutrale Theorie zur Evolution von Intelligenz, die in den vergangenen Jahren vor allem von Stephen Jay Gould propagiert wurde, einiges einwenden.[22] Der Schlüssel für seine Argumentationsweise findet sich im Konzept der Neotenie – der Aufrechterhaltung jugendlicher Erscheinungsformen bis ins Erwachsenenalter. Es ist eine altbekannte Tatsache, daß in der menschlichen Evolution die Übergänge vom *Australopithecus* zum *Homo*, vom *Homo habilis* zum *Homo erectus* und vom *Homo erectus* zum *Homo sapiens* von einer Verzögerung und Verlangsamung der körperlichen Entwicklung geprägt sind, so daß der Körper auch im reifen Zustand noch immer jugendliche Merkmale aufweist: eine relativ große Schädelkapsel mit kleinen Kiefern, schlanke Gliedmaßen, unbehaarte Haut, die Unfähigkeit zur Rotation der großen Zehen, dünne Knochen, sogar die äußerlichen Genitalien beim weiblichen Geschlecht – im Grunde sehen wir aus wie Menschenaffenbabys.[23]

Der Schädel eines Schimpansenbabys gleicht eher dem Schädel eines Menschen denn dem eines erwachsenen Schimpansen. Der Schritt vom Affenmenschen zum Menschen war lediglich eine Frage der Veränderung von Genen, die Einfluß auf die Entwicklungsgeschwindigkeit vom juvenilen zum adulten Charakter hatten, so daß wir im ausgewachsenen Zustand, wenn wir beginnen, uns fortzupflanzen, noch immer eher aussehen wie ein Baby. »Der Mensch wird unreifer geboren und bleibt länger unreif als jedes andere Tier«, schrieb Ashley Montague im Jahre 1961.[24]

Für die Neotenie gibt es eine Fülle von Indizien. Beim Menschen brechen die Zähne in einer bestimmten Reihenfolge durch: die ersten Backenzähne (Molaren) im Alter von sechs Jahren, beim Schimpansen mit drei Jahren. Dieses Muster ist ein guter Indikator für alle anderen Dinge, denn die Zähne müssen zum richtigen Zeitpunkt des Kieferwachstums erscheinen. Holly Smith, Anthropologin an der University of Michigan, stellte bei vierundzwanzig Primatenarten eine enge Korrelation fest zwischen dem Zeitpunkt, an dem die ersten Molaren durchbrechen, und Parametern wie Körpergewicht, Schwangerschaftsdauer, Entwöhnungsalter, Geburtsdauer, Geschlechtsreife, Lebensdauer und vor allem der Gehirngröße. Aus den Gehirngrößen verschiedener fossiler Hominidenfunde konnte sie vorhersagen, daß Lucy (ähnlich wie Schimpansen) ihren ersten Molar mit drei Jahren bekommen haben mußte und daß sie etwa vierzig Jahre alt geworden war; ein durchschnittlicher *Homo erectus* müßte seinen ersten Molar mit etwa fünf Jahren bekommen haben und etwa zweiundfünfzig Jahre alt geworden sein.[25]

Neotenie gibt es nicht nur beim Menschen. Man findet sie auch bei verschiedenen Haustieren, vor allem bei Hunden. Manche Hunde erlangen ihre Geschlechtsreife, während sie sich noch in einer frühen Phase der Wolfsentwicklung befinden: Sie haben kurze Schnauzen, Hängeohren und zeigen Verhaltensweisen, die auch Wolfswelpen eigen sind – Apportieren zum Beispiel. Andere sind in einem anderen Stadium stehengeblieben: Die Schnauze ist länger, die Ohren stehen halb aufrecht, und sie jagen, wie Münsterländer und andere Jagdhunde. Wieder andere, zum Beispiel Schäferhunde, haben das ganze Spektrum der Wolfsmerkmale in ihrem Jagd- und Angriffsverhalten entwickelt, besitzen lange Schnauzen und Stehohren.[26]

Doch während Hunde wahrhaft neotene Merkmale zeigen, sich früh fortpflanzen und wie Wolfswelpen aussehen, ist dies bei Menschen anders. Sie sehen aus wie Affenjunge, aber sie pflanzen sich erst im fortgeschrittenen Alter fort. Diese Kombination von langsamer Änderung der Schädelform und langer Jugendphase bedeutet, daß sie als Erwachsene ein ungewöhnlich großes Gehirn für einen Affen haben. Der Mechanismus, der einen Affenmenschen in einen Menschen verwandelte, war eindeutig ein genetischer Schalter, der die Entwicklungsgeschwindigkeit drosselte. Stephen Jay Gould ist der Ansicht, daß wir, statt für solche Dinge wie die Entwicklung von Sprache nach adaptiven Erklärungen zu suchen, diese einfach als »zufällige«, wenngleich sehr nützliche Nebenprodukte der neoteniebedingten Gehirngröße sehen sollten. Wenn etwas so Spektakuläres wie die Sprache als simples Nebenprodukt eines großen Gehirns in Zusammenhang mit gewissen kulturellen Voraussetzungen entstehen kann, dann enthebt uns dies spezifischer Erklärungen dafür, weshalb die Entwicklung eines größeren Gehirn notwendig war.[27]

Dieses Argument geht von einer falschen Voraussetzung aus. Wie Chomsky und andere Wissenschaftler ausführlich haben zeigen können, ist die Sprache eine der höchstentwickelten Fertigkeiten überhaupt und weit davon entfernt, das Nebenprodukt eines großen Gehirns zu sein. Sie basiert auf einem hochspezifischen Mechanismus, der sich bei Kindern ohne weitere Instruktionen entwickelt. Sie bietet überdies augenfällige Evolutionsvorteile, wie sich bei genauerem Hinsehen unschwer erkennen läßt. Ohne den Trick der Herstellung von Bezügen (in Form von Nebensätzen) beispielsweise ist es unmöglich, auch nur die einfachste Geschichte zu erzählen. Um mit Steven Pinker und Paul Bloom zu sprechen: »Es ist ein großer Unterschied, ob man eine weit entfernt gelegene Gegend erreicht, indem man den Pfad vor dem großen Baum geht oder den Pfad, vor dem der große Baum steht. Es ist ein Unterschied, ob es in der Region Tiere gibt, die du essen kannst, oder Tiere, die dich essen können.« Die Fähigkeit, einen Bezug herzustellen, kann für einen Mann im Pleistozän durchaus zum Überleben oder zur Fortpflanzung beigetragen haben. Die Sprache, so Pinker und Bloom, »ist dem neuralen Kabelsystem als Reaktion auf das Bestehen eines Evolutionsdrucks aufgebürdet und durch diesen entsprechend geformt worden«.[28] Sie ist nicht schillerndes Nebenprodukt des Verstandesapparats.

Das Neotenie-Argument bietet allerdings auch einen Vorteil: Es zeigt einen möglichen Grund dafür auf, weshalb Menschenaffen und Paviane dem Menschen auf seinem Weg zu einem immer größeren Gehirn nicht gefolgt sind. Möglicherweise hat die zur Neotenie führende Mutation bei unseren Primaten-Cousins niemals stattgefunden. Oder, was noch interessanter wäre, vielleicht ist die Mutation entstanden, hat aber keine Veranlassung gehabt, sich auszubreiten.

Klatsch und Tratsch

Weder die »Werkzeugmacher«-Hypothese noch irgendwelche anderen Erklärungen für das Bestehen von Intelligenz vermochten Leute, die sich außerhalb der anthropologischen Diskussion befanden, in nennenswertem Maße zu beeindrucken. Für die meisten Menschen liegt der Vorteil der Entwicklung von Intelligenz auf der Hand: Die zunehmende Intelligenz führte zu einer Verschiebung des Verhältnisses von Lernen und Instinkten zugunsten des Lernens. Dadurch wurde das Verhalten flexibler. Das wiederum wurde durch die Evolution belohnt. Wir haben bereits gesehen, wie lückenhaft diese Argumentation ist. Lernen ist eine Belastung, die dem Individuum anstelle flexibler Instinkte aufgebürdet wird, und Lernen und Instinkt können keinesfalls als Gegensätze betrachtet werden. Der Mensch ist nicht der »lernende Affe«, sondern er ist ein schlauer Affe, der sich im Vergleich zu seinen nächsten Verwandten durch mehr und stärker von Erfahrungen prägbare Instinkte auszeichnet. Wissenschaftliche Disziplinen, die sich mit solchen Themen beschäftigen, insbesondere die Philosophie, haben diesen logischen Fehler gemeinhin übersehen und der Frage nach der Existenz von Intelligenz merkwürdig wenig Neugier entgegengebracht. Philosophen gehen davon aus, daß Intelligenz und Bewußtsein Vorteile bieten, und widmen sich weiterhin der Debatte darüber, was das Bewußtsein des Menschen ausmacht. Bis Anfang der siebziger Jahre gab es kaum Hinweise darauf, daß man jemals die evolutionsbiologisch zwingende Frage aufgeworfen hatte: Warum sollte Intelligenz eine gute Sache sein?

Aus diesem Grunde wirkte es ungemein aufrüttelnd, als diese Frage im Jahre 1975 von zwei unabhängig voneinander arbeitenden Zoologen nachdrücklich gestellt wurde. Einer von ihnen war Richard Alexander von der University of Michigan. Der Argumentationsweise der Roten Königin folgend, gab er seiner Skepsis darüber Ausdruck, ob das, was Charles Darwin als die »feindlichen Kräfte der Natur« bezeichnet hatte, für einen intelligenten Geist einen hinreichend herausfordernden Widersacher darstellen würde. Damit soll folgendes gesagt werden: Die Herausforderungen, die durch das Behauen von Steinwerkzeugen oder durch das Sammeln von Beeren und Knollen an den menschlichen Geist gestellt werden, sind mehr oder weniger vorhersagbar. Wenn man Generation für Generation ein Werkzeug aus einem Stein schlägt oder weiß, wo man nach bestimmten Knollen zu suchen hat, dann ist jedesmal dasselbe Niveau von Fertigkeiten gefragt. Mit zunehmender Erfahrung wird beides leichter. (Es verhält sich ein bißchen wie beim Radfahrenlernen: Wenn man weiß, wie es geht, laufen die Bewegungen automatisch ab, die bewußte Anstrengung wird unnötig, und der Ablauf wird ins »Unbewußte« verlagert.) Für den *Homo erectus* war irgendwann keine bewußte Anstrengung mehr vonnöten, um zu wissen, daß man sich an Zebras stets gegen den Wind heranpirschen sollte, da sie einen sonst wittern, oder daß bestimmte Wurzeln unter bestimmten Bäumen wachsen. Für ihn war das so selbstverständlich wie das Fahrradfahren für uns. Stellen Sie sich vor, Sie spielten Schach gegen einen Computer, der nur einen einzigen Eröffnungszug kennt. Es mag ein guter Zug sein, doch sobald Sie gelernt haben, ihn zu schlagen, können Sie Spiel für Spiel immer denselben Gegenzug machen. Natürlich ist der ganze Witz am Schach, daß Ihr Gegner eine von vielen Möglichkeiten wählen kann, auf Ihren Zug zu reagieren.

Mit einer solchen Logik gelangte Alexander zu seiner Vermutung, daß das Schlüsselmerkmal der menschlichen Umgebung, durch welches Intelligenz zu einer lohnenswerten Errungenschaft wurde, die Gegenwart anderer Menschen gewesen sein muß. Wenn Ihre Linie Generation um Generation immer intelligenter wird, so werden auch die anderen immer intelligenter. Wie schnell auch immer Sie laufen, Sie bleiben relativ zu den anderen immer am selben Ort. Der Mensch wurde durch seine technischen Fertigkeiten ökologisch dominant, und dadurch wurde der Mensch zum einzigen Feind des Menschen (von seinen Parasiten einmal abgesehen). »Nur der Mensch selbst konnte eine zur Erklärung seiner eigenen Evolution hinreichende Herausforderung darstellen«, schrieb Alexander.[29]

Wohl wahr, aber schottische Kriebelmücken und afrikanische Elefanten sind ebenfalls in gewissem Sinne »ökologisch dominant« – sie übertreffen alle potentiellen Feinde zahlen- oder größenmäßig –, und doch hat keiner von ihnen jemals die Notwendigkeit verspürt, die Relativitätstheorie verstehen zu müssen. Und überhaupt, wo ist der Beweis, daß Lucy ökologisch dominant gewesen ist? Wie immer man es auch betrachtet, ihre Art bildete schließlich nur einen unbedeutenden Teil der Fauna einer trockenen, baumbestandenen Savanne.[30]

Unabhängig von Alexanders Überlegungen war Nicholas Humphrey, ein junger Zoologe aus Cambridge, zu einer ganz ähnlichen Schlußfolgerung gelangt. Humphrey begann einen seiner Aufsätze zu diesem Thema mit der Geschichte von Henry Ford, der einst seine Handelsvertreter gebeten haben soll, herauszufinden, welcher Teil von Modell T nie versagt hatte. Sie überbrachten ihm die Antwort, daß dies auf Achsschenkelbolzen zuträfe. Ford ordnete daher an, daß man aus Kostengründen ab sofort eine weniger aufwendige Ausführung verwenden solle. »Die Natur«, so Humphrey, »ist mit Sicherheit ein ebenso umsichtiger Ökonom wie Henry Ford.«[31]

Intelligenz muß daher irgendeinem Zweck dienen; sie kann kein teurer Luxus sein. Humphrey definierte Intelligenz als die Fähigkeit, »Verhaltensänderungen auf der Basis gültiger Schlußfolgerungen aus Beobachtungen vorzunehmen«, und erklärte, daß sich Erfindergeist als praktischer Niederschlag von Intelligenz kaum zur Erklärung ihrer Evolution eigne. »Hierfür läßt sich paradoxerweise der Begriff Überlebenstechnologie besser anwenden als der Begriff Intelligenz.« Der Gorilla befindet sich, wie Humphrey ausführt, mit seiner Intelligenz sicher sehr nahe der Grenze dessen, was Tiere zu erreichen imstande sind. Und doch führt er das in technischer Hinsicht anspruchsloseste Leben, das man sich vorstellen kann. Er frißt Blätter, die um ihn herum in Hülle und Fülle wachsen. Das Leben von Gorillas ist jedoch von sozialen Problemen beherrscht. Der Hauptanteil seiner intellektuellen Leistungen besteht darin, andere Gorillas zu beherrschen, sich ihnen zu unterwerfen, ihre Stimmungen zu erkennen und ihr Leben zu beeinflussen.

Auch Robinson Crusoes Leben auf der verlassenen Insel gestaltete sich in technischer Hinsicht relativ geradlinig, erklärt Humphrey. »Schwierig wurden die Dinge für Crusoe erst, als Freitag auf der Bildfläche erschien.« Humphrey ist der Ansicht, daß der Mensch seinen Intellekt in erster Linie für soziale Situationen einsetzt. »Das Spiel sozialer Winkelzüge und Gegenzüge läßt sich ebensowenig einzig auf der Grundlage angesammelten Wissens spielen wie eine Partie Schach.« Der einzelne muß die Konsequenzen seines Verhaltens berechnen und das wahrscheinlich zu erwartende Verhalten der anderen in Betracht ziehen. Dafür benötigt er zumindest eine vage Vorstellung von seinen eigenen Motiven, um zu erraten, was jemand anderem in einer ähnlichen Situation durch den Kopf gehen mag. Diese Notwendigkeit zur Erkennung seiner selbst beschleunigte die Entwicklung eines menschlichen Bewußtseins.«[32]

Horace Barlow von der Cambridge University meint dazu, daß Dinge, die wir bewußt wahrnehmen, in erster Linie geistiger Natur sind und sich mit sozialen Handlungen beschäftigen: Dessen, wie wir sehen, gehen, einen Tennisball schlagen oder ein Wort schreiben, sind wir uns weitgehend nicht bewußt. Wie in einer militärischen Hierarchie arbeitet auch das Bewußtsein mit einer Politik des »Das-ist-nicht-Ihr-Ressort.« »Von der Regel, daß man sich dessen, was man anderen mitteilen kann, bewußt ist, dessen, was man nicht mitteilen kann, hingegen nicht, gibt es meines Wissens keine Ausnahme.«[33] John Crook, Psychologe mit einem speziellen Interesse an östlichen Philosophien, sagt im großen und ganzen dasselbe: »Reflexion erhebt somit innere Erkenntnis zu bewußter Wahrnehmung, wodurch sie zum Objekt der verbalen Formulierung und der Weitergabe an andere avanciert.«[34]

Was Humphrey und Alexander hier beschreiben, ist im Grunde ein Schachspiel nach den Regeln der Roten Königin. Je schneller – je intelligenter – der Mensch wurde, um so weniger veränderte sich sein Standpunkt, denn die Menschen, über die er die psychologische Herrschaft zu erlangen suchte, waren seine eigenen Verwandten, die Nachkommen der intelligentesten Leute früherer Generationen. Pinker und Bloom dazu: »Die Interaktion mit einem Organismus von annähernd denselben intellektuellen Qualitäten, dessen Motive zuweilen von offenkundiger Bosheit [sic] sein können, stellt ungeheure und ständig wachsende Anforderungen an das Erkenntnisvermögen.«[35]

Wenn Tooby und Cosmides mit ihrer Vorstellung von mentalen Modulen richtigliegen, dann befand sich unter den Modulen, die durch das intellektuelle Schachspiel zur Größenzunahme ausgewählt wurden, sicher auch eines, das uns in die Lage versetzte, die Gedanken unserer Mitmenschen zu erkennen, und eines, mit dessen Hilfe wir einander unsere eigenen Gedanken unter Einsatz von Sprachmodulen übermitteln konnten.[36] Wenn man sich einmal umschaut, finden sich mehr als genug Hinweise auf eine solche Vorstellung. Tratsch beispielsweise ist ein universelles menschliches Phänomen. Jede Unterhaltung zwischen zwei Menschen, die einander gut kennen – Mitarbeiter, Familienangehörige, alte Freunde –, erschöpft sich bei fast jedem Thema ausgesprochen rasch, es sei denn, das Gespräch dreht sich um das Verhalten, die Ambitionen, Motive, Schwächen und Affären anderer abwesender – oder auch anwesender – Gruppenmitglieder. Deshalb sind übrigens Seifenopern eine so überaus effiziente Möglichkeit zur Unterhaltung von Menschen.[37] Es handelt sich hierbei jedoch nicht um eine rein westliche Eigenschaft. Konner schrieb über seine Erfahrungen mit den !Kung San: »Nach zwei Jahren bei den San beginne ich, die Epoche des Pleistozäns (die drei Millionen Jahre, in deren Verlauf wir uns entwickelt haben) als eine endlose Folge von zwischenmenschlichen Zusammenstößen zu sehen. In vielen Nächten drang, wenn wir uns zur Ruhe begaben, ein lebhafter Austausch der um das Feuer Versammelten durch die dünnen Wände der Grashütten; freimütige Eingeständnisse von Gefühlen und lebhafte Wortgefechte setzten ein, sobald die Feuer in der Abenddämmerung entfacht wurden, und endeten erst mit der Morgendämmerung.«[38]

Nahezu alle Romane und Schauspiele drehen sich um dasselbe Thema, selbst dann, wenn sie sich als Historie oder als Abenteuer verkleiden.

Wenn Sie menschliche Motive verstehen wollen, sollten Sie Proust, Trollope oder Tom Wolfe lesen, nicht aber Freud, Piaget oder Skinner. Wir sind von der geistigen und seelischen Beschaffenheit des anderen nahezu besessen. »Unsere intuitive Psychologie des gesunden Menschenverstandes übertrifft, was Treffsicherheit und Weitblick angeht, die wissenschaftliche Psychologie um Längen«, so Don Symons.[39] Horace Barlow führt aus, daß die großen literarischen Geistesgrößen nahezu definitionsgemäß auch große Kenner der menschlichen Psyche waren. Shakespeare war ein weit besserer Psychologe als Freud und Jane Austen eine sehr viel bessere Soziologin als Durkheim. Wir sind gescheit, weil wir – und in dem Maße, wie wir – natürliche Psychologen sind.[40]
Die Romanciers haben dies im übrigen zuerst erkannt. George Eliot gibt in *Felix Holt, the Radical* die erste präzise Zusammenfassung der Alexander-Humphrey-Theorie: »Stell dir vor, wie ein Schachspiel aussähe, wenn alle Figuren über Leidenschaft und einen kleinen, mehr oder weniger listigen Verstand verfügten; und wenn du dir nicht nur über die Figuren deines Gegners im unklaren wärest, sondern in gewissem Maße auch über deine eigenen... Besonders leicht wärest du zu schlagen, wenn du dich nur auf deine mathematische Vorstellungskraft verlassen und deine leidenschaftlichen Figuren unterschätzen würdest. Ein solches fiktives Schachspiel läßt sich gut mit einer Partie vergleichen, bei der ein Mensch zusammen mit seinen Mitmenschen gegen andere Mitmenschen um irgendwelche Mittel spielt.«
Die Alexander-Humphrey-Theorie, auch unter dem Namen Machiavelli-Hypothese[41] geläufig, ist im Grunde recht einleuchtend, doch hätte sie weder in den sechziger Jahren, vor der »Egoismus«-Revolution in der Verhaltensforschung, noch von irgendwem, dessen Denkweise den Sozialwissenschaften verhaftet war, formuliert werden können, denn sie setzt eine zynische Betrachtungsweise tierischer Kommunikation voraus. Bis zur Mitte der siebziger Jahre hatten Zoologen Kommunikation stets als Informationstransfer gesehen: Es mußte daher im Interesse beider – des Übermittelnden wie des Empfängers – sein, daß die Botschaft klar, ehrlich und informativ ausfiel. Doch, um mit Lord Macaulay zu sprechen: »Das Ziel der reinen Redekunst ist nicht die Wahrheit, sondern die Überredung.«[42] Im Jahre 1978 legten Richard Dawkins und John Krebs dar, daß Tiere im Prinzip weniger miteinander kommunizieren, um Informationen zu übermitteln, sondern eher, um einander zu manipulieren. Ein Vogel singt laut und betörend, um ein Weibchen zur

Paarung oder einen Rivalen zum Verlassen seines Reviers zu überreden. Wollte er nur Informationen übermitteln, so bestünde keine Notwendigkeit, den Gesang so ausgefeilt zu gestalten. Kommunikation im Tierreich, so Dawkins und Krebs, hat mehr mit Reklame als mit Flugplänen zu tun. Selbst die wohlgesonnenste Form der Kommunikation, wie die zwischen Mutter und Baby, ist nichts anderes als schiere Manipulation, wie jede Mutter bestätigen kann, die des Nachts von einem verzweifelt klingenden Säugling aus dem Schlaf gerissen wurde, der lediglich unterhalten werden wollte. Als die Wissenschaft begonnen hatte, Dinge auf diese Weise zu sehen, stand das soziale Leben im Tierreich plötzlich in einem ganz anderen Licht da.[43]

Eines der verblüffendsten Indizien für die Rolle der Täuschung im Rahmen der Kommunikation entstammt Experimenten von Leda Cosmides, damals an der Stanford University, und Gerd Gigerenzer und seinen Kollegen aus Salzburg. Es gibt ein einfaches logisches Rätsel, den Wason-Test, bei dessen Lösung Menschen erstaunlich schlecht abschneiden. Das Testmaterial besteht aus vier Karten. Jede Karte hat auf einer Seite einen Buchstaben, auf der anderen eine Zahl. Die Karten werden auf den Tisch gelegt, und zwar in der Folge: D; F; 3; 7. Die Aufgabe besteht darin, nur die Karten umzudrehen, mit der sich die folgende Regel bestätigen oder verwerfen läßt: *Wenn eine Karte ein D auf der einen Seite trägt, dann lautet die andere Seite 3.*

Bei diesem Test lagen weniger als ein Viertel aller Stanford-Studenten richtig: eine durchschnittliche Leistung. (Die richtige Antwort lautet übrigens D und 7.) Man weiß jedoch seit vielen Jahren, daß der Wason-Test sehr viel besser gelöst wird, wenn man ihn den Leuten in anderer Form präsentiert. Zum Beispiel kann man das Problem folgendermaßen darstellen: »Stell dir vor, du bist Rausschmeißer einer Bar in Boston und du verlierst deinen Job, wenn du nicht folgende Regel durchsetzt: Um in dieser Bar Bier zu trinken, muß man über zwanzig sein.« Jetzt lauten die Karten: Biertrinker, Colatrinker, fünfundzwanzig Jahre alt, sechzehn Jahre alt. Nun liegen drei Viertel aller Studenten mit ihrer Antwort richtig und decken die Karten Biertrinker und sechzehn Jahre alt auf. Das Problem ist jedoch logisch identisch mit dem erstgenannten Problem. Vielleicht hilft den Leuten das etwas vertrautere Umfeld einer Bar, sich besser zurechtzufinden. Andere, ebenso vertraute Beispiele jedoch lassen die Testpersonen nicht besser abschneiden. Das Geheimnis, weshalb manche Wason-Tests

leichter zu lösen sind als andere, gehört zu den ewigen Rätseln der Psychologie.
Cosmides und Gigerenzer aber haben es geschafft, das Rätsel zu lösen. Es ist ganz einfach: Wenn die zu beachtende Regel keinen Sozialzusammenhang aufweist, wird das Problem schwer lösbar – wie simpel die zugrundeliegende Logik auch sein mag. Geht es jedoch, wie bei dem Beispiel vom Biertrinken, um einen sozialen Zusammenhang, dann wird es leicht lösbar. In einem der von Gigerenzer unternommenen Experimente konnten die Testpersonen problemlos die Regel anwenden: »Wenn du Rente beanspruchen willst, mußt du zehn Jahre hier gearbeitet haben«, indem sie die Rückseiten der Karten »hat acht Jahre gearbeitet« und »Rente bekommen« aufdeckten – allerdings nur, solange man ihnen erzählte, sie seien der Arbeitgeber. Sobald man ihnen erzählte, sie seien der Arbeitnehmer und sollten dieselbe Regel anwenden, drehten sie die Karten – »hat zwölf Jahre gearbeitet« und »keine Rente bekommen« auf, so als suchten sie nach einem Betrug seitens des Arbeitgebers, obgleich betrügende Arbeitgeber mit der Regel selbst gar nichts zu tun haben.
Mit langen Versuchsreihen dokumentierten Cosmides und Gigerenzer, daß die Testpersonen diese Puzzles einfach nicht als Teile einer Logik ansahen. Sie behandelten sie wie soziale Zusammenhänge und suchten nach Möglichkeiten zum Betrug. Der menschliche Intellekt, so schlossen sie daraus, ist vielleicht für logische Schlußfolgerungen grundsätzlich nicht übermäßig geeignet, wohl aber dafür, die Fairneß eines Sozialabkommens und die Ernsthaftigkeit sozialer Angebote einzuschätzen. Wir leben in einer mißtrauischen machiavellistischen Welt.[44]
Richard Byrne und Andrew Whiten von der University of St. Andrews haben sich mit Pavianen in Ostafrika beschäftigt. Eines Tages wurden sie Zeuge, wie ein junger Pavian namens Paul ein erwachsenes Weibchen, Mel, dabei beobachtete, wie es eine große Wurzel ausgrub. Er sah sich kurz um und stieß dann einen schrillen Schrei aus. Mit diesem Schrei alarmierte er seine Mutter, die daraufhin »annahm«, Mel habe das Futter von ihrem Jungen gestohlen oder das Junge in irgendeiner Form bedroht, und sie davonjagte. Paul tat sich an der Wurzel gütlich. Diese soziale Manipulation seitens des jungen Pavians erforderte ein gewisses Maß an Intelligenz: das Wissen, daß er mit dem Schrei seine Mutter alarmieren würde, eine Vermutung darüber, was die Mutter angesichts der Situation »annehmen« würde, und die Prognose, daß es Paul vermutlich die Wurzel einbringen würde. Auch er benutzte seine Intelli-

genz, um andere damit zu täuschen. Byrne und Whiten äußerten daraufhin die Vermutung, daß kalkulierter Betrug beim Menschen häufig ist, bei Schimpansen gelegentlich vorkommt, bei Pavianen selten und bei anderen Tieren mehr oder minder unbekannt ist. Täuschung und deren Aufdeckung wären somit die Hauptgründe für die Existenz von Intelligenz. Ihrer Ansicht nach haben Menschenaffen die bis zu ihrem Erscheinen einzigartige Fähigkeit erworben, sich mögliche Alternativen vorstellen zu können und diese Vorstellung zum Betrug einzusetzen.[45]
Robert Trivers schließlich gab zu bedenken, daß ein Tier auch zu einem gewissen Grad sich selbst täuschen muß, wenn es andere erfolgreich täuschen will, und daß das Kennzeichen der Selbsttäuschung den Übergang vom bewußten zum unbewußten Intellekt markiert. Somit ist die Fähigkeit zur Täuschung der Grund für die Erfindung des Unterbewußtseins.[46]
Und doch trifft Byrnes und Whitens Beurteilung des Pavian-Vorfalls genau den schwachen Punkt der machiavellistischen Thesen: Sie gelten für jede sozial lebende Art. Lesen Sie einmal Geschichten aus dem Leben einer Schimpansengruppe, Sie werden feststellen, welch schmerzliche Ähnlichkeit die Szenen mit menschlichen Gegebenheiten haben. In Jane Goodalls Bericht über die Karriere eines sehr erfolgreichen Männchens namens Goblin schildert sie dessen frühen und selbstsicheren Aufstieg innerhalb der Hierarchie. Er fordert zuerst ein Weibchen nach dem anderen heraus und besiegt es, anschließend verfährt er mit den Männchen ebenso; einer nach dem anderen kommt an die Reihe: Humphrey, Jomeo, Sherry, Satan und Evered. »Nur Figan [das α-Männchen] war davon ausgenommen. Im Grunde war es seine Beziehung zu Figan, die ihn in die Lage versetzte, alle diese älteren und erfahreneren Männchen herauszufordern: Er hielt sich fast immer zurück, wenn Figan nicht in seiner Nähe war.«
Für den menschlichen Leser ist das, was nun kommt, verblüffend logisch: »Wir hatten bereits eine Weile damit gerechnet, daß Goblin sich auch gegen Figan wenden würde. Genaugenommen verblüfft es mich noch immer, weshalb Figan, der doch sonst so gewieft war, wenn es um soziale Beziehungen ging, die unabdingbaren Folgen einer Begünstigung Goblins nicht hatte voraussehen können.«[47]
Es gibt noch ein paar Verwicklungen, doch der Ausgang überrascht uns nicht; Figan wird bald gestürzt. Machiavelli warnte seinen Prinzen wenigstens, er solle sich Rückendeckung verschaffen. Brutus und Cassius

hielten ihre Verschwörung sorgfältig vor Julius Cäsar geheim; das Attentat wäre niemals möglich gewesen, hätten sie ihre eigenen Ambitionen offen zutage treten lassen. Selbst der machtblindeste Diktator wäre nicht derart überrascht gewesen, wie Figan es war. Natürlich beweist das nur, daß Menschen schlauer sind als Schimpansen, was im Grunde keine besondere Überraschung darstellt. Die Frage ist jedoch: Warum? Hätte Figan ein größeres Gehirn gehabt, hätte er sein Geschick möglicherweise vorausgesehen. Der von Nick Humphrey identifizierte Evolutionsdruck – bei der Lösung sozialer Probleme, beim Gedankenlesen und Erahnen der Reaktionen anderer immer besser und besser zu werden – ist also auch bei Schimpansen und Pavianen bereits vorhanden. Dazu Geoffrey Miller, Psychologe an der Stanford University: »Alle Affen und Menschenaffen weisen ein komplexes Verhalten auf, das sich durch Kommunikation und Manipulation, durch Täuschungsmanöver und langfristige Beziehungen auszeichnet; eine auf solchen sozialen Komplexitäten basierende Selektion zur Entwicklung machiavellistischer Intelligenz müßte auch bei anderen Menschenaffen und Affen ein weit größeres Gehirn fordern, als tatsächlich beobachtet wird.«[48]

Es hat verschiedene Antworten auf diese Frage gegeben, keine davon überzeugt völlig. Da ist zunächst Humphreys eigene Antwort, welche lautet, daß die menschliche Gesellschaft komplexer sei als eine Affengesellschaft, weil sie ein »Polytechnikum« benötigt, in dem die Jungen alle praktischen Fertigkeiten ihrer Spezies erlernen können. Für mich scheint diese Anschauung nichts anderes zu sein als eine reine Rückkehr zur Werkzeugmacher-Hypothese. Die zweite Antwort lautet, daß der Schlüssel zum Erfolg des Menschen in der Bildung von Allianzen zwischen nicht verwandten Individuen zu suchen ist, weil durch die dabei ablaufenden komplexen Vorgänge der Wert des Intellekts um ein Vielfaches erhöht wird – woraus sich prompt die Frage ergibt: Und was ist mit den Delphinen? Es mehren sich die Hinweise, daß eine Delphingemeinschaft aus ständig wechselnden Bündnissen von Männchen und Weibchen besteht. Richard Connor beobachtete zum Beispiel folgendes: Zwei Männchen trafen auf eine kleine Gruppe anderer Männchen, die ein fruchtbares Weibchen aus dessen Stammgruppe entführt hatten. Statt die anderen nun zu bekämpfen, schwamm das Paar davon, suchte sich Verbündete, kam mit ihnen zurück und nahm der ersten Gruppe durch seine zahlenmäßige Überlegenheit das Weibchen wieder ab.[49] Sogar bei Schimpansen hängt der Aufstieg eines Männchens in die α-Position und sein Verbleiben in ebendieser Stellung von seinen Fähigkeiten ab, sich Verbündete zu verpflichten.[50] Somit erweist sich offenbar auch die Bündnistheorie als zu allgemein gültig, um die plötzliche Weiterentwicklung menschlicher Intelligenz erklären zu können. Hinzu kommt, daß sie, wie die meisten anderen dieser Theorien, zwar Argumente für die Entstehung von Sprache, taktischem Denken, sozialem Austausch und ähnlichem bieten kann, für viele Dinge aber, denen Menschen einen großen Teil ihrer mentalen Energien widmen – Musik und Humor, um nur zwei zu nennen – keine passende Erklärung bereithält.

Geistreich ist sexy

Zumindest kann der Machiavellismus mit einem ebenbürtigen Widersacher für das menschliche Gehirn aufwarten – wie gescheit auch immer dieses werden mag. Kaum einen meiner Leser muß man daran erinnern, von welcher Unbarmherzigkeit ein menschliches Wesen sein kann, sobald es um seine ureigenen Interessen geht. Ein hinreichendes Maß an Klugheit gibt es ebensowenig wie eine hinreichende Fertigkeit im Schachspiel. Man gewinnt, oder man verliert. Wenn ein Sieg dafür sorgt, daß man sich mit einem besseren Gegner zu messen hat, wie dies im Evolutionsturnier Generation für Generation üblich ist, dann läßt der Druck, immer besser werden zu müssen, niemals nach. Die Art und Weise, in der das menschliche Gehirn mit ständig zunehmender Geschwindigkeit immer leistungsfähiger geworden ist, läßt darauf schließen, daß hier so etwas wie ein Wettrüsten innerhalb der Art stattgefunden haben muß.

Genau das ist der Inhalt von Geoffrey Millers Ausführungen. Nachdem er die Unzulänglichkeit aller konventionellen Thesen zur Entwicklung von Intelligenz demonstriert hat, nimmt seine Argumentation eine überraschende Wendung: »Ich vermute, daß der Neocortex nicht ausschließlich oder in erster Linie im Dienste der Herstellung von Werkzeugen, der Entwicklung des aufrechten Gangs, der Verwendung von Feuer, des Kriegführens, Jagens, Sammelns oder der Vermeidung von

Kontakten mit den Räubern der Savanne steht. Keine der postulierten Funktionen kann erklären, weshalb er sich bei uns so explosiv entwickelt hat, während dies bei unseren nahen Verwandten nicht geschehen ist... Der Neocortex ist mehr oder weniger ein Organ der Werbung, dazu angelegt, Sexualpartner anzuziehen und zu halten; seine spezielle evolutionsbiologische Funktion ist es, andere Menschen zu stimulieren und zu unterhalten und die Stimulationsbemühungen anderer zu bewerten.«[51]
Die einzige Möglichkeit, die plötzlich und aus heiterem Himmel einen hinreichenden Evolutionsdruck innerhalb einer Art schaffen könnte, der ein Organ weit über seine normale Größe hinaus anwachsen lassen kann, ist die sexuelle Selektion. »So wie die Pfauenhenne mit nichts anderem zufriedenzustellen ist, als mit einem brillanten Feuerwerk der Farben, so waren meiner Ansicht nach Männer und Frauen irgendwann nur noch mit geistreichen, brillanten, faszinierenden und unterhaltsamen Gefährten zufrieden.« Millers Anspielung auf den Pfau hat seinen Grund. Überall dort, wo wir im Tierreich auf übertriebene und übermäßig vergrößerte Ornamente gestoßen sind, konnten wir sie durch den Selbstläufer- oder *sexy-son*-Effekt der intensiven sexuellen Selektion nach Fisher erklären (oder durch den Effekt der »guten Gene«, der, wie in Kapitel fünf beschrieben, die gleiche Wirkung hat). Die sexuelle Selektion unterscheidet sich, wie wir gesehen haben, in ihren Auswirkungen deutlich von der natürlichen Selektion, denn sie löst keine Überlebensprobleme, sondern sie verstärkt sie. Die Weibchenwahl läßt die Schwanzfedern eines Pfaus immer länger werden, bis sie schließlich eine Last für ihn darstellen – und selbst dann hört die Forderung nicht auf. Miller verwandte die falschen Worte: Pfauenhennen sind nie zufrieden. Damit hat man nun also eine Kraft gefunden, die bei Ornamenten zu exponentiellem Wachstum führt, und es erscheint reichlich unlogisch, wollte man sie bei der exponentiellen Ausdehnung des Gehirns nicht in Betracht ziehen.
Miller führt einige Indizien für seinen Standpunkt an. Bei allen Umfragen rangieren Intelligenz, Sinn für Humor, Kreativität und eine interessante Persönlichkeit unter den wünschenswerten Eigenschaften des jeweils anderen Geschlechts noch vor den Aspekten Schönheit und Reichtum.[52] Da diese Eigenschaften überhaupt keine Rückschlüsse auf Jugend, Status, Fruchtbarkeit oder elterliche Fähigkeiten zulassen, werden sie von den Evolutionsforschern häufig ignoriert, aber sie stehen ganz oben auf der Liste. So wie die Federn des Pfauenschwanzes keinen

Rückschluß auf seine Fähigkeiten als Vater zulassen und das Modediktat dennoch jeden straft, der sich weigert, es zu respektieren, so wagen Millers Ansicht nach auch Männer und Frauen nicht, von der Tretmühle abzuspringen, die sie dazu zwingt, sich mit dem jeweils geistreichsten, kreativsten und sprachgewandtesten Partner im Umkreis zusammenzutun. (Man beachte, daß hier nicht über das gesprochen wird, was sich in Prüfungen konventionellerweise als »Intelligenz« messen läßt.)

Die Art, wie die sexuelle Selektion sich in launenhafter Weise vorgegebener Wahrnehmungsprädispositionen bemächtigt, paßt im übrigen genau zu der Tatsache, daß Affen von Natur aus »neugierig, verspielt, rasch zu langweilen und dankbar für jede Stimulation sind«. Miller zufolge müssen Frauen in ihrem Verhalten so vielfältig und kreativ wie nur irgend möglich sein, damit sie einen Mann hinreichend lange halten können und er ihnen bei der Kinderbetreuung tatsächlich von Nutzen ist. Er bezeichnet dies als den Scheherazade-Effekt, in Anlehnung an jene arabische Geschichtenerzählerin, die den Sultan mit tausendundeiner Geschichte bezauberte, damit er sie nicht einer anderen Kurtisane wegen verließ (oder umbrachte). Dasselbe gilt für Männer, die Frauen für sich einnehmen wollen; in diesem Falle wählte Miller in Anspielung auf den griechischen Gott des Tanzes, der Musik, des Rausches und der Verführung die Bezeichnung Dionysos-Effekt. Er hätte ihn auch Mick-Jagger-Effekt nennen können, gestand er mir doch eines Tages, daß es ihm unverständlich sei, was »mittelalterliche« Rockstars so attraktiv für Frauen mache. Don Symons weist in diesem Zusammenhang darauf hin, daß Stammeshäuptlinge stets begnadete Redner und extreme Polygamisten sind.[53]

Miller ist der Ansicht, daß mit zunehmender Größe des Gehirns auch die langfristige Partnerbindung immer wichtiger wurde. Ein Menschenbaby kommt unreif und hilflos zur Welt. Sollte es bei seiner Geburt so weit entwickelt sein wie ein Menschenaffenjunges, so müßte es einundzwanzig Monate im Mutterleib bleiben.[54] Das menschliche Becken ist jedoch zu schmal für die Geburt eines Kindes mit der entsprechenden Schädelgröße, so daß ein Baby mit neun Monaten geboren wird, ein Jahr lang als hilfloser, externer Fetus behandelt werden muß und erst dann mit dem Laufen beginnt, wenn sein »eigentlicher« Geburtstermin heranrückt. Diese Hilflosigkeit wiederum erhöht den Druck auf Frauen, die nunmehr um so stärker darum bemüht sein müssen, einen Mann an sich zu binden, der ihnen in dieser Zeit hilft – der Scheherazade-Effekt.

Miller stellt fest, der häufigste Einwand gegen diesen Effekt laute, die meisten Leute seien nicht geistreich und kreativ, sondern einfallslos und langweilig. Wohl wahr, aber im Vergleich wozu? Unsere Standards für das, was wir als unterhaltsam empfinden, haben sich – wenn Miller recht hat – ebenso rasch entwickelt wie unser Witz. »Ich glaube, kaum ein männlicher Leser wird sich vorstellen können, daß ein ein Meter dreißig großes, behaartes, flachbrüstiges Hominidenweibchen attraktiver gewesen sein soll als andere, ähnliche Hominiden«, schrieb mir Miller eines Tages (in bezug auf Lucy). »Wir sind verwöhnt, denn die sexuelle Selektion hat uns bereits so weit getrieben, daß wir es uns kaum vorstellen können, daß irgendein Punkt unserer Vergangenheit einst als Verbesserung betrachtet wurde. Merkmale, die vor einer halben Million Jahren noch als unwiderstehlich sexy gegolten haben, wirken heute auf uns abschreckend.«[55]
Millers Überlegungen lenken die Aufmerksamkeit auf verschiedene Tatsachen, die von anderen Theorien unberücksichtigt geblieben sind: auf die Tatsache zum Beispiel, daß Tanz, Musik, Humor und sexuelles Vorspiel Merkmale sind, die allein dem Menschen eigen sind. Der Cosmides-Tooby-Logik zufolge können wir nicht so argumentieren, daß dies rein kulturelle Gepflogenheiten sind, die uns von der »Gesellschaft« aufgezwungen werden. Der Wunsch nach rhythmischer Musik und das Bedürfnis zu lachen sind uns angeboren. Er gibt zu bedenken, daß beide von dem Bedürfnis nach Neuheit und Virtuosität besessen und besonders stark im Jugendalter ausgeprägt sind. Von der Beatles-Manie bis zu Madonna (und bis zurück zu Orpheus) ist die sexuelle Anziehungskraft von Jugend und Musik ungebrochen. Sie sind universell menschlich.
Es ist von entscheidender Bedeutung für Millers Theorie, daß Menschen extrem wählerisch in bezug auf ihre Partner sind. Unter den Menschenaffen sind Menschen sogar insofern einzigartig, als dies für beide Geschlechter gilt. Ein Gorillaweibchen paart sich willig mit jedem »Besitzer« des Harems. Ein Gorillamännchen paart sich mit jedem beliebigen brünstigen Weibchen. Ein Schimpansenweibchen ist darauf aus, sich mit verschiedenen Männchen innerhalb der Truppe zu paaren. Ein Schimpansenmännchen paart sich mit jedem paarungswilligen Weibchen. Frauen aber sind äußerst selektiv, wenn es um den Partner geht. Männer genaugenommen auch. Sie sind zwar leicht dazu zu bringen, eine Affäre mit einer jungen, schönen Frau einzugehen – aber genau das ist der Punkt. Die meisten Frauen sind weder jung noch schön,

noch versuchen sie, fremde Männer zu verführen. Man kann kaum genug betonen, wie ungewöhnlich Menschen sich diesbezüglich verhalten. Bei manchen monogamen Vogelarten wie den Taubenvögeln suchen die Männchen die Weibchen in der Tat sorgfältig aus[56], doch bei sehr vielen anderen Vogelarten sind die Männchen mit kurzen Affären mit x-beliebigen Weibchen zufrieden, wie uns die Indizien für die Spermienkonkurrenztheorie demonstriert haben (siehe Kapitel sieben). Obgleich ein Mann möglicherweise eine größere Vielfalt vorzieht als eine Frau, so kann er doch als eines der selektivsten Männchen überhaupt gelten.

Die Selektivität des einen oder des anderen Geschlechts ist sowohl die unabdingbare Voraussetzung als auch ein unfehlbarer Indikator für das Vorliegen von sexueller Selektion. Sobald das eine oder das andere Geschlecht begonnen hat, selektiv zu sein, lassen sich Fishers Selbstläuferhypothese der attraktiven Söhne oder der Zahavi-Hamiltons-Effekt der »guten Gene« einfach nicht umgehen. Somit sollten wir als Konsequenz der sexuellen Selektion auch beim Menschen eine Übertreibung des einen oder anderen Merkmals feststellen.[57]

Nebenbei lenkt Millers Argumentationsweise die Aufmerksamkeit auf einen bislang nur wenig beachteten Aspekt der sexuellen Selektion: Sie kann beide treffen, das selektionierte Geschlecht und den Selektionierenden. Bei den amerikanischen Amseln zum Beispiel ist bei jenen Arten, bei denen das Weibchen groß ist, das Männchen sehr viel größer. Dasselbe gilt für viele Säuger und Vögel. Bei Birkhühnern, Fasanen, Robben und Hirschen ergibt sich bei der größeren Art auch das größere Größenverhältnis zwischen Männchen und Weibchen. Eine vor kurzem durchgeführte Analyse dieses Effekts kommt zu dem Schluß, daß hierfür ein Prozeß der sexuellen Selektion verantwortlich ist: Je polygamer die Spezies, um so größer die Bedeutung der männlichen Körpergröße. Je mehr Wert die Weibchen bei der Auswahl der Männchen auf die Körpergröße legen, um so mehr Gene für die entsprechende Größe werden den Söhnen und Töchtern der Folgegeneration weitergegeben. Gene können zwar »geschlechtsgebunden« sein, in der Regel aber nur unvollkommen beziehungsweise nur dann, wenn für die Tochter ein großer Nachteil durch das entstehende Gen entstünde – wie im Falle von auffälligen Farben bei Vogelweibchen. Somit müßte die weibliche Selektion von Männern mit größerem Gehirn bei beiden Geschlechtern zu einem größeren Gehirn führen.[58]

Jugendbesessenheit

Ich bin der Ansicht, daß Millers Geschichte noch eine Prise Neotenie-Hypothese vertragen könnte (obgleich er selbst davon nicht überzeugt ist). Die Neotenie-Hypothese ist bei den Anthropologen in hohem Maße anerkannt. Die Feststellung, daß Menschen ihre Kinder in einer monogamen Beziehung aufziehen, ist unter den Soziobiologen weithin unumstritten. Bisher hat niemand die beiden zusammengeführt. Falls Männer begonnen hätten, Partnerinnen zu wählen, die allem Anschein nach jung waren, dann würde jedes Gen, das die Entwicklungsgeschwindigkeit erwachsener Merkmale bei einer Frau drosselte, die Betreffende attraktiver erscheinen lassen als jede ihrer Rivalinnen. Sie hinterließe damit mehr Nachfahren, die wiederum dieses Gen erbten. Jedes Neotenie-Gen aber würde eine Verstärkung jugendlicher Merkmale zur Folge haben. Mit anderen Worten: Neotenie könnte eine Folge der sexuellen Selektion sein, und da sie offenbar mit unserer zunehmenden Intelligenz in Zusammenhang steht (denn durch sie nahm die Gehirngröße im Erwachsenenalter zu), ließe sich auch unsere Intelligenz möglicherweise der sexuellen Selektion zuschreiben.

Diese Vorstellung mag zunächst befremdlich erscheinen, ein Gedankenexperiment kann dem abhelfen. Stellen wir uns zwei Urzeitfrauen vor: Eine davon entwickle sich mit normaler Geschwindigkeit, die andere habe ein zusätzliches Neotenie-Gen, das ihren Körper unbehaart, ihr Gehirn groß und ihre Kiefer klein werden, sie spät zur Reife gelangen und länger leben läßt. Im Alter von fünfundzwanzig Jahren werden beide Witwe, jede hat ein Kind von ihrem ersten Mann. Die Männer im Stamm haben eine Vorliebe für junge Frauen, und fünfundzwanzig ist nicht jung, so daß beide kaum eine Chance auf einen zweiten Ehemann haben. Nun gibt es aber einen einzigen Junggesellen. Angesichts der beschriebenen Alternative wählt er die jünger aussehende Frau. Sie hat mit ihm drei weitere Kinder, ihre Rivalin hingegen hat Mühe, ihr einziges Kind großzuziehen.

Die Details sind nicht von Belang. Was zählt, ist, daß sich in dem Augenblick, in dem Männer Jugend bevorzugen, ein Gen, welches das Auftreten altersbedingter Zeichen verzögert, auf Kosten anderer Gene ausbreiten wird, und genau das hat das Neotenie-Gen getan. Aller Wahrscheinlichkeit nach würde es gleichzeitig dazu führen, daß auch die Söhne dieser Frau ebenso wie die Töchter Zeichen von Neotenie aufweisen, denn es gibt keinen Grund, weshalb diese Wirkungen für das weibliche Geschlecht spezifisch sein sollten. Die gesamte Spezies würde so in die Neotenie getrieben.

Christopher Badcock von der London School of Economics, dessen Interesse an Evolution auf ungewöhnliche Weise mit einem Interesse an Freud kombiniert ist, hat eine ähnliche Überlegung vorgestellt. Seiner Ansicht nach wird die Entwicklung neotener (oder, wie er es nennt, pädomorpher) Merkmale eher durch Weibchenwahl begünstigt als durch Männchenwahl. Jüngere Männer waren seinen Ausführungen zufolge die kooperativeren Jäger, so daß am Besitz von Fleisch interessierte Frauen dem jünger aussehenden Mann den Vorzug gaben. Das Prinzip ist dasselbe: die Entwicklung zur Neotenie als Konsequenz der Vorliebe eines der beiden Geschlechter für jugendliche Merkmale.[59]

Damit soll nicht geleugnet werden, daß ein größeres Gehirn auch Vorteile hinsichtlich der Entwicklung einer machiavellistischen Intelligenz, von Sprache oder Verführungskunst brachte. Sobald diese Vorteile deutlich in Erscheinung traten, wären Männer, die mit einer besonderen Vorliebe jung aussehende Frauen wählten, die erfolgreicheren, da sie auf diese Weise Frauen mit Neotenie-Merkmalen und einem größeren Gehirn wählten und somit intelligentere Kinder bekamen. Wir können damit jedoch die Frage umgehen: Weshalb ist mit den Pavianen nicht dasselbe geschehen?

Millers Selektionshypothese leidet allerdings unter einem beinahe tödlichen Mangel. Erinnern wir uns, sie setzt sexuelle Präferenzen bei dem einen oder anderen Geschlecht voraus. Wodurch aber entstehen solche Präferenzen? Vielleicht war die Ursache hierfür die Beteiligung der Väter an der Aufzucht von Kindern. Frauen hatten damit einen Grund, die mögliche Vaterschaft einem einzigen Mann zuzugestehen, und Männer hatten einen Grund, eine zumindest so langfristige Beziehung einzugehen, daß sie sich einer Vaterschaft sicher sein konnten. Warum aber beteiligten sich die Männer an der Kinderbetreuung? Weil sie damit ihr Ziel, Kinder zu haben, leichter verwirklichen konnten, als wenn sie immer neue Partner gesucht hätten. Der Grund dafür ist nun wiederum darin zu sehen, daß Kinder – was für Affenjunge ungewöhnlich ist – sehr lange bis zur Reife benötigen und daß Männer ihren Frauen bei der Aufzucht der Kinder helfen konnten, indem sie Fleisch herbeischafften.

Warum aber braucht ein Kind so lange, bis es heranreift? Weil sein Kopf so groß ist! Das Argument dreht sich im Kreis.

Vielleicht ist das aber gar nicht tödlich für Millers Hypothese. Einige der besten Beweisführungen drehen sich im Kreis, beispielsweise Fishers Selbstläufer-Hypothese. Die Beziehung zwischen Huhn und Ei ist ein Zirkelschluß. Im Grunde genommen ist Miller sogar stolz darauf, daß dies bei seiner Theorie auch der Fall ist, denn seiner Ansicht nach ist die gesamte Evolution ein Prozeß, der sich selbst an den Haaren aus dem Sumpf zieht. Es gibt keine Einzelursache, die zu einer einzelnen Wirkung führt, sondern jede Wirkung ist wiederum eine Ursache. Wenn ein Vogel zufällig eine besondere Fähigkeit zum Knacken bestimmter Samen entwickelt hat, dann wird er sich auf diese Fähigkeit spezialisieren, wodurch nun wiederum ein weiterer Druck für ihn entsteht, ebendiese Fähigkeit weiterzuentwickeln. Evolution dreht sich im Kreis.

Patt

Es ist ein beunruhigender Gedanke, daß unsere Köpfe eine neurale Version der Pfauenfeder enthalten sollen – ein repräsentatives Balzornament, dessen Virtuosität in allen möglichen Dingen, angefangen von der Differentialrechnung bis hin zur Bildhauerei, vielleicht nur eine Nebenwirkung seiner Fähigkeit zur Betörung des anderen Geschlechts ist – beunruhigend das Ganze und nicht hundertprozentig überzeugend. Die Hypothese von der sexuellen Selektion des menschlichen Intellekts ist sicher der spekulativste und am wenigsten gesicherte von allen evolutionstheoretischen Ansätzen, die wir in diesem Buch diskutiert haben, aber er liegt ungefähr auf derselben Linie. Begonnen hatte dieses Buch mit der Frage, weshalb alle Menschen so ähnlich und doch so verschieden sind, und der Antwort, daß dies möglicherweise seine Ursache in der einzigartigen Alchimie der Sexualität habe. Ein Individuum ist einzigartig aufgrund der genetischen Variabilität, die von der sexuellen Form der Reproduktion in einem immerwährenden Kampf gegen die Manifestation von Krankheiten erzeugt wird. Ein Individuum ist Mitglied einer homogenen Spezies, weil diese Vielfalt seiner Gene im gemeinsamen Genpool mit den Genen aller anderen unermüdlich vermischt wird. Und ich schließe meine Ausführungen mit einer höchst merkwürdigen Konsequenz aus dem Vorhandensein von Sexualität, der Tatsache, daß der menschliche Verstand aus keinem anderen Grund zu einer solch irrwitzigen Expansion getrieben wurde als dem, daß Menschen bei der Auswahl ihrer Partner sehr wählerisch sind und Witz, Virtuosität, Phantasie und Individualität bei anderen Menschen bevorzugen. Diese Perspektive des menschlichen Daseins ist ein bißchen weniger erbaulich als eine religiöse Sichtweise, aber sie ist auch recht befreiend. Sei anders!

Epilog

Der durch sich selbst domestizierte Affe

Erkenn Dich selbst, erforsch nicht Gottes Kraft!
Der Mensch ist erstes Ziel der Wissenschaft.
Er steht am Isthmus, ist ein Mittelding –
an Größe grob, an Weisheit Däumeling.
Für einen Skeptiker ist er zu klug,
für einen Stoiker nicht stolz genug.
Er hängt dazwischen, ist des Zweifels voll,
ob er nun handeln oder nichts tun soll,
ob er mehr Geist, mehr Leib, mehr Tier, mehr Gott.
Im Denken irrt er, lebt nur für den Tod;
bleibt ohne Wissen, bringt er auch ins Spiel
Vernunft zu wenig oder gar zu viel.

Alexander Pope,
Vom Menschen

Die Erforschung der menschlichen Natur befindet sich in ungefähr demselben Stadium wie die Erforschung des menschlichen Genoms, welche sich wiederum etwa in demselben Stadium befindet wie die Kartierung der Welt zu Zeiten Herodots. Wir wissen eine Menge über einige Bruchstücke, bei einigen umfassenden Abschnitten kennen wir die große Linie, aber es warten noch riesige Überraschungen auf uns, und wir werden jede Menge Fehler machen. Wenn wir uns von dem sterilen dogmatischen Streit über Angeborenes und Erworbenes endlich befreien können, werden wir in der Lage sein, alles übrige allmählich aufzudecken.

Doch so wie Mercator die relative Größe Europas und Afrikas erst dann korrekt bestimmen konnte, als ihm Längen- und Breitengrade zur Verfügung standen, so ist es für die Erforschung der menschlichen Natur unerläßlich, die Lebensweise anderer Tiere zu kennen. Es ist unmöglich, das Sozialverhalten eines Wassertreters, eines Beifußhuhns, eines See-Elefanten oder eines Schimpansen isoliert zu verstehen. Natürlich läßt sich jede dieser Verhaltensweisen bis ins kleinste Detail schildern: Die einen leben in Polyandrie, die anderen veranstalten eine Arenabalz, die dritten verteidigen Harems, und die letzten schließlich leben in Gruppen von oszillierender Zusammensetzung. Doch nur aus der Perspektive ihrer Entwicklung im Laufe der Evolution kann man wirklich verstehen, warum das so ist. Nur dann kann man den Einfluß verstehen, den unterschiedliche Investitionen beider Elternteile, unterschiedliche Lebensräume, unterschiedliche Ernährungsweisen und unterschiedliche historische Lasten für die Entwicklung ihrer jeweiligen Natur gespielt haben mögen. Es ist völliger Unsinn, den Vergleich mit anderen Tieren lediglich aus unserer leicht größenwahnsinnigen Überzeugung heraus zu scheuen, daß der Mensch das einzig lernende Geschöpf sei und sich selbst nach Lust und Laune entwickle. Somit glaube ich, mich

nicht dafür entschuldigen zu müssen, in diesem Buch Menschen und Tiere vermischt zu haben.
Auch die Errungenschaften der Zivilisation haben nicht vermocht, uns vor engstirniger Überheblichkeit zu bewahren. Wir sind in der Tat ebenso domestiziert wie jeder Hund oder jede Kuh, vielleicht sogar in höherem Maße. Wir haben uns alle möglichen Instinkte weggezüchtet, die im Pleistozän Merkmale unseres Wesens gewesen sein müssen – ungefähr so, wie der Mensch den Kühen viele Merkmale des steinzeitlichen Auerochsen weggezüchtet hat. Aber kratzen Sie ein bißchen an der Oberfläche einer Kuh, und Sie werden noch immer den Auerochsen darunter finden: Eine Herde Milchvieh, die man in einem Wald freilassen würde, erfände vermutlich rasch erneut die polygame Herde, in der Männchen um ihren Rang kämpften. Hunde, die man sich selbst überläßt, werden noch immer zu territorialen Rudeln, in denen das ranghöchste Tier das Monopol über alle Weibchen hat. Eine Gruppe junger Briten, die man in der afrikanischen Savanne sich selbst überließe, würde vermutlich nicht zu der Lebensform ihrer Urahnen zurückkehren, vermutlich würden sie verhungern, so sehr sind wir über Jahrtausende hinweg auf kulturelle Traditionen von Nahrungserwerb und Lebensweise angewiesen gewesen, doch diese Leute würden auch keine ganz und gar nichtmenschliche soziale Umgebung schaffen. Wie alle Experimente mit alternativen Lebensformen wie Kommunen oder Organisationen wie Rajneeshpuram in Oregon gezeigt haben, erfinden alle menschlichen Lebensgemeinschaften Hierarchien und zersplittern zu sexuellen Beziehungen mit Besitzansprüchen.
Der Mensch ist ein Tier, das sich selbst domestiziert hat; ein Säuger, ein Menschenaffe, ein sozialer Menschenaffe; eine Affenspezies, bei der das Männchen die Initiative bei der Werbung übernimmt und bei der Weibchen die Lebensgemeinschaft, in der sie geboren wurden, in der Regel verlassen; eine Affenspezies, bei der die Männchen Räuber und die Weibchen allesfressende Sammler sind; eine Affenspezies, bei der die Männchen sich relativ hierarchisch und die Weibchen sich relativ egalitär verhalten. Eine Affenspezies, bei der die Männchen ungewöhnlich viel in die Aufzucht ihrer Jungen investieren, indem sie ihren Partner und ihren Nachwuchs mit Nahrung und Schutz versorgen und mit ihnen leben; eine Affenspezies, bei der die monogame Paarbindung die Regel ist, in der aber viele Männchen Affären haben und in der Männchen gelegentlich sogar polygam leben; eine Affenspezies, bei der Weib-

chen, die mit rangniederen Männchen verheiratet sind, ihre Ehemänner häufig hintergehen, um Zugang zu den Genen ranghöherer Männchen zu bekommen; eine Affenspezies, die einer ungewöhnlich intensiven gegenseitigen sexuellen Selektion unterworfen gewesen ist, so daß manche Merkmale des weiblichen Körpers (Lippen, Brüste, Hüften) ebenso wie der Intellekt beider Geschlechter (Dichtung, Wettbewerbsverhalten, Statusstreben) für den Einsatz bei der Konkurrenz um Partner geformt ist, eine Affenspezies, die eine außerordentliche Vielfalt an neuen Instinkten entwickelt hat: assoziatives Lernen, sprachliche Kommunikation und die Übermittlung von Traditionen.

Die Hälfte der Ideen in diesem Buch sind vermutlich falsch. Die Geschichte der menschlichen Wissenschaften ist in diesem Zusammenhang nicht gerade sehr ermutigend. Galtons Eugenik, Freuds Unterbewußtsein, Durkheims Soziologie, Meads kulturelle Anthropologie, Skinners Behaviorismus, Piagets frühes Lernen und Wilsons Soziobiologie, sie alle stecken, rückblickend betrachtet, voller Fehler und falscher Perspektiven. Zweifellos ist der Ansatz der Roten Königin nichts als ein weiteres Kapitel dieser Geschichte der Irrungen. Zweifellos wird die Politisierung seiner Inhalte ebenso wie die vereinten Interessen gegen ihn ebenso viel Schaden anrichten, wie es früheren Versuchen zum Verständnis der menschlichen Natur auch widerfahren ist. Die westliche kulturelle Revolution, die sich selbst für die politisch richtige hält, wird ohne Zweifel alle Untersuchungen ersticken, die ihr mißfallen, darunter möglicherweise auch jene, die sich mit geschlechtsspezifischen Unterschieden im Denken und Fühlen von Mann und Frau beschäftigen (vgl. hierzu *Evas Rippe* von Robert Pool[1]). Manchmal denke ich, daß uns das Schicksal dazu verdammt hat, uns selbst niemals ganz verstehen zu können, denn ein Teil unseres Wesens besteht ja gerade darin, jede Untersuchung darüber wiederum in einen Ausdruck unseres eigenen Wesens umzuwandeln: ehrgeizig, unlogisch, manipulativ und religiös. »Kein literarischer Versuch war unglückseliger als meine Abhandlungen über die menschliche Natur. Sie wurden *totgeboren* von der Presse verworfen«, berichtete David Hume.

Doch dann überlege ich mir wieder, wie viele Fortschritte wir seit David Hume gemacht haben und wieviel näher wir dem Ziel eines Verständnisses unserer Natur gekommen sind als je zuvor. Wir werden dieses Ziel niemals ganz erreichen, und vielleicht ist das auch gut so. Doch solange wir nach dem »Warum?« fragen, haben wir wenigstens gute Absichten.

Anhang

Anmerkungen

Kapitel 1: Die menschliche Natur

1 Carroll 1872.
2 Dawkins 1991.
3 Weismann 1883.
4 Weismann 1892.
5 Manche Wissenschaftler sind der Ansicht, die Bevölkerung Chinas stamme vom »Pekingmenschen« ab, der lokalen Version des *Homo erectus*, doch die Beweislage spricht sehr dagegen.
6 Karl Marx zitierte in seiner »Kritik des Gothaer Programms« (1875) Michail Bakunin, der nach einem erfolglosen Aufstand der Anarchisten in einer Gerichtsverhandlung zu Lyon 1870 erklärt hatte: »Jeder nach seinen Fähigkeiten, jedem nach seinen Bedürfnissen.«
7 Nicht alle Anthropologen stimmen mit der Auffassung überein, daß der moderne Mensch Nachfahre einer bis vor einhunderttausend Jahren auf Afrika beschränkten Rasse ist, doch sind sie in der Minderheit. Zu den Unterschieden zwischen den Rassen siehe Cavalli-Sforza 1994.
8 Tooby und Cosmides 1990.
9 Mayr 1983; Dawkins 1986.
10 Hunter, Nur und Werren 1993.
11 Dawkins 1991.
12 Dawkins 1986.
13 Tiger 1991.
14 Zur Begründung dieser Aussage siehe Edward Tenners Artikel »Revenge Theory« im *Harvard Magazine*, März/April 1991.
15 Wilson 1975.

Kapitel 2: Das Mysterium

1 Bell 1982.
2 Weismann 1902.
3 Brooks 1988.
4 J. Maynard Smith, Interview.
5 Levin 1988.
6 Weismann 1902.
7 Bell 1982.
8 Fisher 1930.
9 Muller 1932.
10 Crow und Kimura 1965.
11 Wynne-Edwards 1962.
12 Darwin 1859.
13 Humphrey 1983.
14 Williams 1966.
15 Fisher 1930; Wright 1931; Haldane 1932.
16 Huxley 1942.
17 Hamilton 1964; Trivers 1971.
18 Ghiselin 1974, 1988.
19 Maynard Smith 1971.
20 Stebbins 1950; Maynard Smith 1978.
21 Jaenike 1978.
22 Gould und Lewontin 1979.
23 Williams 1975; Maynard Smith 1978.
24 Maynard Smith 1971.
25 Ghiselin 1988.
26 Bernstein, Hopf und Michod 1988.
27 Bernstein 1983; Bernstein, Byerly, Hopf und Michod 1985.
28 Maynard Smith 1988.
29 Tiersch, Beck und Douglas 1991.
30 Bull und Charnov 1985; Bierzychudek 1987b; Kondraschow und Crow 1991; Perrot, Richerd und Valero 1991.
31 Bernstein, Hopf und Michod 1988.
32 Kondrashow 1988.
33 Flegg, Spencer und Wood 1985.
34 Stearns 1987; Michod und Levin 1988.
35 Kirkpatrick und Jenkins 1989; Wiener, Feldman und Otto 1992.
36 Müller 1964.
37 Bell 1988.
38 In jüngster Zeit hat man nachweisen können, daß die Müller-Ratsche

auch in Viren am Werk ist, siehe Chao 1992; Chao, Tran und Matthews 1992.
39 Crow 1988.
40 Kondrashow 1982.
41 M. Meselson, Interview.
42 Kondrashow 1988.
43 Hamilton 1990a.
44 C. Lively, Interview.

Kapitel 3: Die Macht der Parasiten

1 Hurst, Hamilton und Ladle 1992.
2 M. Meselson, Interview.
3 Maynard Smith 1986.
4 Williams 1966; Williams 1975.
5 Maynard Smith 1971.
6 Williams und Mitton 1973.
7 Williams 1975.
8 Bell 1982.
9 Bell 1982.
10 Ghiselin 1974.
11 Darwin 1859.
12 Bell 1982.
13 Schmitt und Antonovics 1986; Ladle 1992.
14 Williams 1966.
15 Bierzychudek 1987a.
16 Harvey 1978.
17 Burt und Bell 1987.
18 Eldredge und Gould 1972.
19 Williams 1975.
20 Carroll 1872.
21 Van Valen 1973; L. Van Valen, Interview.
22 Zinsser 1934; McNeill 1976.
23 *The Washington Post* vom 16. Dezember 1991.
24 Krause 1992.
25 Dawkins 1990.
26 Geht man von einer Generationszeit von 30 Minuten aus, dann entspricht ein Menschenleben von 70 Jahren 1226400 Bakteriengenerationen. Vor 7 Millionen Jahren lebte der letzte gemeinsame Vorfahre von Mensch und Schimpanse. Seither sind nur etwas mehr als 200000 Menschengenerationen zu je 30 Jahren verstrichen.

27 Dawkins und Krebs 1979.
28 Schall 1990; May und Anderson 1990.
29 Levy 1992.
30 Ray 1992.
31 Ray 1992; T. Ray, Interview.
32 L. Hurst, Interview.
33 Burt und Bell 1987.
34 Bell und Burt 1990.
35 Kelley 1985; Schmitt und Antonovics 1986; Bierzychudek 1987a.
36 Haldane 1949; Hamilton 1990.
37 Hamilton, Axelrod und Tanese 1990; W. Hamilton, Interview.
38 Haldane 1949; Clarke 1979.
39 Clay 1991.
40 Bremermann 1987.
41 Nowak 1992; Nowak und May 1992.
42 Hill, Allsopp, Kwiatkowski, Anstey, Twumasi, Rowe, Bennett, Brewster, McMichael und Greenwood 1991.
43 Potts, Manning und Wakelund 1991.
44 Haldane 1949.
45 Jayakar 1970; Hamilton 1980.
46 Jaenike 1978; Bell 1982; Bremermann 1980; Tooby 1987; Hamilton 1980.
47 Hamilton 1964; Hamilton 1967; Hamilton 1971.
48 Hamilton, Axelrod und Tanese 1990.
49 Hamilton, Axelrod und Tanese 1990.
50 W. Hamilton, Interview.
51 W. Hamilton, Interview; A. Pomiankowski, Interview.
52 Glesner und Tilman 1978; Bierzychudek 1987b.
53 Daly und Wilson 1983.
54 Edmunds und Alstad 1978, 1981; Seger und Hamilton 1988.
55 Harvey 1978.
56 Gould 1978.
57 C. Lively, Interview.
58 Lively 1987.
59 C. Lively, Interview.
60 Lively, Craddock und Vrijenhoek 1990.
61 Tooby 1982.
62 Bell 1987.
63 Hamilton 1990a.
64 Hamilton 1990a.
65 Bell und Maynard Smith 1987.
66 W. Hamilton, Interview.

67 M. Meselson, Interview.
68 R. Ladle, Interview.
69 G. Bell, Interview; A. Burt, Interview; Felsenstein 1988; W. Hamilton, Interview; J. Maynard Smith, Interview; G. Williams, Interview.
70 Metzenberg 1990.

Kapitel 4: Genetische Meuterei und das Geschlecht

1 Hardin 1968.
2 Cosmides und Tooby 1981.
3 Leigh 1990.
4 Siehe Dawkins 1976, 1982 als einleuchtendste Schilderung dieser Überlegungen.
5 Hickey 1982; Hickey und Rose 1988.
6 Doolittle und Sapienza 1980; Orgel und Crick 1980.
7 Nee und Maynard Smith 1990.
8 Mereschkovsky 1905; Margulis 1911; Margulis und Sagan 1986.
9 Beeman, Friesen und Denell 1992.
10 Hewitt 1972; Hewitt 1976; Hewitt und East 1978; Shaw, Hewitt und Anderson 1985; Bell und Burt 1990; Jones 1991.
11 D. Haig, Interview.
12 Haig und Grafen 1991.
13 Charlesworth und Hartl 1978.
14 Eine zusammenfassende Darstellung des Meiose-Ungleichgewichts findet sich in: *American Naturalist*, Band 137, S. 281–456, »The Genetics and Evolutionary Biology of Meiotic Drive«: Symposium unter der Leitung von T. W. Lyttle, L. M. Sundler, T. Prout und D. D. Perkins, 1991.
15 Haig und Grafen 1991.
16 D. Haig, Interview; siehe auch S. Spundrel (nicht veröffentlicht).
17 Hamilton 1967; Dawkins 1982; Bull 1983; Hurst 1992a; L. Hurst, Interview.
18 Leigh 1977.
19 Cosmides und Tooby 1981.
20 Margulis 1981.
21 Cosmides und Tooby 1981; Hurst und Hamilton 1992.
22 Anderson 1992; Hurst 1991b; Hurst 1992b.
23 Werren, Skinner und Huger 1986; Werren 1987; Hurst 1990; Hurst 1991c.
24 Mitchison 1990.
25 L. Hurst, Interview; Parker, Baker und Smith 1972 und Hoekstra 1987 bieten zusätzliche Aspekte zur Evolution von Anisogamie und zur Entwicklung von zwei Geschlechtern.

26 Frank 1989.
27 Gouyon und Couvet 1987; Frank 1989; Frank 1991; Hurst und Pomiankowski 1991.
28 Hurst 1991 a.
29 Hurst und Hamilton 1992.
30 Hurst, Godfray und Harvey 1990.
31 Hurst, Godfray und Harvey 1990.
32 Olsen und Marsden 1954; Olsen 1956; Olsen und Buss 1967.
33 Lienhart und Vermelin 1946.
34 Hamilton 1967.
35 Cosmides und Tooby 1981.
36 Bull und Bulmer 1981; Frank 1990.
37 Bull und Bulmer 1981; J. J. Bull, Interview.
38 Frank und Swinglund 1988; Charnov 1982; Bull 1983; J. J. Bull, Interview.
39 Warner, Robertson und Leigh 1975.
40 Bull 1983; Bull 1987; Conover und Kynard 1981.
41 Dunn, Adams und Smith 1990; Adams, Greenwood und Naylor 1987.
42 Head, May und Pendleton 1987.
43 J. J. Bull, Interview.
44 Bull 1983; Werren 1991; Hunter, Nur und Werren 1993.
45 Trivers und Willard 1973.
46 Trivers und Willard 1973.
47 Die Analyse des Geschlechterverhältnisses bei den Kindern amerikanischer Präsidenten stammt von Laura Betzig und Samantha Weber, University of Michigan.
48 Trivers und Willard 1973.
49 Austad und Sunquist 1986.
50 Clutton-Brock und Iason 1986; Clutton-Brock 1991; Huck, Labov und Lisk 1986.
51 T. H. Clutton-Brock, Interview.
52 Clutton-Brock, Albon und Guinness 1984.
53 Symington 1987.
54 Zu Pavianen siehe Altmann 1980, zu Makaken siehe Silk 1983, Simpson und Simpson 1982, Small und Hrdy 1986; eine allgemeine Zusammenfassung findet sich bei van Schaik und Hrdy 1991; zum Thema Brüllaffen berufe ich mich auf ein Interview mit K. Glunder; kritische Anmerkungen zu diesen Daten verdanke ich der Korrespondenz mit T. Hasegawa.
55 Hrdy 1987.
56 van Schaik und Hrdy 1991.
57 Goodall 1986.
58 Grant 1990; Betzig und Weber 1992.

59 Grant 1990; V. J. Grant, Schriftwechsel.
60 Bromwich 1989.
61 K. McWhirter, »The gender vendors«, *The Independent*, London, 27. Oktober 1991, S. 54–55.
62 B. Gledhill, Interview.
63 Zum Thema Zebrafinken siehe Burley 1981, Daten zu Dreizehenspechten finden sich bei Gowaty und Lennartz 1985; Weißkopfseeadler werden von Bortolotti 1986 behandelt, Falken von Olsen und Cockburn 1991.
64 N. D. Kristof, »Asia, vanishing point for as many as 100 million women«, *International Herald Tribune*, 6. November 1991, S. 1.
65 Rao 1986; Hrdy 1990.
66 M. Nordborg, Interview.
67 Bromwich 1989.
68 James 1986; James 1989; W. H. James, Interview.
69 Dawkins 1982.
70 A. C. Hurlbert, persönliche Mitteilung.
71 Fisher 1930; R. L. Trivers, Interview.
72 Betzig 1992 a.
73 Dickemann 1979; Boone 1988; Volund 1988; Judge und Hrdy 1988.
74 Hrdy 1987; Cronk 1989; Hrdy 1990.
75 Dickemann 1979.
76 Dickemann 1979; Kitcher 1985; Alexander 1988; Hrdy 1990.
77 S. B. Hrdy, Interview.
78 Dickemann 1979.

Kapitel 5: Pfauenfedern

1 Troy und Elgar 1991.
2 Trivers 1972; siehe auch Dawkins 1976.
3 Atmar 1991.
4 Darwin 1871.
5 Diamond 1991 b.
6 Cronin 1992.
7 Marden 1992.
8 Baker 1985; Gotmark 1992.
9 Ridley, Runds und Lelliott 1984.
10 Halliday 1983.
11 Cronin 1992.
12 Höglund und Robertson 1990.
13 Møller 1988.

14 Höglund, Eriksson und Lindell 1990.
15 Andersson 1982.
16 Cherry 1990.
17 Houde und Endler 1990.
18 Evans und Thomas 1992.
19 Fisher 1930.
20 Jones und Hunter 1993.
21 Ridley und Hill 1987.
22 Taylor und Williams 1982.
23 Boyce 1990.
24 Cronin 1992.
25 Die anschaulichsten Darstellungen der beiden unterschiedlichen Positionen in der Diskussion um die sexuelle Selektion finden sich bei Bradbury und Andersson 1987 und bei Cronin 1992.
26 O'Donald 1980; Lunde 1981; Kirkpatrick 1982; siehe auch Arnold 1983.
27 Weatherhead und Robertson 1979.
28 Pomiankowski, Iwasa und Nee 1991.
29 Pomiankowski 1990.
30 Dugatkin 1992; Gibson und Höglund 1992. Auch bei Damhirschen findet man Kopierverhalten, Balmford 1991.
31 Pomiankowski 1990; siehe auch Traill 1990 zur Diskussion der Frage, weshalb es bei Kapuzinervögeln und anderen monomorphen Vogelarten mit Arenabalz zum Konkurrenzverhalten bei den Weibchen kommt.
32 Partridge 1980.
33 Balmford 1991.
34 Alatalo, Höglund und Lundberg 1991.
35 Hill 1990.
36 Diamond 1991a.
37 Zahavi 1975.
38 Dawkins 1976; Cronin 1992.
39 Andersson 1986; Pomiankowski 1987; Grafen 1990; Iwasa, Pomiankowski und Nee 1991.
40 Møller 1991.
41 Hamilton und Zuk 1982.
42 Ward 1988; Pruett-Jones, Pruett-Jones und Jones 1990; Zuk 1991; Zuk 1992.
43 Low 1990.
44 Cronin 1992.
45 Møller 1990.
46 Kirkpatrick und Ryan 1991.
47 Boyce 1990; Spurrier, Boyce und Manly 1991.

48 Thornhill und Sauer 1992.
49 Møller 1992.
50 Møller und Pomiankowski (im Druck); siehe auch Balmford, Thomas und Jones 1993; A. Pomiankowski, Interview.
51 Maynard Smith 1991.
52 Zuk 1992.
53 Zuk (im Druck).
54 Zuk, Thornhill, Ligon und Johnson 1990; Ligon, Thornhill, Zuk und Johnson 1990.
55 Flinn 1992.
56 Daly und Wilson 1983.
57 Folstad und Karter 1992; Zuk 1992.
58 Zuk (im Druck).
59 Wederkind 1992.
60 Hamilton 1990b.
61 Kodric-Brown und Brown 1984.
62 Dawkins und Krebs 1978.
63 Dawkins und Guilford 1991.
64 Low, Alexander und Noonan 1987.
65 T. Guilford, Interview; B. Low, Interview.
66 Ryan 1991; M. Ryan, Interview.
67 Basolo 1990.
68 Green 1987.
69 Eberhard 1985.
70 Kramer 1990.
71 Enquist und Arak 1993.
72 Gilliard 1963.
73 Houde und Endler 1990; J. Endler, Interview.
74 Kirkpatrick 1989.
75 Searcy 1992.
76 Burley 1981.
77 Die Hypnose-Idee entstammt meinen eigenen Überlegungen: Ridley 1981. Durch spätere Experimente an Pfauen und Fasanen hat sie jedoch indirekte Unterstützung erfahren: siehe Runds, Ridley und Lelliott 1984; Davison 1983; Ridley, Runds und Lelliott 1984; Petrie, Halliday und Sunders 1991.
78 Gould und Gould 1989.
79 Pomiankowski und Guilford 1990.
80 A. Pomiankowski, Interview.

Kapitel 6: Polygamie und die Natur des Mannes

1 Betzig 1986.
2 Brown 1991; Barkow, Cosmides und Tooby 1992.
3 Crook und Crook 1988.
4 Betzig und Weber 1992.
5 Trivers 1972.
6 Bateman 1948.
7 Alexander 1974, 1979; Irons 1979.
8 Clutton-Brock und Vincent 1991; Gwynne 1991.
9 Eine gut verständliche Zusammenfassung der Überlegung, daß die weibliche Initiative bei der Werbung mit dem Ausmaß des väterlichen Einsatzes bei der Brutpflege in Zusammenhang steht, findet sich bei meinem Namensvetter: Ridley (Mark) 1978.
10 Symons 1979; D. Symons, Interview.
11 Symons 1979.
12 Symons 1979.
13 Tripp 1975; Symons 1979.
14 Maynard Smith und Price 1973.
15 Trivers 1971; Maynard Smith 1977; Emlen und Oring 1977.
16 Pleszczynska und Hansell 1980; Garson, Pleszczynska und Holm 1981. Im Grunde umfaßt der Begriff Polygamie beide Geschlechter, das heißt, es kann sich auch um mehrere Partner beiderlei Geschlechts handeln; treffender wäre der Begriff Polygynie, denn er bezieht sich speziell auf Männchen mit vielen Weibchen. Ich habe mich dennoch in diesem Buch des vertrauten Wortes Polygamie bedient, wenn es um Männchen mit mehreren Weibchen ging, im Falle von Weibchen mit mehreren Männchen habe ich Polyandrie gewählt.
17 L. Betzig, Interview.
18 Borgehoff Mulder, 1988, 1992; M. Borgehoff Mulder, Interview.
19 »Polygamists emerge from secrecy seeking not just peace but respect« von Dirk Johnson, *New York Times*, 9. April 1991, S. A22.
20 Green 1993.
21 Symons 1979 formuliert es so: »Heterosexuelle Beziehungen werden in beträchtlichem Maße vom Wesen und von den Interessen des weiblichen Partners geformt.«
22 Crook und Gartlan 1966; Jarman 1974; Clutton-Brock und Harvey 1977.
23 Avery und Ridley 1988; de Vos 1979.
24 Smith 1984.
25 Foley und Lee 1989.
26 Foley 1987; Foley und Lee 1989; Leakey und Lewin 1992; Kingdon 1993.

27 Symons 1987; K. Hill, Interview.
28 Alexander 1988; R. D. Alexander, Interview.
29 Kaplan und Hill 1985b; Hewlett 1988.
30 Kaplan und Hill 1985a; Hill und Kaplan 1988; Hawkes 1992; Cosmides und Tooby 1992; K. Hawkes, Interview.
31 Cashdan 1980; Cosmides und Tooby 1992.
32 N. Chagnon, Interview; Cronk 1991.
33 Rosenberg und Birdzell 1986.
34 Goodall 1990.
35 Daly und Wilson 1983.
36 »Dolphin courtship: brutal, cunning and complex« von N. Angier, *New York Times*, 18. Februar 1992, S. C 1.
37 Dickemann 1979.
38 Hartung 1982.
39 L. Betzig, Interview.
40 Betzig 1986.
41 Betzig 1986.
42 Finley, zitiert in Betzig 1992b; das Gibbon-Zitat stammt aus *The Decline and Fall of the Roman Empire*, Band 1, Kapitel 7.
43 Betzig 1992c.
44 Betzig 1992a.
45 Vermutlich liegt hier der Grund dafür, daß die frühe Kirche so besessen von sexuellen Fragen war, denn man hatte erkannt, daß der sexuelle Wettbewerb eine der Hauptursachen für Mord und Todschlag ist. Die allmähliche Gleichstellung von Sex und Sünde innerhalb des Christentums hat sicher mehr damit zu tun, daß sexuelle Beziehungen häufig problematische Konsequenzen haben, als damit, daß der Sexualität irgend etwas Sündhaftes innewohnt. Scruton 1986.
46 Brown und Hotra 1988.
47 D. E. Brown, Interview.
48 Goodall 1986. Alte Weibchen werden von den Siegern allerdings getötet.
49 N. Chagnon, Interview.
50 Chagnon 1968; Chagnon 1988.
51 Ich schulde Archie Fraser großen Dank für diese Parallele.
52 Chagnon 1968.
53 Smith 1984.
54 D. E. Brown, Interview.

Kapitel 7: Monogamie und die Natur der Frau

1 Møller 1987; Birkhead und Møller 1992.

2 Murdock und White 1969; Fisher 1992 weist darauf hin, daß interessanterweise die Entstehung von Sexismus, Despotismus, Polygamie und männlichem Besitzdenken in bezug auf Frauen mit der Erfindung des Pfluges zusammenfällt – welcher den Frauen ihren Anteil am Nahrungserwerb streitig machte; während der vergangenen Jahrzehnte sind die Frauen allmählich in die Arbeitswelt zurückgekehrt und haben begonnen, Status und Einfluß sukzessive zu verbessern.

3 Hrdy 1981; Hrdy 1986.

4 Bertram 1975; Hrdy 1979; Hausfater und Hrdy 1984. Es gibt ein bemerkenswertes Experiment von Emlen, Demong und Emlen (1989), das die Vorstellung stützt, daß Kindesmord eine adaptive Strategie darstellt. Emlen entfernte aus einem Blatthühnchen-Territorium die ansässigen Weibchen. Blatthühnchen sind eine Art mit umgekehrter Rollenverteilung. Neu eingebrachte Weibchen zerstörten die Eier in den Nestern aller Männchen in ihrem neuen Brutgebiet.

5 Dunbar 1988.

6 Wrangham 1987; R. W. Wrangham, Interview.

7 Goodall 1986, 1990; Hiraiwa-Hasegawa 1988; Yamamura, Hasegawa und Ito 1990.

8 Daly und Wilson 1988.

9 Martin und May 1981.

10 Hasegawa und Hiraiwa-Hasegawa 1990; Diamond 1991 b.

11 White 1992; Small 1992.

12 Short 1979.

13 Eberhard 1985; Hyde und Elgar 1992; Bellis, Baker und Gage 1990; Baker und Bellis 1992.

14 Harcourt, Harvey, Larson und Short 1981; Hyde und Elgar 1992.

15 Connor, Smolker und Richards 1992.

16 Smith 1984: Die Erklärung, daß eine niedrigere Hodentemperatur die Lagerfähigkeit von Spermien erhöht, paßt besser zu den beobachteten Tatsachen als die alte Ansicht, Spermien müßten bei kühleren Temperaturen produziert werden, damit es nicht zu Fehlbildungen kommt.

17 Harvey und May 1989.

18 Payne und Payne 1989.

19 Birkhead und Møller 1992.

20 Hamilton 1990 b.

21 Westneat, Sherman und Morton 1990; Birkhead und Møller 1992.

22 Potts, Manning und Wakeland 1991.

23 Burley 1981.
24 Møller 1987.
25 Baker und Bellis 1989; Baker und Bellis 1992.
26 Birkhead und Møller 1992.
27 Hill und Kaplan 1988; K. Hill, Interview.
28 K. Hill, Interview.
29 Wilson und Daly 1992; R. W. Wrangham, Interview.
30 Cherfas und Gribbin 1984; Flinn 1988.
31 Morris 1967.
32 Birkhead und Møller 1992.
33 Alexander und Noonan 1979.
34 Die ersten Vertreter dieser Sichtweise waren Cherfas und Gribbin 1984.
35 Hrdy 1979; Symons 1979; Benshoof und Thornhill 1979; Diamond 1991b; Fisher 1992, Sillen-Tullberg und Møller 1993.
36 Köpimaki 1991.
37 Alatalo, Lundberg und Stahlbrandt 1982. Neueren Forschungen zufolge wissen Frauen allerdings offenbar häufig doch, was geschieht; Veiga 1992; Slagsvøld, Amundsen, Dale und Lampe 1992.
38 Veiga 1992.
39 Møller und Birkhead 1989.
40 Darwin 1803.
41 Wilson und Daly 1992.
42 Wilson und Daly 1992.
43 Thornhill und Thornhill 1983, 1989; Posner 1992.
44 Gaulin und Schlegel 1980; Wilson und Daly 1992; Regalski und Gaulin 1992.
45 A. Fraser, persönliche Mitteilung.
46 Malinowski 1927.
47 Wilson und Daly 1992.
48 Gesetz zu Zeiten der französischen Revolution, in der Übersetzung zitiert von Wilson und Daly 1992.
49 Alexander 1974; Kurland 1979.
50 Betzig 1992a.
51 Voland 1988, 1992.
52 Boone 1988.
53 Darwin 1803.
54 Betzig 1992a.
55 Betzig 1992a.
56 Betzig 1992a.
57 Thornhill 1990.
58 Thornhill 1990.

59 Kitcher 1985; Vining 1986.
60 Perusse 1992.
61 W. Irons, Interview; N. Polioudakis, Interview.

Kapitel 8: Das Geschlecht des Verstandes

1 Gaulin und Fitzgerald 1986; Jacobs, Gaulin, Sherry und Hoffman 1990.
2 Konner 1982.
3 Darwin 1871.
4 Silverman und Eals 1992.
5 Maccoby und Jacklin 1974; Daly und Wilson 1983; Moir und Jessel 1991.
6 M. Bailey, Interview.
7 Gaulin und Hoffman 1988.
8 Silverman und Eals 1992.
9 Wilson 1975; Kingdon 1993.
10 Daly und Wilson 1983.
11 Symons 1979.
12 Hudson und Jacot 1991.
13 Tannen 1990.
14 Gaulin und Hoffman 1988.
15 Maccoby und Jacklin 1974; Ehrhardt und Meyer-Bahlburg 1981; Rossi 1985; Moir und Jessel 1991.
16 Moir und Jessel 1991.
17 McGuinness 1979.
18 McGuinness 1979.
19 Imperato-McGinley, Peterson, Gautier und Sturla 1979.
20 Daly und Wilson 1983; Moir und Jessel 1991.
21 Hoyenga und Hoyenga 1980.
22 Tannen 1990.
23 Tiger und Shepher 1977; Daly und Wilson 1983; Moir und Jessel 1991.
24 Fisher 1992.
25 Interview in der *Sunday Times* (London) vom 7. Juni 1992.
26 Dörner 1985, 1989; M. Bailey, Interview; Le Vay 1992.
27 M. Bailey, Interview; D. Hamer, Interview.
28 Dickemann 1992.
29 Symons 1987.
30 Thornhill 1989a.
31 Buss 1989, 1992.
32 Ellis 1992.
33 Buss 1989, 1992.

34 Kenrick und Keefe 1989.
35 Ellis und Symons 1990.
36 Ellis und Symons 1990.
37 Symons 1987.
38 Mosher und Abramson 1977.
39 Ellis und Symons 1990.
40 Alatalo, Höglund und Lundberg 1991.
41 Fisher 1992.
42 Symons 1989.
43 Brown 1991.
44 Wilson 1978.
45 Tooby und Cosmides 1989.
46 Moir und Jessel 1991.

Kapitel 9: Vom Nutzen der Schönheit

1 M. Bailey, Interview; F. Whitam, Interview; D. Hammer, Interview; Le Vay 1993.
2 Freud 1913.
3 Westermarck 1891.
4 Wolf 1966, 1970; Degler 1991.
5 Daly und Wilson 1983.
6 Shepher 1983.
7 Thornhill 1989b.
8 Thorpe 1954, 1961.
9 Marler und Tamura 1964.
10 Slater 1983.
11 Seid 1989.
12 *The Washington Post* vom 28. Juli 1992.
13 Frisch 1988; Anderson und Crawford 1992.
14 Smuts 1993.
15 Elder 1969; Buss 1992.
16 Ellis 1992.
17 Fisher 1930.
18 D. Singh, Interview.
19 Low, Alexander und Noonan 1987; Leakey und Lewin 1992; D. Singh, Interview.
20 Ellis 1905.
21 Diese Überlegung – daß blondes Haar ein sexuell selektioniertes Merkmal sein muß – wurde kürzlich von Jonathan Kingdon angestellt, siehe Kingdon 1993.

22 Kingdon 1993.
23 Ein weiterer Grund dafür, weshalb ich von Helen Fishers (1992 formulierter) Theorie nicht überzeugt bin, welche besagt, daß die menschliche Paarbindung durchschnittlich vier Jahre dauert.
24 R. Thornhill, Interview.
25 Galton 1883.
26 Siehe »No better than average« von M. Ridley, in *Science*, Volume 257, S. 328.
27 Dickemann 1979.
28 Buss 1992; Gould und Gould 1989.
29 Berscheid und Walster 1974; Gillis und Avis 1980; Ellis 1992; Shellberg 1992.
30 Sadalla, Kenrick und Vershure 1987; Ellis 1992.
31 Sadalla, Kenrick und Vershure 1987.
32 Daly und Wilson 1983.
33 Ellis 1992. Die anderen Befunde in diesem Abschnitt stammen von Trivers 1985; Ford und Beach 1951; Pratto, Sidanius und Stallworth 1920; Buss 1989.
34 Bell 1976.
35 Symons 1992; R. Alexander, Interview.
36 Fallon und Rozin 1985.
37 Ellis 1905.
38 Low 1979.
39 Bell 1976.
40 Darwin 1871.
41 B. Ellis, Interview.

Kapitel 10: Das intellektuelle Schachspiel

1 Connor, Smolker und Richards (1992) sind der Ansicht, daß die Komplexität der sozialen Organisation bei Delphinen in etwa mit der Schädelgröße korreliert. Große Tümmler verfügen offenbar über das komplexeste soziale Gefüge und über das größte Gehirn.
2 Johansen und Edey 1981.
3 Tooby und Cosmides 1992.
4 Bloom 1992; Pinker und Bloom 1992.
5 Gould 1981.
6 Fox 1991.
7 Durkheim 1895.
8 Brown 1991.

9 Mead 1928.
10 Wilson 1975.
11 Gould 1978.
12 Gould 1987.
13 Pinker und Bloom 1992.
14 Chomsky 1957.
15 Marr 1982; Hurlbert und Poggio 1988.
16 Tooby und Cosmides 1992.
17 Leakey und Lewin 1992.
18 Lewin 1984.
19 Dart 1954; Ardrey 1966.
20 Konner 1982.
21 R. Wrangham, Interview.
22 Gould 1981.
23 Badcock 1991.
24 Montagu 1961.
25 Leakey und Lewin 1992.
26 Budiansky 1992.
27 S. J. Gould, zitiert in Pinker und Bloom 1992.
28 Pinker und Bloom 1992.
29 Alexander 1974, 1990.
30 Potts 1991.
31 Humphrey 1976.
32 Humphrey 1976, 1983.
33 Barlow (nicht veröffentlicht).
34 Crook 1991.
35 Pinker und Bloom 1992.
36 Tooby und Cosmides 1992.
37 Barlow 1990; Barkow 1992.
38 Konner 1982.
39 Symons 1987.
40 Barlow 1987.
41 Byrne und Whiten 1985, 1988, 1992.
42 Macaulay's Werke, Band XI, »Essay on the Athenian Orators«.
43 Dawkins und Krebs 1978.
44 Cosmides 1989; Cosmides und Tooby 1992; Gigerenzer und Hug (im Druck).
45 Byrne und Whiten 1985, 1988, 1992.
46 Trivers 1991.
47 Goodall 1986.
48 Miller 1992.

49 Connor, Smolker und Richards 1992.
50 de Waal 1982.
51 Miller 1992.
52 Buss 1989.
53 Symons 1979; G. Miller, Interview.
54 Leakey und Lewin 1992.
55 G. Miller, Briefwechsel.
56 Erickson und Zenone 1976.
57 Miller 1992; siehe auch Miller und Todd 1990.
58 Webster 1992.
59 Badcock 1991.

Epilog

1 Pool, 1994.

Bibliographie

Adams, J., Greenwood, P. und Naylor, P., 1987, ›Evolutionary Aspects of Environmental Sex Determination‹, *International Journal of Invertebrate Reproductive Development*, 11, S. 123–136.

Alatalo, R. V., Höglund, J. und Lundberg, A., 1991, ›Lekking in the Black Grouse – a Test of Male Viability‹, *Nature*, 352, S. 155–156.

– Lundberg, A. und Stahlbrandt, K., 1982, ›Why Do Pied Flycatcher Females Mate with Already Mated Males?‹, *Animal Behaviour*, 30, S. 585–593.

Alexander, R. D., 1974, ›The Evolution of Social Behavior‹, *Annual Review of Ecology and Systematics*, 5, S. 325–383.

– 1979, *Darwinism and Human Affairs*, University of Washington Press, Seattle.

– 1988, ›Evolutionary Approaches to Human Behavior: What Does the Future Hold?‹, *Human Reproductive Behavior*, Hrsg.: L. Betzig, M. Borgehoff Mulder und P. Turke, Cambridge University Press, Cambridge, S. 317–341.

– 1990, ›How Did Humans Evolve? Reflections on the Uniquely Unique Species‹, Museum of Zoology, The University of Michigan, Special Publication No. 1.

– und Noonan, K. M., 1979, ›Concealment of Ovulation, Parental Care and Human Social Evolution‹, *Evolutionary Biology and Human Social Behavior*, Hrsg.: N. Chagnon und W. Irons, Duxbury, North Scituate, Massachusetts, S. 436–453.

Altmann, J., 1980, *Baboon Mothers and Infants*, Harvard University Press, Cambridge, Massachusetts.

Anderson, A., 1992, ›The Evolution of Sexes‹, *Science*, 257, S. 324–326.

Anderson, J. L. und Crawford, C. B., 1992, ›Modeling Costs and Benefits of Adolescent Weight Control as a Mechanism for Reproductive Suppression‹, *Human Nature*, 3, S. 299–334.

Andersson, M., 1982, ›Female Choice Selects for Extreme Tail Length in a Widow Bird‹, *Nature*, 299, S. 818–820.

– 1986, ›Evolution of Condition-dependent Sex Ornaments and Mating Preferences: Sexual Selection Based on Viability Differences‹, *Evolution*, 40, S. 804–816.

Ardrey, R., 1966, *The Territorial Imperative*, Atheneum, New York.
Arnold, S. J., 1983, ›Sexual Selection: the Interface of Theory and Empiricism‹, *Mate Choice*, Hrsg.: P. Bateson, Cambridge University Press, Cambridge, S. 67–107.
Atmar, W., 1991, ›On the Role of Males‹, *Animal Behaviour*, 412, S. 195–205.
Austad, S. und Sunquist, M. E., 1986, ›Sex-ratio Manipulation in the Common Opossum‹, *Nature*, 324, S. 58–60.
Avery, M. I. und Ridley, M. W., 1988, ›Gamebird Mating Systems‹, *The Ecology and Management of Gamebirds*, Hrsg.: P. J. Hudson und M. R. W. Rands, Blackwell, Oxford.
Badcock, C., 1991, *Evolution and Individual Behavior, An Introduction to Human Sociobiology*, Blackwell, Oxford.
Baker, R. R., 1985, ›Bird Coloration: In Defence of Unprofitable Prey‹, *Animal Behaviour*, 33, S. 1387–1388.
– und Bellis, M. A., 1989, ›Number of Sperm in Human Ejaculates Varies in Accordance with Sperm Competition‹, *Animal Behaviour*, 37, S. 867–869.
– und Bellis, M. A., 1992, ›Human Sperm Competition: Infidelity, the Female Orgasm and Kamikaze Sperm‹, präsentiert auf der vierten Jahrestagung der Human Behavior and Evolution Society, Albuquerque, New Mexico, 22. bis 26. Juli 1992.
Balmford, A., 1991, ›Mate Choice on Leks‹, *Trends in Ecology and Evolution*, 6, S. 87–92.
– Thomas, A. L. R., und Jones, I. L., 1993, ›Aerodynamics and the Evolution of Long Tails in Birds‹, *Nature*, 361, S. 628–631.
Barkow, J. H., 1992, ›Beneath New Culture is Old Psychology: Gossip and Social Stratification‹, *The Adapted Mind*, Hrsg.: J. H. Barkow, L. Cosmides und J. Tooby, Oxford University Press, New York, S. 627–637.
– Cosmides, L. und Tooby, J., Hrsg., 1992, *The Adapted Mind*, Oxford University Press, New York.
Barlow, H., 1987, ›The Biological Role of Consciousness‹, *Mindwaves*, Hrsg.: C. Blakemore und S. Greenfield, Blackwell, Oxford, S. 361–374.
– 1990, ›The Mechanical Mind‹. *Annual Review of Neurosscience*, 13, S. 15–24.
– (unveröffentlicht) ›The Inevitability of Consciousness‹, Manuskriptentwurf.
Basolo, A. L., 1990, ›Female Preference Predates the Evolution of the Sword in Swordtail Fish‹, *Science*, 250, S. 808–810.
Bateman, A. J., 1948, ›Intrasexual Selection in *Drosophila*‹, *Heredity*, 2, S. 349–368.
Beeman, R. W., Friesen, K. S. und Denell, R. E., 1992, ›Maternal-effect Selfish Genes in Flour Beetles‹, *Science*, 256, S. 89–92.

Bell, G., 1982, *The Masterpiece of Nature*, Croom Helm, London.
- 1987, ›Two Theories of Sex and Variation‹, *The Evolution of Sex and Its Consequences*, Hrsg.: S. C. Stearns, Birkhäuser, Basel, S. 117–133.
- 1988, *Sex and Death in Protozoa: The History of an Obsession*, Cambridge University Press, Cambridge.
- und Burt, A., 1990, ›B-chromosomes: Germ-line Parasites Which Induce Changes in Host Recombination‹, *Parasitology*, 100, S. S19–S26.
- und Maynard Smith, J., 1987, ›Short-term Selection for Recombination among Mutually Antagonistic Species‹, *Nature*, 328, S. 66–68.

Bell, Q., 1976, *On Human Finery* (2. Aufl.), Hogarth Press, London.

Bellis, M. A., Baker, R. R. und Gage, M. J. G., 1990, ›Variation in Rat Ejaculates Consistent with the Kamikaze-sperm Hypothesis‹, *Journal of Mammalogy*, 71, S. 479–480.

Benshoof, L. und Thornhill, R., 1979, ›The Evolution of Monogamy and Concealed Ovulation in Humans‹, *Journal of Social and Biological Structures*, 2, S. 95–106.

Bernstein, H., 1983, ›Recombinational Repair May Be an Important Function of Sexual Reproduction‹, *Bioscience*, 33, S. 326–331.
- Byerly, H. C., Hopf, F. A. und Michod, R. E., 1985, ›Genetic Damage, Mutation and the Evolution of Sex‹, *Science*, 229, S. 1277–1281.
- Hopf, F. A. und Michod, R. E., 1988, ›Is Meiotic Recombination an Adaptation for Repairing DNA, Producing Genetic Variation, or Both?‹, *The Evolution of Sex*, Hrsg.: R. E. Michod and B. R. Levin, Sinauer, Sunderland, Massachusetts, S. 139–160.

Berscheid, E. und Walster, E., 1974, ›Physical Attractiveness‹, *Advances in Experimental Social Psychology,* Vol. 7, Hrsg.: L. Berkowitz, Academic Press, New York.

Bertram, B. C. R., 1975, ›Social Factors Influencing Reproduction in Wild Lions‹, *Journal of Zoology*, 177, S. 463–482.

Betzig, L. L., 1986, *Despotism and Differential Reproduction: A Darwinian View of History*, Aldine, Hawthorne, New York.
- 1992 a, ›Medieval Monogamy‹, *Darwinian Approaches to the Past*, Hrsg.: S. Mithen und H. Maschner, Plenum, New York.
- 1992 b, ›Roman Polygyny‹, *Ethology and Sociobiology*, 13, S. 309–349.
- 1992 c, ›Roman Monogamy‹, *Ethology and Sociobiology*, 13, S. 351–383.
- und Weber, S., 1992, ›Polygyny in American Politics‹, *Politics and Life Sciences*, 12, No. 1.

Bierzychudek, P., 1987 a, ›Resolving the Paradox of Sexual Reproduction: A Review of Experimental Tests‹, *The Evolution of Sex and Its Consequences*, Hrsg.: S. C. Stearns, Birkhäuser, Basel, S. 163–174.
- 1987 b, ›Patterns in Plant Parthenogenesis‹, *The Evolution of Sex and Its Consequences*, Hrsg.: S. C. Stearns, Birkhäuser, Basel, S. 197–217.

Birkhead, T. R. und Møller, A. P., 1992, *Sperm Competition in Birds*, Academic Press, London.

Bloom, P., 1992, ›Language as a Biological Adaptation‹, präsentiert auf der vierten Jahrestagung der Human Behavior and Evolution Society, Albuquerque, New Mexico, 22. bis 26. Juli, 1992.

Boone, J., 1988, ›Parental Investment, Social Subordination and Population Processes among the 15th and 16th Century Portuguese Nobility‹, *Human Reproductive Behavior*, Hrsg.: L. Betzig, M. Borgehoff Mulder und P. Turke, Cambridge University Press, Cambridge, S. 201–219.

Borgehoff Mulder, M., 1988, ›Is the Polygyny Threshold Model Relevant to Humans? Kipsigis Evidence‹, *Mating Patterns*, Hrsg.: C. G. N. Mascie-Taylor und A. J. Boyce, Cambridge University Press, Cambridge, S. 209–230.

– 1992, ›Women's Strategies in Polygynous Marriage‹, *Human Nature*, 3, S. 45–70.

Bortolotti, G. R., 1986, ›Influence of Sibling Competition on Nestling Sex Ratios of Sexually Dimorphic Birds‹, *American Naturalist*, 127, 495–507.

Boyce, M. S., 1990, ›The Red Queen Visits Sage Grouse Leks‹, *American Zoologist*, 30, S. 263–270.

Bradbury, J. W. und Andersson, M. B., Hrsg., 1987, *Sexual Selection: Testing the Alternatives*, Dahlem Workshop Report, Life Sciences 39, John Wiley, Chichester.

Bremermann, H. J., 1980, ›Sex and Polymorphism as Strategies in Host-Pathogen Interactions‹, *Journal of Theoretical Biology*, 87, S. 671–702.

– 1987, ›The Adaptive Significance of Sexuality‹, *The Evolution of Sex and Its Consequences*, Hrsg.: S. C. Stearns, Birkhäuser, Basel, S. 135–161.

Bromwich, P., 1989, ›The Sex Ratio and Ways of Manipulating It‹, *Progress in Obstetrics and Gynaecology*, 7, S. 217–231.

Brooks, L., 1988, ›The Evolution of Recombination Rates‹, *The Evolution of Sex*, Hrsg.: R. E. Michod und B. R. Levin, Sinauer, Sunderland, Massachusetts, S. 87–105.

Brown, D. E., 1991, *Human Universals*, MacGraw-Hill, New York.

– und Hotra, D., 1988, ›Are Prescriptively Monogamous Societies Effectively Monogamous?‹, *Human Reproductive Behavior*, Hrsg.: L. Betzig, M. Borgehoff Mulder und P. Turke, Cambridge University Press, Cambridge, S. 153–160.

Budiansky, S., 1992, *The Convenant of the Wild: Why Animals Chose Domestication*, William Morrow, New York.

Bull, J. J., 1983, *The Evolution of Sex-determining Mechanisms*, Benjamin-Cummings, Menlo Park, California.

– 1987, ›Sex-determining mechanisms: an Evolutionary Perspective‹, *The*

Evolution of Sex and Its Consequences, Hrsg.: S. C. Stearns, Birkhäuser, Basel, S. 93–115.
Bull, J. J. und Bulmer, M. G., 1981, ›The Evolution of XY Females in Mammals‹, *Heredity*, 47, S. 347–365.
– und Charnov, E. L., 1985, ›On Irreversible Evolution‹, *Evolution*, 39, S. 1149–1155.
Burley, N., 1981, ›Sex Ratio Manipulation and Selection for Attractiveness‹, *Science*, 211, S. 721–722.
Burt, A. und Bell, G., 1987, ›Mammalian Chiasma Frequencies as a Test of Two Theories of Recombination‹, *Nature*, 326, S. 803–805.
Buss, D., 1989, ›Sex Differences in Human Mate Preferences: Evolutionary Hypotheses Tested in 37 Cultures‹, *Behavioral and Brain Sciences*, 12, S. 1–49.
– 1992, ›Mate Preference Mechanisms: Consequences for Partner Choice and Intrasexual Competition‹, *The Adapted Mind*, Hrsg.: J. H. Barkow, L. Cosmides und J. Tooby, Oxford University Press, New York, S. 249–266.
Byrne, R. W. und Whiten, A., 1985, ›Tactical Deception of Familiar Individuals in Baboons‹, *Animal Behaviour*, 33, S. 669–673.
– und Whiten, A., Hrsg., 1988, *Machiavellian Intelligence: Social Expertise and the Evolution of Intellect in Monkeys, Apes and Humans*, Clarendon Press, Oxford.
– und Whiten, A., 1992, ›Cognitive Evolution in Primates: Evidence from Tactical Deception‹, *Man*, 27, S. 609–627.
Carroll, L., 1872, *Through the Looking Glass and What Alice Found There*, Macmillan, London (deutsche Ausgabe: *Alice hinter den Spiegeln*, Übersetzt von Christian Enzensberger, Insel Verlag, Frankfurt a. M. 1963, Insel Taschenbuch, 1. Auflage 1974).
Cashdan, E., 1980, ›Egalitarianism among Hunters and Gatherers‹, *American Anthropologist*, 82, S. 116–120.
Cavalli-Sforza, L. und F., *Chi siamo. La storia della diversità umana* (deutsche Ausgabe: Verschieden und doch gleich. Ein Genetiker entzieht dem Rassismus die Grundlagen, Droemer Knaur, München 1994).
Chagnon, N. A., 1968, *Yanomamö: The Fierce People*, Holt, Rinehart & Winston, New York.
– 1988, ›Life Histories, Blood Revenge and Warfare in a Tribal Population‹, *Science*, 239, S. 935–992.
– und Irons, W., Hrsg., 1979, *Evolutionary Biology and Human Social Behavior: An Anthropological Perspective*, Duxbury, North Scituate, Massachusetts.
Chao, L., 1992, ›Evolution of Sex in RNA Viruses‹, *Trends in Ecology and Evolution*, 7, S. 147–151.

– Tran, T., und Matthews, C., 1992, ›Müller's Ratchet and the Advantage of Sex in the Virus phi-6‹, *Evolution*, 46, S. 289–299.

Charlesworth, B. und Hartl, D. L., 1978, ›Population Dynamics or the Segregation Distorter Polymorphism of *Drosophila melanogaster*‹, *Genetics*, 89, S. 171–192.

Charnov, E. L., 1982, *The Theory of Sex Allocation*, Princeton University Press, Princeton.

Cherfas, J. und Gribbin, J., 1984, *The Redundant Male*, Pantheon, New York.

Cherry, M. I., 1990, ›Tail Length and Female Choice‹, *Trends in Ecology and Evolution*, 5, S. 349–350.

Chomsky, N., 1957, *Syntactic Structures*, Mouton, The Hague (deutsche Ausgabe: *Strukturen der Syntax*, de Gruyter, Berlin, 1973).

Clarke, B. C., 1979, ›The Evolution of Genetic Diversity‹, *Proceedings of the Royal Society of London B*, 204, S. 453–474.

Clay, K., 1991, ›Parasitic Castration of Plants by Fungi‹, *Trends in Ecology and Evolution*, 6, S. 162–166.

Clutton-Brock, T. H., 1991, *The Evolution of Parental Care*, Princeton University Press, Princeton.

– Albon, S. D. und Guiness, F. E., 1984, ›Maternal Dominance, Breeding Success and Birth Sex Ratios in Red Deer‹, *Nature*, 308, S. 358–360.

– und Harvey, P. H., 1977, ›Primate Ecology and Social Organisation‹, *Journal of Zoology*, 183, S. 1–39.

– und Iason, G. R., 1986, ›Sex Ratio Variation in Mammals‹, *Quarterly Review of Biology*, 61, S. 339–374.

– und Vincent, A. C. J., 1991, ›Sexual Selection and the Potential Reproductive Rates of Males and Females‹, *Nature*, 351, S. 58–60.

Connor, R. C., Smolker, R. A. und Richards, A. F., 1992, ›Two Levels of Alliance Formation among Male Bottlenose Dolphins *(Tursiops sp.)*‹, *Proceedings of the National Academy of Sciences, USA*, 89, S. 987–990.

Conover, D. O. und Kynard, B. E., 1981, ›Environmental Sex Determination: Interaction of Temperature and Genotype in a Fish‹, *Science*, 213, S. 577–579.

Cosmides, L. M., 1989, ›The Logic of Social Exchange: Has Natural Selection Shaped how Humans Reason? Studies with the Wason Selection Task‹, *Cognition*, 31, S. 187–276.

– und Tooby, J., 1981, ›Cytoplasmic Inheritance and Intragenomic Conflict‹, *Journal of Theoretical Biology*, 89, S. 83–129.

Cosmides, L. M. und Tooby, J., 1992, ›Cognitive Adaptations for Social Exchange‹, *The Adapted Mind*, Hrsg.: J. H. Barkow, L. Cosmides und J. Tooby, Oxford University Press, New York, S. 163–228.

Crook, J. H., 1991, ›Consciousness and the Ecology of Meaning: New Fin-

dings and Old Philosophies‹, *Man and Beast Revisited*, Hrsg.: M.H. Robinson und L. Tiger, Smithsonian, Washington, DC, S. 203–223.
– und Crook, S. J., 1988, ›Tibetan Polyandry: Problems of Adaptation and Fitness‹, *Human Reproductive Behavior*, Hrsg.: L. Betzig, M. Borgehoff Mulder und P. Turke, Cambridge University Press, Cambridge, S. 97–114.
– und Gartlan, J. S., 1966, ›Evolution of Primate Societies‹, *Nature*, 210, S. 1200–1203.
Cronin, H., 1992, *The Ant and the Peacock*, Cambridge University Press, Cambridge.
Cronk, L., 1989, ›Low Socioeconomic Status and Female-biased Parental Investment. The Mukogodo Example‹, *American Anthropologist*, 9, S. 414–429.
– 1991, ›Wealth, Status and Reproductive Success among the Mukogodo of Kenya‹, *American Anthropologist*, 93, S. 345–360.
Crow, J. F., 1988, ›The Importance of Recombination‹, *The Evolution of Sex*, Hrsg.: R. E. Michod und B. R. Levin, Sinauer, Sunderland, Massachusetts, S. 56–73.
– und Kimura, M., 1965, ›Evolution in Sexual and Asexual Populations‹, *American Naturalist*, 99, S. 439–450.
Daly, M. und Wilson, M., 1983, *Sex, Evolution and Behavior* (2. Aufl.), Wadsworth, Belmont, California.
– und Wilson, M., 1988, *Homicide*, Aldine, Hawthorne, New York.
Dart, R., 1954, ›The Predatory Transition from Ape to Man‹, *International Anthropological and Linguistic Review*, 1, S. 201–213.
Darwin, C., 1859, *The Origin of Species by Means of Natural Selection, or the Preservation of Favoured Races in the Struggle for Life*, John Murray, London (deutsche Ausgabe: *Die Entstehung der Arten durch natürliche Zuchtwahl*, Übers. C. W. Neumann, Reclam, Stuttgart 1963).
– 1871, *The Descent of Man and Selection in Relation to Sex*, John Murray, London (deutsche Ausgabe: *Die Abstammung des Menschen*, Übers. V. Carus, 2. Aufl., Fourier Verlag, Wiesbaden 1992).
Darwin, E., 1803, *The Temple of Nature, or, the Origin of Society*, J. Johnson, London.
Davison, G. W. H., 1983, ›The Eyes Have It: Ocelli in a Rainforest Pheasant‹, *Animal Behaviour*, 31, S. 1037–1042.
Dawkins, M. und Guilford, T., 1991, ›The Corruption of Honest Signalling‹, *Animal Behaviour*, 41, S. 865–873.
Dawkins, R., 1976, *The Selfish Gene*, Oxford University Press, Oxford.
– 1982, *The Extended Phenotype*, Oxford University Press, Oxford.
– 1986, *The Blind Watchmaker*, Longman, London (deutsche Ausgabe: *Der blinde Uhrmacher*, Kindler, München 1987).

– 1990, ›Parasites, Desiderata Lists and the Paradox of the Organism‹, *Parasitology*, 100, S. S63–S73.
– 1991, ›Darwin Triumphant: Darwinism as a Universal Truth‹, *Man and Beast Revisited*, Hrsg.: M. H.Robinson und L. Tiger, Smithsonian, Washington, DC, S. 23–29.
– und Krebs, J. R., 1978, ›Animal Signals: Information or Manipulation?‹, *Behavioural Ecology*, Hrsg.: J. R. Krebs and N. B. Davies, Blackwell, Oxford, S. 282–309.
– und Krebs, J. R., 1979, ›Arms Races between and within Species‹, *Proceedings of the Royal Society of London B*, 205, S. 489–511.
Degler, C. N., 1991, *In Search of Human Nature*, Oxford University Press, Oxford.
de Vos, G. J., 1979, ›Adaptedness of Arena Behaviour in Black Grouse *(Tetrao tetrix)* and Other Grouse Species *(Tetraonidae)*‹, *Behaviour*, 68, S. 277–314.
de Waal, F., 1982, *Chimpanzee Politics*, Jonathan Cape, London (deutsche Ausgabe: *Unsere haarigen Vettern*, Harnack, München 1983).
Diamond, J. M., 1991 a, ›Borrowed Sexual Ornaments‹, *Nature*, 349, S. 105.
– 1991 b, *The Rise and Fall of the Third Chimpanzee*, Radius, London.
Dickemann, M., 1979, ›Female Infanticide and Reproductive Strategies of Stratified Human Societies‹, *Evolutionary Biology and Human Social Behavior*, Hrsg.: N. Chagnon and W. Irons, Duxbury, North Scituate, Massachusetts, S. 320–367.
– 1992, ›Phylogenetic Fallacies and Sexual Oppression‹, *Human Nature*, 3, S. 71–87.
Doolittle, W. F. und Sapienza, C., 1980, ›Selfish Genes, the Phenotype Paradigm and Genome Evolution‹, *Nature*, 284, S. 601–603.
Dörner, G., 1985, ›Sex-specific Gonadotrophin Secretion, Sexual Orientation and Gender Role Behaviour‹, *Endokrinologie*, 86, S. 1–6.
Dörner, G., 1989, ›Hormone-dependent Brain Development and Neuroendocrine Prophylaxis‹, *Experimental and Clinical Endocrinology 94*, S. 4–22.
Dugatkin, L., 1992, ›Sexual Selection and Imitation: Females Copy the Mate Choice of Others‹, *American Naturalist*, 139, S. 1384–1389.
Dunbar, R. I. M., 1988, *Primate Social Systems*, Croom Helm, London.
Dunn, A. M., Adams, J. und Smith, J. E., 1990, ›Intersexes in a Shrimp: A Possible Disadvantage of Environmental Sex Determination‹, *Evolution*, 44, S. 1875–1878.
Durkheim, E., 1895, *Les règles de la méthode sociologique*, Paris 1895 (deutsche Ausgabe: *Die Regeln der soziologischen Methode*, Suhrkamp, Frankfurt a. M. 1984).

Eberhard, W. G., 1985, *Sexual Selection and Animal Genitalia*, Harvard University Press, Cambridge, Massachusetts.
Edmunds, G. F. und Alstad, D. N., 1978, ›Coevolution in Insect Herbivores and Conifers‹, *Science*, 199, S. 941–945.
– und Alstad, D. N., 1981, ›Responses of Black Pine Leaf Scales to Host Plant Variability‹, *Insect Life-history Patterns: Habitat and Geographic Variation*, Hrsg.: R. F. Denno und H. Dingle, Springer Verlag, New York.
Ehrhardt, A. A. und Meyer-Bahlburg, H. F. L., 1981, ›Effects of Parental Sex Hormones on Gender-related Behavior‹, *Science*, 211, S. 1312–1314.
Elder, G. H., 1969, ›Appearance and Education in Marriage Mobility‹, *American Sociological Review*, 34, S. 519–533.
Eldredge, N. und Gould, S. J., 1972, ›Punctuated Equilibria: An Alternative to Phyletic Gradualism‹, *Models in Paleobiology*, Hrsg.: T. J. M. Schopf, Freeman Cooper, San Francisco, S. 82–115.
Ellis, B. J., 1992, ›The Evolution of Sexual Attraction: Evaluative Mechanisms in Women‹, *The Adapted Mind*, Hrsg.: J. H. Barkow, L. Cosmides und J. Tooby, Oxford University Press, New York, S. 267–288.
– und Symons, D., 1990, ›Sex Differences in Sexual Fantasy: An Evolutionary Psychological Approach‹, *Journal of Sex Research*, 27, S. 527–555.
Ellis, H., 1905, *Studies in the Psychology of Sex*, F. A. Davis, New York (deutsche Ausgabe: *Sexualpsychologische Studien*, Leipzig 1922–1924).
Emlen, S. T. und Oring, L. W., 1977, ›Ecology, Sexual Selection and the Evolution of Mating Systems‹, *Science*, 197, S. 215–223.
– Demong, N. J. und Emlen, D. J., 1989, ›Experimental Induction of Infanticide in Female Wattled Jacanas‹, *The Auk*, 106, S. 1–7.
Enquist, M. und Arak, A., 1993, ›Selection of Exaggerated Male Traits by Female Aesthetic Senses‹, *Nature*, 361, S. 446–448.
Erickson, C. J. und Zenone, P. G., 1976, ›Courtship Differences in Male Ring Doves: Avoidance of Cuckoldry?‹ *Science*, 192, S. 1353–1354.
Evans, M. R. und Thomas, A. L. R., 1992, ›Aerodynamic and Mechanical Effects of Elongated Tails in the Scarlet-tufted Malachite Sunbird: Measuring the Cost of a Handicap‹, *Animal Behaviour*, 43, S. 337–347.
Fallon, A. E. und Rozin, P., 1985, ›Sex Differences in Perception of Desirable Body Shape‹, *Journal of Abnormal Psychology*, 94, S. 102–105.
Felsenstein, J., 1988, ›Sex and the Evolution of Recombination‹, *The Evolution of Sex*, Hrsg.: R. E. Michod und B. R. Levin, Sinauer, Sunderland, Massachusetts, S. 74–86.
Fisher, H. E., 1992, Anatomy of Love: *The Natural History of Monogamy, Adultery and Divorce*, Norton, New York (deutsche Ausgabe: *Anatomie der Liebe. Warum Paare sich finden, sich binden und auseinandergehen*, Droemer Knaur, München 1993).

Fisher, R. A., 1930, *The Genetic Theory of Natural Selection*, Clarendon Press, Oxford.
Flegg, P. B., Spencer, D. M. und Wood, D. A., 1985, *The Biology and Technology of Cultivated Mushroom*, John Wiley, Chichester.
Flinn, M. V., 1988, ›Mate Guarding in a Caribbean Village‹, *Ethology and Sociobiology*, 9, S. 1–28.
– 1992, ›Evolution and Function of the Human Stress Response‹, präsentiert auf der vierten Jahrestagung der Human Behavior and Evolution Society, Albuquerque, New Mexico, 22. bis 26. Juli 1992.
Foley, R. A., 1987, *Another Unique Species*, Longman, London.
– und Lee, P. C., 1989, ›Finite Social Space, Evolutionary Pathways and Reconstructing Hominid Behaviour‹, *Science*, 243, S. 901–905.
Folstad, I. und Karter, A. J., 1992, ›Parasites, Bright Males and the Immunocompetence Handicap‹, *American Naturalist*, 139, S. 603–622.
Ford, C. S. und Beach, F. A., 1951, *Patterns of Sexual Behavior*, Harper & Row, New York.
Fox, R., 1991, ›Aggression Then and Now‹, *Man and Beast Revisited*, Hrsg.: M. H. Robinson and L. Tiger, Smithsonian, Washington, DC, S. 81–93.
Frank, S. A., 1989, ›The Evolutionary Dynamics of Cytoplasmic Male Sterility‹, *American Naturalist*, 133, S. 345–376.
– 1990, ›Sex Allocation Theory for Birds and Mammals‹, *Annual Review of Ecology and Systematics*, 21, S. 13–55.
– 1991, ›Divergence of Meiotic Drive Suppression Systems as an Explanation for Sex-biased Hybrid Sterility and Inviability‹, *Evolution*, 45, S. 262–267.
– und Swingland, I. R., 1988, ›Sex-ratio under Conditional Sex Expression‹, *Journal of Theoretical Biology*, 135, S. 415–418.
Freud, S., 1913, *Totem und Tabu. Einige Übereinstimmungen im Seelenleben der Wilden und der Neurotiker.* Neu erschienen als Fischer TB, 1991.
Frisch, R. E., 1988, ›Fatness and Fertility‹, *Scientific American*, 258, S. 70–77.
Galton, F., 1883, *Inquiries into the Human Faculty and Its Development*, Macmillan, London.
Garson, P. J., Pleszczynska, W. K. und Holm, C. H., 1981, ›The »Polygyny Threshold« Model: A Reassessment‹, *Canadian Journal of Zoology*, 59, S. 902–910.
Gaulin, S. J. C. und Fitzgerald, R. W., 1986, ›Sex Differences in Spatial Ability: An Evolutionary Hypothesis and Test‹, *American Naturalist*, 127, S. 74–88.
– und Hoffman, G. E., 1988, ›Evolution and Development of Sex Differences in Spatial Ability‹, *Human Reproductive Behavior*, Hrsg.: L. Betzig, M. Borgehoff Mulder und P. Turke, Cambridge University Press, Cambridge, S. 129–152.

– und Schlegel, A., 1980, ›Paternal Confidence and Paternal Investment: A Cross-cultural Test of a Sociobiological Hypothesis‹, *Ethology and Sociobiology* 1, S. 301–309.
Ghiselin, M. T., 1974, *The Economy of Nature and the Evolution of Sex*, University of California Press, Berkeley.
– 1988, ›The Evolution of Sex: A History of Competing Points of View‹, *The Evolution of Sex*, Hrsg.: R. E. Michod and B. R. Levin, Sinauer, Sunderland, Massachusetts, S. 7–23.
Gibson, R. M. und Höglund, J., 1992, ›Copying and Sexual Selection‹, *Trends in Ecology and Evolution*, 7, S. 229–231.
Gigerenzer, G. und Hug, K. (im Druck), *Reasoning about Social Contracts: Cheating and Perspective Change*, Institut für Psychologie, Universität Salzburg.
Gilliard, E. T., 1963, ›The Evolution of Bowerbirds‹, *Scientific American*, 209, S. 38–46.
Gillis, J. S. und Avis, W. E., 1980, ›The Male-taller Norm in Mate Selection‹, *Personality and Social Psychology Bulletin*, 6, S. 396–401.
Glesner, R. R. und Tilman, D., 1978, ›Sexuality and the Components of Environmental Uncertainty: Clues from Geographical Parthenogenesis in Terrestrial Animals‹, *American Naturalist*, 112, S. 659–673.
Goodall, J., 1986, *The Chimpanzees of Gombe*, Belknap, Cambridge, Massachusetts (deutsche Ausgabe: *Wilde Schimpansen, Verhaltensforschung am Gombe-Strom*, Rowohlt, Reinbek b. Hamburg 1988).
– 1990, *Through a Window*, Weidenfeld & Nicolson, London.
Gotmark, F., 1992, ›Anti-predator Effect of Conspicuous Plumage in a Male Bird‹, *Animal Behaviour*, 44, S. 51–55.
Gould, J. L. und Gould, C. G., 1989, *Sexual Selection*, Scientific American Library, New York.
Gould, S. J., 1978, *Ever since Darwin: Reflections in Natural History*, Andre Deutsch, London.
– 1981, *The Mismeasure of Man*, Norton, New York, (deutsche Ausgabe: *Der falsch vermessene Mensch*, Birkhäuser, Basel 1983; Suhrkamp-TB, Frankfurt, 1988).
– 1987, *An Urchin in the Storm: Essays about Books and Ideas*, Norton, New York.
– and Lewontin, R. C., 1979, ›The Spandrels of San Marco and the Panglossian Paradigm: A Critique of the Adaptationist Program‹, *Proceedings of the Royal Society of London B*, 205, S. 581–598.
Gouyon, P.-H. und Couvet, D., 1987, ›A Conflict between Two Sexes, Females and Hermaphrodites‹, *The Evolution of Sex and Its Consequences*, Hrsg.: S. C. Stearns, Birkhäuser, Basel, S. 243–261.

Gowaty, P. und Lennartz, M. R., 1985, ›Sex Ratios of Nestling and Fledgling Red-cockaded Woodpeckers *(Picoides borealis)*‹, *American Naturalist*, 126, S. 347–353.
Grafen, A., 1990, ›Biological Signals as Handicaps‹, *Journal of Theoretical Biology*, 144, S. 517–546.
Grant, V. J., 1990, ›Maternal Personality and Sex of Infant‹, *British Journal of Medical Psychology*, 63, S. 261–266.
Green, M., 1987, ›Scent Marking in the Himalayan Musk Deer *(Moschus chrysogaster)*‹, *Journal of Zoology*, 1987, S. 721–737.
Green, R., 1993, *Sexual Science and the Law*, Harvard University Press, Cambridge, Massachusetts.
Gwynne, D. T., 1991, ›Sexual Competition among Females: What Causes Courtship-role Reversal?‹, *Trends in Ecology and Evolution*, 6, S. 118–121.
Haig, D. und Grafen, A., 1991, ›Genetic Scrambling as a Defence against Meiotic Drive‹, *Journal of Theoretical Biology*, 153, S. 531–558.
Haldane, J. B. S., 1932, *The Causes of Evolution*, Longman, London.
– 1949, ›Disease and Evolution‹, *Symposium sui fattori ecologici e genetici della speciazione negli animali, Supplemento a La Ricerca Scientifica Anno 19°*, S. 68–75.
Halliday, T. R., 1983, ›The Study of Mate Choice‹, *Mate Choice*, Hrsg.: P. Bateson, Cambridge University Press, Cambridge.
Hamilton, W. D., 1964, ›The Genetical Evolution of Social Behaviour‹, *Journal of Theoretical Biology*, 7, S. 1–52.
– 1967, ›Extraordinary Sex Ratios‹, *Science*, 156, S. 477–488.
– 1971, ›Geometry for the Selfish Herd‹, *Journal of Theoretical Biology*, 31, S. 295–311.
– 1980, ›Sex versus Non-sex versus Parasite‹, *Oikos*, 35, S. 282–290.
– 1990 a, ›Memes of Haldane and Jayakar in a Theory of Sex‹, *Journal of Genetics*, 69, S. 17–32.
– 1990 b, ›Mate Choice near and far‹, *American Zoologist*, 30, S. 341–351.
– Axelrod, R. and Tanese, R., 1990, ›Sexual Reproduction as an Adaptation to Resist Parasites (a Review)‹, *Proceedings of the National Academy of Sciences of the USA*, 87, S. 3566–3573.
– und Zuk, M., 1982, ›Heritable True Fitness and Bright Birds: A Role for Parasites?‹, *Science*, 218, 384–387.
Harcourt, A. H., Harvey, P. H., Larson, S. G. und Short, R. V., 1981, ›Testis Weight, Body Weight and Breeding System in Primates‹, *Nature*, 293, S. 55–57.
Hardin, G., 1968, ›The Tragedy of the Commons‹, *Science*, 162, S. 1243–1248.
Hartung, J., 1982, ›Polygyny and the Inheritance of Wealth‹, *Current Anthropology*, 23, S. 1–12.

Harvey, H. T., 1978, *The Sequoias of Yosemite National Park*, Yosemite Natural History Association, Yosemite, California.

Harvey, P. H. und May, R. M., 1989, ›Out for the Sperm Count‹, *Nature*, 337, S. 508–509.

Hasegawa, T. und Hiraiwa-Hasegawa, M., 1990, ›Sperm Competition and Mating Behavior‹, *The Chimpanzees of the Mahale Mountains: Sexual and Life-history Strategies*, Hrsg.: T. Nishida, University of Tokyo Press, Tokyo, S. 115–132.

Hausfater, G. und Hrdy, S. B., 1984, *Infanticide: Comparative and Evolutionary Perspectives*, Aldine, Hawthorne, New York.

Hawkes, K., 1992, ›Why Hunter-Gatherers Work‹, präsentiert auf der vierten Jahrestagung der Human Behavior and Evolution Society, Albuquerque, New Mexico, 22. bis 26. Juli 1992.

Head, G., May, R. M. and Pendleton, L., 1987, ›Environmental Determination of Sex in Reptiles‹, *Nature*, 329, S. 198–199.

Hewitt, G. M., 1972, ›The Structure and Role of B-chromosomes in the Mottled Grasshopper‹, *Chromosomes Today*, 3, S. 208–222.

– 1976, ›Meiotic Drive for B-chromosomes in the Primary Oocytes of *Myrmeleotettix maculatus* (Orthoptera: Acrididae)‹, *Chromosoma*, 56, S. 381–391.

– und East, T. M., 1978, ›Effects of B-chromosomes on Development in Grasshopper Embryos‹, *Heredity*, 41, S. 347–356.

Hewlett, B. S., 1988, ›Sexual Selection and Paternal Investment among Aka Pygmies‹, *Human Reproductive Behavior*, Hrsg.: L. Betzig, M. Borgehoff Mulder und P. Turke, Cambridge University Press, Cambridge, S. 263–275.

Hickey, D. A., 1982, ›Selfish DNA: A Sexually Transmitted Nuclear Parasite‹, *Genetics*, 101, S. 519–531.

– und Rose, M. R., 1988, ›The Role of Gene Transfer in the Evolution of Eukaryotic Sex‹, *The Evolution of Sex*, Hrsg.: R. E. Michod and B. R. Levin, Sinauer, Sunderland, Massachusetts, S. 161–175.

Hill, A., Allsopp, C. E. M., Kwiatkowski, D., Anstey, N. M., Twumasi, P. T., Rowe, P. A., Bennett, S., Brewster, D., McMichael, A. J. und Greenwood, B. M., 1991, ›Common West African HLA Antigens are Associated with Protection from Severe Malaria‹, *Nature*, 352, S. 595–600.

Hill, G. E., 1990, ›Plumage Coloration is a Sexually Selected Indicator of Male Quality‹, *Nature*, 350, S. 337–339.

Hill, K. und Kaplan, H., 1988, ›Trade-offs in Male and Female Reproductive Strategies among the Ache‹, *Human Reproductive Behavior*, Hrsg.: L. Betzig, M. Borgehoff Mulder und P. Turke, Cambridge University Press, Cambridge, S. 277–305.

Hillgarth, N., 1990, ›Parasites and Female Choice in the Ring-necked Pheasant‹, *American Zoologist*, 30, S. 227–233.

Hiraiwa-Hasegawa, M., 1988, ›Adaptive Significance of Infanticide in Primates‹, *Trends in Evolution and Ecology*, 3, S. 102–105.

Hoekstra, R. F., 1987, ›The Evolution of Sexes‹, *The Evolution of Sex and Its Consequences*, Hrsg.: S. C. Stearns, Birkhäuser, Basel, S. 59–92.

Höglund, J. und Robertson, J. G. M., 1990, ›Female Preferences, Male Decision Rules and the Evolution of Leks in the Great Snipe, *Gallinago media*‹, *Animal Behaviour*, 40, S. 15–22.

– Eriksson, M. und Lindell, L. E., 1990, ›Females of the Lek-breedings Great Snipe, *Gallinago media*, Prefer Males with White Tails‹. *Animal Behaviour*, 40, S. 23–32.

Houde, A. E. und Endler, J. A., 1990, ›Correlated Evolution of Female Mating Preferences and Male Color Patterns in the Guppy *Poecilia reticulata*‹, *Science*, 248, S. 1405–1408.

Hoyenga, K. B. und Hoyenga, K., 1980, *Sex Differences*, Little, Brown, Boston.

Hrdy, S. B., 1979, ›Infanticide among Animals: A Review, Classification and Examination of the Implications for the Reproductive Strategies of Females‹, *Ethology and Sociobiology*, 1, S. 13–40.

– 1981, *The Woman That Never Evolved*, Harvard University Press, Cambridge, Massachusetts.

– 1986, ›Empathy, Polyandry, and the Myth of the Coy Female‹, *Feminist Approaches to Science*, Hrsg.: R. Bleier, Pergamon, New York.

– 1987, ›Sex-biased Parental Investment among Primates and Other Mammals: A Critical Re-evaluation of the Trivers-Willard Hypothesis‹, *Child Abuse and Neglect: Bio-social Dimensions*, Hrsg.: R. Gelles und J. Lancaster, Aldine, Hawthorne, New York, S. 97–147.

– 1990, ›Sex Bias in Nature and in History: A Late 1980s Reexamination of the »Biological Origins« Argument‹, *Yearbook of Physical Anthropology*, 33, S. 25–37.

Huck, U. W., Labov, J. D. und Lisk, R. D., 1986, ›Food-restricting Young Hamsters *(Mesocricetus auratus)* Affects Sex Ratio and Growth of Subsequent Offspring‹, *Biology of Reproduction*, 35, S. 592–598.

Hudson, L. und Jacot, B., 1991, *The Way Men Think*, Yale University Press, New Haven (deutsche Ausgabe: *Wie Männer denken: Intellekt, Intimität und erotische Phantasien*, Campus, Berlin 1993).

Humphrey, N. K., 1976, ›The Social Function of Intellect‹, *Growing Points in Ethology*, Hrsg.: P. P. G. Bateson und R. A. Hinde, Cambridge University Press, Cambridge, S. 303–318.

– 1983, *Consciousness Regained: Chapters in the Development of Mind*, Oxford University Press, Oxford.

Hunter, M. S., Nur, U. und Werren, J. H., 1993, ›Origin of Males by Genome Loss in an Autoparasitoid Wasp‹, *Heredity*, 70, S. 162–171.
Hurlbert, A. C. und Poggio, T., 1988, ›Making Machines (and Artificial Intelligence) See‹, *Daedalus*, 117, S. 213–239.
Hurst, L. D., 1990, ›Parasite Diversity and the Evolution of Diploidy, Multicellularity and Anisogamy‹, *Journal of Theoretical Biology*, 144, S. 429–443.
– 1991 a, ›The Evolution of Cytoplasmic Incompatibility or When Spite Can Be Successful‹, *Journal of Theoretical Biology*, 148, S. 269–277.
– 1991 b, ›Sex, Slime and Selfish Genes‹, *Nature*, 354, S. 23–24.
– 1991 c, ›The Incidences and Evolution of Cytoplasmic Male Killers‹, *Proceedings of the Royal Society of London B*, 244, S. 91–99.
– 1992 a, ›Is Stellate a Relic Meiotic Driver?‹, *Genetics*, 130, S. 229–230.
– 1992 b, ›Intragenomic Conflict as an Evolutionary Force‹, *Proceedings of the Royal Society of London B*, 248, S. 135–148.
– Godfray, H. C. J. und Harvey, P. H., 1990, ›Antibiotics Cure Asexuality‹, *Nature*, 346, S. 510–511.
– und Hamilton, W. D., 1992, ›Cytoplasmic Fusion and the Nature of Sexes‹, *Proceedings of the Royal Society of London B*, 247, S. 189–207.
– Hamilton, W. D. und Ladle, R. J., 1992, ›Covert Sex‹, *Trends in Ecology and Evolution*, 7, S. 144–145.
– und Pomiankowski, A., 1991, ›Causes of Sex Ratio Bias May Account for Unisexual Sterility in Hybrids: A New Explanation of Haldane's Rule and Related Phenomena‹, *Genetics*, 128, S. 841–858.
Huxley, J., 1942, *Evolution: The Modern Synthesis*. George Allen & Unwin, London.
Hyde, L. M. und Elgar, M. A., 1992, ›Why Do Hopping Mice Have Such Tiny Testes?‹, *Trends in Ecology and Evolution*, 7, S. 359–360.
Imperato-McGinley, J., Peterson, R. E., Gautier, T. und Sturla, E., 1979, ›Androgens and the Evolution of Male Gender Identity among Male Pseudohermaphrodites with 5-alpha-reductase deficiency‹, *New England Journal of Medicine*, 300, S. 1233–1237.
Irons, W., 1979, ›Natural Selection, Adaptation and Human Social Behavior‹, *Evolutionary Biology and Human Social Behavior*, Hrsg.: N. Chagnon und W. Irons, Duxbury, North Scituate, Massachusetts, S. 4–39.
Iwasa, Y., Pomiankowski, A. und Nee, S., 1991, ›The Evolution of Costly Mate Preferences II: The Handicap Principle‹, *Evolution*, 45, S. 1431–1442.
Jacobs, L. F., Gaulin, S. J. C., Sherry, D. und Hoffman, G. E., 1990, ›Evolution of Spatial Cognition: Sex-specific Patterns of Spatial Behavior Predict Hippocampal Size‹, *Proceedings of the National Academy of Sciences, USA*, 87, S. 6349–6352.

Jaenike, J., 1978, ›An Hypothesis to Account for the Maintenance of Sex within Populations‹, *Evolutionary Theory*, 3, S. 191–194.

James, W. H., 1986, ›Hormonal Control of the Sex Ratio‹, *Journal of Theoretical Biology*, 118, S. 427–441.

– 1989, ›Parental Hormone Levels and Mammalian Sex Ratios at Birth‹, *Journal of Theoretical Biology*, 139, S. 59–67.

Jarman, P. J., 1974, ›The Social Organization of Antelope in Relation to Their Ecology‹, *Behaviour*, 48, S. 215–267.

Jayakar, S., 1970, ›A Mathematical Model for Interaction of Gene Frequencies in a Parasite and Its Host‹, *Theoretical Population Biology*, 1, S. 140–164.

Johansen, D. C. und Edey, M., 1981, *Lucy: The Beginnings of Mankind*, Simon & Schuster, New York.

Jones, I. L. und Hunter, F. M., 1993, ›Mutual Sexual Selection in a Monogamous Seabird‹, *Nature*, 362, S. 238–239.

Jones, R. N., 1991, ›B-chromosome Drive‹, *American Naturalist*, 137, S. 430–442.

Judge, D. S. und Hrdy, S. B., 1988, ›Bias and Equality in American Legacies‹, präsentiert auf der 87. Jahreskonferenz der American Anthropological Association in Phoenix, Arizona, November 1988.

Kaplan, H. und Hill, K., 1985 a, ›Hunting Ability and Reproductive Success among Male Ache Foragers‹, *Current Anthropology*, 26, 131–133.

– und Hill, K., 1985 b, ›Food Sharing among Ache Foragers: Test of Explanatory Hypotheses‹, *Current Anthropology*, 26, S. 223–245.

Kelley, S. E., 1985, ›The Mechanism of Sib Competition for the Maintenance of Sex in *Anthoxanthum odoratum*‹, Dissertation (unveröffentlicht) an der Duke University, Durham, North Carolina.

Kenrick, D. T. und Keefe, R. C., 1989, ›Time to Integrate Sociobiology and Social Psychology‹, *Behavioral and Brain Sciences*, 12, S. 24–26.

Kingdon, J., 1993, *Self-made Man and His Undoing*, Simon & Schuster, New York.

King-Hele, D., 1977, *Doctor of Revolution: The Life and Genius of Erasmus Darwin*, Faber & Faber, London.

Kirkpatrick, M., 1982, ›Sexual Selection and the Evolution of Female Choice‹, *Evolution*, 36, S. 1–12.

– 1989, ›Is Bigger always Better?‹, *Nature*, 337, S. 116–117.

– und Jenkins, C., 1989, ›Genetic Segregation and the Maintenance of Sexual Reproduction‹, *Nature*, 339, S. 300–301.

– und Ryan, M. J., 1991, ›The Evolution of Mating Preferences and the Paradox of the Lek‹, *Nature*, 350, S. 33–38.

Kitcher, P., 1985, *Vaulting Ambition: Sociobiology and the Quest for Human Nature*, MIT Press, Cambridge, Massachusetts.

Kodric-Brown, A. und Brown, J. H., 1984, ›Truth in Advertising: The Kind of Traits Favored by Sexual Selection‹, *American Naturalist*, 124, S. 309–323.
Kondraschow, A. S., 1982, ›Selection against Harmful Mutations in Large Sexual and Asexual Populations‹, *Genetic Research Cambridge*, 40, S. 325–332.
– 1988, ›Deleterious Mutations and the Evolution of Sexual Reproduction‹, *Nature*, 336, S. 435–440.
– und Crow, J. F., 1991, ›Haploidy or Diploidy: Which is Better?‹ *Nature*, 351, S. 314–315.
Konner, M., 1982, *The Tangled Wing: Biological Constraints on the Human Spirit*, Holt, Rinehart & Winston, New York.
Körpimaki, E., 1991, ›Poor Reproductive Success of Polygynously Mated Female Tengmalm's Owls: Are Better Options Available?‹, *Animal Behaviour*, 41, S. 37–47.
Kramer, B., 1990, ›Sexual Signals in Electric Fishes‹, *Trends in Ecology and Evolution*, 5, S. 247–249.
Krause, R. M., 1992, ›The Origin of Plagues: Old and New‹, *Science*, 257, S. 1073–1078.
Kurland, J. A., 1979, ›Matrilines: The Primate Sisterhood and the Human Avunculate‹, *Evolutionary Biology and Human Social Behavior*, Hrsg.: N. Chagnon und W. Irons, Duxbury, North Scituate, Massachusetts, S. 145–180.
Ladle, Richard J., 1992, ›Parasites and Sex: Catching the Red Queen‹, *Trends in Ecology and Evolution*, 7, S. 405–408.
Lande, R., 1981, ›Models of Speciation by Sexual Selection on Polygenic Traits‹, *Proceedings of the National Academy of Sciences of the USA*, 78, S. 3721–3725.
Leakey, R. und Lewin, R., 1992, *Origins Reconsidered: In Search of What Makes Us Human*, Little, Brown, London (deutsche Ausgabe: *Der Ursprung des Menschen*, S. Fischer, Frankfurt, 1993).
Leigh, E. G., 1977, ›How does Selection Reconcile Individual Advantage with the Good of the Group?‹, *Proceedings of the National Academy of Sciences of the USA*, 74, S. 4542–4546.
– 1990 ›Fisher, Wright, Haldane and the Resurgence of Darwinism‹, Einleitung zur Princeton Science Library-Ausgabe von *The Causes of Evolution*, J. B. S. Haldane.
Le Vay, S., 1992, *Born That Way? The Biological Basis of Homosexuality*, Channel Four, London.
– 1993, *The Sexual Brain*, MIT Press, Cambridge, Massachusetts (deutsche Ausgabe: *Keimzellen der Lust*, Spektrum, Heidelberg 1994).
Levin, B. R., 1988, ›The Evolution of Sex in Bacteria‹, *The Evolution of Sex*,

Hrsg.: R. E. Michod und B. R. Levin, Sinauer, Sunderland, Massachusetts, S. 194–211.

Levy, S., 1992, *Artificial Life: The Quest for a New Creation*, Jonathan Cape, London (deutsche Ausgabe: *KL – Künstliches Leben aus dem Computer*, Droemer Knaur, München 1993).

Lewin, R., 1984, *Human Evolution: An Illustrated Introduction*, Blackwell Scientific Publications, Oxford.

Lienhart, K. und Vermelin, H., 1946, *Observation d'une famille humaine à descendance exclusivement feminine. Essai d'interpretation de ce phénomène. Comptes-rendus de science de la société de biologie de Nancy et de ses filiales de Paris*, 140, S. 537–540.

Ligon, J. D., Thornhill, R., Zuk, M. und Johnson, K., 1990, ›Male-male Competition: Ornamentation and the Role of Testosterone in Sexual Selection in Red Junglefowl‹, *Animal Behaviour*, 40, S. 373–376.

Lively, C. M., 1987, ›Evidence from a New Zealand Snail for the Maintenance of Sex by Parasitism‹, *Nature*, 328, S. 519–521.

Lively, C. J., Craddock, C. und Vrijenhoek, R. C., 1990, ›Red Queen Hypothesis Supported by Parasitism in Sexual and Clonal Fish‹, *Nature*, 344, S. 864–866.

Low, B. S., 1979, ›Sexual Selection and Human Ornamentation‹, *Evolutionary Biology and Human Social Behavior*, Hrsg.: N. Chagnon und W. Irons, Duxbury, North Scituate, Massachusetts, S. 462–487.

– 1990, ›Marriage Systems and Pathogen Stress in Human Societies‹, *American Zoologist*, 30, S. 325–340.

– Alexander, R. D. und Noonan, K. M., 1987, ›Human Hips, Breast and Buttocks: Is Fat Deceptive?‹, *Ethology and Sociobiology*, 8, S. 249–257.

Maccoby, E. E. und Jacklin, C. N., 1974, *The Psychology of Sex Differences*, Stanford University Press, Palo Alto.

McGuinness, D., 1979, ›How Schools Discriminate against Boys‹, *Human Nature*, Februar 1979, S. 82–88.

McNeill, W. H., 1976, *Plagues and Peoples*, Anchor Press/Doubleday, New York.

Malinowski, B., 1927, *Sex and Repression in Savage Society*, World Press, Cleveland (deutsche Ausgabe: *Geschlecht und Verdrängung in primitiven Gesellschaften*, Frankfurt a. M. [6] 1984).

Marden, J. H., 1992, ›Newton's Second Law of Butterflies‹, *Natural History*, I/92, S. 54–61.

Margulis, L., 1981, *Symbiosis in Cell Evolution*, W. H. Freeman, San Francisco.

– und Sagan, D., 1986, *Origins of Sex: Three Billion Years of Genetic Recombination*, Yale University Press, New Haven.

Marler, P. R. und Tamura, M., 1964, ›Culturally Transmitted Patterns of Vocal Behavior in Sparrows‹, *Science*, 146, S. 1483–1486.
Marr, D., 1982, *Vision*, Freeman Cooper, San Francisco.
Martin, R. D. und May, R. M., 1981, ›Outward Signs of Breeding‹, *Nature*, 293, S. 7–9.
May, R. M. und Anderson, R. M., 1990, ›Parasite-Host Coevolution‹, *Parasitology*, 100, S. S89–S101.
Maynard Smith, J., 1971, ›What Use is Sex?‹, *Journal of Theoretical Biology*, 30, S. 319–335.
– 1977, ›Parental Investment – A Prospective Analysis‹, *Animal Behaviour*, 25, S. 1–9.
– 1978, *The Evolution of Sex*, Cambridge University Press, Cambridge.
– 1986, ›Contemplating Life without Sex‹, *Nature*, 324, S. 300–301.
– 1988, ›The Evolution of Recombination‹, *The Evolution of Sex*, Hrsg.: R. E. Michod und B. R. Levin, Sinauer, Sunderland, Massachusetts, S. 106–125.
– 1991, ›Theories of Sexual Selection‹, *Trends in Ecology and Evolution*, 6, S. 146–151.
– und Price, G. R., 1973, ›The Logic of Animal Conflict‹, *Nature*, 246, S. 15–18.
Mayr, E., 1983, ›How to Carry out the Adaptationist Program‹, *American Naturalist*, 121, S. 324–334.
Mead, M., 1928, *Coming of Age in Samoa*, William Morrow, New York.
Mereschkovsky, C., 1905, *La Plante Considérée comme un Complexe Symbiotique, Bulletin Société Science Naturelle, Ouest*, 6, S. 17–98.
Metzenberg, R. L., 1990, ›The Role of Similarity and Difference in Fungal Mating‹, *Genetics*, 125, S. 457–462.
Michod, R. E. und Levin, B. R., Hrsg., 1988, *The Evolution of Sex*, Sinauer, Sunderland, Massachusetts.
Miller, G. F., 1992, ›Sexual Selection for Protean Expressiveness: A New Model of Hominid Encephalization‹, präsentiert auf der vierten Jahrestagung der Human Behavior and Evolution Society, Albuquerque, New Mexico, 22. bis 26. Juli 1992.
– und Todd, P. M., 1990, ›Exploring Adaptive Agency I: Theory and Methods for Simulating the Evolution of Learning‹, *Proceedings of the 1990 Connectionist Models Summer School*, Hrsg.: D. S. Touretzky, J. L. Elman, T. J. Seinowski und G. E. Hinton, Morgan Kauffmann, San Mateo, California, S. 65–80.
Mitchison, N. A., 1990, ›The Evolution of Acquired Immunity to Parasites‹, *Parasitology*, 100, S. S27–S34.
Moir, A. und Jessel, D., 1991, *Brain Sex: The Real Difference between Men and Woman*, Lyle Stuart, New York (deutsche Ausgabe: *Brain Sex. Der wahre Unterschied zwischen Mann und Frau*, Econ, Düsseldorf 1990).

Møller, A. P., 1987, ›Intruders and Defenders on Avian Breeding Territories: The Effect of Sperm Competition‹, *Oikos*, 48, S. 47–54.
– 1988, ›Female Choice Selects for Male Sexual Tail Ornaments in the Monogamous Swallow‹, *Nature*, 332, S. 640–642.
– 1990, ›Effects of a Haematophagous Mite on Secondary Sexual Tail Ornaments in the Barn Swallow *(Hirundo rustica)*: A Test of the Hamilton and Zuk Hypothesis‹, *Evolution*, 44, S. 771–784.
– 1991, ›Sexual Selection in the Monogamous Barn Swallow *(Hirundo rustica)*. 1. Determinats of Tail Ornament Size‹, *Evolution*, 45, S. 1823–1836.
– 1992, ›Female Preference for Symmetrical Male Sexual Ornaments‹, *Nature*, 357, S. 238–240.
– und Birkhead, T. R., 1989, ›Copulation Behaviour in Mammals: Evidence that Sperm Competition is Widespread‹, *Biological Journal of the Linnean Society*, 38, S. 119–131.
– und Pomiankowski, A., (im Druck), ›Fluctuating Asymmetry and Sexual Selection‹, *Genetica*.
Montagu, A., 1961, ›Neonatal and Infant Immaturity in Man‹, *Journal of the American Medical Association*, 178, S. 56–57.
Morris, D., 1967, *The Naked Ape*, Dell, New York.
Mosher, D. L. und Abramson, P. R., 1977, ›Subjective Sexual Arousal to Films of Masturbation‹, *Journal of Consulting and Clinical Psychology*, 45, S. 796–807.
Muller, H. J., 1932, ›Some Genetic Aspects of Sex‹, *American Naturalist*, 66, S. 118–138.
– 1964, ›The Relation of Recombination to Mutational Advance‹, *Mutation Research*, 1, S. 2–9.
Murdock, G. P. und White, D. R., 1969, ›Standard Cross-Cultural Sample‹, *Ethnology*, 8, S. 329–339.
Nee, S. und Maynard Smith, J., 1990, ›The Evolutionary Biology of Molecular Parasites‹, *Parasitology*, 100, S. S5–S18.
Nowak, M. A., 1992, ›Variability of HIV Infections‹, *Journal of Theoretical Biology*, 155, S. 1–20.
Nowak, M. A. und May, R. M., 1992, ›Coexistence and Competition in HIV Infections‹, *Journal of Theoretical Biology*, 159, S. 329–342.
O'Connell, R. L., 1989, *Of Arms and Men: A History of War, Weapons and Aggression*, Oxford University Press, Oxford.
O'Donald, P., 1980, *Genetic Models of Sexual Selection*, Cambridge University Press, Cambridge.
Olsen, M. W., 1956, ›Fowl Pox Vaccine Associated with Parthenogenesis in Chicken and Turkey Eggs‹, *Science*, 124, S. 1078–1079.

– und Marsden, S. J., 1954, ›Natural Parthenogenesis of Turkey Eggs‹, *Science*, 120, S. 545–546.
– und Buss, E. G., 1967, ›Role of Genetic Factors and Fowl Pox Virus in Parthenogenesis in Turkey Eggs‹, *Genetics*, 56, S. 727–732.
Olsen, P. D. und Cockburn, A., 1991, ›Female-biased Sex Allocation in Peregrine Falcons and Other Raptors‹, *Behavioral Ecology and Sociobiology*, 28, S. 417–423.
Orgel, L. E. und Crick, F. H. C., 1980, ›Selfish DNA: The Ultimate Parasite‹, *Nature*, 284, S. 604–607.
Parker, G. A., Baker, R. R. und Smith, V. G. F., 1972, ›The Origin and Evolution of Gamete Dimorphism and the Male-Female Phenomenon‹, *Journal of Theoretical Biology*, 36, S. 529–533.
Partridge, L., 1980, ›Mate Choice Increases a Component of Offspring Fitness in Fruit Flies‹, *Nature*, 283, S. 290–291.
Payne, R. B. und Payne, L. L., 1989, ›Heritability Estimates and Behaviour Observations: Extra-pair Mating in Indigo Buntings‹, *Animal Behaviour*, 38, S. 457–467.
Perrot, V., Richerd, S. und Valero, M., 1991, ›Transition from Haploidy to Diploidy‹, *Nature*, 351, S. 315–317.
Perusse, D., 1992, ›Cultural and Reproductive Success in Industrial Societies: Testing the Relationship at the Proximate and Ultimate Levels‹, *Behavioral and Brain Sciences*.
Petrie, M., Halliday, T. und Sanders, C., 1991, ›Peahens Prefer Peacocks with Elaborate Trains‹, *Animal Behaviour*, 41, S. 323–331.
Pinker, S. und Bloom, P., 1992, ›Natural Language and Natural Selection‹, *The Adapted Mind*, Hrsg.: J. H. Barkow, L. Cosmides und J. Tooby, Oxford University Press, New York, S. 405–447. Und vergleiche: Pinker, S., *The Language Instinct. How the Mind Creates Language*, Morrow, New York 1994 (deutsche Ausgabe in Vorbereitung bei Kindler, Erscheinungstermin Frühjahr 1996).
Pleszczynska, W. und Hansell, R. I. C., 1980, ›Polygyny and Decision Theory: Testing of a Model in Lark Buntings *(Calamospiza melanocorys)*‹, *American Naturalist*, 116, S. 821–830.
Pomiankowski, A., 1987, ›The Costs of Choice in Sexual Selection‹, *Journal of Theoretical Biology*, 128, S. 195–218.
– 1990, ›How to Find the Top Male‹, *Nature*, 347, S. 616–617.
– und Guilford, T., 1990, ›Mating Calls‹, *Nature*, 344, S. 495–496.
– Iwasa, Y. and Nee, S., 1991, ›The Evolution of Costly Mate Preferences I: Fisher and Biased Mutation‹, *Evolution*, 45, S. 1422–1430.
Pool, R., *Eve's Rib, Searching for the Biological Roots of Sex Differences*, Crown, New York 1994 (deutsche Ausgabe: *Evas Rippe. Das Ende des Mythos*

vom starken und schwachen Geschlecht, Droemer Knaur, München 1995).
Posner, R. A., 1992, *Sex and Reason*, Harvard University Press, Cambridge, Massachusetts.
Potts, R., 1991, ›Untying the Knot: Evolution of Early Human Behavior‹, *Man and Beast Revisited*, Hrsg.: M. H. Robinson und L. Tiger, Smithsonian, Washington, DC, S. 41–59.
Potts, W. K., Manning, C. J. und Wakeland, E. K., 1991, ›Mating Patterns in Semi-natural Populations of Mice Influenced by MHC Genotype‹, *Nature*, 352, S. 619–621.
Pratto, F., Sidanius, J. und Stallworth, L. M., 1992, ›Sexual Selection, and the Sexual and Ethnic Basis of Social Hierarchy‹, *Social Stratification and Socioeconomic Inequality: A Comparative Analysis*, Hrsg.: J. Ellis, Praeger, New York.
Pruett-Jones, S. G., Pruett-Jones, M. A. und Jones, H. I., 1990, ›Parasites and Sexual Selection in Birds of Paradise‹, *American Zoologist*, 30, S. 287–298.
Rands, M. R. W., Ridley, M. W. und Lelliott, A. D., 1984, ›The Social Organisation of Feral Peafowl‹, *Animal Behaviour*, 32, S. 830–835.
Rao, R., 1986, ›Move to Stop Sex-test Abortion‹, *Nature*, 324, S. 202.
Ray, T., 1992, ›Evolution and Optimization of Digital Organism‹, unpublished manuscript, University of Delaware.
Regalski, J. M. und Gaulin, S. J. C., 1992, ›Whom are Mexican Babies Said to Resemble? Monitoring and Fostering Paternal Confidence in the Yucatan‹, präsentiert auf der vierten Jahrestagung der Human Behavior and Evolution Society, Albuquerque, New Mexico, 22. bis 26. Juli 1992.
Ridley, M., 1978, ›Paternal Care‹, *Animal Behaviour*, 26, S. 904–932.
Ridley, M. W., 1981, ›How Did the Peacock Get His Tail?‹, *New Scientist*, 91, S. 398–401.
Ridley, M. W. und Hill, D. A., 1987, ›Social Organization in the Pheasant *(Phasianus colchicus)*: Harem Formation, Mate Selection and the Role of Mate Guarding‹, *Journal of Zoology*, 211, S. 619–630.
– Rands, M. R. W. und Lelliott, A. D., 1984, ›The Courtship Display of Feral Peafowl‹, *Journal of the World Pheasant Association*, 9, S. 20–40.
Rosenberg, N. und Birdzell, L. E., 1986, *How the West Grew Rich: The Economic Transformation of the Industrial World*, Basic Books, New York.
Rossi, A. S., Hrsg., 1985, *Gender and the Life Course*, Aldine, Hawthorne, New York.
Ryan, M. J., 1991, ›Sexual Selection and Communication in Frogs‹, *Trends in Evolution and Ecology*, 6, S. 351–355.
Sadalla, E. K., Kenrick, D. T. und Vershure, B., 1987, ›Dominance and Heterosexual Attraction‹, *Journal of Personality and Social Psychology*, 52, S. 730–738.

Schall, J. J., 1990, ›Virulence of Lizard Malaria: The Evolutionary Ecology of an Ancient Parasite-Host Association‹, *Parasitology*, 100, S. S35–S52.
Schmitt, J. und Antonovics, J., 1986, ›Experimental Studies of the Evolutionary Significance of Sexual Reproduction IV. Effect of Neighbor Relatedness and Aphid Infestation on Seedling Performance‹, *Evolution*, 40, S. 830–836.
Scruton, R., 1986, *Sexual Desire: A Philosophical Investigation*, Weidenfeld & Nicolson, London.
Searcy, W. A., 1992, ›Song Repertoire and Mate Choice in Birds‹, *American Zoologist*, 32, S. 71–80.
Seger, J. und Hamilton, W. D., 1988, ›Parasites and Sex‹, *The Evolution of Sex*, Hrsg.: R. E. Michod and B. R. Levin, Sinauer, Sunderland, Massachusetts, S. 139–160.
Seid, R. P., 1989, *Never too Thin: Why Women are at War with Their Bodies*, Columbia University Press, New York.
Shaw, M. W., Hewitt, G. M. und Anderson, D. A., 1985, ›Polymorphism in the Rates of Meiotic Drive Acting on the B-chromosome of *Myrmeleotettix maculatus*‹, *Heredity*, 55, S. 61–68.
Shellberg, T., 1992, ›Tall Bishops and Genuflection Genes‹, präsentiert auf der vierten Jahrestagung der Human Behavior and Evolution Society, Albuquerque, New Mexico, 22. bis 26. Juli 1992.
Shepher, J., 1983, *Incest: A Biosocial View*, Academic Press, Orlando.
Short, R. V., 1979, ›Sexual Selection and its Component Parts, Somatic and Genital Selection, as Illustrated by Man and the Great Apes‹, *Advances in the Study of Behaviour*, 9, S. 131–158.
Silk, J. B., 1983, ›Local Resource Competition and Facultative Adjustment of Sex Ratios in Relation to Competitive Abilities‹, *American Naturalist*, 121, S. 56–66.
Sillen-Tullberg, B. und Møller, A. P., 1993, ›The Relationship between Concealed Ovulation and Mating Systems in Anthropoid Primates: A Phylogenetic Analysis‹, *American Naturalist*, 141, S. 1–25.
Silverman, I. und Eals, M., 1992, ›Sex Differences in Spatial Abilities: Evolutionary Theory and Data‹, *The Adapted Mind*, Hrsg.: J. H. Barkow, L. Cosmides und J. Tooby, Oxford University Press, New York, S. 523–549.
Simpson, M. J. A. und Simpson, A. E., 1982, ›Birth Sex Ratios and Social Rank in Rhesus Monkey Mothers‹, *Nature*, 300, S. 440–441.
Slagsvøld, T., Amundsen, T., Dale, S. und Lampe, H., 1992, ›Femalefemale Aggression Explains Polyterritoriality in Male Pied Flycatchers‹, *Animal Behaviour*, 43, S. 397–407.
Slater, P. J. B., 1983, ›The Buzby Phenomenon: Thrushes and Telephones‹, *Animal Behaviour*, 31, S. 308–309.

Small, M. F., 1992, ›What's Love Got to Do with It?‹, *Discover Magazine*, 13, S. 46–51.

– und Hrdy, S. B., 1986, ›Secondary Sex Ratios by Maternal Rank, Parity and Age in Captive Rhesus Macaques *(Macaca mulatta)*‹, *American Journal of Primatology*, II, S. 359–365.

Smith, R. L., 1984, ›Human Sperm Competition‹, *Sperm Competition and the Evolution of Animal Mating Systems*, Hrsg.: R. L. Smith, Academic Press, Orlando, S. 601–659.

Smuts, R. W., 1993, ›Fat, Sex, Class, Adaptive Flexibility and Cultural Change‹, *Ethology and Sociobiology* (im Druck).

Spandrel, S., (nicht veröffentlicht), ›How the Genome Learnt Mendelian Genetics, or You Scratch My Back, I'll Stab Yours‹.

Spurrier, M. F., Boyce, M. S. und Manly, B. F. J., 1991, ›Effects of Parasites on Mate Choice by Captive Sage Grouse‹, *Ecology, Behavior and Evolution of Bird-Parasite Interactions*, Hrsg.: J. E. Loye und M. Zuk, Oxford University Press, Oxford, S. 389–398.

Stearns, S. C., Hrsg., 1987, *The Evolution of Sex and its Consequences*, Birkhäuser, Basel.

Stebbins, C. L., 1950, *Variation and Evolution in Plants*, Columbia University Press, New York.

Symington, M. M., 1987, ›Sex-ratio and Maternal Rank in Wild Spider Monkeys: When Daughters Disperse‹, *Behavioral Ecology and Sociobiology*, 20, S. 421–425.

Symons, D., 1979, *The Evolution of Human Sexuality*, Oxford University Press, Oxford.

– 1987, ›An Evolutionary Approach: Can Darwin's View of Life Shed Light on Human Sexuality?‹, *Theories of Human Sexuality*, Hrsg.: J. H. Geer und W. O'Donohue, Plenum Press, New York, S. 91–125.

– 1989, ›The Psychology of Human Mate Preferences‹, *Behavioural and Brain Sciences*, 12, S. 34–35.

– 1992, ›On the Use and Misuse of Darwinism in the Study of Human Behavior‹, *The Adapted Mind*, Hrsg.: J. H. Barkow, L. Cosmides und J. Tooby, Oxford University Press, New York, S. 137–159.

Tannen, D., 1990, *You Just Don't Understand: Women and Men in Conversation*, William Morrow, New York (deutsche Ausgabe: *Du kannst mich einfach nicht verstehen, Warum Männer und Frauen aneinander vorbeireden*, Hamburg 1991).

Taylor, P. D. und Williams, G. C., 1982, ›The Lek Paradox is not Resolved‹, *Theoretical Population Biology*, 22, S. 392–409.

Thornhill, N. W., 1989 a, ›Characteristics of Female Desirability: Facultative Standards of Beauty‹, *Behavioral and Brain Sciences*, 12, S. 35–36.

– 1989b, ›The Evolutionary Significance of Incest Rules‹, *Ethology and Sociobiology*, II, S. 113–129.
– 1990, ›The Comparative Method of Evolutionary Biology in the Study of the Societies of History‹. *International Journal of Contemporary Sociology*, 27, S. 7–27.
Thornhill, R. und Thornhill, N. W., 1983, ›Human Rape: An Evolutionary Analysis‹, *Ethology and Sociobiology*, 4, S. 137–183.
– und Sauer, P., 1992, ›Genetic Sire Effects on the Fighting Ability of Sons and Daughters and Mating Success of Sons in and Scorpionfly‹, *Animal Behaviour*, 43, S. 255–264.
– und Thornhill, N. W., 1989, ›The Evolution of Psychological Pain‹, *Sociobiology and Social Sciences*, Hrsg.: R. J. Bell und N. J. Bell, Texas Tech University Press, Lubbock, S. 73–103.
Thorpe, W. H., 1954, ›The Process of Song-learning in the Chaffinch as Studied by Means of the Sound Spectrograph‹, *Nature*, 173, S. 465–469.
– 1961, *Bird Song: The Biology of Vocal Communication in Birds*, Cambridge University Press, Cambridge.
Tiersch, E. R., Beck, M. L. und Douglas, M., 1991, ›ZZW Autotriploidy in a Blue and Yellow Macaw‹, *Genetica*, 84, S. 209–212.
Tiger, L., 1991, ›Human Nature and the Psycho-industrial Complex‹, *Man and Beast Revisited*, Hrsg.: M. H. Robinson und L. Tiger, Smithsonian, Washington, DC, S. 23–40.
– und Shepher, J., 1977, *Women in the Kibbutz*, Penguin, London.
Tooby, J., 1982, ›Pathogens, Polymorphism and the Evolution of Sex‹, *Journal of Theoretical Biology*, 97, S. 557–576.
– und Cosmides, L. M., 1989, ›The Innate Versus the Manifest: How Universal Does a Universal Have to Be?‹, *Behavioral and Brain Sciences*, 12, S. 36–37.
– und Cosmides, L. M., 1990, ›On the Universality of Human Nature and the Uniqueness of the Individual: The Role of Genetics and Adaptation‹, *Journal of Personality*, 58, S. 17–67.
– und Cosmides, L. M., 1992, ›The Psychological Foundations of Culture‹, *The Adapted Mind*, Hrsg.: J. H. Barkow, L. Cosmides und J. Tooby, Oxford University Press, New York, S. 19–136.
Traill, P. W., 1990, ›Why Should Lek Breeders be Monomorphic?‹, *Evolution*, 44, S. 1837–1852.
Tripp, C. A., 1975, *The Homosexual Matrix*, Signet, New York.
Trivers, R. L., 1971, ›The Evolution of Reciprocal Altruism‹, *Quarterly Review of Biology*, 46, S. 35–57.
– 1972, ›Parental Investment and Sexual Selection‹, *Sexual Selection and the Descent of Man*, Hrsg.: B. Campbell, Aldine-Atherton, Chicago, S. 136–179.

– 1985, *Social Evolution*, Benjamin-Cummings, Menlo Park, California.
– 1991, ›Deceit and Self-deception: The Relationship between Communication and Consciousness‹, *Man and Beast Revisited*, Hrsg.: M. H. Robinson und L. Tiger, Smithsonian, Washington, DC, S. 175–191.
– und Willard, D., 1973, ›Natural Selection of Parental Ability to Vary the Sex-ratio of Offspring‹, *Science*, 179, S. 90–91.
Troy, S. und Elgar, M. A., 1991, ›Brush Turkey Incubation Mounds: Mate Attraction in a Promiscuous Mating System‹, *Trends in Ecology and Evolution*, 6, S. 202–203.
van Schaik, C. P. und Hrdy, S. B., 1991, ›Intensity of Local Resource Competition Shapes the Relationship between Maternal Rank and Sex Ratios at Birth in Cercopithecine Primates‹, *American Naturalist*, 138, S. 1555–1562.
Van Valen, L., 1973, ›A New Evolutionary Law‹, *Evolutionary Theory*, I, S. 1–30.
Veiga, J., 1992, ›Why are House Sparrows Predominantly Monogamous? A Test of Hypotheses‹, *Animal Behaviour*, 43, S. 361–370.
Vining, D. R., 1986, ›Social Versus Reproductive Success: The Central Theoretical Problem of Human Sociobiology‹, *Behavioral and Brain Sciences*, 9, S. 167–187.
Voland, E., 1988, ›Differential Infant and Child Mortality in Evolutionary Perspective: Data from Late 17th to 19th Century Ostfriesland (Germany)‹, *Human Reproductive Behavior*, Hrsg.: L. Betzig, M. Borgehoff Mulder und P. Turke, Cambridge University Press, Cambridge, S. 253–261.
– 1992, ›Historical Demography and Human Behavioral Ecology‹, präsentiert auf der vierten Jahrestagung der Human Behavior and Evolution Society, Albuquerque, New Mexico, 22. bis 26. Juli 1992.
Wallace, A. R., 1889, *Darwinism*, Macmillan, London.
Ward, P. I., 1988, ›Sexual Dichromatism and Parasitism in British and Irish Freshwater Fish‹, *Animal Behaviour*, 36, S. 1210–1215.
Warner, R. R., Robertson, D. R. und Leigh, E. G., 1975, ›Sex Change and Sexual Selection‹, *Science*, 190, S. 633–638.
Weatherhead, P. L. und Robertson, R. J., 1979, ›Offspring Quality and the Polygyny Threshold: »The Sexy Son Hypothesis«‹, *American Naturalist*, 113, S. 201–208.
Webster, M. S., 1992, ›Sexual Dimorphism, Mating System and Body Size in New World Blackbirds (Icterinae)‹, *Evolution*, 46, S. 1621–1641.
Wederkind, C., 1992, ›Detailed Information about Parasites Revealed by Sexual Ornamentation‹, *Proceedings of the Royal Society of London B*, 247, S. 169–174.

Weismann, A., 1883, *Über die Vererbung, ein Vortrag von Dr. August Weismann*, Gustav Fischer, Jena.
– 1892, in: *Aufsätze über die Vererbung und andere biologische Fragen*, Gustav Fischer, Jena, S. 81.
– 1902, in: *Vorträge über Descendenztheorie*, gehalten an der Universität zu Freiburg im Breisgau, Gustav Fischer, Jena, S. 43 und 219.
Werren, J. H., 1987, ›The Coevolution of Autosomal and Cytoplasmic Sex Ratio Factors‹, *Journal of Theoretical Biology*, 124, S. 317–334.
– 1991, ›The Paternal Sex-ratio Chromosome of *Nasonia*‹, *American Naturalist*, 137, S. 392–402.
– Skinner, S. W. und Huger, A. M., 1986, ›Male-killing Bacteria in a Parasitic Wasp‹, *Science*, 231, S. 990–992.
Westermarck, E. A., 1891, *The History of Human Marriage*, Macmillan, New York.
Westneat, D. F., Sherman, P. W. und Morton, M. L., 1990, ›The Ecology of Extra-pair Copulations in Birds‹, *Current Ornithology*, 7, S. 331–369.
White, F., 1992, ›Eros of the Apes‹. *BBC Wildlife Magazine*. August 1992, S. 39–47.
Wiener, P., Feldman, M. W. und Otto, S. P., 1992, ›On Genetic Segregation and the Evolution of Sex‹, *Evolution*, 46, S. 775–782.
Williams, G. C., 1966, *Adaptation and Natural Selection: A Critique of Some Current Evolutionary Thought*, Princeton University Press, Princeton.
– 1975, *Sex and Evolution*, in *Monographs in Population Biology*, Princeton University Press, Princeton.
– und Mitton, J. B., 1973, ›Why Reproduce Sexually?‹, *Journal of Theoretical Biology*, 39, S. 545–554.
Wilson, E. O., 1975, *Sociobiology: The New Synthesis*, Harvard University Press, Cambridge, Massachusetts.
Wilson, E. O., 1978, *On Human Nature*, Harvard University Press, Cambridge, Massachusetts.
Wilson, M. und Daly, M., 1992, ›The Man Who Mistook His Wife for a Chattel‹, *The Adapted Mind*, Hrsg.: J. H. Barkow, L. Cosmides und J. Tooby, Oxford University Press, New York, S. 289–322.
Wolf, A. P., 1966, ›Childhood Association and Sexual Attraction and the Incest Taboo: A Chinese Case‹, *American Anthropologist*, 68, S. 883–898.
– 1970, ›Childhood Association and Sexual Attraction: A Further Test of the Westermarck Hypothesis‹, *American Anthropologist*, 72, S. 503–515.
Wrangham, R. W., 1987, ›The Significance of African Apes for Reconstructing Human Social Evolution‹, *The Evolution of Human Behavior: Primate Models*, Hrsg.: W. G. Kinzey, SUNY Press, New York, S. 51–71.

Wright, S., 1931, ›Evolution in Mendelian Populations‹, *Genetics*, 16, S. 97–159.

Wynne-Edwards, V. C., 1962, *Animal Dispersion in Relation to Social Behaviour*, Oliver and Boyd, London.

Yamamura, N., Hasegawa, T. und Ito, Y., 1990, ›Why Mothers do not Resist Infanticide: A Cost-benefit Genetic Model‹, *Evolution*, 44, S. 1346–1357.

Zahavi, A., 1975, ›Mate Selection – a Selection for a Handicap‹, *Journal of Theoretical Biology*, 53, S. 205–214.

Zinsser, H., 1934, *Rats, Lice and History*, Macmillan, London.

Zuk, M., 1991, ›Parasites and Bright Birds: New Data and a New Prediction‹, *Ecology, Behavior and Evolution of Bird-Parasite Interactions*‹, Hrsg.: J. E. Loye und M. Zuk, Oxford University Press, Oxford, S. 317–327.

– 1992, ›The Role of Parasites in Sexual Selection: Current Evidence and Future Directions‹, *Advances in the Study of Behavior*, 2, S. 39–68.

– (im Druck), ›Immunology and the Evolution of Behavior‹, *Behavioral Mechanisms in Evolutionary Biology*, Hrsg.: L. Real, University of Chicago Press, Chicago.

– Thornhill, R., Ligon, J. D. und Johnson, K., 1990, ›Parasites and Mate Choice in Red Junglefowl‹, *American Zoologist*, 30, S. 235–244.

Danksagung

Dieses Buch strotzt von originellen Ideen – von denen nur sehr wenige von mir selbst stammen. Schriftsteller, die ihre Thematik aus der Wissenschaft beziehen, gewöhnen sich mit der Zeit an das Gefühl, intellektuelle Plagiatoren zu sein und den Verstand derer auszubeuten, die zu beschäftigt sind, der Welt etwas über ihre Erkenntnisse mitzuteilen. Es gibt jede Menge Leute, die jedes einzelne Kapitel meines Buches besser hätten schreiben können als ich. Ich tröste mich damit, daß nur sehr wenige davon alle *Kapitel hätten schreiben können. Meine Funktion bestand darin, die Flicken fremder Forschung zu einem Quilt zusammenzusetzen.*

Ich stehe jedoch bei denen, deren Geist ich ausgebeutet habe, in tiefer Schuld und bin ihnen zutiefst dankbar. Während meiner Recherchen zu diesem Buch habe ich mit mehr als sechzig Leuten gesprochen und nie etwas anderes erlebt als Höflichkeit, Geduld und ansteckende Neugier auf den Lauf der Welt. Mein besonderer Dank gilt jenen, mit denen ich wiederholt und ausgiebig sprechen konnte – bis ich am Ende ihre Köpfe buchstäblich leergefegt hatte: Laura Betzig, Napoleon Chagnon, Leda Cosmides, Helena Cronin, Bill Hamilton, Laurence Hurst, Bobbi Low, Andrew Pomiankowski, Don Symons, John Tooby.

Auch all denen, die mir persönlich oder per Telefon ein Gespräch gewährten, möchte ich an dieser Stelle danken: Richard Alexander, Michael Bailey, Alexandra Basolo, Graham Bell, Paul Bloom, Monique Borgehoff Mulder, Don Brown, Jim Bull, Austin Burt, David Buss, Tim Clutton-Brock, Bruce Ellis, John Endler, Bart Gledhill, David Goldstein, Alan Grafen, Tim Guilford, David Haig, Dean Hamer, Kristen Hawkes, Elizabeth Hill, Kim Hill, Sarah Hrdy, William Irons, William James, Charles Keckler, Mark Kirkpatrick, Jochen Kumm, Curtis Lively, Atholl McLachlan, John Maynard Smith, Matthew Meselson, Geoffrey Miller, Anders Møller, Jeremy Nathans, Magnus Nordborg, Elinor Ostrom, Sarah Otto, Kenneth Oye, Margie Profet, Tom Ray, Paul Romer, Michael Ryan, Dev Singh, Robert Smuts, Randy Thornhill, Robert Trivers, Leigh Van Valen, Fred Whitham, George Williams, Margo Wilson, Richard Wrangham und Marlene Zuk.

Mein aufrichtiger Dank auch an jene, die mir geschrieben oder ihre Artikel und

Bücher zugesandt haben: Christopher Badcock, Robert Foley, Stephen Frank, Valerie Grant, Toshikazu Hasegawa, Doug Jones, Egbert Leigh, Daniel Perusse, Felicia Pratto, Edward Tenner.

Die Gedanken anderer raubte ich weniger offensichtlich, ja, fast verstohlen. Zu denjenigen, die mir mit Ratschlägen zur Seite gestanden oder mir geholfen haben, meine Gedanken in zahllosen Unterhaltungen zu ordnen, gehören: Alun Anderson, Robin Baker, Horace Barlow, Jack Beckstrom, Rosa Beddington, Mark Bellis, Roger Bingham, Mark Boyce, John Browning, Stephen Budiansky, Edward Carr, Geoffrey Carr, Jeremy Cherfas, Alice Clarke, Nico Colchester, Charles Crawford, Francis Crick, Martin Daly, Kurt Darwin, Marian Dawkins, Richard Dawkins, Andrew Dobson, Emma Duncan, Mark Flinn, Archie Fraser, Peter Garson, Steve Gaulin, Charles Godfray, Anthony Gottlieb, John Hartung, Joel Heinen, Nigella Hillgarth, Peter Hudson, Anya Hurlbert, Michael Kinsley, Richard Ladle, Richard Machalek, Patrick McKim, Seth Masters, Graeme Mitchison, Oliver Morton, Randolph Nesse, Paul Neuburg, Paul Newton, Linda Partridge, Marion Petrie, Steve Pinker, Mike Polioudakis, Jeanne Regalski, Peter Richerson, Mark Ridley (für den gehalten zu werden mir nicht selten zum Vorteil gereichte), Alan Rogers, Vincent Sarich, Terry Sejnowski, Miranda Seymour, Rachel Smolker, Beverly Strassmann, Jeremy Taylor, Nancy Thornhill, David Wilson, Edward Wilson, Adrian Wooldridge, Bob Wright.

Andere haben mir sogar noch darüber hinaus geholfen und die Kapitel in der Rohfassung gelesen und kommentiert. Für die Betreffenden war dies zeitaufwendig, für mich aber waren ihre Ratschläge ausgesprochen wertvoll: Laura Betzig, Mark Boyce, Helena Cronin, Richard Dawkins, Laurence Hurst, Geoffrey Miller, Andrew Pomiankowski. Besonderen Dank schulde ich Bill Hamilton, an den ich mich in den frühen Stadien dieses Projekts auf der Suche nach Inspirationen wieder und wieder gewandt habe.

Meine Agenten Felicity Bryan und Peter Ginsberg standen mir zu jeder Zeit unermüdlich mit Ermutigung und konstruktiven Beiträgen zur Seite. Meine Lektoren bei Penguin und Mucmillan, Ravi Mirchandani, Judith Flanders, Bill Rosen und insbesondere Carrie Chase waren kompetent, zuvorkommend und hoch motiviert.

Meine Frau Anya Hurlbert las das gesamte Buch, ihr Rat und ihre Unterstützung während seiner Entstehungszeit waren für mich von unschätzbarem Wert.

Dank schließlich auch dem roten Eichhörnchen, das manchmal an meiner Fensterscheibe kratzte, während ich schrieb. Ich weiß noch immer nicht, welchen Geschlechts es war.

Register